ArchiCAD 16
Praxiseinstieg

Detlef Ridder

ArchiCAD 16

Praxiseinstieg

mitp

Bibliografische Information der Deutschen Nationalbibliothek
Die Deutsche Nationalbibliothek verzeichnet diese Publikation in der Deutschen Nationalbibliografie; detaillierte bibliografische Daten sind im Internet über <http://dnb.d-nb.de> abrufbar.

Bei der Herstellung des Werkes haben wir uns zukunftsbewusst für umweltverträgliche und wiederverwertbare Materialien entschieden. Der Inhalt ist auf elementar chlorfreiem Papier gedruckt.

ISBN 978-3-8266-9521-6
1. Auflage 2012

E-Mail: kundenbetreuung@hjr-verlag.de

www.mitp.de

Telefon: +49 6221/489-555
Telefax: +49 6221/489-410

Lektorat: Sabine Schulz
Sprachkorrektorat: Petra Heubach-Erdmann
Satz: III-satz, Husby, www.drei-satz.de
Druck: Westermann Druck Zwickau GmbH
Coverbild: © refleXtions – Fotolia.com

Inhaltsverzeichnis

Wo finde ich ...

Schnelle Themenübersicht

Kapitel 1

Schnellstart: Wie geht das?

In diesem einleitenden Kapitel wird zunächst die Installation des Programms beschrieben und dann anhand eines einfachen Beispiels ein kurzer Überblick über die Bedienung gegeben. Die Vertiefung über einzelne Bedienelemente, die Benutzeroberfläche und eine systematische Einführung in die Konstruktionsweise mit ArchiCAD wird in den nachfolgenden Kapiteln gebracht.

1.1 ArchiCAD und BIM

ArchiCAD ist ein ausgereiftes CAD-System für Architekturaufgaben. Es arbeitet objektorientiert und erstellt ein Gebäudemodell aus Architekturelementen, die aus einem Werkzeugkasten gewählt werden und durch Einstellen ihrer Eigenschaften an die Anforderungen des Projekts angepasst werden. Diese Architekturelemente tragen alle Informationen über Materialien, Abmessungen und Volumen bei sich und sind damit intelligente Objekte. Die internen Informationen der Objekte werden automatisch in Form von Teilelisten, Stücklisten, Massenlisten und Raumstempeln als Projektdaten zusammengefasst und sind stets automatisch aktuell. Es handelt sich hier also nicht um ein Basis-CAD-Programm, das seine Konstruktionen aus einzelnen Linien, Bögen, Kreisen etc. zusammensetzt, sondern um ein fortgeschrittenes CAD-System mit intelligenten Objekten und fortschrittlicher Konstruktionstechnik. ArchiCAD nennt sein CAD-Modell deshalb BIM, *Building Information Model*. Seit Version ArchiCAD 13 gibt es zur eigentlichen CAD-Software noch eine interessante Projektverwaltungssoftware, den Graphisoft BIM Server. Damit können Projekte, auf die mehrere Mitarbeiter zugreifen sollen, im Netzwerk verwaltet und mit Zugriffsrechten versehen werden.

1.2 Die Testversion

Sie können eine Testversion von ArchiCAD 16 übers Internet unter `http://www.graphisoft.de` herunterladen. Sie finden auf der Begrüßungsseite links einen Button 16 ARCHICAD TESTVERSION zum Downloaden oder Bestellen der Testversion. Auch gibt es darunter dann spezielle Versionen für Studenten.

Im Lauf der Installation werden Sie aufgefordert, zwischen den Lizenzen für *Vollversion mit Hardware-Schutzschlüssel* oder der *Studentenversion* und *Testversion* zu wählen, letztere beide sind mit Seriennummer aufzurufen. Um die Version als *Demoversion* zu nutzen, müssen Sie die *Vollversion* wählen und können diese dann mit Einschränkungen für Demozwecke nutzen. Für die *Studentenversion* wäre eine Lizenznummer der Firma Graphisoft nötig. Die *Vollversion* erfordert einen Dongle, der auch mit einem Zeitkonto ausgegeben werden kann.

- *Vollversion*
  - *Mit Dongle*: Voller Funktionsumfang (zeitlich unbegrenzt oder mit Zeitkonto auf dem Dongle)
  - *Ohne Dongle* als *Demoversion*: Kein Speichern oder Kopieren oder Teamwork möglich, zeitlich unbegrenzt
- *Studentenversion* mit *Lizenznummer* für Studenten nutzbar
  - *Testversion* mit *Test-Lizenznummer* für Testzwecke nutzbar

Als Demoversion sind die Funktionen zum Speichern, Kopieren und Teamwork abgeschaltet. Eine zeitliche Begrenzung besteht deshalb nicht. Sobald Sie eine Lizenz erwerben, können Sie auch speichern und plotten.

1.2.1 Hard- und Software-Voraussetzungen

ArchiCAD 16 läuft unter folgenden Betriebssystemen:

- Microsoft Windows XP Professional (32 Bit oder 64 Bit)
- Microsoft Windows Vista (32 oder 64 Bit)
- Windows 7 (32 oder 64 Bit)
- Macintosh OS X 10.6 Snow Leopard (64 Bit) / 10.7 Lion

Zusätzlich sind unter Windows noch QuickTime 7 und Java 1.6.0 nötig. Letztere werden notfalls automatisch installiert.

Als Hardware wird mindestens vorausgesetzt:

- Für PC: Intel Core oder höher, Mehrkern-Prozessoren wären optimal. Die aktuelle Version ist die letzte, die noch 32-Bit-Betriebssysteme unterstützt.
- Für Mac: Macintosh mit Core2Duo oder höher, Mehrkern-Prozessoren wären optimal. Ein 64-Bit-Prozessor ist nötig.
- Mindestens 3 GB RAM-Speicher, 2 GB bei 32 Bit
- Mindestens 5 GB freier Speicherplatz auf der Festplatte für die komplette Installation
- Zusätzlich 10 GB bei Arbeit an komplexen Objekten und für 3D-Visualisierungen
- Bildschirmauflösung 1024 x 768 Pixel minimal, empfohlen werden 1280 x 1024 Pixel oder mehr.
- Grafikkarte mit Open GL und mindestens 256 MB Videospeicher

- Zeigegerät: Maus oder Trackball
- DVD-Laufwerk für die Installation

1.2.2 Installation

Die Installation beginnt nach Einlegen der DVD automatisch. Obwohl Sie zur Ausführung von ArchiCAD nur einfache Benutzerrechte benötigen, müssen Sie für die Installation Administratorrechte auf dem PC besitzen. Außerdem sollten alle anderen Anwendungen geschlossen sein.

Nach Einlegen der DVD ins Laufwerk startet automatisch eine kurze Produkt-Präsentation, die Sie über die Leertaste beenden können. Danach klicken Sie auf ARCHICAD 16 INSTALLIEREN. Es erscheint ein Hauptdialogfenster und dann eine Reihe weiterer Dialogfenster, die Sie meist mit Klick auf WEITER durchlaufen.

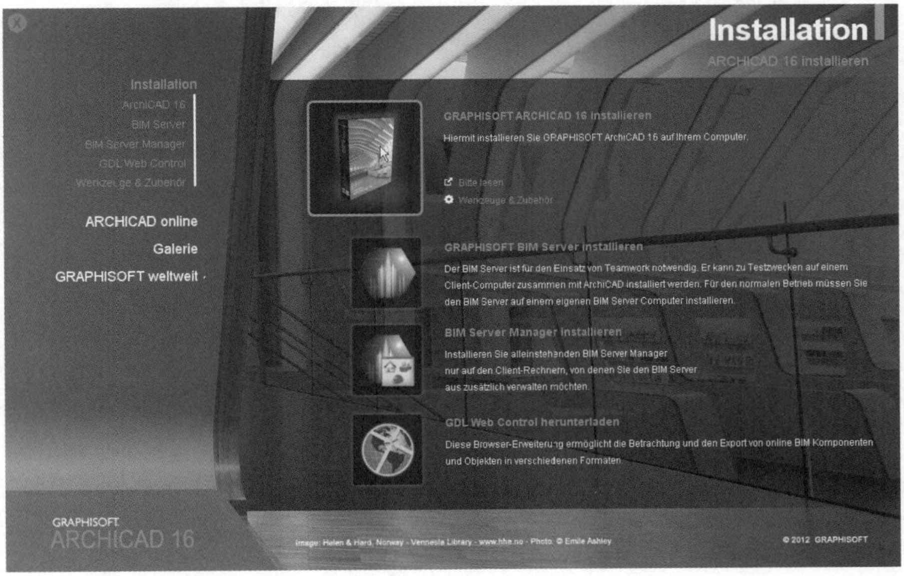

Abb. 1.1: Installation von ArchiCAD 16

Bei der *Versionswahl* können Sie zwischen HARDWARE-DONGLE für die VOLLVERSION oder SERIENNUMMER für die STUDENTEN- und TESTVERSION wählen. Wenn Sie die Version als DEMOVERSION benutzen wollen, wählen Sie die Option HARDWARE-DONGLE. Ohne den *Hardware-Dongle* können Sie dann ArchiCAD bis auf die Funktionen *Sichern*, *Kopieren* und *Teamwork* für Demozwecke nutzen.

Bei der *Wahl des Dongle-Typs* können Sie zwischen zwei Dongle-Typen wählen, dem älteren WIBU DONGLE und dem CODE METER. Letzterer erlaubt das temporäre Entleihen von Lizenzen aus einer Netzwerk-Lizenz heraus, um sie beispielsweise für den Laptop unterwegs mitzunehmen.

Wenn eine vorherige Version von ArchiCAD gefunden wird, könnten Sie einige Einstellungen übernehmen. Es wird aber empfohlen, die neuesten Programmeinstellungen zu benutzen.

Mit *Fertigstellen* wird die Installation beendet.

Abb. 1.2: Das ArchiCAD-Team dankt am Ende der Installation.

1.3 ArchiCAD starten und eine einfache Konstruktion erstellen

Wir wollen hier zunächst ArchiCAD so benutzen, wie es bei normaler Installation von der DVD her eingerichtet wird.

Abb. 1.3: Startsymbol für ArchiCAD auf dem Desktop

Danach erscheint das Start-Dialogfenster. Hier wählen Sie, ob Sie ein neues Projekt beginnen wollen (= NEU) oder eine bestehende Konstruktion fortsetzen wollen (= ÖFFNEN). Sie könnten sich auch an einem Team-Projekt beteiligen, wenn der BIM-Server gestartet ist. Für die erste Konstruktion wählen Sie hier EIN NEUES

PROJEKT ERSTELLEN. Dann erst sehen Sie das ArchiCAD-Fenster mit vielen Werkzeugen und Paletten.

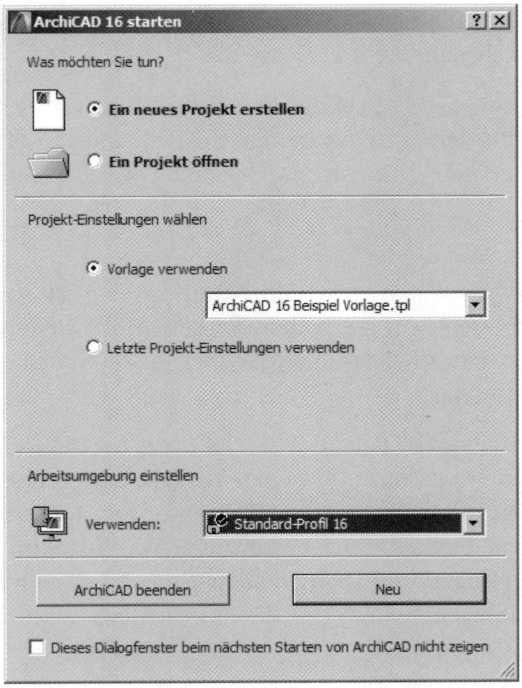

Abb. 1.4: Start-Dialogfenster bei ArchiCAD

1.3.1 Das ArchiCAD-Fenster

Nach dem Start eines neuen Projekts werden die Grundeinstellungen der Arbeitsumgebung und die Benutzeroberfläche aufgebaut. Das ArchiCAD-Fenster besteht aus mehreren Funktionsleisten, die oben, links, rechts und unten um das Grundrissfenster herum angeordnet sind. Unter dem obersten blauen Balken, der PROGRAMMLEISTE mit *Programmnamen* und *Namen der aktuellen Projektdatei*, finden Sie die MENÜLEISTE. Sie enthält in Aufklappmenüs die *Befehlsaufrufe nach Kategorien* geordnet. Darunter liegt die Symbolleiste STANDARD mit Funktionen wie NEU, ÖFFNEN, SICHERN, DRUCKEN und vielen weiteren Werkzeugen. Auf der linken Seite finden Sie den WERKZEUGKASTEN mit den *Erstellungswerkzeugen* für die verschiedenen Architekturelemente.

Auf der rechten Seite liegen drei Fenster untereinander, der NAVIGATOR, die TRANSPARENTPAUSE und die SCHNELL-OPTIONEN. Im NAVIGATOR sehen Sie die Struktur des Projekts mit den verschiedenen *Geschossen, Schnitt-, Detail- und 3D-Ansichten* und den *Zeichnungsinformationen,* die in *Listen* zusammengefasst werden können.

Unter TRANSPARENTPAUSE können Sie wählen, welche *Geschosse* oder anderen Projekt-Ansichten zusätzlich *im Hintergrund* als Konstruktionshilfe verwendet werden sollen.

Die SCHNELL-OPTIONEN steuern die Darstellung der Elemente Ihrer Konstruktion in der aktuellen Ansicht. Sie zeigen insbesondere drei Dinge an:

- die AKTUELLE EBENENKOMBINATION Sie steuert die *Sichtbarkeit verschiedener Konstruktionselemente,* die auf verschiedenen transparenten Schichten, den EBENEN, übereinander liegen. Die Voreinstellung ist 02A BEISPIEL GR GENEHMIGUNGSPLANUNG.
- den MAẞSTAB,
- die MODELL-DARSTELLUNGSKOMBINATION Sie steuert die Art und Weise, *wie detailliert* verschiedene Objekte dargestellt werden sollen. Es gibt fünf Darstellungsarten: 01 ENTWURF, 02 GENEHMIGUNGSPLANUNG, 03 AUSFÜHRUNGSPLANUNG, 04 EXPOSÉ und 05 DECKENSPIEGEL.

Zusätzlich finden Sie auf der Zeichenfläche die Palette FAVORITEN, die für die verschiedenen Konstruktionselemente Exemplare mit typischen Vorgabewerten enthält. Mit einem *Doppelklick* können diese FAVORITEN-Elemente für weitere Konstruktionen aktiviert werden. *Eigene* Elemente mit bestimmten Voreinstellungen können Sie aus dem GRUNDEINSTELLUNGEN-Dialogfenster jedes Werkzeugs mit der Schaltfläche FAVORITEN dort ablegen.

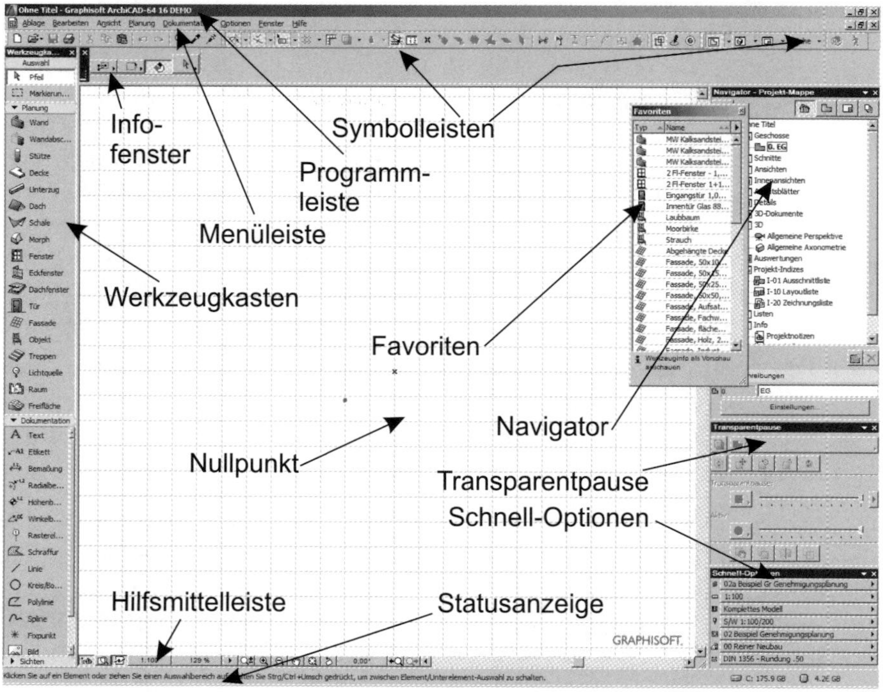

Abb. 1.5: ArchiCAD-Bildschirm

Den Hauptteil der Bildschirmoberfläche nimmt das GRUNDRISSFENSTER ein. Hier entsteht im normalen Konstruktionsmodus Ihr Projekt in Form von Grundrissen. Aber auch andere Ansichten, Schnitte und 3D-Ansichten können hier angezeigt und bearbeitet werden. Der KOORDINATENNULLPUNKT wird durch ein *Kreuz* markiert.

Über dem GRUNDRISSFENSTER liegt oben das INFOFENSTER, das Details des aktuellen Konstruktionswerkzeugs anzeigt.

Unter dem GRUNDRISSFENSTER liegt noch die BILDLAUFLEISTE mit einer HILFSMITTELLEISTE links. Darin finden sich Buttons zum Aktivieren des NAVIGATORS, der NAVIGATORVORSCHAU und der SCHNELL-OPTIONEN. Des Weiteren liegen dort zahlreiche Buttons für den *Maßstab* und für mehrere *Zoom-Optionen.*

Tipp

Die bisher genannten Paletten können Sie über das Menü FENSTER|PALETTEN|... jederzeit aktivieren oder deaktivieren. Unter FENSTER|SYMBOLLEISTEN finden Sie die oben genannten Symbolleisten und auch weitere.

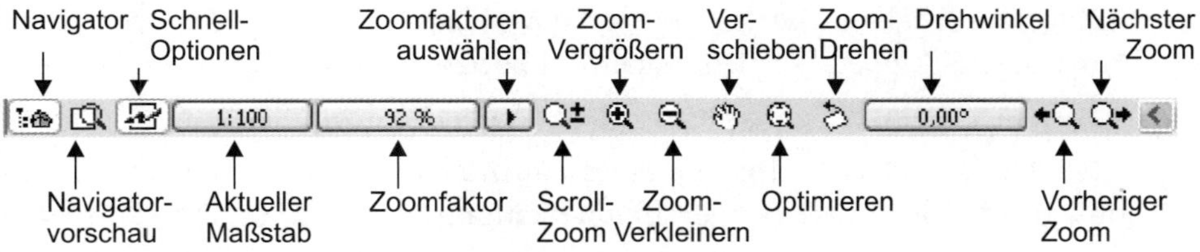

Abb. 1.6: Werkzeuge der Hilfsmittelleiste

Die Werkzeuge in der HILFSMITTELLEISTE haben folgende Bedeutung:

- NAVIGATOR schaltet die NAVIGATOR-Palette ein und aus, die Ihre Projektstruktur verwaltet.
- NAVIGATOR-VORSCHAU schaltet die Navigator-Vorschau ein und aus. In der Navigator-Vorschau bekommen Sie ein Übersichtsbild, in dem Sie auch die Ansichtssteuerung bedienen können. Insbesondere in 3D ist sie nützlich zum Einstellen der Ansichtsrichtung.
- SCHNELL-OPTIONEN schaltet die SCHNELL-OPTIONEN-Palette ein oder aus, auf der Sie den Maßstab (nur in 2D) und die Darstellungsart wählen können.
- AKTUELLER MASSSTAB Der gewählte Maßstab wirkt sich auf die relative Größe von Texten und Bemaßungsobjekten aus. Diese Objekte werden so skaliert, dass Sie später bei der maßstäblichen Plotausgabe die gewünschte Höhe haben.
- ZOOMFAKTOR Der Zoomfaktor steuert die Vergrößerung auf dem Bildschirm unabhängig vom späteren Plotmaßstab. Dieses Feld dient der Anzeige des aktuellen Zoomfaktors. Durch einen Klick können Sie hier 100% wählen.

- ZOOMFAKTOR AUSWÄHLEN Hier können Sie einen Zoomfaktor aus einer Liste diskreter Werte auswählen.
- SCROLL-ZOOM Wenn Sie damit bei gedrückter Maustaste nach oben fahren, wird vergrößert, bei Bewegung nach unten wird verkleinert. Die Position, an der Sie die Maustaste niedergedrückt hatten, bleibt dabei fixiert stehen. Sie können die Maustaste auch nach dem ersten Klick loslassen.
- ZOOM-VERGRÖSSERN Sie wählen hierbei über zwei diagonale Punkte einen Ausschnitt des Bildes aus, der dann auf den kompletten Bildschirm vergrößert wird.
- ZOOM-VERKLEINERN Sie wählen hierbei über zwei diagonale Punkte einen Ausschnitt des Zeichenfensters aus, auf den dann der aktuelle Bildschirminhalt verkleinert wird.
- VERSCHIEBEN verschiebt bei gedrückter Maustaste die Bildschirmdarstellung. Alternativ können Sie auch mit einem ersten Klick den Startpunkt der Verschiebung und mit einem zweiten Klick den Zielpunkt wählen. Verschoben werden nicht die Objekte mit ihren Koordinaten, sondern nur die Bildschirmdarstellung mit ihrem Nullpunkt.
- ORBIT  Diese Funktion existiert nur, wenn Sie im Navigator eine 3D-Ansicht gewählt haben. Sie erlaubt durch vertikale Bewegung der gedrückten Maustaste ein Kippen der 3D-Ansicht, bei horizontaler Bewegung ein Drehen.
- OPTIMIEREN zeigt die gesamte Konstruktion bildschirmfüllend an.
- ORIENTIERUNG-DREHEN dreht den Bildschirminhalt um einen wählbaren Drehpunkt (erster Klick) aus einer gewählten Richtung (zweiter Klick: Punkt für Startwinkel) in eine neue Richtung (dritter Klick: Punkt für neuen Winkel). Der resultierende Drehwinkel wird in der Box daneben angezeigt. Ein Klick darauf (ORIENTIERUNG ZURÜCKSETZEN) genügt, um die Drehung zurückzusetzen.
- VORHERIGER ZOOM geht in der Zoom-/Schieben-/Drehen-Historie rückwärts.
- NÄCHSTER ZOOM geht in der Zoom-/Schieben-/Drehen-Historie wieder vorwärts.

Als letzte Leiste des Programms finden Sie ganz unten die Statusleiste, in der bei Befehlsbedienung die Eingabeaufforderungen erscheinen.

1.4 Konstruktion der Außenwände

Um schnell in die Konstruktion einzusteigen, soll hier versucht werden, mit einfachsten Mitteln und den Werkzeugen, die automatisch oder mit wenigen Klicks zu aktivieren sind, zunächst eine einfache Entwurfszeichnung zu erstellen. Die Maße sind in Abbildung 1.7 gegeben. Es sollen Außenwände für einen einfachen Grundriss gezeichnet werden, Innenwände, Fenster und die Eingangstür mit Standard-Elementen.

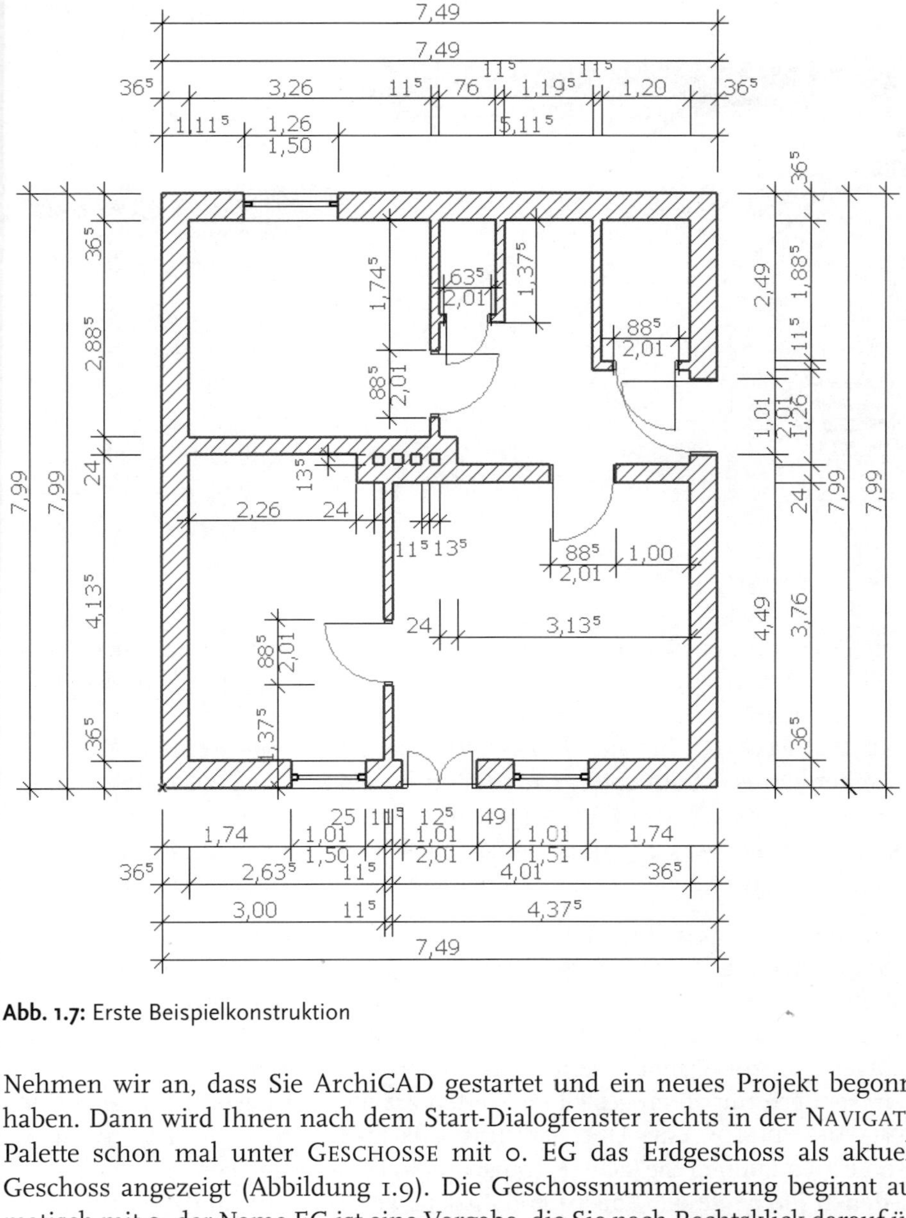

Abb. 1.7: Erste Beispielkonstruktion

Nehmen wir an, dass Sie ArchiCAD gestartet und ein neues Projekt begonnen haben. Dann wird Ihnen nach dem Start-Dialogfenster rechts in der NAVIGATOR-Palette schon mal unter GESCHOSSE mit 0. EG das Erdgeschoss als aktuelles Geschoss angezeigt (Abbildung 1.9). Die Geschossnummerierung beginnt automatisch mit 0, der Name EG ist eine Vorgabe, die Sie nach Rechtsklick darauf über GESCHOSS UMBENENNEN auch ändern können. Etwas unterhalb der Strukturdarstellung des Navigators finden Sie bei BESCHREIBUNGEN die Schaltfläche EINSTELLUNGEN. Hier können Sie mit einem Klick die Voreinstellungen für das Geschoss sehen, ändern und auch weitere Geschosse mit DARÜBER EINFÜGEN und DARUNTER EINFÜGEN erstellen (Abbildung 1.8). Im Beispiel werden wir uns zunächst auf ein einziges Geschoss beschränken.

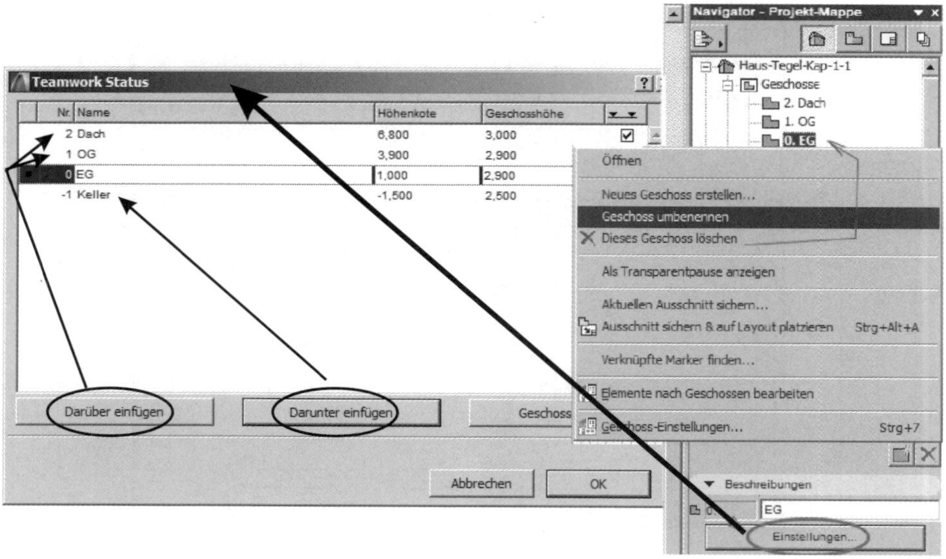

Abb. 1.8: Einstellungen für Geschosse

Nun sollen die ersten Wände konstruiert werden. Sie beginnen natürlich damit, dass Sie im WERKZEUGKASTEN links das WAND-Werkzeug anklicken. Das führt dazu, dass im INFOFENSTER oberhalb des Grundrissfensters die wichtigsten GRUNDEINSTELLUNGEN für dieses WAND-Werkzeug angezeigt werden (Abbildung 1.9). Außerdem erscheint sofort ganz unten in der STATUSANZEIGE die Anfrage ANFANGSPUNKT DER WAND FESTLEGEN. Hier erfahren Sie bei Aufruf bestimmter Funktionen immer, was zu tun ist. Sofern Sie also noch nicht auswendig wissen, wie ArchiCAD zu bedienen ist, bekommen Sie hier unten stets wertvolle Hilfe.

Sie sollten einen kurzen Blick auf das INFOFENSTER oben werfen. Es enthält mit elf Schaltflächen, einigen Unterkategorien und Eingabefeldern die wichtigsten Bedienelemente für die Festlegung der Parameter für eine Wand. Gleich mit dem ersten Button EINSTELLUNGSDIALOG erreichen Sie das Dialogfeld mit den kompletten Einstellungen für ein Wandelement. Hier wollen wir aber noch nicht ins Detail gehen, sondern mit voreingestellten Werten arbeiten. Daneben ist unter EBENE: EINSTELLUNGSDIALOG eine Übersicht über alle Ebenen in ArchiCAD zu finden. Diese Ebenen können Sie sich als transparente Folien vorstellen, auf die die verschiedenen Elemente der Konstruktion gelegt werden. Sinn und Zweck der Ebenen besteht darin, dass für bestimmte Aufgaben beispielsweise die Sichtbarkeit verschiedener Ebenen ein- und ausgeschaltet werden kann. Auch die Ebenenstruktur werden Sie zunächst standardmäßig lassen, weil ArchiCAD vom Start weg eine sinnvolle Ebenenstruktur anbietet, die Sie für die ersten Arbeiten sofort benutzen können. In anderen CAD-Systemen nennt man diese *Ebenen* auch *Layer*. Daneben sehen Sie in der dritten Schaltfläche die für das aktuelle Element aktivierte Ebene, hier WAND AUSSEN.

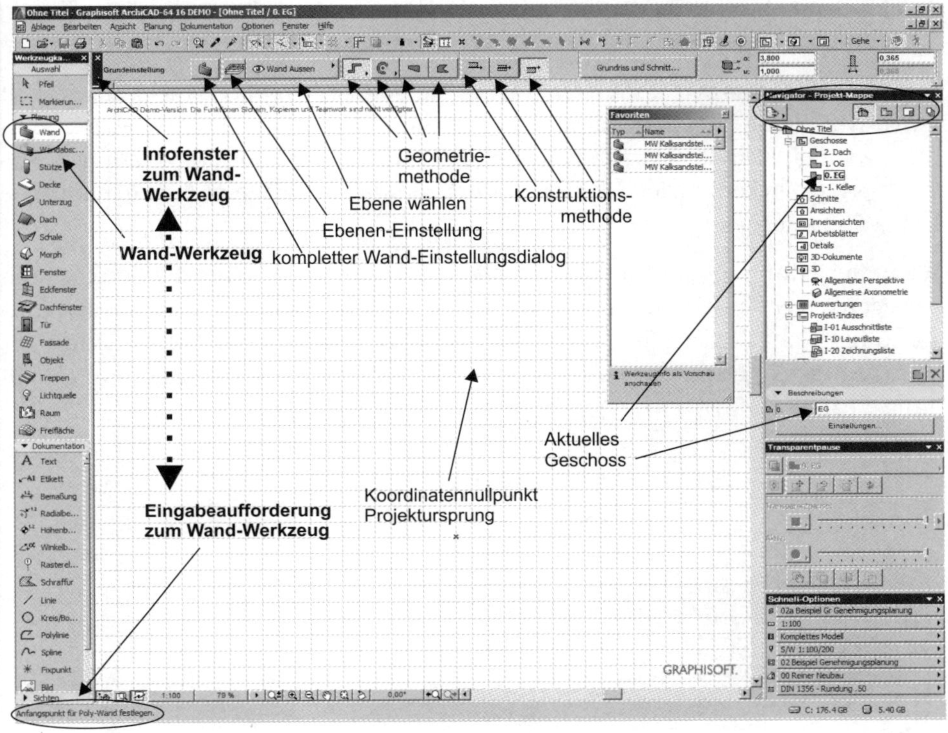

Abb. 1.9: WAND-Werkzeug aufrufen

Nun folgen vier wichtige Buttons mit den *Geometriemethoden* zur Wanderstellung:

- GERADE erstellt mehrere geradlinige Wandsegmente. Das ist meist der Normalfall. Die Option kennt neben GERADE EINFACH noch Varianten, etwa POLY zur Erstellung mehrerer verbundener Wände, RECHTECK für rechteckige Wandverbünde und GEDREHTES RECHTECK für rechteckige Wandverbünde, die unter einem Winkel stehen.
- GEKRÜMMT Mit verschiedenen Untervarianten können bogenförmige Wandsegmente konstruiert werden: MITTELPUNKT UND RADIUS, 3 PUNKTE oder TANGENTE. Nach Eingabe der benötigten Geometrieelemente wird in den beiden ersten Methoden noch der Start- und Endwinkel des Bogens angefordert, während bei der Methode TANGENTE ein Vollkreis entsteht, der aber noch in seiner Lage mit dem so genannten *Augen-Cursor* verändert werden kann.
- TRAPEZ ist eine Sonderform der Wand mit variabler Dicke an den Wandenden. Die Wandstärken für die beiden Wandenden müssen Sie vorher im EINSTELLUNGSDIALOG festlegen.
- POLYGON dient zur Erzeugung beliebig geformter Wandstücke durch Angabe eines begrenzenden Vielecks, das auch Bogenformen enthalten kann. Damit kann der Wandquerschnitt beliebig vorgegeben werden. Die Form der einzel-

nen Segmente für die Wandkontur wie Linie, Bogen oder tangentialer Bogen kann über eine so genannte *Pet-Palette* während der Erstellung gewählt werden.

Beginnen Sie nun mit der ersten Wand. Sie soll am *Projektursprung*, dargestellt durch das kleine Kreuz, beginnen. Sobald Sie in die Nähe dieses Kreuzes kommen, wandelt sich das Cursorsymbol in ein *Häkchen* um. Sobald Sie auf den *Projektursprung* klicken, rastet der Cursor dort ein und es erscheint eine dynamische Darstellung der Wand.

Wenn Sie dann mit dem Cursor nach oben fahren und sich nahe der Senkrechten bewegen, erscheint eine orange gestrichelte Hilfslinie. Dadurch, dass Sie den Cursor in der Nähe dieser Hilfslinie halten, können Sie auf dieser Hilfslinie mit der Wand einrasten. Damit ist die senkrechte Richtung dieser Wand bestimmt (Abbildung 1.10).

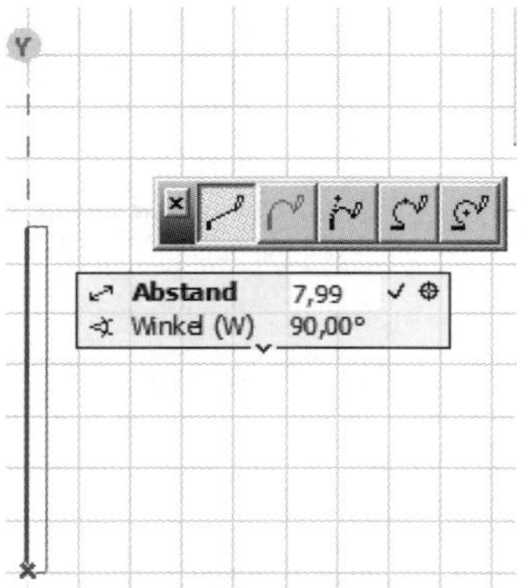

Abb. 1.10: Erste Wand mit Startpunkt 0,0

Es erscheint dann auch der TRACKER als blau unterlegtes Feld zur Vereinfachung der Koordinateneingabe. In das erste TRACKER-Feld ABSTAND können Sie nun über die Tastatur die Länge der Wand eingeben (**7,99**). Mit der Taste [Tab] können Sie zum, nächsten TRACKER-Feld wechseln. Mit [Enter] beenden Sie die Eingabe. Alternativ können Sie auch auf das Häkchen rechts neben dem Eingabefeld klicken und die Eingabe akzeptieren. Damit haben Sie das erste Wandstück erstellt (Abbildung 1.12).

In der STANDARD-Symbolleiste finden Sie die Werkzeuge (Abbildung 1.11), die Ihnen bei der Eingabe helfen können:

- Die HILFSLINIEN erscheinen als *horizontale* und *vertikale orange gestrichelte Hilfslinien* von der aktuellen Position aus oder an einem angefahrenen Punkt und auch *unter Winkeln von 45°* und *Vielfachen* davon. HILFSLINIEN entstehen auch, wenn Sie Elementkanten etwas länger berühren und dann ein oranges kreisförmiges Symbol anklicken. Solche Hilfslinien können auch direkt durch Ziehen an diesem Symbol um einen Abstand verschoben werden.

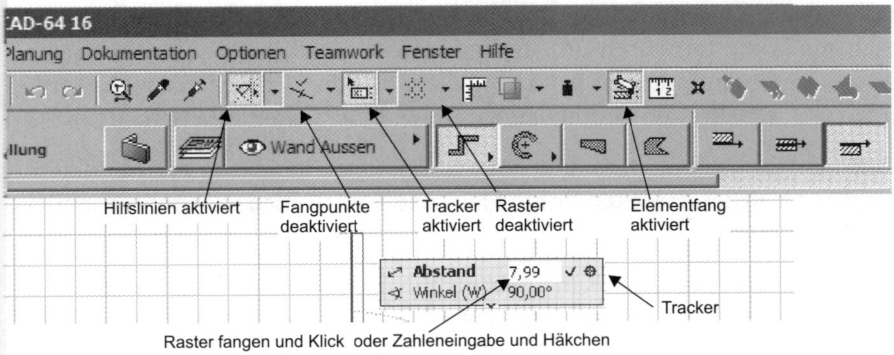

Abb. 1.11: Voreinstellungen für Konstruktion

- Der TRACKER ermöglicht die *Koordinateneingabe an der Cursorposition.*
- FANGPUNKTE ist standardmäßig deaktiviert. Bei normaler Aktivierung ist der MITTELPUNKT einer Elementkante zum exakten Einrasten eingestellt. Andere Positionen entlang von Kanten können dort aktiviert werden.
- Der RASTERFANG, hier deaktiviert, bewirkt, dass Sie auf den Positionen eines vordefinierten Rasters einrasten würden. Er kann beispielsweise benutzt werden, um bei vollen Metern oder anderen charakteristischen Abständen einzurasten.
- Der ELEMENTFANG bewirkt, dass die *charakteristischen Punkte von Elementen* wie Endpunkte von Wänden beispielsweise bei Verschiebungen die Form von kleinen Quadraten annehmen und dann an anderen Positionen oder Fangpunkten einrasten können.

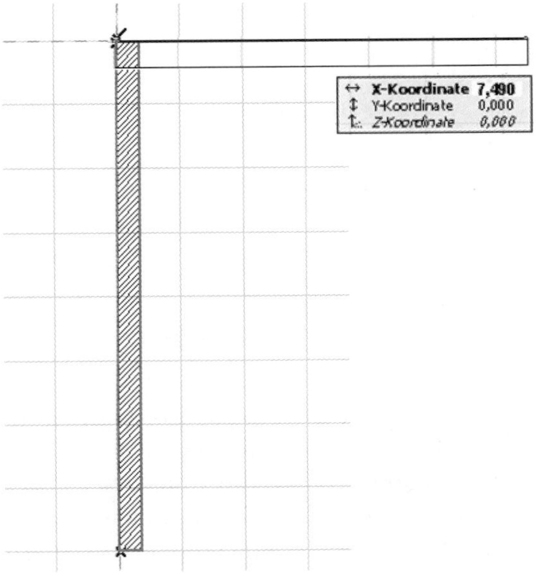

Abb. 1.12: Erste Wand fertig mit Schraffur, zweite mit Tracker-Eingabe für Länge

Wenn Sie die erste Wand fertiggestellt haben, können Sie in derselben Weise mit der nächsten Wand fortfahren. Alle fertigen Wände erscheinen sofort mit Schraffur. Wände, deren Endpunkte zusammenfallen oder die sich überkreuzen, werden sofort korrekt verschnitten und bilden damit ein geschlossenes Schraffurgebiet.

Falls Sie den Wandbefehl im Modus POLY verlassen wollen, bevor die Wandkontur geschlossen ist, drücken Sie die rechte Maustaste und wählen im Kontextmenü die Option OK.

Sie können bei der weiteren Konstruktion für die Enden der Wandstücke auch *Hilfslinien* ausgehend von vorhandenen Punkten erzeugen, indem Sie auf einen solchen Punkt fahren und dann mit gedrückter Maustaste von diesem Punkt aus an in die gewünschte Richtung wegziehen. Es entsteht zuerst eine blau gestrichelte Hilfslinie, die orange umgefärbt wird, sobald Sie die Maustaste loslassen. Auf diese Hilfslinie können Sie mit dem Fangmodus *Lot* beispielsweise den Endpunkt des aktuellen Wandsegments legen. Der Fangmodus *Lot* wird durch ein passendes Logo angezeigt, sobald Sie einigermaßen genau die Lotposition erreichen.

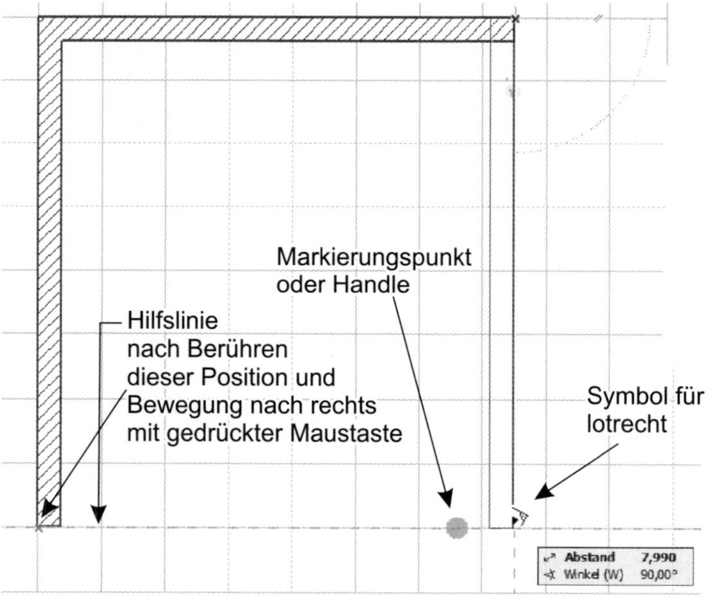

Abb. 1.13: Koordinateneingabe/-anzeige

Bei der dritten Wand wurde in dieser Weise vorgegangen. Der Anfangspunkt wurde wieder mit dem Häkchen-Cursor auf die Ecke der vorhergehenden Wand rechts oben gelegt. Um den Endpunkt der Wand festzulegen, wurde zunächst der Projektursprung angefahren und von dort mit gedrückter Maustaste nach rechts waagerecht herübergefahren, bis eine blaue horizontale Hilfslinie erscheint. In diesem Moment können Sie die Maustaste loslassen, und die Hilfslinie ändert ihre Farbe in Orange und sie wird dicker dargestellt. Damit wird eine *bleibende Hilfslinie* gekennzeichnet, die bis zum Ende der Aktion erhalten bleibt. Nun können Sie auf der senkrechten Hilfslinie vom Anfangspunkt der Wand nach unten auf die bleibende Hilfslinie fahren. Die waagerechte Hilfslinie wird nun noch gelb unterlegt und erhält einen orange Markierungspunkt. Beim Berühren des Schnittpunkts beider Hilfslinien verwandelt sich der Cursor in einen kleinen *Dreieckspfeil mit dem Lotsymbol,* einem kleinen rechten Winkel. Nun klicken Sie die neue Position an.

Die vierte Wand zeichnen Sie nun durch Anklicken der bestehenden Eckpunkte und so sind Sie fertig mit der ersten kleinen Konstruktion.

Die Beschreibung mag umständlich klingen, aber in der Praxis erscheinen ja die Hilfslinien und die Einrastsymbole automatisch, so dass Sie nur die richtigen Positionen anfahren und dann an der richtigen Stelle klicken müssen ohne weitere Eingaben Ihrerseits. Nach kurzer Übung wird es Ihnen gelingen, mit diesem Vorgehen schnell und intuitiv mit ArchiCAD zu arbeiten.

Wesentlich schneller arbeiten Sie natürlich, wenn Sie die fortgeschrittenen Geometriemethoden POLY oder RECHTECK im WAND-Werkzeug nutzen. Damit entstehen mehrere Wände als Kette oder direkt als Geviert.

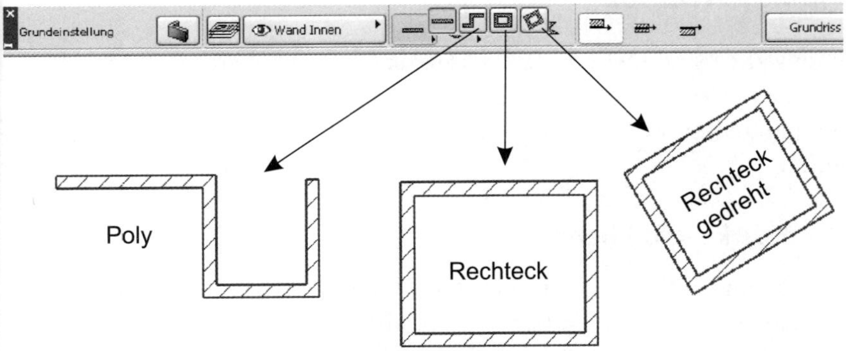

Abb. 1.14: Geometriemethoden für geradlinige Wände

Wenn Sie als Alternative mit RECHTECK an dieser Stelle arbeiten, dann können Sie die Abmessungen im Tracker eingeben. Mit [⇆] wechseln Sie in den Tracker und geben bei LÄNGE den Wert **7,49** ein, und dann mit [⇆] zu BREITE, wo Sie den Wert **7,99** eingeben.

Zu beachten ist, dass Sie im Gegensatz zur Wand oben mit der GEOMETRIEMETHODE POLY und KONSTRUKTIONSMETHODE RECHTS nun LINKS wählen müssen, um das gleiche Viereck zu erhalten.

Abb. 1.15: Wandrechteck mit Tracker-Eingabe (über [⇆]) für Länge und Breite

1.5 Die Innenwände

Für die Innenwände sind mehrere Dinge umzustellen. Die Wandstärke muss eine andere sein, sie sollen auf eine andere Ebene gelegt werden und es muss eine Möglichkeit geschaffen werden, auf den gewünschten Anfangs- und Endpunkten einzurasten.

1.5.1 Wandstärke und Ebenen

Die Wandstärke finden Sie schon im INFOFENSTER ganz rechts. Ansonsten klicken Sie für die Einstellung einer anderen *Wandstärke* im INFOFENSTER des WAND-Werkzeugs auf die erste Schaltfläche EINSTELLUNGSDIALOG. Im Dialogfenster finden Sie oben rechts die Einstellung der Wandstärke. Ändern Sie dort von 0,365 auf **0,24** für die ersten Innenwände und beenden Sie mit OK. Alternativ können Sie in diesem Fall auch vorgegebene brauchbare Wandstärken in den FAVORITEN finden. Um die Voreinstellungen dort besser zu sehen, sollten Sie diese Palette evtl. etwas breiter aufziehen.

Die Ebene für die Innenwände können Sie nun entweder im Dialogfenster WAND-GRUNDEINSTELLUNG ganz unten oder auch im INFOFENSTER mit dem dritten Werkzeug EBENE einstellen. Wählen Sie in der Ebenen-Liste die passende Ebene WAND INNEN (Abbildung 1.16).

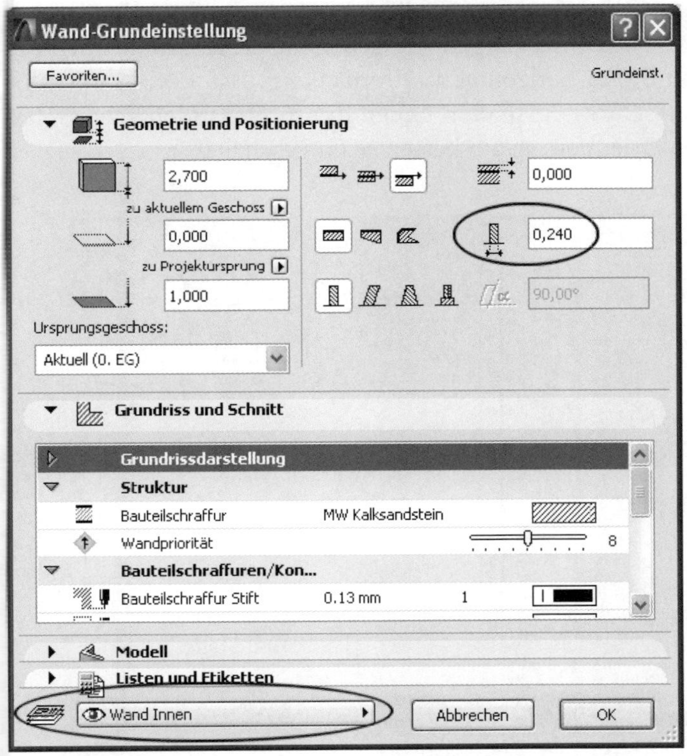

Abb. 1.16: Einstellungen einer anderen Wandstärke für Innenwände

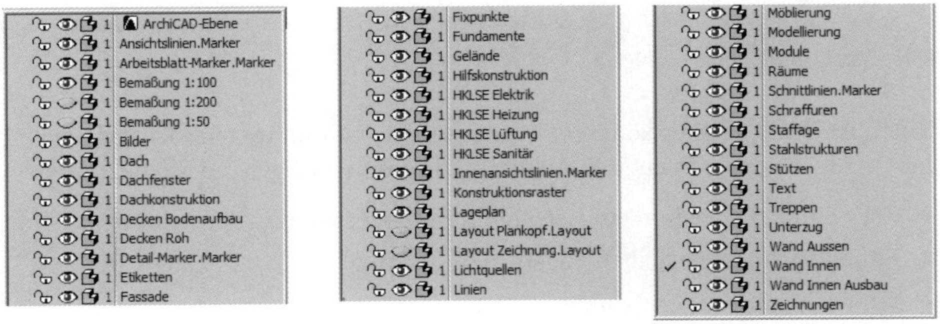

Abb. 1.17: EBENE-EINSTELLUNG für Innenwand

1.5.2 Rasterfang und Koordinateneingabe

Als Alternative zur Koordinateneingabe über den TRACKER können Sie für das Einrasten des Cursors an bestimmten Positionen das *Konstruktionsraster* aktivieren. Im Menü ANSICHT|RASTER- & BEARBEITUNGSEBENEN-OPTIONEN|RASTER-EINSTELLUNGEN (Abbildung 1.18) oder mit der Taste F6 können Sie die Einstellungen vornehmen. Für Bau-Entwurfszeichnungen stellt man ein typisches Raster mit Rasterpunkten alle *12,5 cm* ein. Im Dialogfenster geben Sie die Abstände unter der Rubrik Rasterfang mit **`0,125`** horizontal und vertikal ein. Das Konstruktionsraster, das auf dem Bildschirm die grauen Linien in 1-m-Abständen anzeigt, lassen Sie zur allgemeinen Orientierung am besten so eingeschaltet.

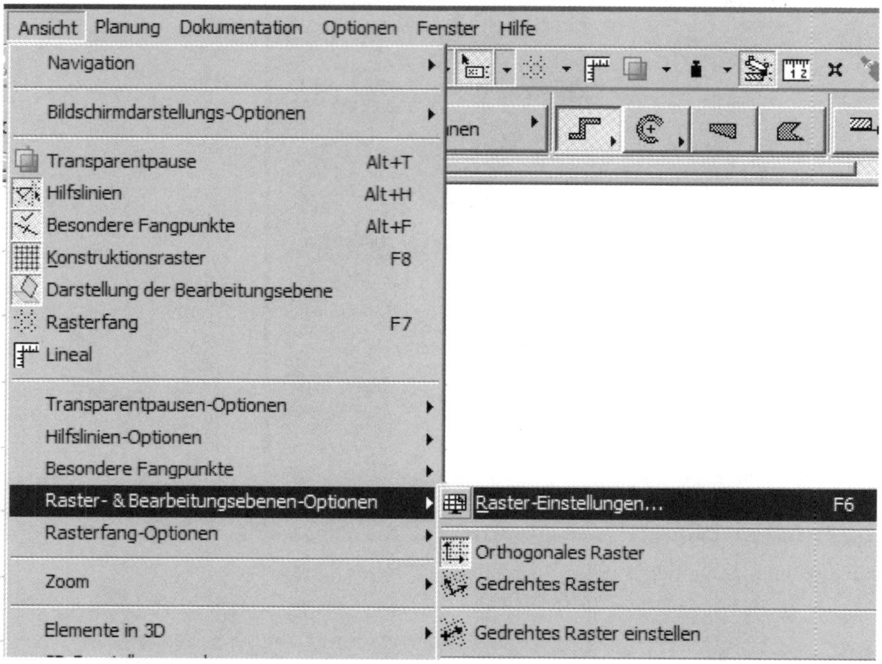

Abb. 1.18: Rasteroptionen wählen

Unten im Dialogfenster können Sie nun wählen, ob und welcher Rasterfang aktiviert wird. Die drei Kästchen in Abbildung 1.19 unten zeigen die Möglichkeiten:

- Kein Einrasten an dem eingestellten Raster oder am 1-m-Konstruktionsraster
- Einrasten am eingestellten Raster (hier 0,125)
- Einrasten am 1-m-Konstruktionsraster

Alternativ können Sie auch mit [F7] oder Menü Ansicht|Rasterfang das Einrasten generell ein- und ausschalten. Zwischen Raster und Konstruktionsraster können Sie auch übers Menü Ansicht|Rasterfang-Optionen|Rasterfang oder Ansicht|Rasterfang-Optionen|Konstruktionsraster wählen. Auch in der Standard-Symbolleiste gibt es ein Werkzeug Rasterfang. Man kann es ein- und ausschalten und man kann in seinen Unteroptionen zwischen Rasterfang und Konstruktionsraster wählen.

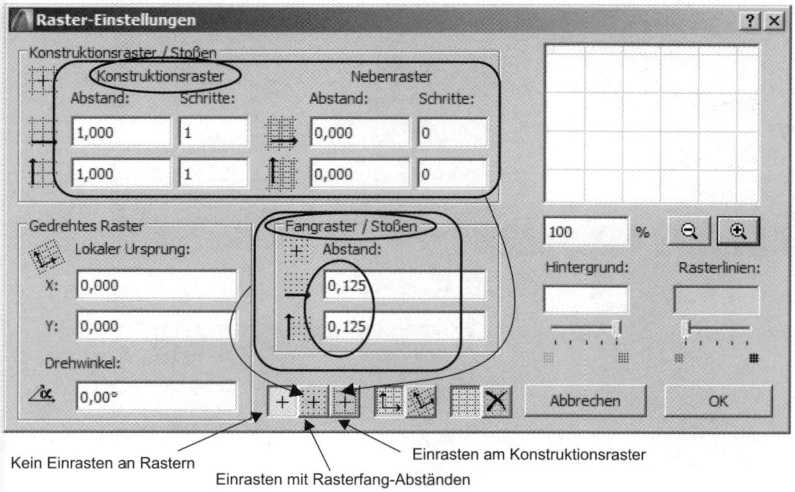

Abb. 1.19: Rasterabstände eingeben und Rasterfang-Option wählen

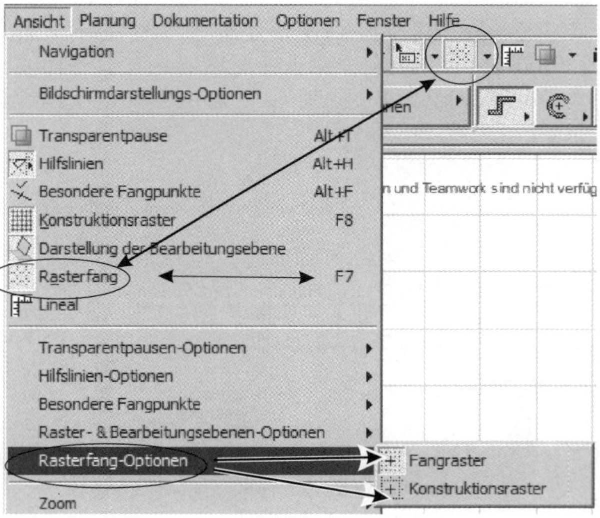

Abb. 1.20: Rasterfang umschalten zwischen Raster und Konstruktionsraster

Die Arbeit mit dem Raster ist besonders für Eingaben von Entwurfszeichnungen geeignet, bei denen Vielfache von 1/8 m sinnvoll sind.

Zur Anzeige der aktuellen Cursorposition gibt es die Palette KOORDINATENFENSTER. Sie können sie mit FENSTER|PALETTEN|KOORDINATEN aktivieren. Sie dient zur Anzeige und Eingabe von Koordinaten sowie zur Rastereinstellung. Außerdem kann mit dem ersten Werkzeug links (Abbildung 1.22) der Ursprung vom Projektursprung zum Benutzerursprung verändert werden. Damit können Sie den Bezugspunkt für absolute Koordinaten beliebig neu definieren.

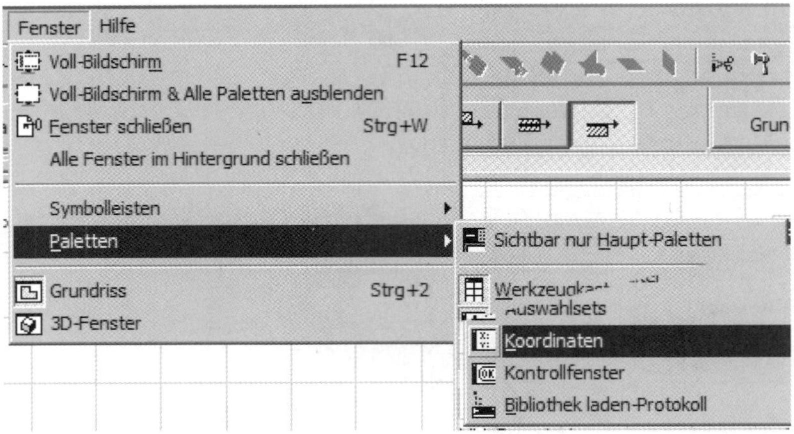

Abb. 1.21: Koordinatenfenster aktivieren

Weitere Rastereinstellungen

Im KOORDINATENFENSTER (Abbildung 1.22) finden Sie neben dem Werkzeug für den Benutzerursprung drei Werkzeuge zur Rasterverwaltung. Mit dem ersten können Sie die Richtung für Ihr gedrehtes Raster definieren. Dafür ist die Eingabe eines Startpunkts und eines zweiten Punkts für den Winkel nötig. Mit der Definition wird das gedrehte Raster auch gleich aktiviert.

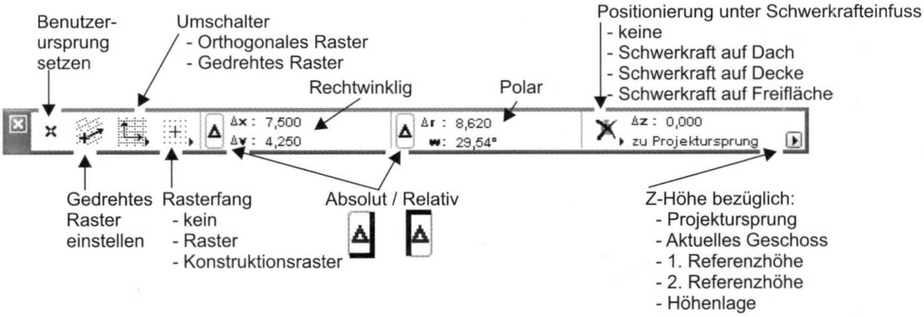

Abb. 1.22: Koordinatenfenster

Sie können aber mit dem Werkzeug rechts daneben jederzeit wieder auf das orthogonale Raster zurückschalten. Das Werkzeug dient nämlich als Umschalter zwischen orthogonalem und gedrehtem Raster.

Das dritte Werkzeug steuert das Fangen. Bei Aufruf zeigen sich nebeneinander drei Optionen. Die erste schaltet das Fangen auf jeglichem Raster aus. Die zweite aktiviert das Fangen auf dem Raster, das weiter oben auf 12,5-cm-Abstände gesetzt wurde. Das dritte aktiviert das Fangen auf dem Konstruktionsraster, das vorgabemäßig auf 1-m-Abstände gesetzt ist.

Zusätzlich zum Konstruktionsraster kann noch ein Nebenraster aktiviert werden. Mit diesen beiden Einstellungen ist es auch möglich, das Konstruktionsraster für Ausführungszeichnungen mit korrekten Abmessungen zu verwenden. Dazu stellen Sie für das Hauptraster das Ziegelmaß 11,5 cm ein und für das Nebenraster die Fugenbreite 1 cm. Damit sind dann korrekte Detailkonstruktionen im Ziegelraster möglich.

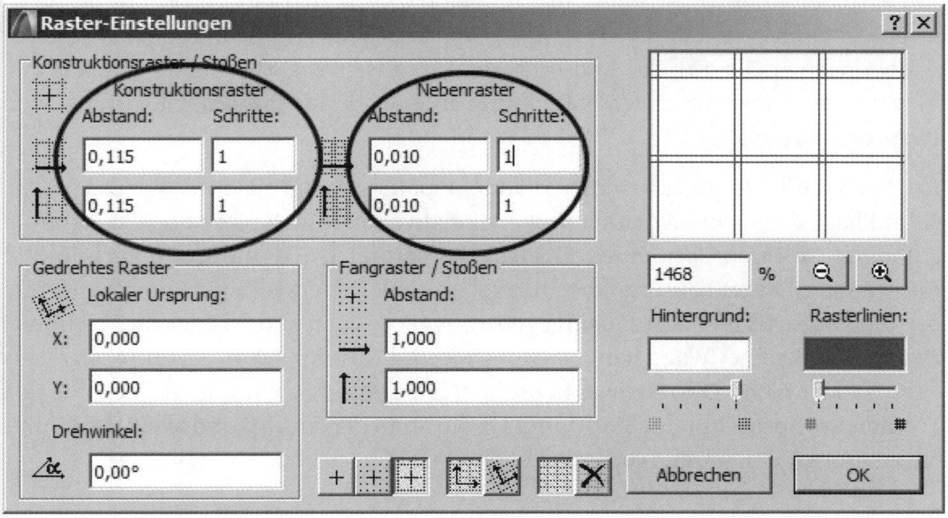

Abb. 1.23: Konstruktionsraster und Nebenraster für Ausführungszeichnungen

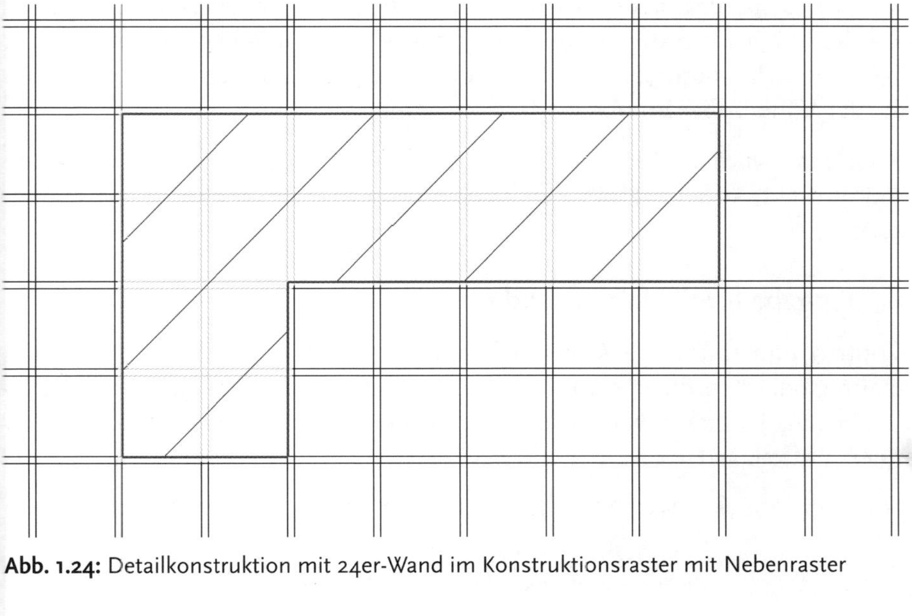

Abb. 1.24: Detailkonstruktion mit 24er-Wand im Konstruktionsraster mit Nebenraster

Rechtwinklige Koordinaten

Die übliche Eingabe von Koordinaten geschieht mit rechtwinkligen Koordinaten. Man kann nun diese Koordinaten *absolut* und *relativ* eingeben.

Absolute Koordinaten beziehen sich immer auf den *Ursprung*. Das ist in unserem Beispiel noch der *Projektursprung*, kann aber auch der *Benutzerursprung* sein, wenn mit dem ersten Werkzeug links ein Benutzerursprung gelegt wurde. Auf jeden Fall wird der Ursprung immer durch ein *dickes Kreuz* markiert. Ist es ein *Benutzerursprung*, dann erscheint der *Projektursprung* daneben noch in Grau, hat aber keine Auswirkung mehr auf die Koordinaten. Die absoluten Koordinaten geben den Abstand in der horizontalen x-Richtung und in der vertikalen y-Richtung vom Ursprung aus an.

Relative Koordinaten werden aktiviert, indem man im Koordinatenfenster das *Δ-Symbol* anklickt. Es erscheint dann *umrahmt*. Relative Koordinaten beziehen sich immer auf einen *vorhergehenden Punkt*. Deshalb werden relative Koordinaten auch immer nur wirksam, wenn Folgepunkte einzugeben sind. Der erste Punkt einer Wand wird beispielsweise immer absolut eingegeben, egal ob Δ aktiviert ist oder nicht. Für den zweiten Punkt einer Wand hängt die Eingabe und Anzeige schon davon ab, ob relativ aktiv ist oder nicht. Die relativen Koordinaten zeigen auch Wirkung bei polygonalen Formen, wo später nur der Startpunkt absolut angegeben wird und alle Folgepunkte sich dann auf den jeweils vorhergehenden Punkt beziehen.

Polarkoordinaten

Eine etwas seltenere Koordinatenart sind die *Polarkoordinaten*. Dafür werden der *Abstand vom Ursprung* und der *Winkel zur x-Richtung* eingegeben. Auch hier gibt es wieder die Möglichkeit, für Folgepunkte *relative Polarkoordinaten* zu verwenden. Bei relativen Polarkoordinaten bezieht sich der Abstand auf den vorhergehenden Punkt, der Winkel aber immer auf die x-Richtung.

Bei einem *gedrehten Raster* werden die x- und y-Richtungen um den gewählten Winkel verdreht. Alles Erwähnte gilt dann bezogen auf die gedrehten Koordinatenrichtungen.

1.5.3 Eingabe für die Innenwände

Sie können nun raffinierte Rastereinstellungen verwenden, um die Positionen anzufahren oder Koordinaten aus der Vorgabezeichnung in der Palette KOORDINATEN eingeben. Einfacher wird allerdings die Eingabe von RELATIVKOORDINATEN über den Tracker. Dazu

1. aktivieren Sie das WAND-Werkzeug, wählen Sie die Konstruktionsmethode LINKS,
2. schalten Sie ELEMENTFANG, HILFSLINIEN und TRACKER ein,

3. fahren Sie die Ecke unten links an (Abbildung 1.25), bis das Häkchensymbol erscheint,
4. rufen Sie den TRACKER durch Eingabe von **Y** [Enter] auf,
5. geben Sie den relativen Abstand mit **4,135+** und [Enter] ein, damit er mit der aktuellen Position verrechnet werden kann.
6. Damit ist der Startpunkt der Innenwand gegeben. Und Sie erhalten auch gleich eine passende Hilfslinie.
7. Ziehen Sie mit dem Cursor waagerecht nach rechts rüber entlang der Hilfslinie, geben Sie im TRACKER die Wandlänge über den ABSTAND **3,625** ein und beenden Sie mit [Enter].

Abb. 1.25: Koordinateneingabe durch Ziehen auf Rasterposition für zweiten Punkt einer Wand

Die RELATIVKOORDINATEN werden im TRACKER einfach als **`X-`** oder **`Y-Wert`** gefolgt von + oder - eingegeben.

Für die in y-Richtung verlaufenden Wände wäre die Wandstärke mit dem EINSTELLUNGSDIALOG des WAND-Werkzeugs auf **`11,5`** cm umzustellen. Dann können Sie auch diese mit Hilfe von RELATIVKOORDINATEN und des TRACKERS und der standardmäßigen Fangoptionen wie LOT (Abbildung 1.26) schnell konstruieren.

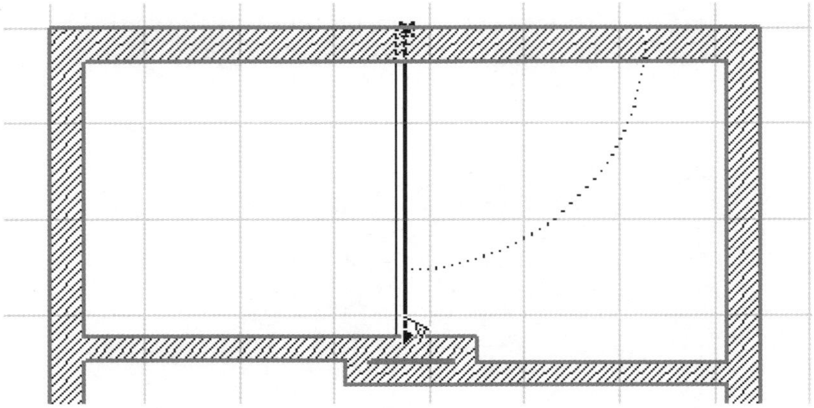

Abb. 1.26: Anzeige für Einrasten an einem Lotpunkt

1.5.4 Die Tür

Die Tür soll nun an der in Abbildung 1.7 gezeigten Position 2,49 m unterhalb der Wandecke rechts oben eingebaut werden. Wenn Sie aus dem WERKZEUGKASTEN das TÜR-Werkzeug aktivieren, erscheinen wieder die wichtigsten Eingabefelder im INFOFENSTER (ABBILDUNG 1.27). Die Tür kann mit dem Pfosten oder der Mitte positioniert werden. Laut Bemaßung ist die Pfostenposition nötig (Abbildung 1.28).

1. Wählen Sie also im INFOFENSTER die Pfostenposition,
2. fahren Sie zunächst auf die Wandlinie oben, wo dann der Stern-Cursor erscheint,
3. warten Sie, bis die Wandkante mit einem orange Klecks markiert wird,
4. FAHREN Sie in den Klecks hinein, bis eine blaue Hilfslinie erscheint.
5. Halten Sie nun die Maustaste gedrückt und ziehen Sie nach unten, um die Hilfslinie zu verschieben.
6. Im Tracker geben Sie das Maß **`2,49`** ein und `Enter` oder klicken auf das Häkchen.
7. Lassen Sie die Maustaste los, so bleibt die Hilfslinie im Abstand 2,49 stehen.
8. Klicken Sie nun auf den Schnittpunkt zwischen Wand und Hilfslinie, um die Tür zu positionieren.

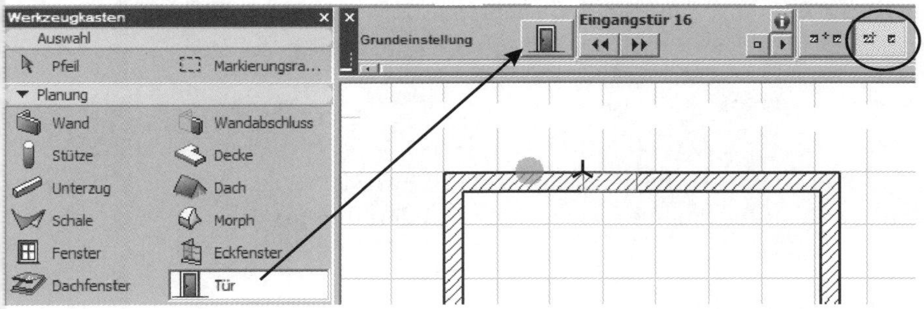

Abb. 1.27: TÜR-Werkzeug mit Positionswahl

9. Nach Anklicken des Ankerpunkts erscheint der *Doppelaugen-Cursor*. Damit können Sie *über oder unter* der Position klicken, um die Seite für die Türöffnung zu wählen.
10. Dann zeigt sich der einfache *Augen-Cursor*, mit dem Sie die Anschlags-Richtungen *innen oder außen* von der Wand sowie *rechte oder linke* Seite der Öffnung anklicken können. Wenn sich die Tür wie in Abbildung 1.29 gezeigt öffnen soll, müssen Sie den AUGEN-CURSOR *innen oberhalb* der Tür-Mittellinie positionieren.

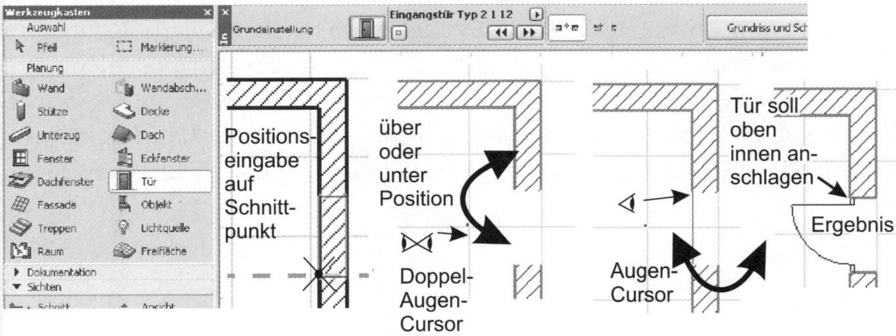

Abb. 1.28: Seitenwahl bei Tür

Wenn die Tür nun eventuell so erstellt ist, dass sie nach der falschen Seite aufschlägt, dann

1. aktivieren Sie das PFEIL-Werkzeug aus dem Werkzeugkasten zum Nachbessern. Mit ESC wechseln Sie am schnellsten zum PFEIL-Werkzeug.
2. Fahren Sie damit die Tür an, warten Sie, bis sie *blau* hervorgehoben wird, und
3. klicken Sie, damit sie *grün* markiert wird und die *charakteristischen Punkte* erscheinen.
4. Dann klicken Sie einen dieser Punkte an und
5. wählen aus der nun erscheinenden PET-PALETTE das Werkzeug zum SPIEGELN.

6. Es reicht nun aus, dass Sie den *charakteristischen Punkt* anklicken, der *auf der Mittellinie* liegt. Die Tür wird sofort um die Mittellinie gespiegelt.

Tipp

Die Funktion DREHEN in der PET-PALETTE bewirkt bei der Tür, dass sich die Anschlags-Richtung von innen nach außen ändert und umgekehrt.

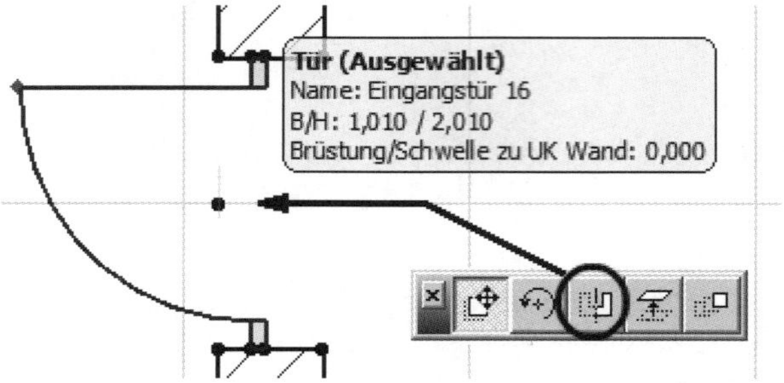

Abb. 1.29: Fertige Tür mit charakteristischen Punkten und Pet-Palette

Die vollständige Mittellinie der Tür ist standardmäßig nicht eingeschaltet. Um Änderungen an den Tür-Eigenschaften vorzunehmen, schalten Sie im WERKZEUGKASTEN das Werkzeug PFEIL ein und klicken in einen der Türpfosten hinein. Zuerst wird dabei die Tür blau markiert, was eine erfolgreiche Auswahl verspricht. Nach Ihrem Klick wird sie grün angezeigt und die charakteristischen Punkte werden hervorgehoben. Gleichzeitig werden im INFOFENSTER die wichtigsten Eigenschaften angezeigt.

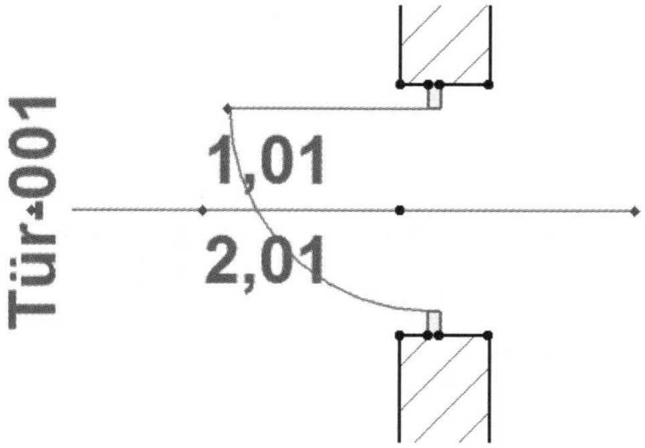

Abb. 1.30: Tür mit Marker und Maßen

Um nun die Tür-Darstellung wie in Abbildung 1.29 zu erzielen, klicken Sie im INFOFENSTER auf das *Tür-Symbol* und bekommen die TÜR-EINSTELLUNGEN angezeigt.

1. Hier öffnen Sie das Panel BEMAßUNGSMARKER und wählen den Marker-Typ T MARKER 16.
2. Darunter finden Sie dann die MARKER OPTIONEN. Hier können Sie nun jeweils durch einen Klick rechts neben die Optionen Folgendes aktivieren: MAßE ZEIGEN und ACHSE ZEIGEN.

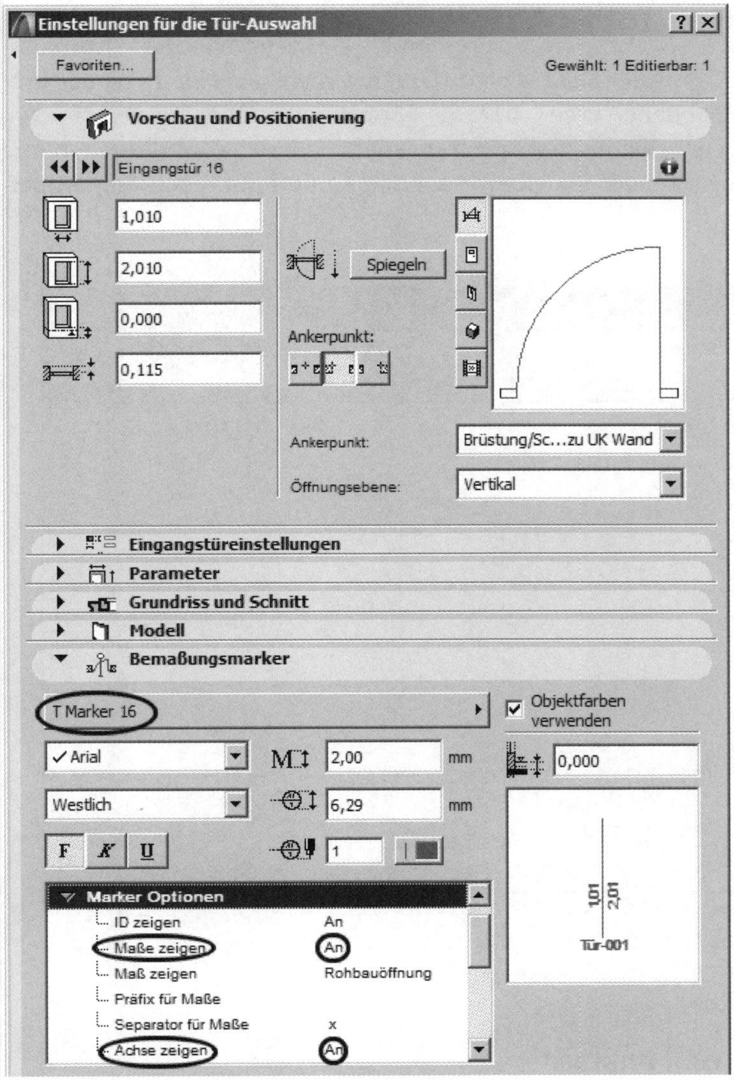

Abb. 1.31: Einstellungen für den Tür-Marker

Außerdem ist die Anzeige der Tür-Details noch abhängig von den MODELLDARSTELLUNGS-KOMBINATIONEN unter den SCHNELL-OPTIONEN. Letztere finden Sie rechts unten als unterste von den drei angedockten Paletten. Die SCHNELL-OPTIONEN bestehen aus sieben Zeilen. Davon bestimmt die fünfte die MODELLDARSTELLUNGS-KOMBINATIONEN. Wählen Sie hier 03 BEISPIEL AUSFÜHRUNGSPLANUNG.

1.6 Speichern der Konstruktion

Wenn Sie nun zum ersten Mal die Konstruktion sichern wollen, wählen Sie im Menü ABLAGE|SICHERN oder das entsprechende Werkzeug aus der STANDARD-Symbolleiste. Weil Sie bisher noch keinen Namen vergeben haben, heißt das Projekt vorläufig erst mal `Ohne Titel.pln`. Sie können jetzt einen eigenen sinnvollen Namen vergeben. Wenn Sie später wieder sichern, wird dieser Name automatisch weiterverwendet und Ihr altes Projekt mit dem neuen Stand überschrieben.

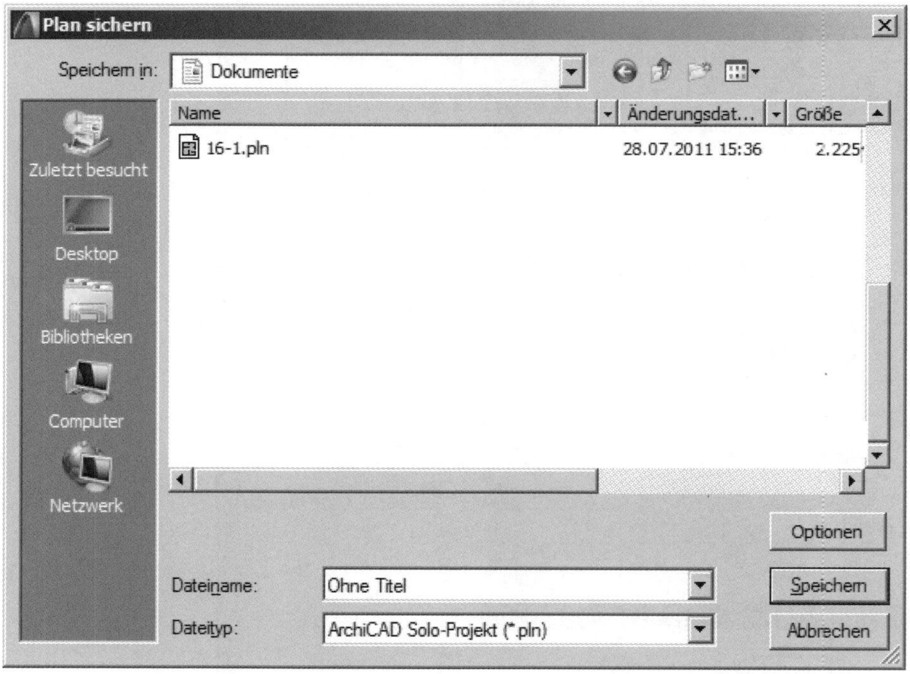

Abb. 1.32: Speichern des bisherigen Projektstands

1.7 Einbau von Fenstern

Der Einbau der Fenster geschieht analog zu den Türen. Wählen Sie das FENSTER-Werkzeug und klicken Sie im INFOFENSTER auf das Icon EINSTELLUNGSDIALOG. Dort wählen Sie links oben die Bibliothek aus:

VERKNÜPFTE BIBLIOTHEKEN|BIBLIOTHEKEN 16|2. FENSTER 16|2.01 RECHTECKFENSTER 16 und darunter das individuelle Fenster, z.B. 1-FLÜGELFENSTER 16. Die Fensterbreite können Sie auch im großen Dialogfenster FENSTER-GRUNDEINSTELLUNGEN oder im INFOFENSTER eingeben.

Das FENSTER-Werkzeug bietet ähnliche Positionierungsvarianten an wie bei den Türen. Auch bei Fenstern erscheint ein *Augen-Cursor*, der die *Anschlags-Richtung* der Fenster festlegt. Dafür wäre hier die Außenseite anzuklicken. Auch bei einem falsch herum eingebauten Fenster können Sie mit dem PFEIL-Werkzeug markieren, anklicken und in der PET-PALETTE die Funktion DREHEN wählen. Die detaillierte Darstellung des Fensters sehen Sie erst beim *Maßstab 1:50*.

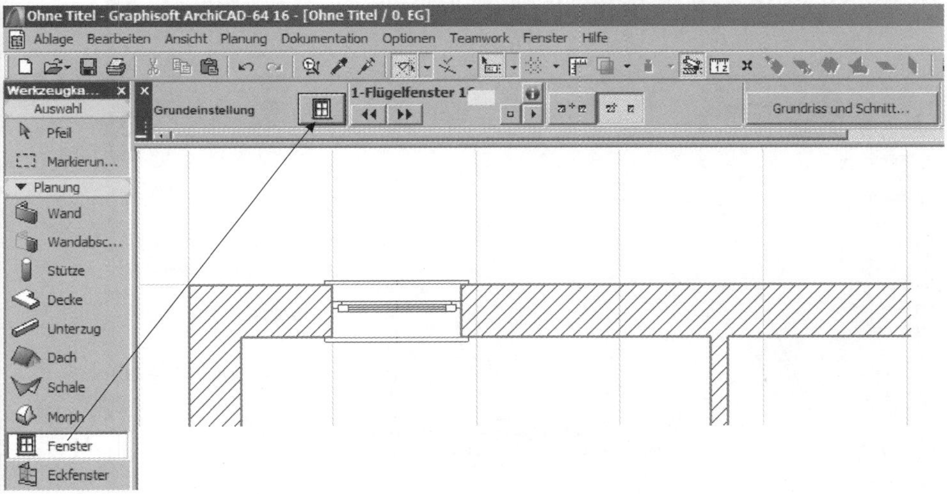

Abb. 1.33: FENSTER-Werkzeug und Fenstereigenschaften

Weitere Feinheiten für die Fenster können natürlich über die FENSTER-GRUNDEINSTELLUNGEN detailliert eingestellt werden. Doch das soll später beschrieben werden. Sie können nun weitere Fenster nach den Maßen in Abbildung 1.7 einbauen.

Wenn Sie die Fenster im Grundriss geöffnet anzeigen wollen, müssen Sie in den FENSTER-GRUNDEINSTELLUNGEN auf das Panel PARAMETER klicken und darunter auf ÖFFNUNG. Gehen Sie weiter auf ÖFFNUNGSTYP HAUPTFLÜGEL mit Auswahl DREHFLÜGEL. Weiter können Sie bei ÖFFNUNGSWINKEL HAUPTFLÜGEL 2D und ÖFFNUNGSWINKEL HAUPTFLÜGEL 3D beispielsweise einen Winkel von **45**° eingeben. Sehen Sie sich nun die Fenster in 2D und in der 3D-Darstellung ALLGEMEINE PERSPEKTIVE oder ALLGEMEINE AXONOMETRIE einmal an.

1.8 Bemaßung

Zur Erstellung der Bemaßung wählen Sie aus dem WERKZEUGKASTEN unter der Überschrift DOKUMENTATION das Werkzeug BEMAßUNG. Sie können im INFOFENSTER die *Konstruktionsmethode* für die Bemaßung wählen. Für eine normale Architektur-Kettenbemaßung wäre die Bemaßungsart links zu verwenden. Sie klicken dann die einzelnen Bemaßungspositionen an. Es werden Symbole mit Kreis und Kreuz gesetzt und Sie beenden diese Auswahl mit einem *Doppelklick* auf einer freien Fläche oder mit einem Rechtsklick und Wahl von OK. Danach erscheint der *Hammer-Cursor*, mit dem Sie die *Maßlinienposition* festlegen.

Eventuell erhalten Sie eine Meldung, dass die Bemaßungsebene ausgeschaltet ist. Klicken Sie dann einfach auf EBENE SICHTBAR, um sie zu aktivieren.

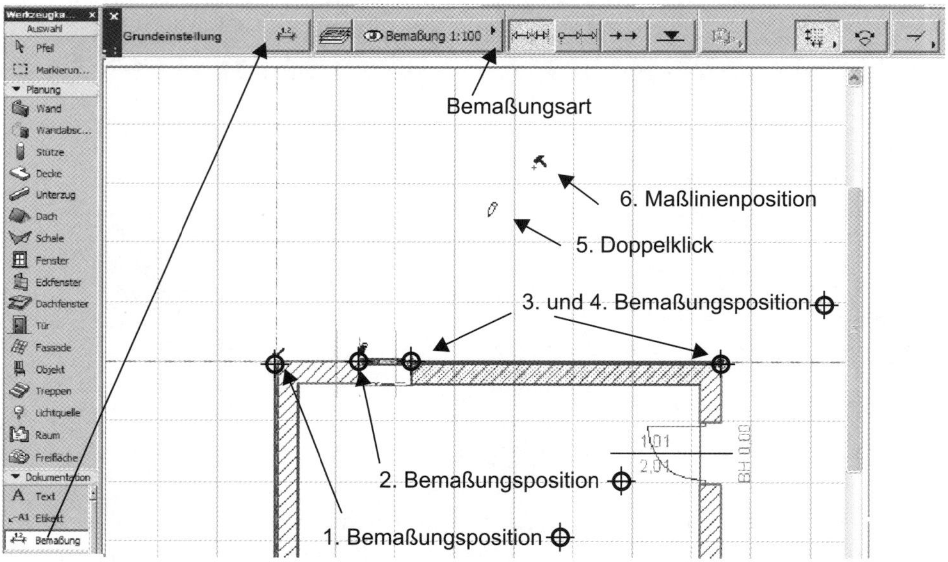

Abb. 1.34: Bemaßung erstellen

Wenn Sie die *Maßlinien in einem konkreten Abstand* zur Wand positionieren möchten, können Sie mit dem *Hammer-Cursor* zuerst auf die Wand fahren und warten, bis der *orangefarbene Kreis* erscheint. Fahren Sie in diesen hinein und ziehen Sie die Hilfslinie mit gedrückter Maustaste nach außen unter Eingabe des konkreten Abstands, z.B. **1** für 1,00 m.

Die hier benutzte Einzel-Bemaßung ist etwas mühsam. Die eleganteren Möglichkeiten der *automatischen Bemaßung* werden später vorgestellt.

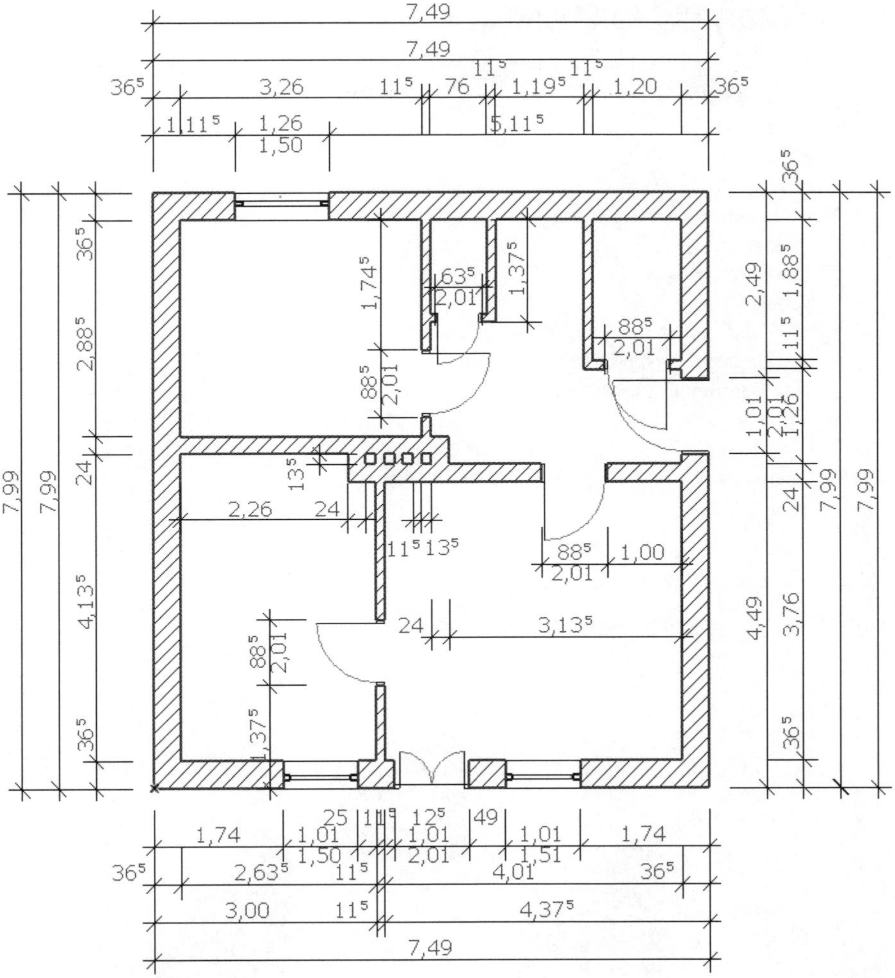

Abb. 1.35: Erdgeschoss komplett

1.9 3D-Ansicht

Zum Abschluss soll die Konstruktion noch dreidimensional betrachtet werden. Dazu gehen Sie in den NAVIGATOR und klicken dort auf den Knoten 3D und darunter auf ALLGEMEINE AXONOMETRIE.

Sie erhalten eine 3D-Darstellung, die Sie auch noch mit dem Werkzeug ORBIT unten in der Hilfsmittelleiste schwenken können. Wenn Sie mit gedrückter Maustaste mit diesem Werkzeug den Cursor auf dem Bildschirm auf- und abbewegen, wird die 3D-Darstellung gekippt. Wenn Sie den Cursor mit gedrückter Maustaste horizontal bewegen, wird die Darstellung gedreht.

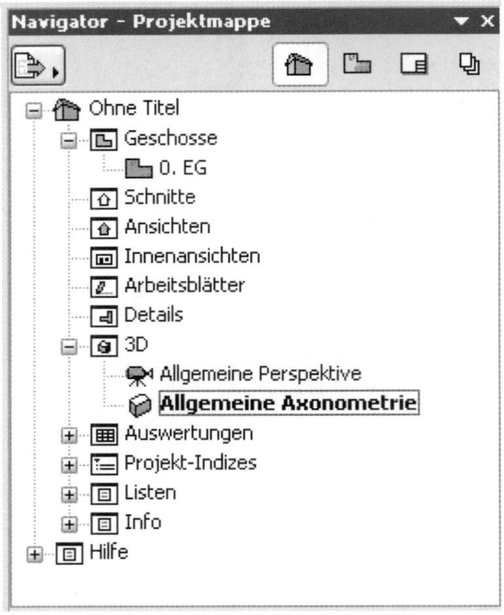

Abb. 1.36: 3D-Darstellung im Navigator

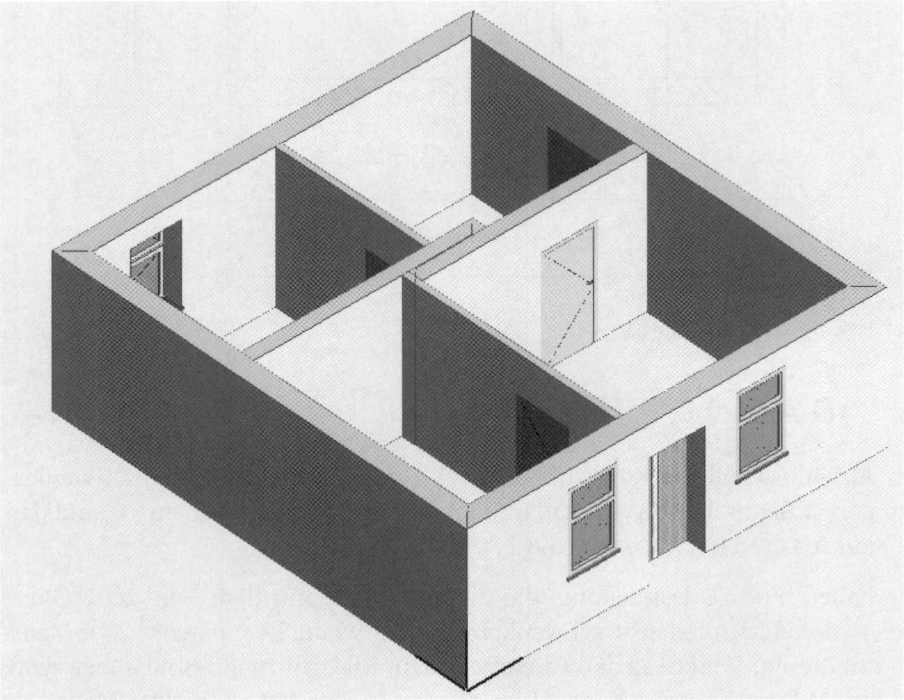

Abb. 1.37: 3D-Ansicht

1.10 Übungsfragen

1. Was bedeutet die Abkürzung BIM?
2. Wie lange läuft die Demoversion?
3. Was können Sie nicht mit der Demoversion tun?
4. Welches Betriebssystem brauchen Sie für ArchiCAD 16?
5. Welche RAM-Speichergröße ist mindestens erforderlich?
6. Wo liegt der Nullpunkt der Konstruktion beim Start und wie wird er angezeigt?
7. Was sind die wichtigsten Werkzeuge in der Hilfsmittelleiste?
8. Wie wird das Fangen existierender Punkte angezeigt?
9. Wo liegen die Werkzeuge zum Einschalten von Hilfslinien und Tracker?
10. Womit können Sie die Parameter der Konstruktionselemente einstellen?

Kapitel 2

Die Benutzeroberfläche im Detail

ArchiCAD besitzt eine Vielzahl von Bedienelementen, die je nach Projektstatus für eine optimale Bedienung zu wählen sind. Beim Start habe ich hier die *Arbeitsumgebung* STANDARD-PROFIL 16 gewählt. Das bedingt eine ganz bestimmte Auswahl von Symbolleisten und Paletten. Die anderen Arbeitsumgebungen weichen nicht gravierend davon ab. Im Folgenden werde ich eine Übersicht über die *Benutzeroberfläche* geben und die ganz wichtigen Bedienelemente, das *Pfeil-Werkzeug* und die ZOOM-Funktionen vorstellen. Die *Menüs, Symbolleisten* und *Paletten* werden Sie bei Vorstellung der einzelnen Funktionen schrittweise kennen lernen. Eine Übersicht über die *Menüs, Symbolleisten* und *Paletten* mit ihren wichtigsten Funktionen erhalten Sie in Anhang C.

2.1 Die Standard-16-Arbeitsumgebung

Wenn Sie mit der *Arbeitsumgebung* STANDARD-PROFIL 16 gestartet haben, finden Sie folgende *Leisten, Werkzeuge* und *Paletten* auf dem Bildschirm (Abbildung 2.1):

- PROGRAMMLEISTE zeigt den Programmnamen an sowie in eckigen Klammern den Namen des aktuellen Projekts mit dem Geschoss hinter einem Schrägstrich. Nach dem Start eines neuen Projekts steht dort allerdings nur OHNE TITEL und 0. EG. Nach dem ersten Speichern unter einem spezifischen Namen erscheint dieser in den eckigen Klammern.
- MENÜLEISTE bietet in acht Menüs die ArchiCAD-Funktionen an, die aber meist auch in bequemen *Werkzeugkästen, Pet-Paletten* (aktionsabhängig nach Anklicken von Objekten) und *Kontextmenüs* (über Rechtsklick) zu finden sind. Die wichtigsten Funktionen aus den Menüs sind solche zur Einstellung der *Arbeitsumgebung.*
- Symbolleiste STANDARD Diese Symbolleiste bietet an erster Stelle Standard-Funktionen zur *Dateiverwaltung* wie bei jedem anderen Programm. Daneben finden Sie die Werkzeuge zum *Zurücknehmen* von Aktionen oder zum *Wiederherstellen.* Dann folgen Einstellungen zur *Konstruktionsunterstützung* und die gängigsten *Änderungsbefehle.*

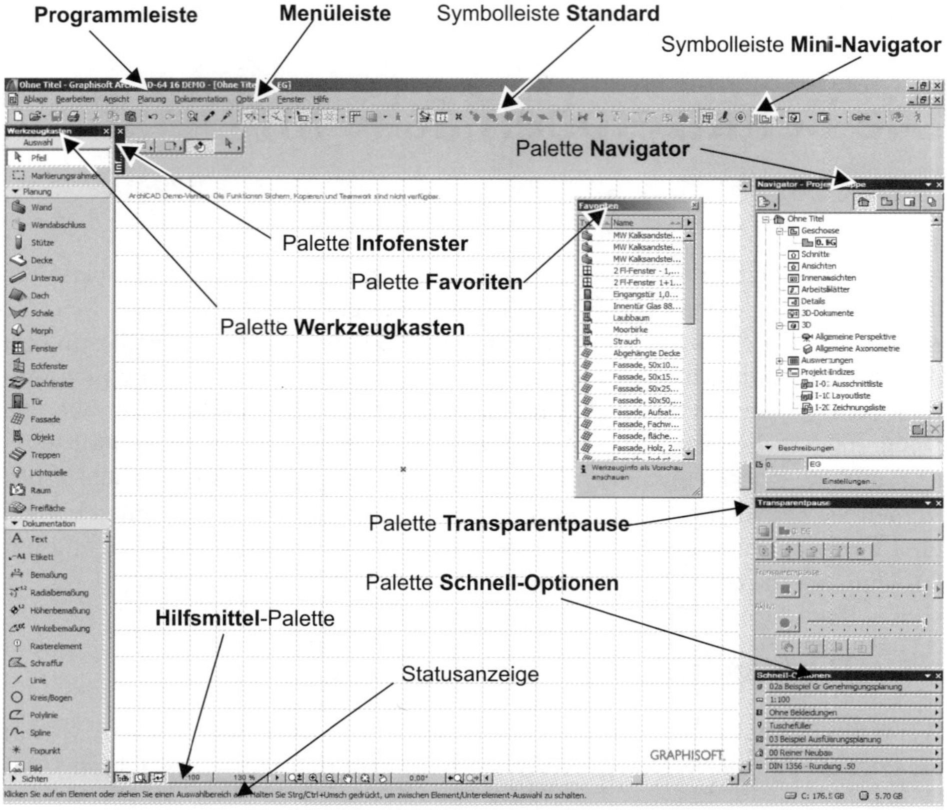

Abb. 2.1: Arbeitsumgebung Standard-Profil 16

- Symbolleiste Mini-Navigator An die Standard-Symbolleiste schließt sich nach einer Trennlinie der Mini-Navigator an. Diese Symbolleiste schließt sich rechts an die Standard-Symbolleiste an und ist eventuell nicht vollständig auf dem Bildschirm zu sehen. Sie können sie an der senkrechten Griffleiste per *Drag&Drop* (mit gedrückter Maustaste) auch in die nächste Zeile nach vorne ziehen. Im Mini-Navigator finden sich Buttons, mit denen Sie schnell umschalten können zwischen dem Grundriss, dem normalen *2D-Zeichenbereich,* dem 3D-Fenster, Letztes Layout (Aufbereitung für den Plot), und unter Gehe sind *Schnitte,* weitere *Ansichten, Detailzeichnungen und Listen* erreichbar. Für Feineinstellungen folgen Sie den dreieckigen Symbolen ▾ zu weiteren Unterfunktionen.
- Im Mini-Navigator wird unter 3D-Fenster die Funktion Orbit angeboten und bei 3D-Fenster|Perspektive der Rundgang. Bei Orbit können Sie mit gedrückter Maustaste die Ansicht beliebig schwenken und bei gedrücktem Mausrad seitlich verschieben. Der Rundgang-Modus wird in einem Startfenster erklärt und erlaubt neben dem Schwenken durch Mausbewegungen auch noch

Bewegungen nach rechts, links, oben, unten, vorne und hinten mit diversen Pfeiltasten. Mit [ESC] beenden Sie den Rundgang-Modus.

- Palette INFOFENSTER Hier werden immer die aktuellen Optionen zum laufenden Befehl angezeigt. Insbesondere nehmen Sie damit die schnellsten Änderungen an den Werkzeug-GRUNDEINSTELLUNGEN vor. Das INFOFENSTER können Sie in der Höhe variieren, um mehr Einstellungen des aktuellen Werkzeugs im Zugriff zu haben. Um *alle* Grundeinstellungen eines Werkzeugs zu erreichen, müssen Sie hier auf das Werkzeug-Logo klicken und das große Dialogfenster Werkzeug-GRUNDEINSTELLUNGEN aktivieren.
- Palette WERKZEUGKASTEN Der WERKZEUGKASTEN links ist in vier Abschnitte eingeteilt: AUSWAHL, PLANUNG, DOKUMENTATION und SICHTEN. Unter AUSWAHL können Sie das PFEIL-Werkzeug aktivieren und konfigurieren. Unter dem Teilbereich PLANUNG befinden sich die *Werkzeuge* für die *Architekturelemente,* aus denen sich das Projekt zusammensetzt. Nach Anklicken eines Werkzeugs werden die dazugehörigen Optionen mit ihren Einstellungen im INFOFENSTER angezeigt. Die anderen Teilbereiche sind DOKUMENTATION mit Werkzeugen für Bemaßung und Text sowie SICHTEN zur Erstellung von Schnitten, Detailansichten und weiteren Ansichten. Sie können (bei der PC-Version, nicht Mac) mit dem Cursor auf dem rechten Rand diesen Werkzeugkasten auch in die Breite ziehen. Er erscheint dann mehrspaltig.
- Palette NAVIGATOR Der Navigator rechts zeigt die Struktur des Projekts an. Standardmäßig ist dort die Darstellung der PROJEKT-MAPPE (zweiter Button) aktiv. Jedes Projekt ist in *Kategorien* eingeteilt:
  - GESCHOSSE enthält die 2D-Ansichten der einzelnen Geschosse.
  - SCHNITTE/ANSICHTEN/INNENANSICHTEN (IA) verwaltet die nach Schnittsymbolen automatisch erstellten Schnitte, Ansichten oder Innenansichten.
  - ARBEITSBLÄTTER sind in der Regel Ausschnitte von Grundrissen oder anderen Ansichten, in denen *2D-Kopien der Konstruktionselemente* erscheinen, die unabhängig von der Ursprungsansicht bearbeitet werden können. In das Arbeitsblatt werden die zu den Originalelementen bereits erstellten *Anmerkungen und Bemaßungen* auch außerhalb der Ausschnittsgrenzen übernommen. Standardmäßig haben Arbeitsblätter den gleichen Maßstab wie die Ursprungsansicht. Auf diesen ARBEITSBLÄTTERN sind nur die *2D-Werkzeuge* wie *Linien, Schraffuren, Texte, Etiketten* (Hinweistexte) u.Ä. verfügbar. Arbeitsblätter können auch unabhängig von anderen Ansichten (DOKUMENTATION|DOKUMENTATIONSWERKZEUGE|UNABHÄNGIGES ARBEITSBLATT ERSTELLEN) zur Erstellung von Zusatzgrafiken wie Diagrammen, Organigrammen oder Konstruktionsvorschlägen verwendet werden.
  - DETAILS enthält Detailansichten, die mit dem Detailwerkzeug zu Grundrissen, Ansichten, 3D-Dokumenten, Arbeitsblättern und anderen Details erzeugt werden. Sie enthalten wie die Arbeitsblätter *2D-Kopien der Projekt-*

Elemente, aber in *vergrößerten Maßstäben. Anmerkungen und Bemaßungen* werden aber *nicht* aus der Ursprungsansicht übernommen. In DETAILS sind nur die *2D-Werkzeuge* verfügbar, auch *Unabhängige Details* sind möglich. DETAILS können bei Änderungen in der Ursprungsansicht wie auch die ARBEITSBLÄTTER *aktualisiert* werden.

- 3D-DOKUMENTE verwaltet 3D-Ansichten. Das sind Schnappschüsse aus einem 3D-Fenster, die auch 3D-Schnitte enthalten können (siehe Menü ANSICHT|ELEMENTE IN 3D|3D-SCHNITTE und ANSICHT|ELEMENTE IN 3D|3D-SCHNITT AUSFÜHREN). Diese 3D-Bilder können auch für Zwecke der Bemaßung und Beschriftung verwendet werden.
- 3D zeigt Ihre Konstruktion als dreidimensionale Ansicht. 3D unterteilt sich in die perspektivischen und allgemeinen axonometrischen 3D-Darstellungen. Diese Darstellungen können mit der ORBIT-Funktion (HILFSMITTEL-Palette oder ANSICHT|ORBIT oder [F2]) gedreht werden. Für ALLGEMEINE PERSPEKTIVE ist auch der 3D-RUNDGANG möglich (HILFSMITTEL-Palette oder ANSICHT|3D-RUNDGANG oder [F3]). In der Rubrik 3D werden auch Animationen gespeichert (DOKUMENTATION|RENDERING, ANIMATION ETC.|ANIMATION).
- AUSWERTUNGEN enthält die Listen der verschiedenen Elementtypen.
- PROJEKT-INDIZES dient zur Verwaltung von Listen von Ausschnitten, Plot-Layouts und Zeichnungen.
- LISTEN unterteilt sich in Listen von Elementen, Komponenten und Raumflächen. Dies sind automatisch im Rahmen des BIM (Building Information Model) erstellte Listen Ihrer Konstruktionselemente und Raumflächen.
- INFO enthält Projektnotizen, die Sie hier eintragen können, und Protokollierungen zum Projekt.

- Palette TRANSPARENTPAUSE Diese Palette aktivieren Sie ggf. über das Menü FENSTER|PALETTEN|TRANSPARENTPAUSE. Sie können andere Geschossansichten, Schnitte, Details etc. als Transparentpause in roter bzw. wählbarer Farbe anzeigen lassen und dann Positionen daraus als Konstruktionshilfen für die aktuelle Ansicht verwenden. Ansichten lassen sich auch nach Rechtsklick oben im NAVIGATOR über das Kontextmenü als Transparentpause anzeigen. Wenn für die Konstruktion nötig, kann die Transparentpause mit Werkzeugen hier auch verschoben oder gedreht werden. Die Original-Konstruktion ist aber davon dann nicht betroffen.
- Palette SCHNELL-OPTIONEN Mit den Optionen dieser Palette wählen Sie für das Grundrissfenster die EBENENKOMBINATIONEN, den MAßSTAB, die STRUKTURDARSTELLUNG, das STIFT-SET, die MODELLDARSTELLUNGS-KOMBINATION, den UMBAU-FILTER und die BEMAßUNGSEINSTELLUNG.
  - Welche Ebenen bei einer bestimmten EBENENKOMBINATION sichtbar sind, erfahren Sie über das Menü DOKUMENTATION|EBENEN|EBENEN (MODELL).

Darüber wird die *Sichtbarkeit* der einzelnen *Elementtypen* gesteuert, die ja auf ganz spezifischen Ebenen liegen.

- Der MAẞSTAB bestimmt erstens, wie groß die Schrift im Verhältnis zur Konstruktion erscheint sowie *wie detailliert* Wände, Fenster und Türen etc. dargestellt werden.
- Die STRUKTURDARSTELLUNG ist für mehrschichtige Wände interessant und bestimmt deren Darstellung.
- Im STIFT-SET können Sie verschiedene Stift-Farben für die unterschiedlichen Linienarten wählen.
- Es gibt folgende MODELLDARSTELLUNGSKOMBINATIONEN: 01 BEISPIEL ENTWURF, 02 BEISPIEL GENEHMIGUNGSPLANUNG, 03 BEISPIEL AUSFÜHRUNGSPLANUNG, 04 BEISPIEL EXPOSÉ und 05 DECKENSPIEGEL. Je nach gewählter Modelldarstellung werden die Elemente *Unterzug, Stütze, Fassade, Marker, Tür, Fenster* und *Schraffur* unterschiedlich angezeigt. Sie können sich diese Einstellungen unter dem Menü DOKUMENTATION|MODELLDARSTELLUNG|MODELLDARSTELLUNG ERSTELLEN anzeigen lassen und bearbeiten.
- Der UMBAU-FILTER kennt sechs verschiedene Darstellungen bei Elementen, die als *Neubau, Bestand* oder *Abbruch* klassifiziert sind: 00 REINER NEUBAU, 01 BESTAND, 02 ABBRUCH, 03 ABBRUCH/NEUBAU, 04 NEUBAU und 05 ENDZUSTAND.
- Bei den BEMAẞUNGSEINSTELLUNGEN gibt es vier Möglichkeiten: DIN 1356 RUNDUNG .01, DIN 1356 RUNDUNG 0,25, DIN 1356 RUNDUNG .50 und MILLIMETER. Hierbei werden die Maße auf 1/100 cm (bzw. 1/10 mm), 1/4 cm, 1/2 cm genau oder auf volle Millimeter gerundet angezeigt.

2.2 Das Pfeil-Werkzeug

Die Bedienung von ArchiCAD zeichnet sich durch ein sehr direktes, intuitives Vorgehen aus. Sie fahren oft Punkte oder Elemente einfach mit dem Cursor an, um sie zu bearbeiten oder auszuwählen. Was Sie dann mit dem Cursor erreicht haben oder machen können, erkennen Sie meist an der Form des Cursorsymbols. Deshalb werden in den folgenden Tabellen die verschiedenen Varianten des Cursorsymbols einmal aufgelistet.

2.2.1 Objekte mit Pfeil-Werkzeug wählen

Das PFEIL-Werkzeug aus dem WERKZEUGKASTEN wird aufgerufen, um Objekte zu wählen und oft auch mit der Absicht, ein Objekt an dezidierten Positionen zu wählen. Die möglichen Formen und Bedeutungen des Cursors beim PFEIL-Werkzeug sind in Tabelle 2.1 gezeigt.

Logo	Bedeutung	Beispiel
	Pfeil auf leerem Bereich oder auf einer Wandschraffurlinie, Wahl durch Klick auf eine Objektkonturlinie.	
	Pfeil bei aktivierter SCHNELL-AUSWAHL (MAGNETSYMBOL in INFO-LEISTE aktiv), Wahl durch Klick in eine Objektkontur hinein, mit [⇧] kann die SCHNELL-AUSWAHL aktiviert/deaktiviert werden.	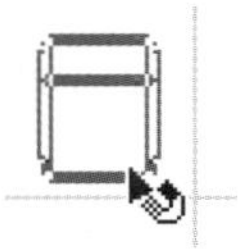
	Element am Eckpunkt auf Referenzlinie (bei Markierung dick hervorgehobene Linie) von Wand etc. wählen	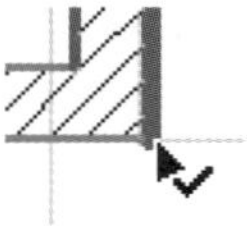
	Element am Eckpunkt auf anderer Linie von Wand etc. wählen	
	Element an beliebigem Punkt auf Referenzlinie von Wand etc. wählen	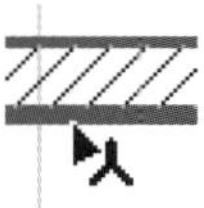
	Element an beliebigem Punkt auf anderer Linie von Wand etc. wählen	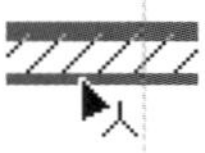
	Element am Schnittpunkt zwischen Elementen wählen	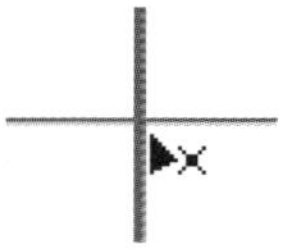

Tabelle 2.1: Verschiedene Gestalten des PFEIL-Werkzeugs

2.2.2 Punktpositionen auf Elementen

Zur Eingabe von Punktpositionen erhält der Cursor an ganz bestimmten Positionen eine bestimmte Gestalt, um anzudeuten, was Sie beim Anklicken erhalten werden. Es gibt unterschiedliche Möglichkeiten für den *Startpunkt* einer Wand und für den Folgepunkt. Diese Varianten werden in Tabelle 2.2 und Tabelle 2.3 gezeigt.

Logo	Bedeutung	Beispiel
+	Cursor ohne Elemente	
	Punkt an Ecke auf Referenzlinie von Wand, Unterzug etc.	

Tabelle 2.2: Cursorsymbole

Logo	Bedeutung	Beispiel
	Punkt an Ecke auf anderer Linie von Wand, Unterzug etc.	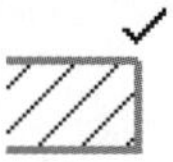
	Punkt an beliebiger Stelle auf Referenzlinie von Wand, Unterzug etc.	
	Punkt an beliebiger Stelle auf anderer Linie von Wand, Unterzug etc.	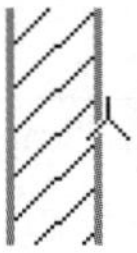

Tabelle 2.2: Cursorsymbole (Forts.)

Logo	Bedeutung	Beispiel
	An freier Position	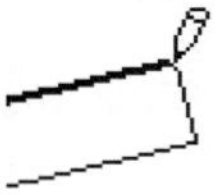
	An Knoten (z.B. Endpunkt oder Mittelpunkt) auf Referenzlinie von Wand etc.	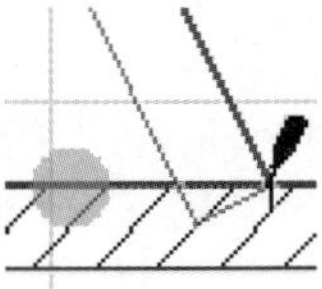
	An Knoten (z.B. Endpunkt oder Mittelpunkt) auf anderer Linie von Wand etc.	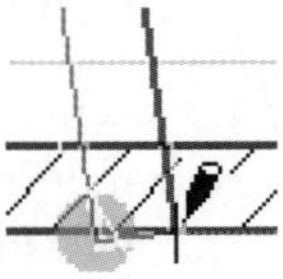
	An beliebiger Position auf Referenzlinie von Wand etc.	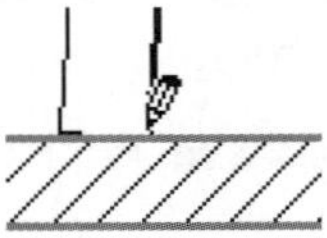
	An beliebiger Position auf anderer Linie von Wand etc.	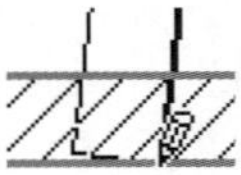

Tabelle 2.3: Cursorsymbole für zweiten Punkt einer Wand etc.

Logo	Bedeutung	Beispiel
	Am Schnittpunkt zweier Elemente	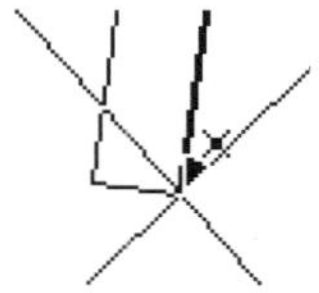
	Am Lotpunkt auf ein Element	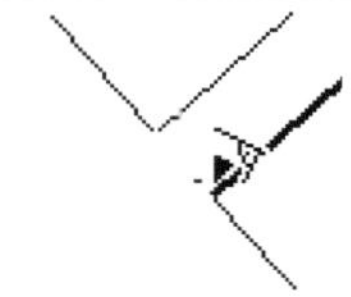
	Am Tangentenpunkt auf bogenförmigem Element	

Tabelle 2.3: Cursorsymbole für zweiten Punkt einer Wand etc. (Forts.)

2.3 Zoom-Funktionen

Da der Bildschirm am Computer eben kein 2-m-Zeichenbrett ist, sondern typisch ca. 19 Zoll in der Diagonale misst, besteht immer das Bedürfnis, Ausschnitte und Gesamtübersichten der Konstruktion möglichst schnell herzuholen. Dazu dienen die Zoom- und Verschiebe-Funktionen. Das sind Funktionen, wie Sie sie vom Fotoapparat her kennen, wo die Zoom-Linse das Bild vergrößern und verkleinern kann und ein Kameraschwenk den Bildausschnitt verschiebt.

2.3.1 Zoom und Verschieben mit der Maus

Eine der wichtigsten Erfindungen für den Computer ist wohl die Maus, insbesondere die moderne optische Maus, die alle Bewegungen an der Unterlage optisch ertastet. Das *Mausrad* war eine weitere wichtige Neuerung für den CAD-Bereich. Das *Mausrad* kann man mit minimalem Aufwand benutzen, um eine grafische Darstellung zu verkleinern und zu vergrößern.

Das Mausrad hat drei wichtige Funktionen:

- MAUSRAD ROLLEN verkleinert und vergrößert die Darstellung, je nach Rollrichtung. Hiermit werden nicht etwa die Konstruktionselemente in der Größe skaliert, sondern nur die Anzeige.
- MAUSRAD GEDRÜCKT HALTEN UND BEWEGEN erlaubt, den Ansichtsfensterinhalt in alle Richtungen zu verschieben. Sie bekommen dabei den *Hand-Cursor*, als ob Sie mit der Hand auf die aktuelle Position zugreifen und sie verschieben können. Zu beachten ist, dass Sie dabei nicht etwa die Elemente in der Konstruktion verschieben, sondern unter dem Bildschirmausschnitt die gesamte

Grafik inklusive des Projektursprungs verschieben, der natürlich bei x=0 und y=0 bleibt.

- MAUSRAD DOPPELKLICKEN Diese Funktion zoomt derart, dass Ihre gesamte Konstruktion auf dem Bildschirm sichtbar wird. Ausgenommen davon sind Elemente auf ausgeblendeten Ebenen. Das entspricht dem OPTIMIEREN aus der HILFSMITTEL-Palette.

2.3.2 Zoom und Verschieben mit Werkzeugen

Zahlreiche Zoom-Funktionen finden sich auch in der HILFSMITTELLEISTE unter dem GRUNDRISSFENSTER (Abbildung 2.2).

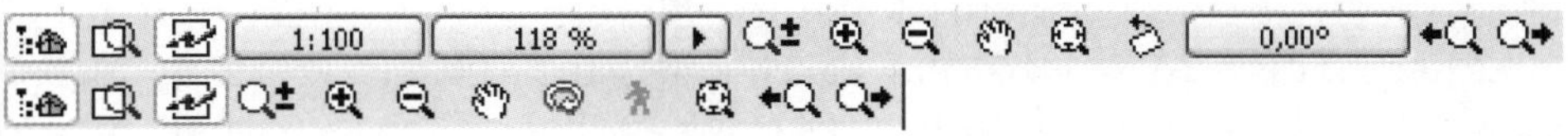

Abb. 2.2: Werkzeuge in der HILFSMITTELLEISTE FÜR 2D UND 3D

- NAVIGATOR aktiviert und deaktiviert die NAVIGATOR-PALETTE am rechten Bildschirmrand.
- NAVIGATOR-VORSCHAU aktiviert und deaktiviert die NAVIGATOR-VORSCHAU. Für 2D-Ansichten erhalten Sie einen Überblick über das Gesamtprojekt und können darin den anzuzeigenden Ausschnitt auswählen. Sehr nützlich ist die NAVIGATOR-VORSCHAU bei 3D-Ansichten. Dann können Sie in diesem Fenster in der Draufsicht die Kameraposition und die Zielposition sowie die Brennweite variieren.
- SCHNELL-OPTIONEN aktiviert und deaktiviert die Palette SCHNELL-OPTIONEN mit den Einstellungen für die Darstellungsart.
- AKTUELLER MAẞSTAB 1:100 Hier wählen Sie den Maßstab, der nicht nur Einfluss auf die Größe, sondern auch auf die Darstellungsart der Konstruktionselemente wie beispielsweise der Fenster hat (siehe Darstellung unter 1:50, 1:100, 1:200).
- ZOOM 118 % Mit 100% erhalten Sie eine ungefähr maßstabsgetreue Darstellung auf dem Bildschirm. Bei größeren Projekten müssen Sie ggf. 50% und kleiner wählen, um bei einem typischen Maßstab von 1:100 das komplette Projekt auf dem Bildschirm zu sehen. Den Wert von 100% erhalten Sie durch Klick auf diese Schaltfläche, andere Werte erreichen Sie mit ▸ daneben.
- ZOOM-OPTIONEN Hierunter verbergen sich weitere Zoomfaktoren als Prozentangaben.

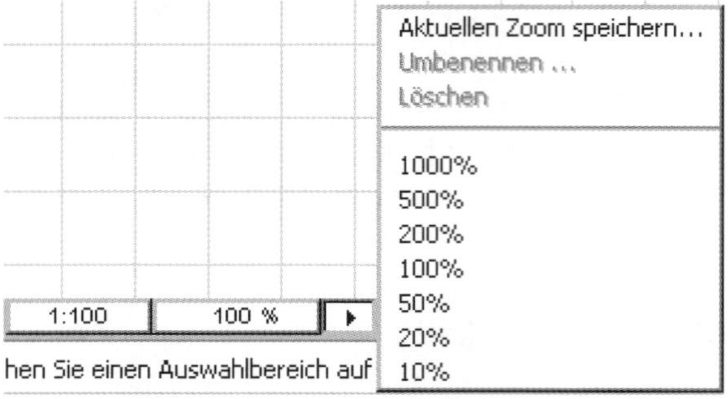

Abb. 2.3: ZOOM-OPTIONEN

Mit AKTUELLEN ZOOM SPEICHERN können Sie die gerade mit dem Mausrad erreichte optimale Zoom-Darstellung auch unter einem Namen speichern (Abbildung 2.4). Dabei können Sie noch entscheiden, ob dieser Zoom-Ausschnitt für *alle* Geschosse gespeichert werden soll oder nur für das *aktuelle* Geschoss, das mit seiner Nummer angezeigt wird. Die gespeicherten Zoom-Faktoren können dann im Menü ZOOM-OPTIONEN unter diesem Namen gewählt werden.

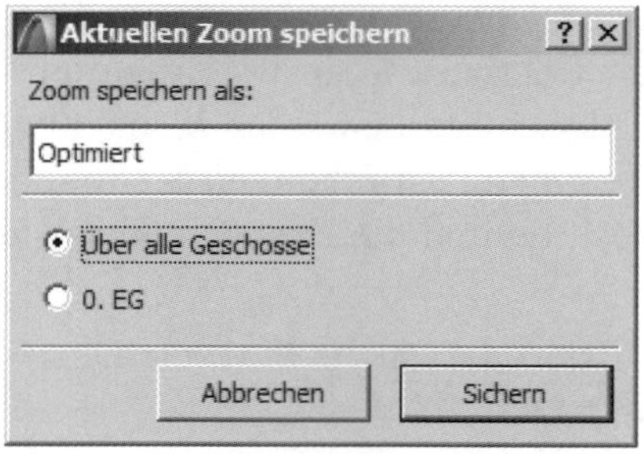

Abb. 2.4: Zoom-Option speichern

- SCROLL-ZOOM Das ist eigentlich ein Ersatz für das Mausrad. Nach Aufruf können Sie mit gedrückter (linker) Maustaste auf- und abfahren, um zu vergrößern oder zu verkleinern. Mit Klick beenden Sie den Modus.
- VERSCHIEBEN Das ist auch ein Ersatz für das Mausrad. Mit gedrückter Maustaste können Sie den Ausschnitt in beliebige Richtungen verschieben.
- ORBIT (nur in 3D-Ansichten) Hiermit können Sie in 3D-Ansichten das Projekt in der Höhe und seitlich mit gedrückter linker Maustaste schwenken. Die ORBIT-Funktion erreichen Sie aber auch, wenn Sie die ⇧-Taste halten und die Maus bei gedrücktem Mausrad bewegen.
- 3D-RUNDGANG (aktiv nur im Modus ALLGEMEINE PERSPEKTIVE) Hiermit können Sie sich dreidimensional durch Ihre Konstruktion bewegen. Es gelten folgende Regeln:

- Bewegung der Maus (keine Maustaste gedrückt) schwenkt die Richtung seitlich oder in der Höhe.
- Mit den Pfeiltasten (←, →, ↑, ↓) oder den Zeichentasten A, D, W und S bewegen Sie sich selbst in die jeweilige Richtung.
- Mit Bild ↑ oder C und Bild ↓ oder Leertaste bewegen Sie sich wie im Fahrstuhl nach oben oder unten.
- Mit ⇧ können Sie die Bewegungen beschleunigen.
- Mit F schalten Sie in den Flug-Modus um.
- Mit + und - können Sie die Geschwindigkeit schneller oder langsamer einstellen.
- Mit einem Mausklick oder ESC beenden Sie den Modus.

- Zoom vergrößern Hiermit vergrößern Sie einen konkreten Bereich auf das aktuelle Fenster. Dazu müssen Sie mit zwei Klicks ein Rechteck aufziehen. Der Inhalt von diesem Rechteck wird dann auf die Fenstergröße vergrößert.
- Zoom verkleinern Hiermit verkleinern Sie das aktuelle Fenster auf einen konkreten Bereich. Dazu müssen Sie ebenfalls mit zwei Klicks ein Rechteck aufziehen. Doch nun wird umgekehrt der Inhalt des gesamten Fensters auf dieses Rechteck verkleinert.
- Optimieren Das ist auch wieder ein Ersatz für das Mausrad, und zwar entspricht das dem Doppelklick mit dem Mausrad. Die gesamte Konstruktion mit Ausnahme ausgeblendeter Ebenen wird auf das Fenster gezoomt.
- Orientierung drehen (z.B. Grundrisse, Arbeitsblätter oder 2D-Details) Sie können hiermit die Ansicht drehen. Zwei Punkte definieren Drehpunkt und Ausgangsrichtung, ein dritter Punkt die Zielrichtung. Sie können auch als zweite Eingabe einen Winkel eintippen, um den gedreht werden soll.
- Orientierung zurücksetzen 0,00° Hier wird der aktuelle Drehwinkel der Ansicht angezeigt. Mit einem Klick auf diese Schaltfläche setzen Sie die Drehung wieder auf 0° zurück.
- Zu vorherigem Zoom Diese Funktion geht jeweils einen Schritt in Ihrer Zoom-Historie zurück.
- Zum nächsten Zoom Und diese Funktion geht in Ihrer Zoom-Historie jeweils wieder schrittweise vorwärts.

2.3.3 Was ändert sich bei Wahl eines anderen Maßstabs?

Egal, welcher Maßstab eingestellt ist, stets können Sie die Ansicht so zoomen, wie Sie es für Ihre Arbeit brauchen. Es gibt aber Veränderungen in Ihrer Zeichnung, die sich beim Maßstabswechsel ergeben. Verschiedene Detaildarstellungen von Elementen werden sich bei Maßstabsänderungen anpassen. Und zwar werden bei größeren Maßstäben wie 1:100 oder 1:200 Details verschwinden, die bei kleineren

Maßstäben wie 1:20 oder 1:50 sichtbar sind. Außerdem werden die Größen der Schriften angepasst. So muss eine Schrift, die für Ausgabe im Maßstab 1:20 relativ zu den Konstruktionselementen eine bestimmte Höhe hat, für Ausgabe unter 1:100 fünfmal so groß erscheinen, weil sie beim Plotten später 5-mal stärker verkleinert wird. Die relativen Höhen von Texten, Maßtexten und Maßpfeilen etc. bezogen auf die geometrischen Elemente werden sich also beim Maßstabswechsel verändern.

2.4 Kontextmenü im Grundrissfenster

Kontextmenüs bieten immer die wichtigsten Funktionen an, die in der aktuellen Situation angeboten werden können. Kontextmenüs werden mit Rechtsklick aufgerufen. Abbildung 2.5 zeigt das Kontextmenü im Grundrissfenster (wenn keine Elemente aktiviert sind und kein Werkzeug aktiv ist). Das *Grundrissfenster* wird angezeigt, nachdem Sie gestartet haben oder immer wenn Sie im NAVIGATOR die PROJEKT-MAPPE und darin ein Geschoss aktiviert haben. Folgende Funktionen werden nach Rechtsklick angeboten:

- EINSETZEN fügt Objekte aus der Zwischenablage ein ([Strg]+[V]).
- VOLL-BILDSCHIRM ([F12]) vergrößert die nutzbare Bildschirmfläche etwas, indem die PROGRAMMLEISTE, die Leiste STATUSANZEIGE und die Windows-Startleiste weggeschaltet werden.
- VOLL-BILDSCHIRM & ALLE PALETTEN AUSBLENDEN vergrößert die nutzbare Bildschirmfläche, so dass nur noch die MENÜLEISTE, das GRUNDRISSFENSTER und die BILDLAUFLEISTE übrig bleiben.
- TRANSPARENTPAUSE Hier geht es zum Menü, das Transparentpausen verwaltet. Mit dem obersten Punkt TRANSPARENTPAUSE [Alt]+[T] im Untermenü aktivieren und deaktivieren Sie den Modus TRANSPARENTPAUSE, das heißt, Sie schalten die Sichtbarkeit der aktuellen Transparentpausen-Ansicht ein oder aus. Die *Palette* für Transparentpausen kann mit dem untersten Punkt TRANSPARENTPAUSE im Untermenü aktiviert werden. Sie können das Geschoss unter oder über dem aktuellen als rote Transparentpause anzeigen lassen, um beispielsweise Positionen aus dem anderen Geschoss zu übernehmen. Auch andere Geschosse oder Ansichten können als Transparentpause verwendet werden, wenn Sie in der *Palette* bei aktivierter TRANSPARENTPAUSE die Geschossauswahl anklicken und im Menü dann NACH TRANSPARENTPAUSE SUCHEN wählen.
- REINZEICHNUNG schaltet den Reinzeichnungsmodus ein, in dem die Verschneidungen von Elementen korrekt dargestellt werden. Alternativ werden die Konstruktionslinien der einzelnen Wände mit Andeutung der Laufrichtung gezeigt. Das kann sehr nützlich sein, um Probleme bei Wandverschneidungen aufzudecken.

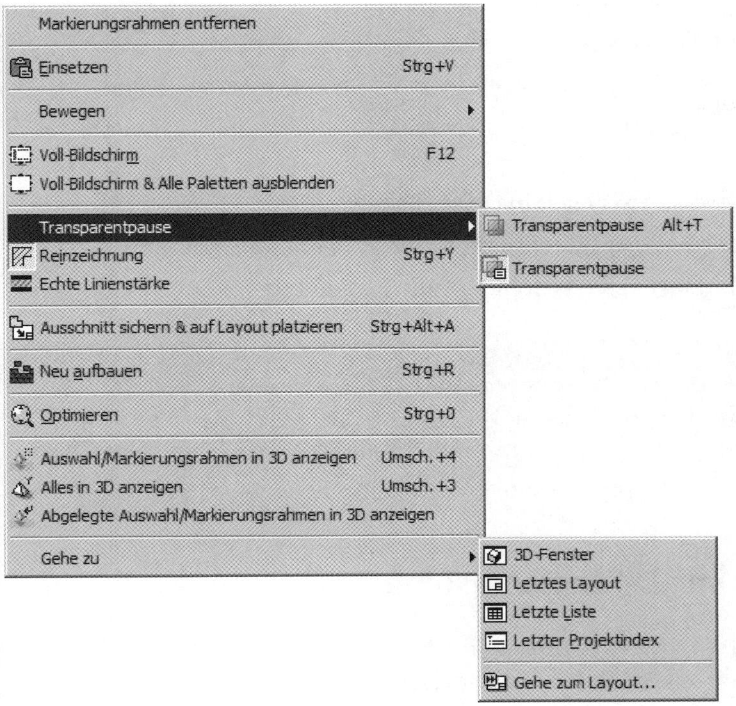

Abb. 2.5: Kontextmenü im Grundrissfenster

- Echte Linienstärke schaltet die Darstellung echter Linienstärken ein. Bei entsprechend starker Zoom-Vergrößerung können Sie dann die Unterschiede zwischen dicken, dünnen und mittelstarken Linien sehen. Ohne echte Linienstärke werden alle Linien als dünne Haarlinien angezeigt.
- Ausschnitt sichern und auf Layout platzieren (Strg+Alt+A) Hiermit können Sie den aktuellen Ausschnitt auf das aktuelle Layout im Layoutbuch legen. Das Layoutbuch ist die Sammlung aller Zeichnungen (mit Rahmen und Schriftfeld) des gesamten Projekts zum Zweck des Plottens.
- Neu aufbauen aktualisiert den Fensterinhalt.
- Optimieren Die gesamte Konstruktion mit Ausnahme ausgeblendeter Ebenen wird auf das Fenster gezoomt.
- Auswahl/Markierungsrahmen in 3D anzeigen zeigt nur die markierten Elemente oder den durch einen Markierungsrahmen begrenzten Ausschnitt im 3D-Fenster.
- Abgelegte Auswahl/Markierungsrahmen in 3D anzeigen zeigt die vorher markierten Elemente oder den durch einen vorherigen Markierungsrahmen begrenzten Ausschnitt im 3D-Fenster.

- ALLES IN 3D ANZEIGEN zeigt alles im 3D-FENSTER an. Das ist die schnellste Umschaltung in die 3D-Ansicht.
- GEHE ZU|LETZTER SCHNITT wechselt in den zuletzt aktivierten *Schnitt*.
- GEHE ZU|LETZTE DETAILZEICHNUNG wechselt in die zuletzt aktivierte *Detailzeichnung*.
- GEHE ZU|3D-FENSTER wechselt ins 3D-FENSTER.
- GEHE ZU|LETZTES LAYOUT wechselt ins zuletzt benutzte *Layout*.
- GEHE ZU|LETZTE LISTE wechselt in die zuletzt benutzte *Liste*.

Tipp

Wechsel zwischen *Grundrissfenster* und *3D-Fenster*: Im Menü FENSTER finden Sie die Funktionen GRUNDRISS (auch Strg+2) und 3D-FENSTER, um schnell zwischen den beiden Darstellungen zu wechseln.

2.5 Ansicht im 3D-Fenster manipulieren

Das *3D-Fenster* wird aktiviert, wenn Sie im NAVIGATOR in der Projekt-Mappe den Knoten 3D mit einem Klick aufblättern und mit Doppelklick ALLGEMEINE AXONOMETRIE oder ALLGEMEINE PERSPEKTIVE aktivieren.

2.5.1 Orbit

Zur Ansichtsmanipulation im 3D-Fenster gibt es in der Bildlaufleiste neben den oben beschriebenen Optionen eine Zoom-Option, das Werkzeug ORBIT. Damit können Sie die Ansicht durch vertikale Bewegung bei gedrückter Maustaste um die horizontale Achse und umgekehrt mit horizontaler Bewegung um die vertikale Achse drehen. So können Sie jede beliebige Ansichtsrichtung einstellen.

2.5.2 Das Kontextmenü im 3D-Fenster

Das 3D-Fenster kennt zwei Darstellungsarten, die ALLGEMEINE PERSPEKTIVE und die ALLGEMEINE AXONOMETRIE. Erstere ist eine Darstellung mit Fluchtpunkt und Blickpunkt, bei der sich parallele Kanten in der Verlängerung treffen. Die axonometrische Darstellung dagegen erhält die Parallelität von Kanten. Sie können zwischen beiden Darstellungsarten über die NAVIGATOR-Palette durch Doppelklick umschalten.

Das Kontextmenü im 3D-FENSTER erhalten Sie mit einem Rechtsklick (Abbildung 2.6), wenn keine Elemente gewählt sind. Es enthält einige Punkte, die ähnlich oder gleich dem Kontextmenü im GRUNDRISS-FENSTER sind, aber auch einige sehr 3D-spezifische. 3D-Einstellungen können Sie alternativ auch über das Menü ANSICHT|3D-DARSTELLUNGSMODUS vornehmen.

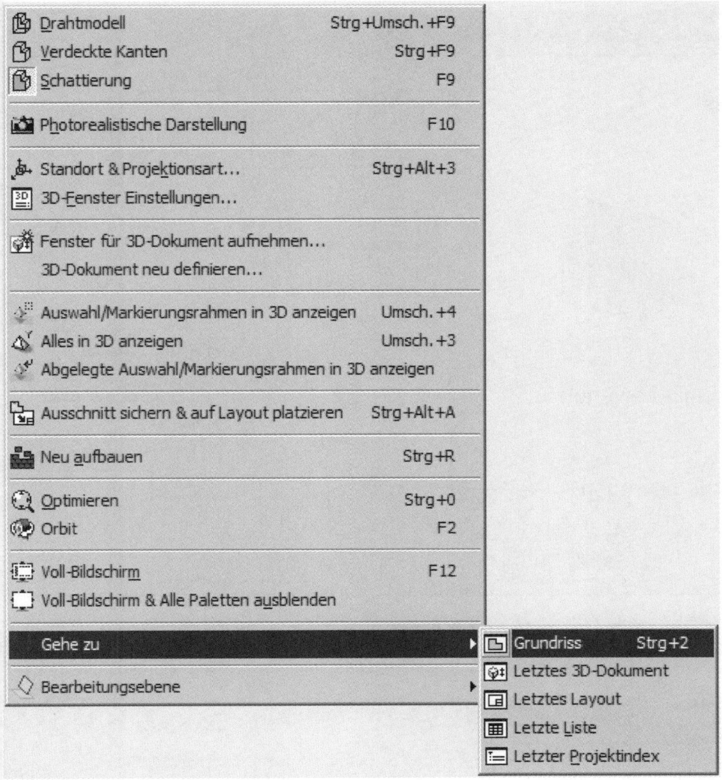

Abb. 2.6: Kontextmenü im 3D-Fenster

- DRAHTMODELL In dieser Darstellungsart werden alle Elemente nur durch ihre Kanten repräsentiert. Alle Flächen sind dann durchsichtig. Diese Darstellungsart wird gewählt, um innen liegende Elemente oder Kanten zu sehen und bearbeiten zu können.
- SCHATTIERUNG In dieser Darstellungsart erscheinen alle Elemente mit undurchsichtigen schattierten Oberflächen. Auch die Materialien der Oberflächen kommen hier zur Geltung.
- PHOTOREALISTISCHE DARSTELLUNG Mit dieser Funktion wird in einem extra Fenster eine photorealistische Darstellung der Konstruktion neu berechnet. Die Einstellungen für Details der photorealistischen Darstellung finden Sie unter DOKUMENTATION|RENDERING, ANIMATION ETC.|PHOTOREALISTIK-EINSTELLUNGEN.
- STANDORT & PROJEKTIONSART Je nachdem, ob Sie in der perspektivischen oder axonometrischen Darstellung sind, erhalten Sie unterschiedliche Dialogfenster zur Einstellung der Ansichten (Abbildung 2.7, Abbildung 2.8). Zu beachten ist, dass Sie in beiden Fenstern *im kleinen Vorschaufenster* die *Ansichtsrichtungen, Beleuchtungsrichtung* und *Blickpunkt* auch *interaktiv mit dem Cursor* variieren können. Mit der Schaltfläche PERSPEKTIV-EINSTELLUNGEN bzw. AXONOMETRIE-EINSTELLUNGEN können Sie zwischen diesen beiden Darstellungsarten wechseln.

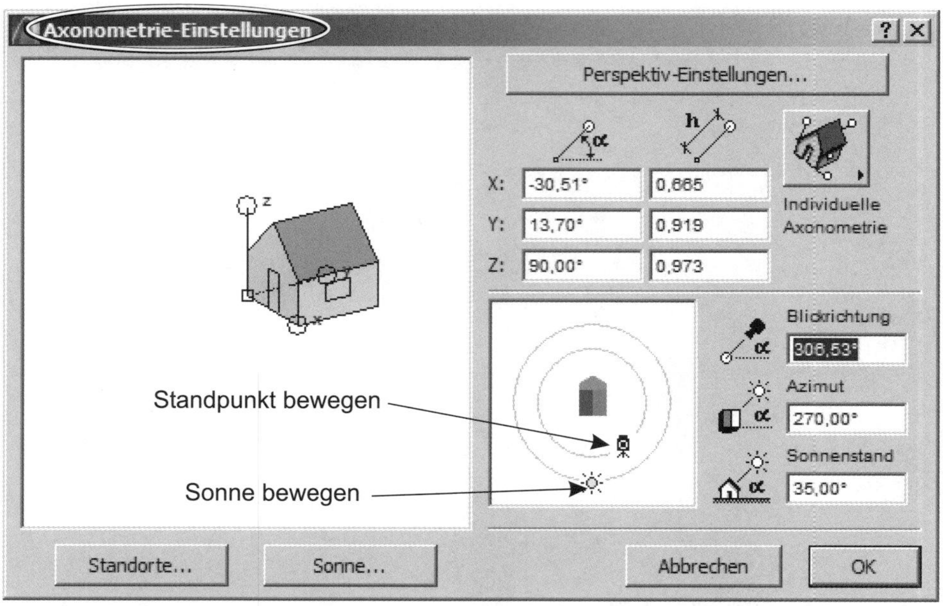

Abb. 2.7: Einstellungen für die Allgemeine Axonometrie

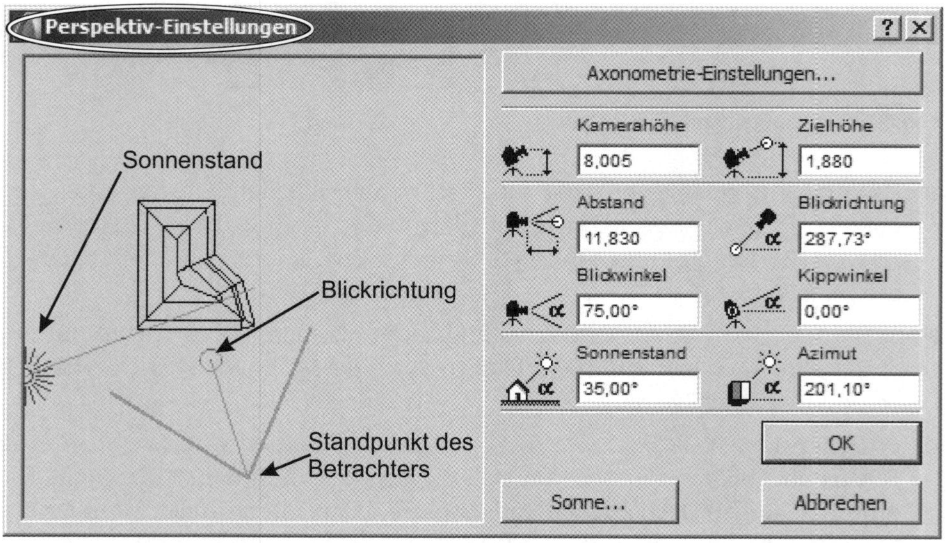

Abb. 2.8: Einstellungen für die Allgemeine Perspektive

- Bei den Einstellungen für die *Perspektive* wird gern ein größerer BILDWINKEL gewählt (Weitwinkel-Objektiv), um damit eine etwas übertriebene Perspektive zu erreichen (Abbildung 2.9). Dann kann man beispielsweise auch von oben in einen Raum hineinschauen und alle Wände von innen sehen. Wenn Sie die

Blickrichtung nicht gerade über *ganz bestimmte Winkel* einstellen müssen, verwenden Sie dafür natürlich das Werkzeug ORBIT anstelle der Eingaben in diesen Dialogfenstern. Sie können auch mit dem Cursor *direkt im Dialogfenster* den Standpunkt des Betrachters, die Blickrichtung und den Sonnenstand variieren.

- 3D-FENSTER EINSTELLUNGEN Sie können hiermit wählen, wie Ihre Konstruktion im 3D-Fenster dargestellt wird. An erster Stelle steht dabei die Wahl zwischen der Darstellung im Modus OPEN GL oder durch INTERNE ENGINE. Wenn Sie Letztere wählen, erhalten Sie den zusätzlichen Modus für eine unschattierte Darstellung mit ausgeblendeten Kanten namens VERDECKTE KANTEN.
- FENSTER FÜR 3D-DOKUMENT AUFNEHMEN erstellt von der aktuellen Ansicht im Knoten 3D-DOKUMENTE des NAVIGATORS einen 3D-Schnappschuss der aktuellen Ansicht. Dieser kann dann als grafische Darstellung für Bemaßungen, Beschriftungen oder Schnittgenerierung verwendet werden.
- 3D-DOKUMENT NEU DEFINIEREN erstellt von der aktuellen 3D-Ansicht ein bestehendes 3D-DOKUMENT neu. Das Dokument, das überschrieben werden soll, wird dann aus einer Liste gewählt.
- AUSWAHL/MARKIERUNGSRAHMEN IN 3D ANZEIGEN zeigt nur die vorher markierten oder mit einem Auswahlrahmen umschlossenen Elemente im 3D-FENSTER an. Dazu kann im WERKZEUGKASTEN mit dem MARKIERUNGSRAHMEN-Werkzeug eine *dreidimensionale Box* aufgezogen werden. Die Funktion zeigt dann vom aktuellen Geschoss den von der Box umrahmten 3D-Bereich an.
- ALLES IN 3D ANZEIGEN (GEFILTERT) ermöglicht Auswahl unter den gefilterten Elementen (siehe ANSICHT|ELEMENTE IN 3D|ELEMENTE IN 3D FLTERN).
- ABGELEGTE AUSWAHL/MARKIERUNGSRAHMEN IN 3D ANZEIGEN zeigt die in einer vorhergehenden Auswahl markierten oder mit einem Auswahlrahmen umschlossenen Elemente im 3D-FENSTER an.
- AUSSCHNITT SICHERN UND AUF LAYOUT PLATZIEREN Hiermit können Sie den aktuellen Ausschnitt auf das aktuelle Layout der LAYOUT-MAPPE legen.
- NEU AUFBAUEN aktualisiert den Fensterinhalt.
- OPTIMIEREN Die gesamte Konstruktion mit Ausnahme ausgeblendeter Ebenen wird auf das Fenster gezoomt.
- ORBIT ermöglicht das Schwenken des Modells mit gedrückter Maustaste.
- GEHE ZU|GRUNDRISS wechselt ins GRUNDRISS-FENSTER.
- GEHE ZU|LETZTES LAYOUT wechselt ins zuletzt aktivierte LAYOUT (vorbereitete Plotausgabe).
- GEHE ZU|LETZTE LISTE wechselt in die zuletzt aktivierte LISTE.
- GEHE ZU|LETZTER PROJEKTINDEX wechselt in den zuletzt aktivierten PROJEKT-INDEX.

Abb. 2.9: Perspektivische Ansicht mit großem Bildwinkel

2.5.3 Bestimmung von Sonnenstand und Standort für 3D-Darstellungen

In den Dialogfenstern zur Einstellung für die ALLGEMEINE PERSPEKTIVE oder ALLGEMEINE AXONOMETRIE (Abbildung 2.7, Abbildung 2.8) finden Sie die Schaltfläche SONNE. Damit können Sie das Sonnenlicht nach *Farbe, Sonnenstand* und *Ort* beeinflussen (Abbildung 2.10). Unter SONNENPOSITION ZUR PROJEKTLAGE befindet sich auch die Datumseingabe. Unter PROJEKTLAGE verbirgt sich dann die Verwaltung einer Ortsliste (Abbildung 2.11). Sie wählen aus dieser Liste den gewünschten Ort aus. Damit können Sie die Beleuchtungsbedingungen an einem bestimmten Ort zu einem bestimmten Zeitpunkt simulieren. Alternativ können Sie *weitere Orte* in diese Liste eintragen über OPTIONEN|ELEMENT-ATTRIBUTE|ATTRIBUT-MANAGER auf der Registerkarte mit der Weltkugel.

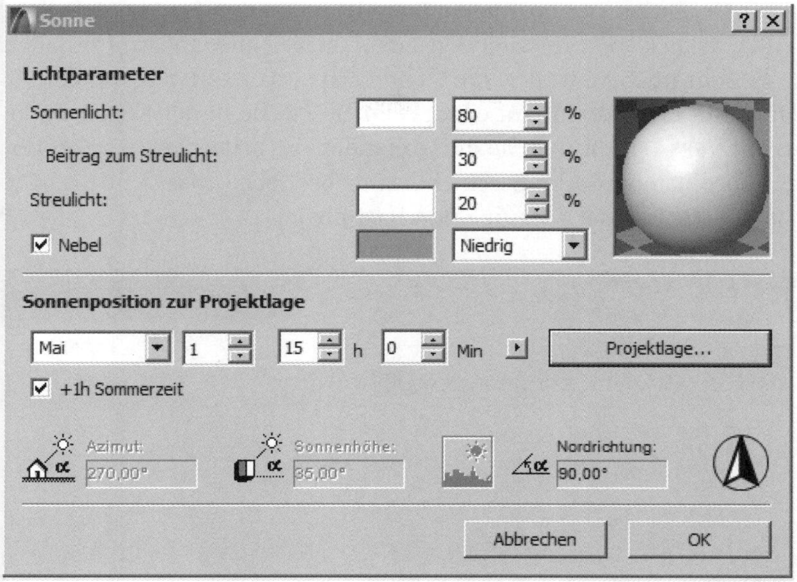

Abb. 2.10: Sonnenstandangaben

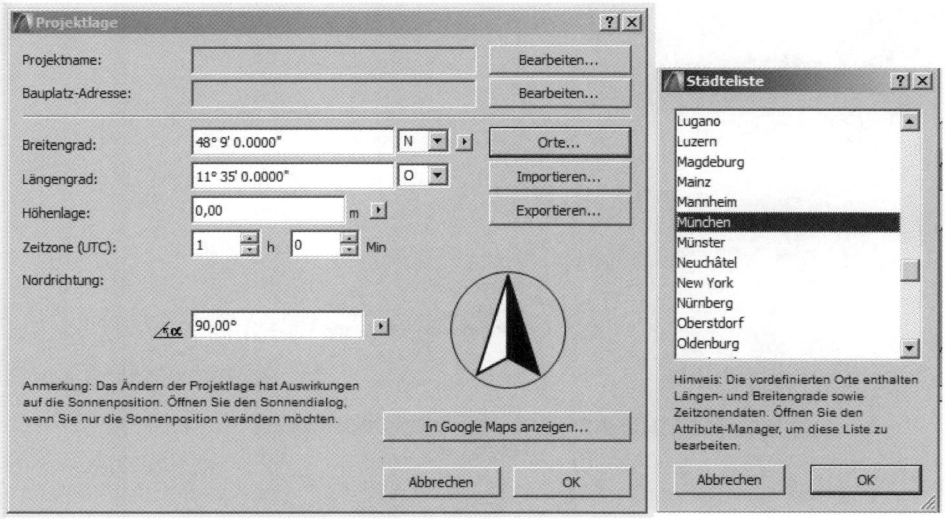

Abb. 2.11: München in der Ortsliste wählen

2.5.4 Arbeitsebene im 3D-Fenster

ArchiCAD zeigt Ihnen beim Arbeiten im 3D-FENSTER automatisch eine *Arbeitsebene* an. Sie erscheint hellblau und ggf. mit Konstruktionsraster. Diese Ebene liegt bei den meisten Konstruktionswerkzeugen in der Basisebene der Elemente, bei Wänden beispielsweise in der über das Geschoss definierten Höhe. Wenn Sie eine andere Ebene zur Definition von Positionen benötigen, können Sie über das Kontextmenü per Rechtsklick weitere Optionen zur Arbeitsebenenauswahl erhalten (Abbildung 2.12). Sehr nützlich ist dort die Option EBENE AUFNEHMEN, mit der Sie eine graue Fläche mit dem Cursor auf eine geeignete Fläche in der Konstruktion legen können. Mit VERSATZ können Sie die vorhandene Arbeitsebene parallel verschieben. Die Koordinateneingabe geschieht dann bezüglich dieser Ebene. Die Objekte entstehen jedoch in der spezifizierten Basisebene.

Tipp

Die *Arbeitsebene* ist nur sichtbar, wenn im Kontextmenü unter 3D-FENSTER-EINSTELLUNGEN die OPEN-GL-Grafik-Engine gewählt wurde.

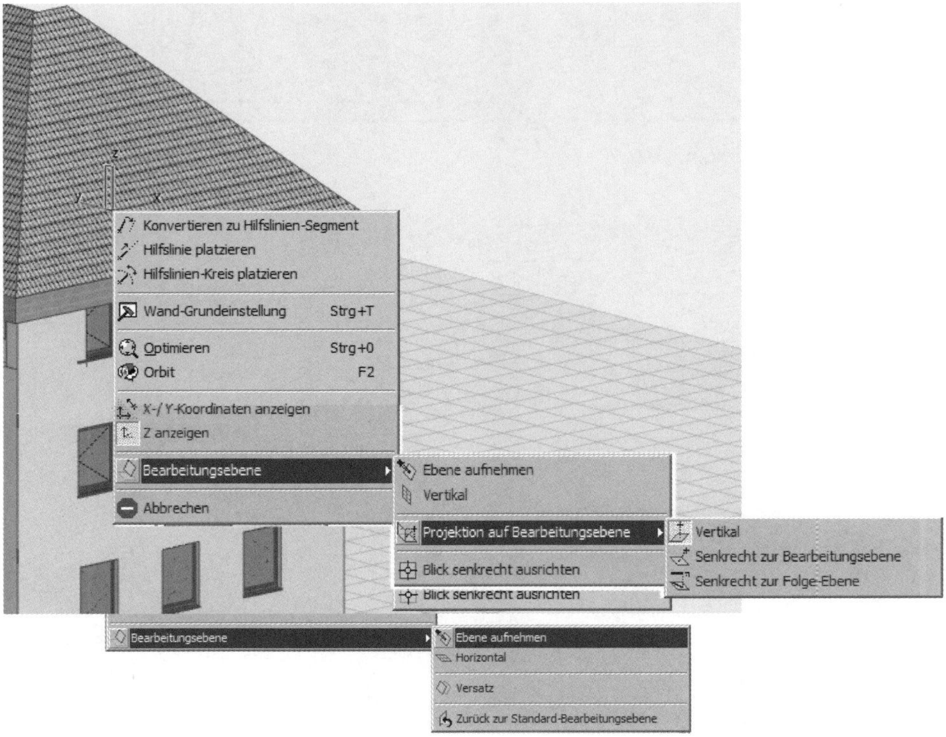

Abb. 2.12: Kontextmenüs mit Ebenenauswahl im 3D-FENSTER

2.6 Übungsfragen

1. Welches sind die wichtigsten Strukturelemente in der PROJEKTMAPPE?
2. Nennen Sie die wichtigsten Paletten.
3. Wofür verwendet man die NAVIGATOR-VORSCHAU?

4. Was kann mit SCHNELL-OPTIONEN eingestellt werden?
5. In welcher Ansicht erreichen Sie den 3D-RUNDGANG?
6. Wie zeigt das PFEIL-Werkzeug an, dass es auf einem Punkt oder einer Kante einrastet?
7. Welche drei Zoom-Optionen können Sie mit der Maus bedienen?
8. Was bedeutet ALS TRANSPARENTPAUSE ANZEIGEN?
9. Mit welchem Hilfsmittel stellen Sie am einfachsten die Ansicht im 3D-Fenster ein?

Kapitel 3

Koordinateneingabe

Die Koordinaten werden meist in Form rechtwinkliger Koordinaten eingegeben. Die x-Koordinate zählt in der waagerechten Richtung, die y-Koordinate in der senkrechten Richtung. Die positive Richtung zählt einerseits nach rechts, andererseits nach oben. Es gibt verschiedene Möglichkeiten für den Koordinatenursprung: Projektursprung, Benutzerursprung oder Bearbeitungsursprung. Die rechtwinkligen Koordinaten werden nach dem französischen Mathematiker Descartes auch als kartesische Koordinaten bezeichnet.

Eine Eingabe polarer Koordinaten ist auch möglich. Dabei werden der radiale Abstand vom Ursprung sowie der Winkel zur positiven x-Richtung angegeben.

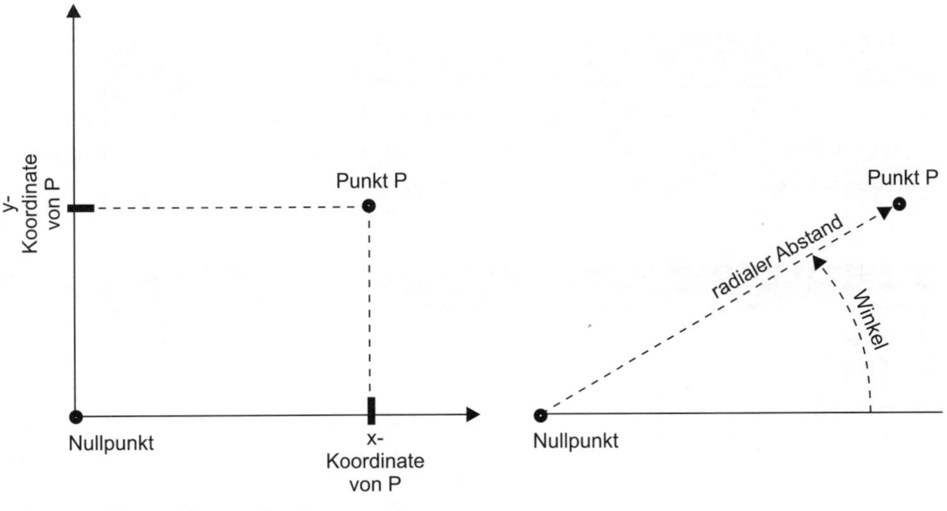

Abb. 3.1: Rechtwinklige und polare Koordinaten

3.1 Der Koordinatenursprung

Die Palette zur Anzeige und Eingabe der Koordinaten wird mit dem Menü FENSTER|PALETTEN|KOORDINATEN aktiviert.

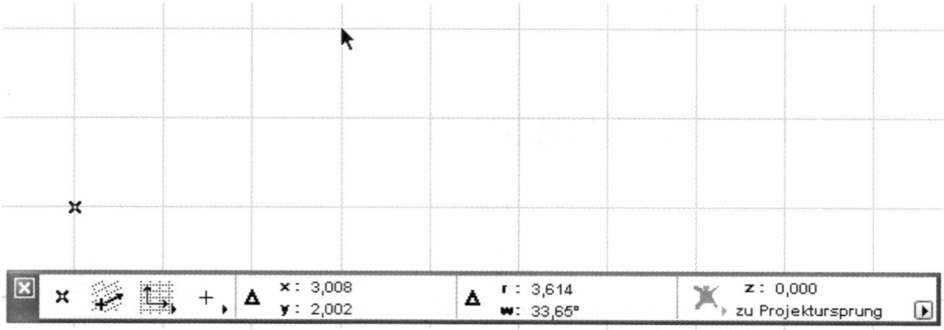

Abb. 3.2: KOORDINATEN-Palette

3.1.1 Projektursprung

Beim Start eines neuen Projekts finden Sie mitten auf der Zeichenfläche des Startfensters eine Markierung für den PROJEKTURSPRUNG in Form eines dicken Kreuzchens. Dieser PROJEKTURSPRUNG kennzeichnet den absoluten Nullpunkt der Koordinaten für dieses Projekt. Dieser Ursprung ist eindeutig und kann vom Benutzer nicht verändert werden.

Wichtig

Die Position des Projektursprungs kann jederzeit mit einem *Doppelklick* auf das Werkzeug BENUTZERURSPRUNG SETZEN aus der STANDARD-Werkzeugleiste oder aus der Koordinaten-Palette wieder hergestellt werden.

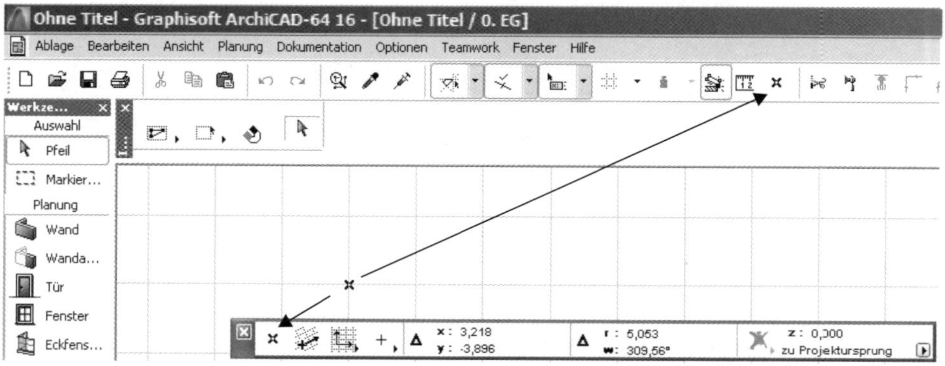

Abb. 3.3: Werkzeug BENUTZERURSPRUNG SETZEN

In einer 3D-Darstellung wird der PROJEKTURSPRUNG durch ein Dreibein mit dicken Linien dargestellt. Jede der Linien ist 1/2 m lang.

3.1.2 Benutzerursprung

Ein individueller Ursprung, der *Benutzerursprung,* kann mit dem Werkzeug BENUTZERURSPRUNG SETZEN aus der STANDARD-Werkzeugleiste oder aus der KOORDINATEN-Palette an jede beliebige Stelle verschoben werden. Mit diesem Ursprung können Sie sich die Koordinateneingabe bei Anbauten oder das Messen von Abständen erleichtern und vermeiden, dass Sie unnötig kopfrechnen müssen. Alternativ können Sie den Benutzerursprung auch mit [Alt]+[⇧]+Klick setzen.

3.1.3 Bearbeitungsursprung

In Zeichen- oder Bearbeitungsoperationen erscheint oft das dicke Kreuzchen als Ursprung einer Gummibandlinie beispielsweise für Verschiebungen. Das wird dann als *Bearbeitungsursprung* bezeichnet. Hier kann dann der Abstand bezüglich dieses *Bearbeitungsursprungs* angegeben werden. Das sind dann relative Koordinaten.

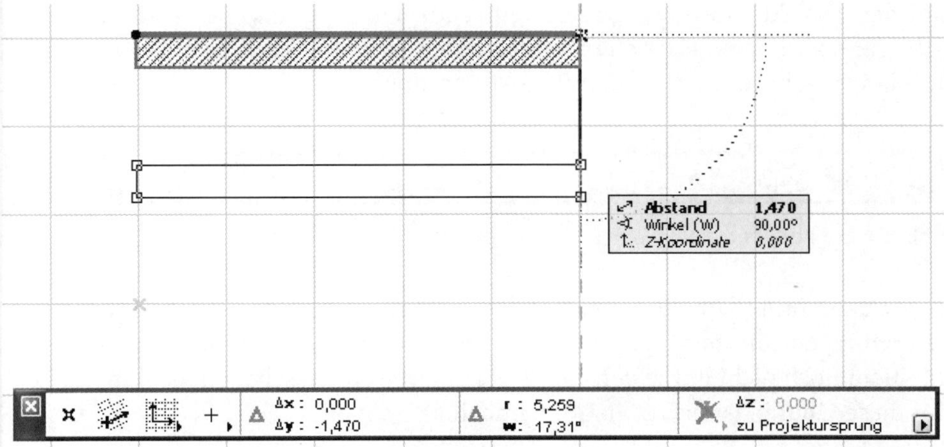

Abb. 3.4: Verschieben relativ zu einem Bearbeitungsursprung

3.1.4 Koordinateneingabe

Koordinaten können über

- *Tastatur* eingegeben werden oder
- mit *Mausunterstützung und Tastatur,* wobei die Maus meist die Richtung vorgibt (Hilfslinien benutzen) oder
- gänzlich mit der *Maus,* indem bereits konstruierte Punktpositionen gefangen werden.

Wenn sich die Koordinaten auf den *Projektursprung* beziehen, dann sind es *absolute Koordinaten*. Wenn Sie in einer Bearbeitungsfunktion (z.B. BEARBEITEN|BEWEGEN) Koordinaten eingeben, dann zählen sie *relativ*, weil sie sich auf den *Bearbeitungsursprung* beziehen.

Eingabe in der KOORDINATEN-Palette

Sie können sich die Koordinaten über die KOORDINATEN-Palette anzeigen lassen. Diese lässt sich mit dem Menü FENSTER|PALETTEN|KOORDINATEN aktivieren. In der Palette werden die Koordinaten als rechtwinklige und auch als Polarkoordinaten angezeigt. Mit der Schaltfläche Δ vor beiden Koordinatenarten kann auf die Anzeige relativer Koordinaten umgeschaltet werden. Das griechische Δ soll darauf hinweisen, dass es sich dann um relative *Distanzen* handelt. Eine relative Anzeige macht natürlich immer nur Sinn, wenn bereits ein Punkt in der aktiven Bearbeitung eingegeben wurde. Aktivieren Sie die Schaltflächen Δ vor den Koordinaten und rufen Sie beispielsweise das WAND-Werkzeug auf. Für den ersten Punkt hat die Δ-Einstellung keine Bedeutung, es werden die absoluten Koordinaten bezogen auf den Projektursprung angezeigt. Aber für den Endpunkt der Wand beziehen sich die Koordinaten mit dem Δ dann auf den Startpunkt des Wandsegments und nur bei deaktiviertem Δ auf den Projektursprung.

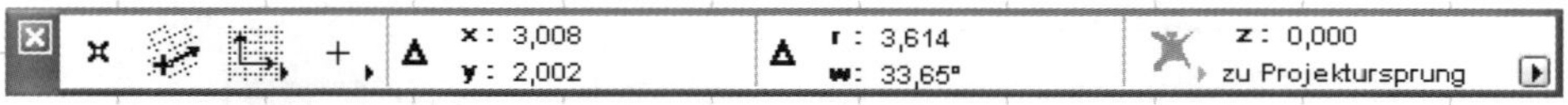

Abb. 3.5: Die KOORDINATEN-Palette

Sie können nun in die Koordinatenfelder klicken und die gewünschten Koordinaten eintragen und mit [Enter] in Ihre Konstruktion übernehmen. Damit Sie im Moment noch nicht durch den TRACKER irritiert werden, schalten Sie ihn vielleicht für diese Übung in der STANDARD-Symbolleiste ab: .

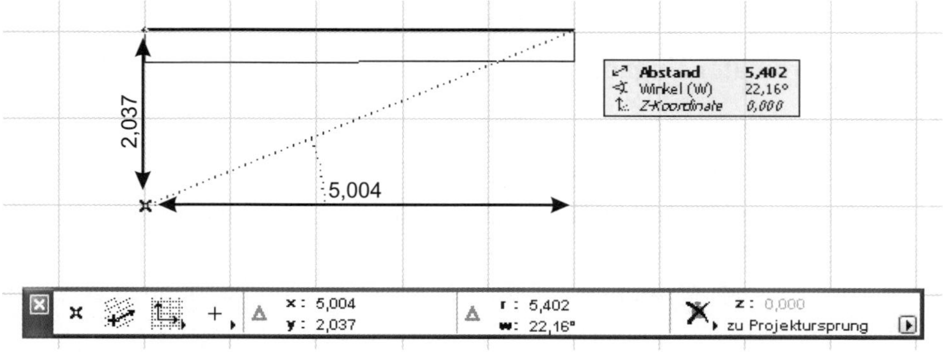

Abb. 3.6: Wandkonstruktion mit absoluten Koordinaten

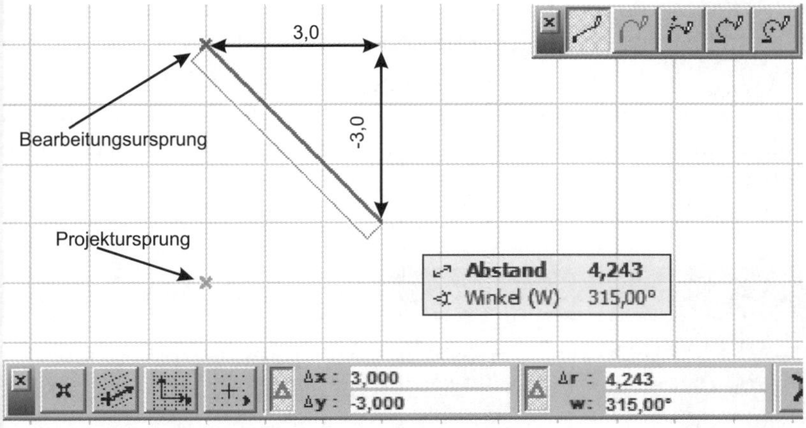

Abb. 3.7: Wandkonstruktion mit relativen Koordinaten

TRACKER-Eingabe

Die Koordinateneingabe wird durch den TRACKER erheblich erleichtert. Der TRACKER ist ein dynamisches Anzeige- und Eingabefeld für die aktuelle Cursorposition. Es ist transparent und folgt der Cursorposition. Der Umfang der Anzeige hängt etwas von der jeweiligen Situation und der Konfigurierung ab. Der TRACKER lässt sich mit dem Werkzeug EINGABE-TRACKER ANZEIGEN/VERBERGEN in der STANDARD-Werkzeugleiste jederzeit ein- oder ausschalten. Über die Optionen des Werkzeugs können Sie unter ▾ wählen, ob *absolute oder relative* Koordinaten angezeigt werden sollen. So sind z.B. für Wandkonturen oft relative Koordinaten sinnvoll. Nützlich ist auch die Option EINGABE-TRACKER AUTOMATISCH VERGRÖßERN. Dadurch wird bei jeder Eingabe in den TRACKER dieser sofort vergrößert, um alle Koordinatenwerte *x*, *y*, *z*, *Abstand* und *Winkel* anzuzeigen und nicht nur die *x-*, *y-Werte*. Wenn der TRACKER erscheint, können Sie mit Rechtsklick ein Kontextmenü aktivieren, in dem Sie von *rechtwinkligen Koordinaten* in *polare* und umgekehrt umschalten können.

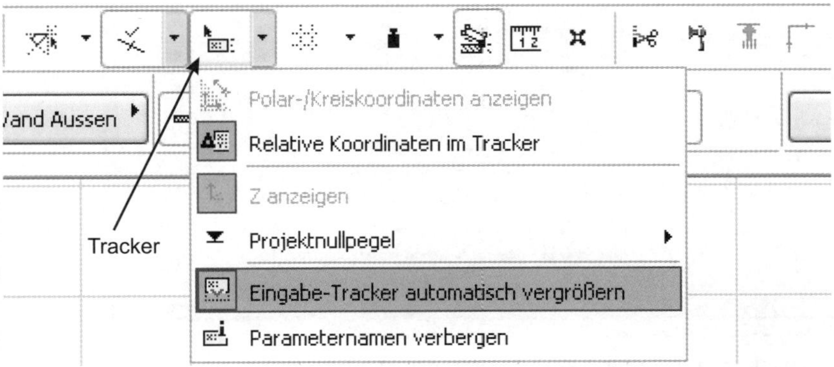

Abb. 3.8: Optionen des TRACKER-Werkzeugs

Die detaillierte Konfiguration des TRACKERS erlaubt das Menü OPTIONEN|ARBEITSUMGEBUNG|TRACKER UND KOORDINATENEINGABE. Nützlich ist hier bei ERSCHEINUNGSBILD die Aktivierung von EINGABE-TRACKER ANZEIGEN mit Option IMMER. Letzteres bewirkt, dass auch der Startpunkt von Wänden etc. schon mit dem TRACKER bedient werden kann und nicht erst der Folgepunkt. Üblicherweise sollte auch unten die Option DIREKTE NUMERISCHE EINGABE IN DEN TRACKER-FELDERN AKTIVIEREN gewählt sein.

Vorsicht

Die Option ZUM BENUTZERURSPRUNG RELATIVE X-Y-KOORDINATEN IM TRACKER ANZEIGEN bewirkt, dass im TRACKER *immer* die Koordinaten vom Benutzerursprung aus angezeigt werden. Die Werkzeugeinstellung des TRACKERS in der STANDARD-Symbolleiste für RELATIVE KOORDINATEN IM TRACKER wird dann deaktiviert. Das ist vielleicht nicht immer erwünscht.

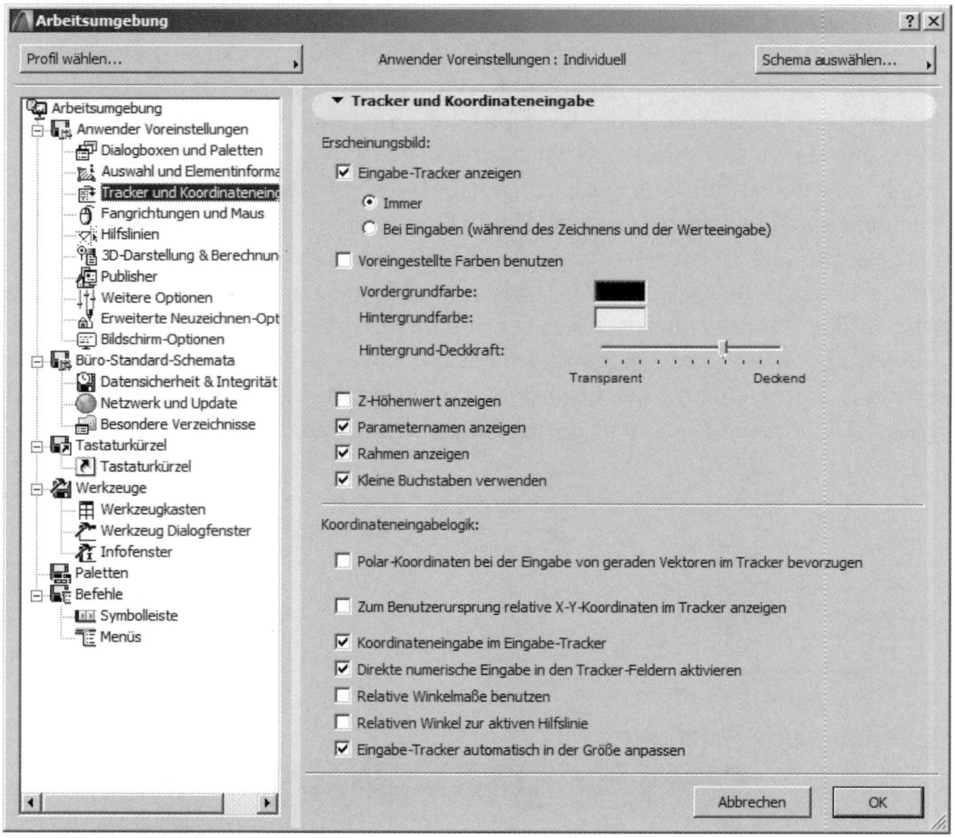

Abb. 3.9: Typische Konfiguration des TRACKER-Werkzeugs

Die Eintragungen im TRACKER können Sie mit [Tab] durchblättern. Dabei erscheinen auch weitere Eingabeparameter.

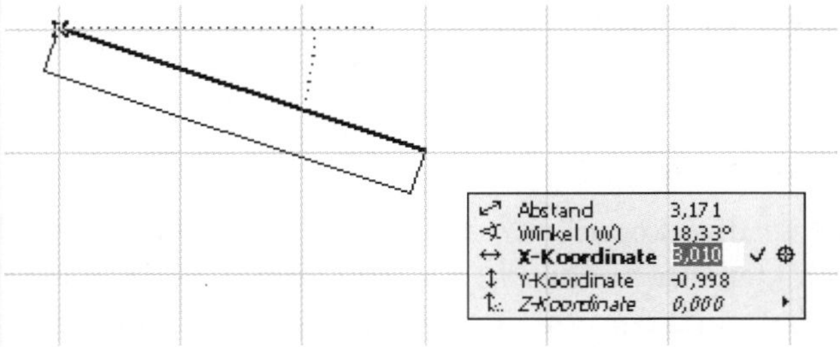

Abb. 3.10: TRACKER mit weiteren Eingabefeldern

Tipp

Wenn Sie einmal [Tab] drücken, erscheint ggf. an der Unterkante des TRACKERS ein kleines schwarzes Dreieck, auf das Sie zum Erweitern des TRACKERS klicken können.

Zum Eingeben von Koordinaten im TRACKER können Sie

- zur gewünschten Koordinate blättern (mit [Tab]), dort eine Zahl eingeben, dann zur nächsten Koordinate blättern (mit [Tab]) und die Zahl der zweiten Koordinate eingeben. Beendet wird mit [Enter] oder mit einem Klick auf das *kleine Häkchen* ✔ (OK).

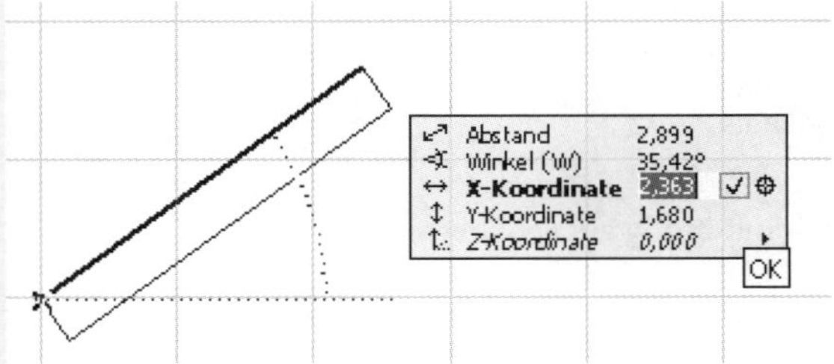

Abb. 3.11: TRACKER-Eingabe OK

- die Koordinaten mit den betreffenden Kürzeln eingeben
  - **x** für die x-Koordinate
  - **y** für die y-Koordinate
  - **z** für die z-Koordinate
  - **r** für den radialen Abstand

  - **w** für den Winkel
  - und gefolgt von der Zahl. Nach der letzten Koordinate beenden Sie die Eingabe wie oben.
- die gewünschten Koordinaten im TRACKER anklicken und die Zahlen eingeben. Die Eingabe wird wie oben beendet.

TRACKER-Eingabe relativ zu Fangpunkten

Besonders interessant ist die relative Koordinateneingabe über den TRACKER im Zusammenhang mit Fangpunkten. In Abbildung 3.12 soll eine neue Wand im Abstand von 2 Metern vom Startpunkt der horizontalen Wand begonnen werden. Mit dem WAND-Werkzeug wurde der Startpunkt der Wand angefahren, was durch das Häkchen-Symbol angezeigt wird. Danach wurde durch Eingabe von **X**`Enter` der TRACKER mit der X-Eingabezeile aktiviert. Dort kann dann der gewünschte relative Abstand von 2 Metern vom obigen Punkt als *Wert gefolgt von einem Pluszeichen* eingegeben werden.

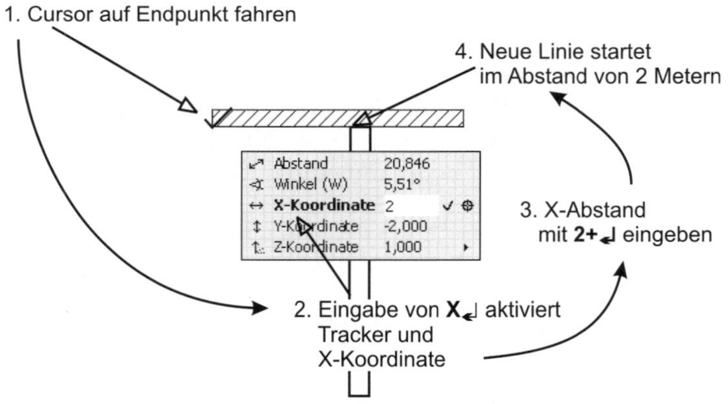

Abb. 3.12: Relative Koordinaten im TRACKER mit Bezug auf Fangpunkt

Markieren

Alternativ können Sie eine Koordinate nach Eingabe im TRACKER durch Klick auf das Fadenkreuzsymbol dahinter *markieren*. Damit wird die Koordinate gewissermaßen fixiert. Besonders effektiv wird das *Markieren*, wenn in der STANDARD-Symbolleiste die HILFSLINIEN aktiviert sind, weil Sie dann an der markierten Position eine HILFSLINIE erhalten, auf der Sie zur Positionsbestimmung beispielsweise entlangfahren können, um die endgültige Position zu spezifizieren. Wenn Sie die x-Koordinate markieren, entsteht eine Hilfslinie mit dem entsprechenden x-Abstand, bei der y-Koordinate mit passendem y-Abstand.

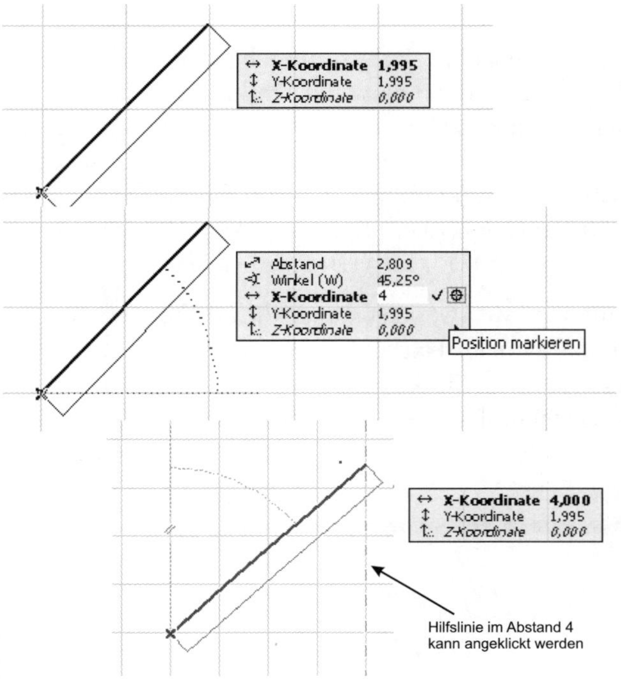

Abb. 3.13: Markieren im TRACKER

Es können auch *kreisförmige Hilfslinien* entstehen, wenn Sie im TRACKER den Abstandswert mit POSITION MARKIEREN festhalten (Fadenkreuz- bzw. Cursorsymbol wählen, nicht das Häkchen). Dann werden danach auch Tangenten an diesen Kreis angeboten.

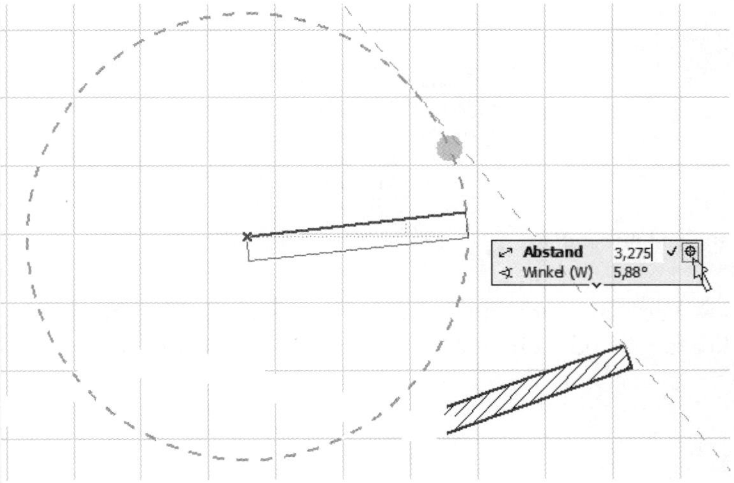

Abb. 3.14: Hilfslinien-Kreis bei fixiertem Abstand

Werkzeug zum Messen

Jede Konstruktion erfordert immer mal eine Nachprüfung, bei der Abstände und/ oder Winkel überprüft werden müssen. Dazu dient das Werkzeug MAß in der STANDARD-Werkzeugleiste. Als Tastenkürzel geben Sie **M** ein. Sie klicken den ersten Punkt mit dem Cursor an, typischerweise sollte er dabei mit einem Häkchen-Symbol an einem charakteristischen Punkt einrasten. Dann fahren Sie zur zweiten Position und lassen ihn dort einrasten, aber ohne zu klicken. Nun können Sie die Entfernung im TRACKER oder in der KOORDINATEN-Palette ablesen.

Sobald Sie zwei Positionen mit dem Messwerkzeug angeklickt haben, wechselt es in den Flächenmodus für polygonale Flächen. Der aktuelle Flächeninhalt erscheint dann zusätzlich im TRACKER. Sie können dann weitere Polygonecken anklicken und im TRACKER Flächeninhalt und Umfang (kumulierter Abstand) ablesen.

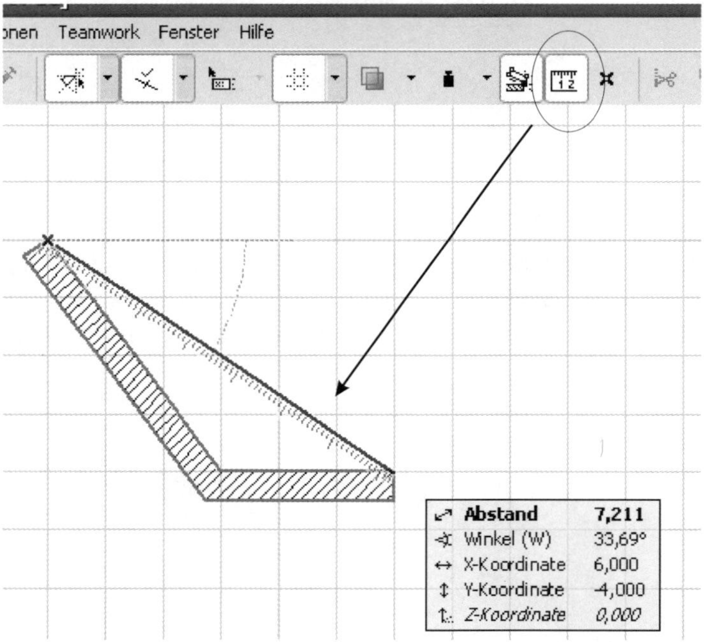

Abb. 3.15: MAß-Werkzeug und Anwendung

Sie können das MAß-Werkzeug auch in einer laufenden Koordinateneingabe verwenden, um eine Koordinate oder einen Abstand aus einer Messung zu übernehmen.

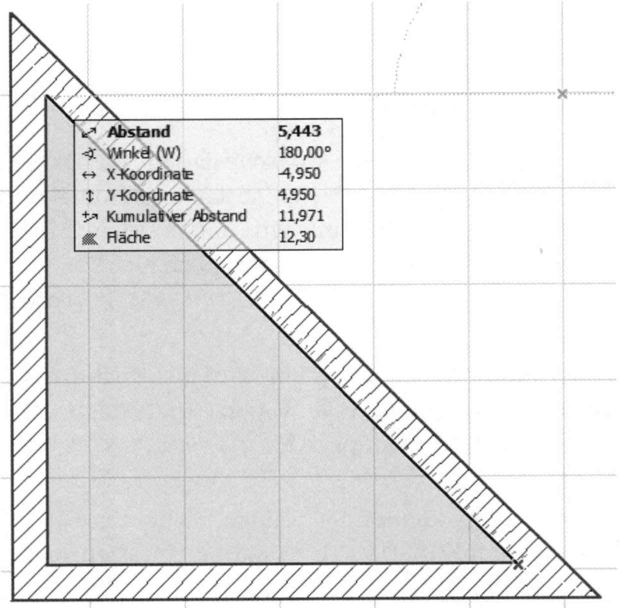

Abb. 3.16: Fläche und Umfang mit MAß-Werkzeug bestimmen

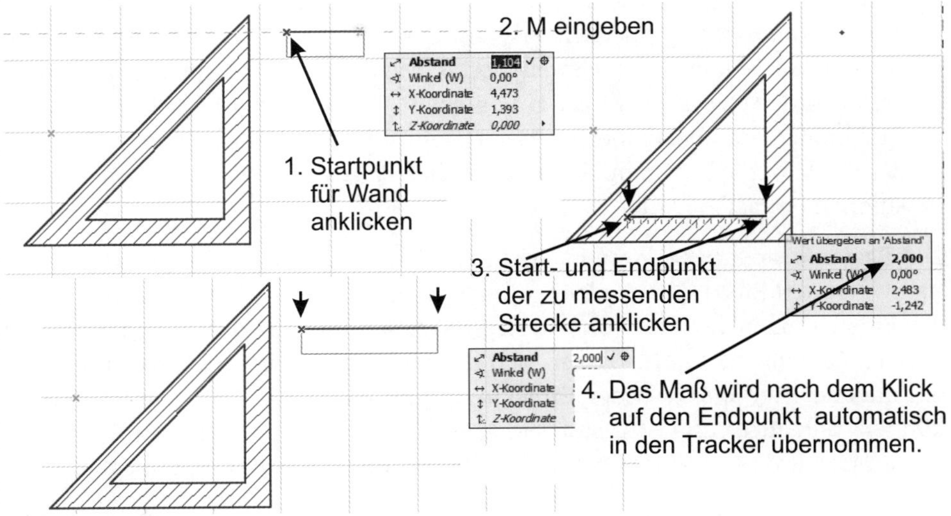

Abb. 3.17: Maß in Wandabstand übernehmen

3.2 Raster

Bei den Rastermöglichkeiten von ArchiCAD müssen wir zwischen zwei grundlegenden Rastern unterscheiden, dem *Konstruktionsraster* und dem *Fangraster*.

- Das *Konstruktionsraster* stellt nach Vorgabe eine optische Orientierungshilfe dar, indem es ein Raster anzeigt, das Linien im 1-Meter-Abstand horizontal und vertikal erzeugt. Dieses Raster hat aber noch keine Wirkung auf den Cursor. Das heißt, der Cursor rastet auf diesem Raster *nicht automatisch* ein. Das Konstruktionsraster kann mit [F8] oder ANSICHT|KONSTRUKTIONSRASTER sichtbar gemacht werden.
- Das FANGRASTER, ursprünglich auf 0,5 Meter eingestellt, wird nicht sichtbar angezeigt. Es ist im Dialogfenster ANSICHT|RASTER- & BEARBEITUNGSEBENEN-OPTIONEN|RASTER-EINSTELLUNGEN (siehe Abbildung 3.18) als FANGRASTER/STOẞEN bezeichnet.
- Unter ANSICHT|RASTERFANG-OPTIONEN können Sie wählen, ob der Cursor auf dem FANGRASTER (Vorgabe) oder dem KONSTRUKTIONSRASTER einrasten soll.
- Erst die Aktivierung von ANSICHT|RASTERFANG [F7] führt dazu, dass der Cursor auf einem der beiden möglichen Raster *einrastet*.
- Das FANGRASTER ist im Prinzip unabhängig vom Konstruktionsraster. Oft wird es aber eine Unterteilung des Konstruktionsrasters sein. Das heißt, wenn das Konstruktionsraster typischerweise auf 1 Meter gesetzt wird, verwendet man für den Rasterfang beispielsweise 0,125 Meter für eine Entwurfszeichnung. Das FANGRASTER ist nicht als Linienraster *sichtbar*, aber es bewirkt, dass der Cursor an diesen Positionen einrastet. Der *Cursor* erhält neben dem *Pfeilsymbol*, das frei beweglich ist, dann ein zusätzliches *Punktsymbol*, das nur auf Rasterpositionen einrasten kann.

Die Rastereinstellungen können Sie mit ANSICHT|RASTER- & BEARBEITUNGSEBENEN-OPTIONEN|RASTERFANG oder [F6] verwalten. In diesem Dialogfeld finden Sie die Einstellungen für das KONSTRUKTIONSRASTER und für das FANGRASTER. Im Bereich GEDREHTES RASTER lassen sich für beide Raster ein *Drehwinkel* und auch ein anderer *Startpunkt* als der Projektursprung einstellen. Das gedrehte Raster können Sie auch unter ANSICHT|RASTER- & BEARBEITUNGSEBENEN-OPTIONEN|GEDREHTES RASTER EINSTELLEN über Positionen in der Zeichnung festlegen.

Interessant ist unter KONSTRUKTIONSRASTER auch die Möglichkeit, ein *Nebenraster* einzustellen. Beispielsweise könnte man das *Hauptraster* auf das Ziegelmaß von 0,115 m und das *Nebenraster* auf die Fugenbreite von 0,01 einstellen, um für ein Standard-Mauerwerk stets auf korrekten Positionen einzurasten.

Für Entwurfszeichnungen reicht ein KONSTRUKTIONSRASTER mit 1-m-Abstand aus und ein RASTERFANG mit dem Abstand 0,125 m.

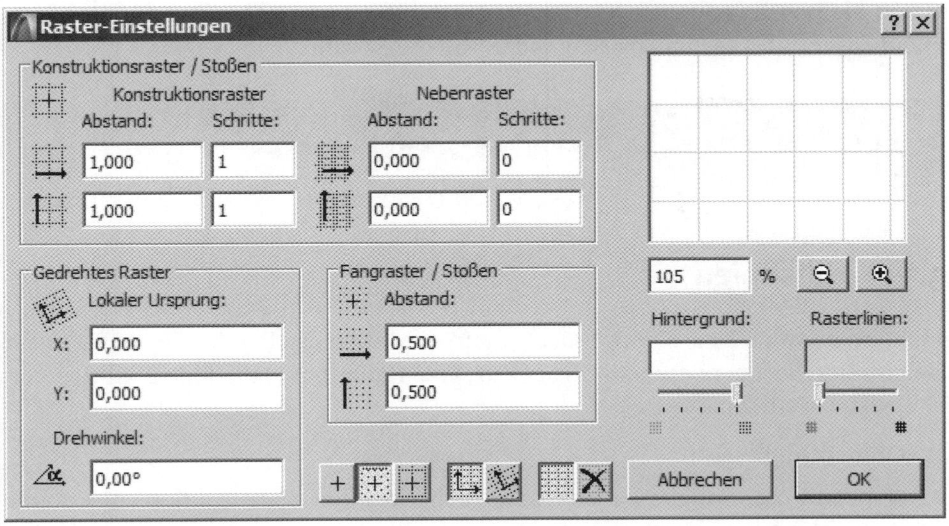

Abb. 3.18: Rastereinstellungen

Mit ANSICHT|RASTER- & BEARBEITUNGSEBENEN-OPTIONEN|ORTHOGONALES RASTER und ...|GEDREHTES RASTER wählen Sie zwischen diesen Rastervarianten aus.

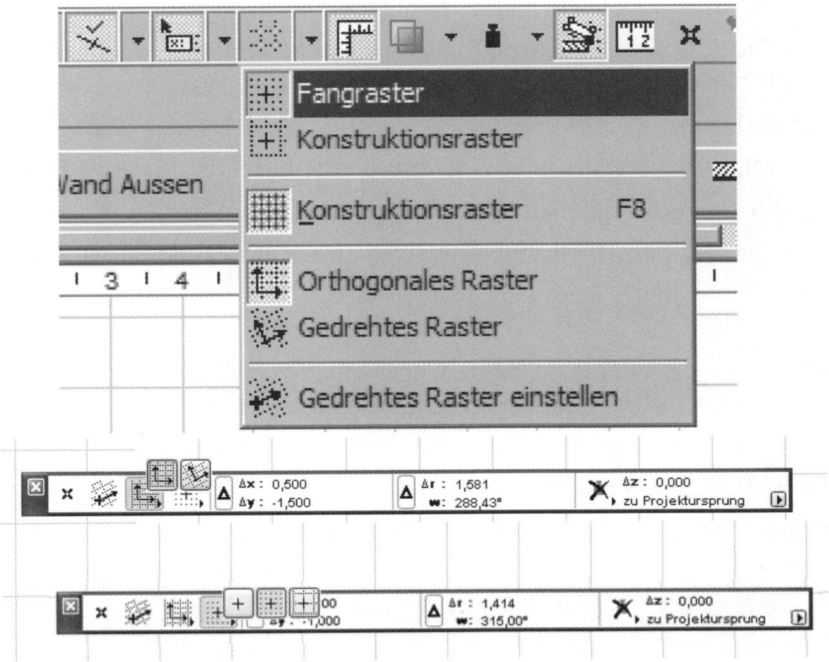

Abb. 3.19: Rastereinstellungen in STANDARD-Symbolleiste oder Palette KOORDINATEN

Wenn Sie *kein* Nebenraster wünschen, müssen Sie nicht unbedingt den Rasterabstand dafür auf 0 setzen, aber auf jeden Fall die *Schritte*.

Tipp

Für Detailzeichnungen und Schnitte können separat eigene Raster definiert werden.

3.3 Hilfslinien

Hilfslinien werden Sie verwenden, wenn Sie auf bestehende Geometrien der Zeichnung Bezug nehmen wollen. Zur Erzeugung von Hilfslinien gibt es verschiedene Methoden.

- Ohne extra Befehl:
  - Wenn Sie mit dem Pfeilsymbol oder in einer Konstruktion eine Kante anfahren, erscheint ein orangefarbener Punkt, auch Griff genannt.
  - Fahren Sie in diesen Griff, dann wird eine hellblaue gestrichelte Linie angezeigt, die Neben-Hilfslinie.
  - Klicken Sie dann in den Griff, so wird sie zur orangefarbenen Haupt-Hilfslinie.
- Mit dem Hilfslinien-Befehl H an einer Kante
  - Fahren Sie mit dem Pfeilsymbol oder in einem Konstruktionswerkzeug eine Kante an und
  - geben Sie H ein.
  - Eine orangefarbene gestrichelte Hilfslinie erscheint sofort auf dieser Kante.
- Mit dem Hilfslinien-Befehl H an einem Punkt
  - Fahren Sie mit dem Pfeilsymbol oder in einem Konstruktionswerkzeug einen Punkt an und
  - geben Sie H ein.
  - Wenn Sie von dem Punkt wegfahren, erscheinen zunächst hellblaue gestrichelte Neben-Hilfslinien in den vordefinierten Richtungen 0°, 45°, 90° etc.
  - Eine orangefarbene gestrichelte Hilfslinie erhalten Sie durch Anklicken einer dieser blauen Hilfslinien.

Hilfslinien lassen sich in vielfältiger Weise verwenden: Sie können auf den Hilfslinien entlangfahren, mehrere Hilfslinien zum Schnitt bringen, Lote auf Hilfslinien fällen oder Parallelen dazu erzeugen.

Die Hilfslinien finden Sie im Menü ANSICHT und in den Paletten STANDARD und KONTROLLFENSTER. Mit ANSICHT|HILFSLINIEN (`Alt`+`H`) oder Klick auf die Werkzeuge in den Paletten werden die Hilfslinien ein- oder ausgeschaltet. Mit ANSICHT|HILFSLINIEN-OPTIONEN oder den Werkzeugerweiterungen (kleines Dreieck ▸) können Sie verschiedene Arten von Hilfslinien aktivieren, alle ausschalten oder ein Hilfslinien-Segment erstellen.

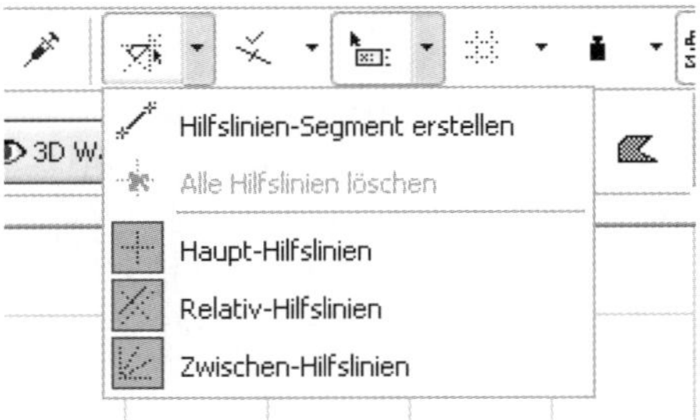

Abb. 3.20: Hilfslinien-Einstellungen in der Symbolleiste STANDARD

Es gibt verschiedene Arten von Hilfslinien: HAUPT-HILFSLINIEN, ZWISCHEN-HILFSLINIEN, auch HILFSLINIEN FÜR KREISRASTER GENANNT, und RELATIV-HILFSLINIEN. In Abbildung 3.21 ist die Palette KONTROLLFENSTER aktiviert: FENSTER|PALETTEN|KONTROLLFENSTER. Damit die Palette mit allen Details angezeigt wird, können Sie per Rechtsklick darauf ERWEITERTES KONTROLLFENSTER aktivieren. Dann erscheinen die einzelnen Hilfslinien-Arten dort in einzelnen Buttons nebeneinander. Über ▸ erreichen Sie die *Hilfslinien-Einstellungen* und können z.B. auf Winkelschritte von 15° einstellen.

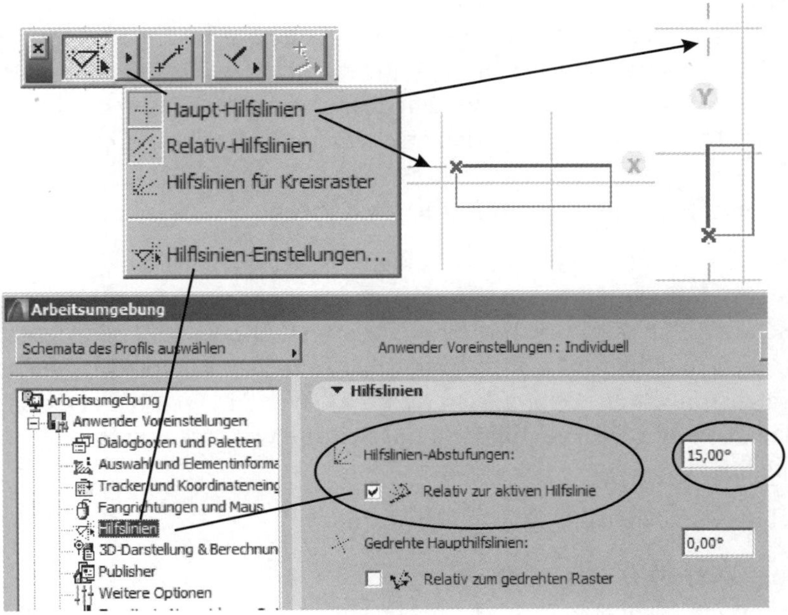

Abb. 3.21: Haupt-Hilfslinien und Einstellungen

3.3.1 Haupt-Hilfslinien

Die HAUPT-HILFSLINIEN erscheinen im aktuellen Punkt immer in x- und y-Richtung (siehe Abbildung 3.21) in oranger Farbe und mit den Achsenbezeichnungen „x“ bzw. „y“.

Hilfslinien unter einem weiteren Winkel können Sie unter OPTIONEN|ARBEITSUMGEBUNG|HILFSLINIEN über GEDREHTE HAUPTHILFSLINIEN mit einem wählbaren Winkel aktivieren (Abbildung 3.21 unten). Dann erhalten Sie neben den Haupt-Hilfslinien in x- und y-Richtung noch weitere bei dem eingegebenen Winkel relativ zur x- und y-Richtung. Beim Wert 35° für GEDREHTE HAUPTHILFSLINIEN würden Sie also Haupt-Hilfslinien erhalten bei

- 0° (x-Richtung),
- 35° (gedrehte Haupt-Hilfslinie),
- 90° (y-Richtung),
- 125° (um 35° zur y-Richtung gedreht),
- 180° (negative x-Richtung),
- 215° (um 35° zur negativen x-Richtung gedreht),
- 270° (negative y-Richtung) und
- 305° (um 35° zur negativen y-Richtung gedreht).

Wenn Sie ein *gedrehtes Raster* aktiviert haben (Aktivierung mit Menü ANSICHT|RASTER- & BEARBEITUNGSEBENEN-OPTIONEN|GEDREHTES RASTER und *Einstellung* mit ...| ...|GEDREHTES RASTER EINSTELLEN über zwei Punkte), dann erhalten Sie HAUPT-HILFSLINIEN zusätzlich auch in den neuen x-y-Richtungen des Rasters mit x- und y-Markierungen, aber auch in den Richtungen des ungedrehten Rasters, Letztere dann mit Winkelangaben. Diese Hilfslinien erscheinen jeweils in 90°-Schritten.

3.3.2 Hilfslinien in Winkelschritten und an Kanten

Wenn Sie unter HILFSLINIEN-ABSTUFUNGEN einen Winkel ungleich 90°, z.B. 20°, eintragen und im KONTROLLFENSTER oder in der Symbolleiste STANDARD die Option HILFSLINIEN FÜR KREISRASTER bzw. ZWISCHEN-HILFSLINIEN aktivieren, dann erhalten Sie Hilfslinien in 20°-Schritten relativ zu den Haupt-Hilfslinien. Wenn Sie zusätzlich noch die Option RELATIV ZU AKTIVEN HILFSLINIEN einschalten, dann erhalten Sie weitere Hilfslinien in 20°-Schritten relativen zu beliebigen aktivierten Hilfslinien.

Um eine beliebige Kante als Hilfslinie zu aktivieren,

- fahren Sie die gewünschte Kante an,
- warten bis dort ein orangefarbenes Handle erscheint,

- fahren auf dieses Handle, damit eine blaue Markierung als Neben-Hilfslinie erscheint und
- klicken dann in dieses Handle, um die blaue Neben-Hilfslinie zu einer permanenten Haupthilfslinie in oranger Farbe und dicker Linienstärke zu machen.

Relativ zu dieser permanenten Hilfslinie können Sie nun weitere Hilfslinien in 20°-Schritten bekommen, ausgehend vom letzten Punkt bekommen.

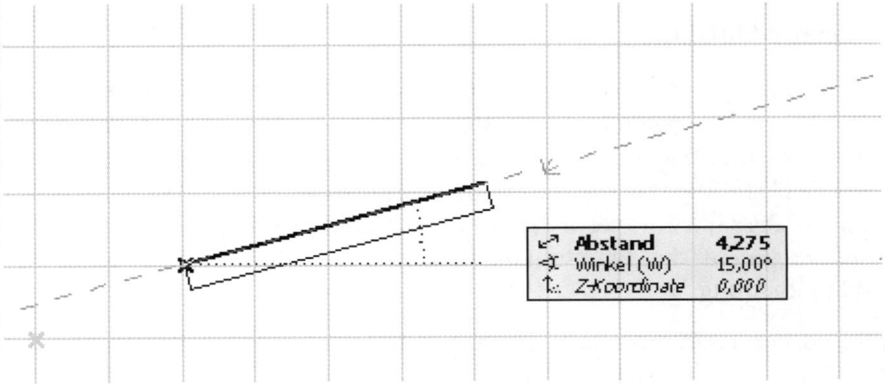

Abb. 3.22: Hilfslinien für Kreisraster

3.3.3 Hilfslinien durch beliebige Punkte

Sie können Hilfslinien auch in anderen Punkten als dem gerade aktuellen erzeugen. Letzteres wurde zu Anfang unter Abschnitt 3.3, »Hilfslinien« schon beschrieben. Um beispielsweise Hilfslinien für den Endpunkt einer Wand zu bekommen, müssen Sie

- von dem betreffenden Punkt mit gedrückter Maustaste in der gewünschten Richtung wegfahren,
- warten, bis eine blaue gestrichelte Neben-Hilfslinie mit einem Handsymbol als Cursor erscheint,
- die Maustaste so lange gedrückt lassen (Handsymbol bleibt erhalten), wie Sie zwischen verschiedenen angebotenen Hilfslinien wechseln möchten,
- ggf. wechseln, indem Sie einfach eine andere Richtung andeuten, beispielsweise x-Richtung statt y-Richtung oder eine Winkelrichtung,
- die Maustaste loslassen, damit sie zur Haupt-Hilfslinie in oranger Farbe wird.

Diese Hilfslinien können Sie dann nutzen, um beispielsweise interaktiv ein Lot darauf zu fällen oder sie zum Schnitt mit anderen Hilfslinien oder Elementen zu bringen.

Hilfslinien lassen sich auch am orangefarbenen Handle verschieben. Dazu ist es nützlich, den TRACKER in der Standard-Symbolleiste aktiviert zu haben, um Verschiebungs-Abstände exakt einzugeben.

Sie können auch beliebige, selbst gebogene Kanten anfahren und warten, bis ein Handle erscheint, um diese Kante zur geraden oder gebogenen Hilfslinie zu machen. An gebogenen Hilfslinien wird auch das Einrasten tangential oder auf einer Linie durch den Kreismittelpunkt angeboten.

3.3.4 Relativ-Hilfslinien

RELATIV-HILFSLINIEN sind Hilfslinien, die parallel zu anderen Hilfslinien entstehen, wenn Sie einen zweiten Punkt anfahren. Wenn Sie vorher ein eigenes *Hilfslinien-Segment* erstellt haben, dann wählen Sie dieses als Bezugselement durch Anklicken des Handles. Das Handle erscheint als orangefarbener Punkt, wenn Sie kurze Zeit auf der Hilfslinie verweilen. Danach erhalten Sie parallel und senkrecht zu diesem Segment die RELATIV-HILFSLINIEN durch Cursorbewegung in die gewünschte Richtung.

Wenn Sie vorher das Handle einer Kante angefahren haben, erhalten Sie danach RELATIV-HILFSLINIEN, die sich nach dieser Kante richten.

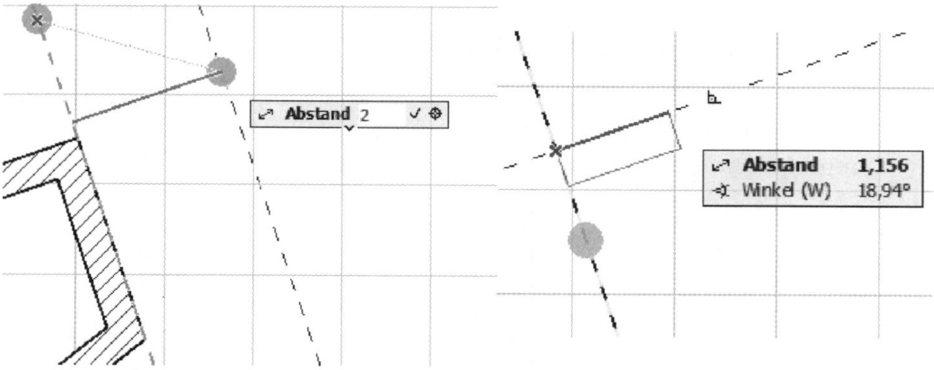

Abb. 3.23: Relativ-Hilfslinie mit Abstand und Senkrechte dazu

Die RELATIV-HILFSLINIEN erscheinen normalerweise lotrecht oder parallel zu der gerade *aktiven Hilfslinie*. Diese wird übrigens noch zusätzlich gelb unterlegt.

Es gibt aber auch eine Winkelhalbierende, die sich dann auf zwei Hilfslinien bezieht. Sie erscheint in dem Fall, wo beispielsweise der erste Punkt einer Wand auf dem Schnittpunkt zweier Hilfslinien liegt (Abbildung 3.24). Hier ist also neben der aktiven auch eine zweite Hilfslinie beteiligt.

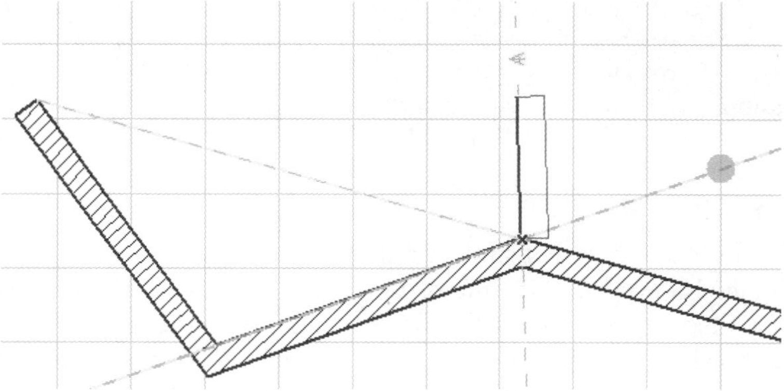

Abb. 3.24: Winkelhalbierende zwischen Relativ-Hilfslinien

Als RELATIV-HILFSLINIEN erhalten Sie Parallele, Senkrechte, Winkelhalbierende, auch Tangente und Kreis-Mittellinie. Letzteres ist eine Linie, die vom aktuellen Punkt durch den Mittelpunkt eines Kreises geht.

Wichtig

Die Hilfslinien können auch über das Kontextmenü, also nach Rechtsklick mit der Maus, sehr effektiv verwaltet werden. Mit HILFSLINIE PLATZIEREN erzeugen Sie eine *bleibende Hilfslinie*. Über das Kontextmenü lassen sich die Hilfslinien auch am schnellsten abschalten.

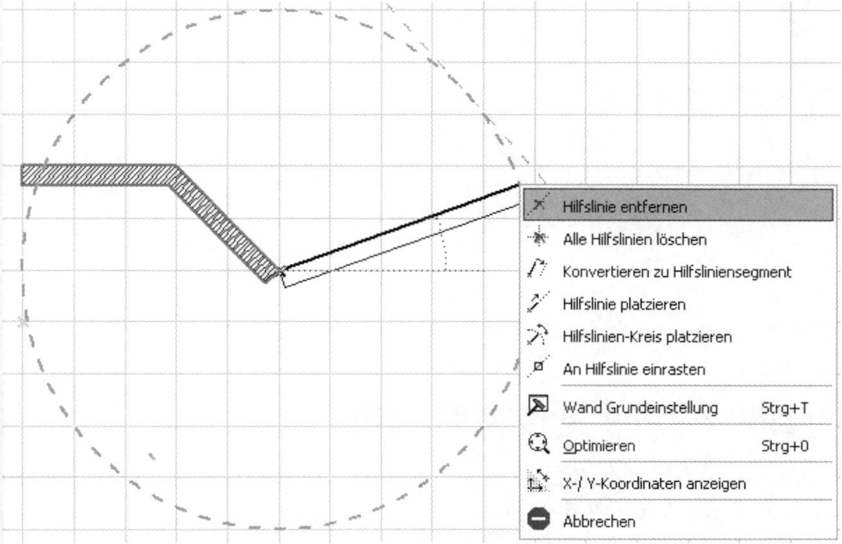

Abb. 3.25: Hilfslinien-Kontextmenü

Tipp

Tastenkürzel: Mit [Alt]+[H] können Sie auch während der Befehlsabarbeitung die Hilfslinienfunktion aktivieren/deaktivieren.

3.3.5 Punkte auf Hilfslinien fixieren

Sie können einen Punkt auf einer Hilfslinie mit der [⇧]-Taste fixieren. Sobald Sie mit dem Cursor in die Nähe einer Hilfslinie kommen und [⇧] drücken, rastet der Punkt dort ein. Solange Sie die [⇧]-Taste gedrückt halten, bleibt der Punkt auch an der Hilfslinie angeheftet. Sie können so einen Endpunkt einerseits an der Hilfslinie in dieser Richtung fixieren und dann die Länge über den Tracker mit [↹] eingeben.

3.3.6 Konstruiertes Hilfslinien-Segment

Mit der Funktion HILFSLINIEN-SEGMENT ERSTELLEN können Sie über beliebige Punktpositionen eine Hilfslinie auch dort erzeugen, wo Sie keine bereits konstruierte Bezugskante haben. Dieses Hilfslinien-Segment kann dann zur weiteren Referenzierung für lotrechte oder parallele Konstruktionen verwendet werden.

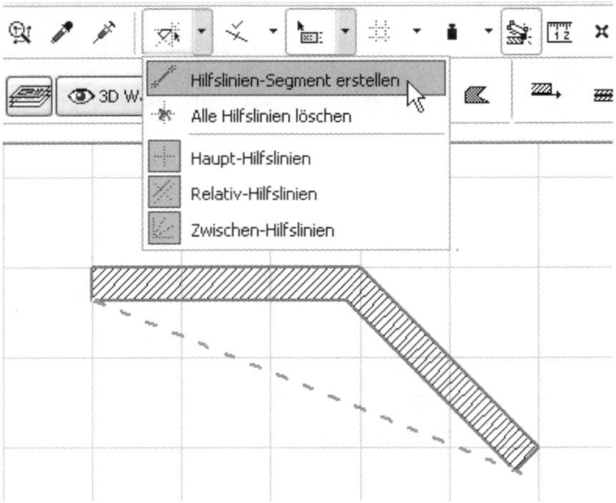

Abb. 3.26: Hilfslinien-Segment über zwei Endpunkte erstellt

3.4 Fangpunkte und Fangrichtungen

Sie hatten schon erfahren, dass Sie beim Fortsetzen einer Wand an den Endpunkten einrasten können. Sie kennen den Häkchen-Cursor, der immer dann erscheint, wenn Sie an einem Eckpunkt der Wand einrasten werden. Er wird als *fettes Häkchen* gezeigt, wenn Sie die *Konstruktionslinie* der Wand gewählt haben, sonst als *mageres*

Häkchen. Neben diesen grundlegenden Fangpunkten gibt es aber noch eine Vielzahl weiterer Positionen zum Einrasten. Die Benutzung dieser Positionen erspart die mühsame Eingabe von Koordinatenwerten und spart damit viel Zeit.

3.4.1 Fangpunkte

Sie wollen beispielsweise einen Mittelpunkt der Wand einfangen oder senkrecht zu einer Wand konstruieren. Dazu gibt es BESONDERE FANGPUNKTE und RELATIVE KONSTRUKTIONSMETHODEN. In der STANDARD-Symbolleiste finden Sie BESONDERE FANGPUNKTE in der Mitte mit einem Menü zum Einstellen. Die Optionen liegen auch in der Palette KONTROLLFENSTER und in der Symbolleiste ZEICHENHILFEN.

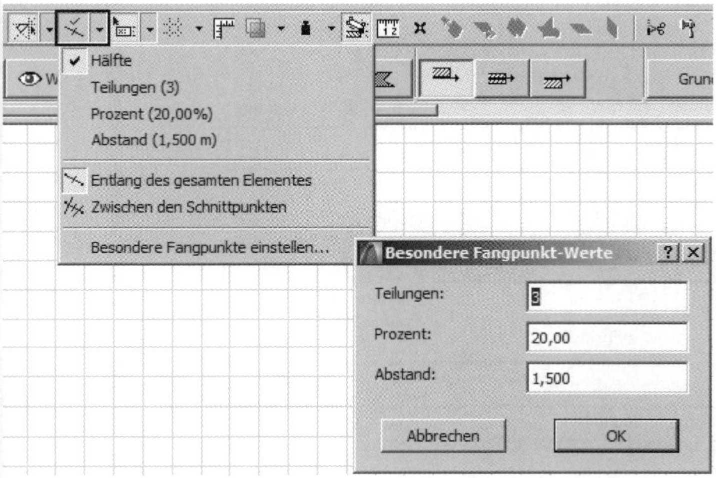

Abb. 3.27: Besondere Fangpunkte in der STANDARD-Symbolleiste

Es gibt die Möglichkeiten:

- HÄLFTE erzeugt *einen Fangpunkt in der Mitte* des Bereichs.
- TEILUNGEN generiert *mehrere Fangpunkte*, indem der Bereich wahlweise in 3, 4, 5 usw. Segmente eingeteilt wird.
- PROZENT führt zu *einem Fangpunkt* bei der in Prozent des Bereichs angegebenen Länge, gemessen vom nächsten Ende.
- ABSTAND führt zu mehreren Fangpunkten im angegebenen Abstand von dem Endpunkt des Bereichs, der dem Cursor am nächsten liegt.

Worauf sich die obigen Angaben beziehen, geben Sie weiter unten als Bereich an:

- ENTLANG DES GESAMTEN ELEMENTS verwendet die komplette Länge des Elements, um davon nach den obigen Angaben die Hälfte, die Teilungen, die prozentuale Länge oder den Abstand auszurechnen.

- ZWISCHEN DEN SCHNITTPUNKTEN nimmt als Bereich für die besonderen Fangpunkte nicht die Gesamtlänge des Elements, sondern grenzt den Bereich auf die nächstliegenden Schnittpunkte mit anderen Elementen ein. Das sind z.B. bei Wänden die Abschnitte zwischen Querwänden.

Die Werte für Teilungen, Prozent und Abstand geben Sie in der letzten Menüwahl an:

- BESONDERE FANGPUNKTE EINSTELLEN

Die Fangpunkte können Sie aktivieren und deaktivieren mit ANSICHT|BESONDERE FANGPUNKTE (oben in ANSICHT) oder [Alt]+[F], und Sie stellen die Optionen über das untere Menü ANSICHT|BESONDERE FANGPUNKTE|HÄLFTE, ...|TEILUNGEN, ...|PROZENT usw. ein.

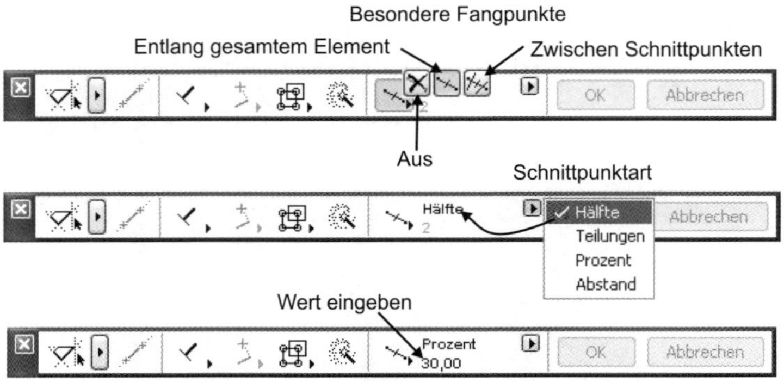

Abb. 3.28: Besondere Fangpunkte im KONTROLLFENSTER

Während der Konstruktionsarbeit werden die besonderen Fangpunktpositionen durch eine kleine Marke am Element gekennzeichnet, und der Häkchen-Cursor erscheint.

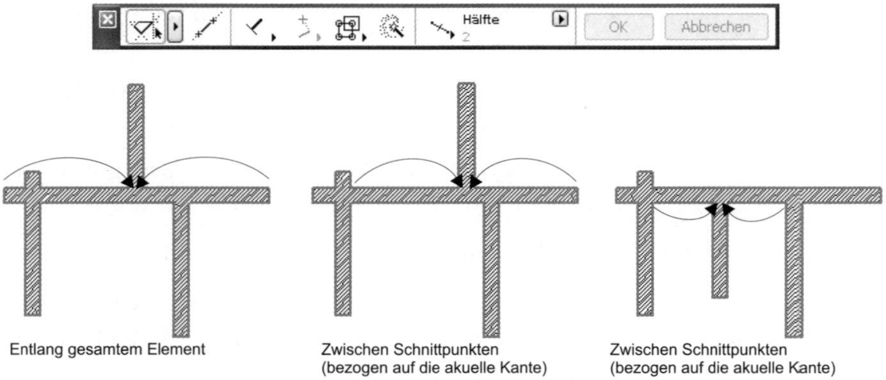

Abb. 3.29: Fangpunkt bei der Hälfte des gesamten Elements und zwischen Schnittpunkten

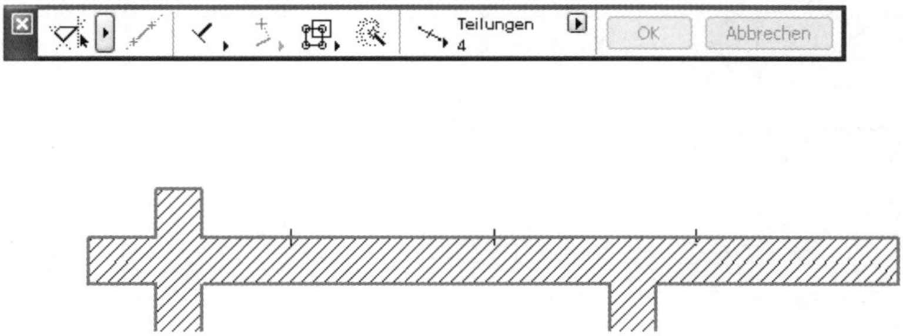

Abb. 3.30: Fangpunkt bei 4 Teilungen bezogen auf gesamtes Element

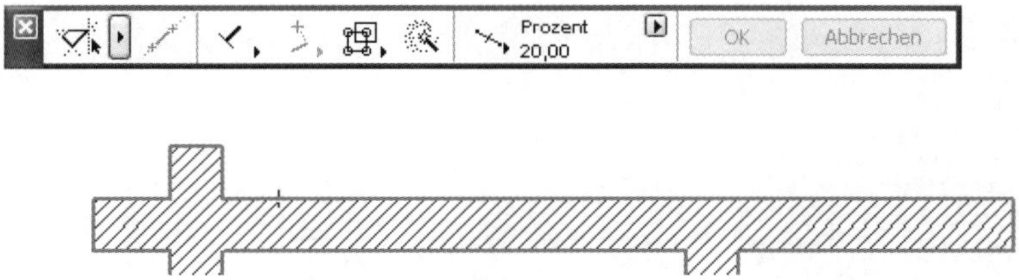

Abb. 3.31: Fangpunkt bei 20% vom nächsten Endpunkt bezogen auf gesamtes Element

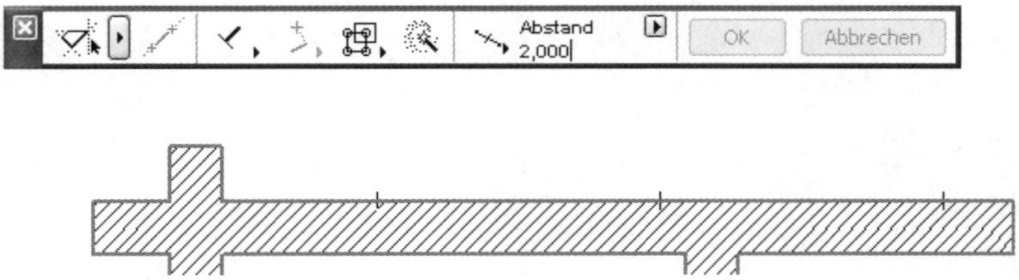

Abb. 3.32: Fangpunkte bei Abstand 2 m, Cursorposition links an der Kante bezogen auf gesamtes Element

3.4.2 Fangrichtungen

Die Fangrichtungen können Sie unter OPTIONEN|ARBEITSUMGEBUNG|FANGRICHTUNGEN & MAUS generell einstellen. Sie spielen eine ähnliche Rolle wie die Hilfslinien, nur werden dabei keine Hilfslinien sichtbar, aber die Richtung rastet trotzdem ein. Wichtig ist, dass dazu die Taste [⇧] gedrückt werden muss.

Die Standard-Einstellungen garantieren, dass die Fangrichtung waagerecht und senkrecht einrastet, wenn Sie [⇧] drücken. Dies geschieht auch bei einem gedrehten Raster bezüglich der entsprechend gedrehten Richtungen. Wenn Sie die Hilfslinien aktiviert haben (Kürzel [Alt]+[H]), wird ArchiCAD auch bei der nächstliegenden temporären und bleibenden Hilfslinie einrasten. Die bleibende Hilfslinie ist ja eine temporäre, die Sie durch Anfahren bleibend gemacht haben. Sie können auch einen FESTEN WINKEL eingeben, bei dem eingerastet werden soll.

Diese Option ist aber nicht standardmäßig aktiviert. Sie müssen sie im Dialogfenster extra einschalten und einen Wert setzen.

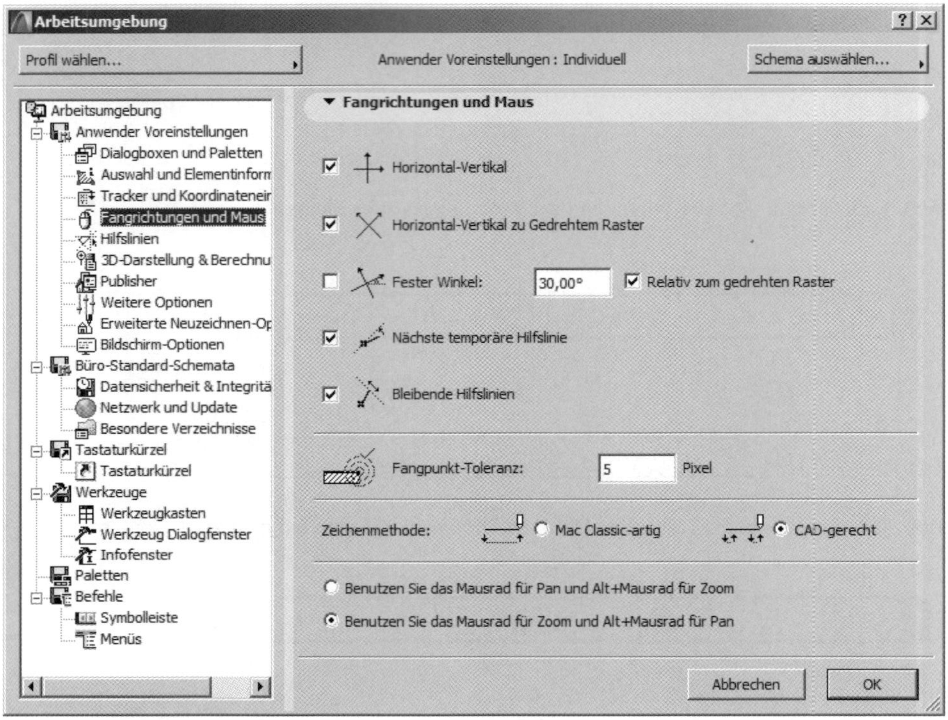

Abb. 3.33: Fangrichtungen

Beispiel: Wandstück unter 30 mit 5 m Länge bei festem Winkel 30

- Menü OPTIONEN|ARBEITSUMGEBUNG|FANGRICHTUNG&MAUS
- FESTER WINKEL aktivieren und **30** für den Winkel eintragen
- Startpunkt für Wand anklicken oder über Koordinaten eingeben
- Cursorposition für den Endpunkt der Wand nach Augenmaß unter 30° wählen
- [⇧] gedrückt halten, damit die Wand bei 30° einrastet,
- [⇥] dazu drücken, um im TRACKER auf ABSTAND zu springen
- [⇧] loslassen, Winkel bleibt auf 30° stehen
- Wert **5** für ABSTAND eingeben
- Mit [Enter] beenden
- Gegebenenfalls Rechtsklick zum Kontextmenü und dort OK.

Natürlich geht diese Konstruktion für eine einzelne Wand auch einfacher, nur soll das hier als Beispiel für den festen Fangwinkel dienen. So geht's einfach:

- Startpunkt für Wand anklicken oder über Koordinaten eingeben
- [⇆] dazu drücken, um im TRACKER auf ABSTAND zu springen
- Wert **5** für ABSTAND eingeben
- [⇆] nochmals drücken, um im TRACKER auf WINKEL zu springen
- Wert **30** für WINKEL eingeben
- Mit [Enter] beenden
- Gegebenenfalls Rechtsklick zum Kontextmenü und dort OK.

3.4.3 Fangpunktvarianten

Wenn Sie mit der Taste [⇧] einmal Ihre Konstruktionsrichtung eingefroren haben, können Sie nur noch die Länge in dieser Richtung variieren. Oft möchte man an dieser Stelle die Länge dann durch eine Projektion in x-, y-Richtung oder lotrecht zur aktuellen Richtung bestimmen. Dazu gibt es im KONTROLLFENSTER die FANGPUNKTVARIANTEN (Abbildung 3.34).

Im Beispiel soll zu einer bestehenden waagerechten Wand eine zweite unter 45° gezeichnet werden, deren Länge so bestimmt wird, dass die Projektion auf die waagerechte Wand genau deren Länge entspricht. Dazu stellen Sie am besten als FANGRICHTUNG im Menü OPTIONEN|ARBEITSUMGEBUNG|FANGRICHTUNGEN UND MAUS unter FESTER WINKEL die zusätzliche Fangrichtung **45** ° ein (nicht vergessen, sie auch über die Checkbox zu *aktivieren*). Dann beginnen Sie die neue Wand am linken Ende der waagerechten Wand, bewegen den Cursor etwa in die 45°-Richtung und drücken die Taste [⇧] zum Einrasten in der Fangrichtung. Nun erst können Sie das Werkzeug FANGPUNKTVARIANTEN im KONTROLLFENSTER anwählen und die Variante SENKRECHT aktivieren (Abbildung 3.34). Damit können Sie nun das rechte Ende der waagerechten Wand anklicken und bestimmen damit die projizierte Länge der 45°-Wand. Am bequemsten erreichen Sie die detaillierten Fangeinstellungen, wenn Sie auf das KONTROLLFENSTER rechtsklicken und die Option ERWEITERTES KONTROLLFENSTER aktivieren.

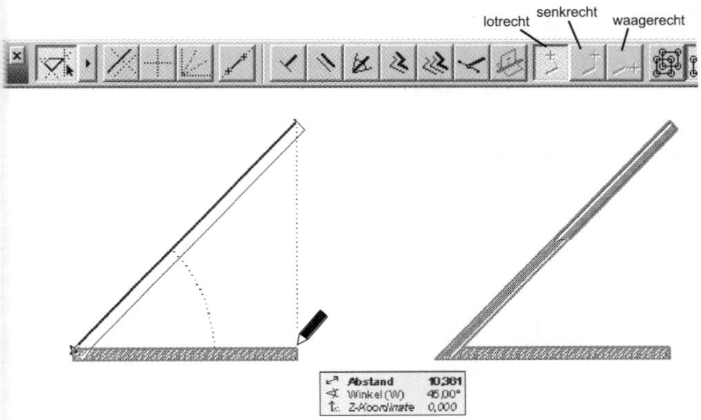

Abb. 3.34: Fangpunktvariante senkrecht nach Einrasten in der Fangrichtung 45°

Die gleiche Konstruktion können Sie natürlich auch mit dem Schnittpunkt zweier Hilfslinien erstellen.

3.4.4 Koordinaten-Fang

Während der Eingabe von Positionen können Sie Koordinaten, Abstände oder Richtungen auch bequem mit Tastencodes einfrieren. Dazu drücken Sie die Taste [Alt] und die entsprechende Koordinatenbezeichnung:

- [Alt]+[X] fixiert die x-Koordinate.
- [Alt]+[Y] fixiert die y-Koordinate.
- [Alt]+[R] fixiert den radialen Abstand.
- [Alt]+[W] fixiert den Winkel.

Die gleichen Funktionen lösen auch wieder die Fixierung, und zwar auch gegenseitig. Wenn zusätzlich die Hilfslinien aktiviert sind, werden auch die zum fixierten Wert passenden Hilfslinien gezeigt (Abbildung 3.35).

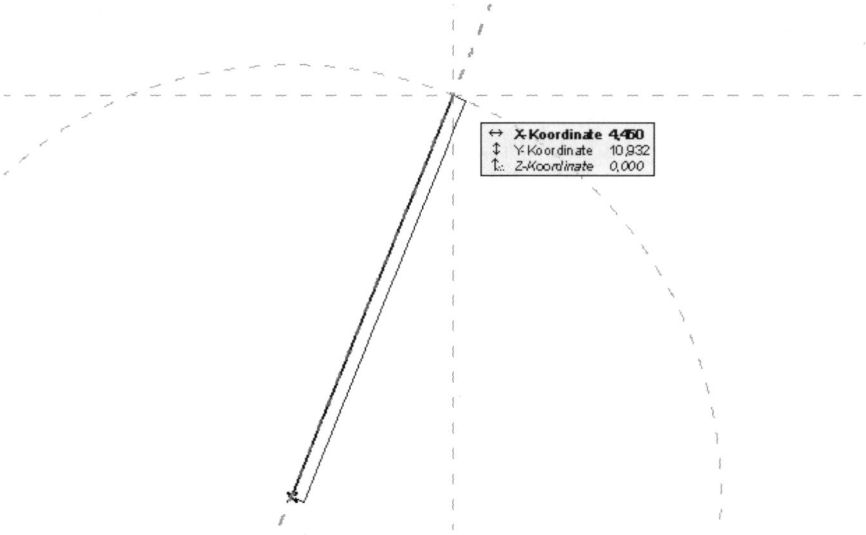

Abb. 3.35: Die vier Möglichkeiten, Koordinaten zu fangen

3.4.5 Relative Konstruktionsmethoden

Die relativen Konstruktionsmethoden sind Möglichkeiten, um relativ zu vorhandenen Elementen oder deren Ausrichtung eine Richtung für neue Elemente zu definieren. Typische Varianten davon sind die Optionen PARALLEL oder LOTRECHT. Sie finden diese Methoden wieder im KONTROLLFENSTER.

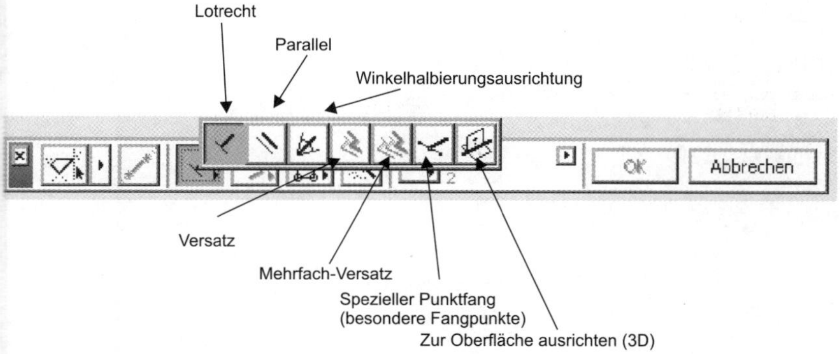

Abb. 3.36: Relative Konstruktionsmethoden

- LOTRECHT Sie wählen hier vor der eigentlichen Konstruktion über zwei Punktpositionen die *Referenzrichtung*, zu der Sie lotrecht konstruieren möchten. Anstelle zweier Punkte reicht es auch aus, die Kante mit dem Stern-Cursor anzuklicken. Bei einer Wand-Konstruktion liegt damit die Richtung für den zweiten Punkt der Wand fest.

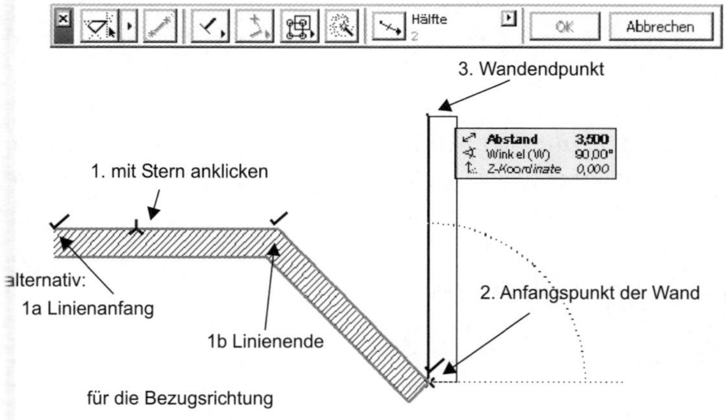

Abb. 3.37: Lotrecht zu vorhandener Richtung

Es reicht auch aus, wenn Sie die Bezugsrichtung später festlegen, nämlich kurz bevor Sie den Punkt 3 festlegen, können Sie das Werkzeug LOTRECHT noch aufrufen und die Bezugskante mit dem Stern-Cursor anklicken.

- PARALLEL Sie wählen wieder über zwei Punktpositionen die Referenzrichtung, zu der Sie parallel konstruieren wollen. Auch hier kann alternativ eine Kante mit dem Stern-Cursor angeklickt werden. Für eine Wandkonstruktion bedeutet dies, dass wieder die Richtung für den zweiten Punkt fixiert ist.

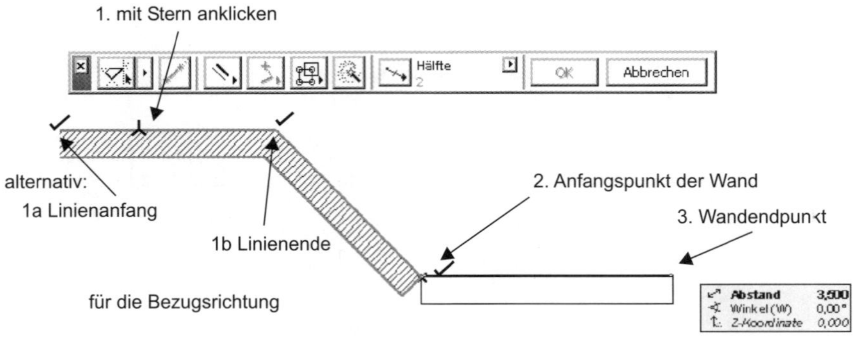

Abb. 3.38: Parallel zu gegebener Richtung

- WINKELHALBIERUNGSAUSRICHTUNG Sie wählen über vier Punktpositionen die beiden Richtungen, zu denen die Winkelhalbierende für die nachfolgende Konstruktion berechnet werden soll. Es genügt auch hier, die Kanten mit dem Stern-Cursor anzuklicken. Bei der Winkelhalbierenden ist damit auch schon die Linie festgelegt, auf der der erste Punkt der nachfolgenden Konstruktion liegen muss, und natürlich auch der zweite.
- VERSATZ Diese Option ist für *polygonale Objekte* interessant, weil hiermit *alle Segmente einer polygonalen Kontur* gleichzeitig um den angegebenen Abstand parallel verschoben werden. Sie klicken beispielsweise mit dem WAND-Werkzeug und der *Geometriemethode* POLY die Punkte einer bestehenden polygonalen Wand an und beenden mit *Rechtsklick* und OK aus dem Kontextmenü. Dann werden Sie zur Eingabe des *Abstands* aufgefordert, und die komplette neue Poly-Wand wird nun um diesen Abstand versetzt.

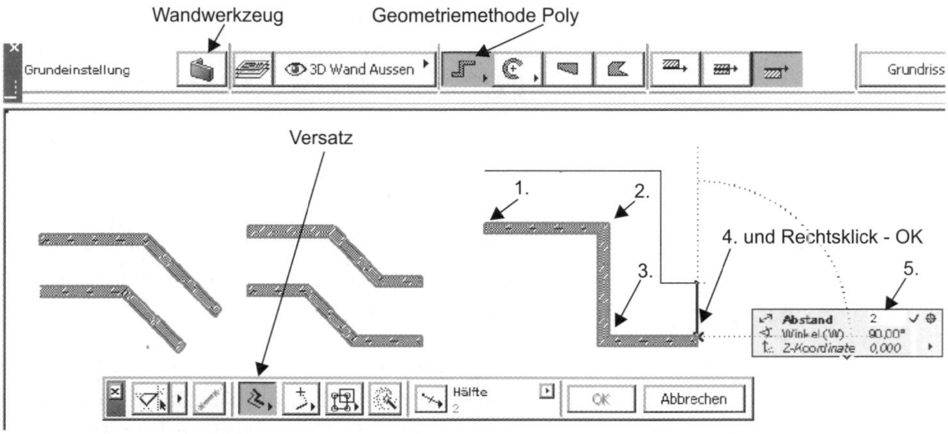

Abb. 3.39: Methode VERSATZ für polygonale Elemente

- MEHRFACH-VERSATZ Diese Option arbeitet wie die vorhergehende, nur können hier *mehrere Abstände* eingegeben werden. Dadurch können mehrere parallel versetzte polygonale Konturen entstehen.
- SPEZIELLER PUNKTFANG Dies ist eine Kombination zwischen den besonderen Fangpunkten und einer hier erstellten Hilfslinie. Während bei den besonderen Fangpunkten immer eine existierende Wand, Linie, Bogen für Hälfte etc. zu Grunde liegt, kann hiermit ein besonderer Fangpunkt wie HÄLFTE, PROZENT usw. auf einer Linie ermittelt werden, die aus zwei Punktpositionen hervorgeht. Sie stellen also zuerst die gewünschte Option der BESONDEREN FANGPUNKTE ein, aktivieren dann dieses Werkzeug der relativen Konstruktionsmethoden und wählen Anfangs- und Endpunkt der Referenzlinie, auf der dann die besonderen Fangpunkte erscheinen werden. Damit erhalten Sie sozusagen Bezugspunkte, die in der Luft liegen.

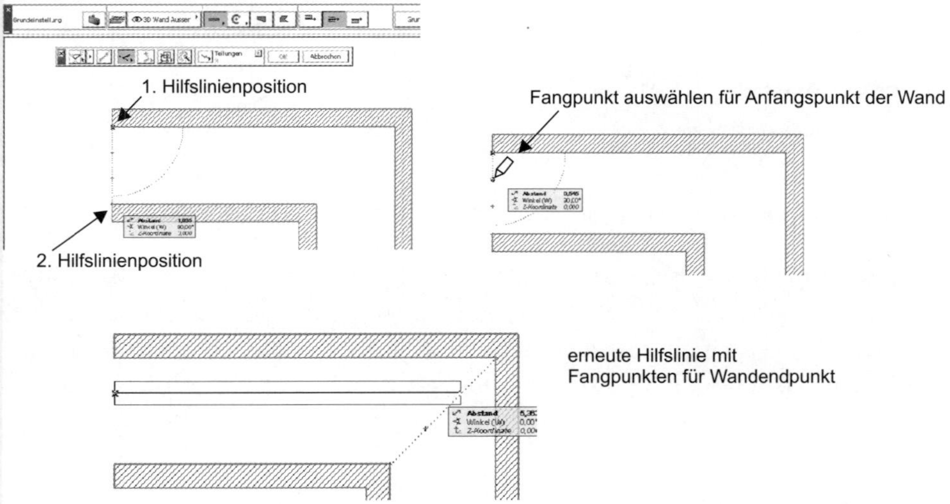

Abb. 3.40: Referenzvektor bei 1/3 mit besonderen Fangpunkten

- ZUR OBERFLÄCHE AUSRICHTEN Dies ist eine Möglichkeit, im 3D-Fenster eine Schnittkante zwischen einer schrägen Fläche (bzgl. der xy-Ebene) und der Konstruktionsebene z = 0 für verschiedene Konstruktionen oder Modifikationen zu benutzen. Im Beispiel wird eine Decke auf die Schnittlinie mit einer Dachfläche hin verlängert.

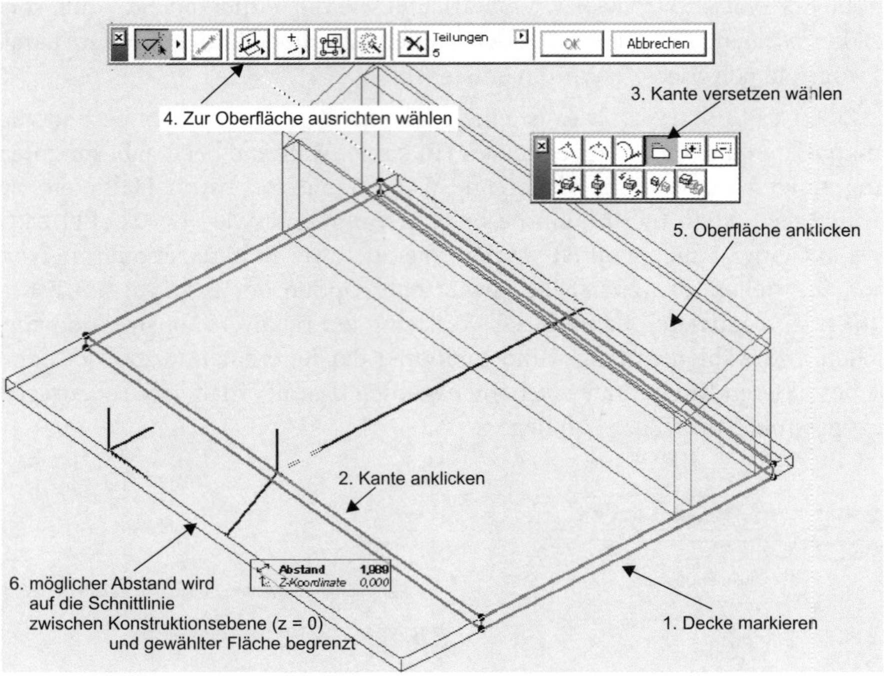

Abb. 3.41: Decke bis zum Schnitt mit der Dachfläche verlängern

Wichtig

Wichtig ist zu beachten, dass diese *relativen Konstruktionsmethoden* immer nur für *eine* Konstruktionsaktion gültig sind und ggf. erneut aktiviert werden müssen, wenn Sie diese wiederholt brauchen.

3.5 Elementfang

Die ArchiCAD-Elemente besitzen von Haus aus Punkte, die zum gegenseitigen Einrasten benutzt werden können, die Auswahlpunkte und Ankerpunkte. Der dazu nötige Elementfang wird über das Menü OPTIONEN|ELEMENTFANG oder die STANDARD-Symbolleiste aktiviert (Abbildung 3.42). Damit er wirkt, muss allerdings der Rasterfang abgeschaltet sein, ggf. mit [F7].

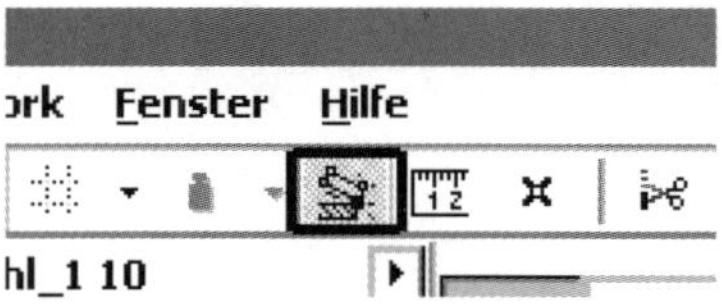

Abb. 3.42: Elementfang in der STANDARD-Symbolleiste

Der Elementfang wird aktiviert, sobald ein Element zur Bearbeitung markiert wird. Die möglichen Punkte werden dann als etwas größere leere Quadrate angezeigt. Als Punkte für den Elementfang kommen in Frage:

- Auswahlpunkte einschließlich der Ankerpunkte des Elements
- Besondere Fangpunkte, sofern aktiviert
- Position der Cursorspitze

Wenn ein solcher Punkt beispielsweise beim Verschieben auf entsprechende Punkte eines anderen Elements stößt, wird das betreffende Symbol etwas vergrößert, um zu signalisieren, dass nun mit Klick eingerastet werden kann. Wenn sich mehrere Punkte gleichzeitig näher kommen, werden sie schwarz markiert. Sie können dann mit der Taste `Leertaste` zwischen den Möglichkeiten wechseln und mit Klick die richtige Position zum Einrasten bringen.

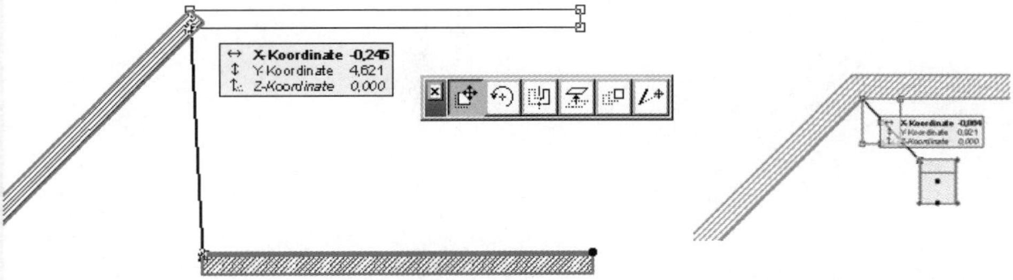

Abb. 3.43: Elementfang mit Auswahlpunkten beim Positionieren von Wand (links) und Stuhl (rechts)

3.6 Übungsfragen

1. Wo liegt das Werkzeug zum Festlegen eines individuellen Benutzer-Koordinatenursprungs?
2. Wie schalten Sie wieder auf den Projektursprung zurück?
3. Was ist der Unterschied zwischen dem Konstruktionsraster und dem Fangraster (auch als Rasterfang bezeichnet)?
4. Welches der Raster kann auch ein Nebenraster haben?
5. Nennen Sie die vier wichtigen Fangpunkt-Einstellungen.
6. Wie können Sie eine Koordinate fixieren?
7. Welche relativen Konstruktionsmethoden gibt es?
8. Wie wird der Elementfang aktiviert?

Kapitel 4

Einfache Geometrie

Es wurde zu Beginn des Buches hervorgehoben, dass ArchiCAD ein CAD-System ist, das die Konstruktion nicht mühsam Linie für Linie aufbaut, sondern gleich mit komplexen intelligenten (mit internen Parametern versehenen) Elementen erstellt. Dennoch ist für einzelne Aktionen die Konstruktion eines Umrisses aus zweidimensionalen Linien, Bögen und Kreisen sinnvoll. Zweidimensionale Geometrien finden als Hilfskonstruktionen zur Positionierung der 3D-Elemente immer wieder Anwendung. Außerdem können damit 2D-Detaillierungen, also vom 3D-Entwurf unabhängige Einzelheiten frei gestaltet werden. Deshalb sollen in diesem Kapitel die Vorgehensweisen zur Erstellung einfacher CAD-Geometrie vorgestellt werden.

Die Werkzeuge für einfache Geometrieelemente finden Sie im WERKZEUGKASTEN im Bereich DOKUMENTATION (Abbildung 4.1). Es sind die Werkzeuge

- LINIE zeichnet einzelne Liniensegmente.
- KREIS/BOGEN zeichnet Kreise, Kreisbögen, Ellipsen und Ellipsenbögen.
- POLYLINIE erstellt eine zusammenhängende Kurve bestehend aus Linien- und Bogensegmenten.
- SPLINE erzeugt eine glatte Kurve durch vorgegebene Stützpunkte.
- FIXPUNKT setzt einen einzelnen Punkt.
- SCHRAFFUR erzeugt eine Schraffur in einem polygonalen Gebiet.

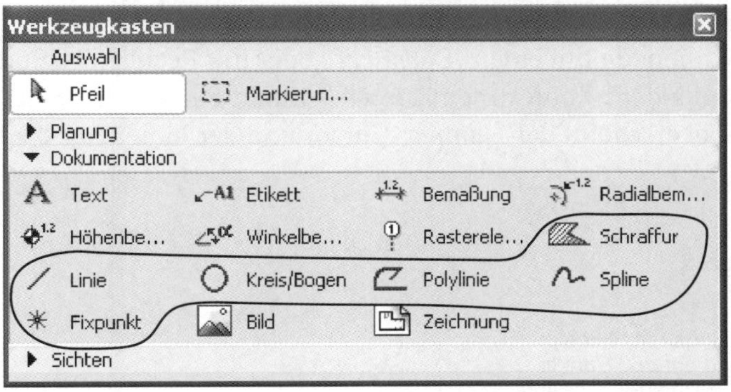

Abb. 4.1: WERKZEUGKASTEN mit Linie, Kreis/Bogen etc.

Tipp

Einfache Geometrieelemente können auch leicht mit dem ZAUBERSTAB-Werkzeug (Menü PLANUNG|ZAUBERSTAB oder im KONTROLLFENSTER) beispielsweise in *Wände, Decken* oder *Dächer* (z.B. GEOMETRIEMETHODE: POLYGONALES DACH) umgewandelt werden.

4.1 Linie

Die Funktion / Linie erstellt einzelne oder mehrere geradlinige Segmente. Im INFOFENSTER werden verschiedene Geometriemethoden angeboten:

- EINFACH zeichnet eine einzelne Linie. In der Statusleiste erhalten Sie die Anfragen nach den *Endpunkten* LINIENANFANGSPUNKT FESTLEGEN und LINIENENDPUNKT FESTLEGEN.
- POLY zeichnet mehrere aneinander anschließende Linien. Die Anfragen in der Statusleiste lauten:
  - ERSTEN ECKPUNKT FÜR POLY-LINIE FESTLEGEN
  - NÄCHSTEN PUNKT FÜR POLYLINIE FESTLEGEN fragt nach dem Endpunkt des aktuellen Liniensegments, der gleichzeitig Startpunkt des nächsten Liniensegments ist. Obwohl hier im Text das Wort »Polylinie« erscheint, ist es keine POLYLINIE, die Sie erzeugen, denn alle Liniensegmente bleiben *einzelne* Elemente und sind *nicht irgendwie zusammengefasst,* wie das beim Element POLYLINIE weiter unten der Fall ist.
  - Sie bekommen in diesem Modus über eine PET-PALETTE auch Optionen wie bei der POLYLINIE angeboten, um auf *Bogen* umzuschalten. Die Konstruktion läuft wie unten bei der Polylinie beschrieben, aber die erzeugten Elemente *hängen nicht zusammen* wie bei der POLYLINIE. Jedes mit dem LINIE-Werkzeug erstellte Element ist einzeln wählbar und löschbar. Nur sorgt der Modus POLY dafür, dass die Endpunkte bei Erzeugung geometrisch exakt aufeinander liegen.
  - Beendet wird der Linienzug mit einem *Doppelklick* oder mit Rechtsklick und der Wahl von OK aus dem Kontextmenü. Auch können Sie auf den Startpunkt klicken. Dabei erscheint der *Hammer*-Cursor und der Linienzug wird geschlossen.

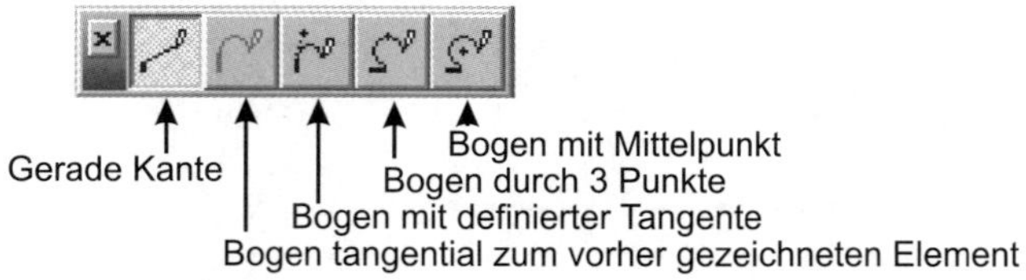

Abb. 4.2: PET-PALETTE im Modus POLYLINIE

- RECHTECK Mit dieser Methode konstruieren Sie vier Linien, die ein Rechteck bilden, dessen Seiten zu den x- und y-Achsen parallel sind. Sie müssen zwei diagonale Eckpunkte eingeben auf die beiden Anfragen:
  - ERSTEN ECKPUNKT FÜR LINIEN-RECHTECK FESTLEGEN
  - LINIEN-RECHTECK KONSTRUIEREN
  - Wenn Sie das Rechteck bei gedrückter [⇧]-Taste aufziehen, entsteht ein Quadrat.
- RECHTECK GEDREHT Damit können Sie Linien konstruieren, die ein gedrehtes Rechteck bilden. Das Rechteck liegt unter einem bestimmten Winkel zur Horizontalen. Nach dem ersten Eckpunkt folgt die Eingabe für die Richtung der ersten Rechteckseite, anstelle eines dritten Punkts können Sie im TRACKER auch einen Abstandswert eingeben:
  - ERSTEN ECKPUNKT FÜR GEDREHTES LINIEN-RECHTECK FESTLEGEN
  - RICHTUNG FÜR LINIEN-RECHTECK FESTLEGEN
  - LINIEN-RECHTECK KONSTRUIEREN

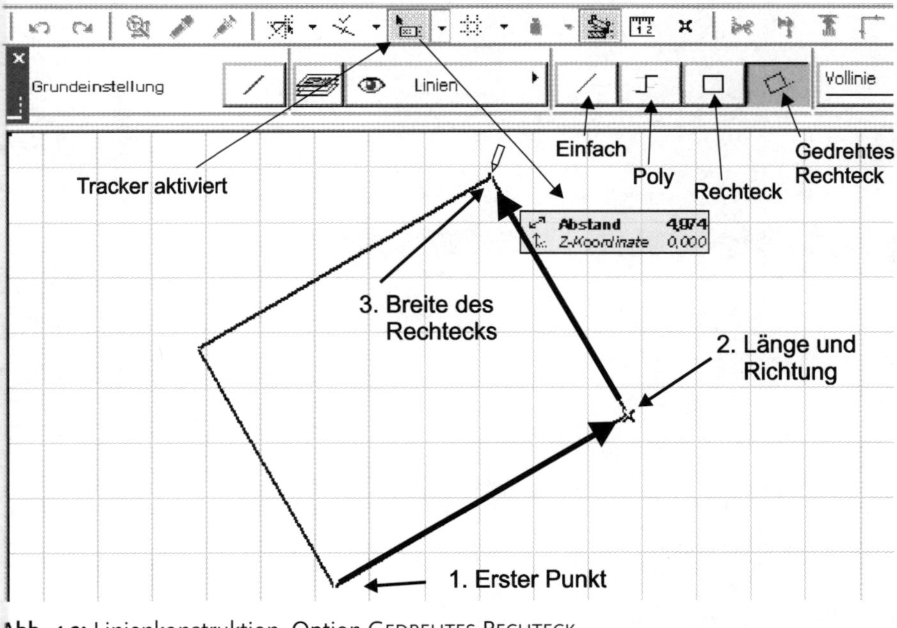

Abb. 4.3: Linienkonstruktion, Option GEDREHTES RECHTECK

Wenn Sie den EINSTELLUNGSDIALOG im INFOFENSTER für die Linie anklicken, finden Sie noch wertvolle Optionen (Abbildung 4.4). Sie können natürlich Linientyp und Stift wählen. Anstelle der Volllinie sind viele verschiedene Linientypen verfügbar.

Die Checkbox RAUMFLÄCHEN-BEGRENZUNG sollten Sie aktivieren, wenn Sie später bei der *automatischen Raumflächenerkennung* nicht nur Wände zur Begrenzung von Räumen verwenden wollen, sondern auch Linien. Das ist beispielsweise der Fall, wenn Sie Räume, die Wohn- und Essbereich ohne Trennwand vereinen, zur logischen Raumtrennung unterteilen wollen.

Darunter können Sie Linien mit *Markern* (= Maßpfeilsymbole) versehen, um Hinweispfeile oder Maßlinien selbst zu konstruieren, ohne Beschriftungs- oder Bemaßungswerkzeuge zu benutzen. Die Marker greifen aber nur bei den Geometriemethoden EINFACH und POLY.

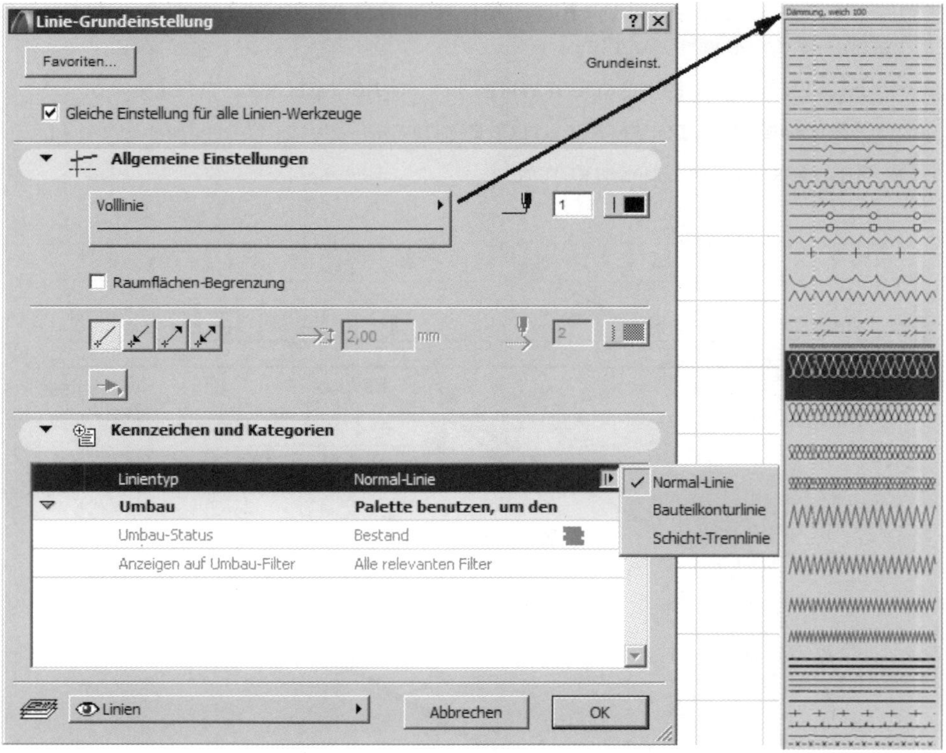

Abb. 4.4: Grundeinstellungen für Linie

4.1.1 Übereinanderliegende Linien

Wenn in einer Linienkonstruktion oder Skizze mehrere Linien übereinanderliegen oder mit gleicher Richtung aneinandergrenzen, dann ist es möglich, diese zu einer einzigen Linie zusammenzufügen. Dafür verwenden Sie BEARBEITEN|VEREINIGEN & ZERLEGEN|LINIEN-VEREINIGUNG. Wählen Sie alle betreffenden Linien, indem Sie eine mit dem PFEIL-Werkzeug anklicken und mit der [⇧]-Taste weitere hinzufügen. Mit der [Tab]-Taste wechseln Sie ggf. die Auswahl. Beim Zusammenfügen der Linien können Sie verschiedene *Aktionen* wählen:

1. doppelte löschen,
2. Attribute für die neue Linie bestimmen,
3. aneinanderstoßende verbinden,
4. überlappende vereinigen,
5. nur Volllinien erhalten,
6. bei Überlagerung nur oberste erhalten.

4.2 Kreis/Bogen

Die Funktion Kreis/Bogen erstellt Kreise, Bögen, Ellipsen und Ellipsenbögen mit verschiedenen Methoden (Abbildung 4.5). Die Dialoge zur Eingabeaufforderung erscheinen in der Statusleiste. Sie werden hier detailliert erläutert, damit die Eingaben klar werden.

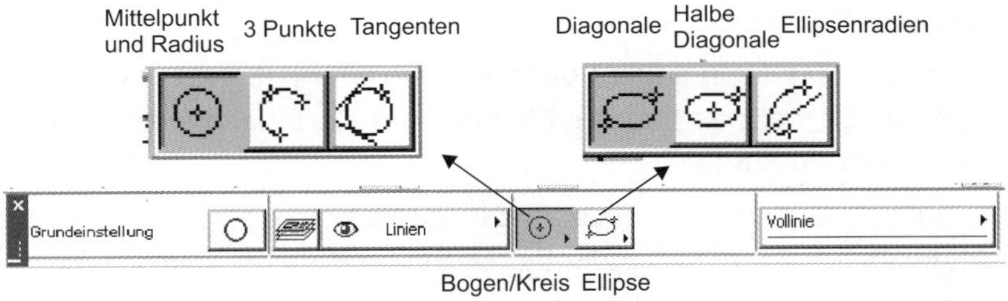

Abb. 4.5: KREIS-Werkzeug mit Geometriemethoden

Bei der Geometriemethode KREIS/BOGEN gibt es folgende Optionen:

- MITTELPUNKT UND RADIUS Sie erstellen einen Kreis durch Angabe von Mittelpunkt und Radius.
  - MITTELPUNKT DES KREISBOGENS FESTLEGEN Geben Sie den Kreismittelpunkt ein.
  - BOGENANFANGSPUNKT FESTLEGEN Geben Sie hier eine Position für den Startpunkt des *Vollkreises* oder *Kreisbogens* ein. Dieser Punkt legt den *Radius* fest. Alternativ können Sie für einen *Vollkreis* auch den *Radius* im TRACKER eingeben.
  - BOGENENDPUNKT FESTLEGEN Für einen *Vollkreis* klicken Sie am einfachsten an der letzten Position noch einmal oder geben Sie im TRACKER den Winkel **0**° oder **360**° ein. Für einen *Kreisbogen* geben Sie entweder den Endpunkt ein oder im TRACKER den *Öffnungswinkel* des Bogens. Um einen Vollkreis zu erhalten, brauchen Sie nur den Startpunkt wieder als Endpunkt wählen.

- PUNKTE Mit dieser Funktion wird ein Kreis durch drei Punkte erzeugt.
  - ERSTEN BOGENPUNKT FÜR 3-PUNKTE-KONSTRUKTION FESTLEGEN Geben Sie eine Position für den Startpunkt des Bogens ein.
  - ZWEITEN BOGENPUNKT FESTLEGEN Es wird ein zweiter Punkt auf dem Bogen gefordert.
  - DRITTEN BOGENPUNKT FESTLEGEN Es wird ein dritter Punkt auf dem Bogen gefordert, der aber nicht der Endpunkt des Bogens sein muss.
  - BOGENENDPUNKT FESTLEGEN Hier wird der *Endpunkt* des Bogens eingegeben. Der Punkt legt nur noch den *Öffnungswinkel* fest und muss nicht auf dem Bogenumfang liegen. Alternativ können Sie auch den *Öffnungswinkel* im TRACKER eingeben.
- TANGENTEN Diese Funktion erzeugt einen Kreis, der ein, zwei oder drei lineare Elemente exakt tangiert und im Übrigen noch durch Punkte auf dem Kreisbogen definiert wird. Sie erstellt keine Tangenten zu gebogenen Elementen. Hiermit kann auch ein Kreis über drei Punkte konstruiert werden.
  - BOGENPUNKT FESTLEGEN ODER AUF TANGENTIALES ELEMENT KLICKEN Klicken Sie auf ein lineares Element, das als Tangente dienen soll, oder geben Sie einen Punkt ein.
  - ELEMENT TANGENTIAL ODER EINEN PUNKT AUF KREISBOGEN ANGEBEN Klicken Sie auf ein weiteres lineares Element, das als Tangente dienen soll, oder geben Sie einen Punkt ein.
  - LAGE DES KREISES FESTLEGEN Meist ist die Lage des Kreises durch die bisherigen Eingaben noch nicht eindeutig. Deshalb erscheint hier der *Augen-Cursor*, mit dem Sie bei der gewünschten Voranzeige mit einem Klick die Auswahl treffen.

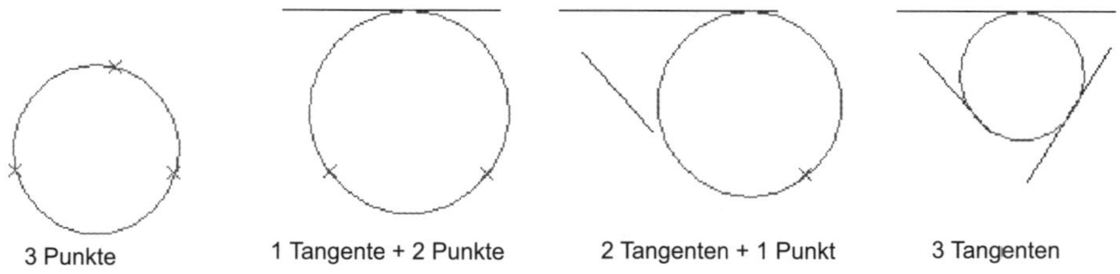

Abb. 4.6: Kreise konstruiert mit der Methode TANGENTEN

Bei der Geometriemethode ELLIPSE gibt es folgende Optionen:

- DIAGONALE Diese Funktion erstellt eine Ellipse, indem Sie die diagonalen Ecken des *umschreibenden Rechtecks* eingeben. Wenn Sie den zweiten Punkt auf eine 45°-Hilfslinie legen, erhalten Sie natürlich auch einen Kreis.

- Geben Sie den ersten Punkt des Ellipsen-Begrenzungsrahmens an Geben Sie die erste Ecke des Rechtecks ein, das die Ellipse umfängt.
- Ellipsen-Begrenzungsrahmen beenden Geben Sie die zweite diagonale Ecke ein.

- Halbe Diagonale
  - Geben Sie den Mittelpunkt der Ellipse ein Geben Sie die Position für den Mittelpunkt der Ellipse ein.
  - Ellipsen-Begrenzungsrahmen beenden Geben Sie eine diagonale Position für die Ecke des umschreibenden Rechtecks ein. Die x- und y-Entfernungen vom Mittelpunkt entsprechen den Längen der großen und kleinen Halbachsen. Diese Werte können Sie natürlich auch über den Tracker eingeben.
- Ellipsenradien Hiermit wird ein Ellipsenbogen erstellt.
  - Geben Sie den Mittelpunkt der Ellipse an Geben Sie die Position für den Mittelpunkt der Ellipse ein.
  - Geben Sie den Endpunkt der elliptischen Achsen ein Hier geben Sie die Lage (Winkel) und Länge der halben Hauptachse der Ellipse ein.
  - Geben Sie den Startpunkt des elliptischen Bogens ein Dieser Punkt legt die Form der Ellipse fest. Es kann ein beliebiger Punkt auf der gewünschten Ellipse sein.
  - Ellipsen-Bogen beenden Dieser Punkt definiert eigentlich den Startpunkt des Ellipsenbogens.
  - Geben Sie den Umfangspunkt der Ellipse ein Und dieser Punkt ist dann der Endpunkt der Ellipse.

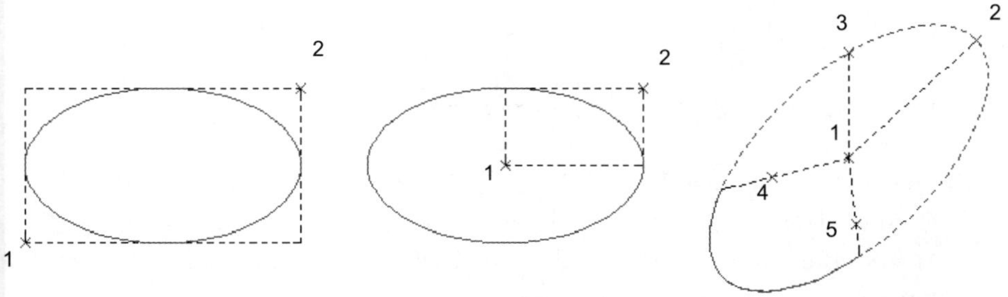

Abb. 4.7: Ellipsen und Ellipsenbogen

4.3 Polylinie

Die Funktion Polylinie erstellt Polylinien, die aus mehreren Segmenten bestehen. Die Segmente können Linien oder Kreisbögen sein. Die Polylinie kann offen oder geschlossen sein. Eine Polylinie ist eine zusammenhängende Kurve. Damit reicht es, ein Segment anzuklicken, um den gesamten Kurvenzug zu wählen.

Polylinien können als nützliche Grundlage für viele andere Elemente dienen wie Wände und Decken. Sie können mit den entsprechenden WAND- oder DECKEN-Werkzeugen und dem ZAUBERSTAB (aus der Palette KONTROLLFENSTER oder dem Menü PLANUNG|ZAUBERSTAB) schnell aus Polylinien abgeleitet werden.

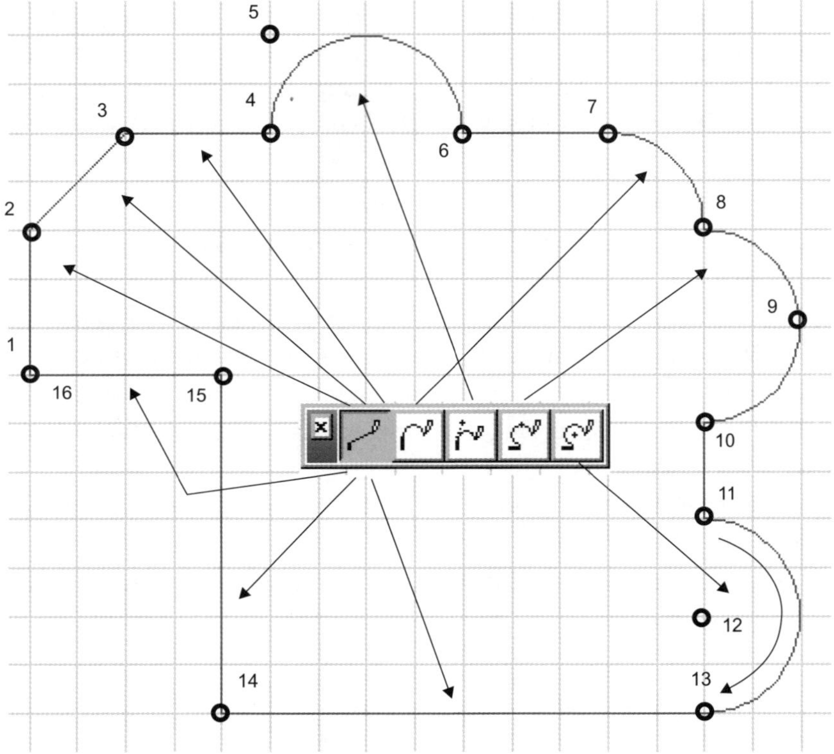

Abb. 4.8: Geschlossene Polylinie mit Bogensegmenten

Am Konstruktionsbeispiel der Abbildung 4.8 mit dokumentiertem Dialogfenster aus der Statusleiste sollen die Optionen demonstriert werden, die in der PET-PALETTE enthalten sind. Damit die Eingabe einfacher wird, habe ich für das Beispiel den Rasterfang auf das Konstruktionsraster eingestellt (F7, F8).

- Polylinie Befehlsaufruf – Die PET-PALETTE ist im Modus GERADE KANTE.
  - ERSTEN PUNKT FÜR POLYLINIE FESTLEGEN Geben Sie Punkt 1 ein.
  - NÄCHSTEN PUNKT FÜR POLYLINIE FESTLEGEN Geben Sie Punkt 2 ein.
  - NÄCHSTEN PUNKT FÜR POLYLINIE FESTLEGEN Geben Sie Punkt 3 ein.
  - NÄCHSTEN PUNKT FÜR POLYLINIE FESTLEGEN Geben Sie Punkt 4 ein.

- *Pet-Palette* in den Modus BOGEN MIT DEFINIERTER TANGENTE schalten
  - TANGENTE DES ERSTEN KREISBOGENS ANKLICKEN Geben Sie Punkt 5 ein.
  - NÄCHSTEN PUNKT DES POLYGONBOGENS FESTLEGEN Geben Sie Punkt 6 ein.
- *Pet-Palette* in den Modus GERADE KANTE schalten
  - NÄCHSTEN PUNKT FÜR POLYLINIE FESTLEGEN Geben Sie Punkt 7 ein.
  - NÄCHSTEN PUNKT DES POLYGONBOGENS FESTLEGEN Geben Sie Punkt 8 ein.
- *Pet-Palette* in den Modus BOGEN DURCH 3 PUNKTE schalten
  - ZWEITEN BOGENPUNKT FESTLEGEN Geben Sie Punkt 9 ein.
  - DRITTEN BOGENPUNKT FESTLEGEN Geben Sie Punkt 10 ein.
- *Pet-Palette* in den Modus GERADE KANTE schalten
  - NÄCHSTEN PUNKT FÜR POLYLINIE FESTLEGEN Geben Sie Punkt 11 ein.
- *Pet-Palette* in den Modus BOGEN MIT MITTELPUNKT schalten
  - MITTELPUNKT DES KREISBOGENS FESTLEGEN Geben Sie Punkt 12 ein.
  - BOGENENDPUNKT FESTLEGEN Fahren Sie mit dem Cursor in der angedeuteten Pfeilrichtung auf die Position von Punkt 12, damit Sie den richtigen Halbkreis bekommen.
- *Pet-Palette* in den Modus GERADE KANTE schalten
  - NÄCHSTEN PUNKT FÜR POLYLINIE FESTLEGEN Geben Sie die Punkte 13 bis 16 ein.

Am Punkt 16 wird die Polylinie mit dem Hammer-Cursor geschlossen. ArchiCAD erkennt also, dass Sie mit dem letzten Punkt wieder den Startpunkt erreicht haben, und zeigt dies mit dem Hammer-Symbol an.

4.3.1 Polylinien verbinden

Mit der Funktion BEARBEITEN|VEREINIGEN & ZERLEGEN|VEREINIGEN können Sie mehrere aneinandergrenzende Splinekurven zu einer *Gesamtkurve* verbinden. Auch einzelne Linien und Bögen lassen sich hiermit zu einer Splinekurve zusammenfügen. Voraussetzung ist immer, dass die Kurven mit ihren Endpunkten zusammenfallen.

Die Funktion BEARBEITEN|VEREINIGEN & ZERLEGEN|IN 2D-ELEMENTE ZERLEGEN zerlegt dann die Polylinie wieder in einzelne Segmente.

4.4 Spline

Die Funktion Spline erstellt eine glatte Kurve, die durch einzugebende Stützpunkte definiert ist. Abbildung 4.9 zeigt eine Splinekurve mit hervorgehobenen Stützpunkten und einer Polylinie durch die gleichen Punkte als Vergleich. Eine Splinekurve ist eine so genannte Freiformkurve mit variablem Radius, wodurch glatte Übergänge entstehen. Sie wird im modernen Design gern verwendet, weil sie maximale Freiheit in der Formgebung bietet.

Die Voreinstellung ist eine geschlossene Kurve. Wenn Sie eine offene Splinekurve wünschen, sollten Sie in den Einstellungsdialog gehen und auf das Icon für offene Kurve klicken und dann beim Konstruieren mit einem Doppelklick beenden. Nach Rechtsklick und OK im Kontextmenü wird die Kurve geschlossen.

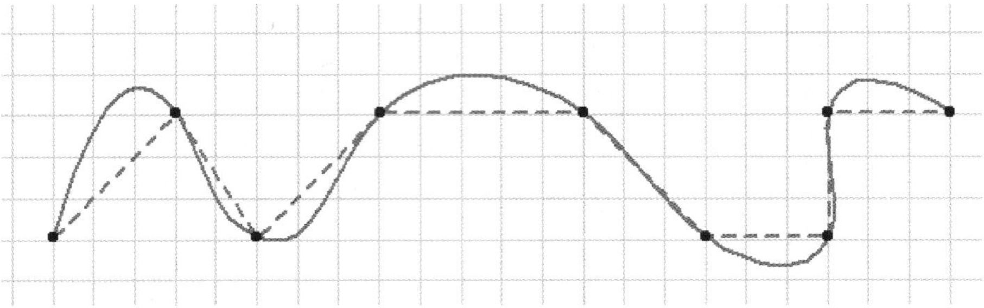

Abb. 4.9: Splinekurve verglichen mit Polylinie (gestrichelt)

Abbildung 4.10 zeigt eine Wand, die mit dem ZAUBERSTAB aus einer Splinekurve erzeugt wurde.

Abb. 4.10: Wand auf Grundlage einer Splinekurve

Neben dem bisher beschriebenen normalen Splinetyp können Sie auch die Typen BÉZIER und FREIHAND wählen (s. Abbildung 4.12 und Abbildung 4.13).

Beim Typ BÉZIER entstehen zunächst Liniensegmente. Die einzelnen Segmente sind die Grundlagen für Bézier-Kurven, die durch weitere Bearbeitung zu einem glatten geschwungenen Kurvenzug verbogen werden können.

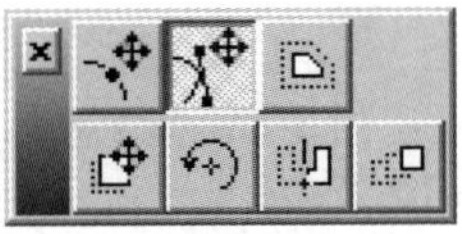

Abb. 4.11: PET-PALETTE für Splines mit aktivierter Bearbeitung für Spline-Hebel

Die Knotenpunkte können nämlich durch Anklicken mit dem PFEIL-Werkzeug bearbeitet werden. Über die PET-PALETTE können Sie die so genannten *Tangentenhebel* bearbeiten. Beim ersten Klick auf einen Punkt wird eine Tagente für das vorhergehende Segment angeboten. Diese Tangente legt die Richtung im Knotenpunkt und die Krümmungsstärke des vorhergehenden Segments fest. Beim zweiten Klick auf denselben Knoten und der Pet-Funktion TANGENTENHEBEL VERSCHIEBEN wird die Tangente fürs nachfolgende Segment erstellt und immer automatisch fluchtend mit der ersten Tangente eingerichtet. Dadurch ist für einen glatten Übergang ohne Knickstelle gesorgt. Ändern lässt sich nun nur noch die Länge des Tangentenhebels zur Bestimmung der Krümmung des nachfolgenden Segments.

Abb. 4.12: Spline-Optionen: Normal, Bézier, Freihand

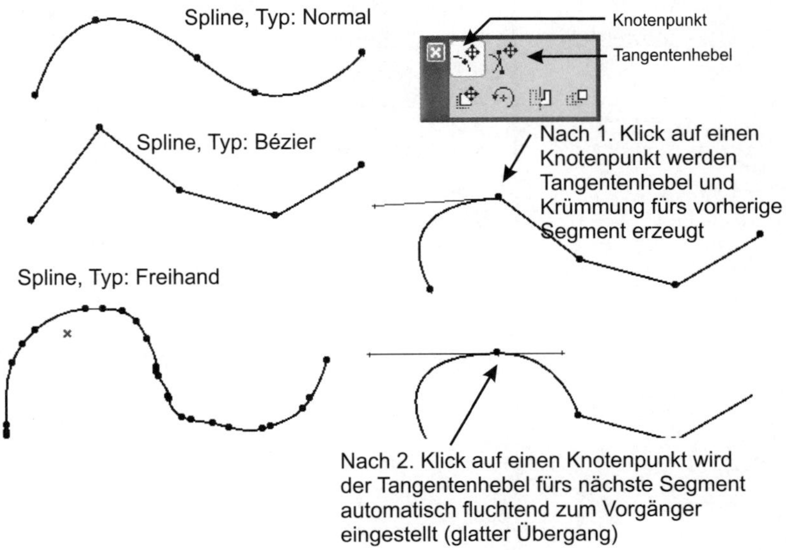

Abb. 4.13: Vergleich verschiedener Splinetypen

Beim Typ FREIHAND fahren Sie einfach mit der Maus den gewünschten Verlauf ab und erhalten dann eine geglättete Splinekurve als Ergebnis.

4.4.1 Splines verbinden

Auch Splinekurven lassen sich wie in Abschnitt 4.3.1 beschrieben zu Gesamtkurven zusammenfassen. Sollte dabei an der Verbindungsstelle ein *Knick* vorliegen, wird dieser in der Gesamtkurve automatisch *geglättet*.

4.5 Fixpunkt

Die Funktion ✳ Fixpunkt erstellt ein Punkt-Objekt. Diese Funktion erstellt an der eingegebenen Position ein Punkt-Element, das für weitere Konstruktionen mit dem Häkchen-Cursor gefangen werden kann. Die Darstellung ist ein kleines Kreuz. In den Beispielen für die Ellipse habe ich Fixpunkte gesetzt, um die Positionen zu markieren, an denen ich Punkte eingegeben habe.

4.6 Schraffur

Die Funktion Schraffur erstellt eine Schraffur mit einer polygonalen oder rechteckigen Begrenzung (Abbildung 4.14). Standardmäßig ist die Geometriemethode POLYGON eingestellt. Sie werden also wie in der Funktion Polylinie aufgefordert, eine Kontur zu definieren, und zwar eine geschlossene. Wenn Sie die Kontur nicht selber schließen, sondern als offene Kontur mit Doppelklick beenden, wird sie *automatisch* geschlossen. Sollten dabei Überschneidungen der Kontur auftreten, werden Sie gewarnt. Mit der Schaltfläche REGULIEREN in der Warnmeldung können Sie aber die Überschneidungsfläche wegfallen lassen.

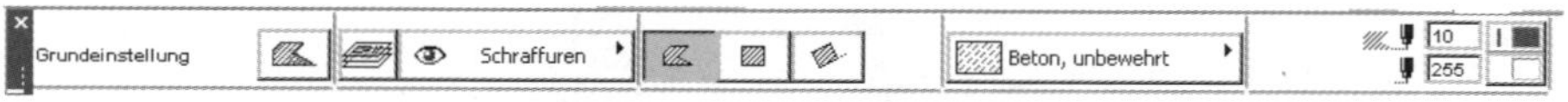

Abb. 4.14: Werkzeug SCHRAFFUR

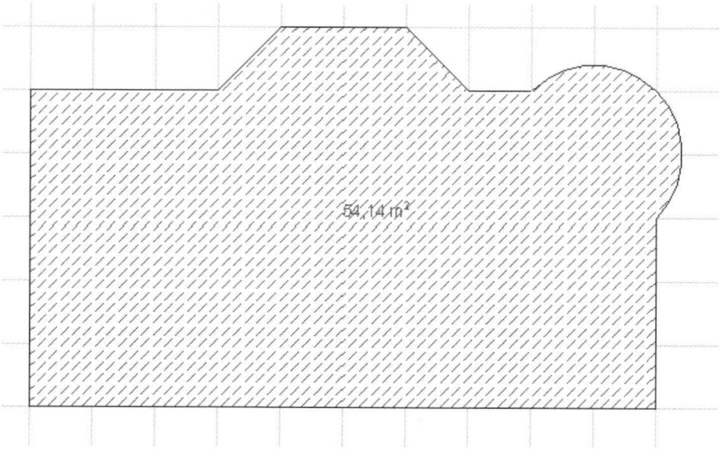

Abb. 4.15: Schraffur mit polygonaler Begrenzung

Bei den Grundeinstellungen können Sie die Checkbox mit Flächenmaß aktivieren. Dann erscheint nach der Konturdefinition der Hammer-Cursor für die Festlegung der Textposition des Flächenmaßes.

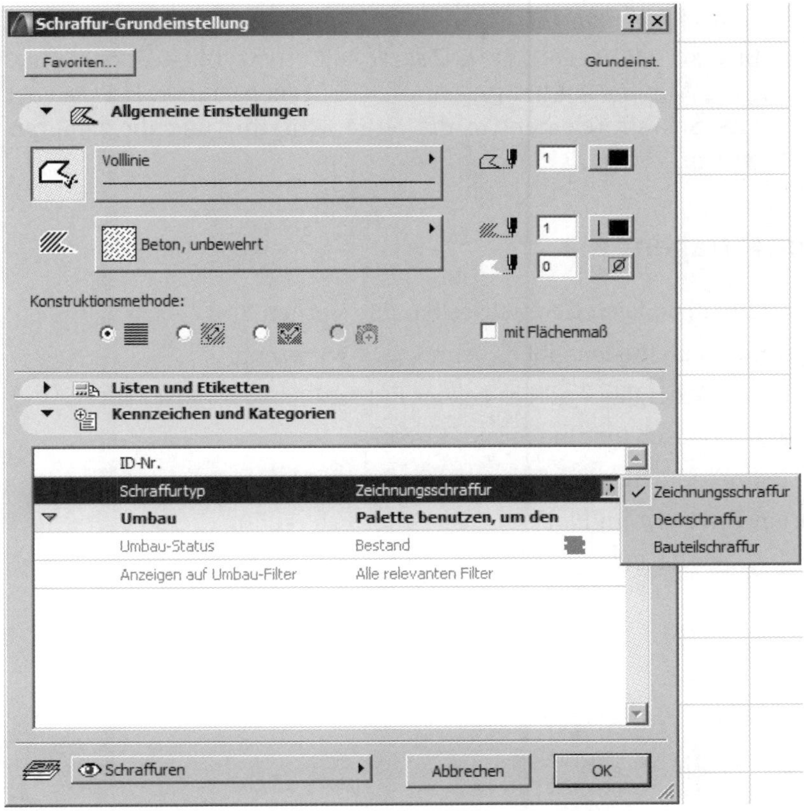

Abb. 4.16: Schraffur-Einstellungen

Unter ERWEITERTE EINSTELLUNGEN können Sie wählen, zu welcher Kategorie Ihre selbst erstellte Schraffur gehören soll, damit sie auch korrekt dargestellt und ausgegeben wird. Viele Schraffuren entstehen ja automatisch durch Bildung von Schnitten u.Ä. mit den von ArchiCAD vorgesehenen Darstellungseigenschaften. Da eigene Schraffuren die Ausnahme in Fällen sind, wo keine andere Möglichkeit bleibt, können Sie hier wenigstens die entsprechende Darstellungszuordnung treffen.

Eine elegantere Methode zur Erstellung von Schraffuren besteht darin, mit dem SCHRAFFUR-Werkzeug und dem ZAUBERSTAB aus dem Kontrollfenster in eine geschlossene Wandkontur oder auf die Kontur zu klicken. ArchiCAD erkennt die Kontur dann automatisch.

Umgekehrt können Sie mit dem WAND-Werkzeug und dem ZAUBERSTAB auch eine Schraffurfläche mit einer Wand umrahmen lassen.

4.6.1 Schraffuren zusammenfassen

Bei aneinandergrenzenden oder überlappenden Schraffuren gibt es die Möglichkeit, diese mit BEARBEITEN|VEREINIGEN & ZERLEGEN|SCHRAFFUREN-VEREINIGUNG zusammenzufassen. Mit BEARBEITEN|VEREINIGEN & ZERLEGEN|IN 2D-ELEMENTE ZERLEGEN wird das Schraffurelement in die reine Schraffur und die Umgrenzungselemente zerlegt.

4.7 Übungsfragen

1. Welche zweidimensionalen Geometrieelemente kennen Sie?
2. Welche Geometriemethoden gibt es beim KREIS-Werkzeug?
3. Welche Segment-Übergänge gibt es bei der POLYLINIE in der PET-PALETTE?
4. Was ist charakteristisch für eine SPLINE-Kurve?
5. Welchen Geometriemethoden gibt es bei SCHRAFFUREN?
6. Erscheint ein FIXPUNKT im Plot?

Kapitel 5

Wände, Fenster, Türen ...

Zu den Standard-Elementen jeder Architektur-Konstruktion gehören Wände mit Fenstern und Türen, ferner Decken, Dächer, Stützen und Unterzüge. Diese Grundelemente sollen in diesem Kapitel mit vielen ihrer Gestaltungsmöglichkeiten vorgestellt werden.

5.1 Wände

5.1.1 Info-Palette

Wenn Sie das WAND-Werkzeug zum Erstellen von Wänden aktivieren, werden die wichtigsten Vorgaben in der INFO-PALETTE angezeigt. Dort finden Sie elf Schaltflächen für diverse Einstellungen:

- EINSTELLUNGSDIALOG Hinter dieser ersten Schaltfläche verbirgt sich das in Abbildung 5.1 gezeigte allgemeine Einstellungsdialogfenster.

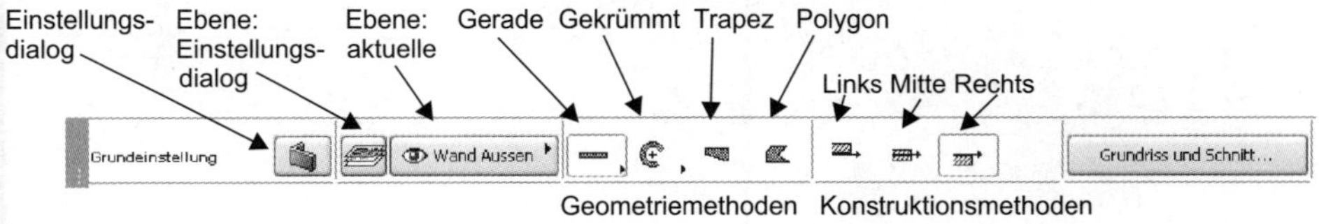

Abb. 5.1: INFO-PALETTE zu Wänden

- EBENE: EINSTELLUNGSDIALOG Hiermit kommen Sie in die Ebenenverwaltung und können sehen, in welchen Ebenenkombinationen die Ebene für die Wände sichtbar ist. Die aktuelle Ebenenkonfiguration ist `Ausführungsplanung` (Abbildung 5.2). Die aktuelle *Ebenenkombination* ist auch unter den SCHNELL-OPTIONEN rechts unten am Bildschirm zu sehen. Insgesamt gibt es für die Darstellung zwölf vordefinierte *Ebenenkombinationen*, die sich darin unterscheiden, dass für bestimmte Aufgaben bestimmte Ebenen gezielt ein- oder ausgeschaltet sind:
  - 01A BEISPIEL GR ENTWURF
  - 01B BEISPIEL S/A ENTWURF
  - 02A BEISPIEL GR GENEHMIGUNGSPLANUNG

- 02B BEISPIEL S/A GENEHMIGUNGSPLANUNG
- 03A BEISPIEL GR AUSFÜHRUNGSPLANUNG
- 03B BEISPIEL S/A AUSFÜHRUNGSPLANUNG
- 04A GR BEISPIEL EXPOSÉ
- 04B GR BEISPIEL EXPOSÉ
- BEISPIEL 3D AUßEN
- BEISPIEL 3D INNEN
- BEISPIEL 3D KOMPLETT
- BEISPIEL LAYOUTBUCH

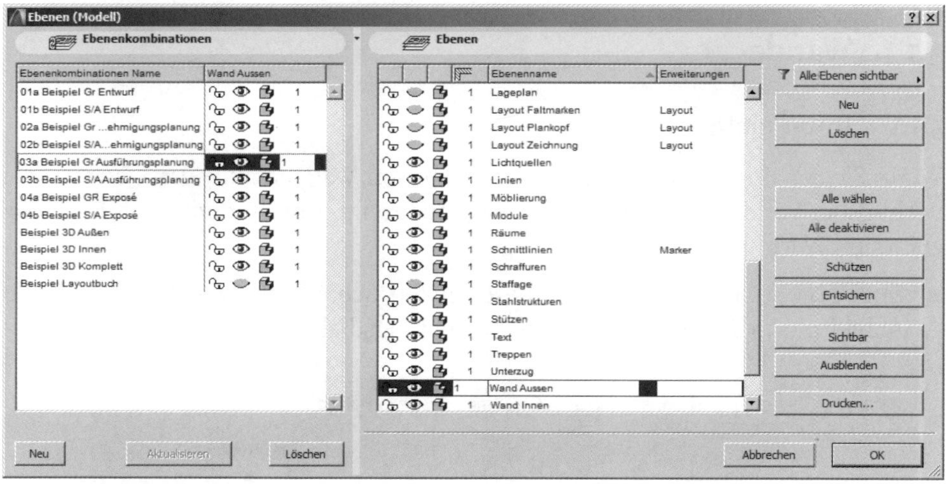

Abb. 5.2: Ebenen-Übersicht

- WAND AUSSEN Mit dieser Schaltfläche könnten Sie die gewünschte Ebene für die Wand auswählen. Da die Voreinstellung WAND AUSSEN ist, müssten Sie erst für die Innenwände die Ebene in WAND INNEN ändern.

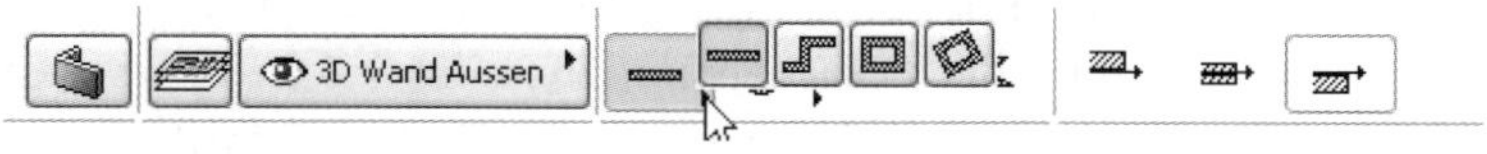

Abb. 5.3: Auswahl bei Geometriemethode GERADE

- Geometriemethode GERADE Für *gerade Wandabschnitte* gibt es vier verschiedene Geometriemethoden, die bei geeigneter Wahl die Konstruktion beschleunigen können:
  - EINFACH Hiermit zeichnen Sie einzelne Wandstücke. Mit der ersten Koordinateneingabe oder Klick beginnt das Wandsegment, mit der zweiten

Koordinateneingabe oder Klick endet es. Es wird nicht weitergezeichnet. Das nächste Wandstück müssen Sie wieder mit Klick oder Koordinatenangabe beginnen.

- POLY Diese Methode eignet sich bestens zum Konstruieren zusammenhängender Wandstücke. Vom zweiten Wandsegment an wird automatisch an das letzte Wandsegment angeschlossen. Den Wandzug beenden Sie mit *Doppelklick* oder mit Rechtsklick und Wahl von OK aus dem *Kontextmenü*. Beenden Sie *nicht* mit [ESC], weil das die Abbruch-Taste ist und das komplette Wandpolygon verworfen wird.
- RECHTECK Rechteckige Grundrisse wird man wohl immer mit dieser Option beginnen, weil hier eine rechteckige Form über zwei diagonale Punkte am schnellsten erzeugt wird. Dieses Rechteck orientiert sich an den x- und y-Richtungen.
- RECHTECK GEDREHT Eine rechteckige Form, die nicht parallel zu den Koordinatenrichtungen ausgerichtet ist, können Sie hiermit erstellen. Dieses Rechteck wird über drei Punkte definiert. Die ersten zwei Punkte geben die Richtung und Länge der ersten Rechteckseite an, der dritte Punkt definiert dann die Länge oder den Abstand der zweiten Rechteckseite.

Abb. 5.4: Auswahl bei Geometriemethode GEKRÜMMT

- Geometriemethode GEKRÜMMT Die Methode GEKRÜMMT erlaubt die Erstellung bogenförmiger Wandsegmente. Drei Optionen gibt es:
  - MITTELPUNKT UND RADIUS Sie beginnen mit dem *Mittelpunkt* des Kreisbogens und geben dann den *Startpunkt* ein, wodurch sowohl die Winkelposition als auch der Radius definiert sind. Dann bleibt nur noch über einen dritten Punkt der *Endwinkel* des Bogens zu bestimmen. Wenn Sie keinen dritten Punkt eingeben, sondern mit [Enter] beenden, wird die Winkelvorgabe 0° als *Vollkreis* mit 360° interpretiert.
  - 3 PUNKTE Bei dieser Option geben Sie drei Punkte *auf* dem Kreisbogen an. Der erste Punkt ist auch der *Startpunkt* des Bogens. Nach dem dritten Punkt können Sie über einen weiteren Punkt oder eine Winkeleingabe den ÖFFNUNGSWINKEL des Bogens noch variieren.
  - TANGENTIAL Diese Option erzeugt einen Vollkreis nach Eingabe von drei Punkten oder von drei Tangentenbedingungen oder entsprechenden Kombinationen von Punkten oder Tangenten. Für die Wahl der Tangentenbedingungen müssen Sie mit dem Cursor auf eine Wand- oder Geometrielinie oder einen -bogen fahren. Es wird dann die tangierende Kurve als Hilfslinie angezeigt. Wenn die Definition nicht eindeutig ist, erscheint der *Augen-Cursor*, mit dem Sie die gewünschte Möglichkeit auswählen.

Abb. 5.5: Geometriemethoden TRAPEZ und POLYGON

- Geometriemethode TRAPEZ Eine Wand mit *unterschiedlicher Wandstärke an beiden Enden* wird mit der Methode TRAPEZ erzeugt. Die Wandstärken stellen Sie über den Button EINSTELLUNGSDIALOG ein.
- Geometriemethode POLYGON Mit der Methode POLYGON erstellen Sie Wandstücke mit *beliebigem Querschnitt*. Der Querschnitt wird wie eine Polylinie durch Linien- und Bogensegmente erzeugt. Eine PET-PALETTE (Abbildung 5.6) bietet die verschiedenen Optionen für unterschiedliche Segmentanschlüsse an.

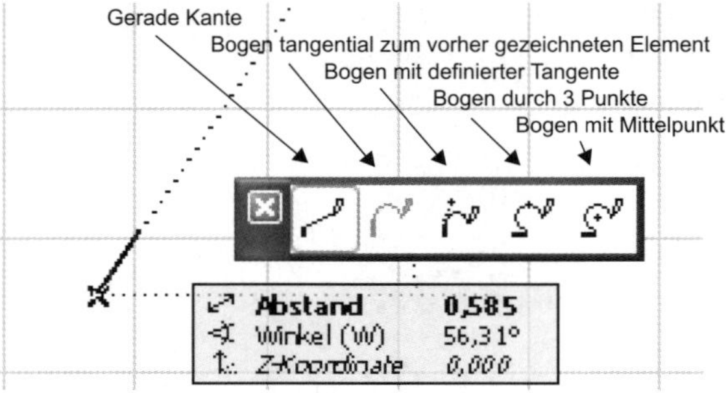

Abb. 5.6: PET-PALETTE für Polylinien-Formen

- Konstruktionsmethode LINKS Die Konstruktionsmethode legt fest, auf welcher Seite der *Konstruktionslinie* sich die Wand ausdehnen soll. Die *Konstruktionslinie* ist die Linie, für die Sie die *Koordinaten* eingeben. Die Wand kann in Laufrichtung gesehen links, mittig zur Linie oder rechts davon liegen.
- Konstruktionsmethode MITTE Die Konstruktionslinie liegt in der Mitte der Wand. Diese Option steht für Trapezwände nicht zur Verfügung.
- Konstruktionsmethode RECHTS Die Wand erstreckt sich von der Konstruktionslinie aus gesehen nach rechts.
- GRUNDRISS UND SCHNITT Unter dieser Schaltfläche verbirgt sich das gleichnamige Panel der GRUNDRISSDARSTELLUNG, das Sie auch im Einstellungsdialogfenster (Abbildung 5.7) wählen und bedienen können. Hier definieren Sie, wie die Wände dargestellt werden sollen. Insbesondere können Sie unter STRUKTUR|WANDPRIORITÄT die Wandpriorität im Bereich von 0 bis 16 ändern. Wände gleicher Priorität werden miteinander verschmolzen. Bei Wänden unterschiedlicher Priorität dominiert die Wand mit der höheren Priorität, die andere Wand wird beschnitten. Die Wandprioritäten wirken sich nur bei unterschiedlichen

Wandmaterialien aus (Abbildung 5.8). Es gibt neben der Wandpriorität noch die Möglichkeit, mit BEARBEITEN|DARSTELLUNGEREIHENFOLGE Wände nach hinten oder vorne zu verlegen.

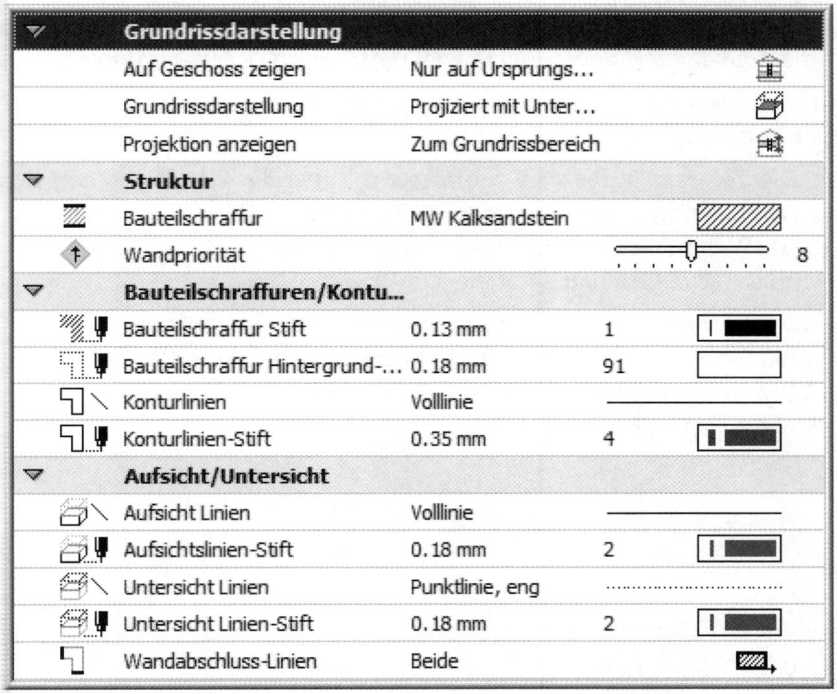

Abb. 5.7: Einstellungen der Grundrissdarstellung

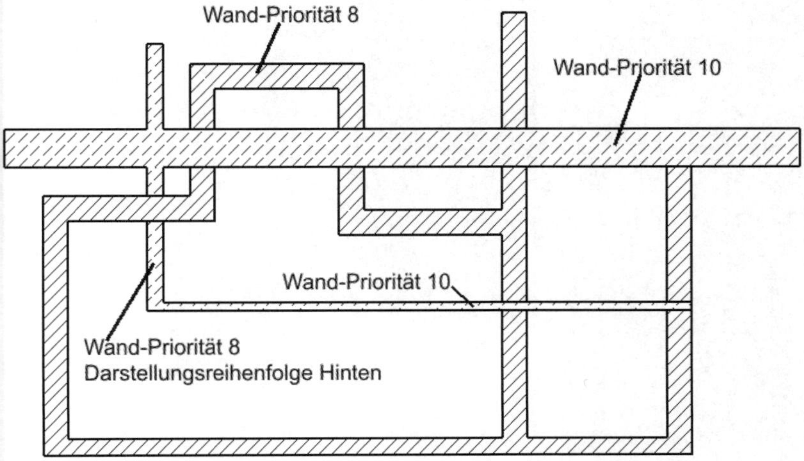

Abb. 5.8: Auswirkung verschiedener Wandprioritäten

Die INFO-PALETTE kann durch Ziehen an der Unterkante noch erweitert werden, um weitere Einstellungen zur schnellen Eingabe anzuzeigen (Abbildung 5.9). Es erscheint oben rechts ein Eingabefeld für die WANDSTÄRKE. Darunter wählen Sie unter WANDKOMPLEXITÄT die *Wandquerschnitte*:

- GERADE Das ist die normale senkrecht stehende Wand. Nur für diesen Wandquerschnitt sind alle oben beschriebenen GEOMETRIEMETHODEN wählbar.
- GENEIGT Für diese Wand können Sie oben neben der Wandstärke noch einen Neigungswinkel angeben.
- TRAPEZ Die Trapezform dieser Wandform wird über die Wandstärke am Boden und zwei Neigungswinkel definiert. Für eine konische, nach oben schmaler werdende Wand müssen beide Winkel größer als 90° sein. Bei Winkeln unter 90° wird die Wand nach oben breiter.
- PROFIL Dieser Wandtyp wird vollständig durch ein *Profil* festgelegt. Als Beispiel können Sie dann unter der Schaltfläche rechts daneben ein Profil auswählen. Ein typisches Profil ist WAND ALTBAU (Abbildung 5.10). Eigene Profile können auch definiert werden.

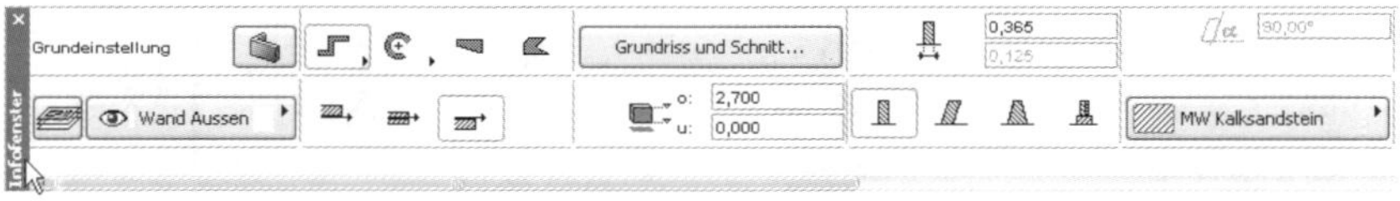

Abb. 5.9: Erweiterte INFO-PALETTE zu Wänden

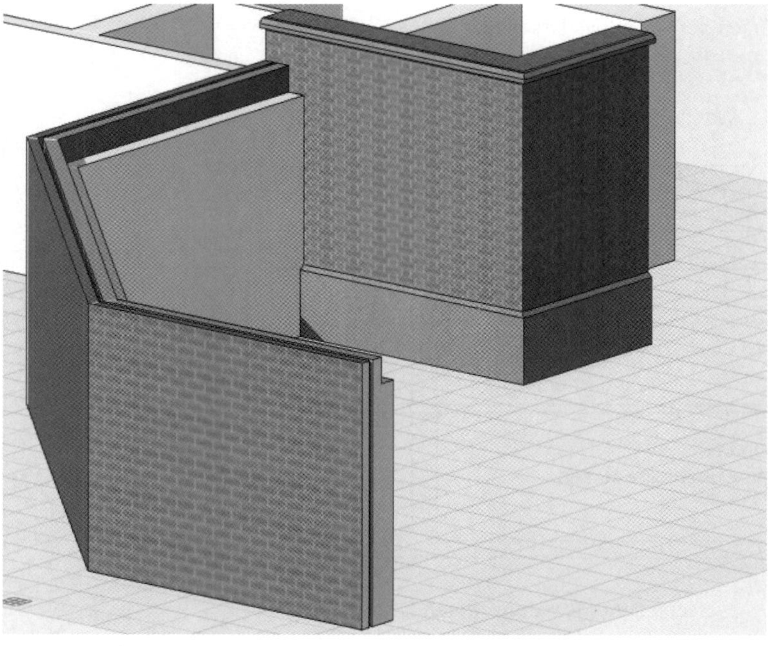

Abb. 5.10: Profilwände WAND, ALTBAU und WAND, MIT AUSKLINKUNG

Links neben der WANDKOMPLEXITÄT finden Sie die WAND-HÖHENANORDNUNG. Hier wird die absolute Höhe für Unterkante und Oberkante der Wand angegeben. Diese Höhe bezieht sich auf den *Projektursprung* und nicht auf das aktuelle Geschoss.

5.1.2 Einstellungsdialog für Wände

Wenn Sie die Schaltfläche EINSTELLUNGSDIALOG des WAND-Werkzeugs anklicken, bekommen Sie eine komplette Übersicht über *alle* einzustellenden Daten. Dieses Dialogfeld ist in einzelne *Panels* eingeteilt, die unabhängig voneinander auf- und zugeschaltet werden können. Die *Panels* sind im geschlossenen Zustand lediglich durch ein nach rechts weisendes schwarzes Dreieck ▸ und ihre Überschrift gekennzeichnet. Im geöffneten Zustand zeigt das Dreieck ▾ nach unten, wo die Daten zu finden sind. Folgende *Panels* sind für WÄNDE verfügbar:

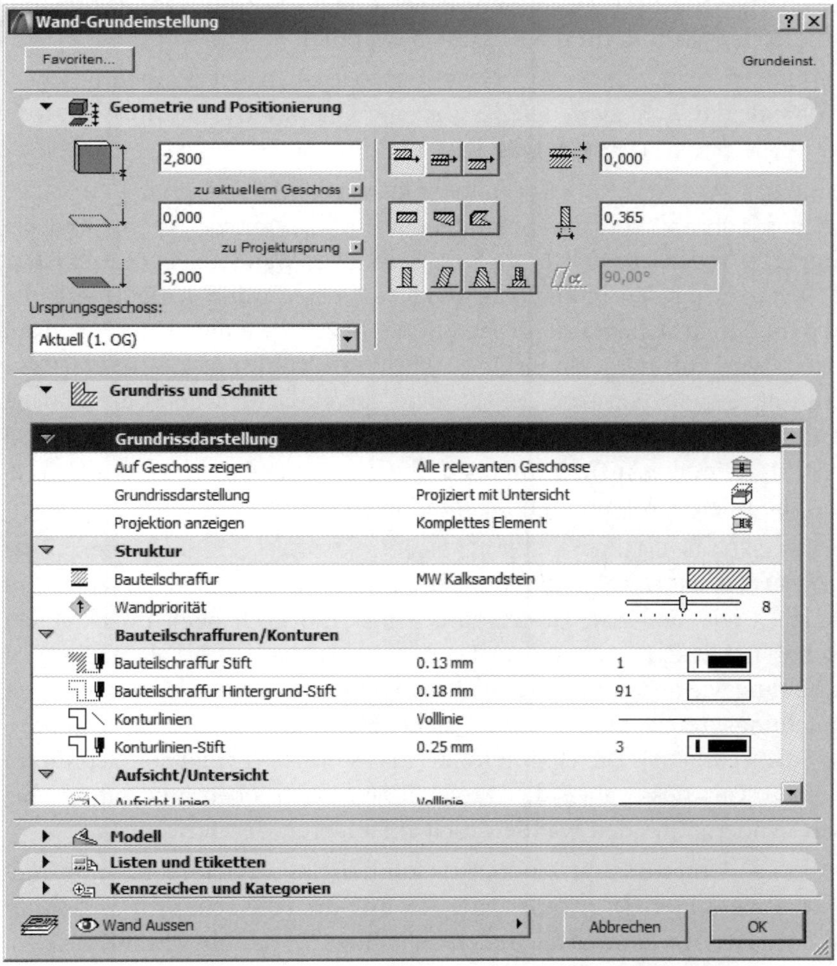

Abb. 5.11: Grundeinstellungen und Einstellungen für Darstellung der Wände im Grundriss

- GEOMETRIE UND POSITIONIERUNG Hier finden Sie die Wand-Daten im engeren Sinne, die zum größten Teil schon im INFOFENSTER einzugeben waren. Als Erstes können Sie links oben die WANDHÖHE eingeben (siehe Abbildung 5.11 oben). Es folgt darunter HÖHE RELATIV zur Eingabe für die *Wandunterkante* mit Option ZU AKTUELLEM GESCHOSS, wo im Normalfall der Wert 0,0 eingegeben wird. Wenn Sie später unten unter URSPRUNGSGESCHOSS ein anderes Geschoss als das aktuelle als Bezugshöhe gewählt haben, können Sie auch die Option ZU URSPRUNGSGESCHOSS wählen. Darunter haben Sie dann drei weitere Alternativen für die Wand-Unterkante: ZU PROJEKTURSPRUNG, ZU 1. REFERENZHÖHE oder ZU 2. REFERENZHÖHE. Diese *Referenzhöhen* können Sie über OPTIONEN|PROJEKTPRÄFERENZEN|REFERENZHÖHEN eingeben. Die Vorgaben sind jeweils 0 und die Geschosshöhe. Unter PLANUNG|GESCHOSS-EINSTELLUNGEN können Sie die Geschosshöhen eingeben und weitere Geschosse definieren .
- GRUNDRISS UND SCHNITT In diesem Panel können Sie die Wanddarstellung im Grundrissfenster und für die Schnitte bestimmen:
  - GRUNDRISSDARSTELLUNG – AUF GESCHOSS ZEIGEN bietet für mehrgeschossige Wände die Wahl zwischen der Anzeige NUR AUF URSPRUNGSGESCHOSS oder AUF ALLEN RELEVANTEN GESCHOSSEN.
  - GRUNDRISSDARSTELLUNG – GRUNDRISSDARSTELLUNG Die Option PROJIZIERT zeigt den Schnitt (Vorgabe: Schnittebene für Grundrisse ist 1m) und bei schrägen Wänden zusätzlich die Unterkante der Wand an. PROJIZIERT MIT UNTERSICHT zeigt den Schnitt (1m) und bei schrägen Wänden die Unterkante und punktiert die Oberkante an. NUR SCHNITT zeigt nur den Schnitt (1m) an. Letztere wird mit dem Menü DOKUMENTATION|GRUNDRISS-SCHNITTEBENE bestimmt. SYMBOLISCHER SCHNITT zeigt für einfache Wände die übliche Schnittansicht *unabhängig* von der eingestellten Höhe der Schnittebene. NUR AUFSICHT zeigt die Ansicht von oben übers gesamte Geschoss und UNTERSICHT die Ansicht von unten mit gepunkteten Konturen.
  - GRUNDRISSDARSTELLUNG – PROJEKTION ANZEIGEN Die Option ZUM GRUNDRISSBEREICH zeigt die Projektion nur im aktuellen Geschoss an (Schnitt, Projektion nach unten und Projektion nach oben im aktuellen Geschoss). Mit ZUR ABSOLUTEN DARSTELLUNGSGRENZE erhalten Sie eine Darstellung wie oben, nur wird die Projektion nach unten bis zur absoluten Darstellungsgrenze durchgeführt (siehe Menü DOKUMENTATION|GRUNDRISS-SCHNITTEBENE). Die Option KOMPLETTES ELEMENT zeigt den Schnitt im aktuellen Geschoss, aber die Projektionen nach oben und unten bei geschossübergreifenden Wänden auch auf anderen Geschossen an.
  - STRUKTUR Unter BAUTEILSCHRAFFUR können Sie Wandaufbau und Wandmaterial auswählen. Das Wandmaterial wird durch die Schraffur im Schnitt charakterisiert. Es können auch mehrschichtige Wände ausgewählt werden.

Mit der WANDPRIORITÄT im Wertebereich von 1 bis 16 können Sie bestimmen, welche Wand bei Verschneidungen und unterschiedlichen Materialien höhere Priorität hat und durchgeht. Wände gleicher Priorität werden verschmolzen.

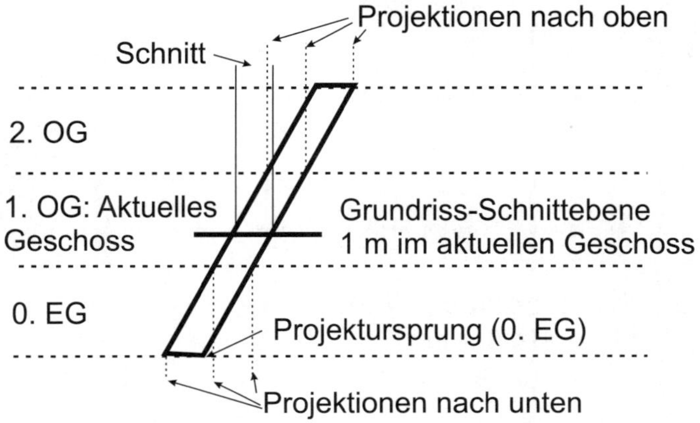

Abb. 5.12: Mehrgeschossige Wand benutzt für die verschiedenen Projektionen

- BAUTEILSCHRAFFUREN/KONTUREN Hier können Sie die Stifte – sprich Linientypen – und Farben für Kontur und Schraffur im Schnitt wählen.
- AUFSICHT/UNTERSICHT Hier wählen Sie Stifte und Farben für die Darstellung der nach unten und nach oben projizierten Kanten.

Abb. 5.13: Wandformen für verschiedene Grundrissdarstellungen

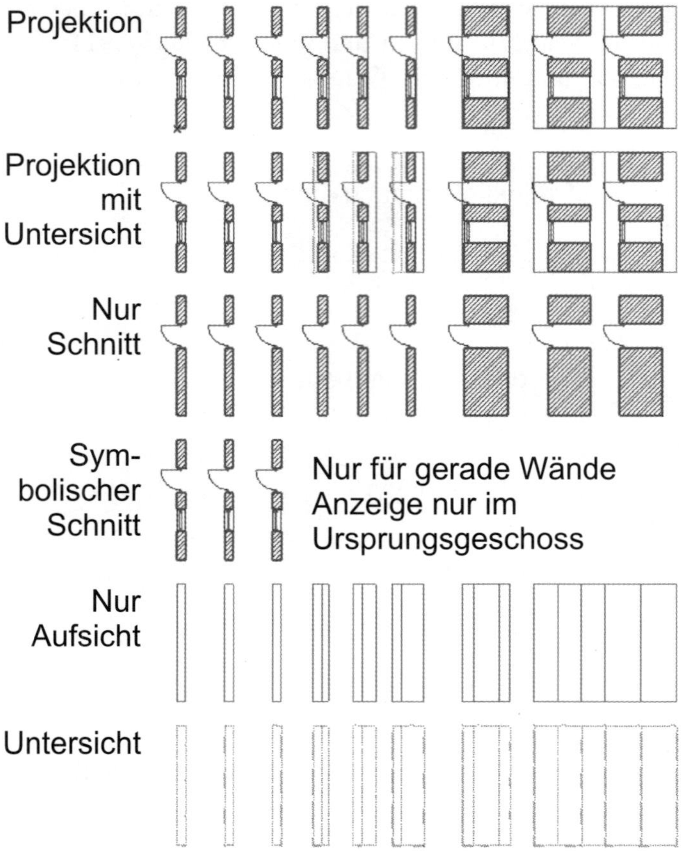

Abb. 5.14: Auswirkung der verschiedenen Grundrissdarstellungen

- MODELL Für die Darstellung im 3D-Fenster können Sie hier Farbe und Material für die Außen- und Innenfläche und den Wandabschluss wählen. Sie können auch die Materialien für alle drei Flächen verknüpfen. Damit bleiben sie bei Materialänderungen alle gleich. Interessant ist auch die Sonderfunktion BLOCKWANDDETAILS, wenn Sie ein Blockhaus bauen wollen. Beachten Sie, dass BLOCKHÖHE und WANDSTÄRKE zueinanderpassen müssen.
- LISTEN UND ETIKETTEN Hier wird geregelt, wie das Element in Auswertungslisten berücksichtigt wird und ob Element-Hinweise (Etiketten) im Grundriss angezeigt werden. *Etiketten* sind Textkommentare oder auch Symbole, d.h. Bilder für grafische Hinweise.
  - Unter AUSWIRKUNG AUF RAUMFLÄCHEN können Sie wählen, wie die Wand bei der Berechnung von Raumflächen und Raumvolumen wirken soll.
  - Mit der Option RAUMFLÄCHEN-BEGRENZUNG wirkt die Wand ganz normal als Raumgrenze.

- REDUZIERT RAUMFLÄCHE bedeutet, dass die Raumfläche des Nachbarraums mitgezählt wird und die Grundfläche der Wand als Abzugsfläche zählt:

  Bruttofläche beider Räume = Netto-Gesamt-Fläche + Abzugsfläche (Wandgrundfläche).

  Raumvolumen = Netto-Volumen beider Räume + Wandvolumen

  Sie sehen das, wenn Sie mit dem RAUM-Werkzeug dem Raum einen *Raumstempel* zuordnen. Das Werkzeug verlangt *einen* Klick in den Raum hinein zum Definieren des Raums und *einen zweiten* zum Positionieren des Raumstempels. Die berechneten Werte finden Sie auch im NAVIGATOR unter AUSWERTUNGEN|ELEMENTE|ROH-03 RAUMBUCH. Sie können die Daten von Raumstempeln nach Änderungen mit dem Menü PLANUNG|RÄUME AKTUALISIEREN jederzeit nach Änderung der Wandeigenschaften aktualisieren.

  Die dritte Option REDUZIERT RAUMSTEMPELVOLUMEN ignoriert die Wand bei der Flächenberechnung vollständig:

  Bruttofläche beider Räume = Netto-Gesamt-Fläche (beider Räume ohne Wandgrundfläche).

  Raumvolumen = Netto-Volumen beider Räume ohne Wandvolumen

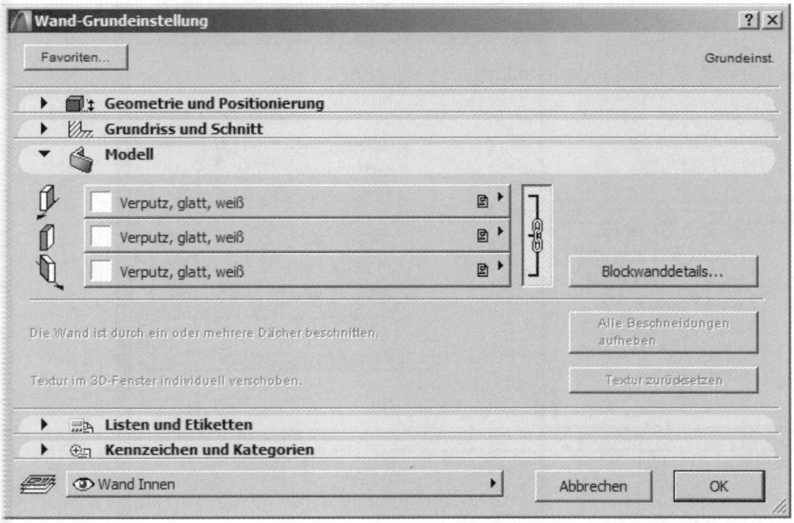

Abb. 5.15: Einstellungen für 3D-Modell-Darstellung

5.1.3 Umbau-Status verwalten

Es gibt für Konstruktions-Elemente drei verschiedene Umbau-Zustände. Der normal voreingestellte Zustand ist BESTAND. Sie können aber auch Wände dem Zustand ABBRUCH oder dem Zustand NEUBAU zuordnen. Die Zuordnung können Sie beim Ändern der Grundeinstellungen vornehmen (Abbildung 5.16) oder über die Palette UMBAU (Abbildung 5.17). Sie können dann die Umbau-Filter in den SCHNELLEIGENSCHAFTEN (Palette rechts unten) verwenden, um die verschiedenen Bauphasen darzustellen und entsprechende Elemente zu zeigen oder auszublenden.

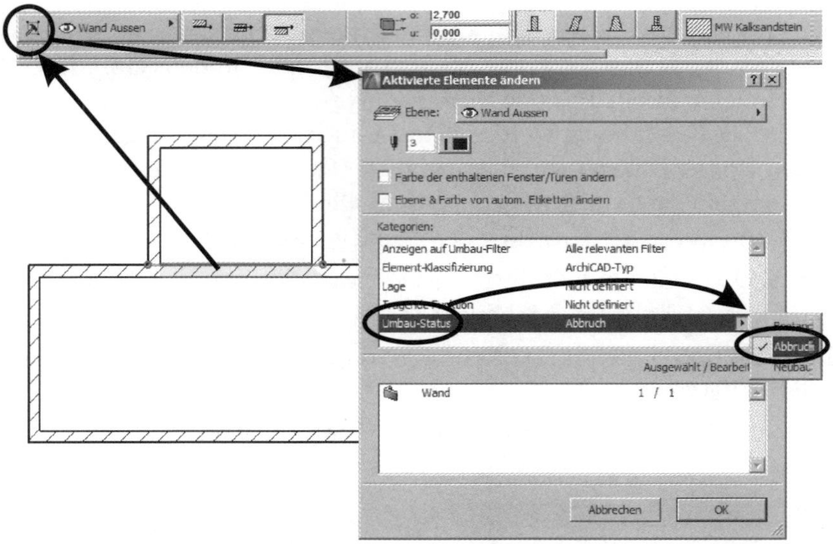

Abb. 5.16: Umbau-Status über Grundeinstellungen festlegen

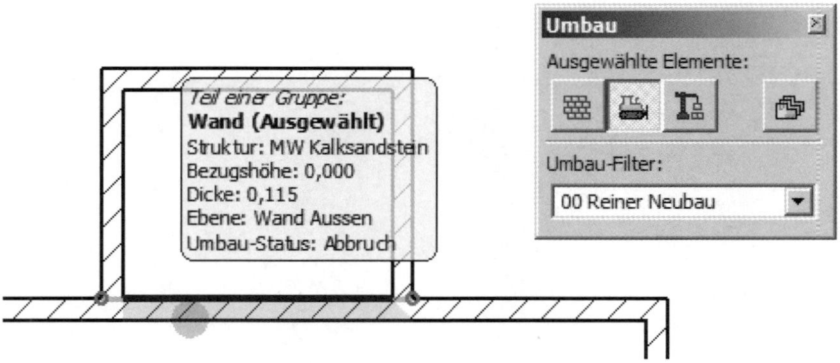

Abb. 5.17: Umbau-Zustand über Palette UMBAU bestimmen

Entsprechend dem jeweiligen Umbau-Zustand werden folgende Darstellungen in den sechs Umbau-Filtern angezeigt (Abbildung 5.18):

- Filter 00 REINER NEUBAU: zeigt Wände der Zustände BESTAND, NEUBAU und ABBRUCH ohne besondere Hervorhebung an.
- Filter 01 BESTAND: zeigt Wände der Zustände BESTAND und ABBRUCH ohne besondere Hervorhebung an, also den Stand vor den Abbruch-Arbeiten.

- Filter 02 ABBRUCH: zeigt Wände des Zustands BESTAND an und mit Hervorhebung gepunktet und in *gelber Farbe* die Wände des Zustands ABBRUCH.
- Filter 03 ABBRUCH/NEUBAU: zeigt Wände des Zustands BESTAND an und mit Hervorhebung gepunktet und in *gelber Farbe* die Wände des Zustands ABBRUCH, sowie in *roter Farbe* die Wände des Zustands NEUBAU.
- Filter 04 NEUBAU: zeigt Wände des Zustands BESTAND an und in *roter Farbe* die Wände des Zustands NEUBAU.
- Filter 05 ENDZUSTAND: zeigt Wände der Zustände BESTAND und NEUBAU ohne besondere Hervorhebung an, also den Stand nach den Umbau-Arbeiten.

Sie können diese Umbau-Zustände natürlich auch anderen Konstruktions-Elementen zuordnen. Bei Fenstern und Türen, die als NEUBAU eingesetzt werden sollen, werden dann automatisch die Durchbrüche als ABBRUCH definiert.

Abb. 5.18: Sichtbarkeit von Wänden im Status BESTAND, ABBRUCH und NEUBAU in den sechs Umbau-Filtern

5.1.4 Wandabschlüsse

Eine spezielle Funktion erlaubt die Erstellung verschiedener Wandabschlüsse. Der Wandabschluss wird vorgabemäßig an die Wandhöhe angepasst, kann aber auch variiert werden.

Abb. 5.19: WANDABSCHLUSS-Werkzeug

Die unterschiedlichen Wandabschlüsse sind in Abbildung 5.20 zu sehen. Insbesondere für mehrschichtige Wände mit Wärmedämmschichten sind sie interessant.

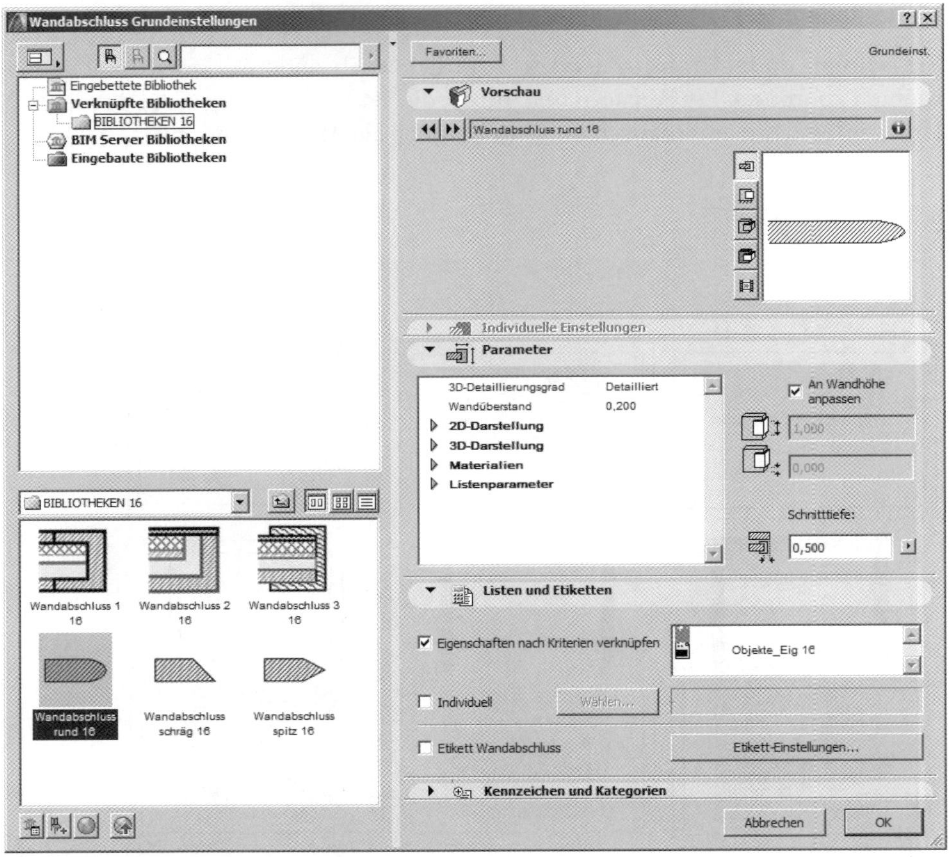

Abb. 5.20: Einstellungsdialog für Wandabschlüsse

Die Wandabschlüsse werden auf die Wandendpunkte positioniert und ergeben die in Abbildung 5.21 und Abbildung 5.22 gezeigten Darstellungen in 3D bzw. im Grundriss.

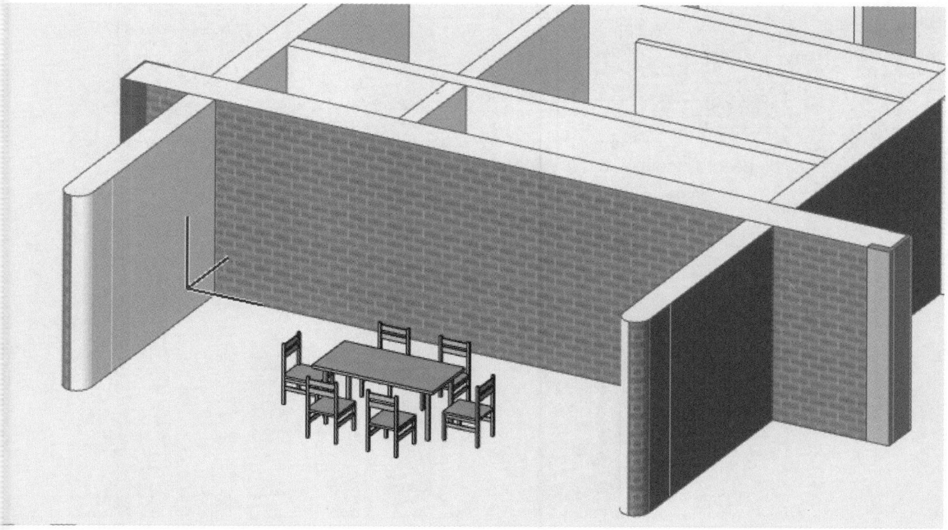

Abb. 5.21: 3D-Darstellung verschiedener Wandabschlüsse

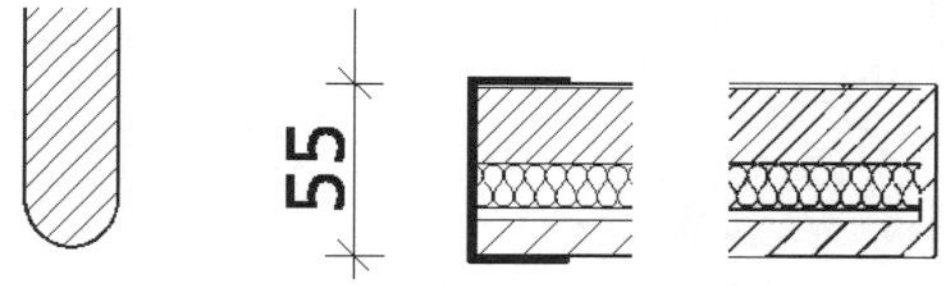

Abb. 5.22: Wandabschlüsse in der Grundrissansicht

5.2 Fenster

Das FENSTER-Werkzeug zeigt sich beim ersten Aufruf mit einem einfachen `1-Flügel-Fenster` im INFOFENSTER (ABBILDUNG 5.23). Im Normalfall ist dort nur *eine* Zeile zu sehen. Wenn nötig, können Sie mit dem kleinen Button unter der Fensterbezeichnung auch eine *leere Fensteröffnung* erstellen.

Es werden zwei GEOMETRIEMETHODEN zum Einfügen von Fenstern in Wände angeboten: MITTE und SEITE. Wählen Sie eine der Methoden und geben Sie eine Position auf der Wand ein. Wenn Sie die Methode SEITE gewählt hatten, erscheint nach der Einfügeposition der *Doppelaugen-Cursor,* mit dem Sie auf die Seite vom Einfügepunkt klicken, wo das Fenster liegen soll. Für die nächste Eingabe erscheint der einfache *Augen-Cursor.* Damit geben Sie an, wo das Fenster angeschlagen werden soll, innen oder außen.

Falls die Anschlagrichtung nicht stimmt, können Sie in der FENSTER-GRUNDEINSTELLUNG diese nachträglich über die Schaltfläche SPIEGELN umkehren (Abbildung 5.24).

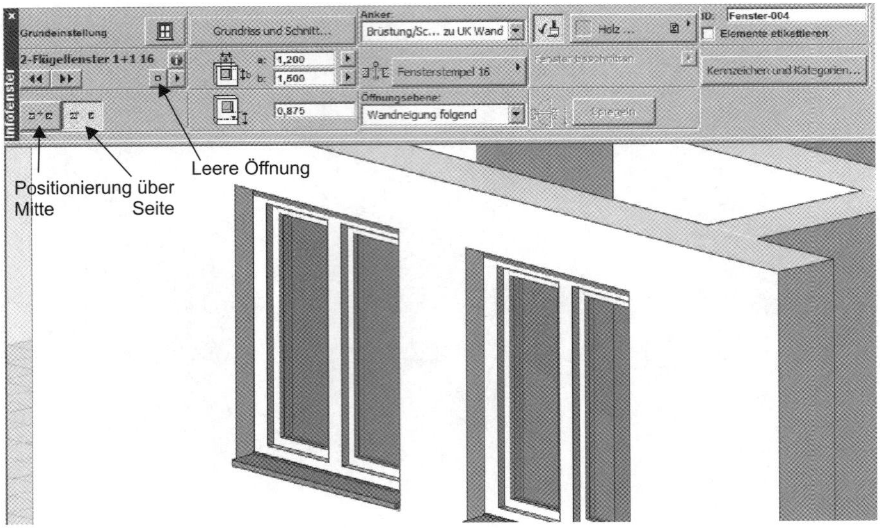

Abb. 5.23: INFOFENSTER für Fenster

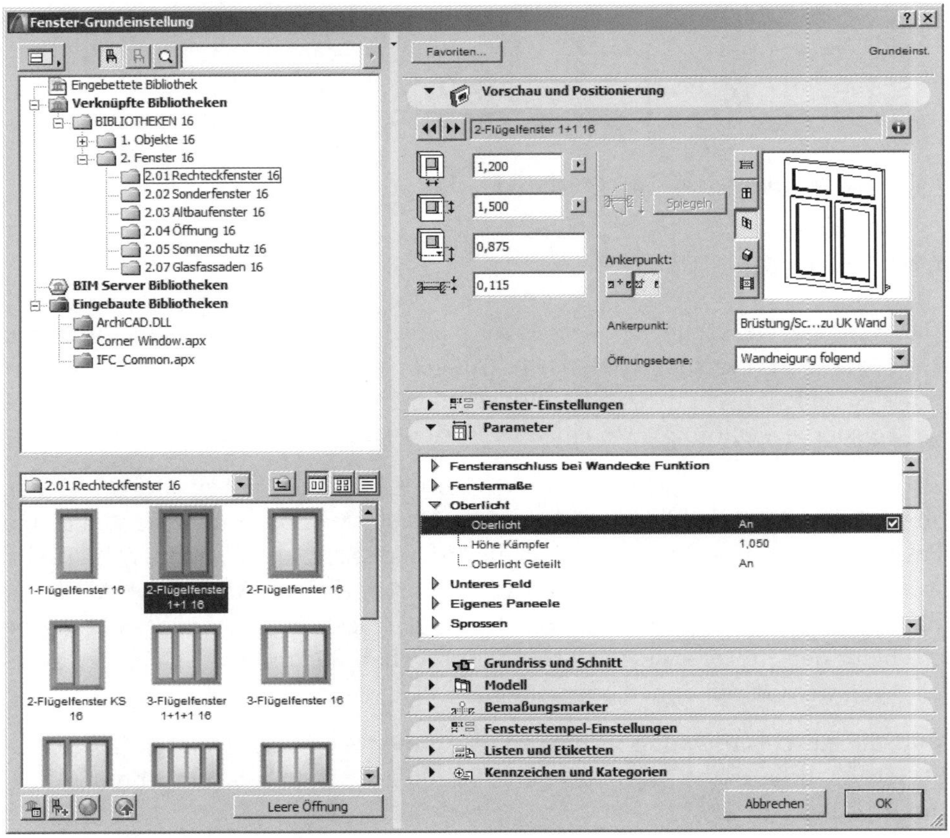

Abb. 5.24: Fenster-Grundeinstellungen

Wenn Sie das INFOFENSTER vergrößern, indem Sie in den unteren Rand fahren und es aufziehen, finden Sie bis zu vier Eingabezeilen mit den wichtigsten geometrischen Parametern. Sie sind mit eindeutigen Skizzen versehen, aus denen ihre Bedeutung hervorgeht.

Natürlich können Sie auch wieder auf den ersten Button ganz links, den EINSTELLUNGSDIALOG klicken, um alle Parameter für das Fensterelement zu sehen (Abbildung 5.24). Interessant ist auch die linke Seite im EINSTELLUNGSDIALOG, wo die Bibliotheken angezeigt werden, aus denen Sie die verschiedensten Fenstertypen beziehen können. Hier können Sie nach geeigneten Fenstern suchen. Diese Spalte lässt sich durch einen Klick in den schmalen Balken rechts daneben schließen.

Beachten Sie auch, dass Sie oben rechts im *Vorschau-Fenster* verschiedene Darstellungen bis hin zur photorealistischen 3D-Ansicht aufrufen können.

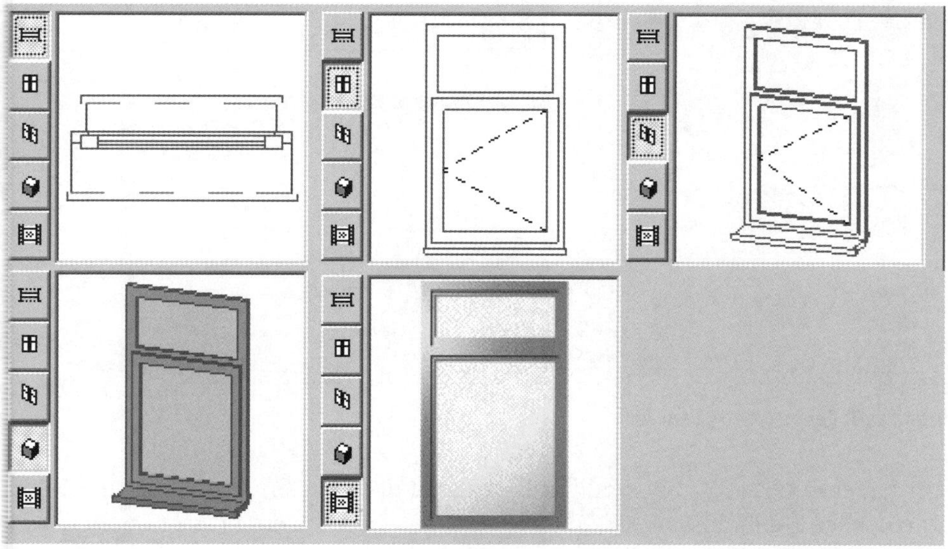

Abb. 5.25: Fenster-Vorschau-Optionen

Das Dialogfeld ist wieder in zahlreiche Panels eingeteilt, von denen Sie immer nur eines öffnen können. Im Panel PARAMETER finden Sie nicht nur die geometrischen Abmessungen für das Fenster, sondern auch zahlreiche weitere Parameter, um *Gestaltung* und *Darstellung* des Fensters Ihren Wünschen anzupassen. Immer wenn Sie ein kleines Dreieck sehen, das nach rechts weist, können Sie es anklicken, um weitere Optionen zu sehen und einzugeben. Wenn Sie einzelne Parameter anpassen möchten, dann klicken Sie den betreffenden Parameter an, und Sie werden ein Eingabefeld für einen neuen Wert erhalten. Parameter, die nicht verändert werden können, erscheinen in Grau.

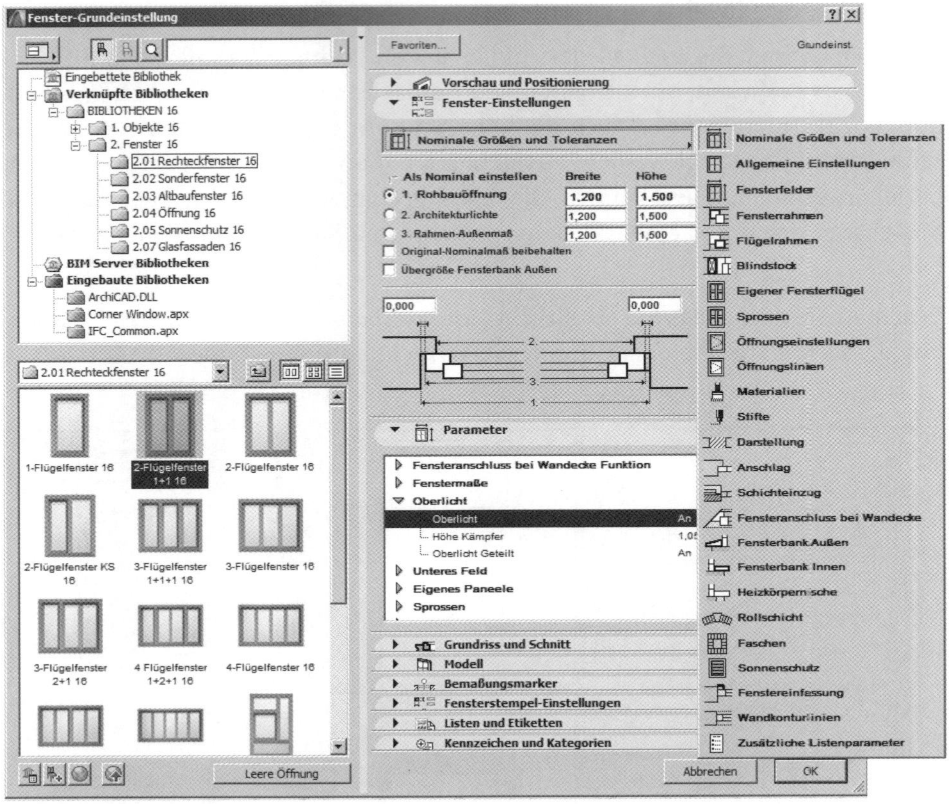

Abb. 5.26: Fenster-Abmessungen

Im Panel EINSTELLUNGEN sind die Basisdaten des Fensters wie Höhe und Breite einzugeben (Abbildung 5.26). In den folgenden Panels werden viele Daten wieder analog zum Wand-Beispiel eingegeben. Das Panel MODELL erlaubt Ihnen, die Materialien für die Darstellung im 3D-Fenster zu bestimmen. Unter FENSTER-EINSTELLUNGEN können Sie über >> blättern, bis Sie alle nötigen Einstellungen für Anschlag und Fensterrahmen finden, und detaillierte Maße eingeben (Abbildung 5.27).

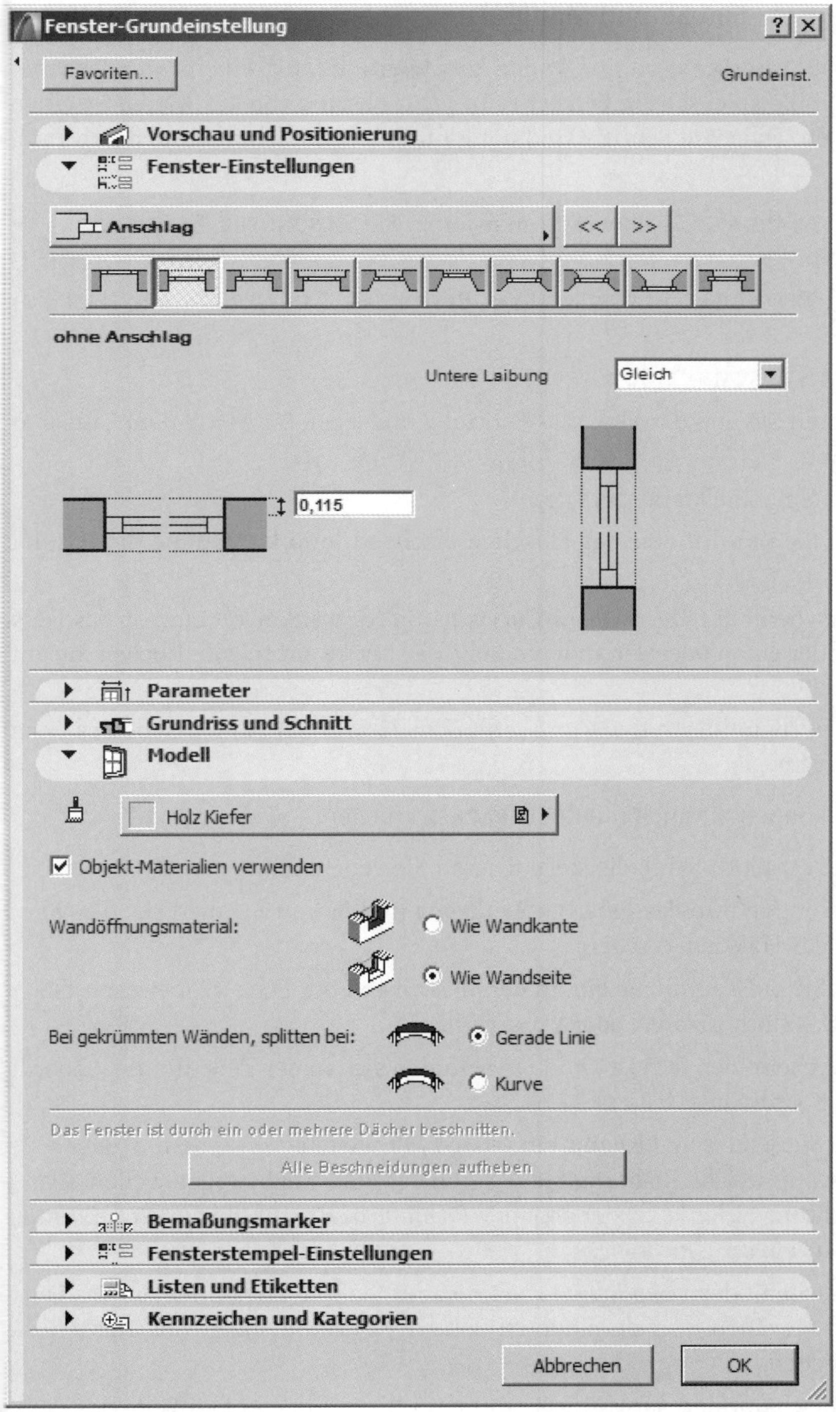

Abb. 5.27: Fenster-Parameter

5.2.1 Fenster-Einbau und Manipulation

Der Einbau von Fenstern in Wände geschieht oft mit einem vorgegebenen Abstand. Im Beispiel soll ein Fenster mit 1,50 m Abstand von der Wandecke eingesetzt werden. Folgende Schritte sind nötig für die Methode mit besonderen Fangpunkten:

1. In der STANDARD-Symbolleiste aktivieren Sie BESONDERE FANGPUNKTE ▾ ABSTAND,
2. klicken BESONDERE FANGPUNKTE ▾ BESONDERE FANGPUNKTE EINSTELLEN an und
3. geben bei ABSTAND **1,50** ein.
4. Aktivieren Sie nun das FENSTER-Werkzeug und legen Sie es mit dem Cursor an die Wand.
5. Es erscheint eine Marke bei 1,50 m.
6. Fahren Sie dort hin, bis das Häkchen erscheint, und klicken Sie die Position an.
7. Nun erscheint der *Doppelaugen-Cursor*, damit Sie wählen können, ob das Fenster auf der einen oder der anderen Seite der Marke sitzen soll. Klicken Sie entsprechend.
8. Dann erscheint der *Augen-Cursor*, mit dem Sie auf der Außen-Seite des Fensters klicken.

Alternativ können Sie auch mit dem TRACKER arbeiten:

1. In der STANDARD-Symbolleiste aktivieren Sie den TRACKER,
2. Aktivieren Sie nun das FENSTER-Werkzeug und fahren Sie die Ecke der Wand an, bis das Häkchen erscheint.
3. Geben Sie die Koordinate ein, in der Sie sich von der Ecke wegbewegen möchten, z.B. **X** für horizontal oder **Y** für vertikal.
4. Nun erscheint der TRACKER und Sie befinden sich in der Zeile für die x-Koordinate/y-Koordinate.
5. Geben Sie jetzt den Abstand ein, also **1,50**, gefolgt von einem + oder -, je nachdem in welche Richtung Sie sich von der Ecke wegbewegen wollen. Also + für Richtung *rechts in x-* oder *oben in y-Richtung* bzw. – für *links in der x-Richtung* oder *unten in der y-Richtung*.
6. Nun erscheint der *Doppelaugen-Cursor*, damit Sie wählen können, ob das Fenster auf der einen oder der anderen Seite der Position sitzen soll. Klicken Sie entsprechend.
7. Dann erscheint der *Augen-Cursor*, mit dem Sie auf der Außen-Seite des Fensters klicken.

Besonders einfach wird es, wenn das Fenster auf Wandmitte gesetzt werden soll.

1. In der STANDARD-Symbolleiste aktivieren Sie BESONDERE FANGPUNKTE ▾ HÄLFTE,
2. Aktivieren Sie nun das FENSTER-Werkzeug und wählen Sie in der INFO-Leiste die GEOMETRIEMETHODE MITTE.
3. Fahren Sie nun die Wand an. Es erscheint eine Marke in der Wandmitte.
4. Fahren Sie dorthin, bis das Häkchen erscheint, und klicken Sie die Position an.
5. Dann erscheint der *Augen-Cursor*, mit dem Sie auf der Außen-Seite des Fensters klicken.

Sie können Fenster auch nachträglich noch in der Wand verschieben. Im Beispiel (Abbildung 5.28) wurde der besseren Übersichtlichkeit halber die 3D-Darstellung gewählt. Am besten klicken Sie das Fenster mit dem Pfeil-Werkzeug SCHNELLAUSWAHL an. Dann können Sie einen *Eckpunkt* anklicken. Es erscheint eine PET-PALETTE, auf der Sie das Werkzeug HORIZONTAL VERSCHIEBEN wählen. Über den TRACKER wäre eine bequeme Eingabe für den ABSTAND möglich, um das Fenster relativ zu verschieben. Da das Fenster an die Wand gebunden ist, folgt der Abstand natürlich der Wandrichtung. ArchiCAD blendet auch eine zur jeweiligen Pet-Paletten-Aktion sinnvolle Bearbeitungsebene ein. Zusätzlich könnten Sie dann noch das Fang- oder das Konstruktionsraster aktivieren, um Raster-Positionen in dieser Ebene einfach anzuklicken.

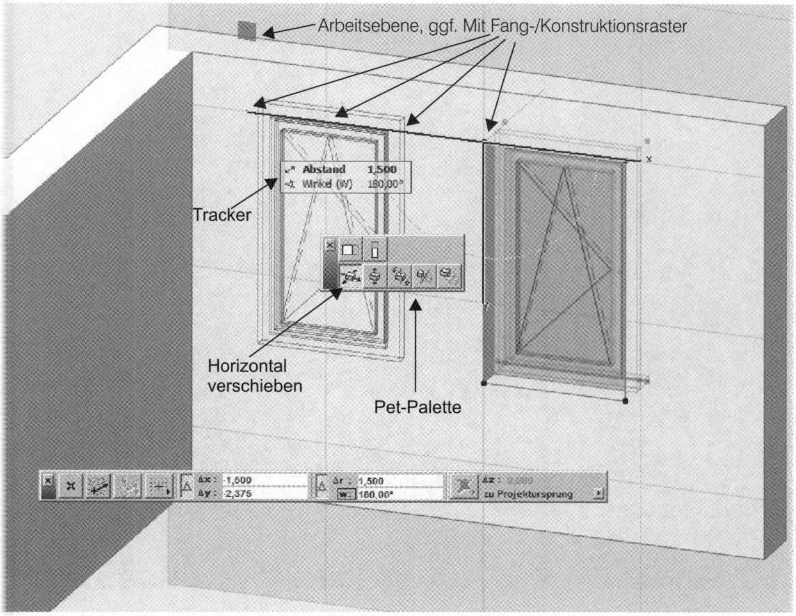

Abb. 5.28: Fenster im 3D-Fenster verschieben

Tipp

Fenster Spiegeln: Wenn Sie ein Fenster mit der Innenseite nach außen eingebaut haben, können Sie im FENSTER-EINSTELLUNGSDIALOG oder im INFOFENSTER die Funktion SPIEGELN wählen. Diese spiegelt von innen nach außen und umgekehrt.

5.3 Eckfenster

Die Eckfenster werden analog zu den normalen Fenstern erstellt, eben mit der Ausnahme, dass Sie eine Wandecke zum Einbau wählen. Im Grundrissfenster wird zunächst ein normales Fenster für *eine* Seite angeboten. Dieses wird dann an der Wandecke positioniert und nach Bedienung von Doppelaugen-Cursor und Augen-Cursor für beide Wandrichtungen eingebaut. Bei nachträglichen Änderungen am Fenstertyp bleiben die Fenster immer symmetrisch. Die Abmessungen der beiden Fensterteile können aber einzeln bearbeitet werden, um unsymmetrische Eckfenster zu gestalten.

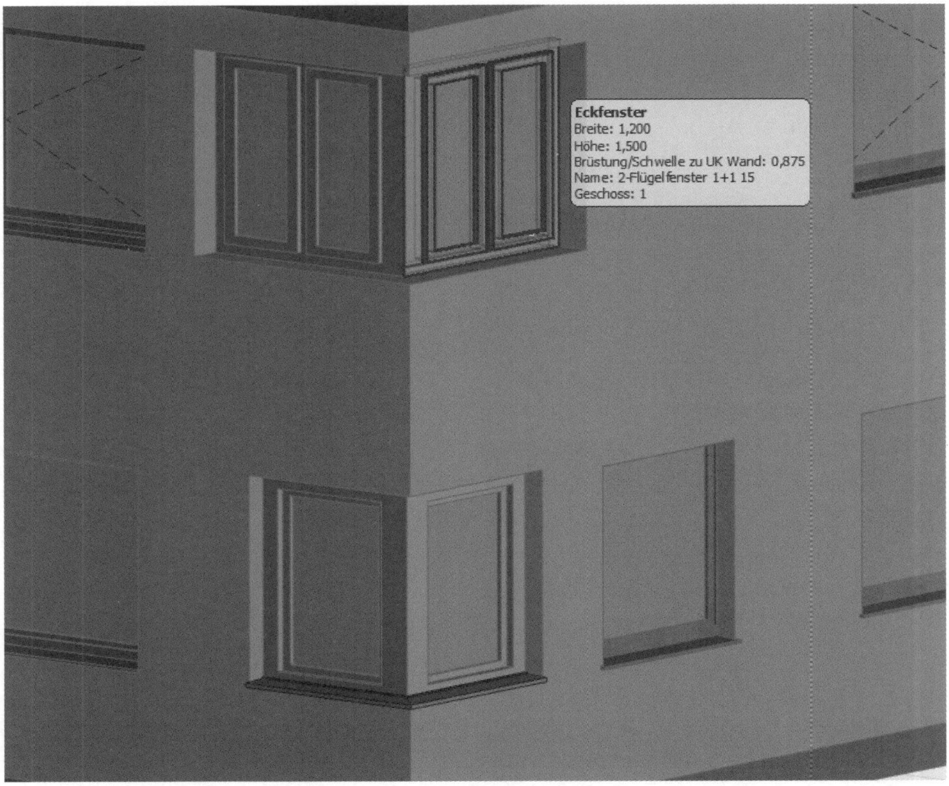

Abb. 5.29: Eingebaute Eckfenster der Typen Einflügelig und Zweiflügelig.

5.4 Türen

Das TÜR-Werkzeug ähnelt natürlich in vielem dem FENSTER-Werkzeug. Das INFOFENSTER zeigt die gleichen GEOMETRIEMETHODEN MITTE und SEITE. Auch hier gibt es die Option einer leeren Türöffnung.

Nach Einfügen der Tür wird wieder wie beim Fenster mit dem *Augen-Cursor* nach der Anschlagseite innen oder außen gefragt.

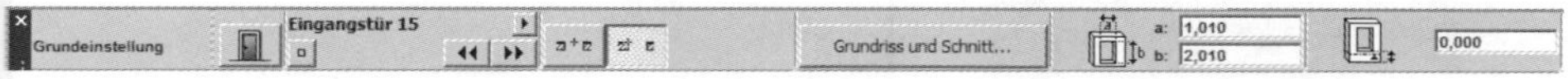

Abb. 5.30: INFOFENSTER für TÜR-Werkzeug

Der Einstellungsdialog (Abbildung 5.31) ähnelt auch sehr stark dem des Fensters. Interessant ist im Panel VORSCHAU UND POSITIONIERUNG die Option SPIEGELN. Damit lässt sich die *Öffnungsrichtung* nach innen oder nach außen noch nachträglich umstellen.

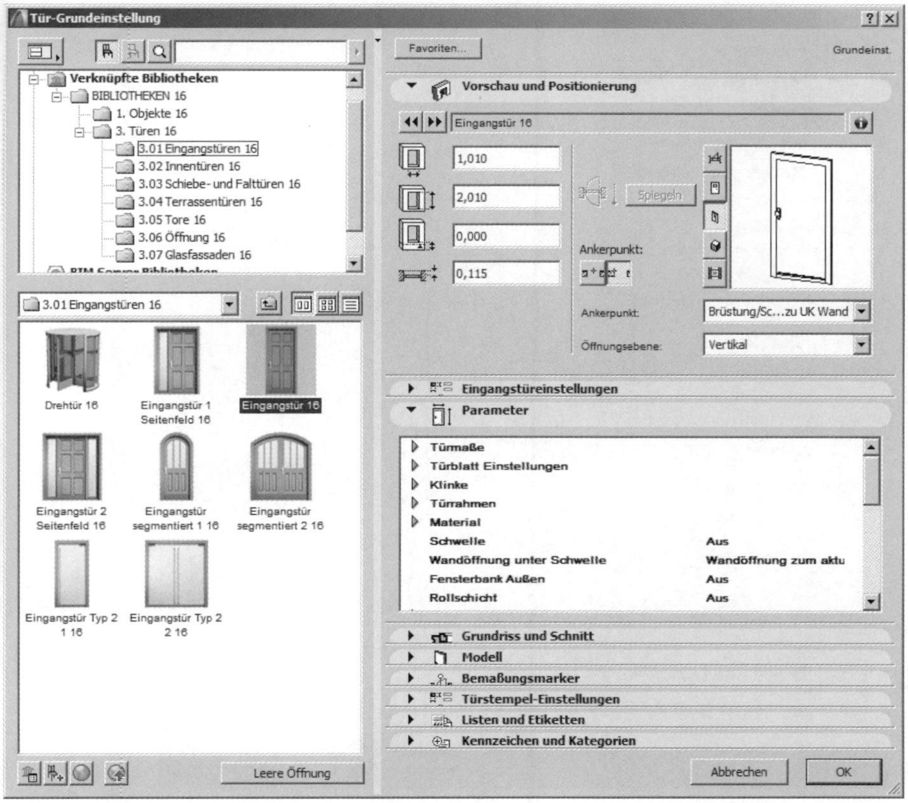

Abb. 5.31: Tür-Grundeinstellungen

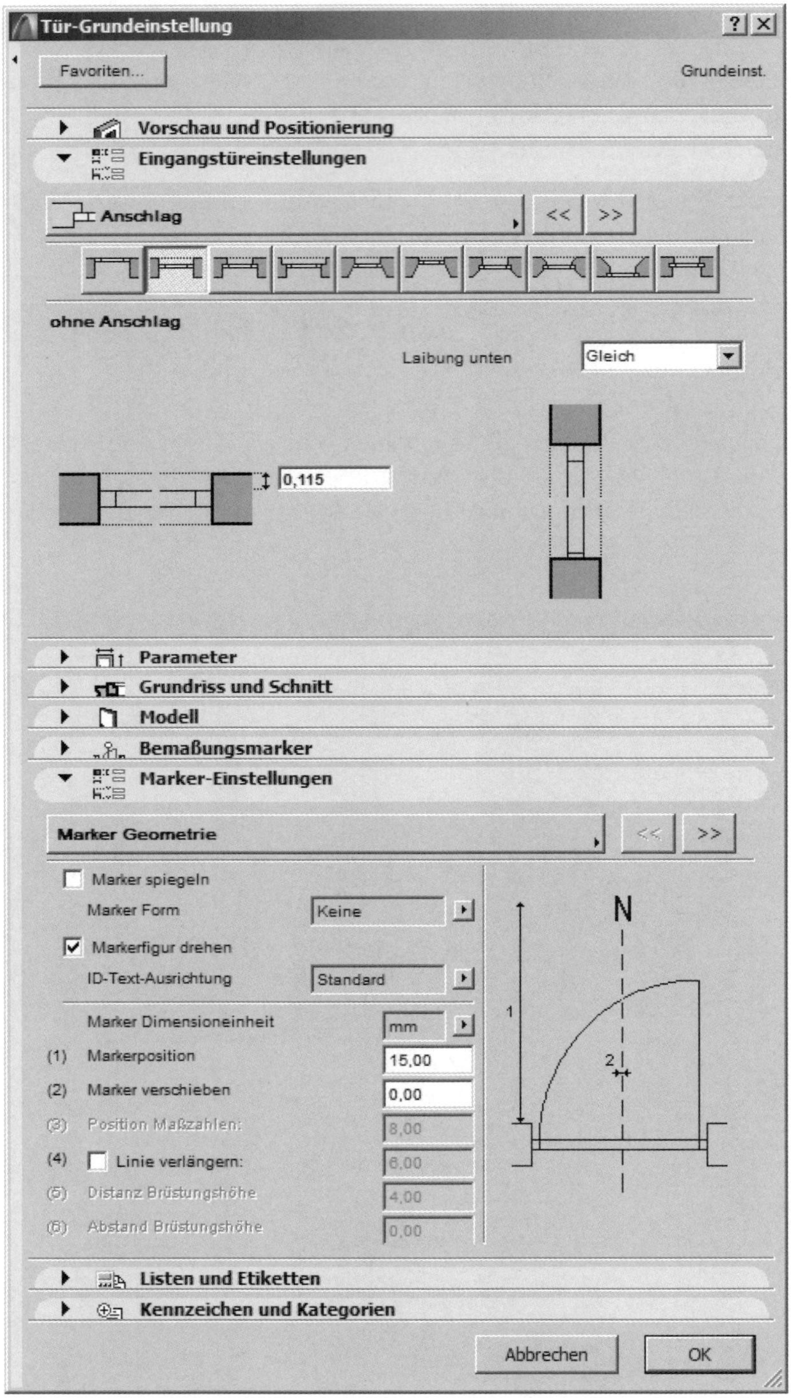

Abb. 5.32: Weitere Parameter für Türen

Wenn Sie die Anschlagseite von rechts nach links oder umgekehrt ändern wollen, markieren Sie zunächst die Tür mit der SCHNELLAUSWAHL und klicken einen Punkt auf der *Mittellinie* der Tür an. Dann erscheint die PET-PALETTE und bietet unter anderem das Werkzeug SPIEGELN an. Klicken Sie dieses Symbol in der PET-PALETTE an. Mit einem weiteren Klick auf einen Punkt der *Mittelachse* wird die Tür schon umgedreht.

Im Panel PARAMETER finden Sie unter LISTENPARAMETER auch Eingabemöglichkeiten für *Preis* und *Hersteller,* die später zur Erzeugung automatischer Listen sehr nützlich sein können.

Im Panel EINGANGSTÜREINSTELLUNGEN finden Sie eine Vielzahl von individuellen Parameterwerten, insbesondere die ANSCHLAG EINSTELLUNGEN mit allen möglichen Abmessungen.

Im Panel BEMAßUNGSMARKER haben Sie viele Möglichkeiten zur Gestaltung der Bemaßung.

5.5 Decken

Bei Decken gibt es drei einfache Geometrieformen:

- POLYGON Es kann eine polygonale Form eingegeben werden mit geradlinigen und auch bogenförmigen Segmenten. Die Erzeugung wird durch die PET-PALETTE für polygonale Formen unterstützt. Sie bietet neben der GERADEN KANTE drei Optionen für Bogensegmente: BOGEN TANGENTIAL ZUM VORHERGEHENDEN SEGMENT, BOGEN MIT DEFINIERTER TANGENTE, BOGEN DURCH DREI PUNKTE und BOGEN MIT MITTELPUNKT.
- RECHTECK Durch zwei diagonale Punkte wird ein Rechteck definiert, dessen Seiten parallel zu den Koordinatenachsen laufen.
- GEDREHTES RECHTECK Hiermit wird über drei Punkte ein Rechteck definiert, das in einem wählbaren Winkel zu den Koordinatenachsen steht.

Abb. 5.33: INFOFENSTER für Decken

Die GRUNDEINSTELLUNGEN für Decken sehen als Deckenoberkante die aktuelle Geschosshöhe (0,000) und als Unterkante -0,200 m vor. Das bedeutet, dass damit die Decke *unter* dem aktuellen Geschoss erstellt wird. Die vorgegebene Dicke beträgt 20 cm. Sie können die Decken aber auch über entsprechende Höhenangaben auf die Geschossoberkante legen. Das wäre insbesondere dann interessant, wenn Sie die Decke mit einer mehrschichtigen Wand kombinieren wollen.

Für die schattierte Modelldarstellung ist als Oberfläche *Beton* vorgesehen, Sie können aber leicht beliebige Materialien auswählen wie etwa *Parkett*. Die Seitenflächen haben als Material VERPUTZ wie die normalen Wände.

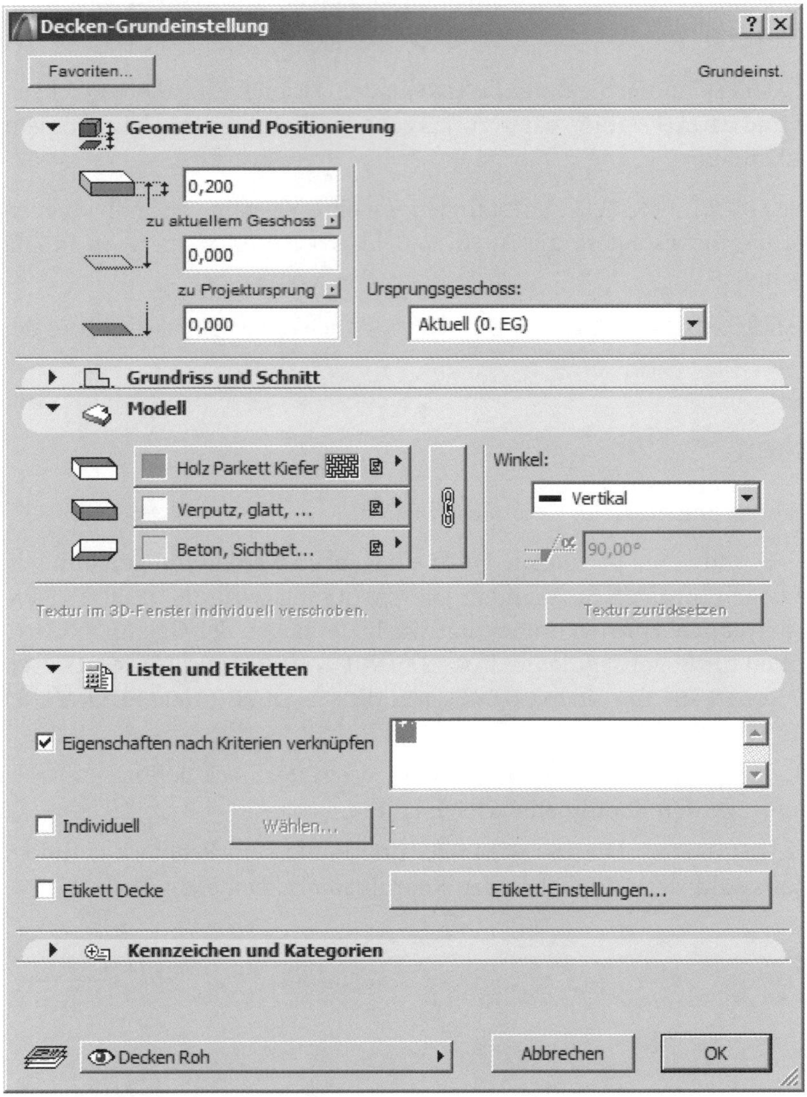

Abb. 5.34: Grundeinstellungen für Decken

5.5.1 Decken mit Zauberstab

Sie können die Decke auch mit dem ZAUBERSTAB aus dem KONTROLLFENSTER bzw. aus PLANUNG|ZAUBERSTAB erstellen. Wenn Sie mit dem ZAUBERSTAB einfach in die umgrenzenden Wände hineinklicken, entsteht eine Decke, die bis zu den *Innenkanten* der Wände reicht. Wenn Sie mit dem ZAUBERSTAB auf die *Außenkante* der Umgrenzungswand klicken, zeigt der ZAUBERSTAB das Polygonsymbol und erstellt eine Decke bis zu den Außenkanten der Wände. Das funktioniert auch im 3D-Fenster.

5.5.2 Decken anpassen

Die Deckenkanten können auch in ihrem Neigungswinkel verändert werden, z.B. zum Anpassen an eine Dachneigung. Markieren Sie dazu die Decke, aktivieren Sie mit einem weiteren Klick auf eine Kante die PET-PALETTE und rufen Sie dort rechts oben das Werkzeug INDIVIDUELLE KANTEN-EINSTELLUNGEN auf. Hier können Sie eigene Winkel für die aktuelle Kante oder auch für alle Kanten eingeben. Zum Anpassen an eine Dachneigung von 30° müssen Sie einen Winkel von 150° angeben (180° - 30° = 150°), also immer den Neigungswinkel von 180° abziehen. In den GRUNDEINSTELLUNGEN können Sie zwar auch den Winkel für die Kante angeben, aber nur einen einzigen Wert für *alle* Kanten. Bei individuell veränderten Kantenwinkeln finden Sie in den GRUNDEINSTELLUNGEN dann eine gelbe Markierung.

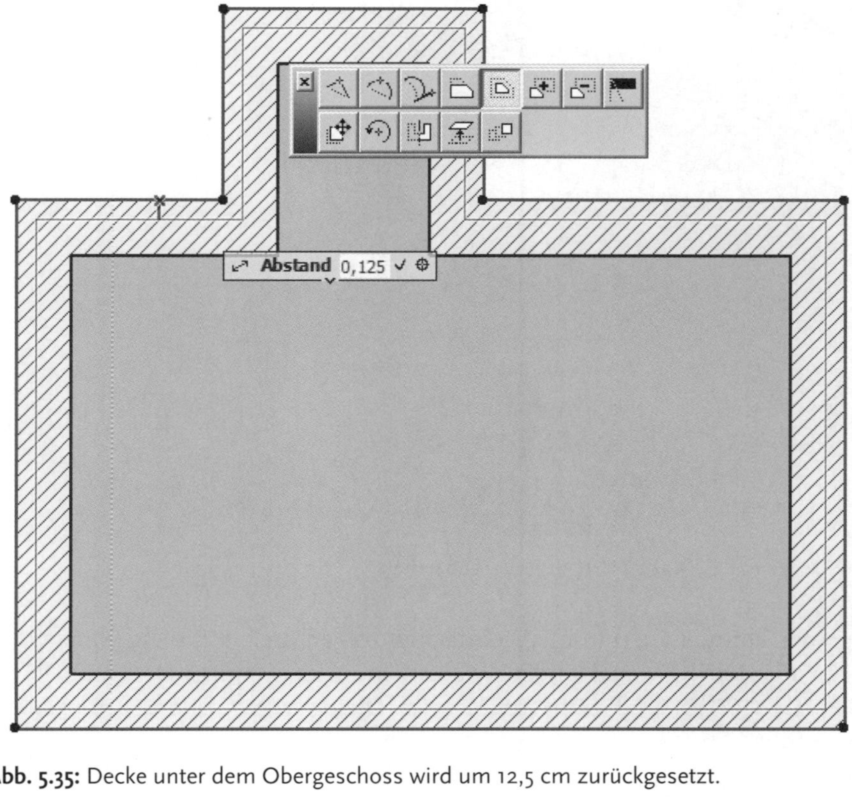

Abb. 5.35: Decke unter dem Obergeschoss wird um 12,5 cm zurückgesetzt.

Eventuell wollen Sie die Decke nicht bis ganz außen durchgehen lassen. Dann müssen Sie die Decke an einer Kante anklicken und mit dem Werkzeug Alle Kanten versetzen aus der Pet-Palette an allen Kanten um einen Betrag zurückziehen. Den Abstand geben Sie in die Tracker-Dialogfläche unter Abstand ein.

Nun wäre es nötig, den verbliebenen Rest der Decke aus dem Obergeschoss von den Wänden im Erdgeschoss abzuziehen. Das können Sie am besten mit den Solid Element-Befehlen aus dem Menü Planung erledigen. Wechseln Sie dazu am besten in das 3D-Fenster und aktivieren Sie das Dialogfenster Solid Element-Befehle. Nun wählen Sie zuerst die Wände im Erdgeschoss durch Anklicken (Hinzufügen immer mit der [⇧]-Taste). Klicken Sie dann im Dialogfenster auf Zielelemente übernehmen. Klicken Sie nun die Decke vom OG an und klicken Sie auf Operatorelemente übernehmen. Unter Wählen Sie eine Bearbeitung sollte Abzug aktiviert sein. Dann können Sie Ausführen wählen.

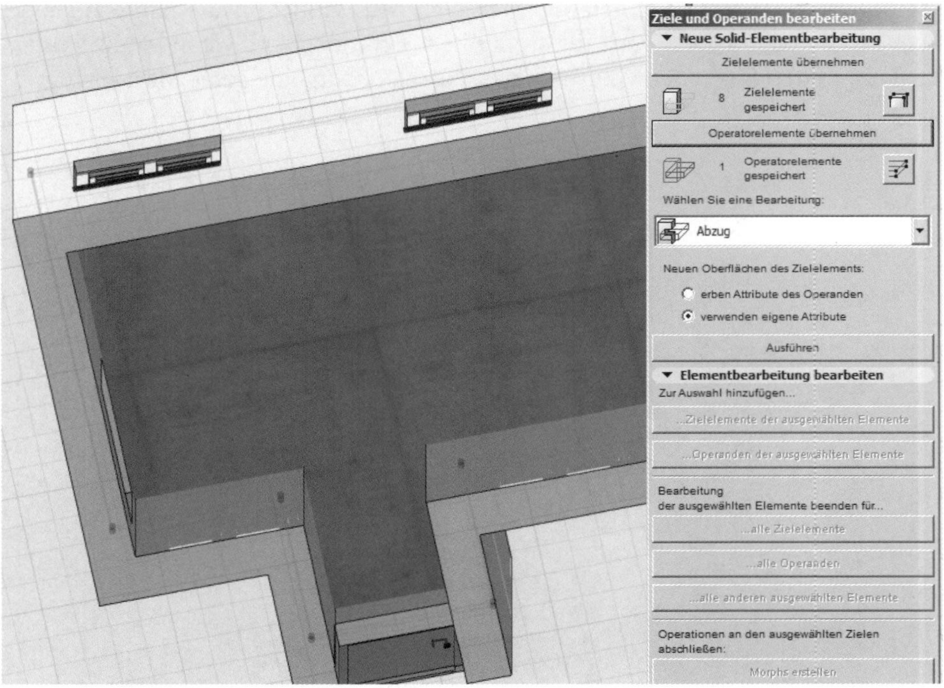

Abb. 5.36: Decke mit Solid Element-Befehlen abziehen

Das Ergebnis können Sie nun in 3D einfach anzeigen, indem Sie die Wände und die Decke aus dem OG ausblenden. Wählen Sie Ansicht|Elemente in 3D|Elemente in 3D filtern und aktivieren Sie im Dialog Von Geschoss 0. EG zu Geschoss 0.EG.

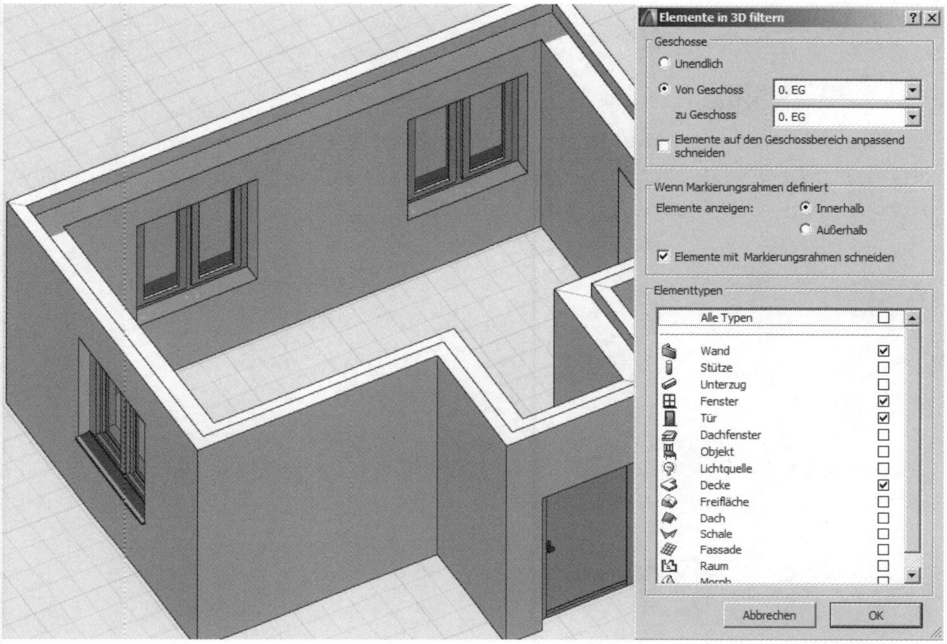

Abb. 5.37: Erdgeschoss-Wände nach Abziehen der OG-Decke

5.5.3 Deckendurchbrüche

Deckendurchbrüche können Sie nach Markieren der Decke und zusätzlichem Anklicken am Rand oder an der Ecke mit dem Werkzeug VOM POLYGON ABZIEHEN aus der PET-PALETTE erstellen. Ziehen Sie dann einfach ein Polygon über mehrere Eckpunkte auf und schließen Sie es. Dann erscheint es als Durchbruch.

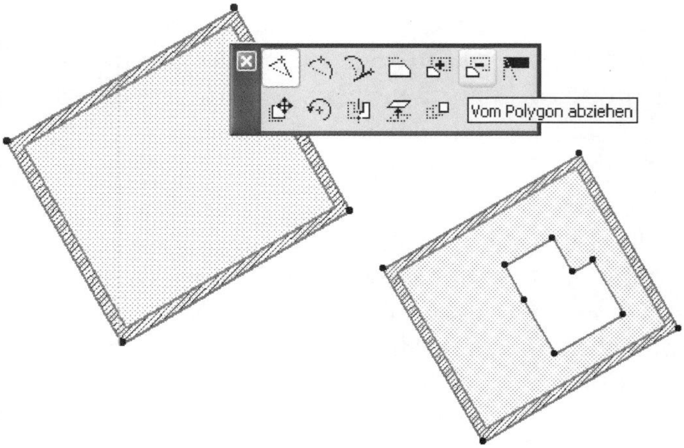

Abb. 5.38: DECKENDURCHBRUCH-Werkzeug

5.6 Dächer

5.6.1 Infofenster

Das Standard-Dach ist eine geneigte Dachfläche. Wenn Sie für das DACH-Werkzeug das INFOFENSTER auf vier Zeilen aufziehen, finden Sie dort die wichtigsten Einstellungen.

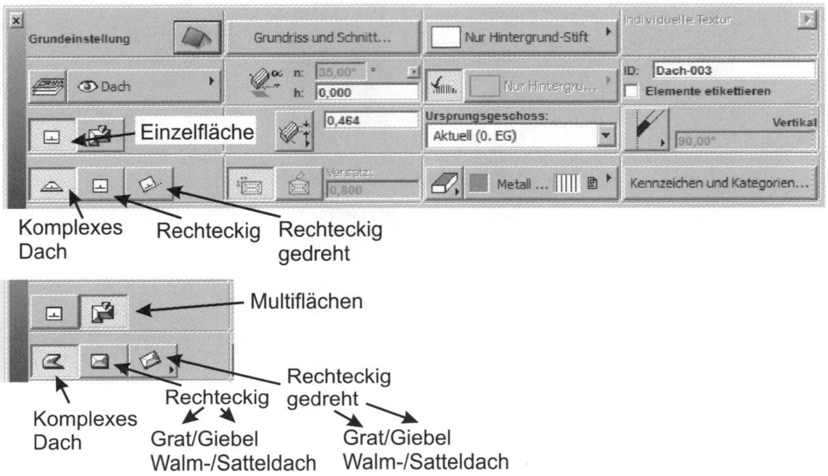

Abb. 5.39: INFOFENSTER für DACH-Werkzeug

Die ersten drei Schaltflächen sind wieder der komplette EINSTELLUNGSDIALOG, die EBENEN-ÜBERSICHT und die konkrete EBENE für das Element. Links unten finden Sie in fünf Buttons mit Unteroptionen die *Geometriemethoden* (Abbildung 5.39) für Dächer:

- EINZELFLÄCHE erzeugt eine einzelne geneigte oder ebene Dachfläche. Jede Einzelfläche wird durch die Dach-Aufsetzkante, die Neigungsrichtung (per Augen-Cursor anzugeben) und den Dachumriss definiert. Drei Unteroptionen sind möglich:
  - KOMPLEXES DACH Mit KOMPLEXES DACH wird eine Dachfläche erzeugt, die einen polygonalen Umriss besitzt, der im Grundrissfenster eingegeben wird. Diese Methode ist besonders im Zusammenhang mit dem ZAUBERSTAB (Menü PLANUNG|ZAUBERSTAB oder ZAUBERSTAB im KONTROLLFENSTER) sehr praktisch, weil Sie damit nicht alle Polygonecken einzeln anklicken müssen, sondern nur einmal mit dem Zauberstab auf die umlaufende Wandkontur zu klicken brauchen.

- RECHTECK Es wird ein Dach durch ein Rechteck erstellt, dessen Seiten parallel zu den Koordinatenachsen laufen. Das Rechteck wird über diagonale Eckpunkte definiert.
- GEDREHTES RECHTECK Das Dach wird als gedrehtes Rechteck erzeugt. Nach dem ersten Rechteckpunkt folgt der zweite Eckpunkt, der auch die Richtung definiert. Der dritte Eckpunkt legt dann die Tiefe des Rechtecks fest.

- MULTIFLÄCHEN bedeutet ein aus mehreren Flächen zusammengesetztes Dachobjekt. Die Option erzeugt deshalb gleich mehrere zusammengehörige Dachflächen für einen geschlossenen Umriss.
  - KOMPLEXES DACH Das komplexe Dach kann einen beliebigen polygonalen Umriss haben. Zusätzlich können in den DACHEINSTELLUNGEN mehrere Dachneigungen in verschiedenen Höhen definiert werden. Eine Aufsetzkante definiert die Lage des Daches. Mit dem Zauberstab müssen Sie nur die Kontur einmal anklicken, ohne die Aufsetzkante explizit zu wählen.
  - RECHTECK Es wird wie oben ein Dach durch ein Rechteck mit zwei diagonalen Punkten erstellt, dessen Seiten parallel zu den Koordinatenachsen laufen. Bei dieser Option können Sie noch zwischen *Satteldach* (Option GIEBEL) und *Walmdach* (Option GRAT) wählen.
  - GEDREHTES RECHTECK Das Dach wird als gedrehtes Rechteck wie weiter oben erzeugt. Auch hier kann zwischen Sattel- und Walmdach gewählt werden.

Komplexere Dachformen wie Kuppeldach oder Dächer mit beliebigem Querschnitt können mit dem Werkzeug SCHALE realisiert werden (siehe nächster Abschnitt).

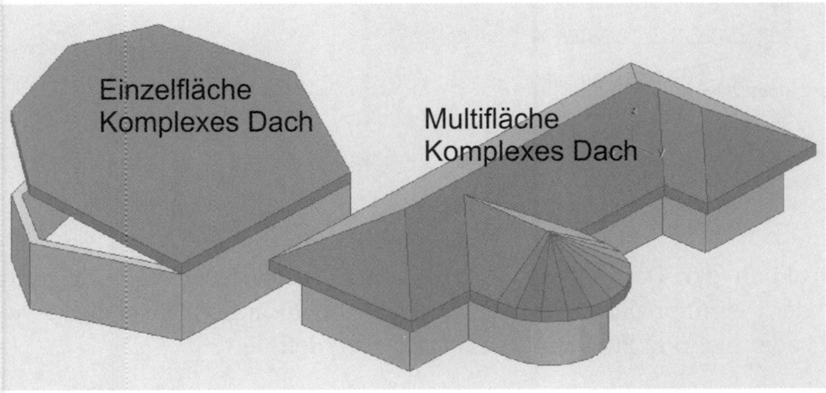

Abb. 5.40: Dachformen

5.6.2 Verschiedene Dachformen erstellen

Das Standard-Dach nach Aufruf des DACH-Werkzeugs ist die GEOMETRIEMETHODE: EINZELFLÄCHE|KOMPLEXES DACH, ein Dach mit frei zu zeichnendem Umriss und einer einzigen Dachschräge. Sie müssen zuerst zwei Punkte für die *Dach-Aufsetzlinie* eingeben. Danach müssen Sie mit dem AUGEN-CURSOR in die Richtung klicken, in die das Dach von der Aufsetzlinie gesehen aus ansteigen soll. Dann folgen die einzelnen Punkte für das geschlossene Dachflächen-Polygon (Abbildung 5.41). Hier können Sie effektiv den ZAUBERSTAB zur automatischen Konturauswahl einsetzen (über PLANUNG|ZAUBERSTAB oder KONTROLLFENSTER).

Die Definition für das KOMPLEXE DACH kann wie bei der *Polylinie* auch Bogensegmente einschließen. Die PET-PALETTE bietet entsprechende Werkzeuge an, um auch Bögen mit glattem, tangentialem Übergang oder mit anderer Startrichtung oder mit drei Punkten etc. zu erstellen. Wenn Sie am Schluss den Startpunkt erreichen, zeigt der Hammer-Cursor an, dass die Kontur geschlossen wird.

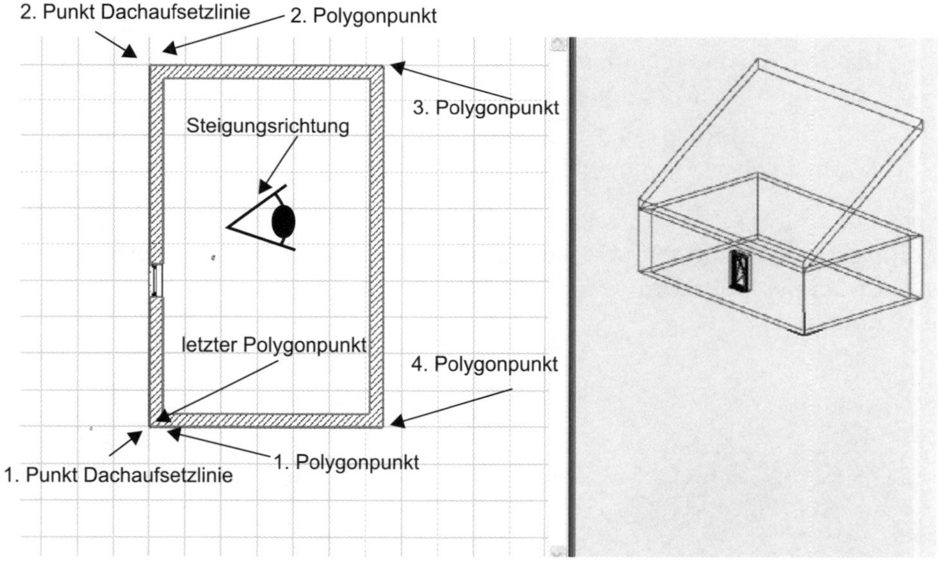

Abb. 5.41: Einfache Dachfläche mit Eingabepositionen

Die Konstruktion der Dachformen RECHTECK und KOMPLEXES DACH beginnt immer mit der Definition der *Aufsetzlinie*. Danach wird die äußere Form über zwei (RECHTECK) oder mehrere Punkte (KOMPLEXES DACH) definiert.

Bei der Form GEDREHTES RECHTECK wird das Rechteck mit der ersten Seite zur Richtung der Aufsetzlinie ausgerichtet, beim normalen Rechteck dagegen liegen die Dachkanten immer horizontal und vertikal in der Grundrissansicht.

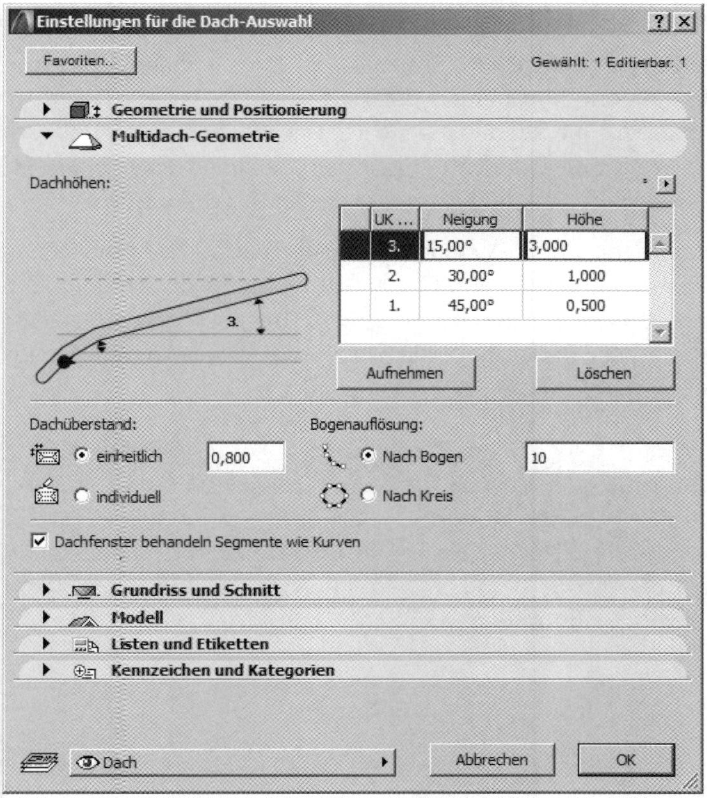

Abb. 5.42: Dachneigungen für das MULTIFLÄCHEN-Dach

Sie können beim MULTIFLÄCHEN-Dach in den Dach-Einstellungen noch mehrere Dachneigungen angeben, die in verschiedenen Höhen aktiviert werden (Abbildung 5.42). Zusätzliche Neigungen werden mit AUFNEHMEN hinzugefügt.

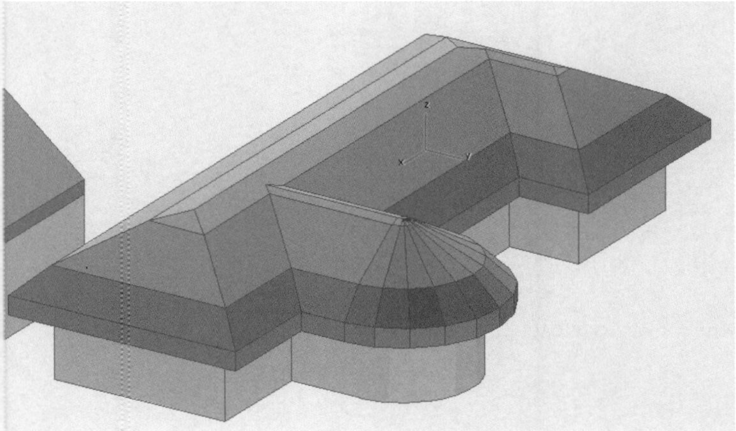

Abb. 5.43: MULTIFLÄCHEN-Dach mit verschiedenen Neigungen

5.6.3 Dach im 3D-Fenster

Sie können auch ein Dach im 3D-Fenster definieren. Der Eingabedialog läuft dann etwas anders. Bei der Konstruktion eines EINZELFLÄCHEN-Dachs im 3D-Fenster werden zuerst drei Punkte für die Referenzebene des Dachs eingegeben. Dadurch wird die Dachneigung bestimmt. Der dritte Punkt kann auch auf einer Hilfslinie in z-Richtung liegen. Danach folgen die Eckpunkte des Dach-Polygons.

Wenn Sie eine einzelne Wand wie in Abbildung 5.44 einzeln in die Höhe ziehen möchten, Ihre Wände aber mit der Option GRUPPIEREN erstellt wurden, dann müssen Sie nur die Gruppierung abschalten (Menü BEARBEITEN|GRUPPIEREN|GRUPPIERUNG AUSSETZEN oder in Symbolleiste STANDARD). Dann können Sie die obere Höhe dieser Wand in der INFOLEISTE beliebig ändern.

Vorsicht

Zu beachten ist, dass die gewählten Wände nicht schon vorher mal an ein Dach angepasst waren, das dann gelöscht wurde. Die Endpunkte von angepassten Wänden können nicht gewählt werden. Hier muss über die Wandeigenschaften erst die Anpassung zurückgenommen werden.

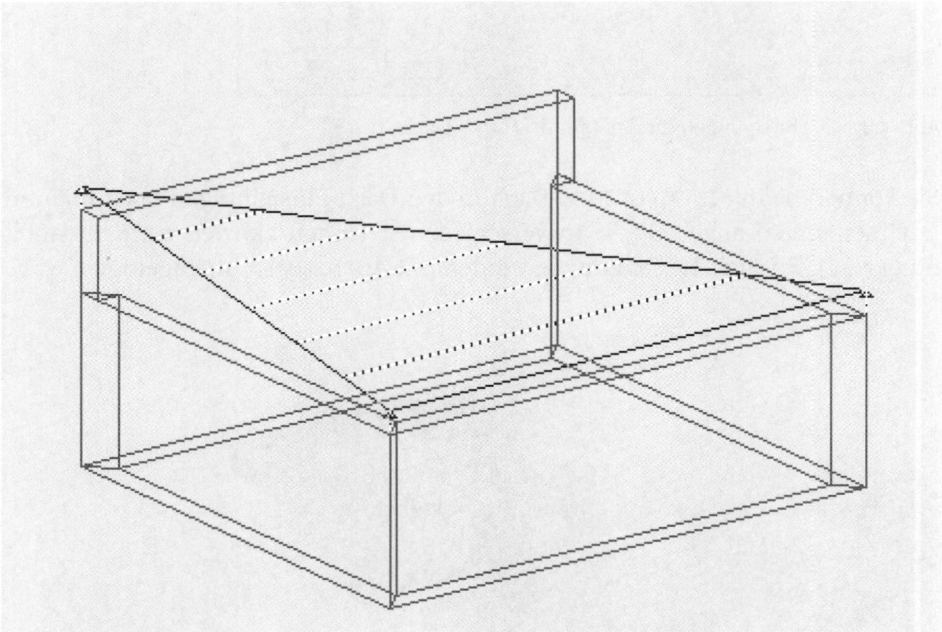

Abb. 5.44: Referenzebene für POLYGONDACH im 3D-Fenster

Wenn das Dach-Polygon größer sein soll als durch die Wandecken gegeben, können Sie nachträglich das Dach an einem Eckpunkt aktivieren und über das Werkzeug der *Pet-Palette* ALLE KANTEN VERSETZEN bequem vergrößern.

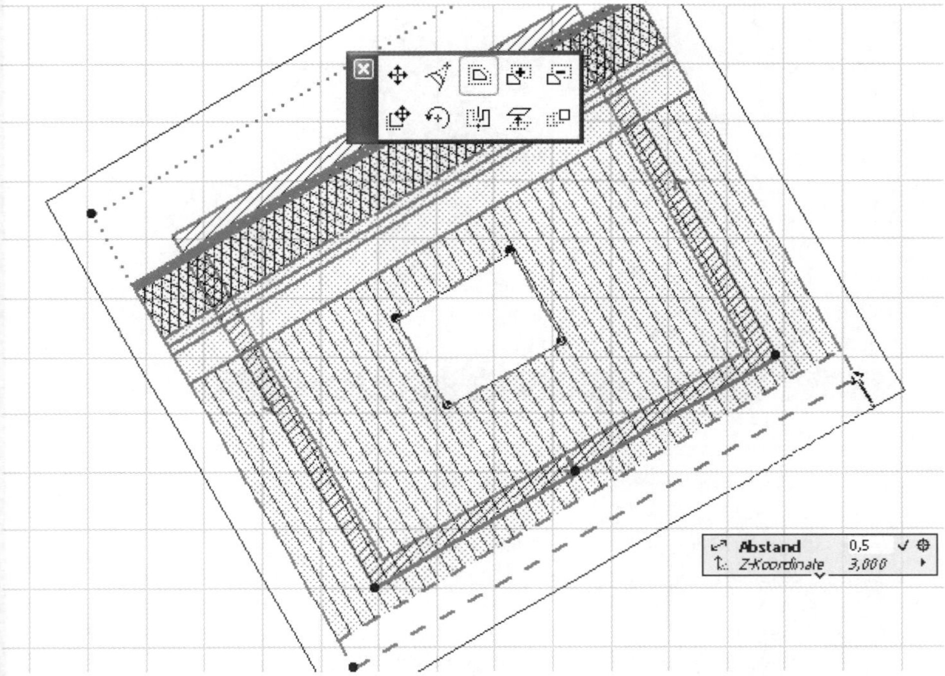

Abb. 5.45: Dach vergrößern mit ALLE KANTEN VERSETZEN

5.6.4 Der Dach-Einstellungsdialog

Unter GEOMETRIE UND POSITIONIERUNG (Abbildung 5.46) ist die Höhe für die Dach-Aufsetzlinie anzugeben, einerseits als Höhe im aktuellen Geschoss, andererseits als Höhe relativ zum Projektursprung. Rechts wird die DACHNEIGUNG eingegeben. Anstelle des Winkels kann die Neigung auch in Prozent angegeben werden. Die STÄRKE des Dachs kann nur eingegeben werden, wenn im Panel GRUNDRISS UND SCHNITT bei STRUKTUR|BAUTEILSCHRAFFUR kein *mehrschichtiger Dachaufbau* gewählt wird (z.B. Vorgabe NUR HINTERGRUND-STIFT). Bei einem *mehrschichtigen Dachaufbau* definiert dieser selbst die STÄRKE des Dachs.

Im Panel MODELL können verschiedene Farben für Dachfläche, -kante und -unterseite gewählt werden. Ferner kann noch zwischen rechtwinkliger und vertikaler Dachkante gewählt werden.

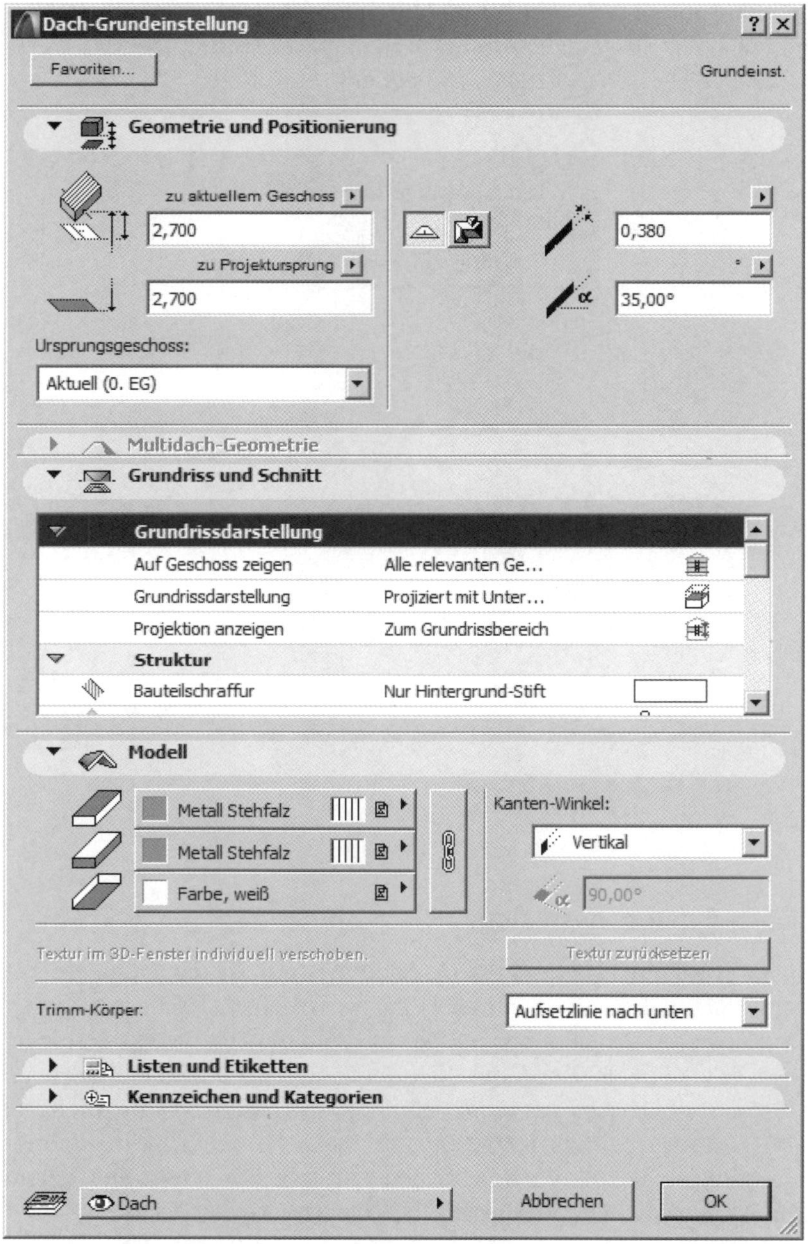

Abb. 5.46: EINSTELLUNGSDIALOG für Dach

Darstellungsoptionen

Gerade bei Dächern ist es interessant, die Darstellungsoptionen auszutesten. Sie sind im Panel GRUNDRISS UND SCHNITT lokalisiert unter GRUNDRISSDARSTELLUNG:

- AUF GESCHOSS ZEIGEN gibt an, in welchen Geschossen das Element angezeigt werden soll mit den Optionen:
  - NUR IM URSPRUNGSGESCHOSS
  - URSPRUNGSGESCHOSS UND EIN GESCHOSS DARÜBER
  - URSPRUNGSGESCHOSS UND EIN GESCHOSS DARUNTER
  - URSPRUNGSGESCHOSS UND EIN GESCHOSS DARÜBER UND DARUNTER
  - IN ALLEN GESCHOSSEN
  - ALLE RELEVANTEN GESCHOSSE
  - EIGENE EINSTELLUNG
- GRUNDRISSDARSTELLUNG legt fest, ob nur der Höhenschnitt in der Schnittebene des aktuellen Geschosses oder auch Unteransichten oder Draufsichten oder Projektionen angezeigt werden sollen:
  - PROJIZIERT zeigt den Schnitt in Höhe der Grundriss-Schnittebene und die Draufsicht der darunter liegenden Teile.
  - PROJIZIERT MIT UNTERSICHT zeigt den Schnitt in Höhe der Grundriss-Schnittebene, die Draufsicht der darunter liegenden Teile und punktiert die Teile über der Schnittebene.
  - NUR SCHNITT zeigt nur den Schnitt in Höhe der Grundriss-Schnittebene, weder Teile oder Projektionen darüber noch darunter.
  - NUR AUFSICHT zeigt keinen Schnitt, dafür aber die Draufsicht auf das komplette Teil.
  - UNTERSICHT zeigt punktiert die Unteransicht des kompletten Teils.
- PROJEKTION ANZEIGEN
  - ZUM GRUNDRISSBEREICH zeigt Elemente auf einer Reihe von Geschossen als Projektion.
  - ZUR ABSOLUTEN DARSTELLUNGSGRENZE zeigt alles, was innerhalb der definierten Geschosse sichtbar wäre. Dächer, die über das oberste definierte Geschoss hinausgehen, würden dort abgeschnitten werden.
  - KOMPLETTES ELEMENT wird auf allen relevanten Geschossen gezeigt.

Abbildung 5.47 zeigt die verschiedenen Grundrissdarstellungen für ein Dach, das im 1. Geschoss beginnt und darüber herausragt.

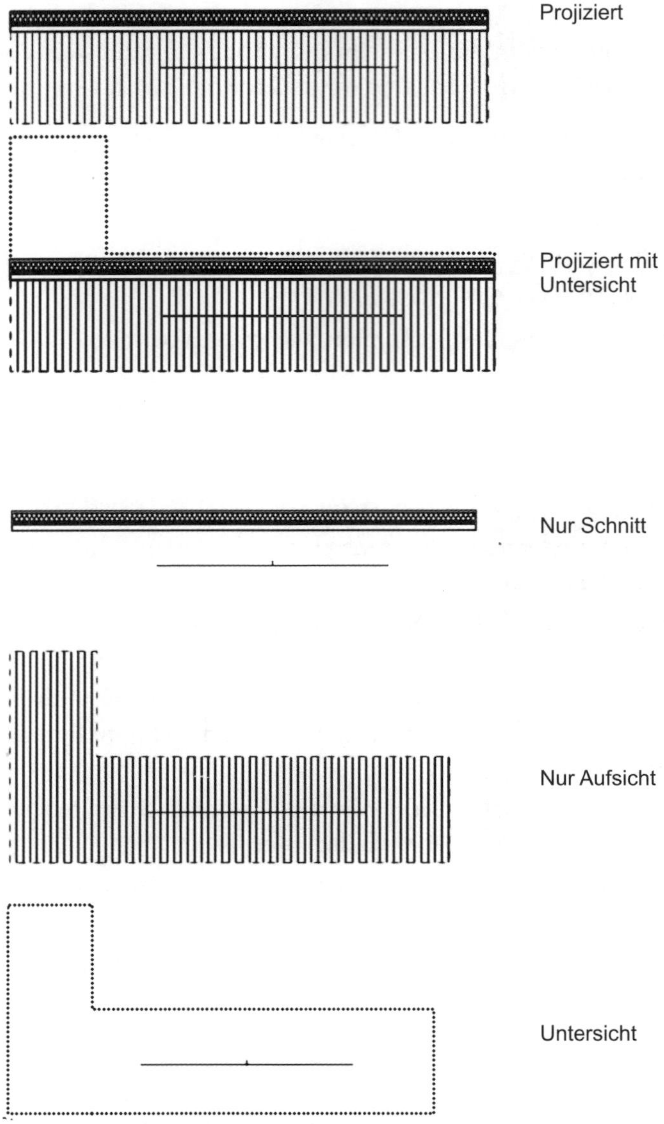

Abb. 5.47: Grundrissdarstellungen für ein Dach

5.6.5 Durchbrüche

Um einen Dach-Durchbruch zu erstellen, markieren Sie das Dach und wählen wie bei den Deckendurchbrüchen in der *Pet-Palette* VOM POLYGON ABZIEHEN. Dann können Sie ein beliebiges Polygon konstruieren, das beim Schließen (HAMMER-Werkzeug erscheint) vom Dach abgezogen wird.

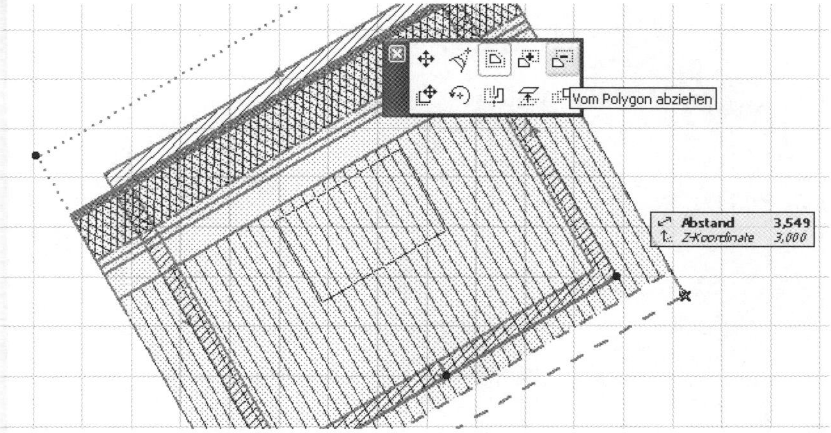

Abb. 5.48: Dach-Durchbruch erstellen

5.6.6 Wände auf Dach anpassen

Um Wände an ein Einzeldach anzupassen, können Sie sie im 3D-Fenster wählen, einen Eckpunkt anklicken und einfach zuerst mit dem Werkzeug HÖHE STRECKEN aus der PET-PALETTE höher als das Dach ziehen. Dann aktivieren Sie die Wände und wählen das Werkzeug AN DACH ANPASSEN aus der STANDARD-Symbolleiste. Sie wählen das Dach als Trimm-Element. Abschließend müssen Sie nur noch auf die Seite klicken, die bei der Trimm-Aktion erhalten bleiben soll.

Wichtig

Das Werkzeug HÖHE STRECKEN erhalten Sie aber nur, wenn Sie die Wandgruppierung abgeschaltet haben (siehe BEARBEITEN|GRUPPIEREN|GRUPPIERUNG AUSSETZEN).

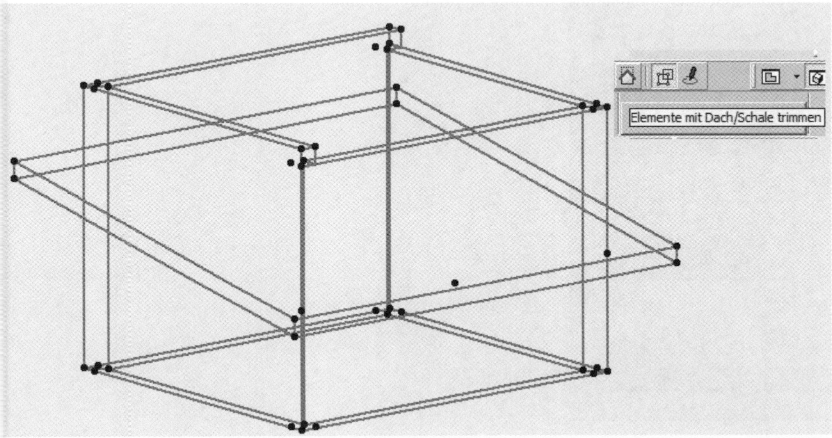

Abb. 5.49: Dach-Anpassung aufrufen

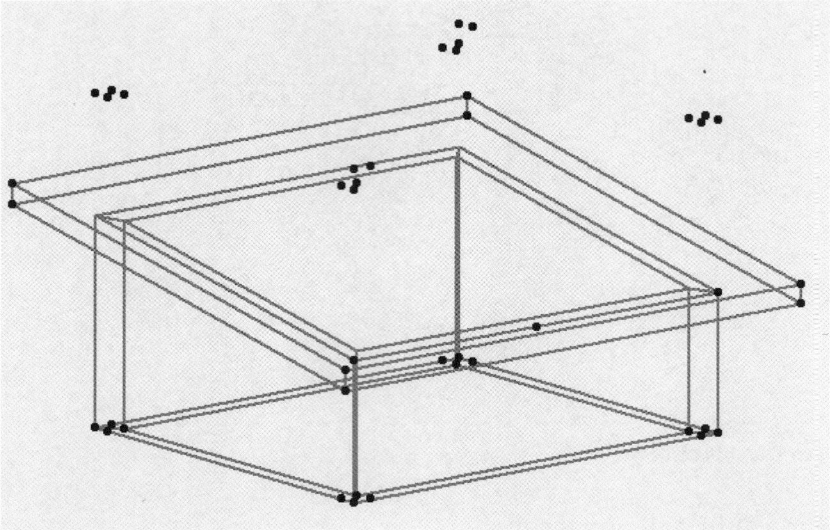

Abb. 5.50: Fertig angepasste Wände

5.6.7 Dachneigung und Höhenlinien

Die Dachneigung können Sie nachträglich natürlich für das ausgewählte Dach über den EINSTELLUNGSDIALOG des DACH-Werkzeugs ändern. Das Dach wird dann immer um die *Aufsetzkante* gedreht. Die Wände passen sich dabei automatisch an, weil sie durch die Operation AN DACH ANPASSEN mit dem Dach verknüpft sind. Nur wenn die ungetrimmte Höhe der Wände nicht ausreicht, ist ein Nachbessern der Wandhöhen nötig.

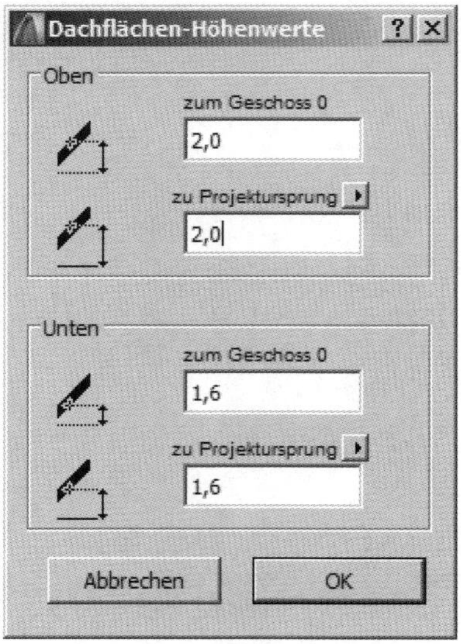

Abb. 5.51: Änderung der Höhen einer Dachfläche

Schließlich können Sie auch das Dach markieren und mit Schnellauswahl und [Strg] zusammen anklicken, um ein Dialogfeld zur Eingabe der unteren und oberen Dachhöhen zu erhalten.

Individuelle Einstellungen des Traufenwinkels sind möglich, wenn Sie das Dach markieren und dann eine Kante anklicken. Die PET-PALETTE enthält dann dafür ein spezielles Werkzeug (Abbildung 5.52). Wenn Sie die Option AUF ALLE KANTEN ANWENDEN aktivieren, wird auch der Dachausbruch betroffen.

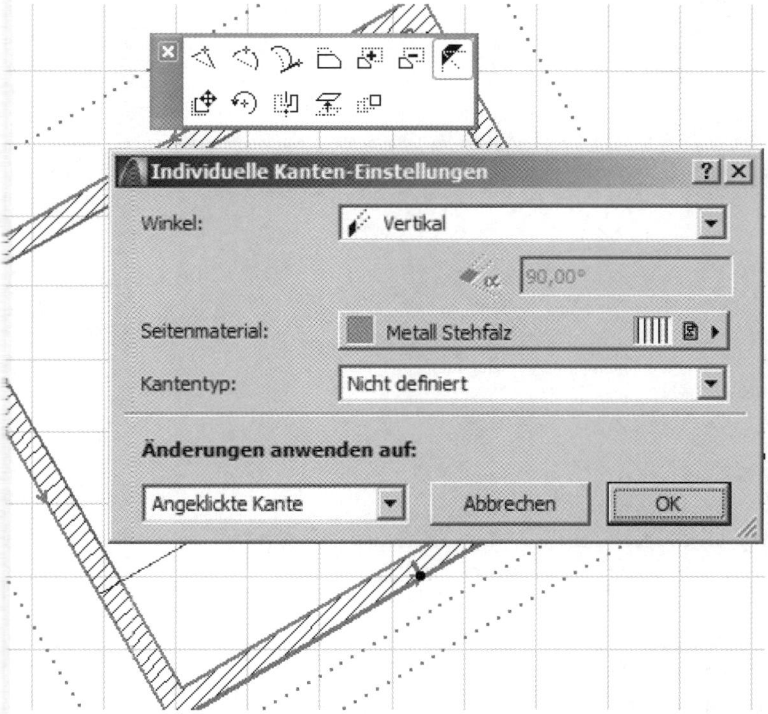

Abb. 5.52: Werkzeug für den Traufenwinkel

Dach-Höhenlinien können Sie mit dem Menü PLANUNG|DACH EXTRAS|DACH-HÖHENLINIEN ERSTELLEN generieren. Wählen Sie zuerst das Dach mit dem PFEIL-Werkzeug, dann das Menü. Im Dialogfeld geben Sie zunächst an, ob Sie die obere (OBEN) oder untere (UNTEN) Dachfläche verwenden wollen. Dann geben Sie die Höhe im aktuellen Geschoss oder relativ zum Projektursprung an.

Die Höhenlinie können Sie zu einer Polylinie erweitern, die im Beispiel alle Dachhöhen über 3 m erfasst, indem Sie das POLYLINIE-Werkzeug aktivieren, dann den ZAUBERSTAB aus dem KONTROLLFENSTER und damit in die Fläche zwischen der 3-m-Linie und den höheren Wänden klicken. Sofort ist die Polylinie erstellt. Die

Polylinie können Sie über den EINSTELLUNGSDIALOG zur Raumflächen-Begrenzung machen.

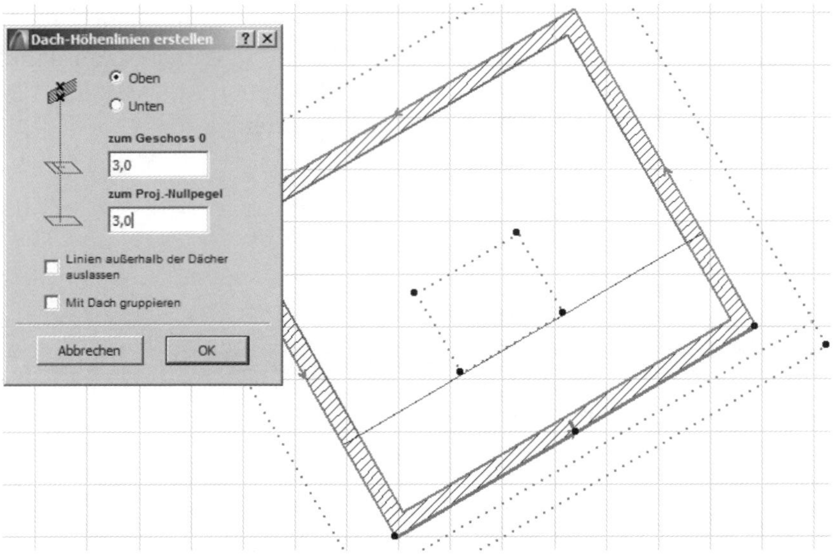

Abb. 5.53: Höhenlinie erstellen

5.7 Schalen

Schalen-Elemente sind sehr ähnlich den Dächern. Komplizierte und moderne Dachformen lassen sich mit den Schalen erstellen.

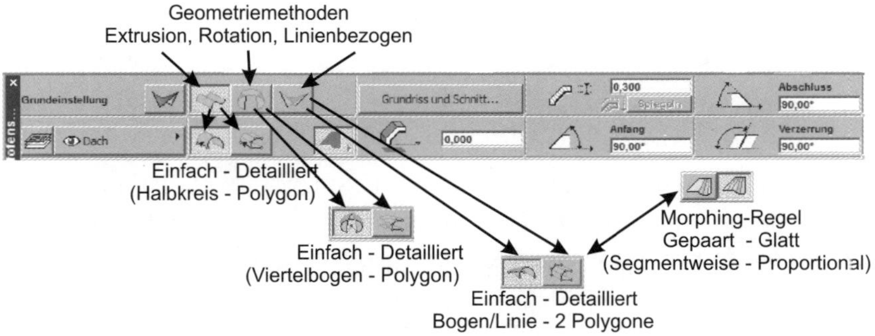

Abb. 5.54: Grundeinstellungen für Schalen

Es gibt drei verschiedene Geometriemethoden: EXTRUSION, ROTATION und LINIENBEZOGEN. Bei EXTRUSION wird ein ebenes Profil in eine Richtung verschoben, um eine Fläche zu erzeugen. Bei der ROTATION wird ein Profil um eine Achse gedreht, um eine Fläche zu bilden. Bei LINIENBEZOGEN wird durch den linearen Übergang zwischen zwei Profilen eine Fläche erzeugt. In diesem Fall können Sie noch eine MORPHING-REGEL wählen. Bei der Regel GEPAART werden die Segmente bzw. Segmentknoten der einzelnen Profile einander zugeordnet, bei WEICH werden die Profilkurven einander proportional zugeordnet. LINIENBEZOGEN ähnelt etwas dem Lofting-Verfahren, allerdings gibt es beim allgemeinen Lofting mehrere Querschnitte und nicht nur zwei.

Bei allen drei Methoden gibt es jeweils eine Konstruktionsmethode EINFACH und DETAILLIERT.

Bei der Methode EXTRUSION bedeutet EINFACH, dass ein halbkreisförmiges Profil verschoben wird. Bei DETAILLIERT wird eine Polylinie bestehend aus Linien- und Bogensegmenten verschoben. Für die einfache Extrusion geben Sie einen *Startpunkt* an, danach ziehen Sie in die gewünschte Richtung und geben die *Extrusionslänge* an und dann senkrecht dazu die *Breite*.

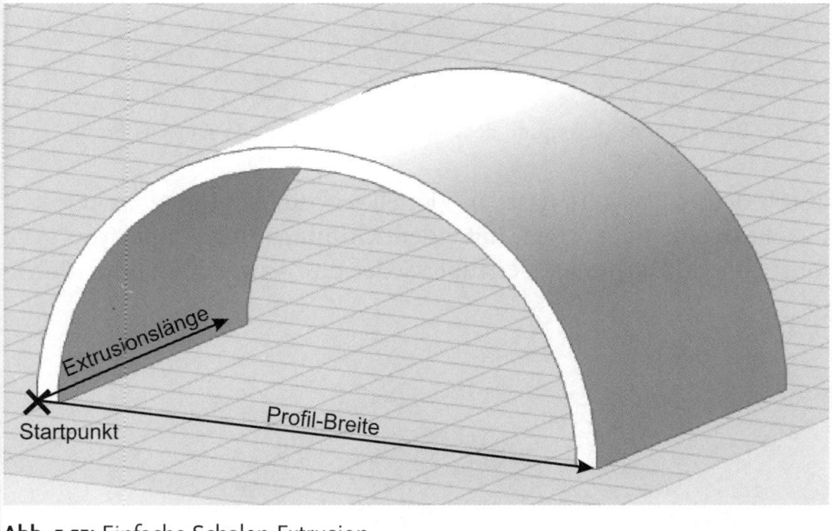

Abb. 5.55: Einfache Schalen-Extrusion

Es ist auch möglich, eine vertikale Extrusion zu erzeugen. Dazu müssen Sie nur in der Grundrissansicht am Startpunkt zweimal klicken. Dann erscheint ein Dialog für die Extrusionslänge. Wenn Sie einen positiven Wert eingeben, wird noch oben (positive z-Richtung) extrudiert, bei negativem Wert nach unten.

Bei der Methode EXTRUSION – DETAILLIERT wird am Anfang nach den Profilsegmenten gefragt. Wenn Sie sich in der normalen Grundrissdarstellung befinden, entsteht das Profil in der xy-Ebene und die Extrusion dann in z-Richtung. Um eine Extrusion in der Horizontalen zu erhalten, müssen Sie die Profilsegmente im 3D-Fenster in einer Ebene zeichnen, die senkrecht auf der Grundrissebene steht. Dazu klicken Sie am besten auf eine Referenzebene, z.B. eine Wand. Danach richtet ArchiCAD dann die Arbeitsebene zur Definition des Profils aus. Das Profil wird als Polylinie gezeichnet und mit Doppelklick beendet.

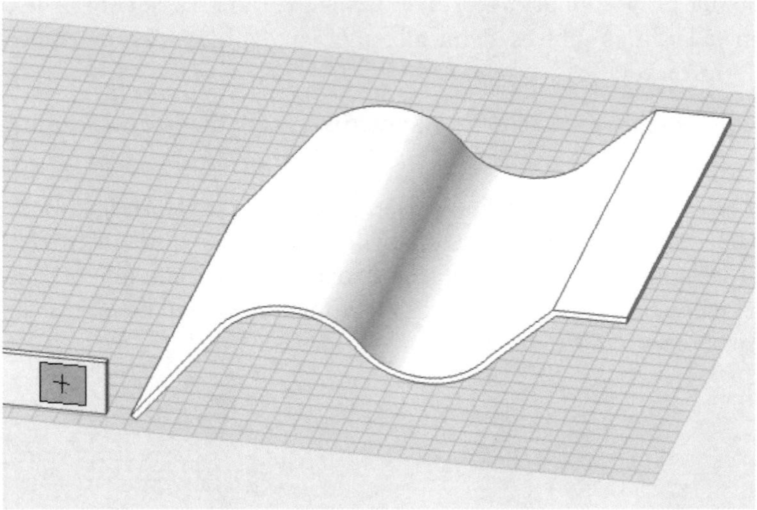

Abb. 5.56: Wahl der Bezugsebene (links) und detaillierte Extrusion mit Polylinie als Profil

Bei ROTATION bedeutet EINFACH, dass ein Viertelkreis um den Mittelpunkt rotiert wird. Es entsteht so eine Kuppel, ggf. mit einem Öffnungswinkel unter 360°. Die Konstruktionsmethode DETAILLIERT erlaubt wieder die Verwendung einer Polylinien-Kontur.

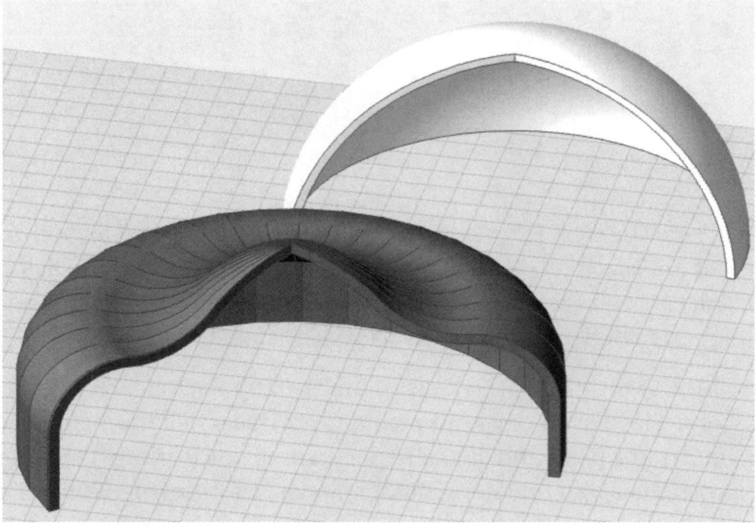

Abb. 5.57: Rotationsschalen

Abbildung 5.57 zeigt eine einfache Rotationsschale mit Öffnungswinkel von 210° und eine detaillierte Rotationsschale mit 220° Öffnungswinkel. Für Letztere wurden die ROTATIONSEIGENSCHAFTEN auf Segmentierung mit **36** Segmenten für den Vollkreis eingestellt. Dadurch entsteht die Facettierung in Umfangsrichtung.

Bei LINIENBEZOGEN werden immer zwei Profile benötigt. Im Fall der Konstruktionsmethode EINFACH sind es ein Halbkreis am Beginn der Konstruktion und eine Linie am Ende. Bei DETAILLIERT sind es zwei Polylinien-Konturen.

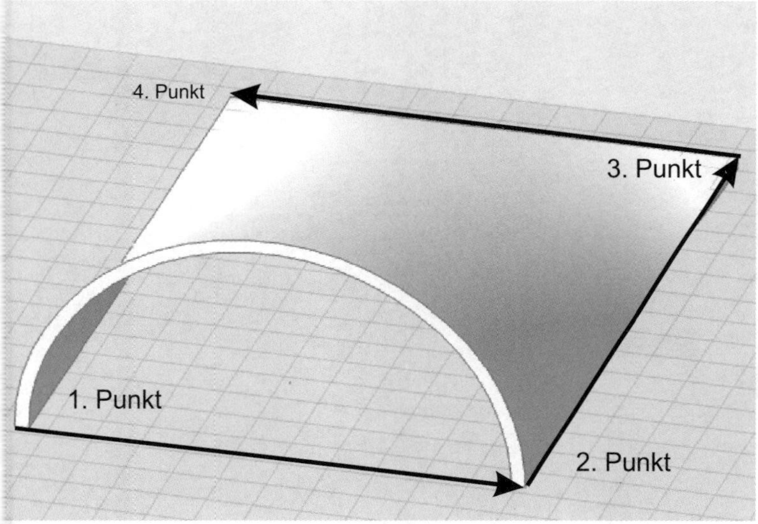

Abb. 5.58: Einfache linienbezogene Schale

Schalen können wie Dächer benutzt werden, um Wände etc. zu trimmen.

5.8 Dachfenster

In Dächer und Schalen können Sie Elemente aus der Rubrik Dachfenster einbauen. Vorgabe beim Werkzeug DACHFENSTER ist eine leere Dachöffnung, aber wenn Sie im Einstellungsdialog die BIBLIOTHEKEN 16 öffnen, finden Sie eine Vielzahl von Dachelementen vom einfachen Dachfenster über verschiedenste Oberlicht-Konstruktionen bis zu den Dachgauben mit Satteldach, Schleppdach, Tonnendach und Fladermausdach (Abbildung 5.59).

Die Dachfenster-Elemente werden in den Grundrissen projiziert dargestellt. Als Ankervorgaben sind die Dach-Aufsetzlinien vorgesehen. Diese Elemente erzeugen automatisch die notwendigen Dachdurchbrüche, so dass keine extra Arbeit dafür nötig ist. Standardmäßig wird von den Gauben auch das Dachmaterial des vorhandenen Daches übernommen.

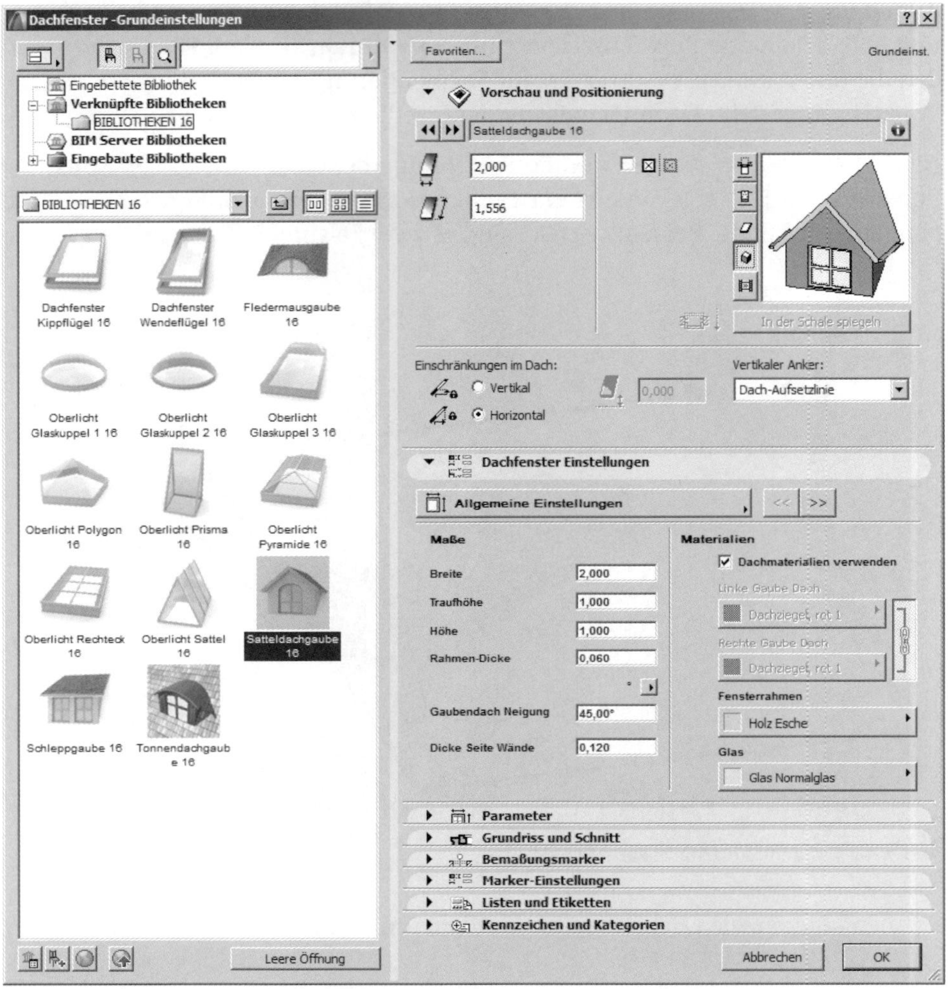

Abb. 5.59: Grundeinstellungen und Typen für Dachfenster

Die nötigen Parameter können Sie über die Grundeinstellungen und deren Panels steuern. Auch in Schalen lassen sich die Elemente einbauen, bei stärker gewölbten Schalen kann es Probleme mit der Verträglichkeit der Geometrien einiger Gauben geben, aber es sind einfach nicht alle Formen miteinander sinnvoll kombinierbar. Durch Anpassen der Neigung für das Gaubendach können oft gute Ergebnisse erzielt werden (Abbildung 5.61).

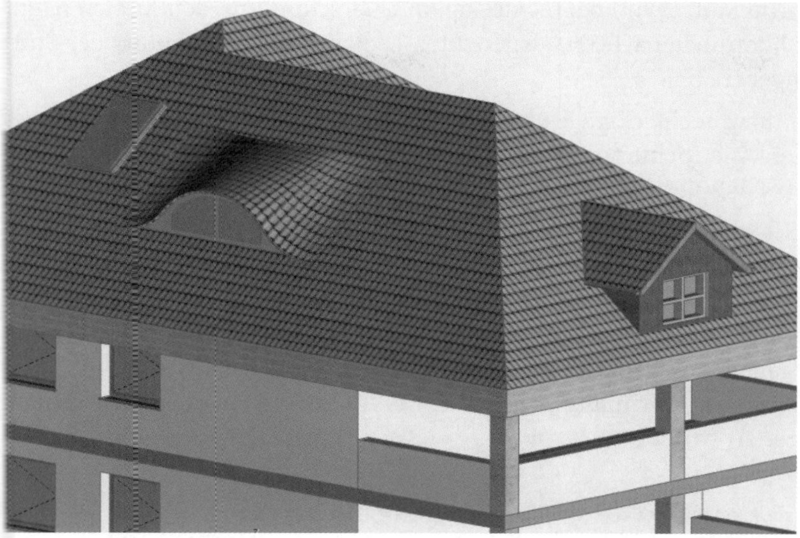

Abb. 5.60: Beispiel für Dachfenster und Gauben

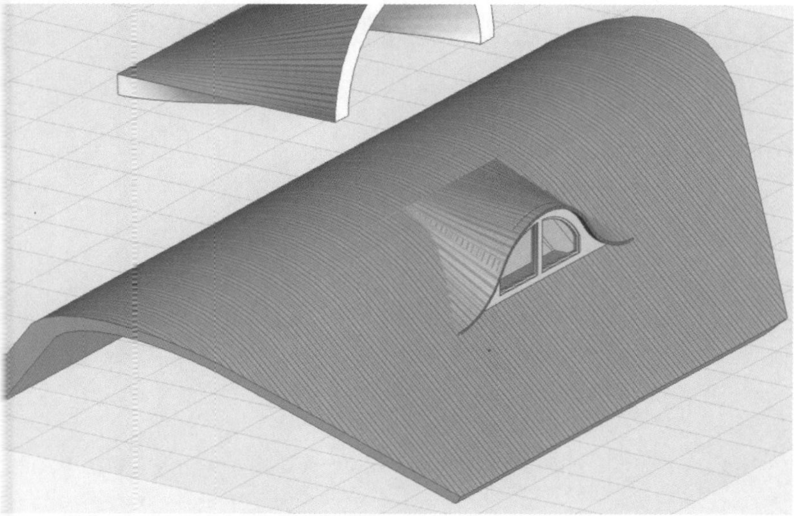

Abb. 5.61: Dachgaube kombiniert mit Schale

5.9 Stützen

Stützen sind relativ einfache Objekte, die aus dem Kern und wahlweise einer Ummantelung bestehen. Im INFOFENSTER (Abbildung 5.62) erscheinen neben dem EINSTELLUNGSDIALOG, Ebenen-Übersicht und aktueller Ebene drei Positionierungsvarianten (Abbildung 5.63):

- EINFACH Die Stütze wird bei rechteckigem Querschnitt mit den Kanten parallel zu den Koordinatenachsen ausgerichtet. Lediglich der Mittelpunkt der Stütze ist anzugeben.
- GEDREHT Eine rechteckige Stütze kann mit einem wählbaren Winkel eingebaut werden. Die Richtung wird durch einen zweiten Punkt nach Eingabe des Mittelpunkts definiert.
- GEDREHT/GENEIGT Hiermit kann eine Stütze erstellt werden, die nicht senkrecht zum Boden steht, sondern unter einem beliebigen Winkel. Nach Eingabe des Mittelpunkts wird erst die Richtung spezifiziert, in der die Stütze geneigt sein soll. Danach kann das Stützenprofil durch eine dritte Punktangabe noch um diese geneigte Achse gedreht werden. Die Option GEDREHT/GENEIGT steht aber erst dann zur Verfügung, wenn im EINSTELLUNGSDIALOG ein Neigungswinkel definiert wurde.

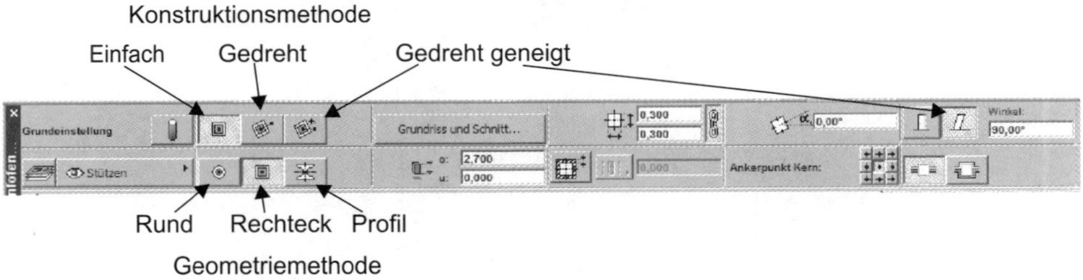

Abb. 5.62: INFOFENSTER für Werkzeug STÜTZE

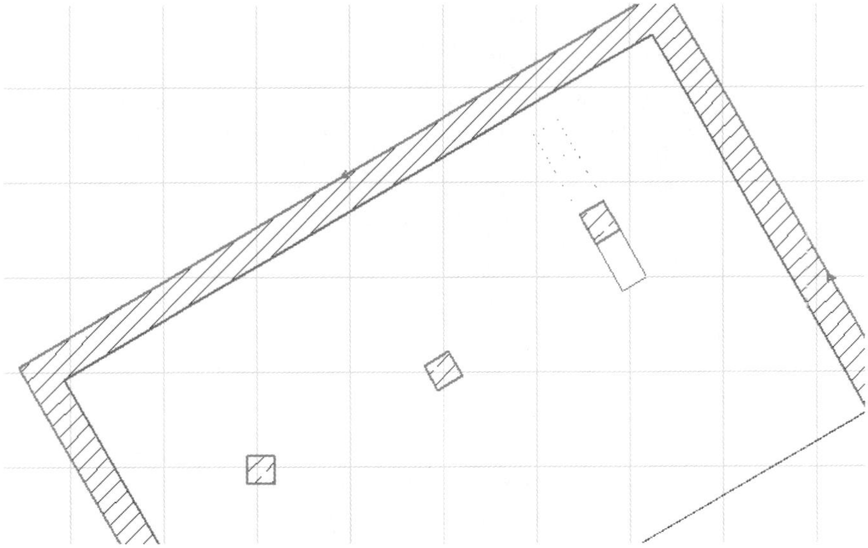

Abb. 5.63: Verschiedene Stützen-Positionierungen

Im INFOFENSTER finden sich auch drei verschiedene Querschnittsformen:

- RUND erzeugt eine Stütze mit kreisförmigem Querschnitt.
- RECHTECK setzt eine Stütze mit quadratischem oder rechteckigem Querschnitt.
- PROFIL erzeugt eine Stütze mit einem komplexen Querschnitt, der durch ein Profil definiert wird. Auch eigene Profile sind hier möglich. Es können hierüber auch die importierten Profile verwendet werden, die Sie unter OPTIONEN| STANDARD STAHLPROFILE IMPORTIEREN laden können.

Das gesamte INFOFENSTER erstreckt sich über vier Zeilen. In der zweiten Zeile findet sich die Vorgabe für die Höhe von Unterkante und Oberkante. Daneben folgen für rechteckige Stützen die Seitenlängen. Daneben wiederum kann die Stärke für den Mantel angegeben werden, sofern einer vorhanden ist. Die Ummantelung einer Stütze kann in dem Feld darunter aktiviert werden.

In der dritten Zeile links kann der Stütze von Haus aus eine Verdrehung mitgegeben werden. Daneben folgt die Festlegung des Ankerpunkts, mit dem die Stütze positioniert werden soll. Vorgabe ist der Mittelpunkt, aber auch alle Eckpunkte oder Seitenmitten sind für die Positionierung wählbar. Im nächsten Feld rechts kann die Neigung der Stütze über das Symbol gewählt und ein definierter Winkel eingegeben werden.

In der vierten Zeile ist ganz rechts noch das *Material* einzugeben. Für alle Flächen einer Stütze kann nur ein einziges Material zugeordnet werden.

Abb. 5.64: INFOFENSTER Stütze komplett

Im EINSTELLUNGSDIALOG (Abbildung 5.65) sehen Sie die verschiedenen Einstellungen etwas ausführlicher und können für Profil-Stützen im Panel GRUNDRISS UND SCHNITT das Profil auswählen.

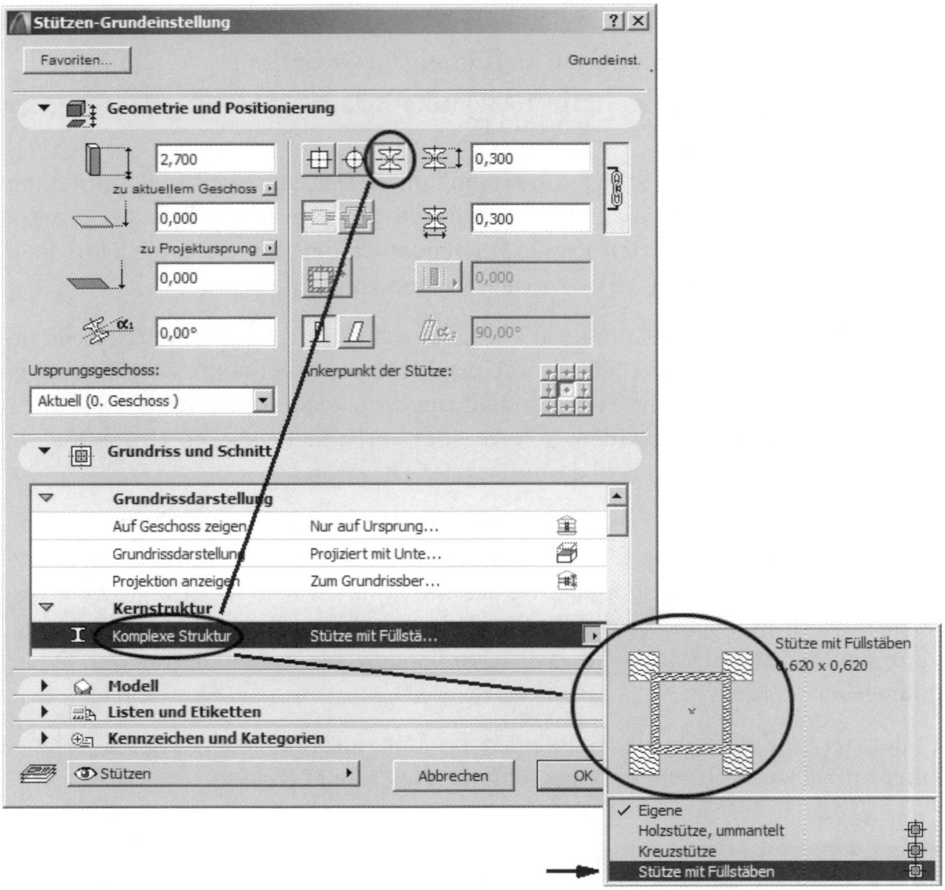

Abb. 5.65: EINSTELLUNGSDIALOG für Stützen

Stützen lassen sich genauso wie Wände an Dächer anpassen.

5.9.1 Eigenes Profil

Sie können sogar eigene Profile definieren, wenn Sie das Menü OPTIONEN|ELEMENT-ATTRIBUTE|PROFILE|PROFILMANAGER wählen. Dort wählen Sie zuerst das Profil, mit dem Sie beginnen wollen, und duplizieren es für die weitere Bearbeitung oder Sie wählen EIGENES.

Dann klicken Sie auf die Schaltfläche NEU und wählen unten EBENE 4 PROFIL. Damit wird das SCHRAFFUR-Werkzeug für das eigentliche Profil aufgerufen. Sie können natürlich auch erst Hilfskonstruktionen mit Linien und Kreisen auf der Ebene HILFSKONSTRUKTION vornehmen und diese dann in der Ebene PROFIL mit dem ZAUBERSTAB in eine Schraffur umwandeln. Ansonsten zeichnen Sie im Bearbeitungsfenster das neue Profil im Modus POLYLINIE des SCHRAFFUR-Werkzeugs. Wenn Sie die Polylinie mit dem *Hammer-Cursor* geschlossen haben und Ihr Profil geometrisch fertig ist, wählen Sie den oder die Elementtyp(en) (WAND, UNTERZUG, STÜTZE), für den/die das Profil verfügbar sein soll, und klicken auf PROFIL SPEICHERN. Sie werden nach einem Namen gefragt und können nach dieser Eingabe und OK alle Fenster schließen und das Profil benutzen.

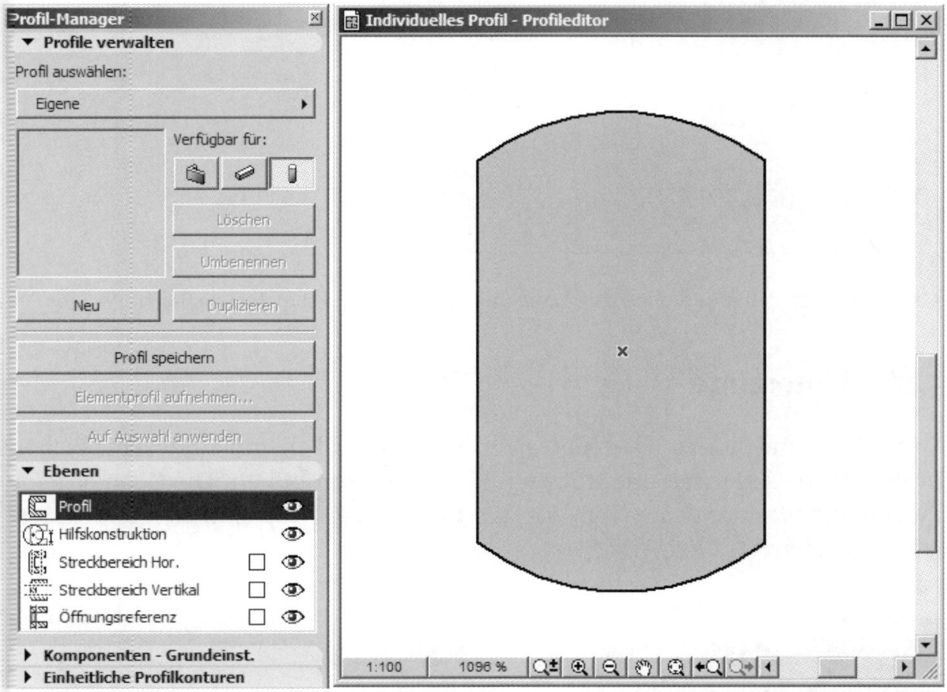

Abb. 5.66: Eigenes Profil erstellt

5.9.2 Stütze und Wand

Wenn Stützen in Wände eingebaut werden, wird bei einfachen Wänden lediglich der Platz für die Stütze und ggf. für eine Ummantelung in der Wand ausgespart. Bei mehrschichtigen Wänden kann der Einbau in eine Wand je nach Lage zu den Wandschichten auch die Wand beeinflussen. Abbildung 5.67 zeigt verschiedene Einstellungen mit und ohne Ummantelung für verschiedene Wandtypen und Ummantelungsbedingungen.

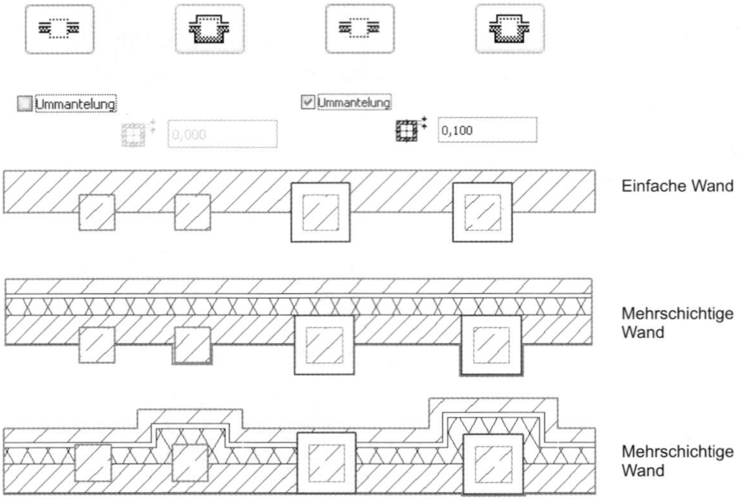

Abb. 5.67: Stützen mit und ohne Ummantelung in einfachen und mehrschichtigen Wänden

5.10 Unterzüge

Unterzüge sind horizontale oder auch geneigte Balken mit unterschiedlichem Profil. Sie werden meist mit Stützen und Wänden kombiniert. Die Geometriemethoden entsprechen denen von Wänden (Abbildung 5.68): EINZEL, POLY, RECHTECK und GEDREHTES RECHTECK.

Abb. 5.68: INFOFENSTER Unterzug

Im erweiterten INFOFENSTER wird in der zweiten Zeile links die *Höhenvorgabe* angezeigt. Wenn der Unterzug nicht an einer Stütze angebracht wird, wird er unter dem aktuellen Geschoss positioniert von –30 cm bis zum Geschossboden. Der Unterzug ist mit einer Breite von 20 cm vorgegeben. Er kann auch mit einem Mittenversatz relativ zur Achse versehen werden.

Die normale Form ist *rechteckig*, aber auch beliebige andere Profile können verwendet werden. Eigene Profile können wie oben bei den Stützen beschrieben mit dem Menü OPTIONEN|ELEMENT-ATTRIBUTE|PROFILE|PROFIL-MANAGER erzeugt werden.

Für schräg stehende Unterzüge kann in der dritten Zeile links ein *Winkel* angegeben werden. In der vierten Zeile rechts sind zwei Felder zur Festlegung von Durchbrüchen vorhanden.

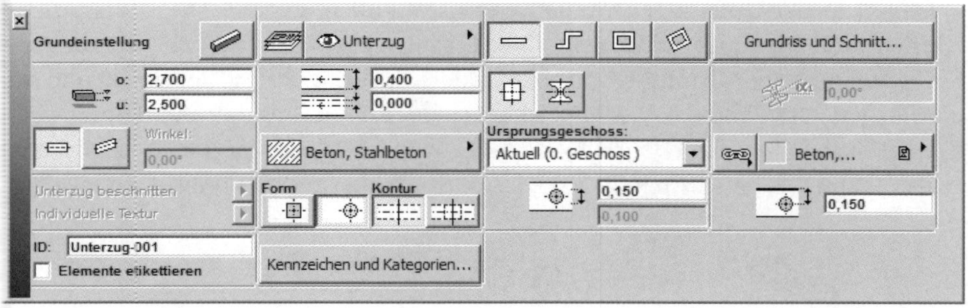

Abb. 5.69: INFOFENSTER Unterzug komplett

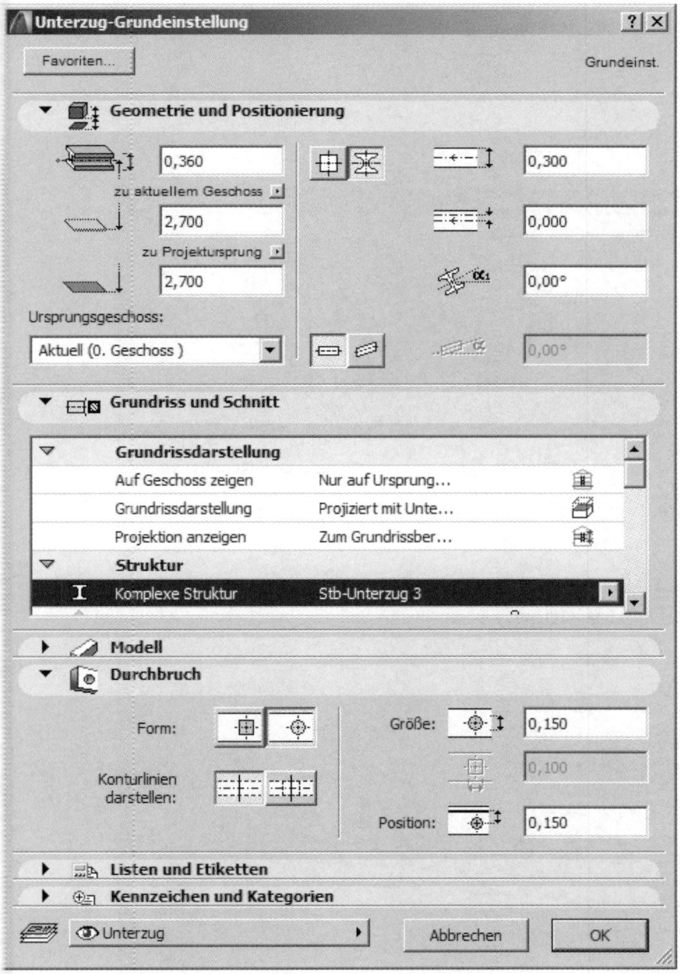

Abb. 5.70: Grundeinstellungen für Unterzüge

Durchbrüche bei Unterzügen werden erst nach Einbau erstellt. Die Durchbrüche können rund oder quadratisch sein. Zum Erstellen eines Durchbruchs wird der fertige Unterzug in der Grundrissansicht markiert, die Bezugsachse angeklickt und auf der PET-PALETTE dann das Werkzeug für *Durchbrüche* aufgerufen (Abbildung 5.71). Zum Positionieren eignen sich hier wieder hauptsächlich die BESONDEREN FANGPUNKTE (HÄLFTE, TEILUNGEN, PROZENT, ABSTAND) aus der STANDARD-Symbolleiste.

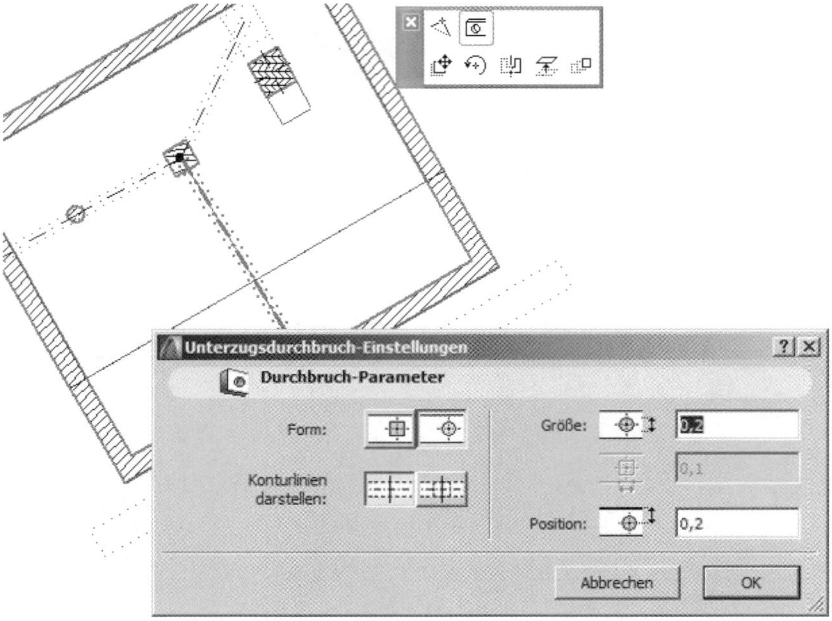

Abb. 5.71: Werkzeug für Unterzugsdurchbrüche

Die Durchbrüche können dann auch wieder über Werkzeuge aus der PET-PALETTE verschoben und multipliziert werden.

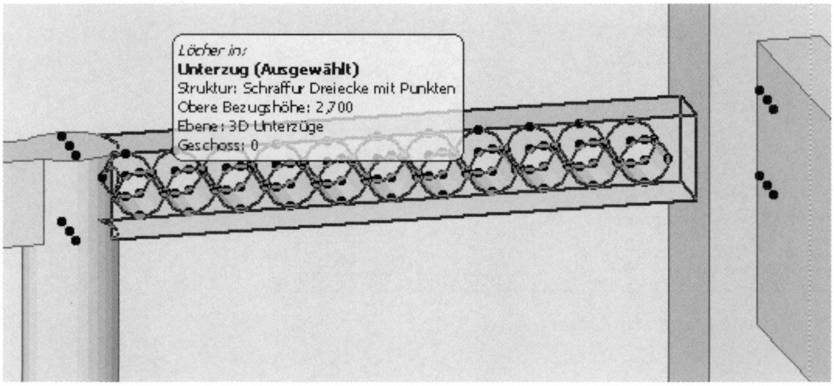

Abb. 5.72: Vervielfachen von Durchbrüchen

5.11 Freiflächen

Freiflächen sind für die Geländemodellierung gedacht. In ihrer einfachsten Form sind es Volumen mit fester Höhe und rechteckigem oder polygonalem Umriss, um damit die Geländehöhe des Baugrundstücks zu modellieren. Es gibt aber auch einen Typ, der als Gitternetz konstruiert werden kann und vorgabemäßig eine schiefe Oberfläche hat. Nach Aufziehen des rechteckigen Umrisses über zwei diagonale Positionen geben Sie die Höhen dreier Eckpunkte Z1, Z2 und Z3 vor (Abbildung 5.74). Diesen Typ können Sie in den einzelnen Gitterpunkten modellieren. Mit der PET-PALETTE lassen sich einzelne Gitterpunkte auf beliebige Höhe legen, im 3D-Fenster sogar per Cursor. Damit gelingt es dann, fast beliebige Oberflächen eines Baugrundstücks darzustellen.

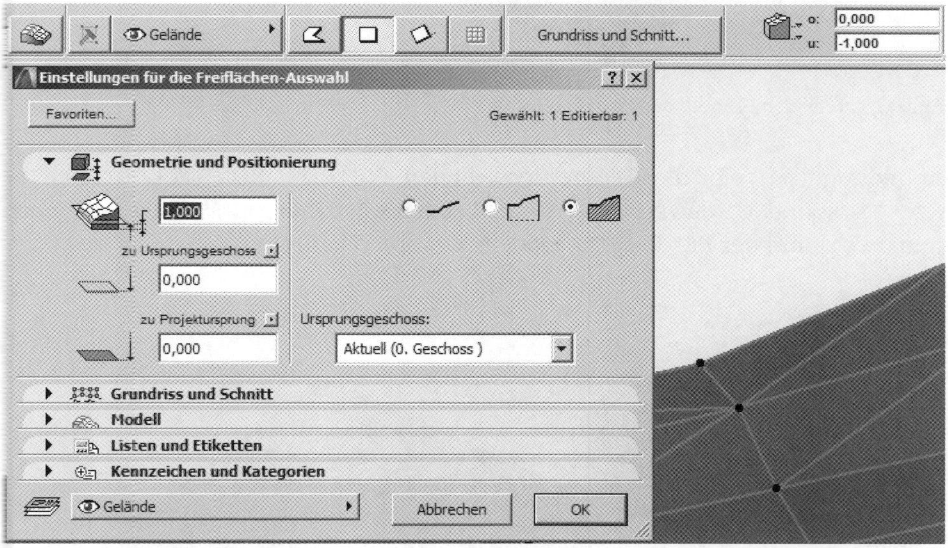

Abb. 5.73: Freiflächen-Einstellungen

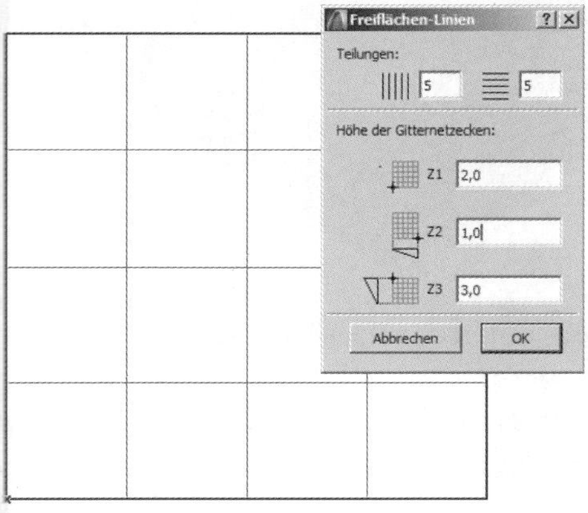

Abb. 5.74: Freifläche als Gitternetz

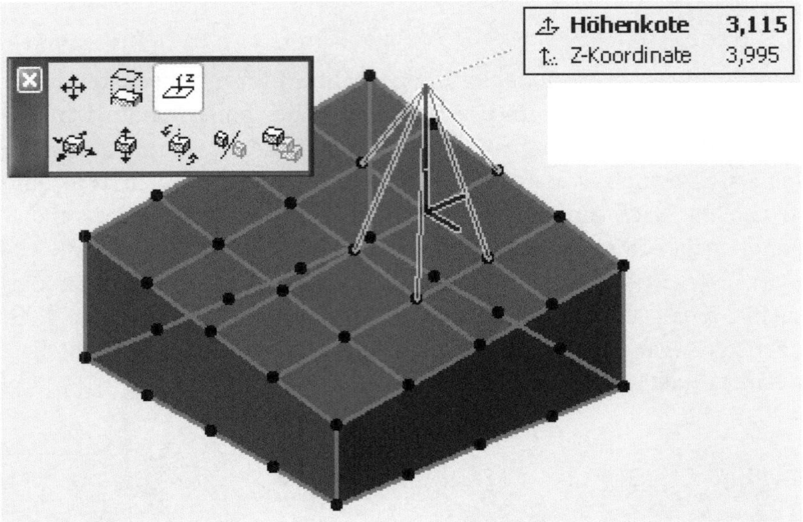

Abb. 5.75: Freifläche modifizieren

Abbildung 5.73 zeigt die Geometriemethoden POLYGON, RECHTECK, GEDREHTES RECHTECK und GENEIGTES RECHTECK. Letzteres ist die *schiefe Ebene,* die noch punktweise mit der PET-PALETTE modelliert werden kann.

Abb. 5.76: Freiflächen in 3D, links punktweise modelliert, rechts schiefe Ebene

Als Alternative können Sie aber auch mit Daten aus gegebenen Punkte-Listen über das Menü PLANUNG|FREIFLÄCHEN AUS VERMESSER-DATEN ERSTELLEN die Freiflächen erzeugen. Es können Dateien mit Punktkoordinaten als Textdatei (*.TXT) oder XYZ-Datei (*.XYZ) eingelesen werden. Die Punktkoordinaten müssen darin pro Zeile als drei getrennte Zahlenwerte stehen. Als Trennzeichen kommen Semikolon oder Leerzeichen in Frage. Falls sie nicht in den Dezimalzahlen vorkommen, können auch Punkt oder Komma als Trennzeichen verwendet werden, beispielsweise so:

```
0,0,1
0,10,1
0,20,2
0,30,1
10,0,1
10,10,1
10,20,1.5
10,30,2
20,0,1
20,10,1
20,20,2
20,30,2
30,0,1
30,10,2
30,20,2
30,30,1
```

5.12 Übungsfragen

1. Welche Geometriemethoden gibt es für Wände?
2. Welche Optionen hat die lineare Wand?
3. Welche Querschnitte gibt es für Wände?
4. Womit wird bei Fenstern die Anschlagrichtung spezifiziert?
5. Wie kann die Öffnungsrichtung der Tür (nach innen/nach außen) geändert werden?
6. Wo wird ein Deckenelement platziert?
7. Wie konstruieren Sie einen Deckendurchbruch?
8. Welche Dach-Formen gibt es?
9. Wie wird ein Dach im 3D-Fenster erstellt?
10. Was ist die Vorbedingung für das Anpassen von Wänden an Dächer?

Kapitel 6

Elemente bearbeiten

Die Bearbeitung von Elementen wird in ArchiCAD in speziellen WERKZEUGPALETTEN angeboten, nachdem Sie die Elemente gewählt und bestimmte Positionen angeklickt haben. Deshalb steht bei der Bearbeitung die geeignete *Elementwahl* im Vordergrund. Elemente können zunächst einmal nur zum Zwecke der *Information* gewählt werden. Nach Anklicken bestimmter Positionen auf diesen Elementen erhalten Sie dann aber so genannte PET-PALETTEN, die verschiedene *Bearbeitungsmöglichkeiten* anbieten.

6.1 Element-Auswahl

6.1.1 Informative Auswahl

Informationen über Elemente können Sie erhalten, indem Sie das PFEIL-Werkzeug aktivieren und damit auf das Element bzw. dessen Kanten fahren. Hier können Sie klicken oder das Element nur mit dem PFEIL-Werkzeug berühren und etwas warten. Das Element wird dann *blau* hervorgehoben und es erscheint eine Box mit den Elementdaten:

- *Typ des Elements*
- *Grundeigenschaften wie beispielsweise*
  - *Name* (elementabhängig, beispielsweise bei Fenstern, Türen)
  - *Bezugshöhe* (elementabhängig, beispielsweise bei Wänden)
  - *Ebene* (elementabhängig, beispielsweise bei Wänden)
  - *Geschoss* (elementabhängig, beispielsweise bei Wänden in Schnittansichten)

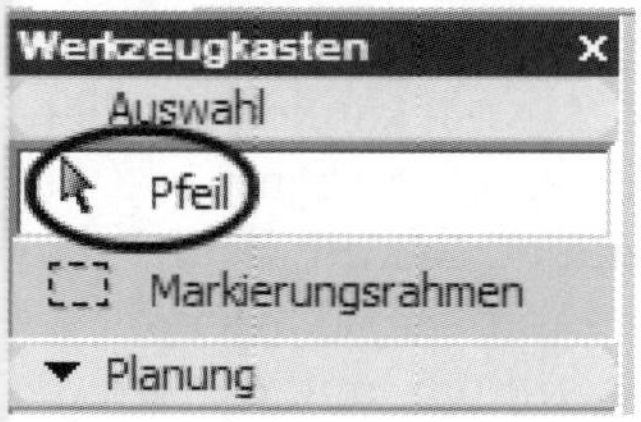

Abb. 6.1: Das PFEIL-Werkzeug

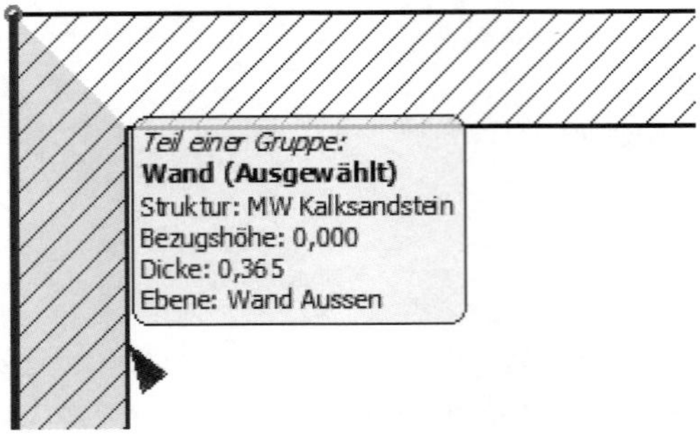

Abb. 6.2: Elementinformation nach Anklicken mit dem PFEIL-Werkzeug

Wenn Sie an eine Stelle fahren, wo mehrere Elemente zusammentreffen, wird eine weitere Zeile angezeigt:

- *Mehrere Elemente (TAB)*

Ein typisches Beispiel dafür ist die Position, wo sich Wand und Geschossdecke in einer Kante überlagern. Das bedeutet, dass Sie mit [Tab] zwischen den verschiedenen Elementen hin- und herblättern können.

Abb. 6.3: Elementinformation bei mehreren Elementen

6.1.2 Schnellauswahl

Eine leichtere, effektivere Auswahl bietet die SCHNELLAUSWAHL. Vorgabemäßig ist die SCHNELLAUSWAHL als Zusatzoption zum PFEIL-Werkzeug schon aktiviert. Über den speziellen Button mit dem Magnetsymbol im INFOFENSTER können Sie diese SCHNELLAUSWAHL ein- und ausschalten. Wählen Sie das PFEIL-Werkzeug und aktivieren Sie im INFOFENSTER die SCHNELLAUSWAHL. Während Sie mit dem PFEIL-Werkzeug eine Kante des gewünschten Elements treffen müssen, aktiviert dieses Werkzeug ein Element, auch wenn Sie dessen Fläche berühren, und es wird die Element-Info angezeigt. Die Schnellauswahl kann für das PFEIL-Werkzeug auch temporär mit [Leertaste] aktiviert und deaktiviert werden. Wenn die Elemente zu klein sind, erscheint kein Schnellauswahl-Cursor. Dann müssen Sie zuerst zoomen.

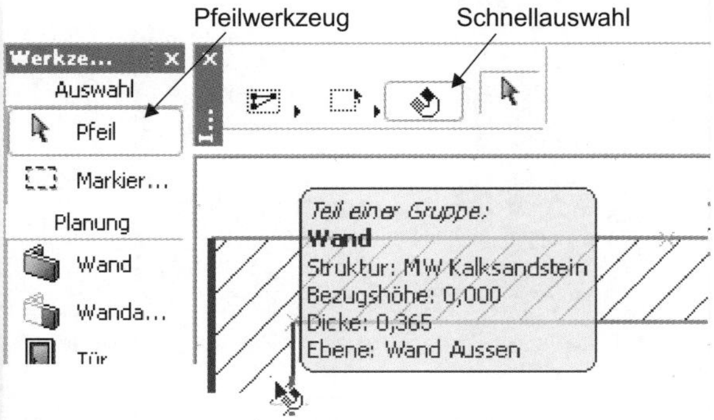

Abb. 6.4: SCHNELLAUSWAHL mit PFEIL-Werkzeug

Das PFEIL-Werkzeug können Sie mit der [⇧]-Taste aktivieren, wenn gerade ein Werkzeug aus dem WERKZEUGKASTEN aktiv ist.

6.2 Explizite Auswahl zur Bearbeitung

6.2.1 Auswahl mit Pfeil-Werkzeug

Um Elemente zu bearbeiten, können Sie diese

- mit dem PFEIL-Werkzeug anklicken
- mit [⇧] anklicken, falls ein anderes Werkzeug aktiv ist
- mit PFEIL-Werkzeug und aktivierter SCHNELLAUSWAHL anklicken, um einfach und effektiv zu wählen
- mit [Strg]+[A] alle Elemente wählen, die zum aktuellen Werkzeug (WAND, FENSTER o.Ä.) passen. Bei aktivem WAND-Werkzeug wählt [Strg]+[A] alle Wände.

Bei Wahl mit [⇧] wird ein Element der bisherigen Auswahl hinzugefügt.

Die *Markierungsfarbe* gewählter Elemente ist *Grün*. Zudem werden für die gewählten Elemente die Knotenpunkte und Kanten hervorgehoben. Bei einem weiteren *Klick auf einen Knoten oder eine Kante* erscheinen Werkzeugkästen mit elementspezifischen Bearbeitungsfunktionen, so genannte PET-PALETTEN.

6.2.2 Auswahl beenden

Eine Auswahl wird *beendet*, wenn Sie auf eine *leere Fläche* klicken oder [ESC] drücken.

6.2.3 Pfeil-Werkzeug und Auswahlmethoden

Die INFO-Palette des PFEIL-Werkzeugs bietet neben der SCHNELLAUSWAHL noch weitere Auswahlverfahren, insbesondere zur Wahl mehrerer Elemente. Sie setzen sich zusammen aus

1. den Auswahlmethoden , oder und
2. den Geometrieverfahren , oder .

Eine Auswahl wird beendet durch [ESC] oder Klick auf eine freie Fläche.

Verfahren	Bedeutung
	Objekt ist gewählt, wenn mindestens *ein* Knotenpunkt im Auswahlgebiet liegt.
	Objekt ist erst dann gewählt, wenn *alle* Knotenpunkte im Auswahlgebiet liegen.
	Die Elementwahl ist nun richtungsabhängig. Bei Aufziehen einer Box von rechts nach links oder eines Polygons im Gegenuhrzeigersinn werden Elemente gewählt, wenn *mindestens ein* Knotenpunkt im Auswahlgebiet liegt. Das Auswahlgebiet wird in diesem Fall von *gepunkteten Linien* umgrenzt. Im umgekehrten Fall werden Elemente nur gewählt, wenn *alle* Knotenpunkte im Auswahlgebiet liegen. Die Umgrenzung erscheint dann *strichpunktiert*.
	Auswahlgebiet ist eine *rechteckige Box*, die durch zwei Klickpositionen aufgezogen wird.
	Auswahlgebiet ist ein *gedrehtes Rechteck*, dessen erste Kante durch zwei Klickpositionen definiert wird und dessen Höhe der dritte Klickpunkt festlegt.
	Das Auswahlgebiet wird durch ein *Polygon* mit beliebig vielen Klickpunkten gebildet. Wenn der letzte Punkt auf den ersten fällt, ist das Polygon definiert und die Auswahl getätigt.

Tabelle 6.1: Auswahlverfahren

6.2.4 Werkzeug Markierungsrahmen

Zur Auswahl mehrerer Elemente ist auch das Werkzeug MARKIERUNGSRAHMEN nützlich. Der MARKIERUNGSRAHMEN wird typischerweise zum Verschieben von ganzen Elementgruppen verwendet. Es gibt zwei verschiedene Rahmen, der eine wirkt nur im *aktuellen Geschoss* , der andere wirkt *geschossübergreifend* .

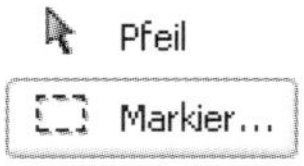

Abb. 6.5: Auswahlwerkzeuge PFEIL und MARKIERUNGSRAHMEN (unten)

Wieder gibt es dann die oben gezeigten Formen des Markierungsrahmens: *Rechteck*, *gedrehtes Rechteck* und *Polygon*.

Bei aktiviertem Markierungsrahmen werden bei Annäherung an Ecken oder Kanten die bekannten Cursorsymbole *Häkchen* oder *Stern-Cursor* (Mercedesstern) gezeigt. Damit können Sie dann beispielsweise mit Klick einen Startpunkt für eine Verschiebung wählen und danach eine Zielposition anklicken. Wenn Sie im Markierungsrahmen auf eine freie Fläche fahren, erscheint ein *Dreizack*, der das Verschieben des Rahmens selbst erlaubt. Die gewählten Elemente werden in diesem Fall aber nicht grün hervorgehoben.

Der Markierungsrahmen wird mit [ESC] wieder entfernt.

6.2.5 Auswahl nach Kriterien

Mit dem Menü Bearbeiten|Suchen & Aktivieren können Sie eine Auswahl nach bestimmten Kriterien zusammenstellen. Bei Kriterien-Set-Name können Sie aus vordefinierten Sets auswählen:

- Alle Elemente
- Alle 2D-Elemente
- Alle 3D-Elemente
- Alle Elemente auf sichtbaren und entsicherten Ebenen

Um eine Auswahl zusammenzustellen, müssen Sie Eigene wählen. Mit dem Button rechts daneben können Sie über die Option Speichern als einen sinnvolleren Namen definieren. Im eigenen Kriterien-Set können Sie beliebige Kriterien hinzufügen und dann dafür Werte auswählen. Zuerst wählen Sie den Element-Typ, z.B. Wand.

Abb. 6.6: Bearbeiten|Suchen & aktivieren

Darunter werden dann weitere Kriterien gewählt und hinzugefügt. Mit den Schaltflächen Kriterium hinzufügen und Kriterium löschen können Sie weitere Kriterien zur Auswahl hinzufügen oder Kriterien wieder entfernen. Bei jedem Kriterium gibt es eine Wertzuweisung, meist ein Gleichheitszeichen, aber es kann auch ein Kleiner- oder Größer-Zeichen sein. Zu jedem Kriterium können Sie rechts daneben dann den Wert auswählen.

Die Schaltfläche mit der *Pipette* wird benutzt, um einzelne *Kriterien* von einem Element per Mausklick *abzugreifen*. Mit dem Werkzeug mit der *Box* rechts daneben können Sie alle Kriterien eines angeklickten Elements übernehmen.

Die Schaltfläche mit dem Pluszeichen wählt dann die Objekte nach den Kriterien aus, die Schaltfläche mit dem Minuszeichen hebt die Auswahl wieder auf oder entfernt die Objekte aus einer bestehenden Auswahl.

Gehört ein gewähltes Element zu einer *Gruppe* und ist die GRUPPIERUNG in der STANDARD-Symbolleiste aktiviert, dann wird die komplette *Gruppe* gewählt.

6.2.6 Auswahlsets

Mit der Palette AUSWAHLEN, zu aktivieren mit dem Menü FENSTER|PALETTEN|AUSWAHLSETS, können Sie aus gewählten Objekten ein Auswahlset zusammenstellen und speichern. Zum Test wählen Sie einfach mit dem PFEIL-Werkzeug bzw. mit ⇧+PFEIL mehrere Objekte aus. Dann aktivieren Sie in der Palette AUSWAHLEN den kleinen Pfeil ▸ rechts oben, um die aktuelle Auswahl hinzuzufügen und dieser Auswahl einen Namen zu geben. Diese Auswahl können Sie nun benutzen, um bestehende Auswahlen über die drei Schaltflächen mit den Zeichen »x«, »-« und »+« zu manipulieren.

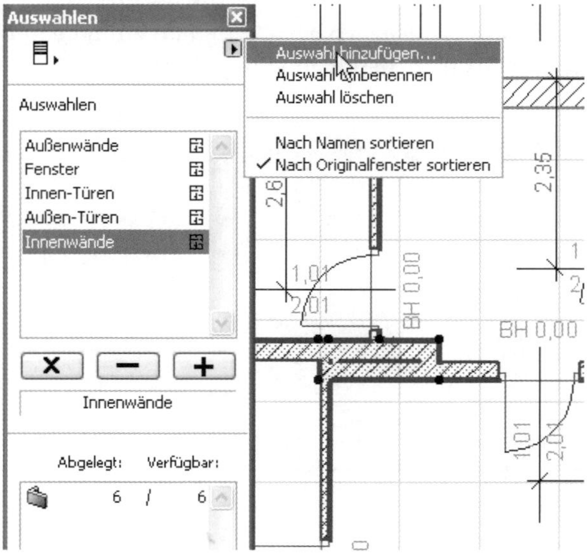

Abb. 6.7: Auswahlsets verwenden

x aktiviert in einer bestehenden Auswahl (Markierung) nur diejenigen Elemente, die auch in der oben markierten Auswahl vorkommen, und schaltet andere bereits gewählte ab. Man nennt das auch die Schnittmenge der beiden Auswahlen.

- schließt aus einer Auswahl diejenigen aus, die in der markierten Auswahl vorkommen. Das ist eine Art Differenzbildung.

\+ fügt zu einer aktuellen Auswahl noch die Objekte der markierten Auswahl hinzu. Das ist eine Summierung.

6.3 Direkt-Bearbeitung mit Pet-Paletten

Nach *Markieren* eines Elements und *nachfolgendem Anklicken* einer Kante oder eines Eckpunkts erscheinen die PET-PALETTEN und bieten Bearbeitungsbefehle an. Nach dem Klick auf eine *definierende Kante* wird als Standard-Bearbeitung das VERSCHIEBEN angeboten. Nach Klick auf einen *Eckpunkt* wird vorzugsweise die LÄNGENÄNDERUNG vorgegeben.

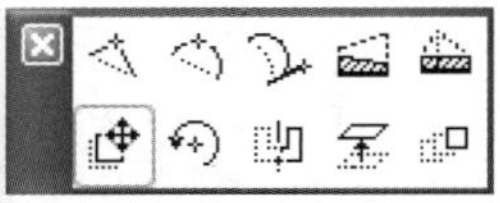

Abb. 6.8: PET-PALETTE nach Markieren eines Elements

Folgende Optionen sind in der oberen Reihe der PET-PALETTE enthalten:

- NEUEN KNOTENPUNKT EINFÜGEN fügt einen neuen Endpunkt ein und macht damit aus einem Segment zwei.
- KANTE ABRUNDEN wandelt eine geradlinige Kante in eine gewölbte um und verlangt dazu einen weiteren Punkt auf dem neuen Bogen.
- SEGMENT MIT DER TANGENTE wandelt eine geradlinige Kante in eine gewölbte um und verlangt dazu einen weiteren Punkt, der die Tangentenrichtung im Bogenstartpunkt definiert.
- KONTUR EINER TRAPEZWAND VERÄNDERN wandelt eine normale Wand in eine Trapezwand (mit trapezförmigem Grundriss) um oder ändert den Grundriss einer Trapezwand und verlangt dazu einen Punkt, der den neuen Verlauf der Innenwand definiert.
- NEUEN PUNKT IN TRAPEZWAND EINFÜGEN wandelt ein normales Wand- oder Trapezwandsegment in eine Trapezwand mit zwei Segmenten um und braucht dafür eine weitere Position auf der Innenseite.

In der unteren Reihe liegen:

- VERSCHIEBEN verschiebt auf eine neue Punktposition.
- DREHEN verlangt drei Punkteingaben: einen Drehpunkt, einen Punkt für den Anfangswinkel und einen weiteren für den Endwinkel.
- SPIEGELN spiegelt an einer Spiegelachse, die über zwei Punkte definiert wird.

- HÖHENVERSCHIEBUNG verschiebt gewählte Objekte um den eingegebenen Höhenwert. Optional können Sie wählen, ob die Elemente dann je nach Höhe dem entsprechenden Geschoss zugeordnet werden sollen: URSPRUNGSGESCHOSS NACH HÖHENWERT FESTLEGEN.
- MULTIPLIZIEREN erzeugt eine Vervielfachung der Elemente auf verschiedene Arten (Abbildung 6.25):
  - VERSCHIEBEN verschiebt in der Ebene über zwei Punktpositionen.
  - DREHEN dreht um einen Drehpunkt über Angabe von Anfangswinkel und Endwinkel.
  - HÖHENVERSCHIEBUNG verschiebt in der Höhe um den angegebenen Abstand.
  - MATRIX bewirkt eine Verschiebung in x- und y-Richtung um Abstände, die durch zwei Punkte angegeben werden und einen dritten Punkt senkrecht dazu.
  - Bei jeder Aktion kann auch zusätzlich eine Verschiebung in der Höhe dazu angegeben werden. Es gibt verschiedene Optionen zur Angabe der Anzahl, des Gesamtabstandes und des Einzelabstandes. Insgesamt sind damit eine große Zahl regelmäßiger Anordnungen möglich.

In Abbildung 6.9 sehen Sie die Funktionen der PET-PALETTE bei *Klick auf einen Eckpunkt.*

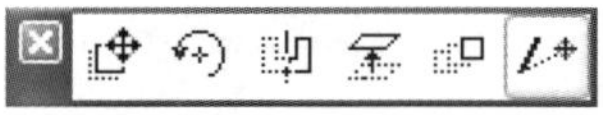

Abb. 6.9: PET-PALETTE für markiertes Element nach Klick auf Eckpunkt

Hier erscheint noch eine neue Operation am rechten Ende:

- LÄNGENÄNDERUNG ermöglicht die Änderung der markierten Position in Richtung und Entfernung über Wahl eines neuen Endpunkts.

Weitere Bearbeitungen erscheinen bei anderen Elementen wie *verbundenen Elementen* oder *Kreisen, Ellipsen, Splines* und *Polylinien.* Die PET-PALETTEN sind immer abhängig vom Element-Typ und vom angeklickten Detail des Elements. Etliche werden im folgenden Abschnitt detailliert beschrieben.

6.4 Elemente bearbeiten

Die Bearbeitung ist gemäß dem Charakter des Programms wieder sehr intuitiv möglich. Dazu wird *zunächst* das betreffende Element durch Anklicken *markiert.* Dann gibt es verschiedene Vorgehensweisen, eine bestimmte Bearbeitung zu wählen:

- Klicken und direktes Ziehen mit der Maus
- Klicken und Funktionen der PET-PALETTEN verwenden
- Kontextmenü verwenden (über Rechtsklick)
- BEARBEITEN-Menü
- Tastaturkürzel
- Symbolleiste ELEMENTE BEARBEITEN
- Symbolleiste ELEMENTE ANORDNEN

6.4.1 Direktes Ziehen mit der Maus

Wenn Sie das *Element* mit Klick *markiert* haben und dann auf einer *Kante* anklicken, ist die Funktion VERSCHIEBEN vorgewählt, und Sie können mit dem Cursor sofort die neue Position für die Verschiebung des Elements eingeben oder die Position in den *Tracker* eingeben oder auch den Abstand spezifizieren.

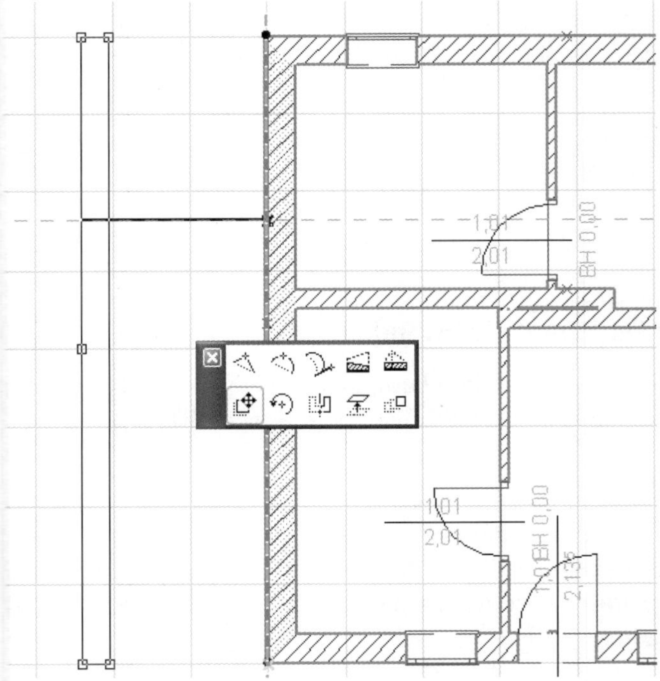

Abb. 6.10: Verschieben einer Wand

Wenn Sie einen Eckpunkt angeklickt haben, wird die Funktion LÄNGENÄNDERUNG automatisch aktiviert. Sie geben dann die neue Position für diese Ecke an. Die andere Ecke bleibt erhalten. Dadurch wird das Objekt gestreckt oder zusammengeschoben.

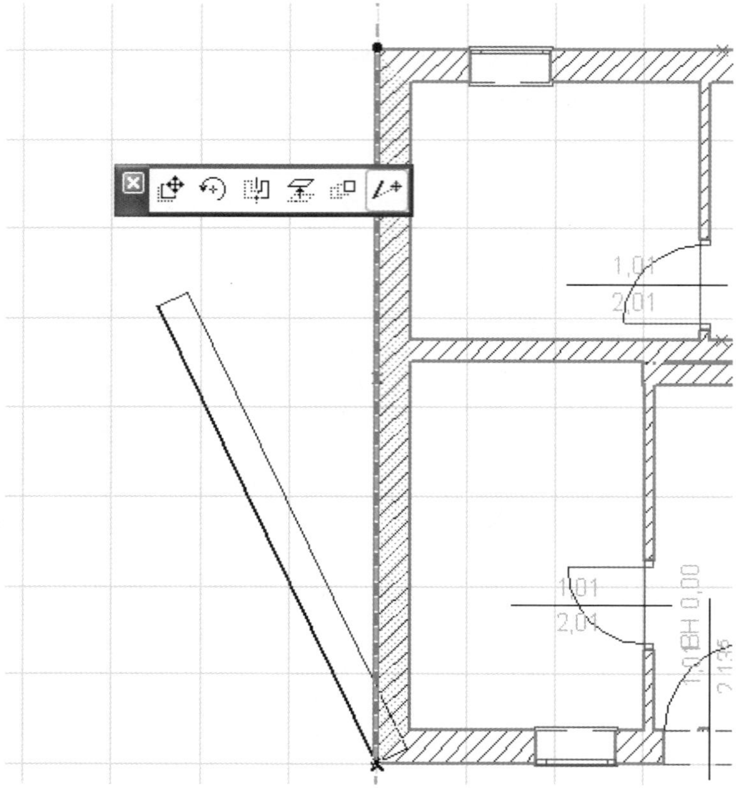

Abb. 6.11: Längenänderung

6.4.2 Funktionen der Pet-Paletten verwenden

Die PET-PALETTEN brauchen Sie, um andere Funktionen als die auszuwählen, die automatisch nach dem zweiten Anklicken des Elements aktiviert werden.

Neuen Knotenpunkt einfügen

Hiermit wird in einer Wand oder in einer Linie ein neuer Eckpunkt mit den Koordinaten erzeugt, die Sie hier eingeben. Zum Positionieren stehen Ihnen natürlich alle oben bereits vorgestellten Koordinateneingaben inklusive Hilfslinien und Fangpositionen zur Verfügung.

Tipp

Tipp: Wenn Sie Wände mit der Geometriemethode POLY erstellt haben, müssen Sie mit BEARBEITEN|GRUPPIEREN|GRUPPIERUNG AUSSETZEN die Gruppierung aufheben, um Bearbeitungen für einzelne Wandteile zu ermöglichen. Erst dann erhalten Sie auch die PET-PALETTE für Einzelbearbeitung.

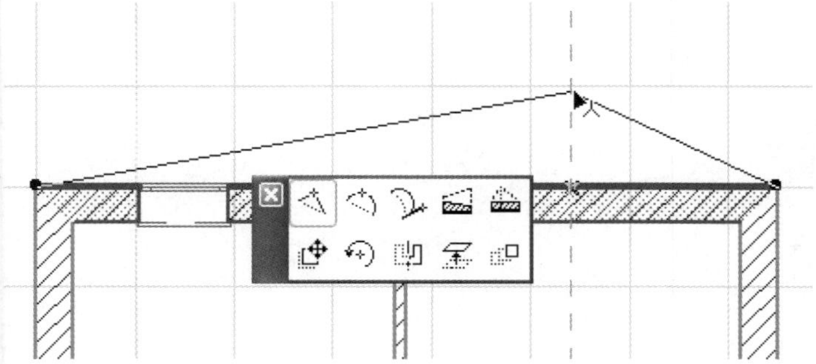

Abb. 6.12: Wand mit neuem Eckpunkt

Kante abrunden

Diese Funktion macht aus einer Linie oder einer geradlinigen Wand ein *gebogenes Element*. Die Cursorposition liegt *auf* dem Bogen und bestimmt damit dessen Krümmung. Elemente wie Fenster oder Türen können entlang der neuen Wand mit den alten Abständen erscheinen oder proportional positioniert werden.

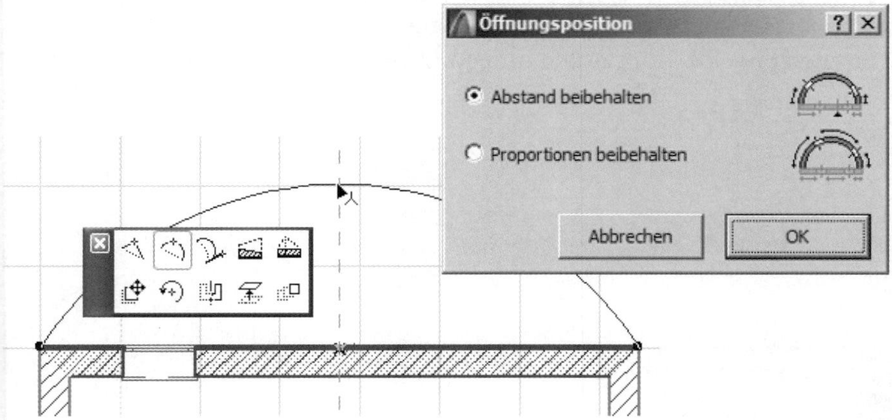

Abb. 6.13: Gebogene Wand erstellen

Sie können die Krümmung mit der Funktion SEGMENT MIT TANGENTE wieder zurücknehmen, indem Sie die Tangente des gebogenen Objekts zum anderen Endpunkt hin ziehen.

Segment mit der Tangente

Diese Option bestimmt für ein gebogenes Objekt die Tangentenrichtung im nächstliegenden Endpunkt. Sie kann auch verwendet werden, um ein geradliniges Objekt erst in einen Bogen umzuwandeln.

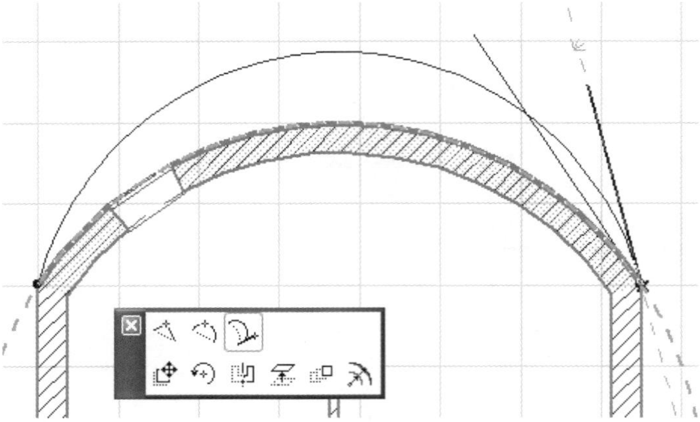

Abb. 6.14: Tangentenrichtung bestimmen

Kontur einer Trapezwand verändern

Diese Funktion ist nur für normale Wände und solche vom Typ *Trapezwand* sinnvoll. Trapezwände werden mit der Geometriemethode TRAPEZ (in der Info-Palette WAND vorm Erstellen wählen) erzeugt und besitzen unterschiedliche Wandstärken an beiden Enden. Wenn Sie damit eine normale geradlinige Wand bearbeiten, wird sie zuerst in eine Trapezwand umgewandelt.

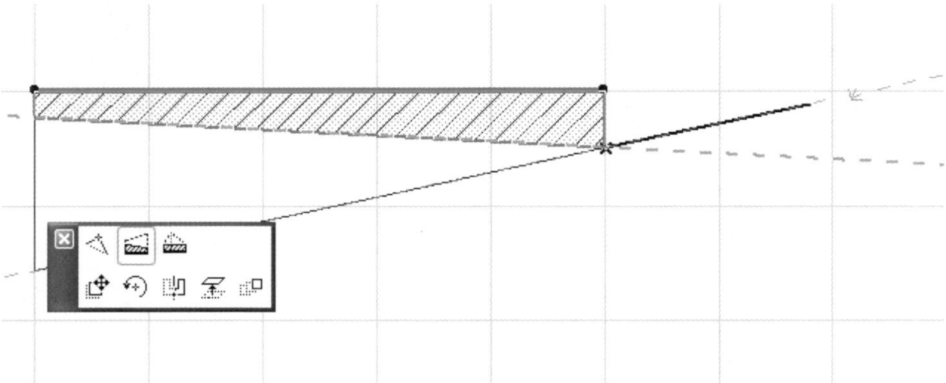

Abb. 6.15: Trapezwand

Nach Anklicken der definierenden Linie können Sie diese Funktion wählen, dann einen Eckpunkt der Innenwand wählen und die Richtung für die Wandlinie über einen zweiten Punkt festlegen. Die betreffende Wandlinie wird dann gedreht.

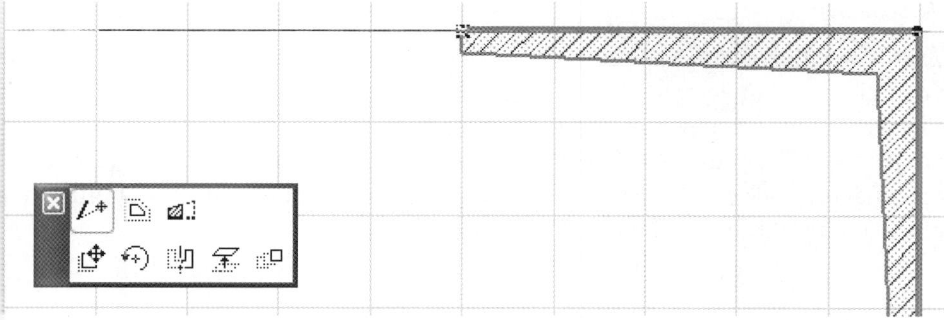

Abb. 6.16: Längenänderung bei Trapezwand

Neuen Punkt in Trapezwand einfügen

Diese Funktion ist auch wie oben nur für normale Wände oder solche vom Typ *Trapezwand* aktiv. Normale Wände werden wieder in Trapezwände umgewandelt. Durch den angegebenen Punkt wird das Wandstück in zwei Teile unterteilt und außerdem definiert der Punkt die Wandstärke an der gewählten Position.

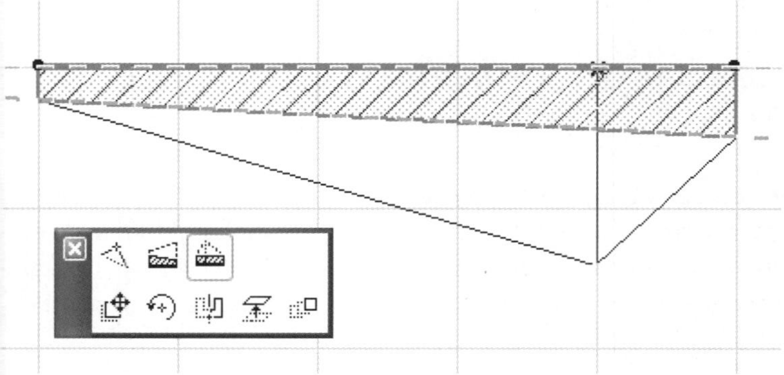

Abb. 6.17: Punkt zu Trapezwand hinzufügen

6.5 Standard-Transformationen

Die Standard-Transformationen sind für fast alle Elemente verfügbar: VERSCHIEBEN, DREHEN, SPIEGELN, HÖHENVERSCHIEBUNG, LÄNGENÄNDERUNG, MULTIPLIZIEREN.

Kopien bearbeiten

Sie können diese Funktionen auch auf die *Kopien* dieser Elemente ausführen, wenn Sie nach Markieren der Objekte die Strg-Taste einmal drücken. Dann erscheint am Cursorsymbol ein *Pluszeichen* als Hinweis, dass eine Kopie erstellt wird und das Original so erhalten bleibt.

Verschieben

Zum Verschieben von Elementen brauchen Sie diese nur mit der Schnellauswahl anzuklicken, beim letzten Element dann die Maustaste gedrückt zu halten und das Element so zu verschieben. Sie können aber auch [Strg]+[E] als Tastaturkürzel eingeben oder BEARBEITEN|BEWEGEN|VERSCHIEBEN wählen, wenn Sie Objekte markiert haben und verschieben wollen. Sie geben dann einen Ausgangspunkt und einen Endpunkt für die Verschiebung an.

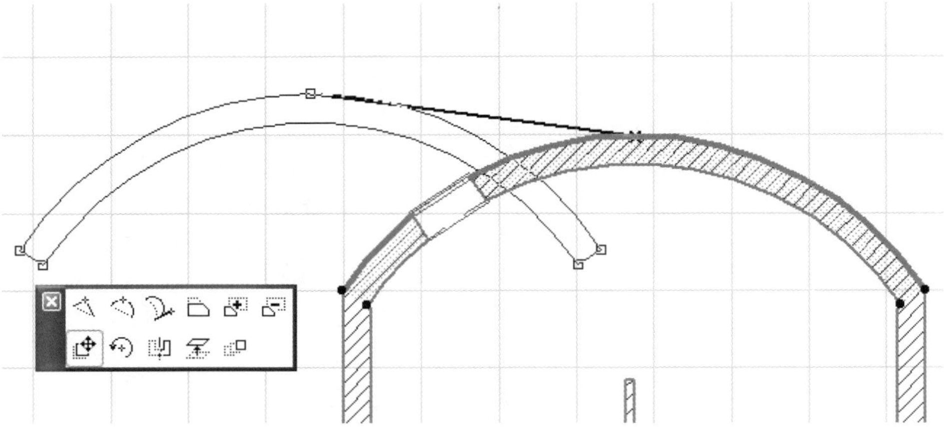

Abb. 6.18: Verschieben

Gruppierte Objekte werden zusammen verschoben. Um Elemente zu gruppieren, müssen Sie diese markieren und BEARBEITEN|GRUPPIEREN wählen. Mit dem Werkzeug GRUPPIERUNG AUSSETZEN aus der STANDARD-Symbolleiste wird eine Gruppierung zeitweilig ausgeschaltet, kann aber auch wieder eingeschaltet werden.

Drehen

Wenn Sie BEARBEITEN|BEWEGEN|DREHEN oder [Strg]+[D] wählen, müssen Sie einen Drehpunkt wählen und dann einen Startwinkel und einen Endwinkel der Drehung angeben.

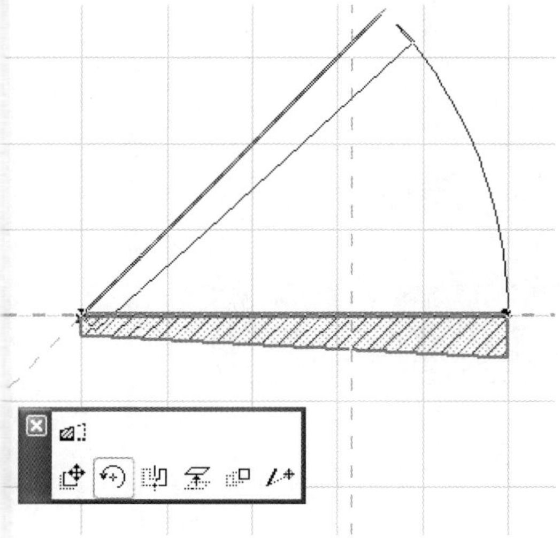

Abb. 6.19: Drehen

Spiegeln

Wenn Sie BEARBEITEN|BEWEGEN|SPIEGELN oder Strg+M wählen, müssen Sie zwei Punkte für eine Spiegelachse wählen, an der die Objekte unmittelbar gespiegelt werden. Bei Elementen wie Texten, Bemaßungen und Pfeilspitzen wird zwar das Element selbst gespiegelt, aber die Elemente behalten ihre Ausrichtung bei. Es entsteht also keine Spiegelschrift. Raumstempel können nicht gespiegelt werden.

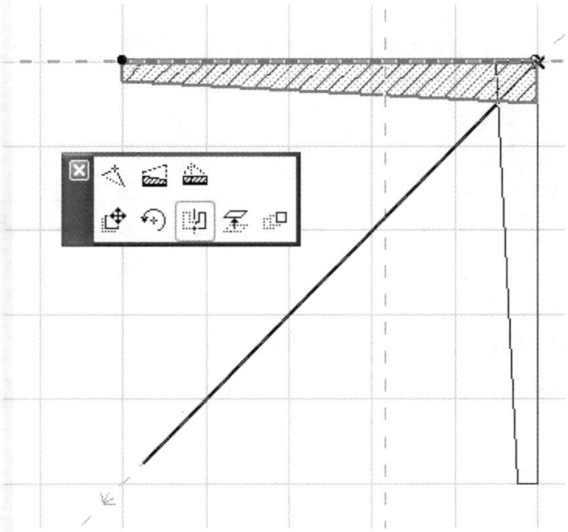

Abb. 6.20: Spiegeln

Höhenverschiebung/Vertikal verschieben

Mit dieser Funktion können Sie ein oder mehrere Elemente wählen und die neue Bezugshöhe in einem Dialogfenster eingeben.

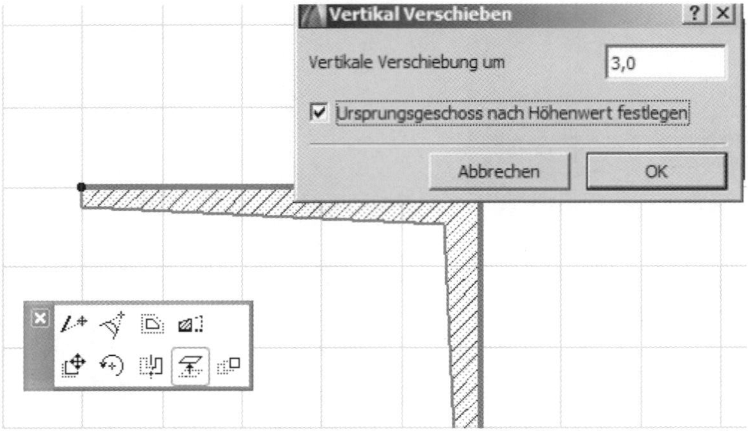

Abb. 6.21: Höhenverschiebung

Längenänderung

Zum *Ändern der Größe* von Elementen gibt es drei Arten von Operationen: SPLITTEN, LÄNGENÄNDERUNG und ANPASSUNG. Die einfachste Operation ist die LÄNGENÄNDERUNG. Die PET-PALETTEN bieten da bei verschiedenen Elementen unterschiedlichste Optionen.

- *Wände* Bei Wänden geschieht die Längenänderung ganz intuitiv durch Verschieben eines Eckpunkts.
- *Geneigte Wände, Stützen* Geneigte Wände und Stützen haben ähnliche Optionen zur Längenänderung (eine geneigte Wand entsteht mit dem WAND-Werkzeug, wenn Sie im EINSTELLUNGSDIALOG die Wandform GENEIGT wählen). Sie sind aber nicht alle im 2D-Modus verfügbar. Um alle Optionen zu erhalten, müssen Sie über die NAVIGATOR-Palette in den 3D-MODUS wechseln, am besten in die ALLGEMEINE AXONOMETRIE.
  - WINKEL ÄNDERN verändert den Neigungswinkel des Elements durch Wahl entsprechender Zielpunkte für den gewählten Eckpunkt bei gleichem z-Wert.
  - GENEIGTE HÖHE ÄNDERN variiert die Höhe unter Beibehaltung des Neigungswinkels.
  - HÖHE STRECKEN verschiebt die obere Fläche der Wand oder Stütze in z-Richtung, also senkrecht zur Konstruktionsebene. Dabei ändert sich der Neigungswinkel, aber die Projektion auf die xy-Ebene bleibt gleich.

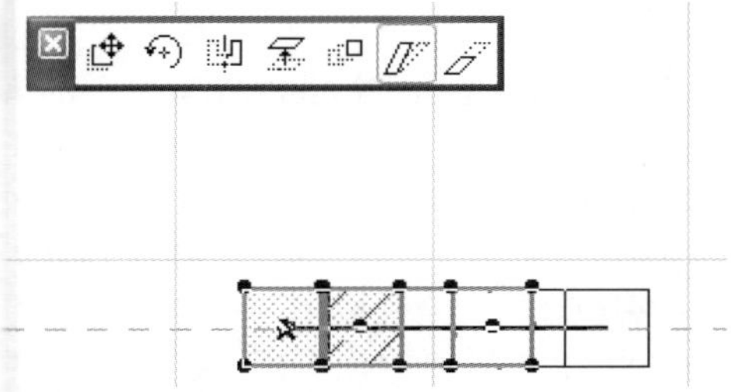

Abb. 6.22: WINKEL ÄNDERN bei Stütze in der Grundrissansicht

- *Unterzüge* Auch bei Unterzügen gibt es die volle Palette der Optionen erst im 3D-Modus:
  - LÄNGE STRECKEN ermöglicht die Eingabe der neuen Gesamtlänge oder einer neuen Punktposition für den Eckpunkt.
  - PROFIL HORIZONTAL STRECKEN erlaubt die Eingabe einer neuen Gesamtbreite oder einer Punktposition, wobei symmetrisch zur Mittellinie verbreitert wird..
  - PROFIL VERTIKAL STRECKEN verlangt einen neuen Wert für die Balkenhöhe oder einen Punkt. Dabei bleibt die Balkenfläche gegenüber dem gewählten Punkt fixiert.
- *Stützen* Bei Stützen unterscheiden sich die Optionen je nachdem, ob der Mittelpunkt oder ein Eckpunkt oben oder unten gewählt wurde.
  - LÄNGE BEI FESTEN WINKELN ÄNDERN variiert die Höhe bei unverändertem Neigungswinkel.
  - WINKEL ÄNDERN und HÖHE STRECKEN wirken wie bei den Wänden.
  - PROFIL DREHEN dreht das Profil um die Achse.
  - PROFIL STRECKEN gibt es für die Verbreiterung in Richtung beider Seitenflächen.

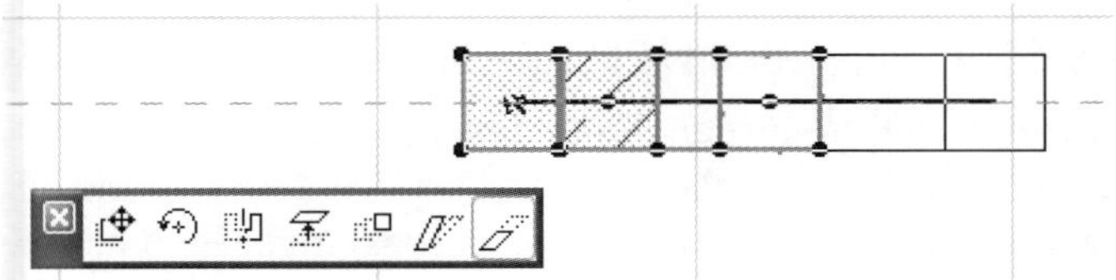

Abb. 6.23: GENEIGTE HÖHE ÄNDERN bei Stütze

- *Komplizierte Profil-Elemente* Spezielle Streck- und Dehn-Optionen werden für Profile angeboten. Das sind Wände, die im EINSTELLUNGSDIALOG mit der WANDFORM PROFILE versehen wurden und für die dann unter STRUKTUR ein Profil gewählt wurde.

Multiplizieren

Die Funktion MULTIPLIZIEREN dient zum Erstellen regelmäßiger Anordnungen von Elementen. Dabei kann es sich um lineare Anordnungen, kreisförmige Anordnungen oder Anordnungen in Form einer Matrix handeln. Die lineare Anordnung kann eine normale Verschiebung in der xy-Ebene oder in der Höhe, also in z-Richtung sein. Bei der Matrix-Anordnung sind Sie nicht auf eine rechtwinklige Struktur beschränkt, sondern können die beiden Richtungen für die Matrix-Zeilen und -Spalten angeben.

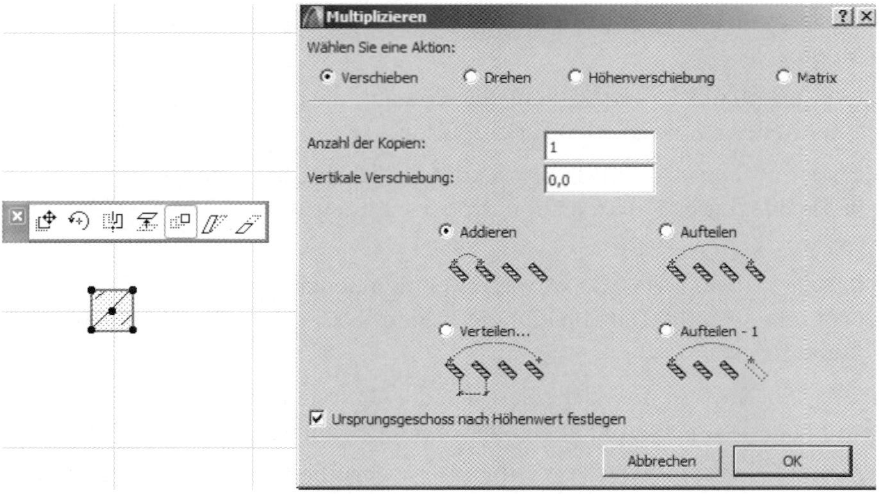

Abb. 6.24: Dialogfeld MULTIPLIZIEREN

Die Ausdehnung der Anordnung wird typischerweise durch die ANZAHL DER KOPIEN und dann einen *Referenzpunkt* und einen *zweiten Punkt* festgelegt. Wenn Sie eine VERTIKALE VERSCHIEBUNG angeben, dann werden die neuen Elemente jeweils um diesen Betrag zusätzlich in der Höhe verschoben und landen – eventuell unsichtbar – auf anderen Geschossen. Es gibt vier verschiedene Verfahren, in welcher Art und Weise *Referenzpunkt* und *zweiter Punkt* das Muster definieren:

- ADDIEREN Die beiden Punkte definieren den *Abstand* zwischen den beiden *ersten Kopien*. Die übrigen Kopien folgen im gleichen Abstand und werden während der Aktion dynamisch angezeigt. Wenn Sie für die *Anzahl* also **4** eingegeben haben, erhalten Sie zusätzlich *zum vorhandenen Element* eben noch diese *vier Kopien*.
- AUFTEILEN Die beiden Punkte definieren den *Abstand* zwischen der *ersten* und der letzten *Kopie*. Die übrigen Kopien werden in gleichmäßigen Abständen dazwischengelegt. Sie erhalten also bei *Anzahl* **4** hier dann *vier neue Elemente*.
- VERTEILEN Hierbei geben Sie nicht die Anzahl an, sondern den gewünschten *Abstand* zwischen zwei Elementen. Der Referenzpunkt und der zweite Punkt

definieren dann den *auszufüllenden Bereich*. Es werden also *so viele Kopien* erzeugt, wie bei dem gewählten Abstand zwischen Referenzpunkt und zweiten Punkt passen.

- AUFTEILEN-1 Die beiden Punkte definieren wie bei AUFTEILEN den *Abstand* zwischen der *ersten* und der letzten *Kopie*. Die gewünschte Anzahl Kopien wird in gleichmäßigen Abständen dazwischengelegt. Sie erhalten also bei *Anzahl* **4** hier dann mit dem letzten durch den zweiten Punkt bestimmten Element insgesamt *fünf neue Elemente*.

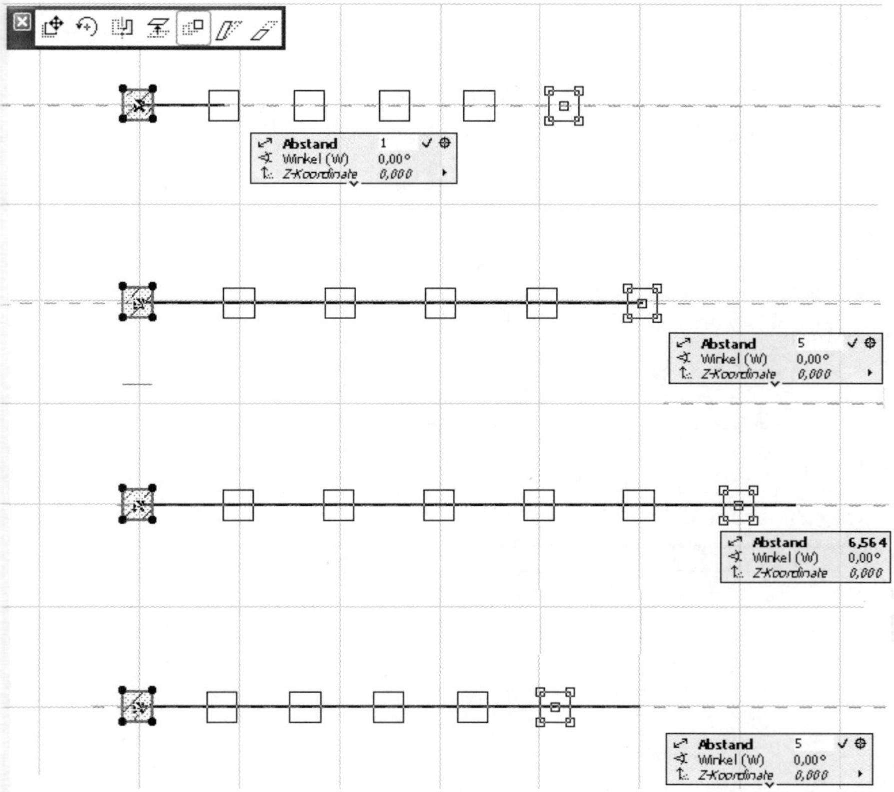

Abb. 6.25: MULTIPLIZIEREN mit Option VERSCHIEBEN und den Methoden ADDIEREN, AUFTEILEN, VERTEILEN und AUFTEILEN-1

6.6 Anpassungsoperationen

Trimmen

Elemente wie Wände, Unterzüge, Linien, Kreise, Bögen, Polylinien oder Splines können Sie trimmen. Das bedeutet, dass Sie Teile aus diesen Elementen bis zum nächsten Schnittpunkt mit einem anderen Element herausschneiden können.

Dazu wählen Sie zuerst mit einem Klick das Element aus. Dann wählen Sie BEARBEITEN|VERÄNDERN|TRIMMEN oder drücken einfach `Strg`. Das SCHERE-Werkzeug erscheint. Wenn die Schere geschwärzt aussieht, sitzen Sie richtig auf dem Element bzw. der Kante des Elements und die Schere ist scharf. Nun klicken Sie, und sofort wird das Stück herausgeschnitten.

Sie können natürlich auch das Werkzeug TRIMMEN aus dem Werkzeugkasten STANDARD wählen oder auch ganz ohne Werkzeug einfach an der richtigen Position mit `Strg` klicken.

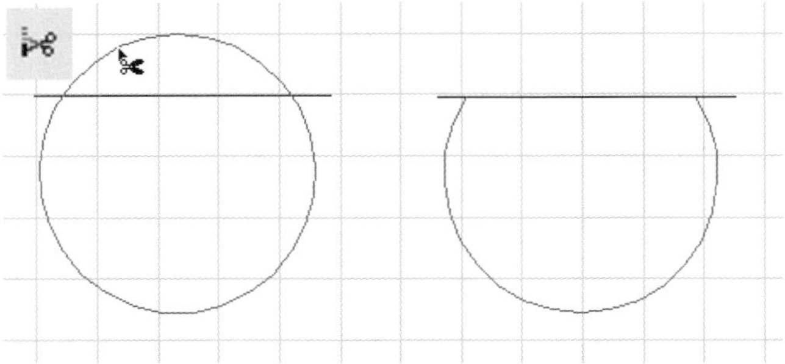

Abb. 6.26: Trimmen

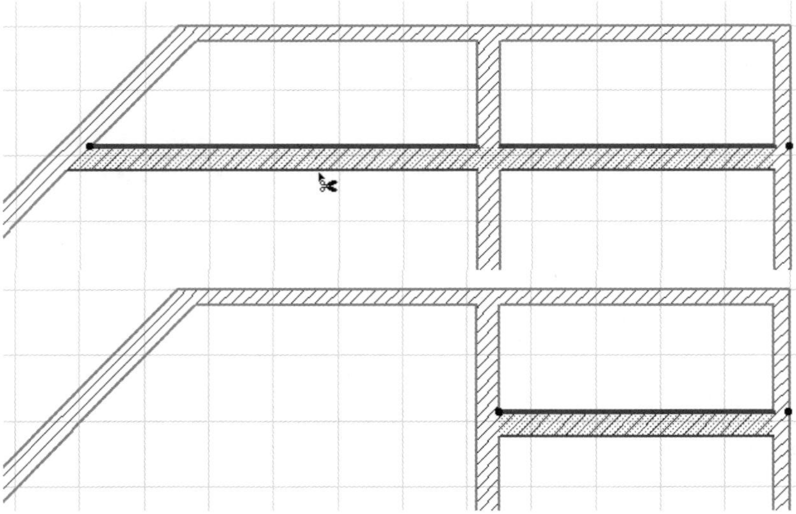

Abb. 6.27: Trimmen von Wänden

Tipp

Gruppierte Elemente können nicht getrimmt werden. Dafür müssen Sie zuerst in der STANDARD-Symbolleiste die Schaltfläche GRUPPIEREN AUSSETZEN wählen.

Anpassen/Trimmen

Zum Anpassen von Wänden an Dächer oder Schalen verwenden Sie am besten das *Kontextmenü*. Voraussetzung ist, dass die Wand zunächst über Dach oder Schale hinausragt. Dazu wäre sie ggf. in der Höhe zu verlängern. Dann markieren Sie die Wand, wählen mit Rechtsklick das Kontextmenü und dort die Option VERBINDEN|ELEMENTE MIT DACH/SCHALE TRIMMEN und markieren das Dach. Danach müssen Sie noch anklicken, was übrig bleiben soll. Das ist natürlich die untere Wandpartie. Wenn die Wände ursprünglich als Rechteck erzeugt wurden, dann bilden sie eine Gruppe. Sie können dann auch die komplette Gruppe wählen und über die ELEMENTEIGENSCHAFTEN mit einer genügend hohen Oberkante versehen, um dann die komplette Gruppe zu trimmen.

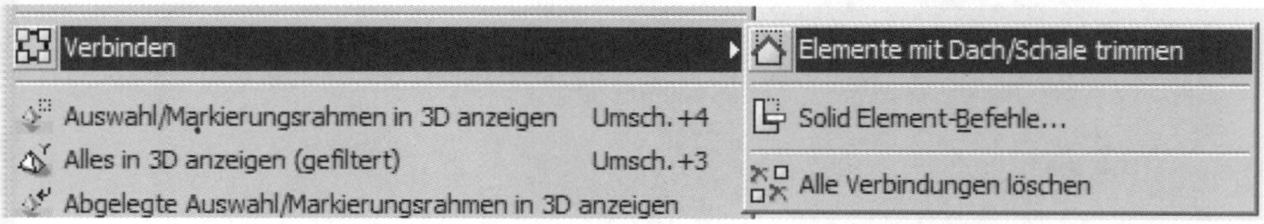

Abb. 6.28: Kontextmenü mit Funktion zum Trimmen von Wänden

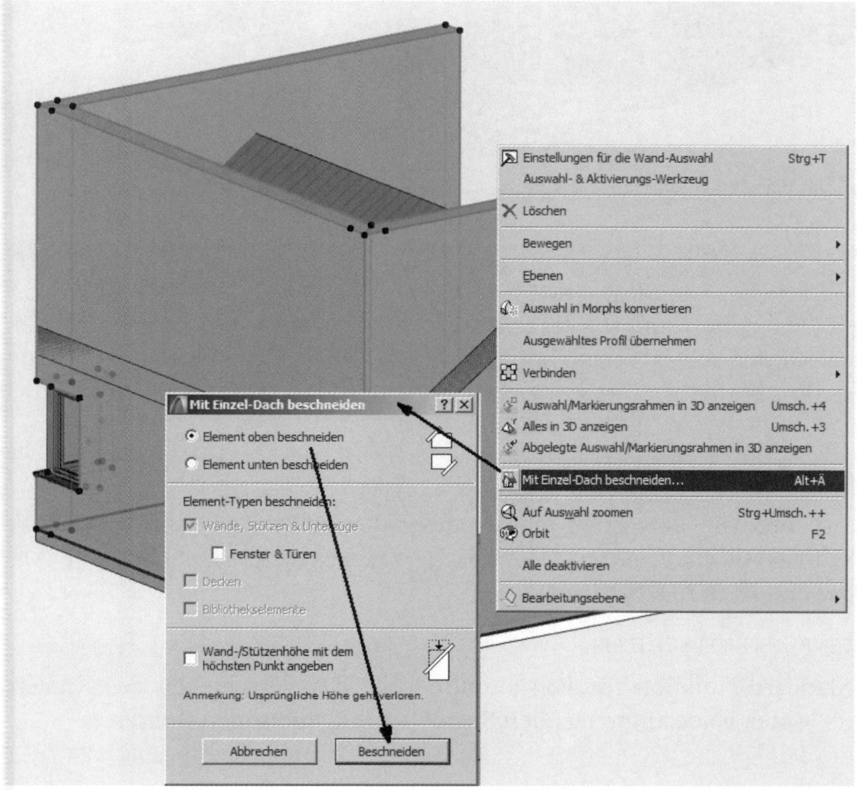

Abb. 6.29: Kontextmenü MIT EINZEL-DACH BESCHNEIDEN

Wenn ein Dach aus zwei Hälften besteht, wählen Sie zuerst die über die Dächer erhöhten Wände und dann im Kontextmenü (Abbildung 6.29) die Funktion MIT EINZEL-DACH BESCHNEIDEN und aktivieren ELEMENT OBEN BESCHNEIDEN (Abbildung 6.30).

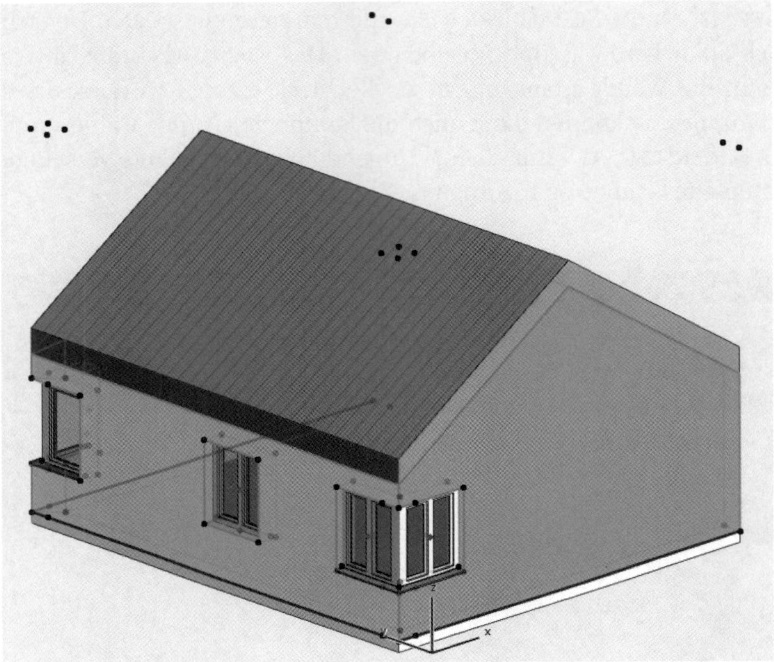

Abb. 6.30: Alle Wände an zwei Einzeldächern getrimmt

Tipp

Wenn eine einzelne Wand aus einer geschlossenen Wandkontur verlängert und angepasst werden soll, ist es ggf. nötig, sie aus der Wand-Gruppierung herauszunehmen mit BEARBEITEN|GRUPPIEREN|GRUPPIERUNG AUSSETZEN.

Polygone neu formen

Zum Bearbeiten von Polygonen gibt es außer den bekannten weitere *Pet-Werkzeuge*: KNOTENPUNKT VERSCHIEBEN, KANTE VERSETZEN, BENACHBARTE ECKEN ERWEITERN und ALLE KANTEN VERSETZEN.

- KNOTENPUNKT VERSCHIEBEN

  Die Standard-Funktion für Polygonpunkte ist das Verschieben des Knotenpunkts, wobei beide angrenzenden Segmente mitgenommen werden.

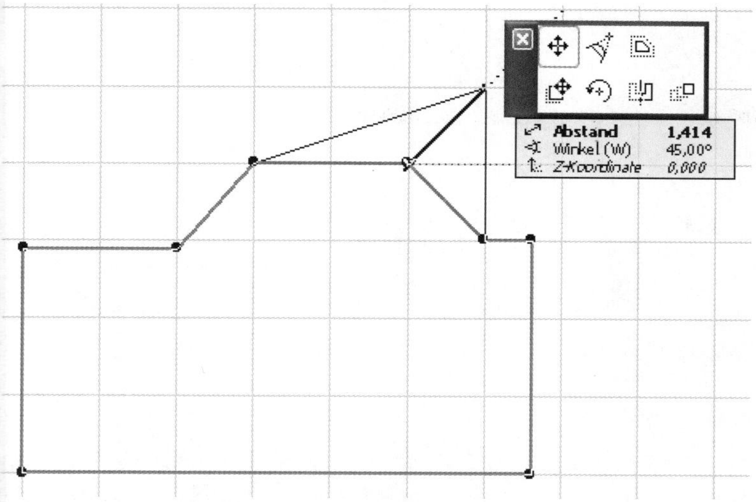

Abb. 6.31: Knotenpunkt verschieben

- KANTE VERSETZEN

  Mit dieser Funktion verschieben Sie eine Kante einzeln parallel. Die angrenzenden Kanten bleiben in ihrer Richtung erhalten, werden aber entsprechend verkürzt oder gedehnt.

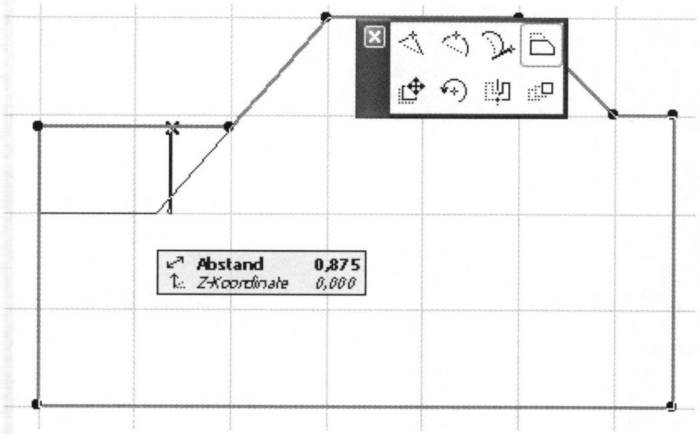

Abb. 6.32: Kante versetzen

- BENACHBARTE ECKEN ERWEITERN

  Hierbei wird das markierte Segment entfernt und die benachbarten Kanten so weit verlängert, bis durch ihren Schnittpunkt das Polygon wieder geschlossen wird. Diese Funktion wird aber nur für solche Kanten angeboten, bei denen die Nachbar-Kanten in ihrer Verlängerung aufeinander zulaufen und die Funktion Erfolg verspricht.

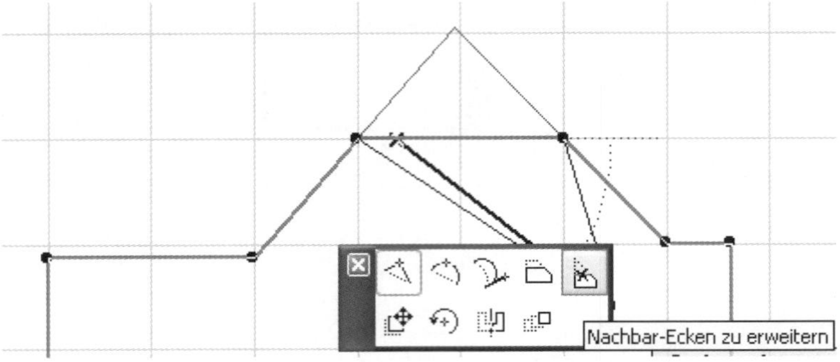

Abb. 6.33: Verlängerung der benachbarten Kanten zum Schließen des Polygons

- ALLE KANTEN VERSETZEN

  Mit dem Pet-Werkzeug ALLE KANTEN VERSETZEN wird ein gesamtes Polygon mit allen Segmenten im Stück parallel nach innen oder außen versetzt. Der Abstand wird angegeben oder durch einen Zielpunkt bestimmt.

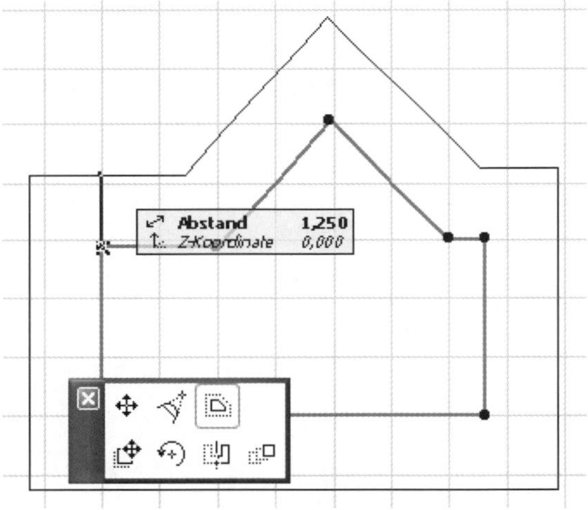

Abb. 6.34: Polygonaler Versatz

Polygonformen hinzufügen oder abziehen

Um ein polygonförmiges Element wie eine Decke mit einem weiteren zu ergänzen oder zu reduzieren, gehen Sie folgende Schritte:

- Markieren Sie das Element.
- Klicken Sie auf einen Eckpunkt oder Rand.
- In der PET-PALETTE wählen Sie eine der beiden Funktionen ZUM POLYGON HINZUFÜGEN oder VOM POLYGON ABZIEHEN.

- Zeichnen Sie nun den Umriss für die neue Polygonform mit mehreren Punkten.
- Beim Anfahren des Startpunkts als letztem Punkt erscheint der Hammer-Cursor, schließt die neue Polygonform und vollendet den Befehl.
- Die neue Polygonform wird damit automatisch der bestehenden Form hinzugefügt oder von ihr abgezogen.

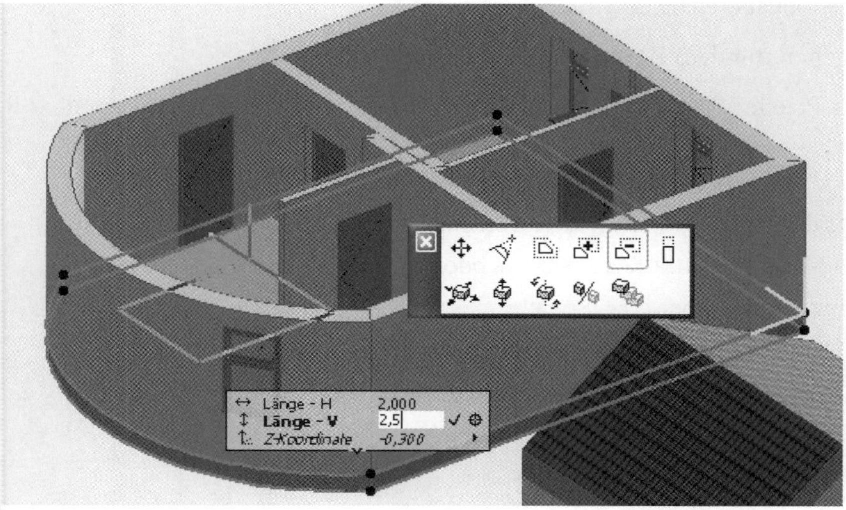

Abb. 6.35: Polygonform wird abgezogen

Aus diese Art und Weise können Sie *Deckendurchbrüche* für Treppen erzeugen.

Tipp

Wenn Sie polygonale Formen mit Bogensegmenten brauchen, können Sie diese nachträglich durch Umwandeln linearer Segmente über die PET-PALETTEN erzeugen.

6.7 Der Zauberstab

Der ZAUBERSTAB hat seinen Namen wohl zu Recht, denn damit können Sie alle möglichen Objekte zu bereits vorhandenen polygonalen Formen erstellen. Beispielsweise kann damit zu vorhandenen Wänden die Decke erstellt werden oder auch zu einem reinen Polygon- oder Linienzug. Diese polygonalen Formen dürfen für Dächer und Decken auch offen sein. Die fehlende Seite wird dann vom ZAUBERSTAB für das neue Element dann geradlinig ergänzt.

Der ZAUBERSTAB arbeitet so, dass Sie nur in den Bereich hineinklicken müssen und er dann von der Klickposition aus die Begrenzungen erkennt und das gewünschte Element wie Decke, Unterzug oder Wand nach der gefundenen Begrenzung erstellt.

Der ZAUBERSTAB erkennt viele Elemente: Wände, Unterzüge, Decken, Dächer, Schraffuren, Freiflächen, Linien, Bögen, Polylinien und Splines. Er kann auch Elemente aus anderen Geschossen oder gesperrte Elemente oder Elemente außerhalb des Arbeitsbereichs erkennen.

Das Vorgehen mit dem ZAUBERSTAB läuft folgendermaßen:

- In der Palette WERKZEUGKASTEN wählen Sie das zu erzeugende Element, z.B. WAND, aus.
- Dann aktivieren Sie den ZAUBERSTAB entweder
  - aus der Palette KONTROLLFENSTER oder
  - im Menü PLANUNG|ZAUBERSTAB oder
  - ganz einfach über [Leertaste].
- Nun klicken Sie in die Kontur hinein oder klicken sie an.
- Das Objekt wird unmittelbar erstellt.

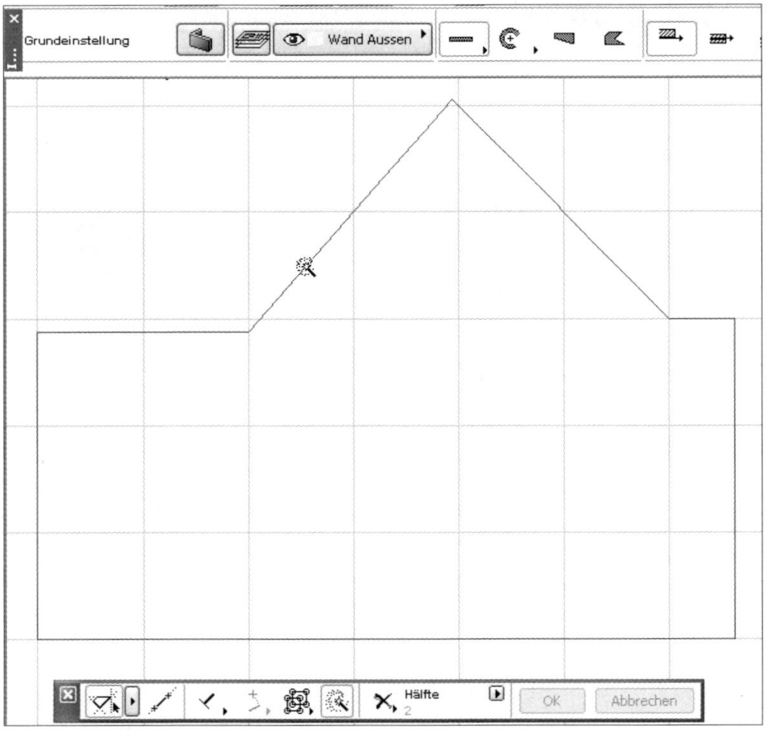

Abb. 6.36: Wand wird aus Polygon erstellt.

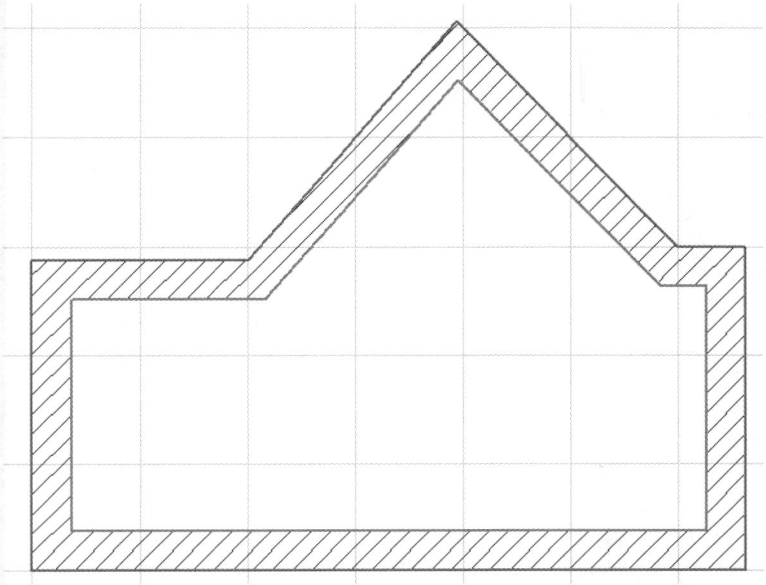

Abb. 6.37: Fertige Wand

Tipp

Die Objekte werden mit dem ZAUBERSTAB manchmal so schnell erstellt, dass man es kaum merkt. Gerade bei der Erstellung von Decken, deren Umriss ja unter der vorgegebenen Geometrie liegt, läuft das ganz unmerklich ab. Danach erscheint dann in der Statusanzeige sofort wieder die Anfrage nach dem ersten Punkt für die nächste Decke. Oft meint man deshalb, die Erstellung hätte nicht geklappt.

Der ZAUBERSTAB wählt standardmäßig ausgehend vom angeklickten Punkt die nächstliegenden Begrenzungsobjekte. Sie können die Auswahl möglicher Grenzobjekte aber noch verfeinern, indem Sie vorher die möglichen Begrenzungsobjekte markieren. Das Vorgehen sieht dann so aus:

- Sie erstellen eine Vorauswahl der Begrenzungsobjekte, indem Sie das erste anklicken und weitere mit ⇧ und Klick hinzufügen.
- Dann wählen Sie in der Palette WERKZEUGKASTEN den Elementtyp aus, der erstellt werden soll.
- Nun aktivieren Sie den ZAUBERSTAB aus der Palette KONTROLLFENSTER.
- Schließlich klicken Sie in die Kontur hinein. Der ZAUBERSTAB bildet nun die Begrenzung lediglich aus den vorgewählten Objekten.
- Das neue Element wird unmittelbar erstellt.

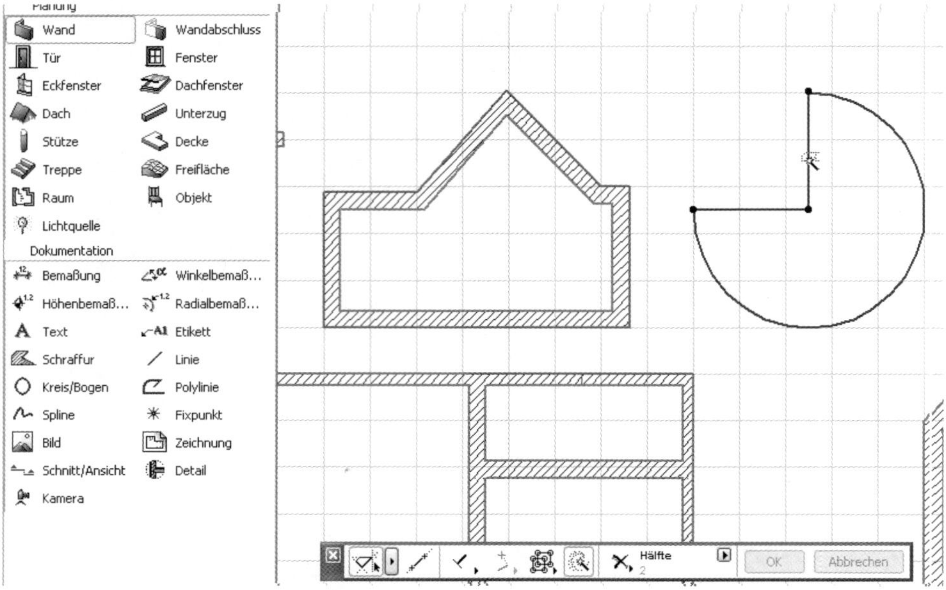

Abb. 6.38: ZAUBERSTAB mit vorgewählten Elementen

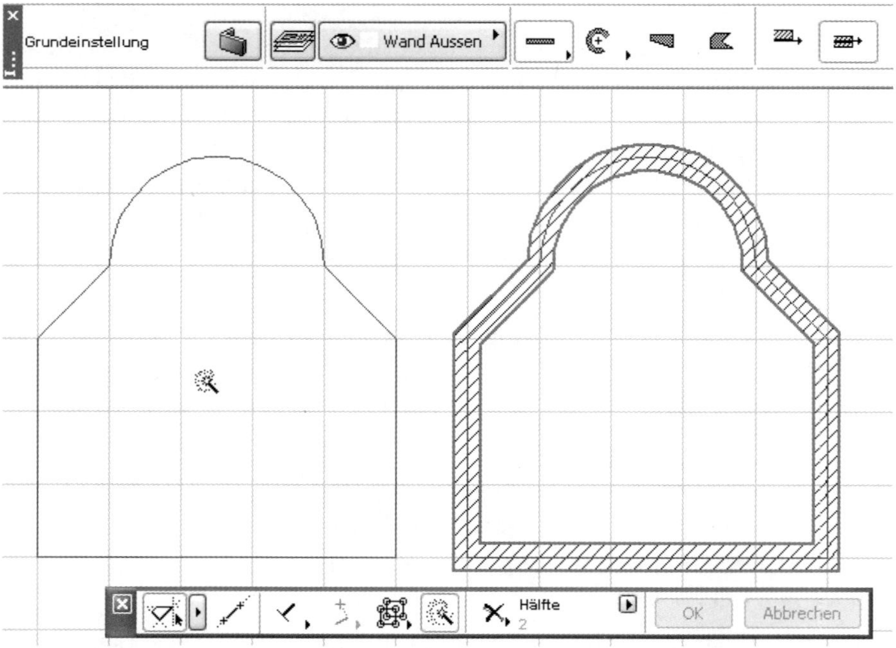

Abb. 6.39: ZAUBERSTAB bei automatischer Konturwahl

Tipp

Wenn Sie mit dem ZAUBERSTAB durch Hineinklicken Decken zu vorhandenen Wänden erstellen, wird immer die Innenkante der Wände verwendet. Wenn Sie umgekehrt zu einer vorhandenen Decke die Wände erstellen, wird die Konstruktionslinie der Wand auf die Kanten der Decke positioniert.

Sie können auch den ZAUBERSTAB verwenden, um direkt auf ein Konturobjekt zu klicken. Der ZAUBERSTAB sucht dann entlang der Kontur weitere anschließende Elemente, bis sie geschlossen ist oder bis Konturknoten auftreten, an denen die Fortsetzung nicht mehr eindeutig ist. Bei der Erzeugung von Wänden wird dort aufgehört, wo mehrdeutige Verzweigungen beginnen, bei Decken wird die innerste mögliche Kontur gewählt.

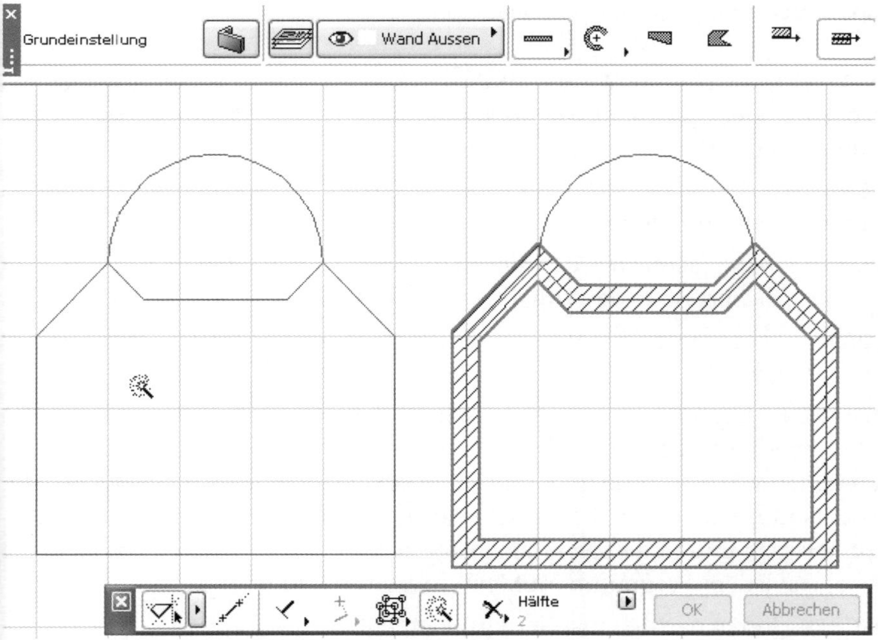

Abb. 6.40: ZAUBERSTAB bei automatischer Konturwahl mit Verzweigungen

6.8 Kontextmenü verwenden

Wenn Sie mit dem PFEIL-Werkzeug ein Element markiert haben, finden Sie nach einem Rechtsklick im Kontextmenü eine große Anzahl von Bearbeitungsfunktionen (Abbildung 6.41).

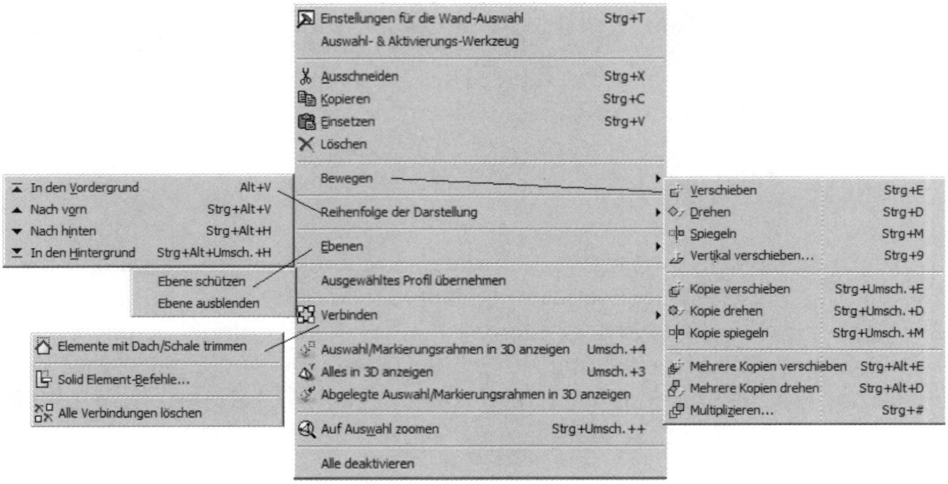

Abb. 6.41: Kontextmenü nach Markieren eines Elements

- EINSTELLUNGEN FÜR DIE WAND-AUSWAHL Das gibt das Einstellungsdialogfeld für das markierte Element. Damit können Sie also alle Parameter dieses Elements verändern.
- AUSWAHL- & AKTIVIERUNGS-WERKZEUG aktiviert das Werkzeug, das zu diesem Element gehört, um neue Elemente zu konstruieren.
- AUSSCHNEIDEN schneidet das(die) markierte(n) Element(e) aus der Ansicht aus und speichert sie in der Windows-Zwischenablage.
- KOPIEREN kopiert das(die) markierte(n) Element(e) aus der Ansicht und speichert sie in der Windows-Zwischenablage.
- EINSETZEN fügt den Inhalt der Zwischenablage in die Konstruktion ein. An dieser Stelle finden Sie je nach Umfang der Konstruktion auch noch weitere Funktionen wie AUSSCHNEIDEN und KOPIEREN, die Elemente entweder aus der Ansicht entfernen und in die Zwischenablage stellen oder Elemente in der Ansicht belassen und in die Zwischenablage kopieren. Dies sind Funktionen, die Sie bei fast jedem Programm im Menü BEARBEITEN finden.
- LÖSCHEN löscht das(die) markierte(n) Element(e).
- BEWEGEN Hier finden Sie die Funktionen de Menüs BEARBEITEN|BEWEGEN zum Verschieben, Drehen, Kopieren und Spiegeln von Elementen.
- REIHENFOLGE DER DARSTELLUNG Hierunter finden Sie Funktionen zur Steuerung der Anzeigereihenfolge. Dies ist besonders für Texte und Schraffuren interessant. IN DEN VORDERGRUND/HINTERGRUND setzt das Element ganz nach oben/unten in der Darstellung. NACH VORN/HINTEN schiebt das Objekt in der Anzeigereihenfolge um eine Stufe nach oben/unten.
- EBENEN Sie können hiermit die Ebene des markierten Elements schützen (gegen Änderungen) und wieder entsichern, oder auch ausblenden, d.h. unsichtbar machen.

- Ausgewähltes Profil übernehmen übernimmt das Profil des markierten Elements und startet den Profil-Manager, mit dem Sie das Profil in einem extra Fenster beliebig bearbeiten und als neues eigenes Profil speichern können.
- Verbinden Mit dieser Befehlsgruppe können Sie Volumenkörperaktionen wie das Trimmen von Wänden an Dächern durchführen. Auch lassen sich solche Volumenkörperaktionen wieder rückgängig machen..
- Auswahl/Markierungsrahmen in 3D anzeigen zeigt die ausgewählten oder markierten Elemente im 3D-Fenster an.
- Alles in 3D anzeigen zeigt die komplette Konstruktion im 3D-Fenster an.
- Auf Auswahl zoomen zoomt auf die ausgewählten Elemente. Dies ist eine bequeme Optimierung des Fensters auf die gewählten Elemente.
- Alle deaktivieren schaltet die Markierung/Auswahl der Elemente ab.

6.9 Bearbeiten-Menü

Im Bearbeiten-Menü finden sich noch einige interessante Befehle, die Sie nicht über Pet-Paletten erreichen können.

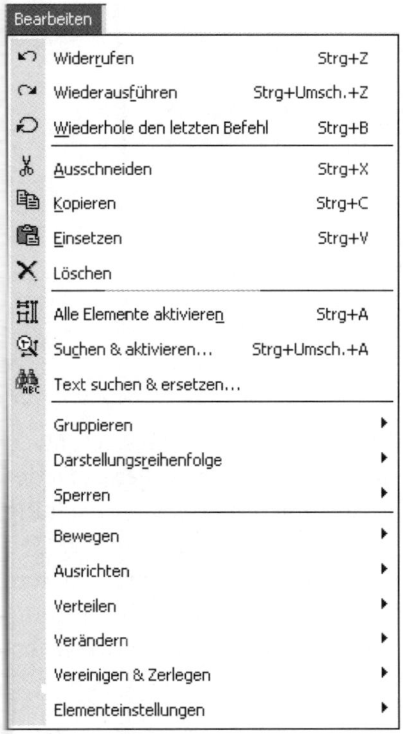

Abb. 6.42: Das Bearbeiten-Menü

Hier gibt es insgesamt fünf Kategorien mit Befehlen, die Elemente bearbeiten können: Bewegen, Ausrichten, Verteilen, Verändern und Vereinigen & Zerlegen.

6.9.1 Bewegen

Die erste Gruppe sind Befehle zum Bewegen von Elementen. Dies sind alles Befehle, die Sie auch über Pet-Paletten erreichen können. Die Aktionen der Pet-Paletten Verschieben, Drehen und Spiegeln gibt es hier auch als Varianten Kopie verschieben, Kopie drehen und Kopie spiegeln. Dabei bleibt dann die Originalgeometrie erhalten. Diese Optionen erhalten Sie auch aus den Pet-Paletten, wenn Sie bei Verschieben, Drehen und Spiegeln die Taste `Strg` gedrückt halten. Mehrere Kopien verschieben und Mehrere Kopien drehen sind schnelle Optionen, um mehrere Kopien ohne Neuwahl zu erstellen. Auch Multiplizieren haben Sie schon über die Pet-Paletten in Abschnitt 6.5, »Standard-Transformationen« kennen gelernt.

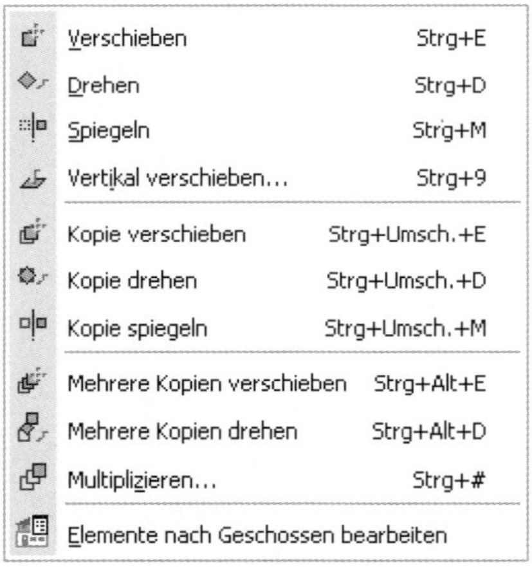

Abb. 6.43: Bewegen-Befehle

Eine ganz neue Funktion unter Bewegen ist Elemente nach Geschossen bearbeiten. Damit können Sie ausgewählte Elementtypen wie Wände, Fenster oder Türen etc. von einem Geschoss in weitere Geschosse kopieren, was die Erstellung mehrgeschossiger Häuser wesentlich erleichtert. Abbildung 6.44 zeigt ein Beispiel für das Kopieren aller Wände aus dem Erdgeschoss in drei weitere Geschosse. Neben der Option Kopieren gibt es noch die Möglichkeit, bestimmte Objekttypen in ein anderes Geschoss zu verschieben oder auf gewählten Geschossen zu löschen.

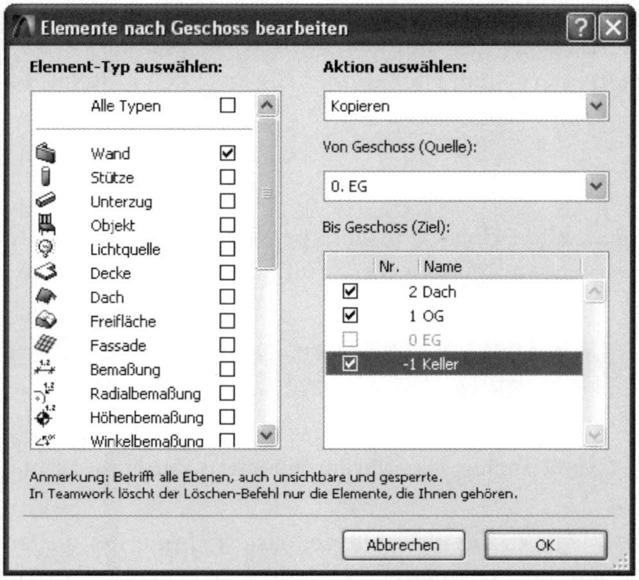

Abb. 6.44: Elemente von einem Geschoss in andere kopieren

6.9.2 Ausrichten

Unter AUSRICHTEN geht es darum, die gewählten Objekte in wählbaren Richtungen fluchtend auszurichten.

- LINKS richtet alle gewählten Objekte an dem am weitesten links liegenden Punkt aus. Verschoben wird dabei nur in horizontaler Richtung.
- MITTIG HORIZONTAL richtet alle Mittelpunkte der Objekte an einer gemittelten Position aus. Verschoben wird nur vertikal.
- RECHTS, OBEN, UNTEN verschieben die Objekte analog zu LINKS, MITTIG VERTIKAL analog zu MITTIG HORIZONTAL.

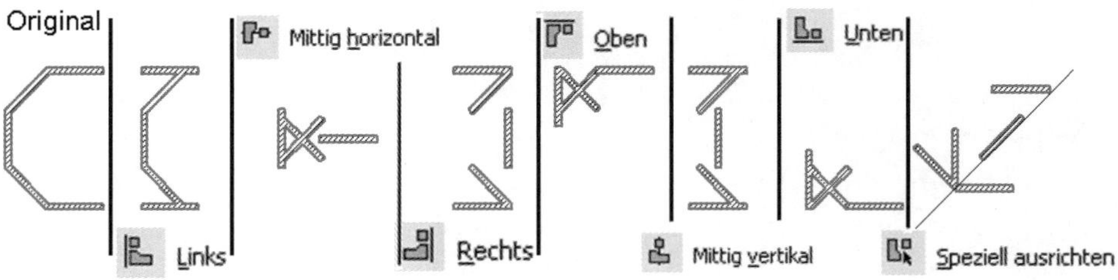

Abb. 6.45: Funktionen zum Ausrichten

- SPEZIELL AUSRICHTEN richtet einen spezifizierten Punkt des Objekts an einer Linie aus. Das kann eine existierende Linie sein oder eine, die Sie erst jetzt zeichnen. Welcher Punkt des Objekts auf diese Linie fallen soll, können Sie auswählen zwischen NÄCHSTER PUNKT und UMRANDUNGSBOX-ANKER. Letzteres ist natürlich für Stützen interessant. Hier können Sie auch den Mittelpunkt einer Stütze wählen.

6.9.3 Verteilen

Bei VERTEILEN werden die gewählten Objekte in der spezifizierten Richtung auf gleichmäßige Abstände verteilt. Sie müssen für diese Funktion zuerst die Objekte, und zwar mehrere, wählen.

- ENTLANG DER X-ACHSE verteilt durch horizontale Verschiebung gleichmäßig in X-Richtung. Erstes und letztes Element bleiben stehen, die dazwischen werden gleichmäßig verteilt.
- ENTLANG DER Y-ACHSE verteilt analog zum vorhergehenden Punkt gleichmäßig in vertikaler Richtung.
- ENTLANG DER X-Y-ACHSEN verteilt die Elemente so, dass sie hinterher gleichmäßig auf einer Linie liegen, die sich zwischen den am weitesten außen liegenden Element-Positionen erstreckt.
- SPEZIELL VERTEILEN verteilt die gewählten Elemente mit einer wählbaren Position auf eine gewählte oder neu zu zeichnende Linie. Als Position kann der nächste Punkt des Elements verwendet werden oder eine Position des Umrandungsbox-Ankers. Das kann eine Ecke oder auch der Mittelpunkt sein.

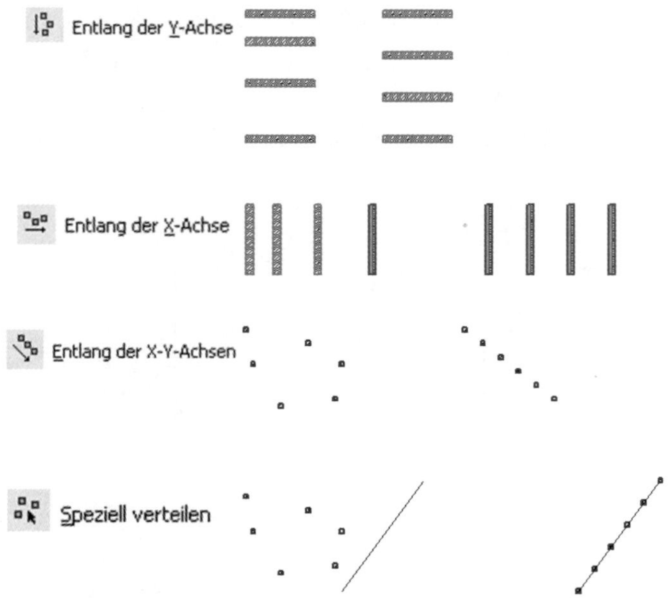

Abb. 6.46: Verteilungs-Funktionen

6.9.4 Verändern

Aus dem Bereich VERÄNDERN sind auch schon viele Funktionen aus den PET-PALETTEN bekannt.

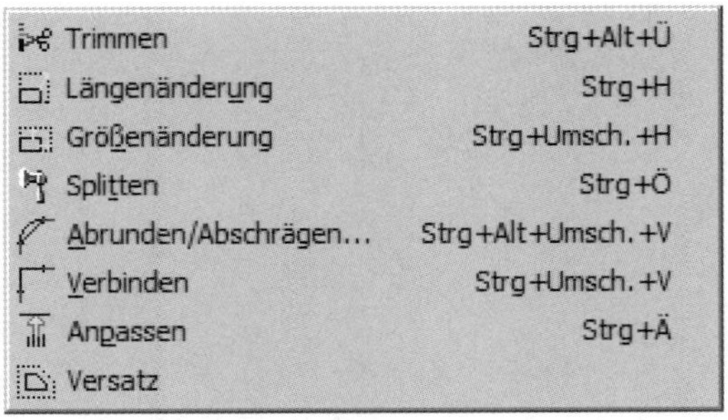

Abb. 6.47: Funktionen unter BEARBEITEN|VERÄNDERN

Die erste Funktion TRIMMEN können Sie auch über das PFEIL-Werkzeug aktivieren, indem Sie einfach mit gedrückter Taste [Strg] einen Teil eines Elements anklicken, den Sie abschneiden möchten. Achten Sie darauf, dass die Schere schwarz wird. Es wird dann ein Segment aus diesem Element herausgetrennt, das *von der Klickposition bis zu den nächsten Schnittpunkten mit weiteren Elementen* reicht.

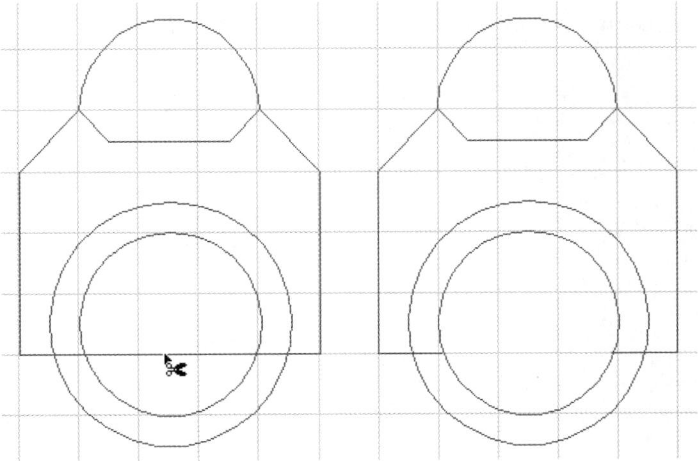

Abb. 6.48: Trimmen an nächstmöglichen Positionen

Wenn Sie nicht auf die nächste mögliche Schnittpunkt- oder Endpunkt-Position trimmen möchten, sondern auf gezielt gewählte andere Elemente bzw. deren Schnittpunkte, müssen Sie nur die gewünschten Begrenzungen vorher markieren.

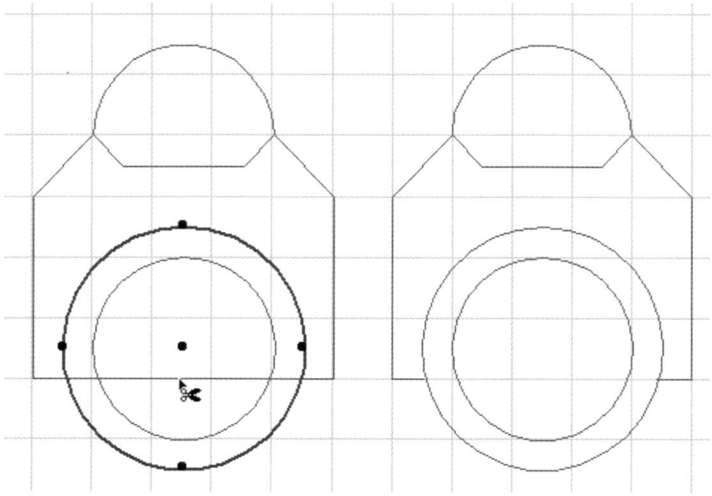

Abb. 6.49: Trimmen an gewählten Positionen

Bei LÄNGENÄNDERUNG wählen Sie vorher das zu verändernde Objekt, etwa eine Wand, dann den Endpunkt, an dem verlängert werden soll, und geben dann die neue Länge ein oder wählen einen neuen Endpunkt aus der Zeichnung.

Auch die GRÖSSENÄNDERUNG verlangt eine vorhergehende Elementwahl. Dann geben Sie im Dialogfeld den Skalierfaktor ein. Im Beispiel sollen die Elemente doppelt so groß werden. Dafür sind drei Möglichkeiten vorgesehen:

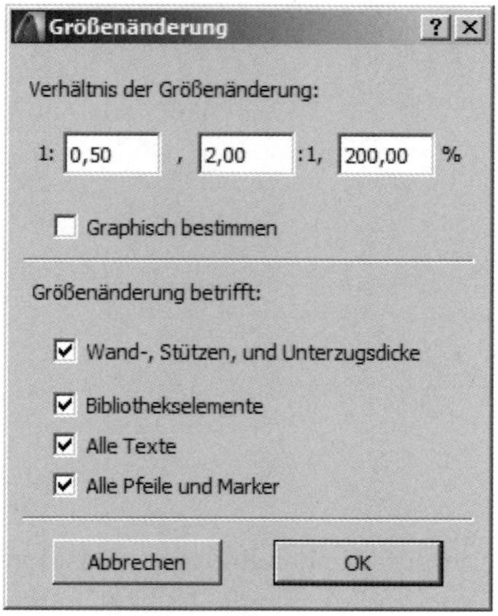

Abb. 6.50: Dialog für Größenänderung um einen Faktor **2**

- Verhältnis neue Größe zu alter Größe, in der Form 1:**x**, wobei **x** für das Beispiel dann **0,5** wäre (eine etwas unübliche Form)
- Verhältnis neue Größe zu alter Größe, in der Form **x**:1, wobei **x** für das Beispiel dann **2** wäre (übliche Eingabe für eine Vergrößerung)
- Verhältnis neue Größe zu alter Größe als prozentuale Veränderung, wobei für das Beispiel dann **200** vor % einzugeben wäre

Sie können alternativ die Vergrößerung auch über Cursorpositionen grafisch bestimmen. Interessant ist, dass Sie die Größenänderung auf bestimmte Elemente aus der Auswahl beschränken können, etwa nur Texte.

Die Funktion SPLITTEN wird auf Wände, Decken, Unterzüge und Geometrieelemente angewendet, um sie an Schnittpunkten mit anderen Elementen oder an anderen Punktpositionen aufzutrennen. Die Elemente werden damit praktisch durchgeschnitten. Zum Splitten können Sie als Schnittkanten Linien, Bögen oder Polylinien-Segmente verwenden.

- Aktivieren Sie die zu splittende Geometrie,
- wählen Sie SPLITTEN,
- fahren Sie auf den Startpunkt fürs Splitten und ggf. auf den zweiten Punkt für die Split-Schnittkante.
- Der *Augen-Cursor* erscheint, damit Sie die Seite des zerteilten Elements wählen können, die aktiviert bleiben soll.

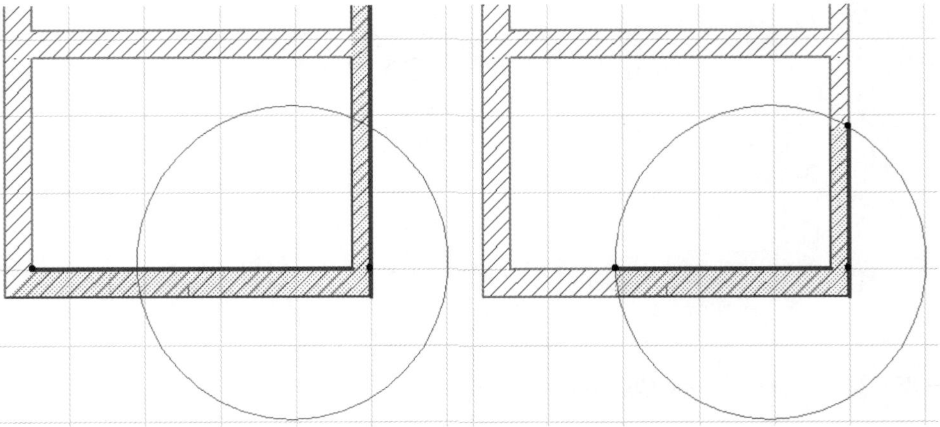

Abb. 6.51: Splitten von Wänden und Decken

Die Funktion ABRUNDEN/ABSCHRÄGEN finden Sie auch in den PET-PALETTEN. Sie dient dazu, zwischen einzelnen Elementen Abrundungen oder Schrägen zu konstruieren. Was beim Abrunden der *Radius* ist, bedeutet beim Abschrägen der *Abstand von der Ecke*. Sie können mit der Option AUF ALLE ECKEN ANWENDEN auch sämtliche Ecken eines Polygons oder einer beliebigen Kontur mit einem einzigen Funktionsaufruf bearbeiten. Natürlich muss an den betreffenden Ecken genügend Platz für die Abrundung oder Abschrägung sein.

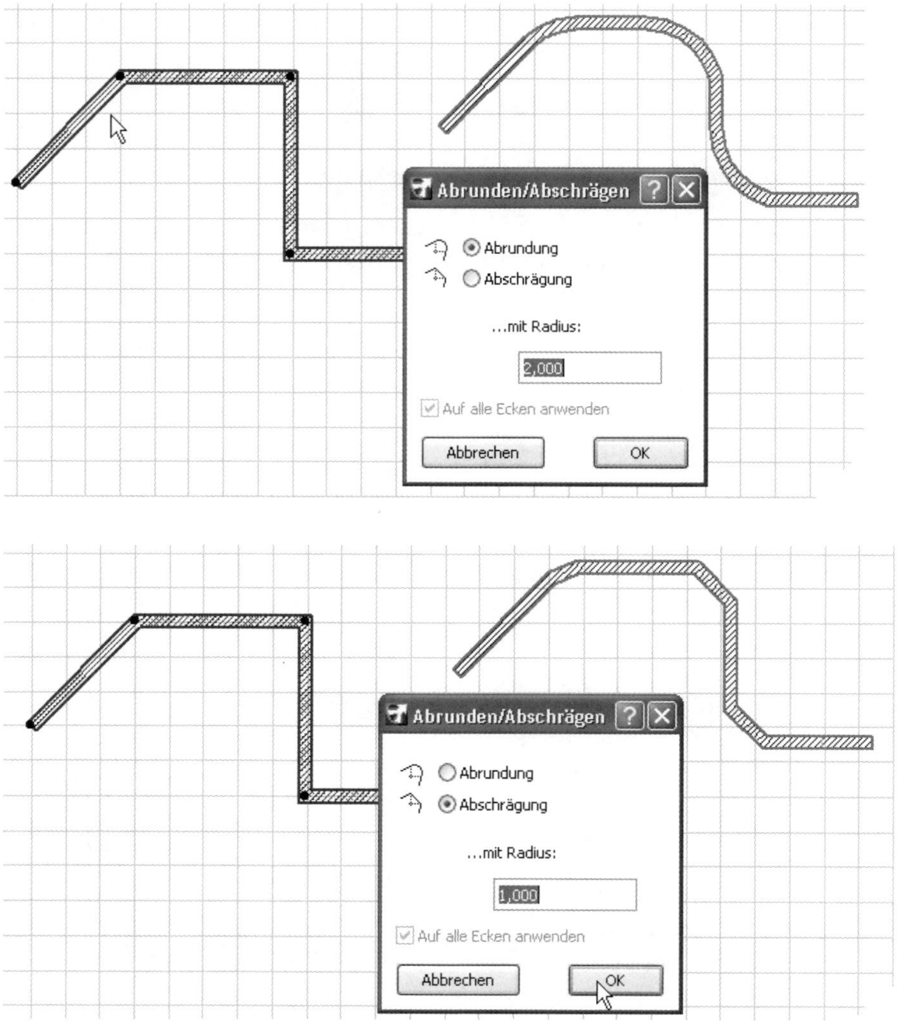

Abb. 6.52: Abgerundete und abgeschrägte Wände

Die Funktion VERBINDEN dient dazu, Elemente bis zu einem gemeinsamen Schnittpunkt (Ecke) zu verlängern oder an einem gemeinsamen Schnittpunkt zu verkürzen. Sie werden dabei aber nicht im logischen Sinne verbunden, sondern bleiben einzelne Elemente.

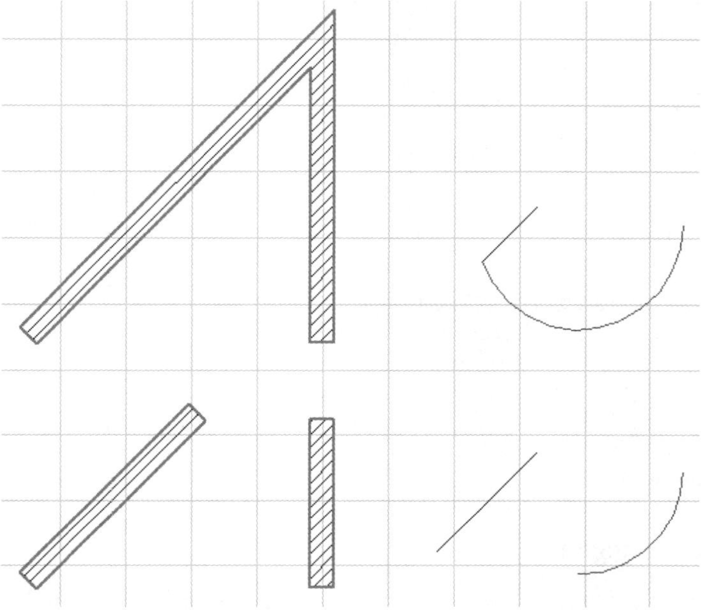

Abb. 6.53: Verbinden von Wänden und Linien

Mit ANPASSEN können Sie mehrere Elemente an Linien, Bogensegmente oder Polygonkanten anpassen, d.h. überstehende Enden abschneiden.

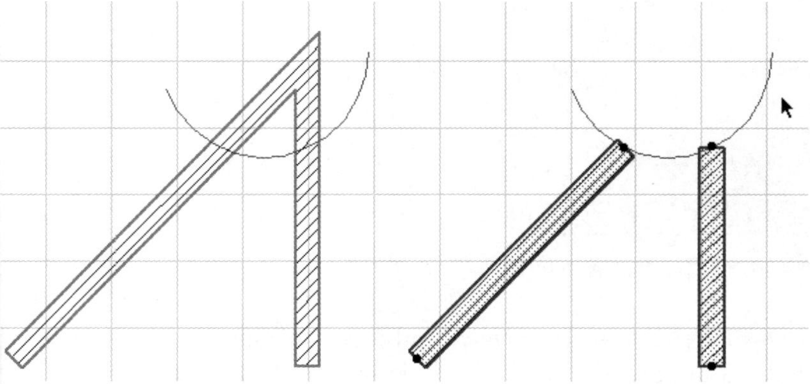

Abb. 6.54: Anpassen mehrerer Wände an einen Bogen

Die Funktion VERSATZ finden Sie auch wieder in den PET-PALETTEN. Sie müssen nach Wahl der Objekte beim Befehlsaufruf noch einen REFERENZPUNKT und einen ABSTAND angeben, um die Kanten von Wänden, Decken u.Ä. versetzen zu können. Bei mehreren zusammen gewählten Wänden oder polylinienartigen Objekten werden alle Teile gemeinsam versetzt, Gruppierung ggf. abschalten.

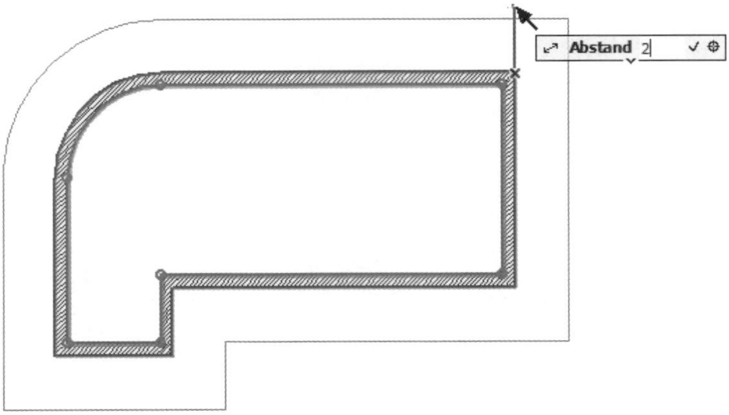

Abb. 6.55: Versatz mehrerer Wände um 2 m

6.9.5 Vereinigen & Zerlegen

Der Bereich BEARBEITEN|VEREINIGEN & ZERLEGEN dient dazu, komplexe Objekte aus einfachen zusammenzustellen und umgekehrt.

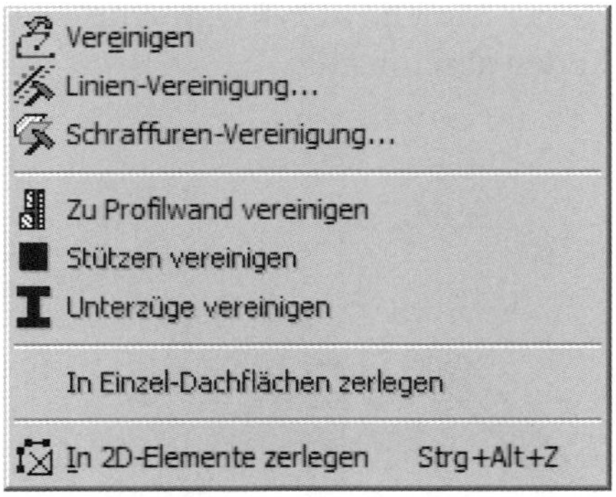

Abb. 6.56: VEREINIGEN & ZERLEGEN-Befehle

Mit VEREINIGEN können Sie einzelne *Linien* und *Bögen* und auch *Polylinien* zu einer *Gesamt-Polylinie* zusammenfügen. Als Polylinie bezeichnet man Kurven, die aus Linien und Bogensegmenten zusammengesetzt sind, aber trotzdem ein einziges Objekt bilden. Voraussetzung ist, dass die Einzelteile in ihren Endpunkten exakt passen. Auch einzelne *Splinekurven* können zu einer übergreifenden Splinekurve kombiniert werden. Dabei werden sie an den Verbindungsstellen geglättet.

Mit LINIEN-VEREINIGUNG lassen sich kollineare Linien zusammenfassen, also exakt fluchtende Linien. Die Linien dürfen überlappen oder müssen mindestens zusammenstoßen. Wenn verschiedene Linientypen überlagert sind, können Sie wählen, ob der Type Volllinie dominieren soll, und ob sonst der Typ der jeweils oben liegenden Linie als einzelnes Liniensegment erhalten bleiben soll.

Die Option SCHRAFFUREN-VEREINIGUNG bietet verschiedene Verfahren zum Kombinieren überlappender Schraffuren an. Beim Anpassen unterschiedlicher überlappender Schraffuren wird die ältere, unten liegende Schraffur durch die obere, neuere beschnitten. Sie könnten aber die *Reihenfolge* übers Kontextmenü der Schraffur mit REIHENFOLGE DER DARSTELLUNG vorher ändern. Handelt es sich um *gleiche Schraffurtypen*, dann entsteht ein gesamtes zusammengefasstes Schraffurgebiet. Zusätzlich lassen sich aus den gewählten Schraffuren die Umgrenzungskurven wieder ableiten und als Bögen und Linien erzeugen.

Die Option ZU PROFILWAND VEREINIGEN führt kollinear verlaufende, also fluchtende, Wandstücke zu einer einzigen Wand zusammen. Sie können überlappen und dürfen auch Lücken aufweisen. Letztere werden dann geschlossen. Analog können mit UNTERZÜGE VEREINIGEN kollineare Unterzüge vereinigt werden.

Die vorletzte Funktion STÜTZEN VEREINIGEN fasst mehrere benachbarte oder überlappende Stützen zu einer Stütze mit dem Querschnittstyp *Profil* zusammen.

IN 3D-ELEMENTE ZERLEGEN ist eine Funktion, die man sich gut überlegen sollte. Damit werden nämlich die gewählten Elemente in alle ihre zweidimensionalen Zeichnungs-Bestandteile zerlegt. Eine Wand zerfällt beispielsweise in die Schraffur und die vier Begrenzungslinien. Eine Polylinie zerfällt in ihre einzelnen Segmente. Das macht meist nur in Detailausschnitten Sinn, damit Sie weiter detaillieren können.

6.9.6 Elementeinstellungen mit Pipette und Spritze

Über den letzten Menüpunkt BEARBEITEN|ELEMENTEINSTELLUNGEN können Sie die Eigenschaften von Elementen verändern.

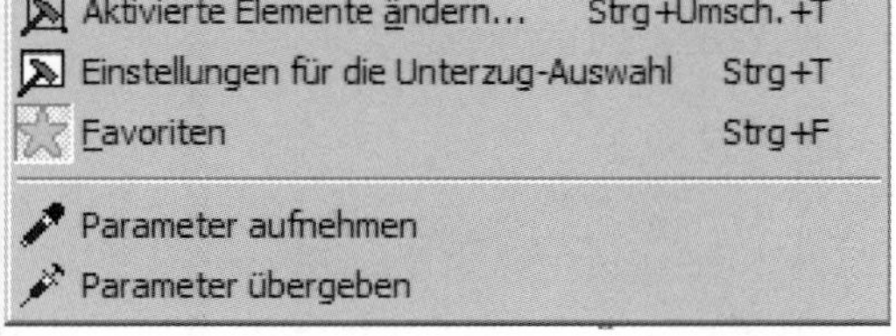

Abb. 6.57: Menü BEARBEITEN|ELEMENTEINSTELLUNGEN

Mit AKTIVIERTE ELEMENTE ÄNDERN können Sie die Ebene oder die Farbe und noch weitere Klassifikationsmerkmale der gerade markierten Elemente ändern (Abbildung 6.58).

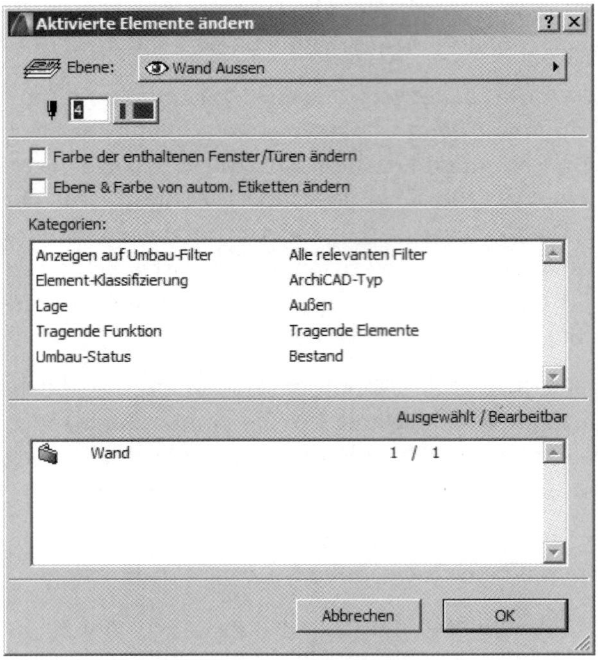

Abb. 6.58: Elementdaten bearbeiten

Über EINSTELLUNGEN FÜR DIE XXX-AUSWAHL – wobei xxx der Elementtyp eines zuvor gewählten Elements ist, können Sie alle die Grund-Einstellungen der markierten Elemente des Typs XXX ändern.

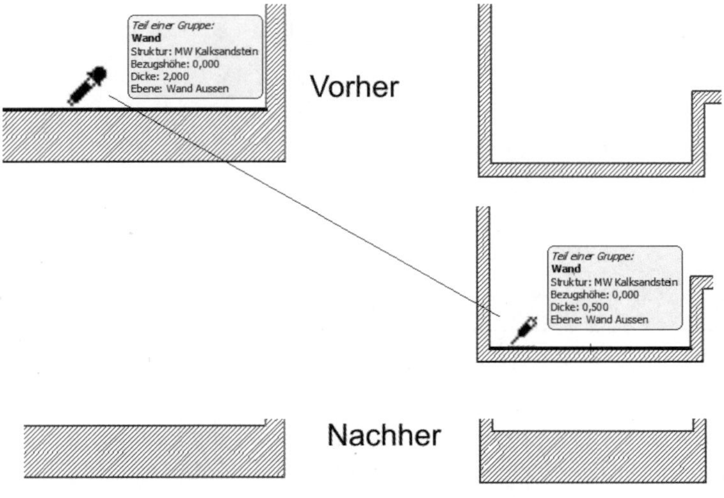

Abb. 6.59: Eigenschaften übertragen mit Pipette und Spritze

Besonders interessant sind die Werkzeuge PIPETTE und SPRITZE, mit denen Sie einerseits alle Eigenschaften eines Elements aufnehmen und sie andererseits auf ein anderes Element übertragen können. Die beiden Funktionen sind auch über Tastenkürzel aufzurufen:

- PIPETTE zum *Aufnehmen* von Eigenschaften eines Elements erreichen Sie mit [Alt],
- SPRITZE zum *Übertragen* auf andere Elemente aktivieren Sie über [Strg]+[Alt].

6.9.7 Tastaturkürzel

Für viele Befehle gibt es *Tastaturkürzel*. Besonders interessant sind sie für die Bearbeitungsbefehle. Die Tastaturkürzel können unter OPTIONEN|ARBEITSUMGEBUNG|TASTATURKÜRZEL mit der Schaltfläche TASTATURKÜRZEL IM BROWSER ANZEIGEN betrachtet und auch neu definiert werden. Von dort können Sie sich auch alle Kürzel als HTML-Datei ausgeben lassen. Hier eine kurze Übersicht über Tastaturkürzel für Bearbeitungsbefehle:

Befehlsart	Funktion	Kürzel
BEWEGEN	VERSCHIEBEN	[Strg]+[E]
	DREHEN	[Strg]+[D]
	SPIEGELN	[Strg]+[M]
	VERTIKAL VERSCHIEBEN	[Strg]+[9]
	KOPIE VERSCHIEBEN	[Strg]+[⇧]+[E]
	KOPIE DREHEN	[Strg]+[⇧]+[D]
	KOPIE SPIEGELN	[Strg]+[⇧]+[M]
	MEHRERE KOPIEN VERSCHIEBEN	[Strg]+[Alt]+[E]
	MEHRERE KOPIEN DREHEN	[Strg]+[Alt]+[D]
	MULTIPLIZIEREN	[Strg]+[#]
VERÄNDERN	TRIMMEN	[Strg]+[Alt]+[ü]
	LÄNGENÄNDERUNG	[Strg]+[H]
	GRÖßENÄNDERUNG	[Strg]+[⇧]+[H]
	SPLITTEN	[Strg]+[ö]
	ABRUNDEN/ABSCHRÄGEN	[Strg]+[Alt]+[⇧]+[V]
	VERBINDEN	[Strg]+[⇧]+[V]
	ANPASSEN	[Strg]+[ä]
	IN 2D-ELEMENTE ZERLEGEN	[Strg]+[Alt]+[Z]

Tabelle 6.2: Tastaturkürzel für Bearbeitungsbefehle

An dieser Stelle wären noch zwei wichtige Tasten zu erwähnen:

ESC	Bricht eine Eingabe ab
	Bricht eine Auswahl ab
	Löscht den Markierungsrahmen
	Wechselt aus einem Werkzeug zum PFEIL-Werkzeug
Backspace	Bricht eine Eingabe ab
	Löscht markierte Elemente

6.9.8 Symbolleiste »Elemente bearbeiten«

Häufig verwendete Bearbeitungsfunktionen sind in dieser Symbolleiste (Abbildung 6.60) zusammengefasst. Viele von diesen Funktionen sind auch in der STANDARD-Symbolleiste (Abbildung 6.61) enthalten.

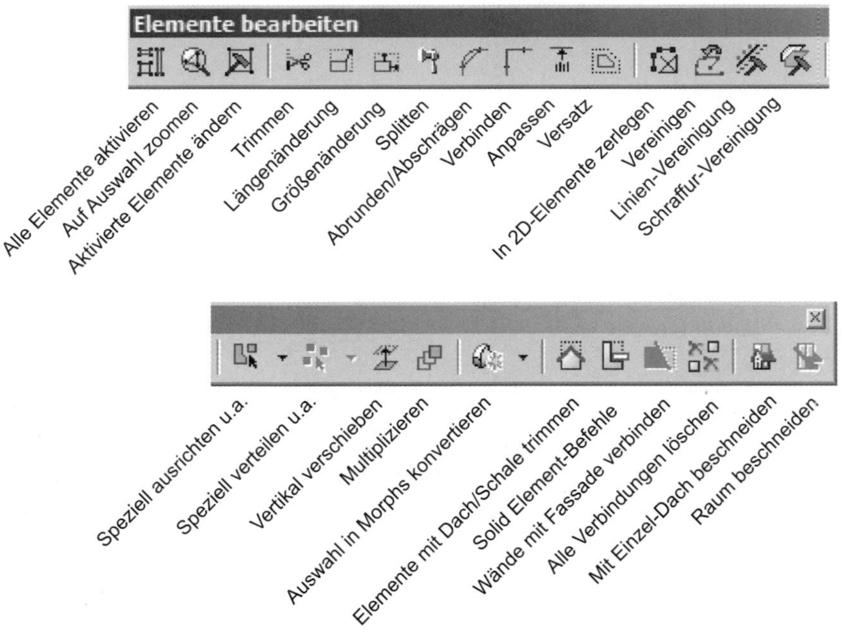

Abb. 6.60: Symbolleiste ELEMENTE BEARBEITEN

- ALLE ELEMENTE AKTIVIEREN aktiviert/markiert alle Elemente der Konstruktion.
- AUF AUSWAHL ZOOMEN zoomt auf ausgewählte Elemente, damit sie größtmöglich im Fenster erscheinen.
- AKTIVIERTE ELEMENTE ÄNDERN Attribute von gewählten Elementen wie Ebenenzuordnung oder Stiftfarbe können hiermit geändert werden.

- TRIMMEN schneidet überstehende Enden oder Teile zwischen Schnittpunkten aus Objekten heraus. Sie können vorher Elemente als Begrenzung für das Trimmen wählen, ansonsten wird immer bis zu den nächsten Schnittpunkten herausgeschnitten. Die Funktion aktiviert den *Scheren-Cursor*, mit dem Sie das wegzuschneidende Segment anklicken.
- LÄNGENÄNDERUNG Sie können damit die Länge des markierten Elements gummibandartig ändern, meist auch den Winkel, indem Sie einen neuen Endpunkt angeben.
- GRÖßENÄNDERUNG Damit lassen sich Elemente skalieren.
- SPLITTEN Diese Funktion erlaubt, Elemente wie beispielsweise Wände an einem Punkt zu zerteilen. Damit werden aus einer durchgehenden Wand zwei Einzelstücke, die dann ihrerseits einzeln weiter editiert werden können. Sie können auch mehrere Elemente an einer Kante oder einem Kreisbogen splitten, wenn Sie die zu splittenden Elemente vorher wählen, dann die Funktion aufrufen und dann die Kante oder den Kreisbogen anklicken, der als Schnittkante dienen soll. Es erscheint abschließend der *Augen-Cursor*, mit dem Sie auf *die* Seite der Schnittkante klicken, wo die Elemente markiert bleiben sollen. Auf dieser Seite könnten Sie dann weiter splitten.
- ABRUNDEN/ABSCHRÄGEN erstellt eine Abrundung oder eine Schräge zwischen Elementen. Der Rundungsradius oder die Abschrägung wird über ein Dialogfenster abgefragt. Der Wert der Abschrägung gibt an, in welchem Abstand von der ursprünglichen Ecke bzw. der gedachten Ecke die Abschrägung beginnt. Die Funktion kann auch auf Wände o.ä. angewendet werden, die sich nicht direkt schneiden, sondern nur in ihrer gedachten Verlängerung. Die Elemente werden derart verlängert oder verkürzt, bis die Rundung oder Abschrägung passt.
- VERBINDEN erzeugt für Wände, Linien oder Kreisbögen eine Ecke, indem die zuvor gewählten Elemente entsprechend verlängert oder verkürzt werden. Sie müssen nur zuvor die Elemente an den Stellen markiert haben, die nach Bildung der spitzen Ecke stehen bleiben sollen.
- ANPASSEN passt Endpunkte von Wänden, Unterzügen, Linien und Bögen an Linien, Bögen oder Polygonsegmente an (Abbildung 6.54).
- IN 2D-ELEMENTE ZERLEGEN Sie können damit ArchiCAD-Elemente wie Wände in die geometrischen Grundelemente wie Linien, Bögen und Schraffuren zerlegen.
- VEREINIGEN Einzelne Linien, Bögen oder Polylinien können zu einer einzigen zusammenhängenden Polylinie zusammengefasst werden. Sie dürfen aber keine Lücken aufweisen, sondern müssen in ihren Endpunkten exakt passen. Auch einzelne Splines lassen sich zu einem gesamten Spline kombinieren. Dabei werden eventuelle Knickstellen geglättet.

- LINIEN-VEREINIGUNG kollineare Linien mit Überlappung können zusammengefasst werden.
- SCHRAFFUREN-VEREINIGUNG Überlappende Schraffuren können zu einer zusammengefasst werden, wenn sie gleich sind, oder gegeneinander verschnitten werden, wenn sie verschieden sind.

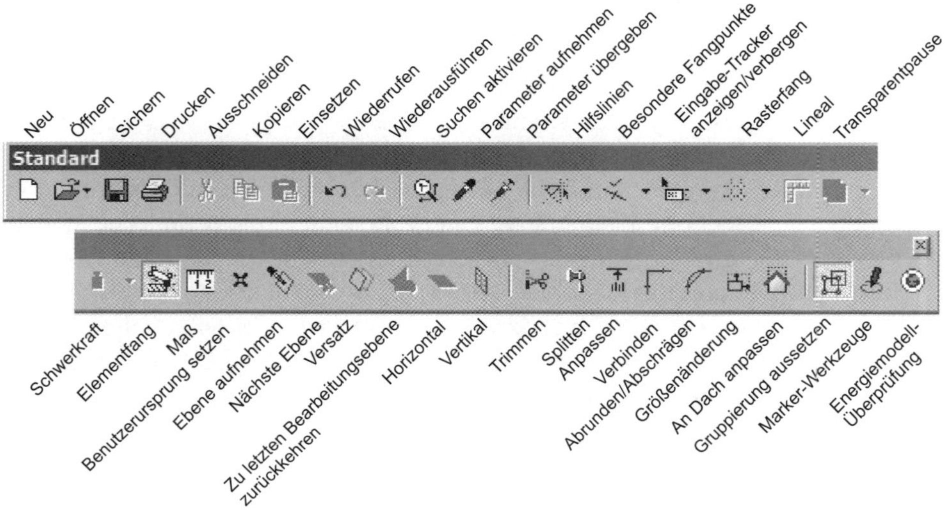

Abb. 6.61: Symbolleiste STANDARD mit Bearbeitungsbefehlen

- VERTIKAL VERSCHIEBEN Damit verschieben Sie Elemente in der Höhe, also den Koordinaten nach in z-Richtung.
- MULTIPLIZIEREN Diese Funktion erlaubt, Elemente zu vervielfachen und in einer regelmäßigen Anordnung durch Verschiebungen oder Drehungen zu positionieren.
- SPEZIELL AUSRICHTEN Markierte Elemente werden wahlweise mit dem nächsten Punkt oder einem Umrandungsbox-Anker an einer Linie ausgerichtet. Im Flyout erscheinen die übrigen bereits oben erläuterten Ausrichteoptionen.
- SPEZIELL VERTEILEN Markierte Elemente werden wahlweise mit dem nächsten Punkt oder einem Umrandungsbox-Anker gleichmäßig entlang einer Linie verteilt. Im Flyout erscheinen die übrigen bereits oben erläuterten Verteiloptionen.
- AUSWAHL IN MORPHS KONVERTIEREN Elemente können hiermit in die neuen, frei modellierbaren MORPH-Elemente konvertiert werden.
- ELEMENTE MIT DACH/SCHALE TRIMMEN Wände oder Räume, die über ein Dach hinausragen, können Sie hiermit an das Dach anpassen.

- SOLID ELEMENT-BEFEHLE Mit diesem Werkzeug können Sie volumenartige Elemente wie Wände mit den so genannten *Boole'schen Operationen* bearbeiten. Zuerst müssen Sie *Zielelemente* wählen, das sind die Elemente, die bearbeitet werden sollen. Zweitens wählen Sie *Operatorelemente*, das sind die Elemente, die für die Bearbeitungsoperation brauchen, die aber selbst nicht verändert werden sollen. Oft sind auch die *Zielelemente* gleichzeitig die *Operatorelemente*. Im Beispiel (Abbildung 6.62) wurde die Wand als Zielelement gewählt und die Freifläche als Operatorelement. Damit der Effekt besser zu sehen ist, wurde die Ebene der Freifläche in der Ebenenverwaltung DOKUMENTATION|EBENEN|EBENEN (MODELL) auf Drahtmodell geschaltet. Im Vordergrund sehen Sie die Ausgangssituation, bei der beide Volumina einfach überlappen. Dahinter sehen Sie von links nach rechts verschiedene Bearbeitungen:
  - ABZUG
  - ABZUG MIT VERLÄNGERUNG NACH OBEN
  - ABZUG MIT VERLÄNGERUNG NACH UNTEN
  - SCHNITTMENGE
  - VEREINEN

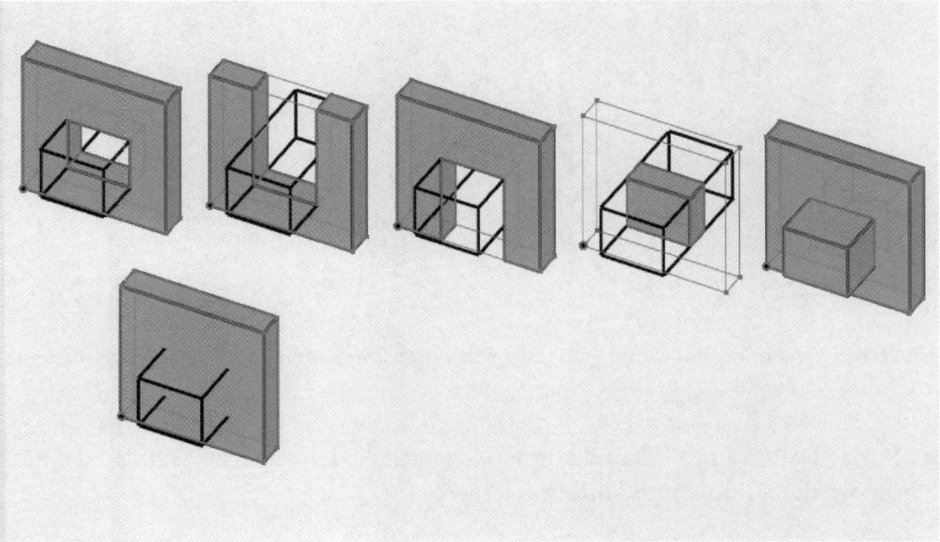

Abb. 6.62: Boole'sche Operationen

- WÄNDE MIT FASSADE VERBINDEN Mit dieser Funktion können Sie eine Wand und eine Fassade wählen (darauf achten, dass die Fassade auf der Wand-Außenfläche liegt) und im vorgegebenen oder einem individuellen Abstand verbinden. Beim Anklicken solch verbundener Elemente erscheint ein quadratisches Verbindungssymbol. Sie können es anklicken und wenn nötig auch darin Verbindungen löschen.

- ALLE VERBINDUNGEN LÖSCHEN Damit werden solche Verbindungen von Elementen gelöscht. Eine gelöschte Verbindung zwischen Dach und getrimmter Wand bedeutet natürlich, dass die Wand wieder ihre vorherige Höhe erreicht.
- MIT EINZEL-DACH BESCHNEIDEN Wenn Sie Wände an *mehreren einzelnen* Dachelementen trimmen müssen, verwenden Sie diese Funktion statt ELEMENTE MIT DACH/SCHALE TRIMMEN.

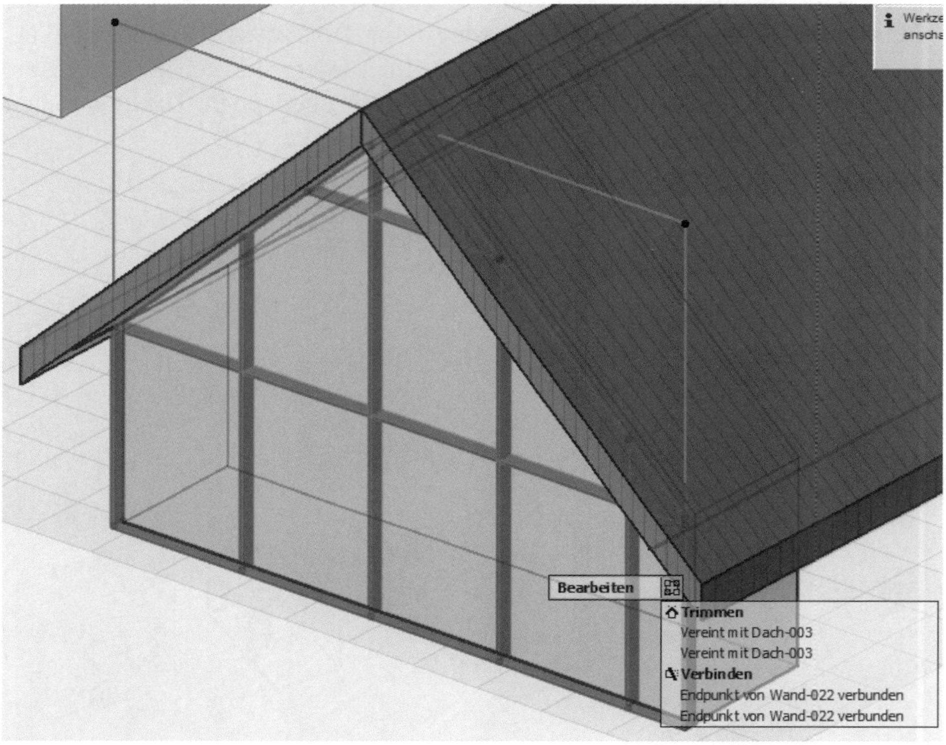

Abb. 6.63: Wand mit verbundener Fassade, beide durch Trimmen mit den beiden Dachhälften verbunden

- RAUM BESCHNEIDEN Damit können Sie nach Änderungen an Wänden die Räume wieder automatisch anpassen lassen.

6.9.9 Symbolleiste »Elemente anordnen«

Die Symbolleiste ELEMENTE ANORDNEN (Abbildung 6.64) enthält drei Gruppen von Funktionen:

- Werkzeuge zum Verwalten von Gruppierungen,
- Werkzeuge zum Verwalten der Anzeigereihenfolge,
- Werkzeuge für die Ebenenverwaltung.

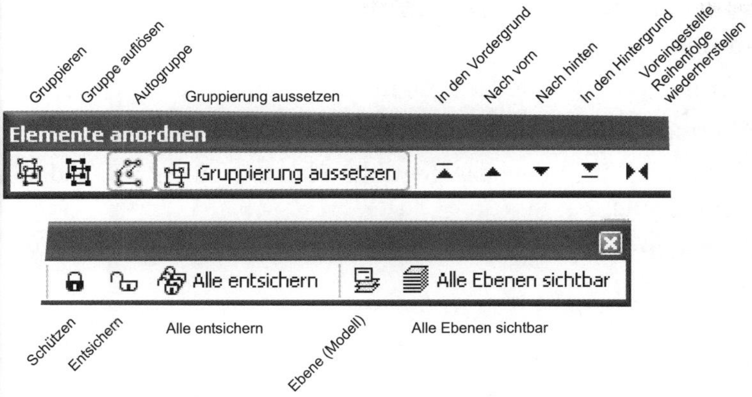

Abb. 6.64: Symbolleiste ELEMENTE ANORDNEN

Gruppierungen

Mehrere Elemente auch unterschiedlichen Typs können Sie zu Gruppen zusammenfassen, um danach bequemer bestimmte Editierfunktionen ausführen zu können. Zum Verschieben, Drehen, Kopieren oder Spiegeln mehrerer Elemente ist es oft angenehm, diese als Gruppe mit einem einzigen Klick wählen zu können.

- GRUPPIEREN fasst gewählte Elemente zu einer Gruppe zusammen. Beim Anklicken einer Gruppe werden an den charakteristischen Punkten der Elemente kleine offene Kreise anstelle gefüllter Kreise angezeigt.
- GRUPPE AUFLÖSEN löst eine Gruppe wieder auf.
- AUTOGRUPPE bewirkt, dass Elemente, die mit polygonalen oder rechteckigen Konstruktionsmethoden erstellt werden, automatisch zu Gruppen zusammengefasst werden.
- GRUPPIERUNG AUSSETZEN Diese Funktion schaltet die Wahl der ganzen Gruppe mit einem einzigen Klick ab. Wenn also diese Option aktiviert ist, und Sie ein Element einer Gruppe anklicken, wird nur das angeklickte Element gewählt. Schalten Sie diese Funktion ab, wird beim Anklicken eines einzelnen Elements einer Gruppe wieder die gesamte Gruppe gewählt.

Anzeigereihenfolge

Mit diesen Funktionen können Sie die Anzeigereihenfolge von Elementen steuern. Standardmäßig wird eine Anzeigereihenfolge für die Elemente festgelegt, die üblichen Kriterien für eine sinnvolle Anzeige und Ausgabe entspricht. Die Reihenfolge sieht folgendermaßen aus: Beschriftung, dann 2D-Grafiken, dahinter Bibliothekselemente, 3D-Strukturen, 2D-Polygone und ganz hinten Bilder (Pixelbilder). Nur wenn Sie von dieser Reihenfolge abweichen wollen, brauchen Sie die folgenden Befehle:

- IN DEN VORDERGRUND befördert das gewählte Element vor alle anderen ganz in den Vordergrund.
- NACH VORNE bringt das gewählte Element um eine Stufe weiter nach vorne.
- NACH HINTEN bringt das gewählte Element um eine Stufe weiter nach hinten.
- IN DEN HINTERGRUND befördert das gewählte Element hinter alle anderen ganz in den Hintergrund.
- VOREINGESTELLTE REIHENFOLGE WIEDERHERSTELLEN stellt die vorgegebene Reihenfolge wieder her.

Ebenenverwaltung

Über die Ebenen können Sie Elemente unsichtbar machen oder vor Änderungen schützen.

- SCHÜTZEN schaltet für die Ebene des gewählten Elements den Schutz vor Änderungen ein. Kein Element auf dieser Ebene kann dann geändert werden.
- ENTSICHERN nimmt den Schutz für die Ebene des gewählten Elements wieder weg.
- ALLE ENTSICHERN nimmt den Schutz für alle Ebenen weg. Alle Elemente können bearbeitet werden.
- EBENEN (MODELL) startet das Dialogfenster für die Ebenen-Verwaltung.
- ALLE EBENEN SICHTBAR macht alle Ebenen wieder sichtbar.

6.10 Drag&Drop

Zum Thema *Bearbeiten* gehört natürlich auch das Arbeiten mit der Zwischenablage, um Objekte über dieses Medium aus anderen Programmen in das Projekt einzufügen. Folgendes ist möglich:

- Texte einfügen aus anderen Programmen
- Zeichnungen aus der Projektstruktur anderer Projekte hereinholen
- Bilder (Rasterdateien) aus anderen Programmen hereinholen
- GDL-Objekte einfügen
- Grundriss-Elemente aus anderen Stockwerken oder Projekten einfügen
- DWG- oder DXF-Objekte sogar aus dem Internet mit der i-drop-Technik hereinholen. Dabei wird das Objekt mit einem Pipetten-Cursor (englisch eye-dropper, daher i-drop) von der Internetseite in Ihre Ansicht geholt.

Die Befehle dafür finden Sie wie bei fast allen Programmen im Werkzeugkasten STANDARD und im Menü BEARBEITEN.

- AUSSCHNEIDEN [Strg]+[X] löscht die gewählten Elemente aus der Ansicht und befördert sie in die Zwischenablage.
- KOPIEREN [Strg]+[C] lässt die gewählten Elemente in der Ansicht stehen und kopiert sie in die Zwischenablage.
- EINSETZEN [Strg]+[V] fügt die Elemente aus der Zwischenablage in die Ansicht ein. Wenn es sich um ArchiCAD-Elemente handelt, werden sie zunächst mit der Originalposition eingesetzt. Die Elemente bleiben für weitere Einsetz-Operationen so lange in der Zwischenablage, bis andere Objekte in die Zwischenablage kommen.

Sie können mit diesen Befehlen auch bequem Objekte von einem Geschoss in ein anderes kopieren. Die Elemente werden standardmäßig an der gleichen Stelle eingesetzt. Da sie beim Einsetzen mit einer Auswahlbox erscheinen, können Sie die Elemente auch gleich an eine andere Stelle verschieben.

6.11 Übungsfragen

1. Wie erhalten Sie Element-Informationen?
2. Wie wird signalisiert, dass mehrere Elemente übereinander liegen?
3. Wie arbeiten Sie mit der SCHNELLAUSWAHL?
4. Womit fügen Sie Elemente zur Auswahl hinzu?
5. Wie sieht der geschossübergreifende Markierungsrahmen aus?
6. Was ist das Universalwerkzeug zum Bearbeiten?
7. Wie verschieben Sie Elemente am schnellsten?
8. Was bietet die Bearbeitungsfunktion MULTIPLIZIEREN?
9. Zu welcher Funktion gehört der Scheren-Cursor?
10. Womit erstellen Sie aus 2D-Geometrie normale Elemente wie Wände oder Decken?

Kapitel 7

Treppen

Bei den Treppen gibt es drei Möglichkeiten:

- Sie können aus einer Vielzahl von vorgegebenen Standard-Treppenformen aus der Bibliothek auswählen und mit Variation zahlreicher Parameter in der TREPPE-GRUNDEINSTELLUNG Ihre eigene Treppengeometrie erstellen.
- Sie konstruieren die Treppe nach Auswahl der groben Form über mehrere Dialogeingabefelder sehr detailliert in der TREPPE-GRUNDEINSTELLUNG unter TREPPE ERSTELLEN.
- Sie konstruieren den Umriss als Schraffur und die Lauflinie der Treppe als normale Geometrie selber und lassen ArchiCAD mit der Funktion PLANUNG|TREPPE MIT AUSWAHL ERSTELLEN daraus eine Treppe erstellen.

7.1 Standardtreppen

Für Standardtreppen rufen Sie das TREPPEN-Werkzeug auf, suchen einen Treppentyp aus den Bibliothekselementen aus und definieren die Treppengeometrie über Parameter. Sie finden fünfzehn Treppen-Typen in der Bibliothek. Die wichtigsten Parameter lassen sich dann im Einstellungsdialog individuell anpassen. Eventuell wird Ihnen eine Treppe angeboten, deren Laufrichtung genau umgekehrt sein muss. Dazu gibt es im Dialogfeld TREPPE GRUNDEINSTELLUNG unter der Winkelangabe noch die Schaltfläche BIBLIOTHEKSELEMENT SPIEGELN.

Abb. 7.1: TREPPEN-Werkzeug

7.2 Individuelle Treppen

Starten Sie wieder den EINSTELLUNGSDIALOG (Abbildung 7.2). Dort finden Sie oben über dem Vorschaubild die Schaltfläche TREPPE ERSTELLEN. Sie wählen Letztere und dürfen sich zuerst für eine der vordefinierten Formen (Abbildung 7.3) entscheiden. Es reicht von der einfachen einläufigen Treppe bis zur gewendelten und letztlich bis zur Wendeltreppe. 21 Formen stehen zur Verfügung, die allerletzte

Form ist für den Fall vorbehalten, wo Sie die gesamte Treppengeometrie durch eigene Konstruktion vordefinieren.

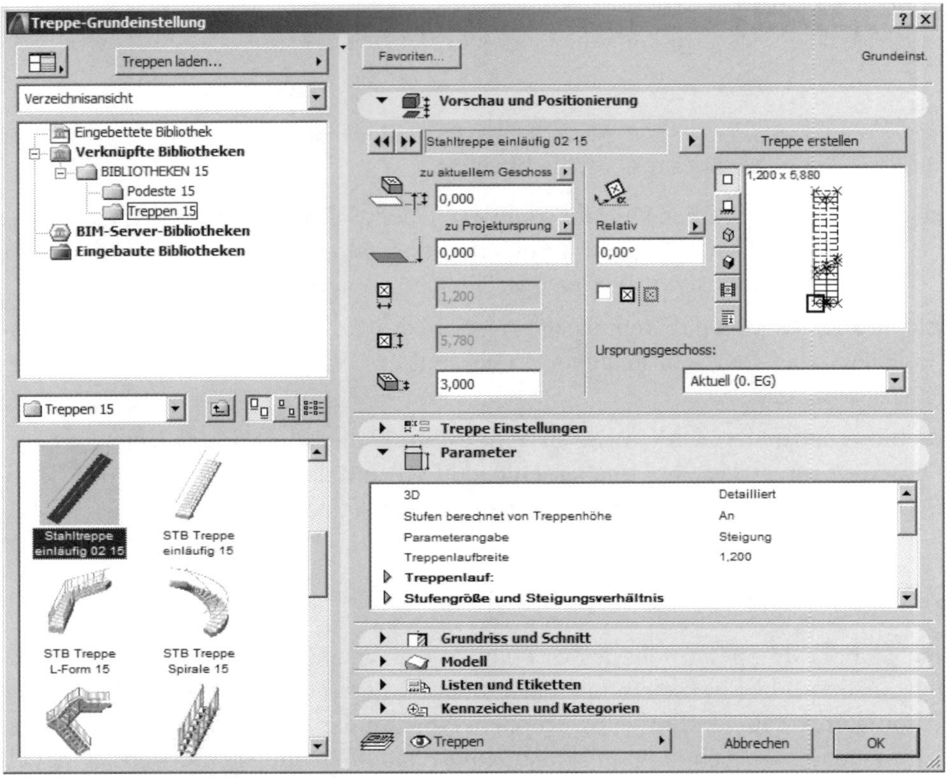

Abb. 7.2: Eingabedialogfenster für Standardtreppen

Achten Sie vor der Auswahl einer Treppengeometrie noch auf die beiden obersten Schaltflächen (Abbildung 7.3). Damit kann zwischen *Treppen* und *Rampen* gewählt werden, die beide ähnliche Geometrien verwenden. Um alle Parameter kennen zu lernen, sollten Sie verschiedene Treppenformen probieren. Für unser Beispiel wird der Typ GLEICHSEITIG, VIERTELGEWENDELT gewählt. Nach dieser Wahl erscheint eine Reihe von Dialogfenstern für folgende Parametereingaben:

- GEOMETRIE UND TREPPENLAUF-EINSTELLUNGEN
- STRUKTUR- UND PODEST-EINSTELLUNGEN
- EINSTELLUNGEN DER STUFE
- GELÄNDER-EINSTELLUNGEN
- SYMBOL-EINSTELLUNGEN
- LISTEN-EINSTELLUNGEN

In den Dialogfenstern werden Sie bei den meisten Parametern kleine Schalter finden, um die Werte gegen Veränderungen zu schützen. Das Programm wird dann stets versuchen, die übrigen Parameter so zu arrangieren, dass eine gültige Treppengeometrie entsteht. Bevor Sie letztlich die neu gestaltete Treppe speichern, sollten Sie auf jeden Fall über die Schaltfläche TREPPE PRÜFEN die Konsistenz Ihrer Eingaben testen lassen. Gegebenenfalls erhalten Sie Ratschläge, was zu ändern ist.

Abb. 7.3: Treppenformen

Geometrie- und Treppenlauf-Einstellungen

Unter EINSTELLUNGEN GEOMETRIE geben Sie die Abmessungen ein für

- TREPPENHÖHE
- LAUFBREITE
- LÄNGE DES MITTLEREN TEILS
- LÄNGE DES UNTEREN TEILS
- LÄNGE DES OBEREN TEILS
- LÄNGE DER LAUFLINIE

Die Daten sind hier redundant. Wenn Sie alle Parameter bis auf die LÄNGE DER LAUFLINIE eingegeben haben, ergibt sich diese automatisch. Es kann aber auch sein, dass Sie diese Länge vorgeben möchten, aber die LÄNGE DES OBEREN TEILS ermitteln lassen wollen. Durch Schützen der Lauflinie mit dem kleinen Vorhängeschloss und der übrigen Längen können Sie das Programm dann zwingen, die LÄNGE DES OBEREN TEILS zu berechnen. Einen Wert, den man wohl immer nach Eingabe schützen wird, ist natürlich die Treppenhöhe, weil sie durch die übrige Konstruktion von außen vorgegeben ist.

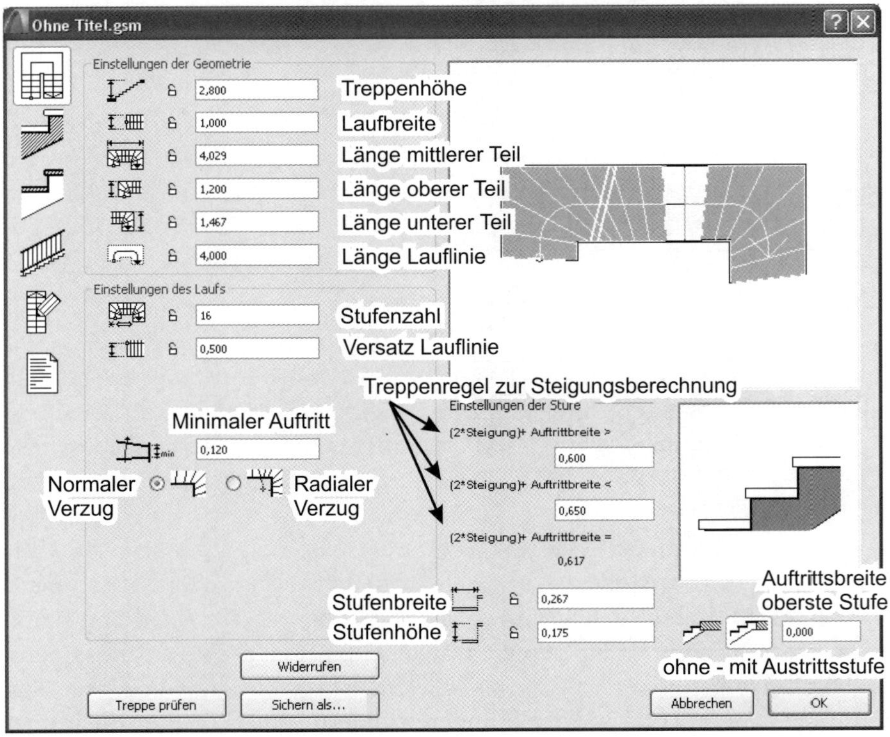

Abb. 7.4: Geometriedefinition der Treppe

Als weitere Eingaben folgen unter EINSTELLUNGEN DES LAUFS die STUFENZAHL und die LAGE DER LAUFLINIE vom Rand her gesehen. Dann folgen für gewendelte und verzogene Teile der Treppe die Angabe der MINIMALEN AUFTRITTSFLÄCHE und die Wahl zwischen NORMALEM VERZIEHEN und RADIALEM VERZUG.

In der Grafikvorschau können Sie auch den Bereich bzw. die Bereiche für das Verziehen der Stufen grafisch interaktiv bestimmen. Der Verzugsbereich wird grau markiert. Wenn Sie auf die nächste weiße Stufe außerhalb klicken, vergrößern Sie den Verzugsbereich und die betreffende Stufe wird auch grau markiert. Wenn Sie auf die vorletzte graue Stufe klicken, wird der Verzugsbereich um eine Stufe verkürzt, und die letzte Stufe wird dann weiß markiert. Durch diese Manipulationen können Sie bei sehr engen Platzverhältnissen noch manches herausholen.

In dieser Darstellung haben Sie auch die Chance, die Schnittkanten für die Darstellungsgrenze der Treppe im aktuellen Geschoss zu verschieben. Alle vier Endpunkte dieser schrägen Doppellinie können Sie mit dem Cursor anfahren, der sich dann in einen Kreuz-Cursor verwandelt und die Positionen entlang der Treppenränder frei verschieben kann.

Unter den Verzugsparametern kann noch ein Wert für die AUSTRITTSSTUFE eingegeben werden, falls die oberste Stufe länger oder kürzer sein soll als die normale Stufenbreite. Den linken Button wählen Sie, wenn *keine* Austrittsstufe nötig ist, die rechte Option wählen Sie, wenn die *Austrittsstufe verlängert* werden soll. In diesem Fall geben Sie dann einen positiven Wert für die Verlängerung ein.

Im Vorschaufenster haben Sie noch die Möglichkeit, die *Ecken in der Treppenkontur* zu modifizieren. Wenn Sie in eine der Ecken fahren, bekommen Sie einen Ecken-Cursor und erhalten nach einem Klick ein Menü, um zwischen ABRUNDUNG und ABSCHRÄGUNG zu wählen sowie um den ABRUNDUNGSRADIUS bzw. die LÄNGE DER ABSCHRÄGUNG einzugeben. Die Standardvorgabe in diesem Menü heißt GERADE und bedeutet, dass Sie die Ecke behalten.

Als weitere Parameter stehen unter der Grafik-Vorschau noch die *Grenzen für die Steigungsberechnung* an. Ich nehme an, dass Sie an der allgemeinen Formel für die Treppensteigung, dass nämlich die doppelte Steigung plus der Auftrittslänge zwischen 60 und 65 Zentimetern liegen soll, auch nichts ändern werden. Die nächste Zahl ist der für Ihre Treppe aus den bisherigen Parametern berechnete Wert. Dann folgen die Werte für die STUFENHÖHE und AUFTRITTSLÄNGE, die sich auch aus den anderen Parametern ergeben. Es könnte natürlich auch sein, dass Sie dafür Werte eingeben wollen und beispielsweise die ANZAHL DER STUFEN dann ausrechnen lassen wollen. In diesem Fall geben Sie hier die Werte ein und schützen sie wieder mit dem Vorhängeschloss. Die ANZAHL DER STUFEN muss dann aber ungeschützt sein, damit sie ermittelt werden kann. Da sich bei Änderung *eines* Parameters unter Umständen alle anderen ändern können, achten Sie immer auf die Parameter, die für Ihre Konstruktion festbleiben müssen, und schützen Sie diese notfalls.

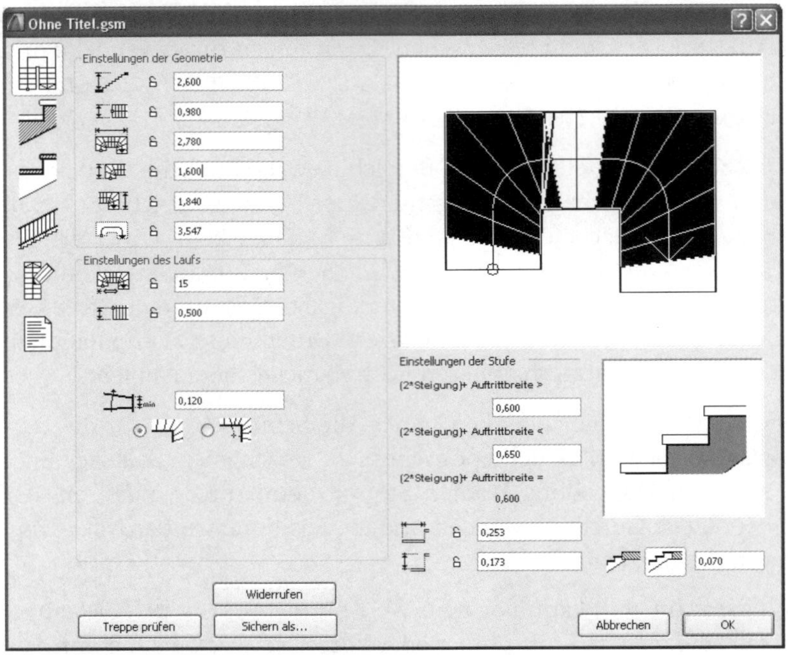

Abb. 7.5: Individuell gestaltete Treppe

Struktur- und Podest-Einstellungen

Es gibt fünf Treppenstrukturen wie in Abbildung 7.6 gezeigt. Die Abmessungen der verschiedenen Komponenten werden im Dialogfeld darunter abgefragt (Abbildung 7.7). Die Dialogfelder unterscheiden sich etwas nach den Strukturen. Abbildung 7.7 zeigt die Parameter, die maximal für Massivtreppen anzugeben sind. Die Parameterbezeichnungen werden Ihnen angezeigt, wenn Sie mit dem Cursor auf dem betreffenden Eingabefeld kurz stehen bleiben. Die Eingabefelder für oberes und unteres Podest sind natürlich nur erreichbar, wenn es sich um Treppen mit ein bzw. zwei Podesten handelt. Die Schaltfläche UNTERSEITE BEREINIGEN ist nur aktivierbar, wenn Sie mit Massivtreppen arbeiten. Die Bedeutung der Parameter dürfte durch die Grafiken und die dargestellten Maße klar sein. Natürlich können Sie für die einzelnen Komponenten der Treppenstruktur auch die verschiedensten Materialien auswählen.

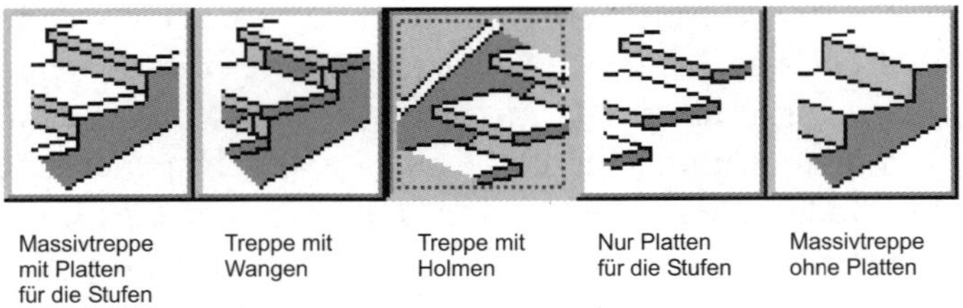

Abb. 7.6: Treppenstrukturen

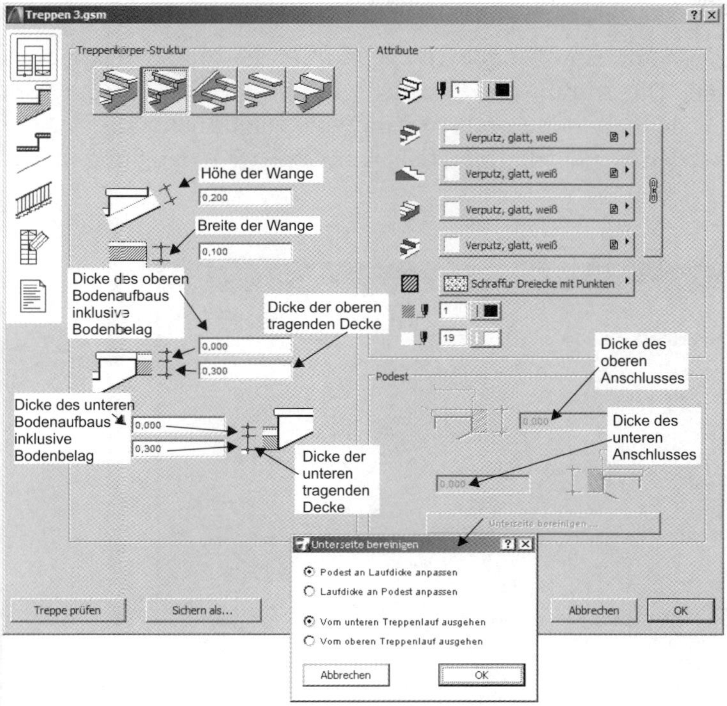

Abb. 7.7: Parameter für die Treppenstruktur außer Treppen mit Holmen

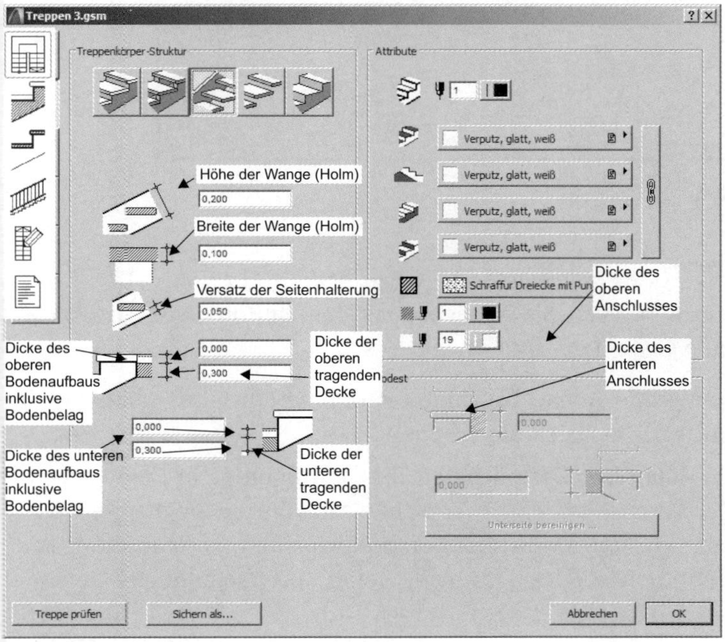

Abb. 7.8: Parameter für Treppen mit Holmen

Einstellungen der Stufe

Die Einstellungen der Stufe sind für alle Treppen außer der Massivtreppe ohne Platten vorzunehmen. Die Anzahl der Parameter hängt natürlich wieder vom Treppentyp ab. Die Bedeutung der einzelnen Parameter zeigt Abbildung 7.9. Auf der rechten Seite werden wieder die Materialien für die 3D-Darstellung ausgewählt.

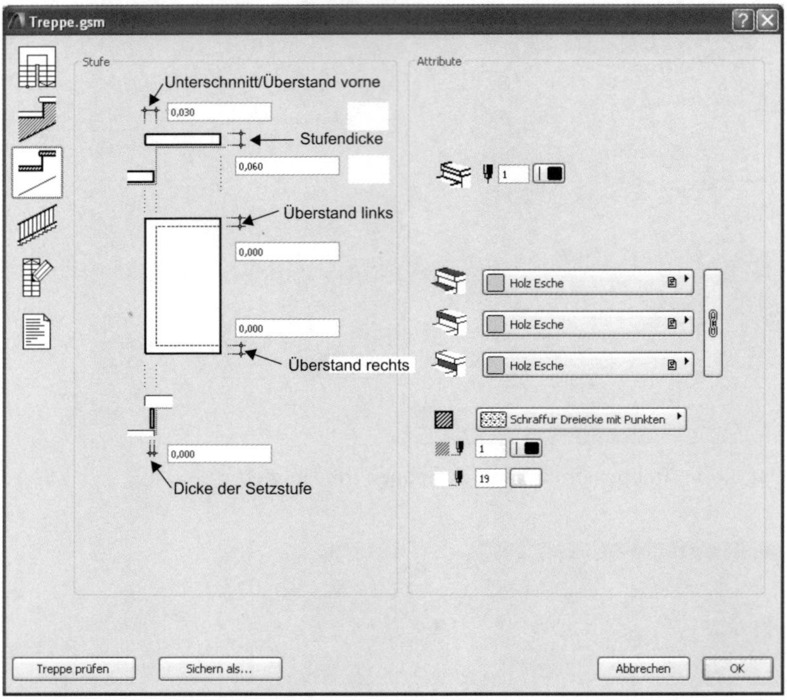

Abb. 7.9: Parameter für die Treppenstufen

Geländer-Einstellungen

In diesem Dialogfenster wählen Sie zunächst mit drei Buttons aus, für welchen Teil Ihre nachfolgende Geländerdefinition gelten soll.

- *Beide Geländer komplett* Die nachfolgenden Parametereinstellungen gelten für beide Geländerläufe für die gesamte Treppe.
- *Eine Geländerseite komplett* Die nächsten Einstellungen gelten entweder für das innere oder äußere Geländer. Im Vorschaubild können Sie die gewünschte Geländerseite anklicken. Damit können Sie erreichen, dass an einer Seite gar kein Geländer entsteht oder dass beide Seiten unterschiedliche Geländer erhalten.

- *Ein Geländersegment einzeln* Hiermit können Sie jedes Treppensegment mit einem anderen oder auch ohne Geländer erstellen. Das einzustellende Segment der Treppe klicken Sie mit dem Treppen-Cursor im Vorschaubild wieder an.

Je nachdem, ob Sie *beide Läufe, einen Lauf* oder *ein Segment* gewählt haben, wählen Sie nun oben bei Geländereinstellungen die gewünschte Geländerform aus. Für die Geländer der unteren Gruppe werden neben den allgemeinen Parametern des Geländers auch noch Einstellungen für die einzelnen Spindeln nötig. Sie können bei diesen Geländern die *individuelle Position einzelner Spindeln* entlang des Treppenlaufs ändern, nachdem Sie im Vorschaubild mit dem Spindel-Cursor *doppelt* auf eine Spindel geklickt haben. Es erscheint dann ein Menü, in dem Sie entweder eine *relative Verschiebung* oder die *absolute Position* entlang des Treppenlaufs angeben.

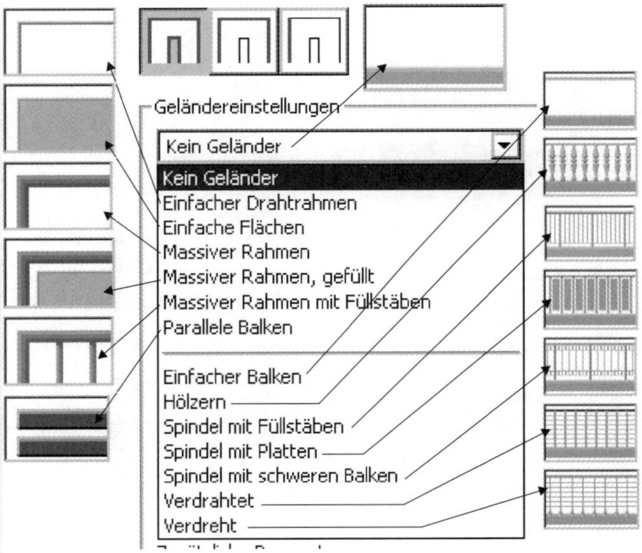

Abb. 7.10: Geländerform wählen

Die nötigen Parameter für die Geländer sind eigentlich wieder eindeutig durch Text und Grafik beschrieben (Abbildung 7.11). Beachten Sie unbedingt das Listenfeld ZUSÄTZLICHE PARAMETER, weil Sie hier abhängig von der Geländerform noch ganz individuelle Parameter setzen können.

Wenn Sie Geländer mit Pfosten haben, können Sie bei Spindeleinstellungen noch wählen, ob Sie einen Abstand vorgeben wollen (Option AM NÄHESTEN AN) oder AUF JEDER STUFE Spindeln haben wollen oder die ANZAHL eingeben möchten. Bei Geländern, die über mehrere Segmente gehen, ist die Option AN ECKE EINRASTEN interessant.

Mit OBERER VERSATZ DES PFOSTENS ist eine Verlängerung des Pfostens über die Geländeroberkante hinaus gemeint, mit UNTERER VERSATZ DES PFOSTENS eine Verlängerung um einen bestimmten Betrag unter die Aufsetzkante auf der Stufe. Der VERSATZ DES ERSTEN UND LETZTEN PFOSTENS ist der Versatz *entlang* der Geländerflucht. Senkrecht dazu zählt der SEITENVERSATZ DES PFOSTENS, für den die zusätzlichen Schaltflächen für die POSITION INNEN oder AUSSEN gelten.

In der Grafik-Vorschau können Sie die Pfosten *individuell positionieren*, indem Sie auf eine Pfosten-Position doppelklicken und in einem neuen Dialogfenster entweder einen relativen Versatz oder den absoluten Abstand entlang des Geländers verändern.

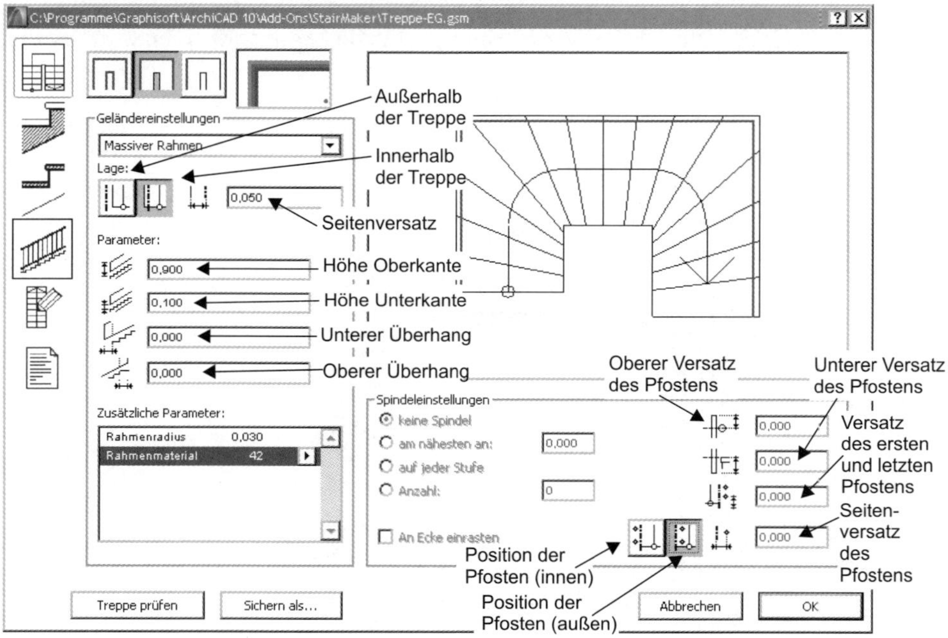

Abb. 7.11: Parameter für die Geländer

2D-Detaillierungsgrad-Einstellungen

In diesem Dialogfenster legen Sie die Art der Detaillierung im Grundrissfenster fest. Es stehen 12 Darstellungstypen zur Verfügung. Außerdem können Sie die Symbole für Antritt, Austritt und Geländer wählen (Abbildung 7.12).

Listen-Einstellungen

Im letzten Dialogfeld können Sie alle Komponenten der Treppe markieren, die automatisch in die Listen aufgenommen werden sollen. Standardmäßig ist hier alles markiert. Die Listen werden mit dem Menü DOKUMENTATION|AUSWERTUNGEN UND LISTEN weiterbearbeitet (Abbildung 7.13).

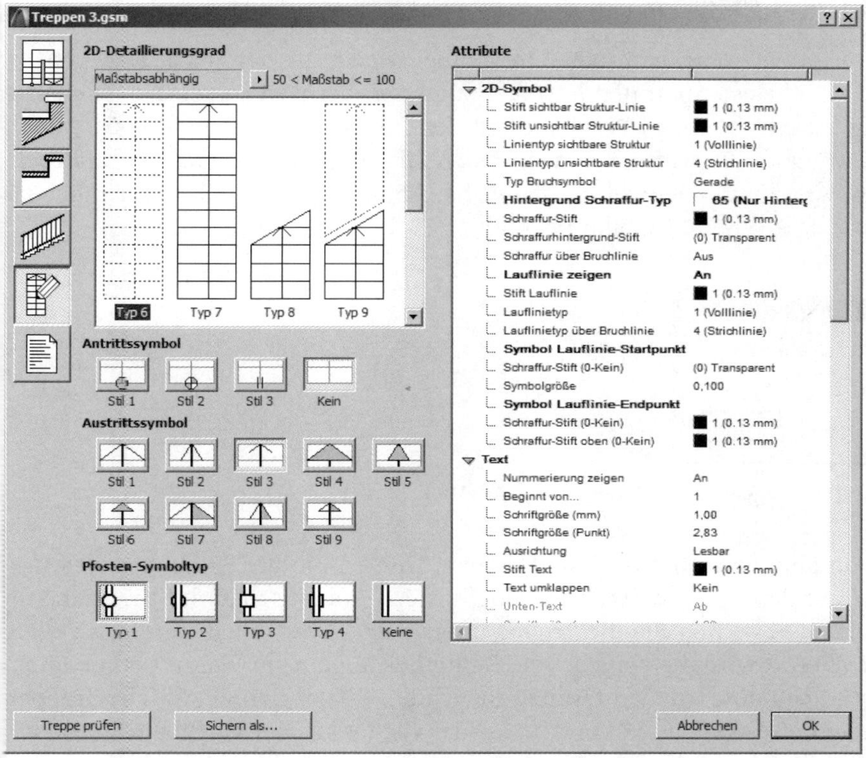

Abb. 7.12: 2D-Detaillierungsgrad

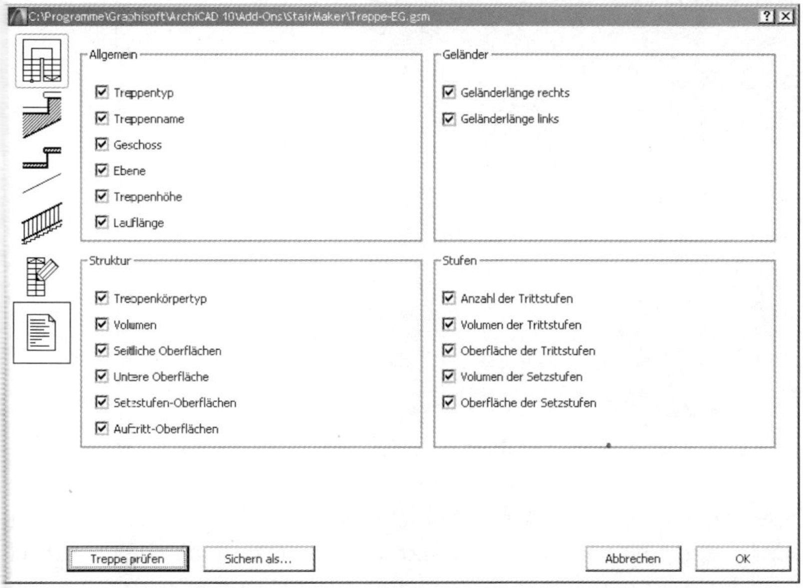

Abb. 7.13: Parameter zur Listenausgabe wählen

Letzte Schritte zur neuen Treppe

Bei den Parametereingaben sollten Sie immer wieder mit der Schaltfläche TREPPE PRÜFEN die Konsistenz prüfen lassen. Spätestens aber jetzt sollten Sie eine letzte Prüfung starten. Wenn es Probleme mit der Treppengeometrie gibt, bekommen Sie ggf. wertvolle Hinweise. Sie müssen dann die Treppe über Parameteränderungen oder Ändern des Verziehungsbereichs (Abbildung 7.5) nachbessern, bis das ersehnte OK erscheint (Abbildung 7.14).

Abb. 7.14: Die Treppe ist in Ordnung.

Wenn Sie eine neue Treppe erstellt haben, werden Sie bei Bedienung des Buttons OK auf dem großen Treppendialogfenster automatisch zum Speichern aufgefordert. Hier sollten Sie die Treppe unter einem sinnvollen Namen ablegen. Als Speicherort wird die eingebettete Bibliothek angeboten. Wenn nötig können Sie darin noch einen neuen Ordner einrichten. Später können Sie die Treppen dann über den EINSTELLUNGSDIALOG immer wieder aus der eingebetteten Bibliothek holen.

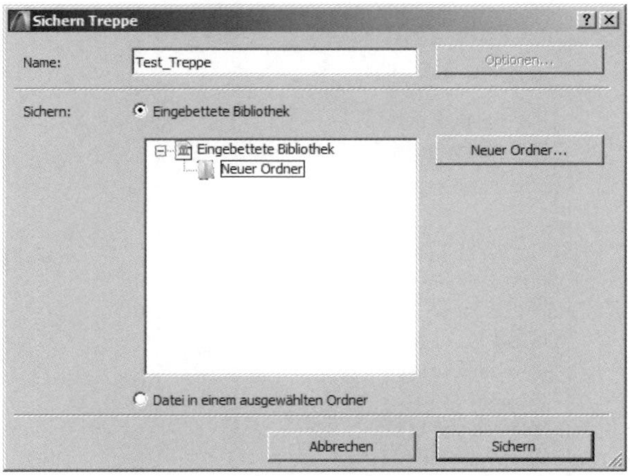

Abb. 7.15: Treppe in einem neu erstellten Ordner in der EINGEBETTETEN BIBLIOTHEK speichern

Nach Ende dieses Dialogfensters sollten Sie nicht gleich die Treppe positionieren, denn sie hat noch keinen eigenen Bezugspunkt. Gehen Sie deshalb wieder zurück in den normalen Einstellungsdialog des Treppenelements und wählen Sie rechts oben in der Grafik-Vorschau einen sinnvollen Bezugspunkt und auch die nötige Ausrichtung der Treppe.

Im *Vorschaubild* rechts oben werden verschiedene Darstellungen in 2D und 3D angeboten. In diesem Bild können Sie mit dem Cursor die Position für das Einfügen der Treppe in die Konstruktion vorgeben, indem Sie entsprechende Ecken anklicken. Auch können Sie neben die Treppe klicken und damit den Drehwinkel in Schritten von 45° verändern.

Die Einbauhöhe der Treppe ist auf die Geschosshöhe voreingestellt.

Im Bereich PARAMETER können folgende wichtige Parameter gesetzt werden:

- GESCHOSSABHÄNGIG Wenn Sie diese Option ausschalten, wird die Treppe im Grundrissfenster in *allen* Geschossen angezeigt. Normalzustand ist AUS.
- 2D-ÜBER URSPRUNGSGESCHOSS Diese Option erscheint erst, wenn GESCHOSSABHÄNGIG aktiviert wurde. Hier wird angegeben, welche Details mit welchen Linientypen über dem Ursprungsgeschoss noch angezeigt werden sollen.
- LISTENPARAMETER In diesem Abschnitt geben Sie die Parameter für die Ausgabe in die automatisch erzeugten Listen ein wie HERSTELLER, PREIS und viele weitere, auch selbst definierte Angaben.

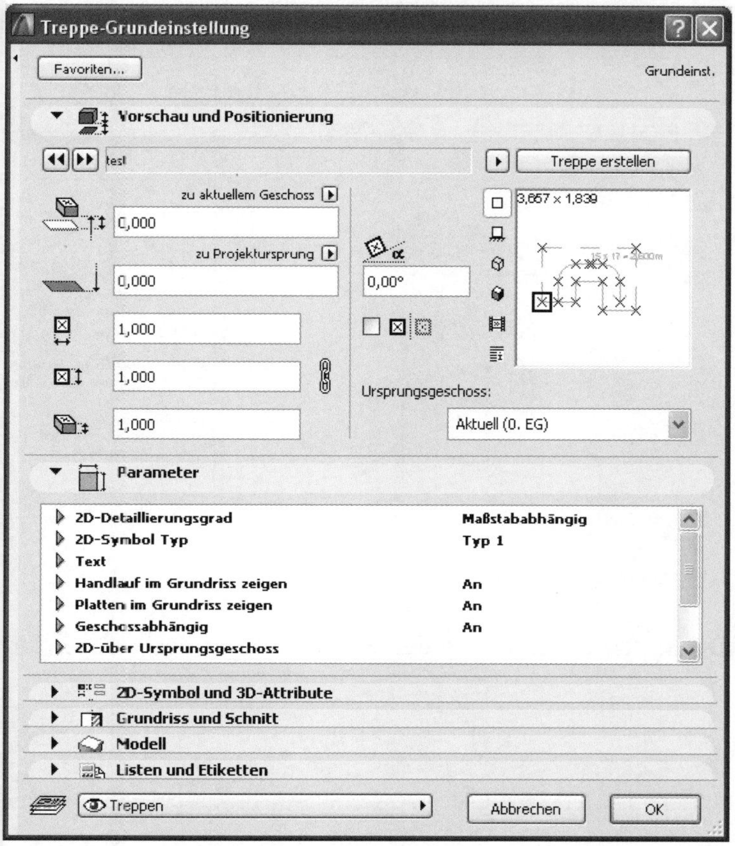

Abb. 7.16: Einstellungen für Treppen

Im Panel 2D-SYMBOL UND 3D-ATTRIBUTE können Sie alle Detaildarstellungen für die Darstellung in 2D und 3D für die Treppe selbst auswählen, die Lauflinie und die Geländer.

Im Panel GRUNDRISS UND SCHNITT gibt es die Überschrift GRUNDRISSDARSTELLUNG. Dort kann bei AUF GESCHOSS ZEIGEN gewählt werden, ob und wie die Treppe im Ursprungsgeschoss und in Geschossen darüber und darunter angezeigt werden soll.

Die übrigen Panels MODELL oder LISTEN UND ETIKETTEN bieten dieselben generellen Einstellungen wie bei allen Elementen. Nach all diesen Einstellungen können Sie die Treppe wie gewünscht in Ihre Konstruktion einfügen. Da Treppen normalerweise übereinander im Treppenhaus konstruiert werden und auch noch Zusatzarbeiten wie das Ausschneiden von Durchbrüchen in die Decken erfordern, ist es oft sinnvoll, bei AUF GESCHOSS ZEIGEN die Option IN ALLEN GESCHOSSEN zu wählen. Von sich aus wird die Treppe im Geschoss, in dem sie eingebaut wird, *bis* zur Treppen-Sichtkante gezeigt, im direkt darüber liegenden Geschoss *ab* der Sichtkante. Wenn Sie über die Sichtbarkeitsoptionen noch weitere Geschosse dazunehmen, wird dort dann nur der gestrichelte Gesamtumriss der Treppe gezeigt.

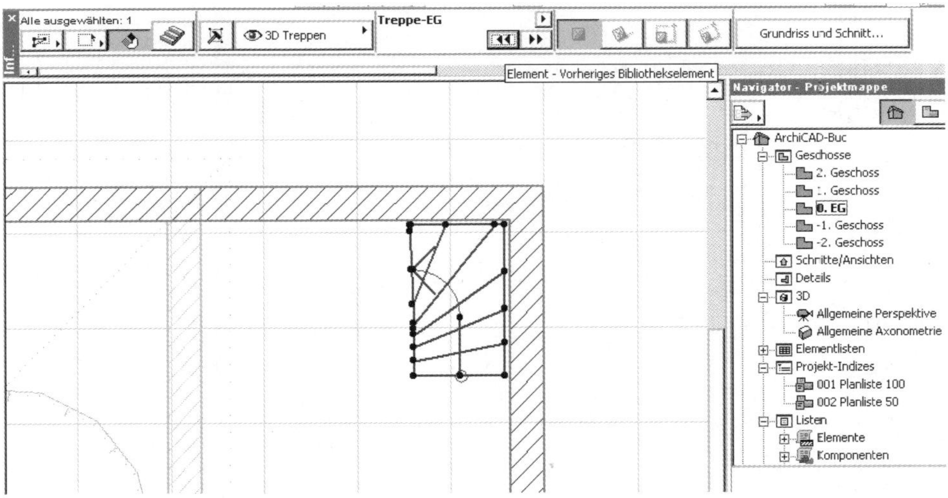

Abb. 7.17: Treppe mit Eckpunkt eingefügt, Sichtbarkeit bis Bruchlinie

Wenn Sie in das 3D-FENSTER wechseln, werden Sie die vollständige Treppendarstellung sehen.

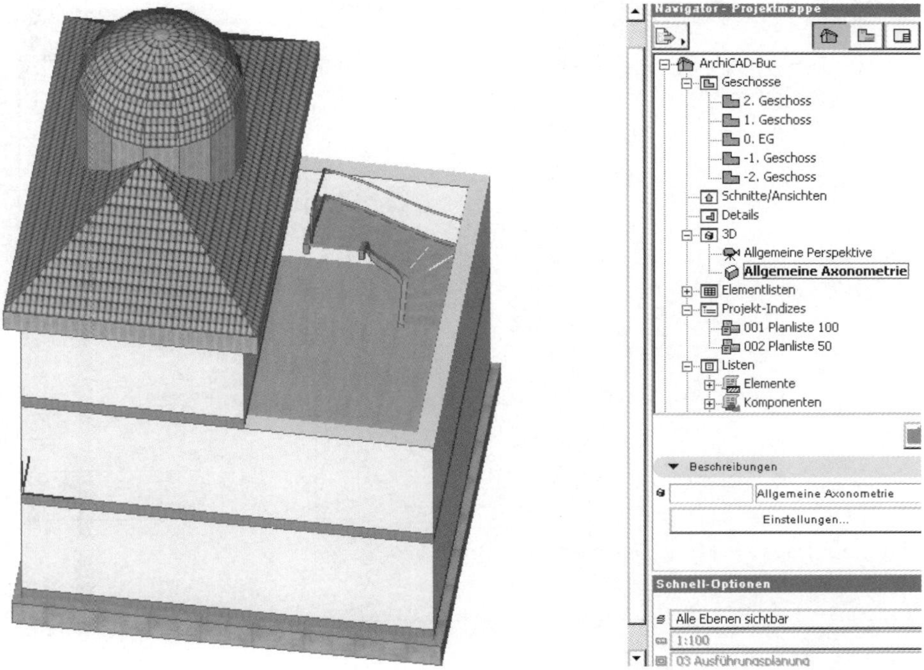

Abb. 7.18: Treppe in der 3D-Ansicht

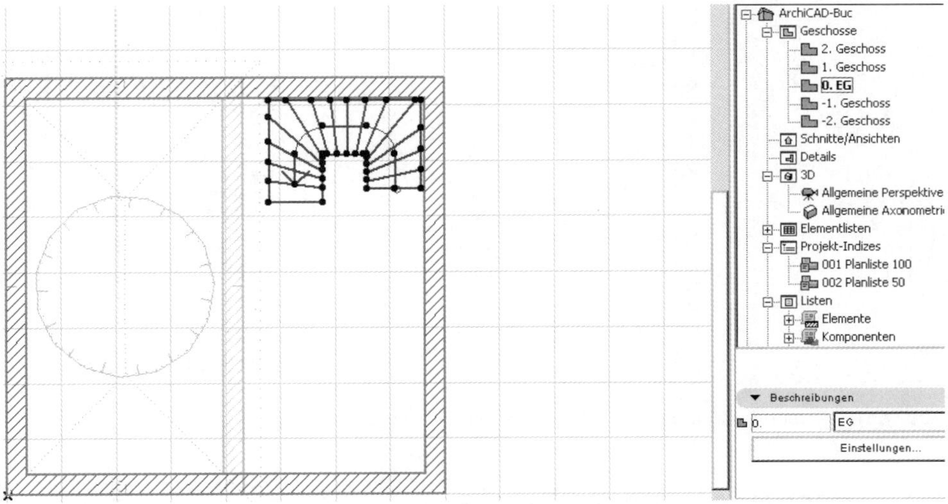

Abb. 7.19: Treppe in geschossunabhängiger Darstellung

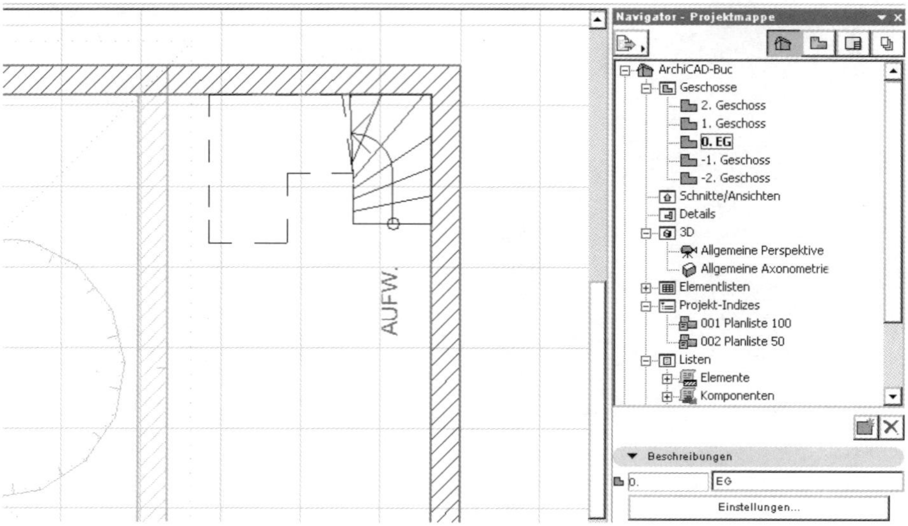

Abb. 7.20: Treppe mit Strichlinien oberhalb Bruch

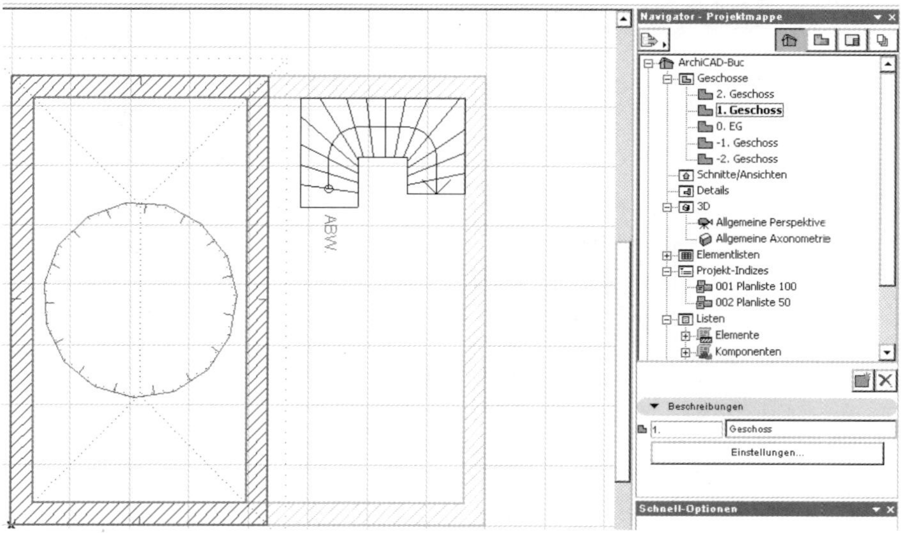

Abb. 7.21: Treppendarstellung ohne Bruch im Geschoss oberhalb

7.3 Benutzerdefinierte Treppe

Die benutzerdefinierte Treppe wird aus individuell gezeichneten Elementen erstellt. Den Treppenumriss erstellen Sie mit dem SCHRAFFUR-Werkzeug und die Lauflinie mit einzelnen LINIEN und BÖGEN, nicht als Polylinie (!). Wenn Sie die Geometrie erstellt haben, starten Sie das Menü PLANUNG|TREPPE MIT AUSWAHL ERSTELLEN und arbeiten die Dialogfenster ab.

Rufen Sie also als Erstes das SCHRAFFUR-Werkzeug auf und wählen Sie die polygonale Form (Abbildung 7.22). Weitere Einstellungen sind hier nicht nötig.

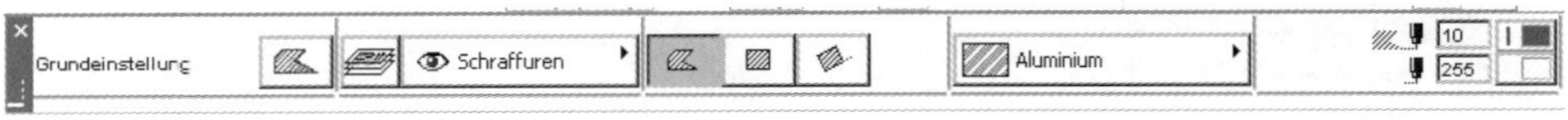

Abb. 7.22: SCHRAFFUR-Werkzeug

Im Beispiel wird die Schraffur-Umgrenzung mit Konstruktionsraster zunächst eckig erstellt (Abbildung 7.23). Die Eckenausrundung kann nach Markieren des Elements und Anklicken der Innenecke mit dem Werkzeug ECKENVERRUNDUNG aus der PET-PALETTE vorgenommen werden. Mit dem Werkzeug LINIE wird zunächst eine eckige Lauflinie erstellt, die dann mit dem Werkzeug ABRUNDEN ausgerundet wird. Diese vier Elemente – Schraffur, zwei Linien und ein Bogen – bilden nun die Grundlage für die selbst definierte Treppe.

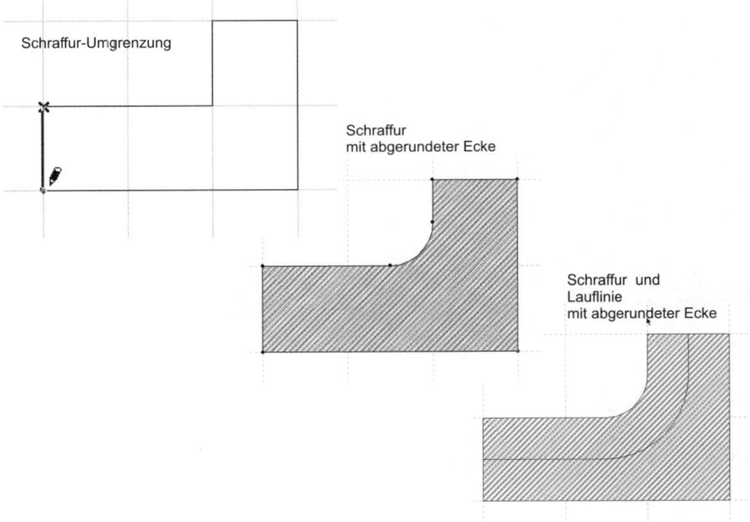

Abb. 7.23: Schraffur und Lauflinie erstellen

Zum Erstellen der eigenen Treppenform wählen Sie zunächst diese vier Elemente mit dem PFEIL-Werkzeug. Dann rufen Sie das Menü PLANUNG|TREPPE MIT AUSWAHL ERSTELLEN auf. ArchiCAD bietet Ihnen im TREPPEN-Werkzeug daraufhin die 22. Form an (Abbildung 7.25), die freie Treppe. Zahlreiche Parameter dürfen Sie nun noch definieren (Abbildung 7.26). Beenden Sie den Dialog mit OK und speichern Sie die Treppe in der EINGEBETTETEN BIBLIOTHEK. Mit dem TREPPEN-Werkzeug können Sie dann diese Treppe einfügen. Vergessen Sie nicht, in den GRUNDEINSTELLUNGEN den *Basispunkt* und die *Treppenausrichtung* ggf. neu zu setzen. Die vier Elemente, von denen Sie ausgegangen sind (Schraffur, Linien und

Bogen), sind aber immer noch vorhanden. Wenn sie nicht anderweitig benötigt werden, können sie nun gelöscht werden (Abbildung 7.27).

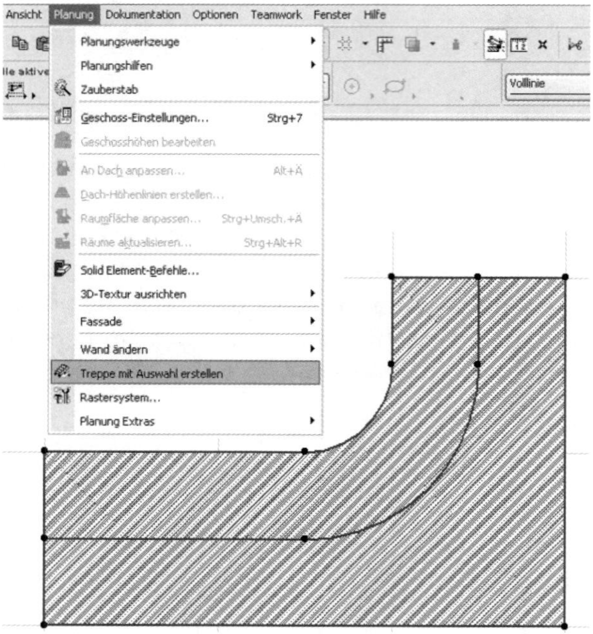

Abb. 7.24: Umwandlung in Treppe

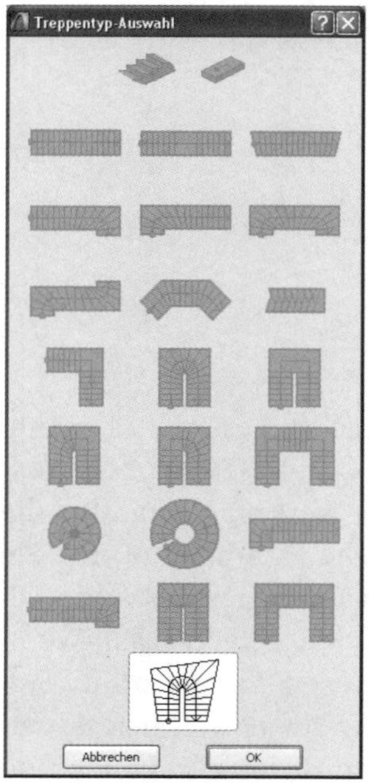

Abb. 7.25: Treppenform für eigene Treppendefinition

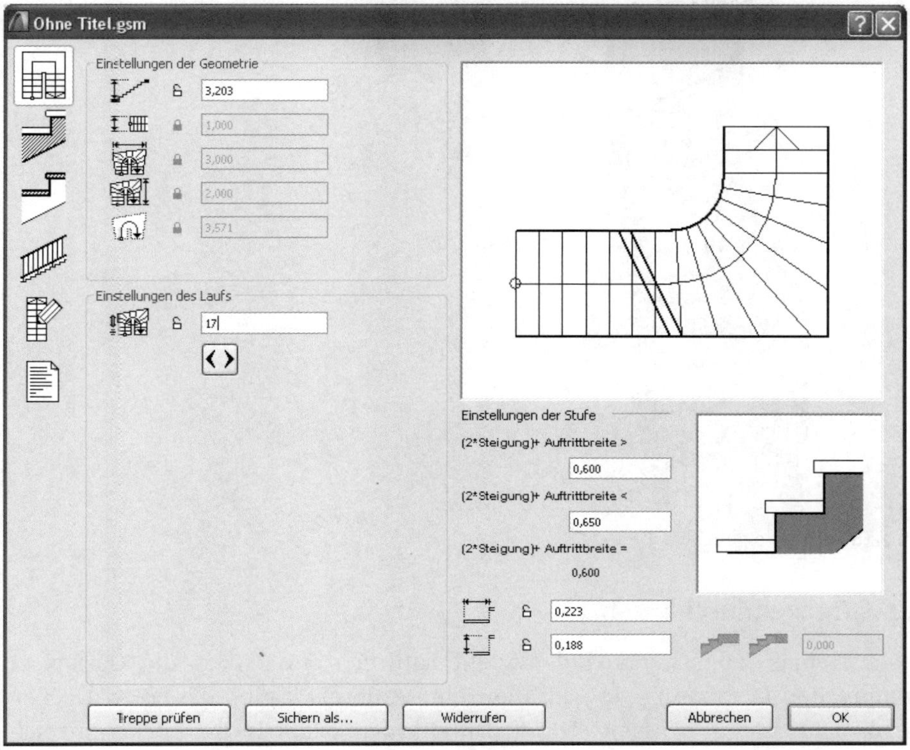

Abb. 7.26: Parametereingabe

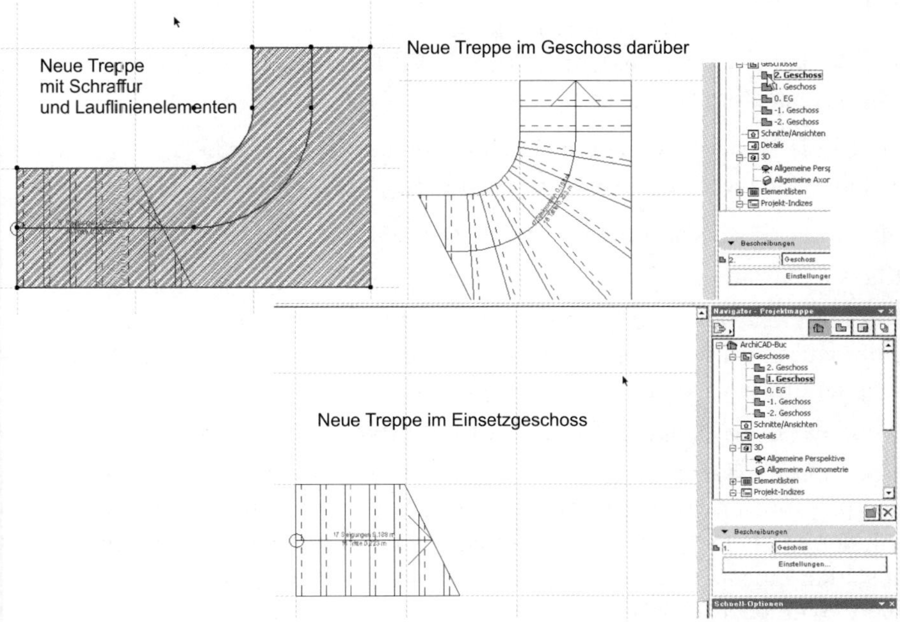

Abb. 7.27: Neue Treppe in den Geschossen

Abb. 7.28: Fertige eigene Treppe in 3D

7.3.1 Deckendurchbruch

Sobald Treppen konstruiert sind, besteht natürlich der Bedarf, die Decken zu durchbrechen (Abbildung 7.29). Da es keine Automatik gibt, die einen Deckendurchbruch erzeugt, müssen Sie den Durchbruch selber in die Decke einzeichnen. Dazu sollten Sie zunächst dafür sorgen, dass die Treppe auch im darüber liegenden Geschoss entsprechend angezeigt wird. Sie können dazu mit einem Rechtsklick auf das darunter liegende Geschoss in der PROJEKT-MAPPE das Kontextmenü aufrufen und das Geschoss zum *transparenten Geschoss* machen. Die andere Variante wäre, die Treppe über ihre Parametereinstellungen in allen Geschossen sichtbar zu machen.

Wenn Sie die Treppe also in dem Geschoss, in dem die Decke liegt, sehen wollen, dann gehen Sie folgendermaßen vor (Abbildung 7.30):

1. Markieren Sie die zu durchbrechende Decke.
2. Klicken Sie dann auf das DECKEN-Werkzeug.
3. Nun können Sie einfach einen polygonalen Umriss konstruieren, der dann automatisch zum Deckendurchbruch wird. Klicken Sie dazu alle Ecken des Treppenumrisses an, bis die Kontur geschlossen ist.
4. Wenn das nicht klappt, haben Sie bestimmt Punkt 2 vergessen.
5. Um einen Deckendurchbruch an einer Seite zu *verkürzen*, können Sie einfach den polygonalen Umriss markieren, die gewünschte Seite anklicken und dann mit der PET-PALETTE diese Seite verschieben. Damit Sie exakte Verschiebungsabstände eingeben können, sollten Sie die TRACKER-Eingabe über die STANDARD-Symbolleiste aktiviert haben.

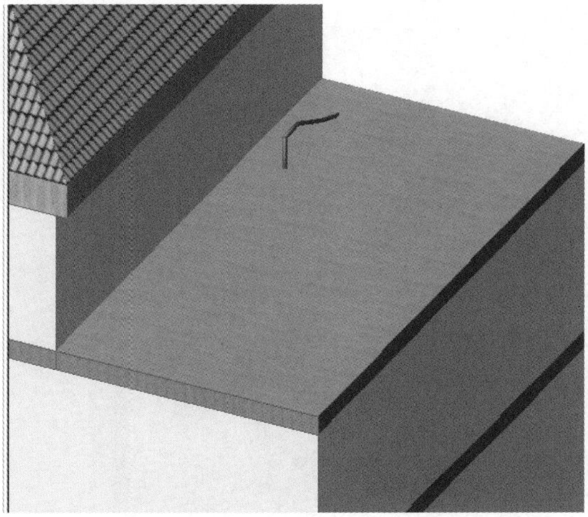

Abb. 7.29: Deckenelement über der Treppe

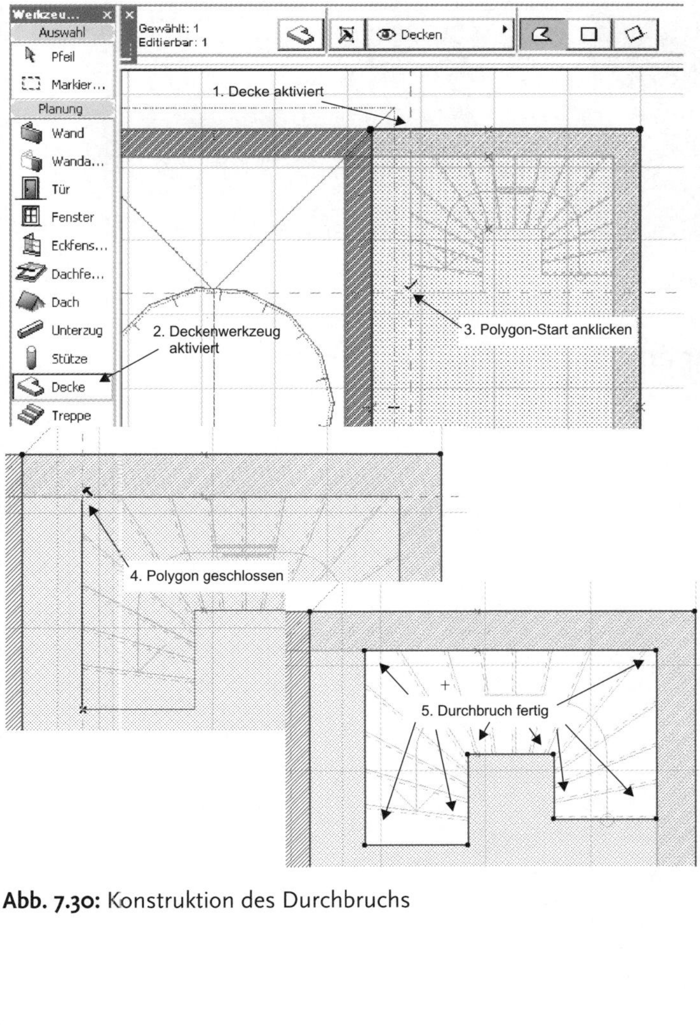

Abb. 7.30: Konstruktion des Durchbruchs

Abb. 7.31: Durchbruch in 3D

7.4 Übungsfragen

1. Wie viele vordefinierte Typen von Treppen gibt es?
2. Wie können Sie Treppenparameter fixieren?
3. Aus welchen Elementen wird eine benutzerdefinierte Treppe erstellt?

Kapitel 8

Fassaden

8.1 Das Fassaden-Werkzeug

Das FASSADEN-Werkzeug erlaubt die Konstruktion komplexer Fassaden sowie die Bearbeitung der Fassade als Ganzes oder jeder Einzelkomponente.

Abb. 8.1: FASSADEN-Werkzeug

Es gibt insgesamt sechs Geometriemethoden.

- Die einfachsten Methoden sind eine *Einzellinie* oder eine
- *Polylinienkontur* als Grundriss.
- Für gebogene Formen gibt es als einfachste Möglichkeit *Kreisbögen* definiert über *Mittelpunkt und Radius* (und natürlich einem Öffnungswinkelbereich),
- ferner den *Kreisbogen* über *drei Punkte,*
- drittens den *Kreis* über zwei *tangierende Elemente* definiert.
- Die vierte Methode erzeugt eine *kreisbogenförmige* Fassade mit *liegender Kreisbogen-Achse* wie das *Tonnendach* einer Bahnhofshalle.

Abb. 8.2: Geometriemethode POLYLINIE-EINFACH oder -KETTE

Abb. 8.3: Geometriemethoden MITTE & RADIUS, 3 PUNKTE, TANGENTIAL, RADIUS UND ACHSE

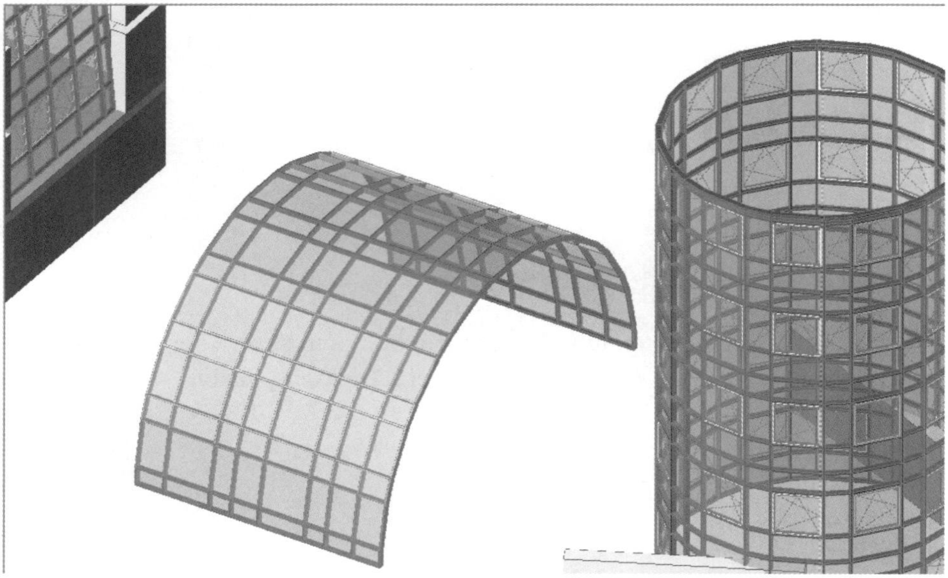

Abb. 8.4: Fassade als Tonnendach

Nach Definition der Grundlinie für die Fassade erscheint ein *Sonnen*-Cursor zur Definition der *Außenseite* und ein Dialogfenster zur Definition der restlichen Geometrie (Abbildung 8.5). Dazu gehören die Gesamthöhe (über alle Stockwerke), die Bezugshöhe und ggf. ein Neigungswinkel. Die hier gezeigten Fassaden sind individuell eingestellt auf Haupt-Paneele in Form von festen Glasflächen und Neben-Paneele mit Fensterflächen. Dazu können aus den Schema-Favoriten entsprechende Rasterungen ausgewählt werden.

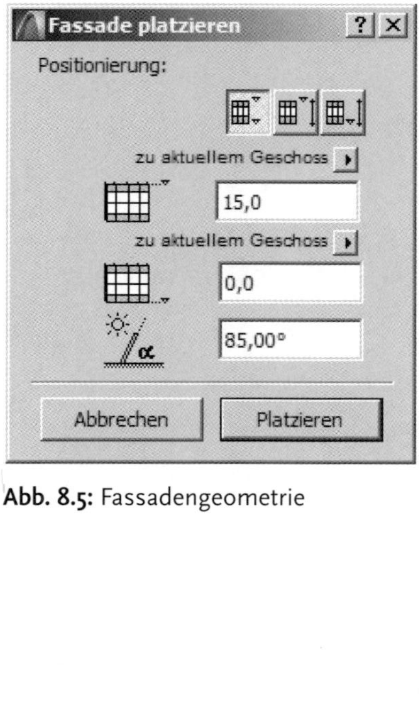

Abb. 8.5: Fassadengeometrie

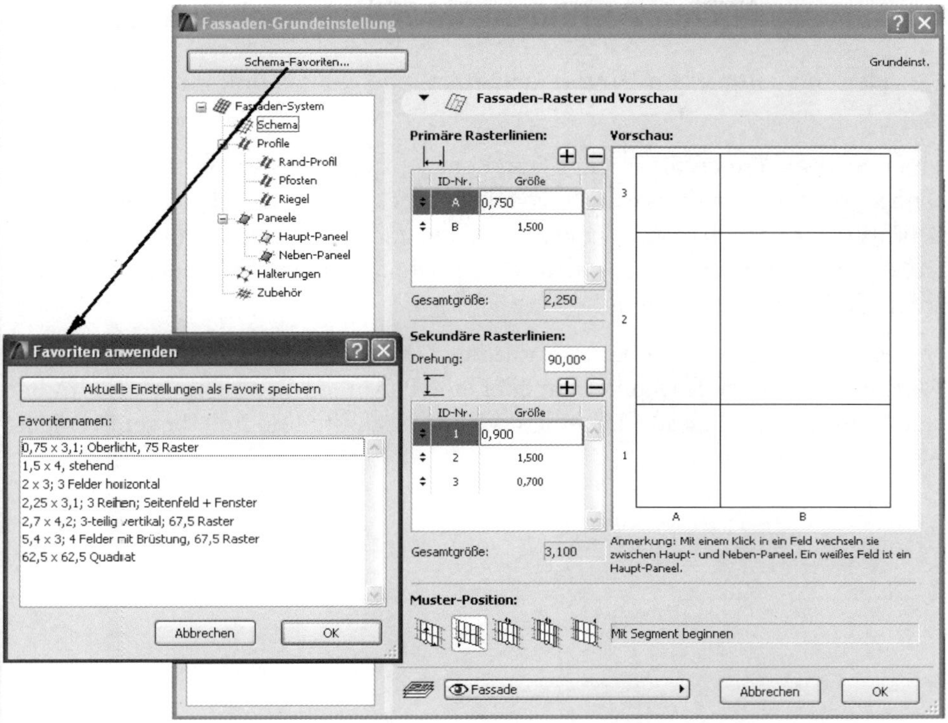

Abb. 8.6: Fassaden-Grundeinstellungen mit vorgegebenen Schemata

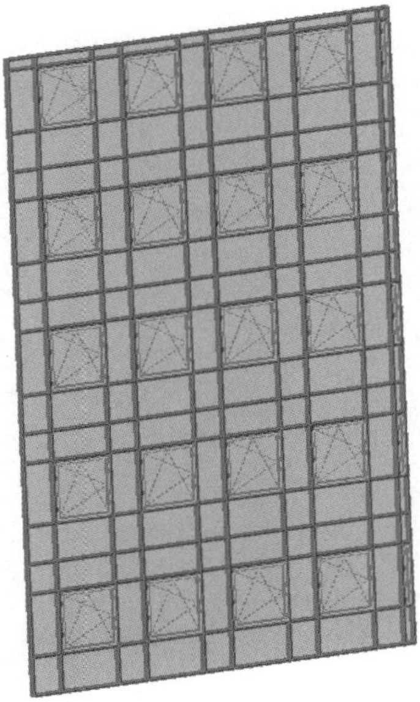

Abb. 8.7: Geneigte Fassade (85°) mit Haupt- und Neben-Paneelen

8.2 Fassaden mit Polylinienkontur in der Schnittansicht

Fassaden mit komplexem Umriss können in einer *Schnittansicht* konstruiert werden.

Einen Schnitt können Sie mit der Funktion WERKZEUGKASTEN|SICHTEN6|SCHNITT schnell in der Grundrissansicht erstellen. Klicken Sie zwei Positionen für die Schnittlinie an, z.B. auf der Wandaußenseite, und definieren Sie mit dem AUGEN-CURSOR die Blickrichtung für den Schnitt. Die Schnittansicht finden Sie danach sofort im NAVIGATOR unter SCHNITTE.

In der Schnittansicht können Sie mit der Geometriemethode RANDPROFIL eine Fassade an bestehende Geometrien über eine Polylinien-Kontur anpassen. Im Beispiel wurde eine Fassade an einen Wandausschnitt und mit bogenförmigem Abschluss konstruiert.

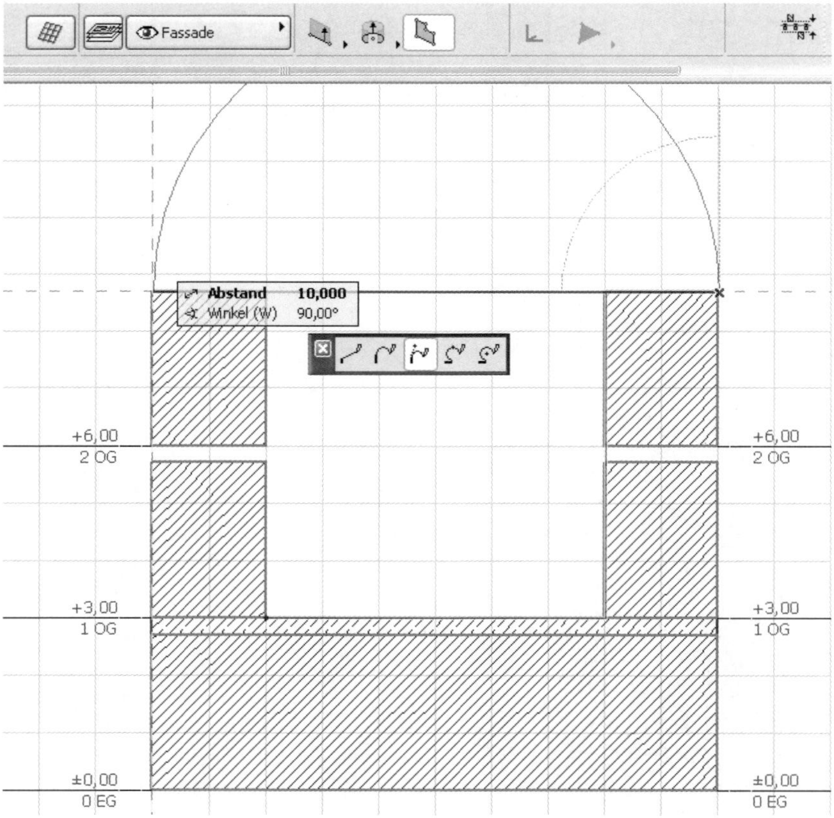

Abb. 8.8: Polylinienkontur in Schnittansicht zeichnen

Für diesen Fall wurde das Fassadenraster geändert. Es besteht nun laut Einstellungsdialogfenster aus gleichmäßigen senkrechten (primären) Rasterlinien im Abstand 1,25. Auch wurde ein Haupt-Paneel in ein Neben-Paneel umgewandelt. Dazu klicken Sie einfach in die gewünschte Fläche, die dann als Neben-Paneel grau markiert wird. Ferner wurde die Muster-Position auf MITTIG BEGINNEN umgeschaltet, um eine symmetrische Fassade zu erhalten.

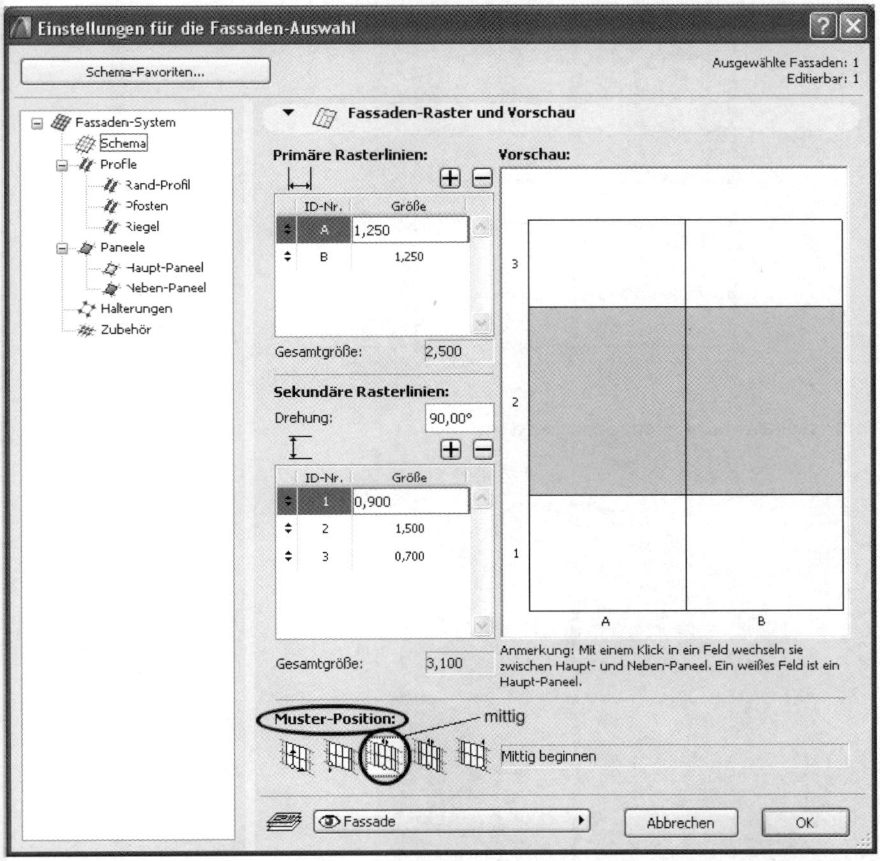

Abb. 8.9: Fassadenraster anpassen

Als Ergebnis erhalten Sie dann natürlich eine Fassade mit geschnittenen Fenstersegmenten. Wenn Sie nun die Bearbeitung aktivieren, indem Sie die gesamte Fassade markieren und dann auf IN 3D BEARBEITEN klicken, können Sie die geschnittenen Fenstersegmente markieren und über die INFO-LEISTE in Neben-Paneele umwandeln. In diesem Moment erscheinen sie auch korrekt auf die Außenkontur zugeschnitten.

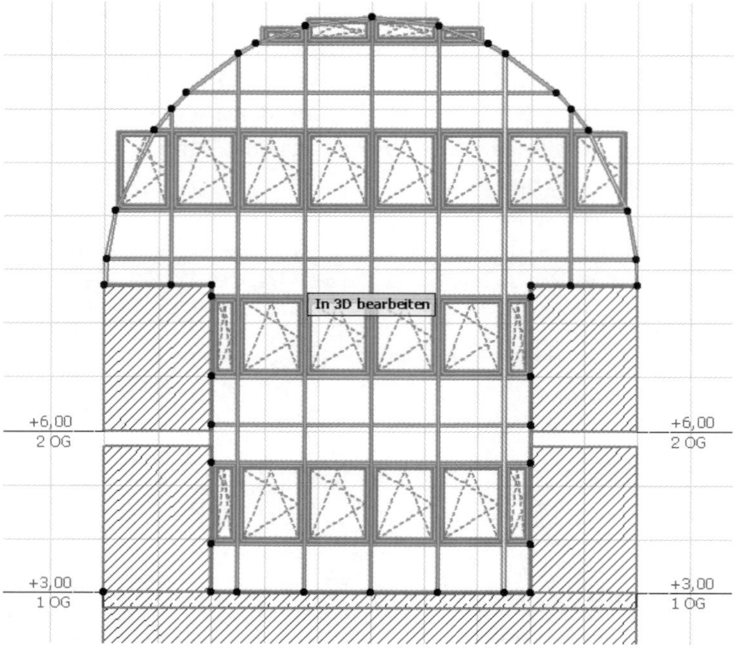

Abb. 8.10: Fassade mit überstehenden Fenstern

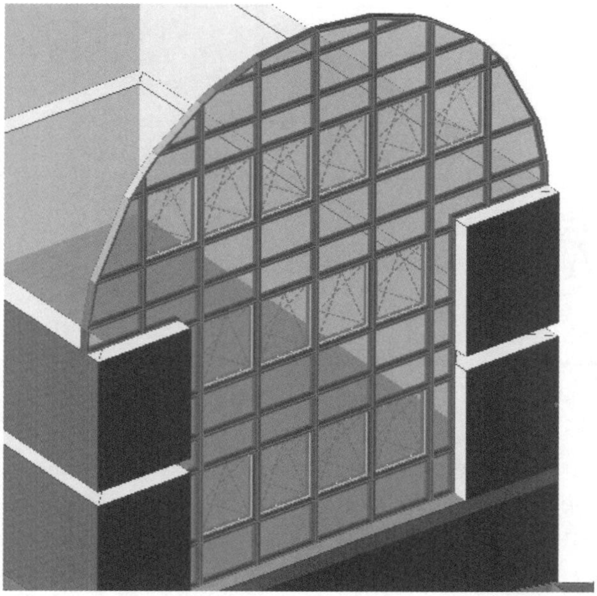

Abb. 8.11: Fenster in Haupt-Paneele umgewandelt

Die Fassade als Ganzes lässt sich auch noch über die PET-PALETTE drehen, wie Abbildung 8.12 zeigt.

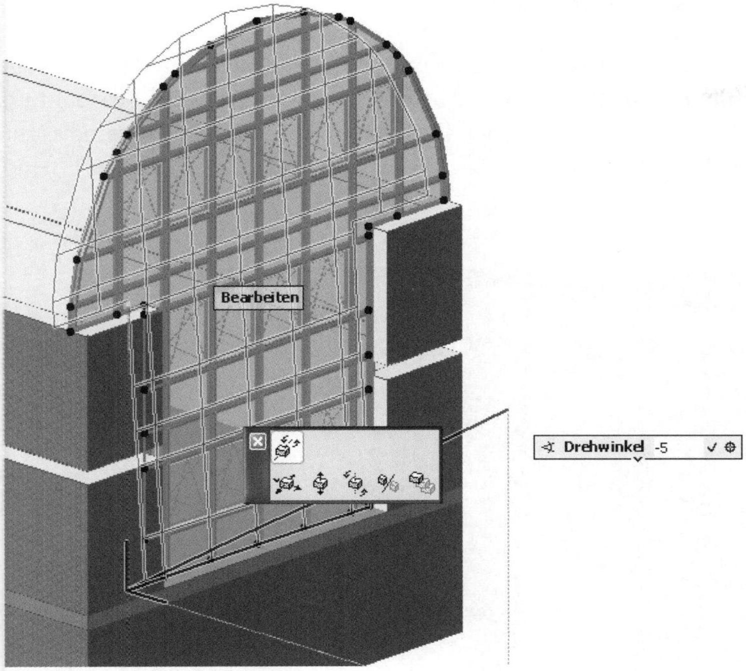

Abb. 8.12: Fassade in 3D kippen

Alternativ kann diese Fassade auch in einer 3D-Ansicht erstellt werden, wenn die Ebene für die Fassade gemäß Fassaden-Grundeinstellung als Erstes durch Anklicken einer Wandfläche oder über drei Punkte definiert wurde und anschließend dann auch die Polylinien-Fassade erstellt wird.

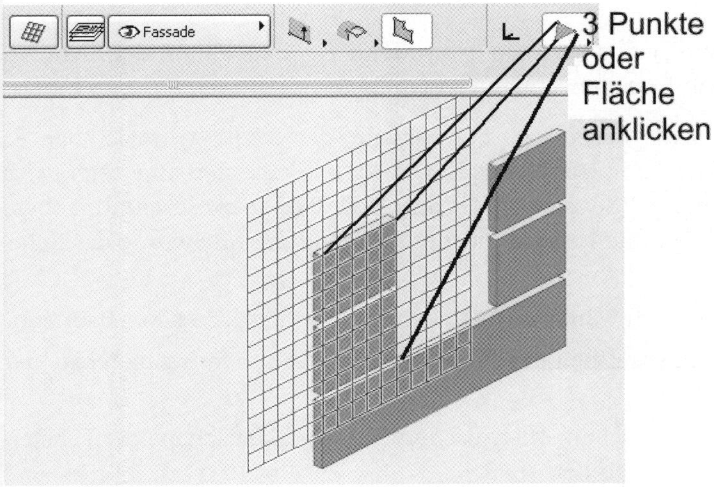

Abb. 8.13: Fassade in 3D-Ansicht, Ebenefestlegung über drei Punkte

8.3 Fassaden bearbeiten

Da die Fassaden aus vielen Einzelelementen bestehen, ist es wichtig, dass es Möglichkeiten zur detaillierten Bearbeitung gibt. Außer der oben gezeigten Bearbeitung über INFO-LEISTE und PET-PALETTE können Sie auch in den Bearbeitungsmodus für Einzelelemente gehen. Dazu markieren Sie die Fassade und klicken dann auf BEARBEITEN.

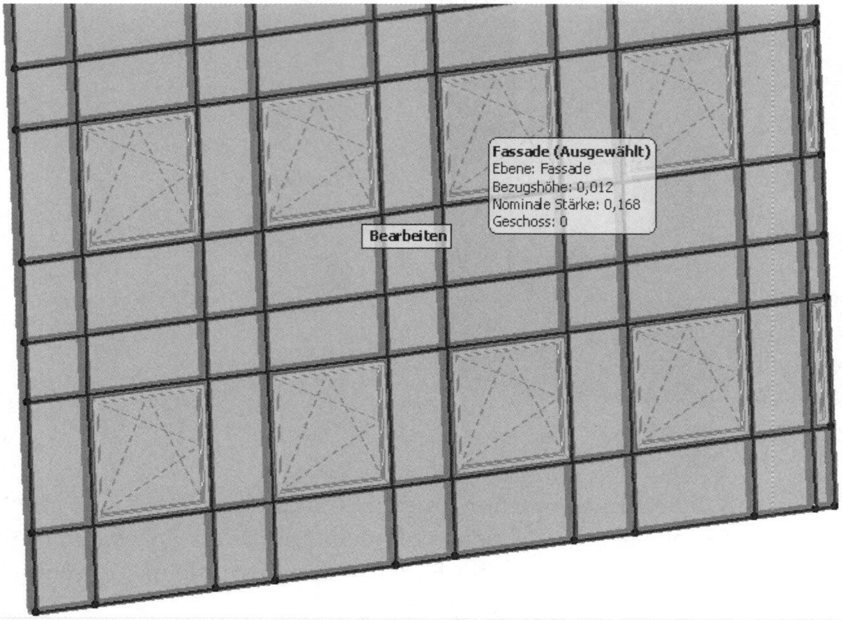

Abb. 8.14: Bearbeitung der Fassadenelemente starten

Im Einzelbearbeitungsmodus wird ein extra Menü zur Einstellung der Sichtbarkeit der verschiedenen Fassadenelemente angezeigt.

- Normalerweise ist die Basisfläche der Fassade, das SCHEMA, unsichtbar. Es wird stets mit einer kompletten Anzahl von Rasterelementen angezeigt, wird also im Allgemeinen größer sein als die durch die Basisgeometrie und Höhenangabe beschränkte echte Fassadenfläche. In Abbildung 8.15 wurde das Schema eingeblendet.
- Das UMFELD wären noch Wände und Ähnliches aus der restlichen Konstruktion.
- Das PROFIL ist die Gesamtheit der Profilstäbe senkrecht oder waagerecht oder als Randprofil.
- Die PANEELE sind die Flächen, die typischerweise als Glasflächen oder Fensterelemente die Fassade ausfüllen.

- HALTERUNGEN für die Paneele sind standardmäßig nicht in der Fassade enthalten, können aber zugeschaltet werden (siehe Abbildung 8.16).
- Als ZUBEHÖR wären VERSCHATTUNGSELEMENTE, DECKKAPPEN oder ANKER möglich, die aber in der aktuellen Fassade nicht enthalten sind.

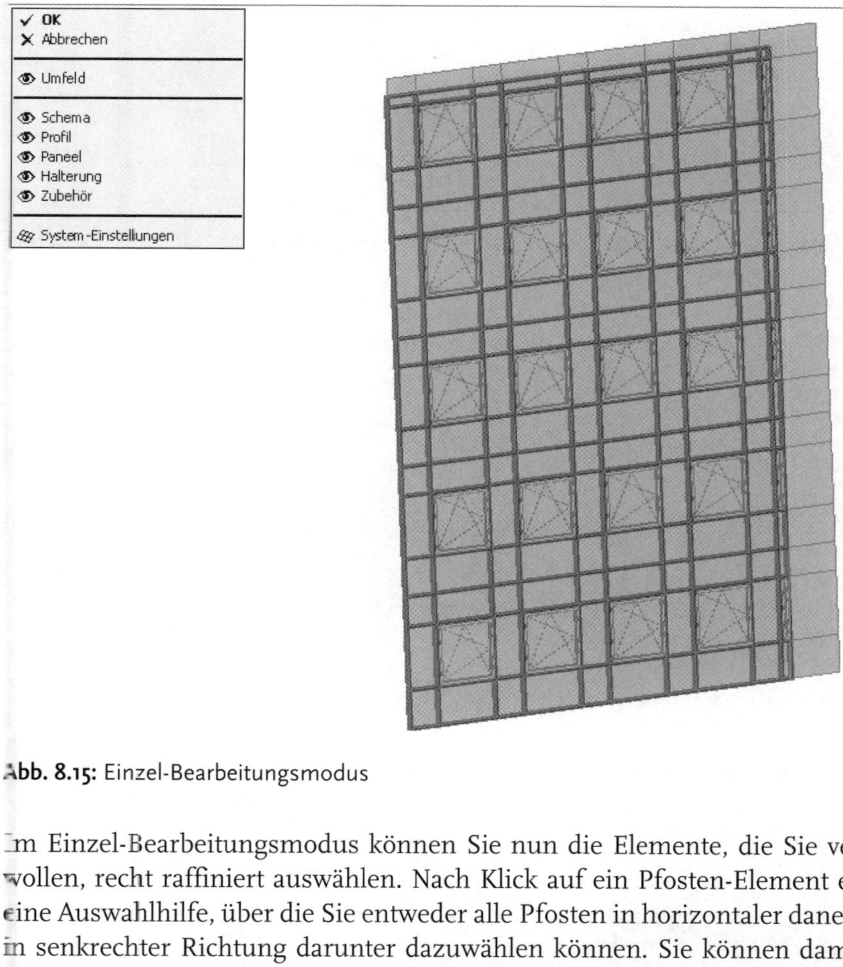

Abb. 8.15: Einzel-Bearbeitungsmodus

Im Einzel-Bearbeitungsmodus können Sie nun die Elemente, die Sie verändern wollen, recht raffiniert auswählen. Nach Klick auf ein Pfosten-Element erscheint eine Auswahlhilfe, über die Sie entweder alle Pfosten in horizontaler daneben oder in senkrechter Richtung darunter dazuwählen können. Sie können damit ganze Pfostenleisten wählen und verschieben. Natürlich können Sie zu einer Pfostenleiste mit der ⇧-Taste immer noch weitere dazuwählen.

Wollen Sie dagegen *alle Objekte einer Art* wählen, dann müssen Sie die Tastenkombination Strg+⇧+A drücken. Das entspricht der Funktion BEARBEITEN|SUCHEN & AKTIVIEREN. Als Elementtyp ist dann hier im Bearbeitungsmodus automatisch PROFIL eingestellt. Mit dem Plus-Zeichen können Sie dann alle Profilelemente wählen. Nicht erwünschte können Sie mit ⇧+Klick auch wieder abwählen. Über die Grundeinstellungen lassen sich die Elemente dann bearbeiten.

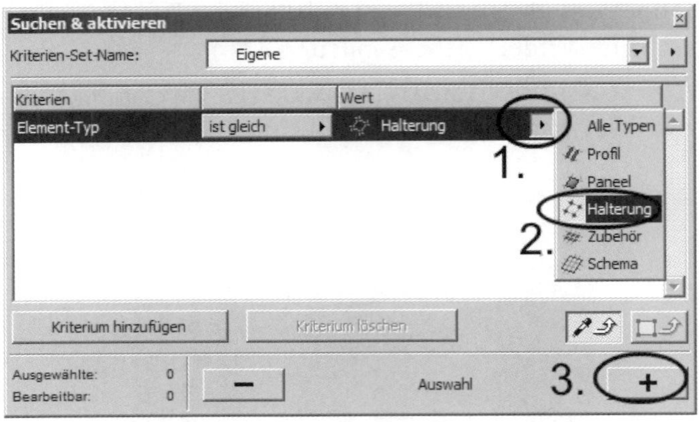

Abb. 8.16: Auswahl aller Halterungen im Fassaden-BEARBEITEN-Modus über Menü BEARBEITEN|SUCHEN & AKTIVIEREN

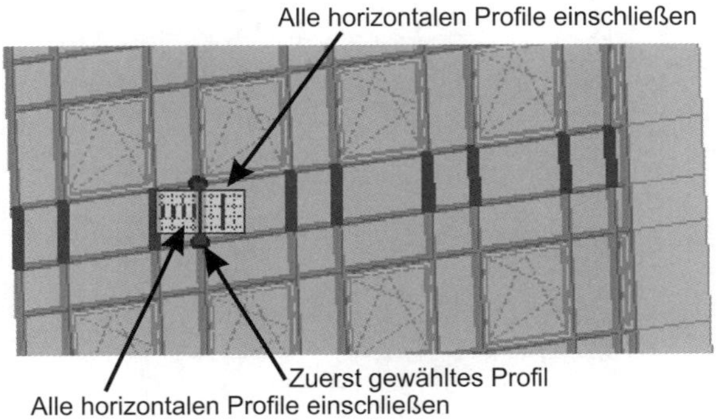

Abb. 8.17: Mehrfach-Wahl von Elementen

Sie können aber auch einzelne Elemente wie beispielsweise einen einzelnen Pfosten wählen und diesen dann über die PET-PALETTE verschieben (Abbildung 8.18) oder vielleicht löschen, weil Sie eine Tür einbauen wollen.

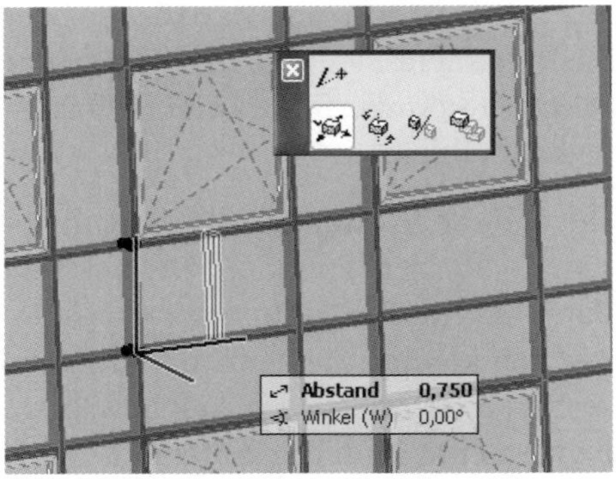

Abb. 8.18: Einzelnes Element verschieben

Wenn Sie ein Paneel anklicken, können Sie ebenfalls alle daneben oder darüber über entsprechende Schaltflächen dazuwählen.

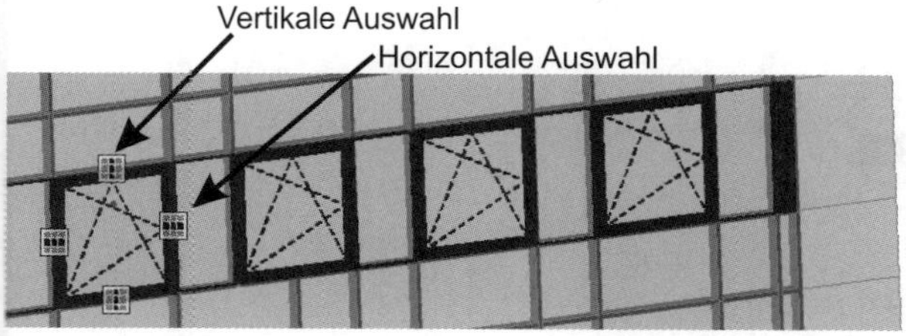

Abb. 8.19: Mehrere gleichartige Elemente nebeneinander wählen

Die Paneele lassen sich wie alle anderen markierten Elemente wieder über das Grundeinstellungsdialogfenster weitgehend modifizieren. Sie können in der INFO-LEISTE einfach durch Wahl eines anderen Typs in zweiflüglige Fenster, Türen oder sogar Drehtüren umgewandelt werden.

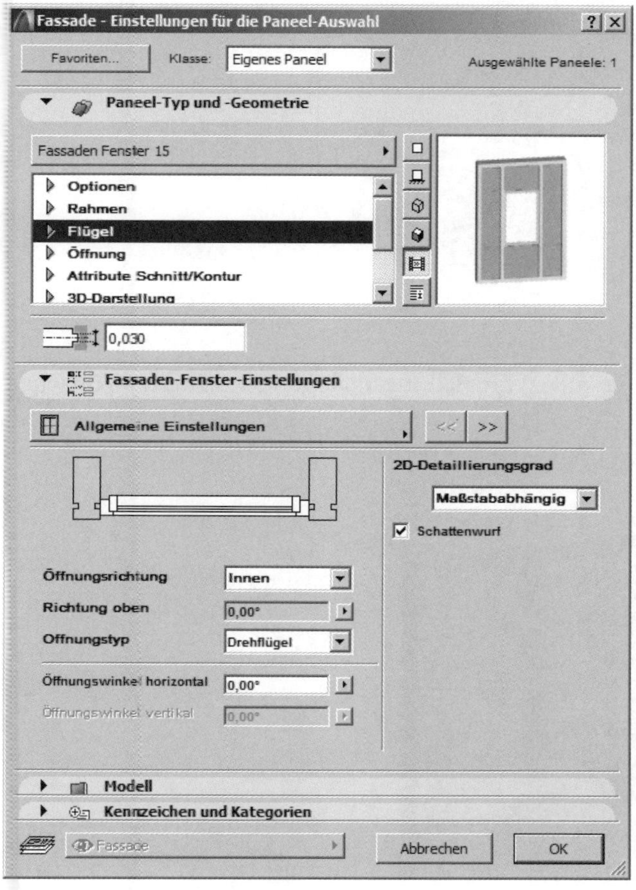

Abb. 8.20: Paneele-Auswahl

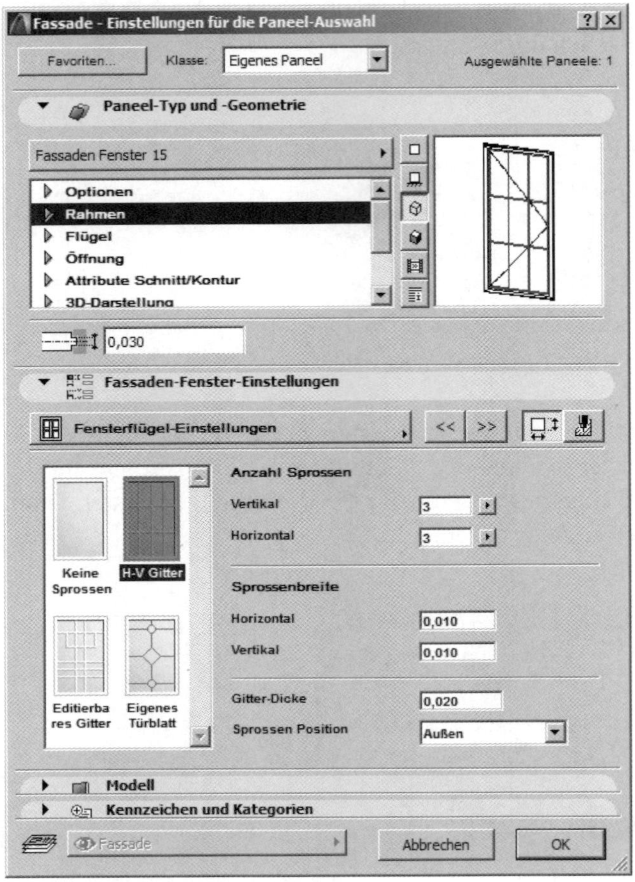

Abb. 8.21: Fenstergestaltung

Genauso können die Profile über Einstellungsdialogfenster Ihren Wünschen angepasst werden.

Abb. 8.22: Fassade mit Drehtür, anstelle von zwei Paneelen eingefügt

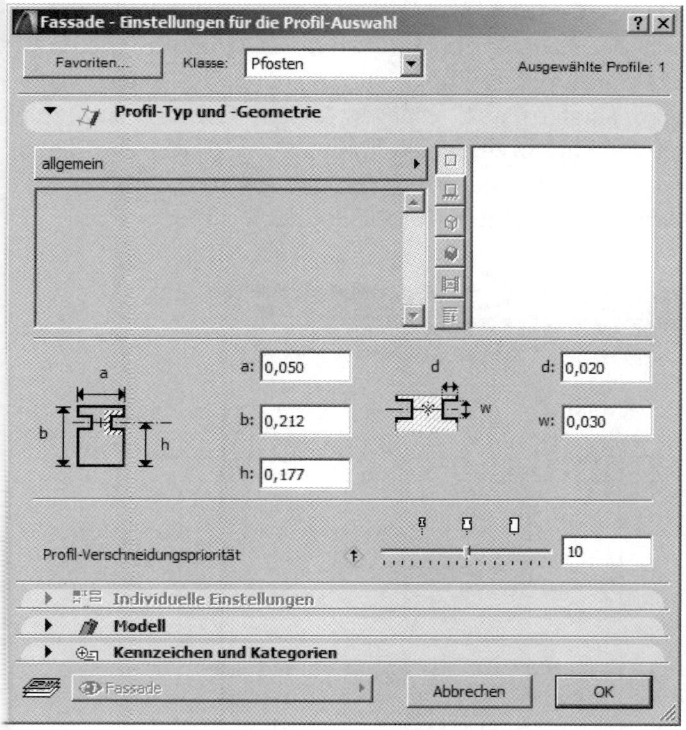

Abb. 8.23: Element-Einstellungen für Fassaden-System

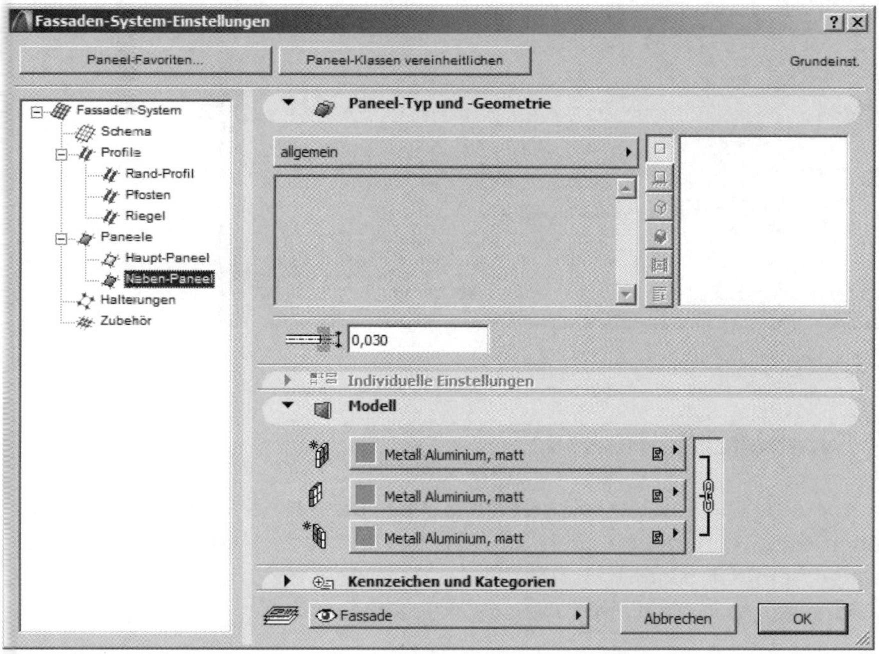

Abb. 8.24: Riegel (waagerecht) und Pfosten (senkrecht)

Im Einstellungsdialog für das Fassaden-System können Sie Haupt- und Neben-Paneele mit verschiedenen Materialien definieren. Wenn Sie dann das Schema zur Bearbeitung wählen, können Sie im Einstellungsdialog nicht nur die Rasterabstände und Aufteilungen variieren, sondern auch festlegen, welche Flächen Haupt- und Nebenpaneele sind. Mit einem Klick in eine weiße Haupt-Paneel-Fläche wird daraus eine graue Neben-Paneel-Fläche. Im GRUNDEINSTELLUNGSDIALOG kann auch die Positionierung des Fassadenschemas unter MUSTER-POSITION variiert werden.

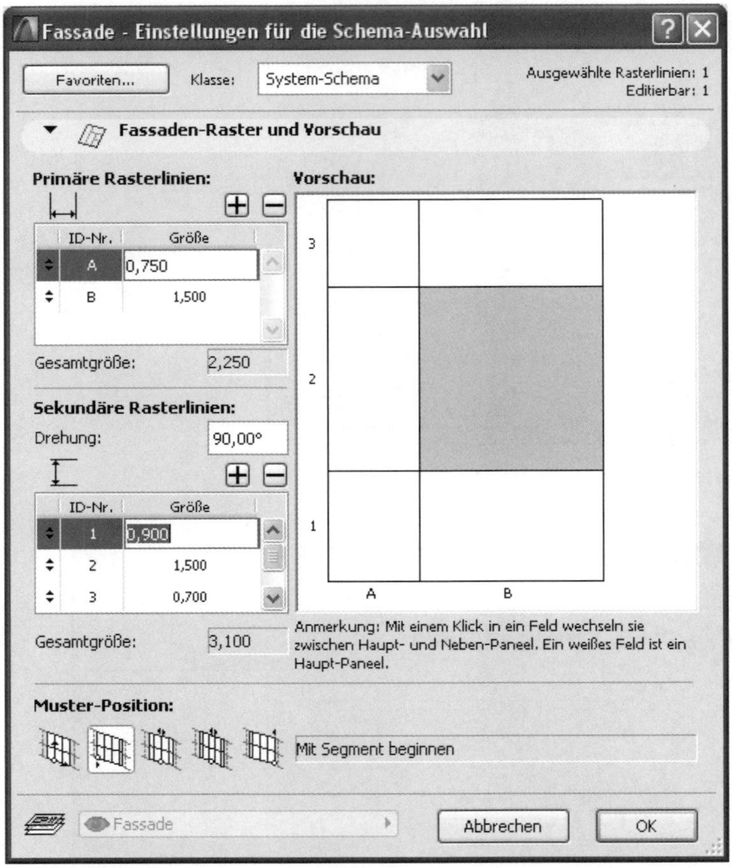

Abb. 8.25: Rasterlinienabstände

8.4 Symbolleiste Fassade

Zur Bearbeitung von Fassadenelementen gibt es eine neue Symbolleiste FASSADE. Sie finden diese Funktionen auch im Menü PLANUNG|FASSADE. Die ersten drei Werkzeuge beinhalten die Bearbeitung des Fassadensystems, die Sie aber auch durch einfaches Anklicken einer Fassade aktivieren können.

Dann folgen zwei Werkzeuge zur Behandlung von Fassadenverschneidungen bei sich kreuzenden Fassaden. Im Falle einer Fassadenverschneidung wird man zuerst FASSADE SPLITTEN aufrufen:

- Zuerst ist die Fassade zu wählen, die aufgetrennt werden soll,
- dann ist der Befehl aufzurufen und
- danach die Fassade, die das Splitten bewirkt zu wählen.
- Zuletzt ist mit dem AUGEN-CURSOR eine Position in der Nähe des Fassadenteils anzugeben, das danach markiert bleiben soll. Üblicherweise wird man mit dem AUGEN-CURSOR auf die Seite des Teils klicken, das man später löschen will.
- Dann können Sie nämlich im Rechtsklick-Menü gleich die Funktion LÖSCHEN aktivieren, ohne neu wählen zu müssen.

Mit der Funktion VERBINDUNGSPROFIL ERSTELLEN können Sie an der gesplitteten Stelle einen Pfosten erstellen lassen. Dafür gibt es zwei Methoden: ECHTE GEHRUNG oder PARALLEL, d.h. in Richtung der ersten Fassade. Vor dem Befehlsaufruf müssen Sie beide Fassaden wählen.

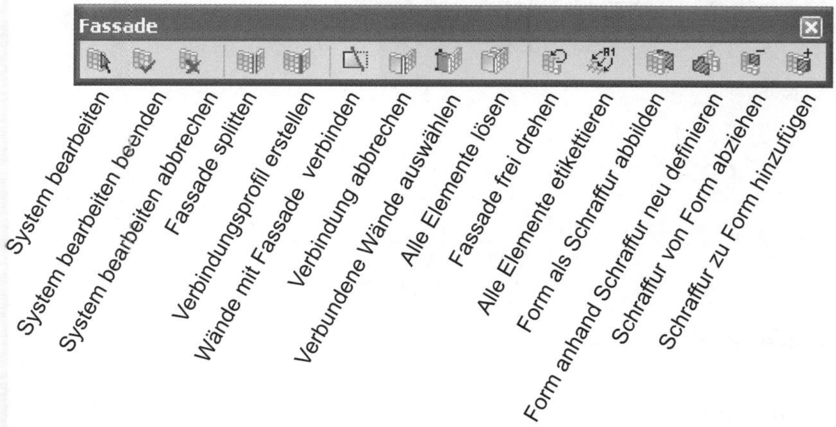

Abb. 8.26: Symbolleiste Fassade

Die nächste Funktion dient dazu, Wände mit einer Fassade logisch und physisch korrekt zu verbinden: WÄNDE MIT FASSADE VERBINDEN. Vor dem Befehlsaufruf müssen Sie die Wand und die Fassade wählen. Dann können Sie die Anschlussbedingungen im Dialog einstellen (Abbildung 8.27) und beenden den Dialog mit VERBINDEN. Die Wand wird danach mit dem Ende, das Sie mit dem AUGEN-CURSOR auswählen, mit der Fassade verknüpft. Diese Wandverbindung erlaubt es, mit dem Werkzeug VERBUNDENE WÄNDE AUSWÄHLEN später über die Fassade diese Wände mit zu wählen. Elemente mit Verbindungen zeigen beim Markieren das quadratische *Verbindungssymbol* (siehe auf Abbildung 8.27 unten), das Sie anklicken können, um die Verbindungen zu sehen und ggf. auch aufzulösen.

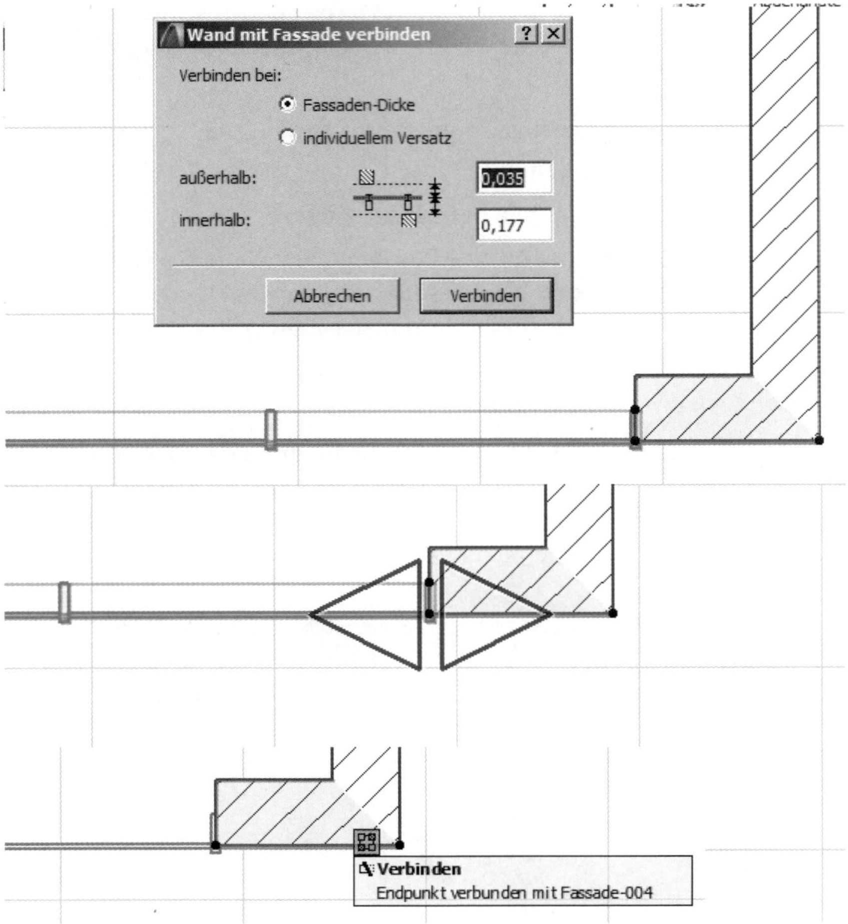

Abb. 8.27: Wandverbindung einer Fassade

Die nächste Funktion hebt die Wandverbindung wieder auf: VERBINDUNG ABBRECHEN. Es folgt eine Funktion zur Wahl der Wände, die mit einer Fassade verbunden sind, VERBUNDENE WÄNDE AUSWÄHLEN, und eine Funktion zum Lösen mehrerer angewählter Wandverbindungen, ALLE ELEMENTE LÖSEN.

Die letzten vier Funktionen dienen dazu, Fassaden anhand von Schraffurumrissen zu verändern. Um zu einer Fassade mit FORM ALS SCHRAFFUR ABBILDEN einen Schraffurumriss zu generieren, sollten Sie in einer passenden *Seitenansicht* sein. In der *Grundrissansicht* oder einer *3D-Ansicht* ist diese Funktion *nicht möglich*. Sie können danach die Schraffur mit der PET-PALETTE bearbeiten und den neuen Umriss wieder auf die Fassade übertragen (FORM ANHAND SCHRAFFUR NEU DEFINIEREN), den neuen Umriss von der Fassade abziehen (SCHRAFFUR VON FORM ABZIEHEN) oder zur Fassade hinzufügen (SCHRAFFUR ZUR FORM HINZUFÜGEN).

8.5 Übungsfragen

1. Wie viele Geometriemethoden gibt es für Fassaden und wie heißen sie?
2. Kann die Fassade geneigt sein?
3. Welche Elemente nennt man Pfosten und Riegel?
4. Welche Bestandteile können im Bearbeitungsmodus einzeln sichtbar gemacht und bearbeitet werden?
5. Welche Arten von Paneelen können Sie auswählen?
6. Was bedeutet die Mehrfachauswahl von Profilelementen?

Kapitel 9

Morph-Elemente

Die Morph-Elemente tragen ihren Namen zu Recht, weil sie sehr verwandlungsfähig sind. Immer wenn Sie Gebäude-Komponenten oder komplette Gebäudeformen frei gestalten wollen, können Sie dies mit Morph-Elementen tun. Morph-Elemente gibt es als Kurven, Flächen und Volumenkörper.

Morph-Elemente können eckig sein und Kanten enthalten, abgerundet werden und im Extremfall mit ihrer gesamten Außenkontur geglättet werden. Damit sind dann organische Formen möglich.

Neben der Modellierbarkeit zeichnen sich auch Morph-Elemente dadurch aus, dass jede Fläche einzeln mit einem bestimmten *Material* belegt werden kann.

Es gibt das Zeichenwerkzeug MORPH zur direkten Erstellung von Morph-Elementen. Aber auch traditionelle Konstruktionselemente können in Morph-Elemente umgewandelt werden, wenn zur Gestaltung mehr Freiheit nötig ist und die Morph-Werkzeuge genutzt werden sollen.

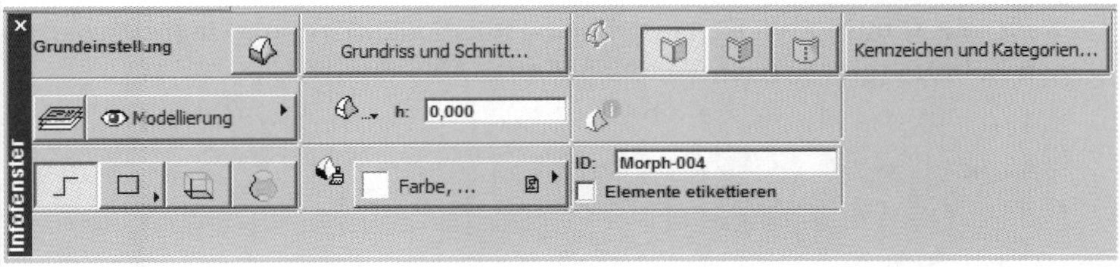

Abb. 9.1: Infofenster des MORPH-Werkzeugs

9.1 Das Morph-Werkzeug

Zum direkten Erstellen von Morphs dient das MORPH-Werkzeug (Abbildung 9.1). Es bietet vier Geometriemethoden:

- POLYGONAL generiert einen Kurvenzug ähnlich Polylinie, der *offen* oder *geschlossen* sein kann. Beim geschlossenen Polygon entsteht eine *Morph-Fläche,* sofern alle Knotenpunkte in einer *Ebene* liegen. Die Knotenpunkte können aber auch voll dreidimensional mit unterschiedlichen z-Koordinaten erstellt werden.
- RECHTECK, GEDREHTES RECHTECK, GEBOGEN (Mittelpunkt und Radius und Endwinkel), UMFANG (Startpunkt, zwei weitere Punkte auf dem Bogen und Endwinkel).

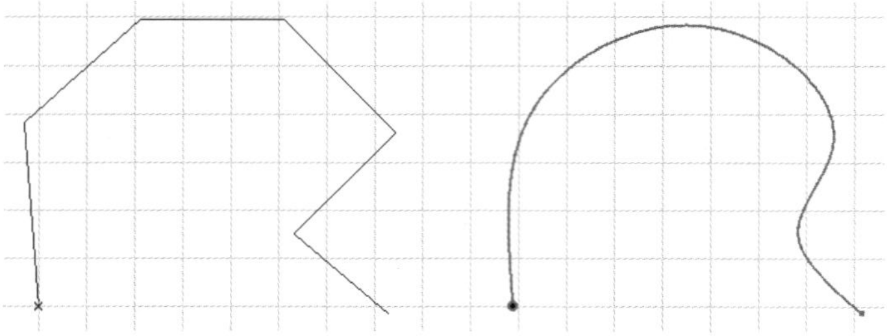

Abb. 9.2: Polygon-Morph, Original und nach Bearbeitung mit der Funktion KANTEN AUSRUNDEN & VEREINIGEN

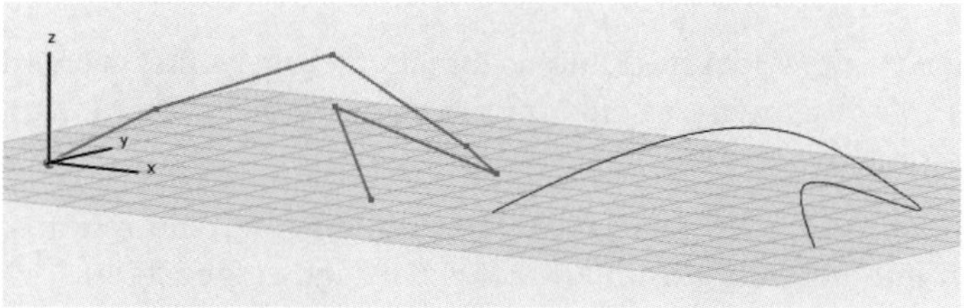

Abb. 9.3: Polygon-Morph in 3D, Original und ausgerundet

- QUADER erzeugt einen quaderförmigen Volumenkörper (Abbildung 9.4).
- ROTATION Sie konstruieren zuerst eine *Kontur* und definieren danach eine *Rotationsachse* über zwei Punkte. Am Schluss geben Sie einen *Rotationswinkel* ein. Wenn die Kontur offen ist, einsteht eine Rotationsfläche, aus einer geschlossenen Kontur ergibt sich ein Volumenkörper (Abbildung 9.4).

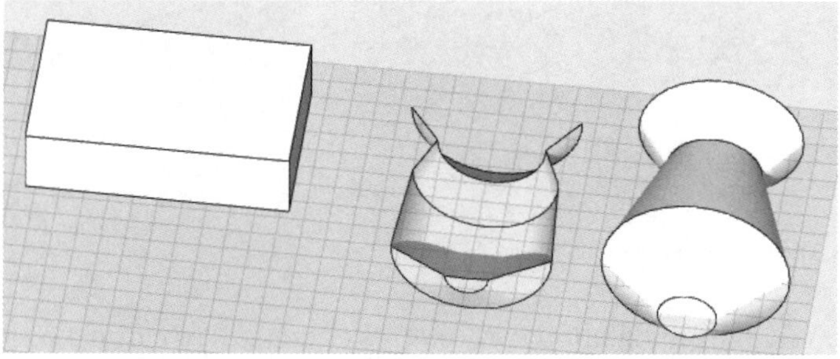

Abb. 9.4: Morphs über Quader und Rotation

Sie können mit den Werkzeugen der PET-PALETTE Knotenpunkte bewegen. Wenn Sie beim einfachen Rechteck einen Knotenpunkt in der Höhe verschieben, bekommt die Fläche einen Knick und bildet zwei ebene Dreiecke (Abbildung 9.5, Abbildung 9.6).

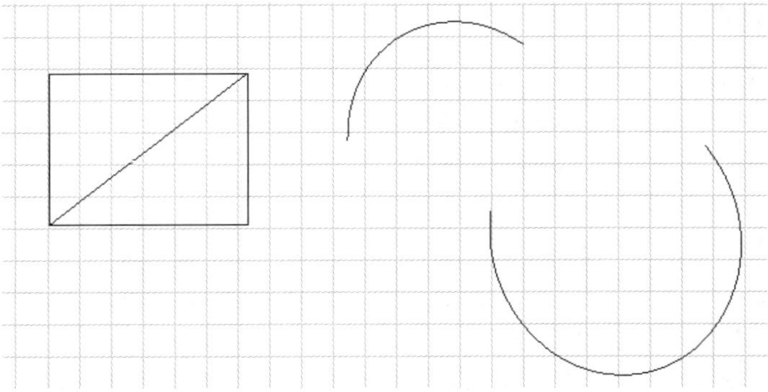

Abb. 9.5: Rechteckiger und bogenförmiger Morph

Wenn Sie einen Endpunkt beim bogenförmigen Morph in z-Richtung verschieben, wird die Bogen-Ebene entsprechend geschwenkt. Es entsteht keine Spirale.

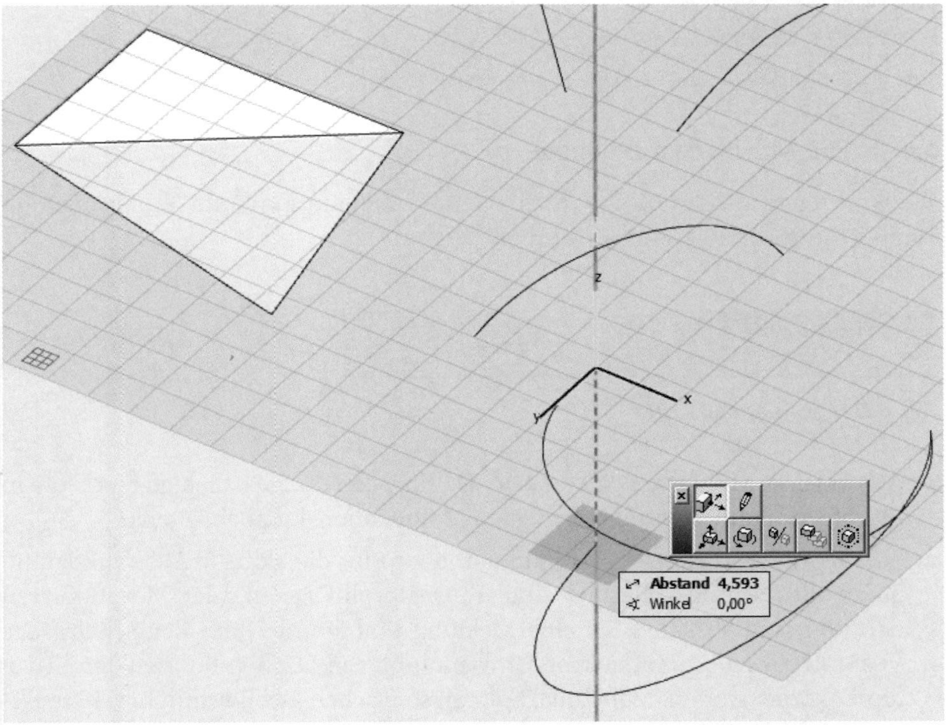

Abb. 9.6: Rechteck-Morph und Bogen-Morph mit in z verschobenen Punkten

Morphs können aber auch mit PLANUNG|AUSWAHL IN MORPHS KONVERTIEREN durch Umwandeln anderer Elemente wie Wände oder Dächer erzeugt werden. Sie finden diese Funktion als erste in der Symbolleiste MORPH (Abbildung 9.8).

9.2 Morph-Bearbeitung

Zur Bearbeitung von Morphs gibt es einerseits die Symbolleiste MORPH (Abbildung 9.8), andererseits die PET-PALETTE. Bei der Bearbeitung muss unterschieden werden zwischen der Bearbeitung des *gesamten Morphs* und der Bearbeitung einzelner Komponenten wie *Flächen, Kanten* oder *Knoten* (Eckpunkte).

Beim PFEIL-Werkzeug können Sie einstellen, ob der gesamte Morph gewählt werden soll (grauer Pfeil) oder Unterelemente (weißer Pfeil) (Abbildung 9.7). Sie können aber auch während der Auswahl mit der Tastenkombination [Strg]+[⇧] zwischen den beiden Modi umschalten. Zur Wahl mehrerer Unterobjekte können Sie mit der Taste [⇧] weitere hinzufügen.

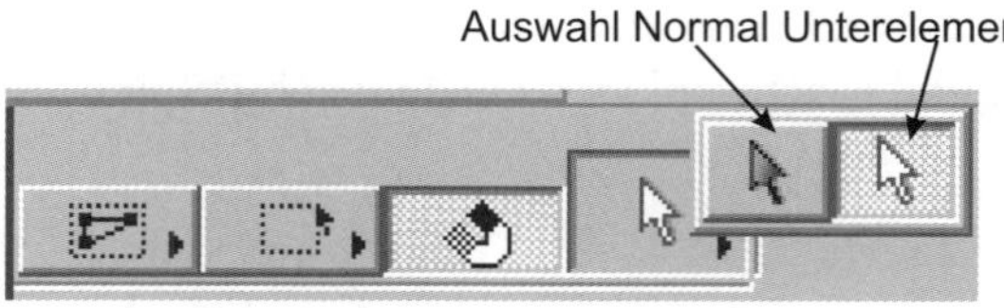

Abb. 9.7: Normale Auswahl und Unterelement-Wahl

9.2.1 Die Morph-Symbolleiste

Die Werkzeuge aus der MORPH-Symbolleiste (Abbildung 9.8) finden Sie auch im Menü PLANUNG|MORPH ÄNDERN (Abbildung 9.12).

Abb. 9.8: MORPH-Symbolleiste

- AUSWAHL IN MORPH KONVERTIEREN Damit wandeln Sie beliebige Elemente in Morphs um und gewinnen die neuen Modifikationsmöglichkeiten.
- SOLIDITÄT ÜBERPRÜFEN Die Funktion überprüft die aktuelle Auswahl darauf, ob es alles Morph-Volumina sind. Falls Morph-Flächen oder Morph-Kurven darunter sind, erhalten Sie eine Meldung und könnten mit der Schaltfläche VERDICHTEN eine automatische Umwandlung von Flächen-Konstrukten in Volumenkörper starten. Manchmal können so Flächen-Gebilde durch weitere Flächen zu Volumina geschlossen werden. Im 3D-FENSTER werden die Morphs, die keine Volumenkörper sind, in Orange hervorgehoben, die Körper erscheinen in Grün.
- MIT FLÄCHEN BEDECKEN Diese Funktion erlaubt, geschlossene Kurvenzüge mit Flächen zu bedecken, auch wenn sie nicht in einer Ebene liegen. Auch kön-

nen beispielsweise Rotationsflächen, die noch offen sind, damit zu Volumenkörpern geschlossen werden.

- VEREINEN Diese Funktion und die nächsten beiden werden als Boole'sche Operationen bezeichnet, weil sie nach den Regeln der Mengenlehre Morph-Volumen kombinieren. Bei VEREINEN werden der markierte Morph mit einem zweiten zu einem Gesamtkörper zusammengefasst.
- ABZIEHEN Hiermit kann der markierte Morph von einem zweiten abgezogen werden.
- VERSCHNEIDEN Hier wird aus dem markierten Körper und einem weiteren der Teil berechnet, der beiden gemeinsam ist.
- KANTEN AUSRUNDEN & VEREINIGEN Mehrere Kanten können gewählt werden und zu einer gerundeten Gesamtkurve geglättet werden (Abbildung 9.9).

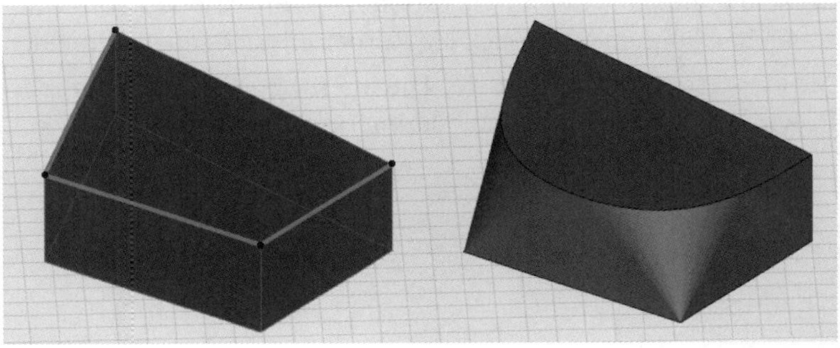

Abb. 9.9: KANTEN AUSRUNDEN & VEREINIGEN

- FLÄCHEN AUSRUNDEN & VEREINIGEN Mehrere Flächen können gewählt werden und zu einer gerundeten Gesamtfläche geglättet werden (Abbildung 9.10).

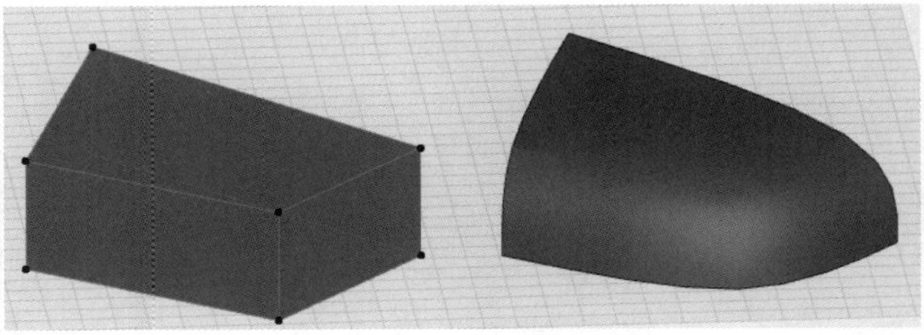

Abb. 9.10: FLÄCHEN AUSRUNDEN & VEREINIGEN

- SEGMENTIERUNG VERÄNDERN Hiermit verändern Sie die interne Facettierung der geglätteten Oberfläche. Damit wird die Darstellung glatter und die Fläche reagiert auch bei weiteren Veränderungen geschmeidiger.

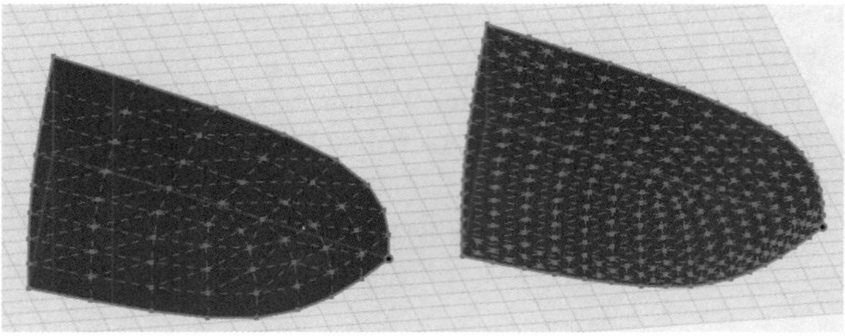

Abb. 9.11: SEGMENTIERUNG VERÄNDERN

- MORPH-FLÄCHEN VERSCHNEIDEN Hiermit können Sie Morph-Flächen miteinander verschneiden. Das können Flächen sein, die Sie über dreidimensionale polygonale Morphs mit Hilfe von MIT FLÄCHEN BEDECKEN gelegt haben, oder auch Flächenverschneidungen, die durch extreme Deformationen von Volumen-Morphs entstehen können, wenn sich ein Körper mit sich selbst schneidet.
- VERBORGENE MORPH-GEOMETRIE ANZEIGEN Die interne Facettierung der markierten Morphs wird sichtbar gemacht (Abbildung 9.12).

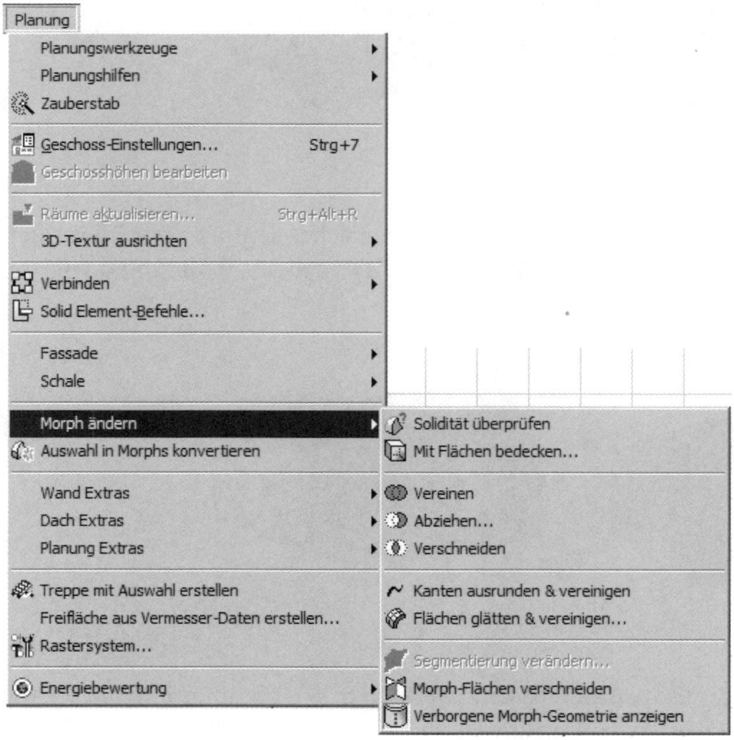

Abb. 9.12: Morph ändern im PLANUNG-Menü

- URSPRUNG EINSTELLEN Dieses Werkzeug erlaubt die Neudefinition des Ursprungs für Oberflächenmaterialien. Sie können auf der Oberfläche verschoben und über eine PET-PALETTE auch gedreht oder gespiegelt werden.
- ZURÜCKSETZEN Damit können Sie die Ursprungsveränderung zurücksetzen.

9.2.2 Glätten

Eine sehr interessante Morph-Aktion ist das Glätten von Oberflächen oder ganzen Körpern. In Abbildung 9.13 sind anhand des Torbogens, der übrigens mit der RÖHRE-Funktion aus der PET-PALETTE erzeugt wurde, verschiedene Glättungen ausprobiert worden.

- Links ist der Original-Bogen mit normalen ebenen oder gebogenen Flächen zu sehen.
- Rechts daneben wurden die Flächen, die nach vorne, hinten oder innen zeigen, geglättet, die Außenflächen und die beiden Basisflächen aber in ihren Umgrenzungen beibehalten worden. Man erkennt insbesondere die eckigen Basisflächen.
- In der Abbildung vorne wurden die gleichen Flächen geglättet, aber diesmal die Umrandungen mit geglättet. Dadurch wurden die Basisflächen in der Kontur mit geglättet (Abbildung 9.14).
- Ganz rechts wurde das komplette Volumen geglättet, was zu dem abgehobenen Bogenteil führt.

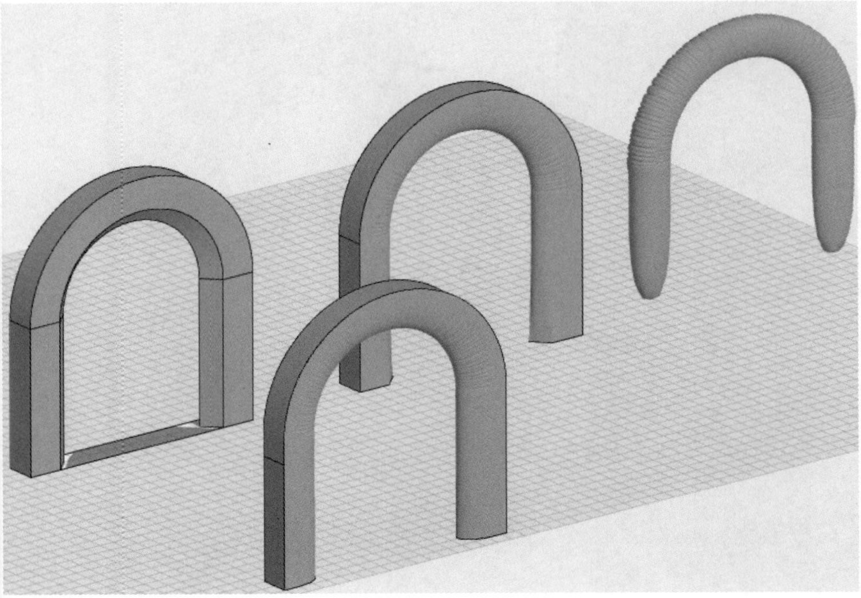

Abb. 9.13: Verschiedene Glättungen

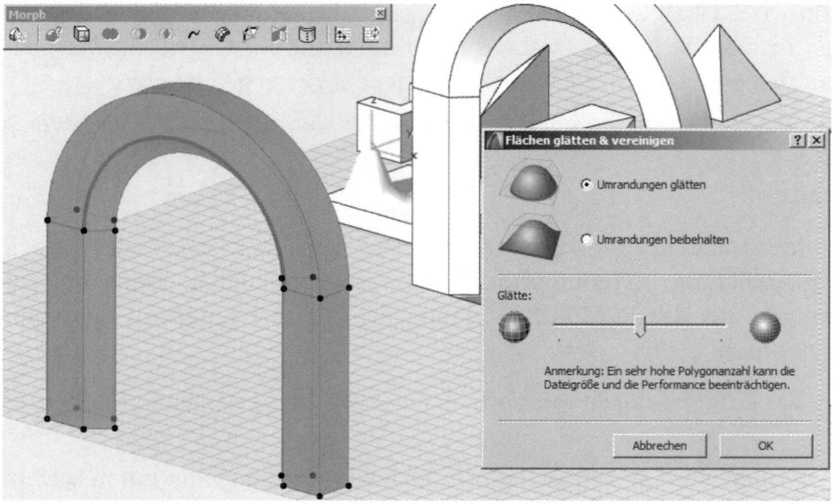

Abb. 9.14: Flächen glätten, Umrandungen glätten

Für das Glätten können per Schieberegler zwei Stufen gewählt werden. Je stärker geglättet wird, desto mehr Facetten werden auch intern erzeugt, was natürlich die Dateigröße und damit auch die Bearbeitungsgeschwindigkeit beeinflusst. Man sollte also den Glättungsgrad nicht unnötig hochschrauben.

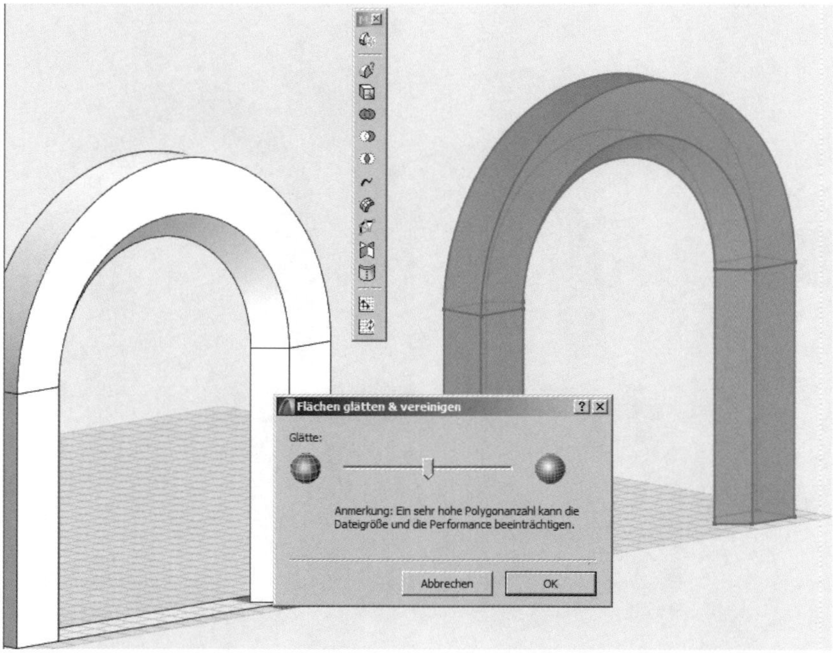

Abb. 9.15: Flächen glätten, Umrandungen beibehalten

Ähnliche Glättungen finden Sie in Abbildung 9.16. Am Beispiel einer Pyramide finden Sie links neben dem Original zuerst eine Glättung der vier Dreiecksflächen unter Beibehaltung der Basisfläche, weiter links daneben die gleiche Glättung mit Glättung der Umgrenzung. Ganz links wurde wieder der komplette Körper geglättet.

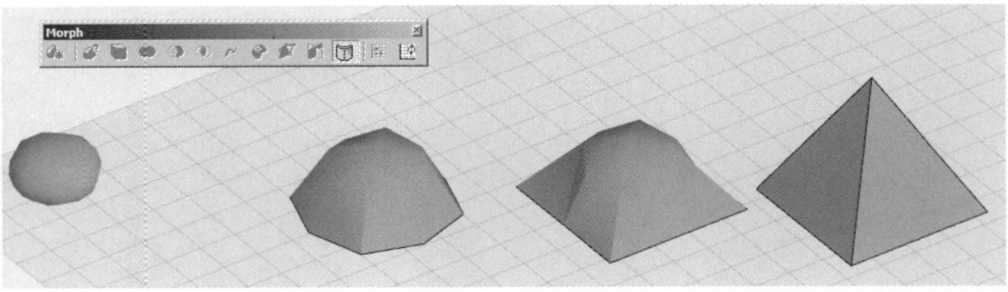

Abb. 9.16: Verschiedene Glättungen bei einer Pyramide

Damit die Körper ggf. ein glatteres Aussehen bekommen, können Sie mit SEGMENTIERUNG VERÄNDERN die Anzahl der internen Facetten erhöhen (Abbildung 9.17). Die Facetten lassen sich mit VERBORGENE MORPH-GEOMETRIE ANZEIGEN gut sichtbar machen.

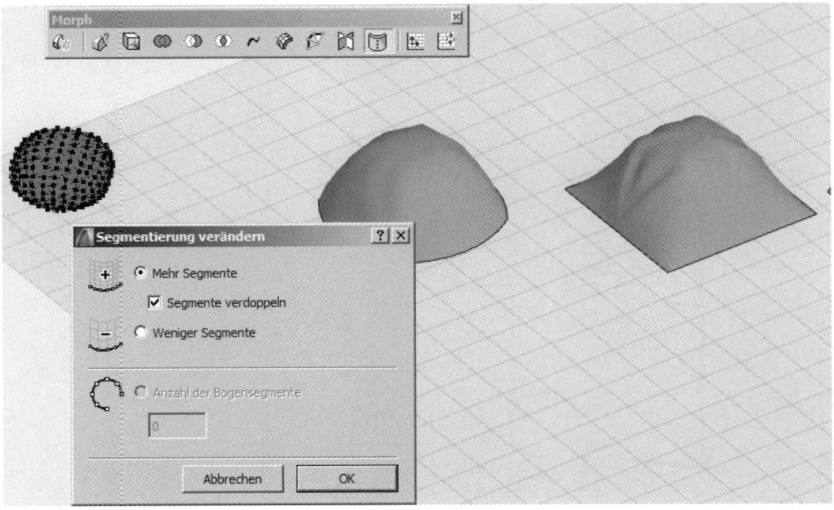

Abb. 9.17: Erhöhung der Segmentierung

9.2.3 Arbeiten mit der Pet-Palette

In diesem Abschnitt sollen einige typische Morphing-Aktionen mit der PET-PALETTE gezeigt werden. Im ersten Beispiel wurden zwei Flächen gewählt, die vorne und die rechts, und dann mit der Pet-Funktion VERSCHIEBEN nach schräg vorne gezogen. Die angrenzenden Flächen werden dann entsprechend verzerrt.

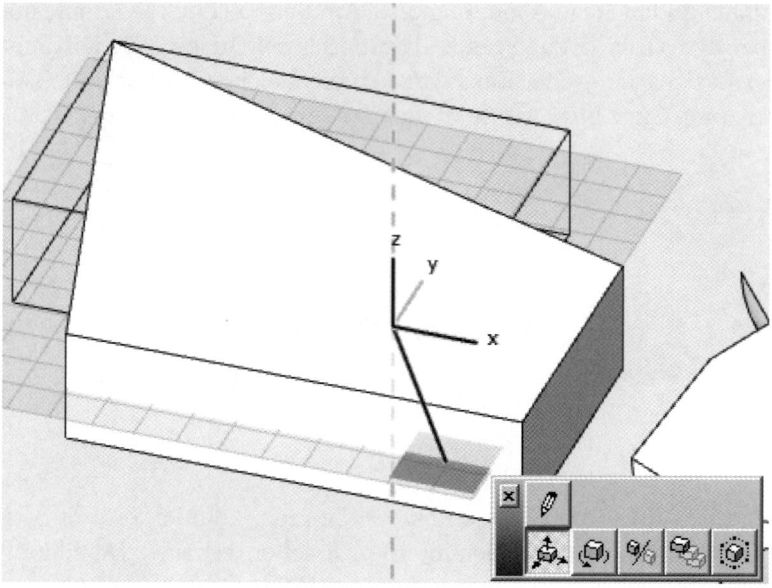

Abb. 9.18: Zwei Morph-Flächen verschieben

Mit der Pet-Funktion ZIEHEN/DRÜCKEN kann eine Fläche in *Normalenrichtung* verschoben werden (Abbildung 9.19).

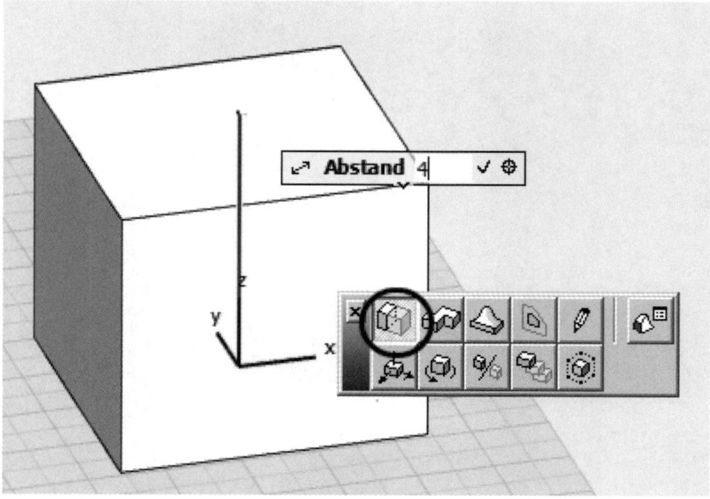

Abb. 9.19: Funktion ZIEHEN/DRÜCKEN

Mit KNOTENPUNKT BEWEGEN kann ein Eckpunkt in beliebige Richtung verschoben werden. Die angrenzenden Flächen und Kanten werden dann so verzerrt, dass der Zusammenhang mit dem Knotenpunkt erhalten bleibt (Abbildung 9.20).

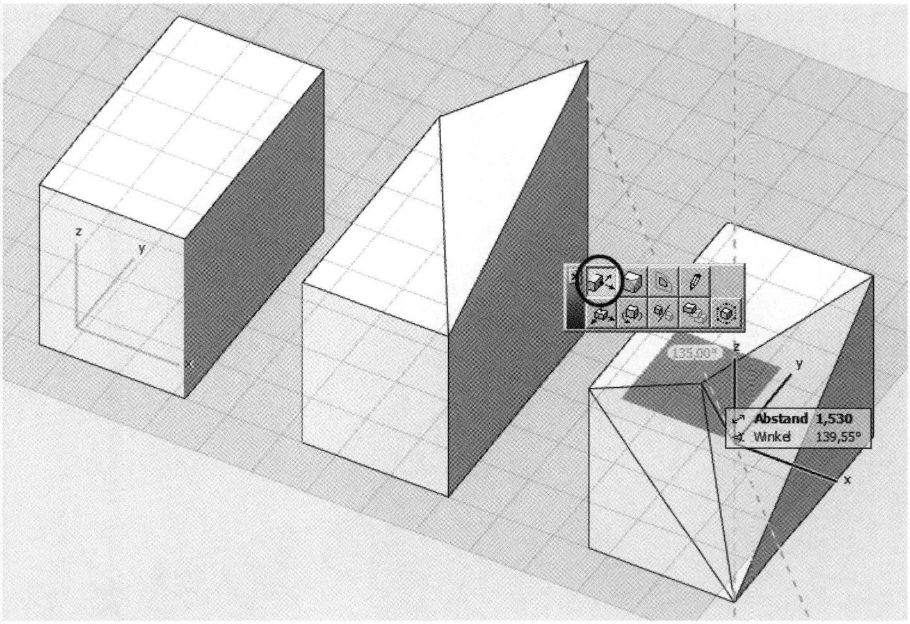

Abb. 9.20: Knotenpunkt bewegen

Die Funktion Kanten versetzen kann bei Wahl einer ebenen Fläche alle Kanten um den gleichen Betrag verschieben und wieder die angrenzenden Flächen und Kanten verzerren. So lässt sich aus dem Würfel in Abbildung 9.21 die Pyramide rechts erstellen.

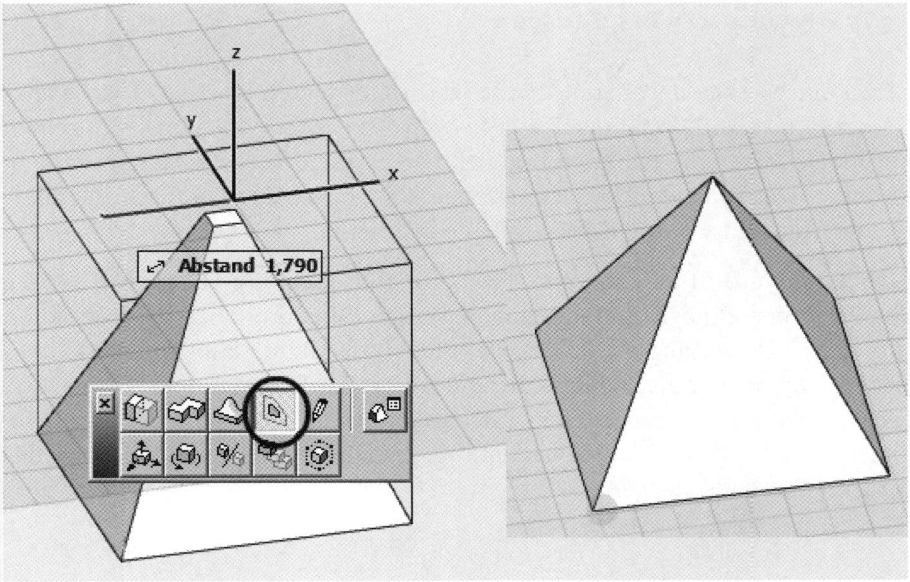

Abb. 9.21: Kanten versetzen

Interessant ist auch die Funktion HINZUFÜGEN, wenn zu einem bestehenden Morph auf einer Fläche eine weitere erstellt wird. In Abbildung 9.22 wurde auf einen Quader-Morph mit HINZUFÜGEN nach Wahl der oberen Fläche ein Rechteck-Morph erzeugt. Dieser kann dann nämlich nach erneuter Wahl mit DRÜCKEN/ZIEHEN durch den Quader hindurchgedrückt werden, wobei dann automatisch eine Differenzbildung stattfindet.

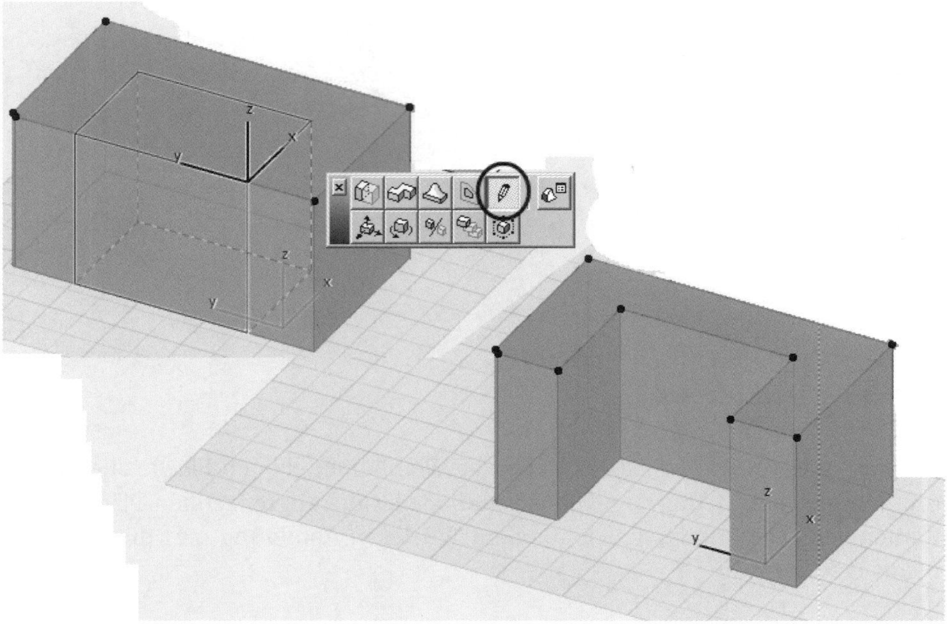

Abb. 9.22: HINZUFÜGEN und ZIEHEN/DRÜCKEN

Die Funktion AUSBEULEN erlaubt letztlich das Deformieren einer Oberfläche ähnlich einer Beule. Nach Wahl der *Fläche* klicken Sie das *Zentrum* der gewünschten Beule an, aktivieren die Funktion und definieren einen *Beulenradius*. Dieser definiert den zu verbeulenden Bereich. Danach können Sie auch grafisch interaktiv oder über Werteeingabe die *Höhe* der Beule definieren.

Mit der Funktion RÖHRE kann eine Fläche in eine Richtung oder sogar entlang einem Polylinien-ähnlichen Pfad gezogen werden (Abbildung 9.25). Diese Aktion wird oft auch als *Sweeping* bezeichnet. Der Pfad für die Röhre-Funktion wird innerhalb der Funktion grafisch interaktiv mit einer PET-PALETTE über Linien und Bogen-Segmente erzeugt. Besonders interessant für die Festlegung der Bogenstücke ist die Möglichkeit, hier die Bearbeitungsebene zu wechseln, um die Lage des Bogens im Raum festzulegen.

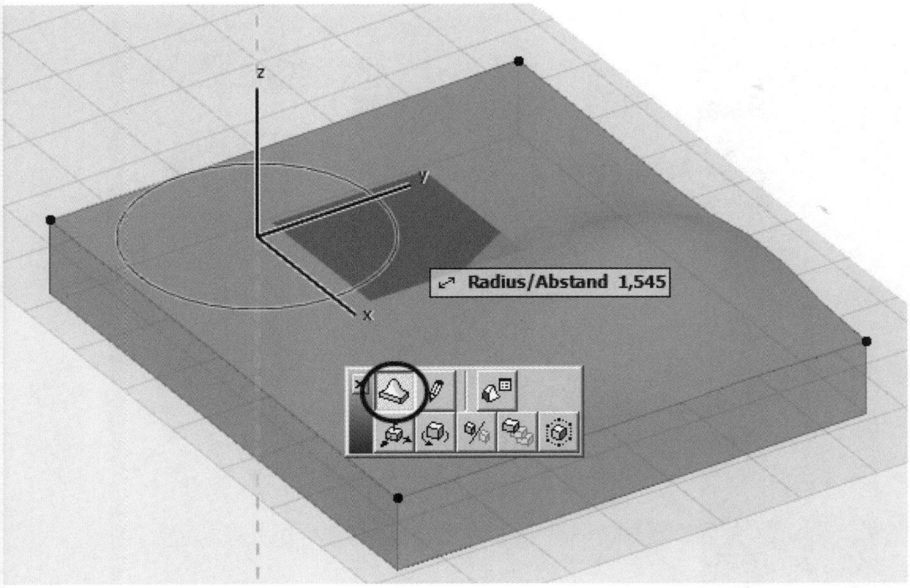

Abb. 9.23: Ausbeulen mit Bereichsbestimmung

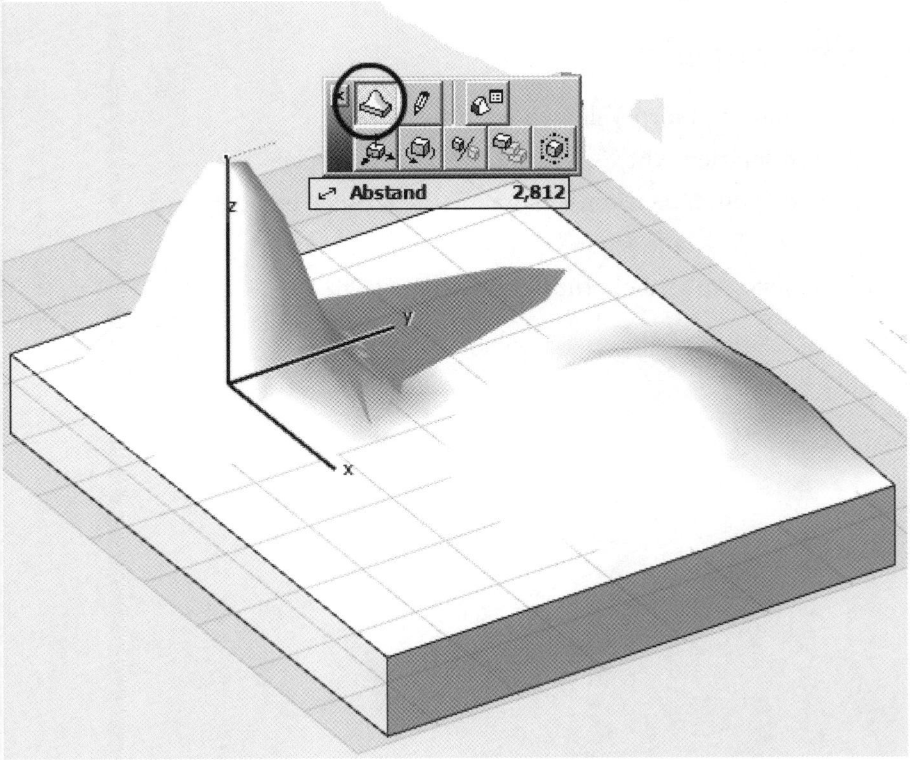

Abb. 9.24: Höhenangabe für Ausbeulen

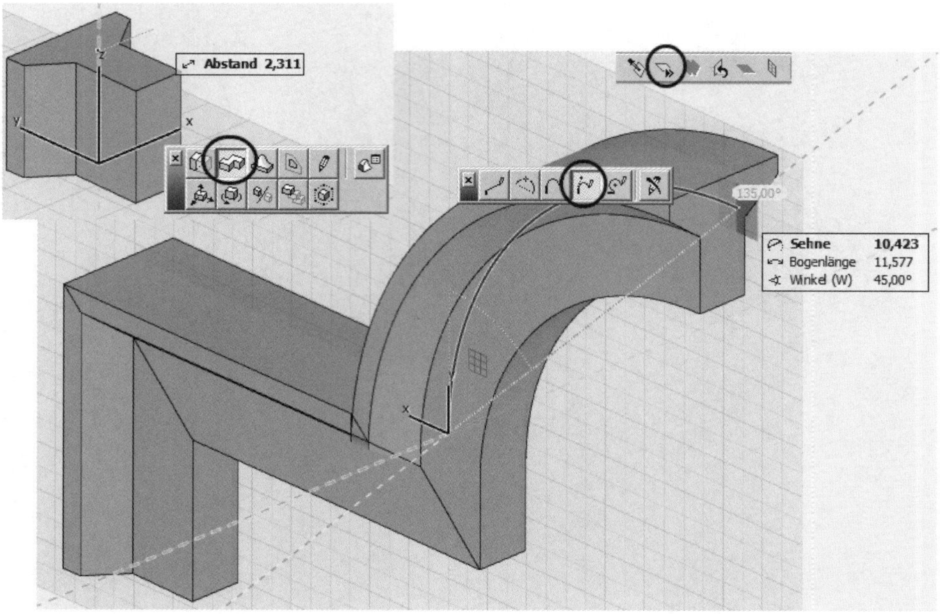

Abb. 9.25: Funktion RÖHRE

9.3 Übungsfragen

1. Welche Arten von Morph-Elementen gibt es?
2. Welche Geometriemethoden erzeugen Volumenkörper?
3. Mit welchen Funktionen können organische Formen erzeugt werden?
4. Welches sind die Boole'schen Operationen?
5. Welches Pfeil-Symbol steht für Unterelementwahl?

Kapitel 10

Bemaßung und Text

Die Bemaßung ist in ArchiCAD *assoziativ*, also mit den bemaßten Elementen verknüpft. Dadurch ändert sich die Bemaßung immer automatisch, wenn die Elemente verändert werden. Bemaßungen können im *Grundrissfenster*, in *Schnitt-/Ansichtsfenstern*, in *Details/Arbeitsblättern* und in *3D-Dokumenten* erstellt werden.

ArchiCAD kennt vier Bemaßungstypen:

- BEMAßUNG erstellt Bemaßungen für lineare und gebogene Elemente (Bogenlängen) in vertikaler oder horizontaler Richtung oder am Element ausgerichtet . Auch die Bemaßung mit Höhenkoten ist hier als Option enthalten. Sie wird in *Schnitten* und *Ansichten* verwendet, um die Höhen der Elemente als Höhenkoten anzuzeigen.
- HÖHENBEMAßUNG wird verwendet, um im Grundrissfenster die Höhenmarke zu setzen, die automatisch die Geschosshöhe erhält.
- RADIALBEMAßUNG bemaßt Radien gebogener Elemente.
- WINKELBEMAßUNG dient zum Bemaßen von Winkeln zwischen linearen Elementen.

Die bei der Bemaßung benutzten Einheiten werden im Menü OPTIONEN|PROJEKTPRÄFERENZEN|BEMAßUNGSEINSTELLUNGEN eingestellt. Sie finden hier die Parameter für verschiedene Bemaßungsarten (Abbildung 10.1):

- MAßKETTEN
- WINKELBEMAßUNGEN
- RADIALBEMAßUNGEN
- HÖHENKOTEN
- SCHNITT-/ANSICHTSBEMAßUNGEN
- TÜR-/FENSTER- UND DACHFENSTERBEMAßUNGEN
- BRÜSTUNGSHÖHEN
- FLÄCHENMAßE

Es gibt drei vordefinierte Bemaßungsstandards:

- DIN 1356 RUNDUNG 0.01 verwendet die Einheit Meter und zwei Dezimalstellen. Millimeter werden hochgestellt angezeigt und auf Zehntel Millimeter genau (bzw. auf 0,01 cm genau).

- DIN 1356 RUNDUNG 0.25 verwendet die Einheit Meter und zwei Dezimalstellen. Millimeter werden hochgestellt angezeigt, aber auf Vielfache von 2,5 mm gerundet (bzw. auf 0,25 cm genau).
- DIN 1356 RUNDUNG 0.5 arbeitet ebenfalls mit Metern, die Millimeter werden wieder hochgestellt, aber auf Vielfache von 5 mm gerundet (bzw. 0,5 cm).
- MILLIMETER zeigt alle Bemaßungen in Millimetern mit einer Nachkommastelle und bis zu zwei weiteren hochgestellten Stellen an. Damit wird auf 1/1000 mm genau bemaßt.

Abb. 10.1: Einstellung der Bemaßung

Die Einstellungen sind eigentlich eindeutig zu verstehen. Die EINHEIT legt fest, ob Sie in *Metern, Zentimetern* oder *Millimetern* bemaßen wollen. Mit DEZIMALSTELLEN ist die Anzahl der *Nachkommastellen* gemeint. Mit RUNDUNGSINTERVALLE können Sie erreichen, dass die nicht mehr angezeigten Dezimalstellen nicht nur gerundet (Abbildung 10.2), sondern auch *hochgestellt* (Abbildung 10.3) angezeigt werden. Alle Werte darüber oder darunter werden zur letzten Dezimalstelle auf- oder abgerundet. Damit erhalten Sie praktisch die sehr gebräuchliche Darstellung der halben Zentimeter als hochgestellte Fünf mit dem Standard DIN 1356 RUNDUNG .50.

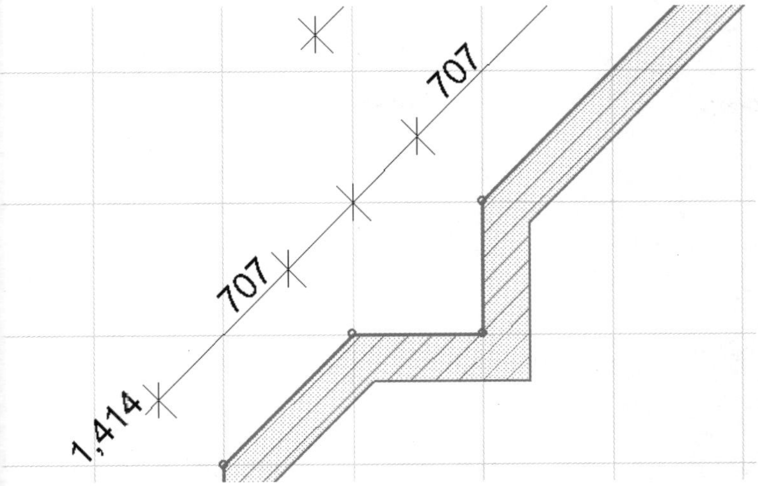

Abb. 10.2: Bemaßung in Millimetern

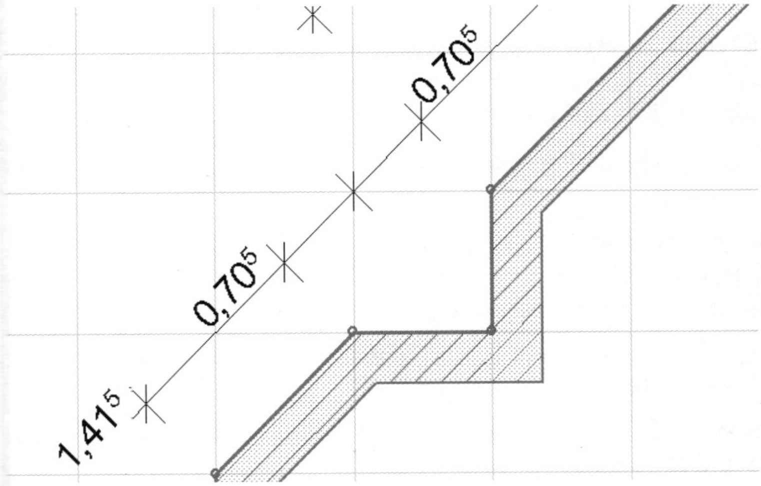

Abb. 10.3: Bemaßung mit hochgestellter Fünf

Mit NULL VOR KOMMA VERBERGEN lassen sich *führende Nullen* bei Größen unter 1 unterdrücken. Also aus 0,24 wird dann zunächst ,24. Das wird aber dann gleich in Zentimeter-Einheiten umgewandelt und als 24 angezeigt. Maße unter 1 m werden damit in Zentimetern angezeigt.

NULLDEZIMALSTELLEN VERBERGEN sorgt dafür, dass *Nullen am Ende der Zahl* nach dem Dezimalkomma unterdrückt werden: statt 3,50 wird dann nur 3,5 geschrieben. Wenn Sie Einstellungen ändern, haben Sie gleich einen neuen Standard erstellt, der vorerst die Bezeichnung INDIVIDUELL erhält. Mit der Schaltfläche SPEICHERN ALS können Sie ihn als neuen Standard mit einem Namen speichern.

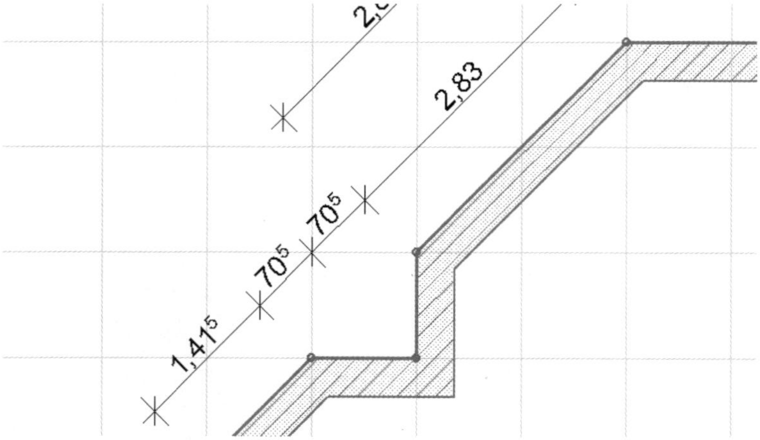

Abb. 10.4: Bemaßung mit Einstellung NULL VOR KOMMA VERBERGEN nach DIN 1357 RUNDUNG.50

10.1 Linear bemaßen

Um lineare Maßketten zu erstellen, aktivieren Sie zunächst das BEMAßUNGS-Werkzeug. Im INFOFENSTER wählen Sie die KONSTRUKTIONSMETHODE und die Geometriemethode. Es gibt vier KONSTRUKTIONSMETHODEN:

- LINEAR ist die normale Bemaßungsart in der Architektur, auch als *Kettenbemaßung* bezeichnet.
- ANWACHSEND ist eine Bemaßung, die von einer Bezugslinie aus alle Entfernungen bestimmt. Üblicherweise wird diese Bemaßungsart im Maschinenbau verwendet und heißt *Bezugsbemaßung*.
- ABSCHNITT ist ebenfalls eine Bezugsbemaßung, aber es wird jeweils immer nur das Ende der Maßlinie angezeigt.
- HÖHENBEMAßUNG Dies sind die Höhenkoten für die Höhenbemaßung in den Schnitten und Ansichten.

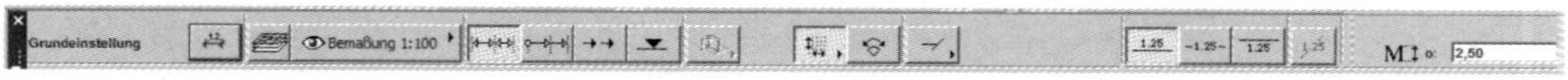

Abb. 10.5: INFOFENSTER für lineare Bemaßung

Die Geometriemethoden betreffen die Ausrichtung der Bemaßung am Objekt:

- NUR X-Y generiert die Maßlinien in x- und y-Richtung.
- JEDE RICHTUNG Diese Bemaßung folgt mit der Maßlinie den Bemaßungspunkten am Element, ist also mit dem Element *ausgerichtet*.
- BOGENLÄNGE Eine Bemaßung, die zur Bemaßung von Bogenlängen dient, ist eine Längenbemaßung wie alle vorhergehenden auch.

Weiter rechts im INFOFENSTER können Sie auch das Maßpfeilsymbol verändern. Abbildung 10.6 zeigt verschiedene Varianten der Bemaßung:

- LINEAR mit Maßlinienbegrenzung (Marker-Typ) schräg
- ANWACHSEND mit Maßlinienbegrenzung (Marker-Typ) schräge Linie
- ABSCHNITT mit Maßlinienbegrenzung (Marker-Typ) schräge Linie
- ANWACHSEND mit Maßlinienbegrenzung (Marker-Typ) Pfeil
- ABSCHNITT mit Maßlinienbegrenzung (Marker-Typ) Pfeil

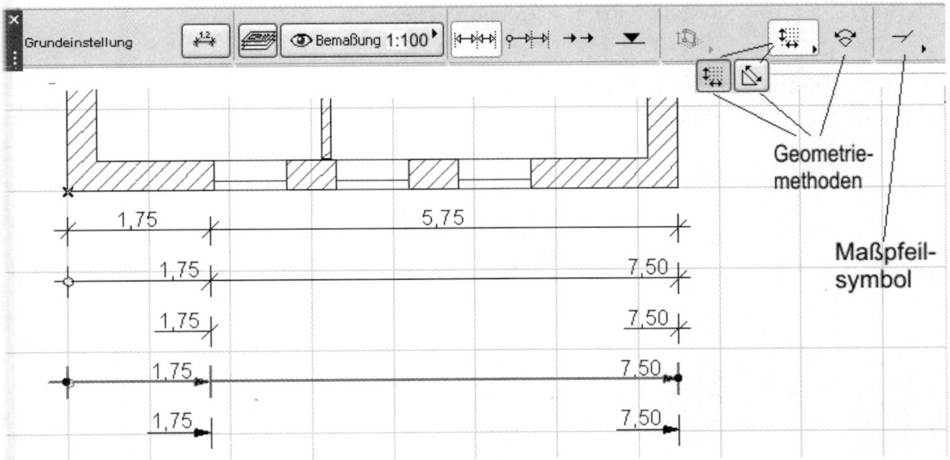

Abb. 10.6: Bemaßungsvarianten

10.1.1 Bemaßungsvorgang

Sie klicken zur Bemaßung zunächst die Bezugspunkte an den Elementen an. Es werden an diesen Positionen kleine kreisförmige Marken gesetzt. Wenn Sie Maßpositionen angeklickt haben, die nicht benötigt werden, können Sie diese Positionen durch weiteres Anklicken wieder entfernen.

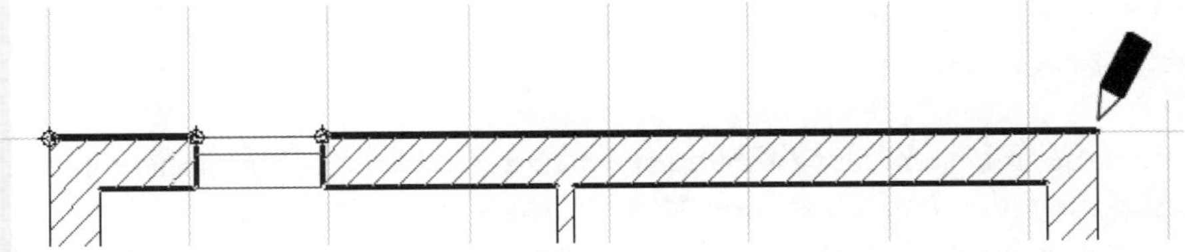

Abb. 10.7: Bezugspunkte für Bemaßung anklicken

Die Wahl der Bezugspunkte beenden Sie mit einem Doppelklick an einer freien Position. Sie können aber auch mit Rechtsklick das Kontextmenü aufrufen und

OK wählen. Als dritte Variante können Sie die Taste `Entf` zum Beenden der Maßpositionen drücken.

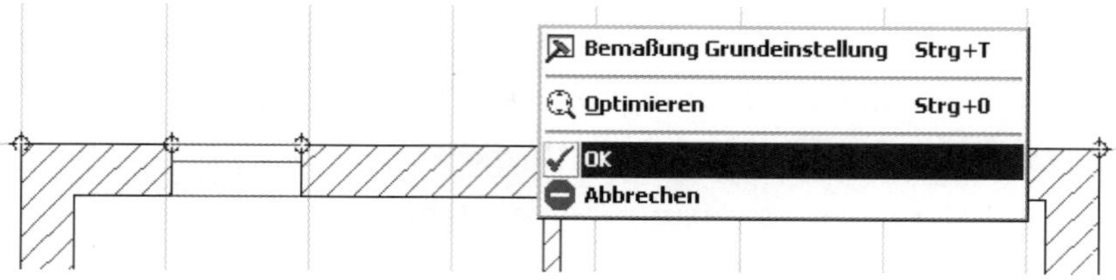

Abb. 10.8: Bezugspunktwahl mit Rechtsklick und OK beenden

Dann erscheint der *Hammer-Cursor,* mit dem Sie abschließend die Position für die Maßlinie festlegen können.

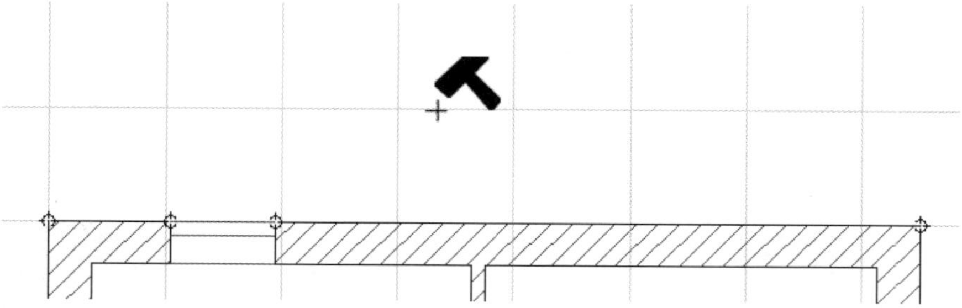

Abb. 10.9: Maßlinien-Position anklicken

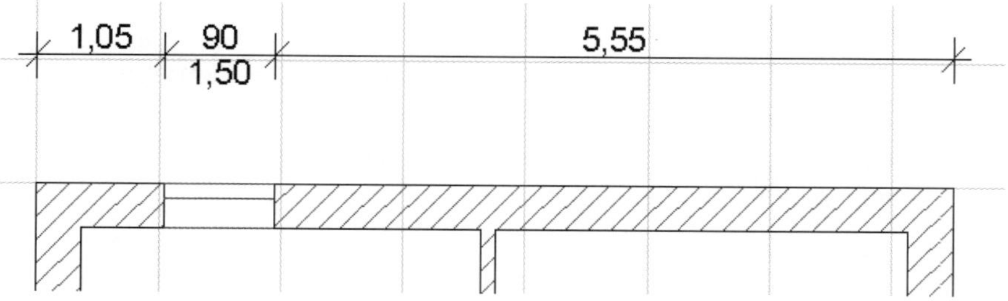

Abb. 10.10: Fertige Maßkette

Eine Bemaßung besteht also (Abbildung 10.11) aus mehreren Komponenten: der *Bemaßungslinie,* den *Maßwerten,* den *Maßpunkten* und den *Maßhilfslinien.* Eine einzelne *Bemaßungseinheit* besteht genau aus *einer Bemaßungslinie, einem Maßwert, zwei Maßpunkten* und *zwei Maßhilfslinien.* Zum Erzeugen der Bemaßung werden die *Bezugspunkte* gewählt. Sie definieren die zu bemaßenden Positionen. Die Symbole für die Bezugspunkte werden nach Erstellen der Bemaßung wieder unsichtbar. Die Bezugspunkte werden sinnvollerweise an den *besonderen Punkten* der

Elemente positioniert und rasten an diesen dann ein. Sie werden auch dauerhaft mit den Elementen verknüpft, also *assoziiert*. Damit können sie sich bei Änderungen der Elemente automatisch an die neuen Positionen anpassen, ohne dass die Bemaßung neu erzeugt werden muss. Diese *Bezugspunkte* haben die Form eines *Kreises mit einem Mittellinien-Kreuz*.

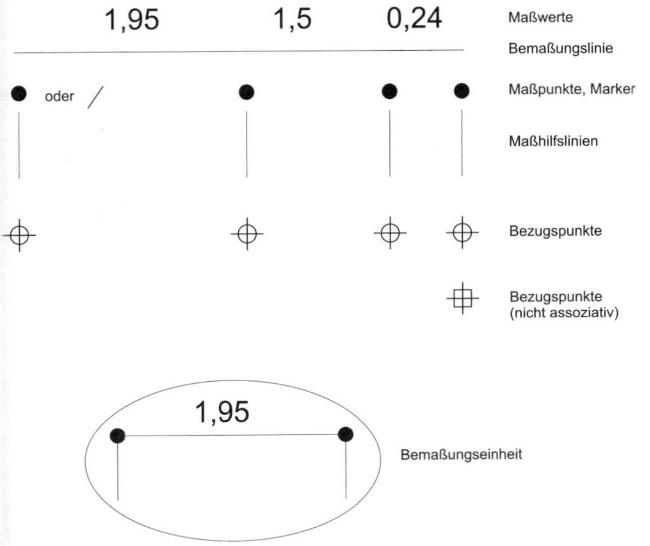

Abb. 10.11: Komponenten eines Bemaßungselements

Wenn Sie versehentlich eine Position gewählt haben, die *kein* charakteristischer Punkt eines Elements ist oder sogar eine freie Position, dann nimmt das Bezugspunktsymbol eine andere Form an, nämlich die eines *Quadrats mit Mittellinienkreuz*. Das soll darauf hindeuten, dass dies kein Maß ist, das mit einem Element verknüpft ist. Es ist damit auch *nicht assoziativ*, kann sich also bei Änderungen an der Zeichnung nicht automatisch an neue Geometrie anpassen.

Es gibt im Einstellungsdialogfenster der Bemaßung, das Sie über das INFOFENSTER aktivieren können, die Option UNABHÄNGIGE BEMAẞUNG. Damit lösen Sie die Assoziativität zwischen Bemaßung und Element auf, so dass diese Bemaßung nicht mehr mit dem zugeordneten Element variieren kann.

Bezug der Bemaßung prüfen

Natürlich ist es auch wichtig zu wissen – beispielsweise bei Konstruktionsänderungen –, auf welche Elemente sich einzelne Maßpunkte beziehen. Dazu markieren Sie die betreffende Maßkette mit dem PFEIL-Werkzeug und fahren den gewünschten Maßpunkt bzw. Marker an und warten, bis er zusammen mit dem assoziierten Objekt dann blau hervorgehoben wird.

10.1.2 Geometriemethoden

Horizontal, Vertikal

Die Geometriemethode NUR X-Y erzeugt Maßketten parallel zu den x- und y-Achsen. Bei der Methode JEDE RICHTUNG bestimmt sich die Richtung der Bemaßungslinie nach den ersten beiden Bezugspunkten für die Maßkette (Abbildung 10.12).

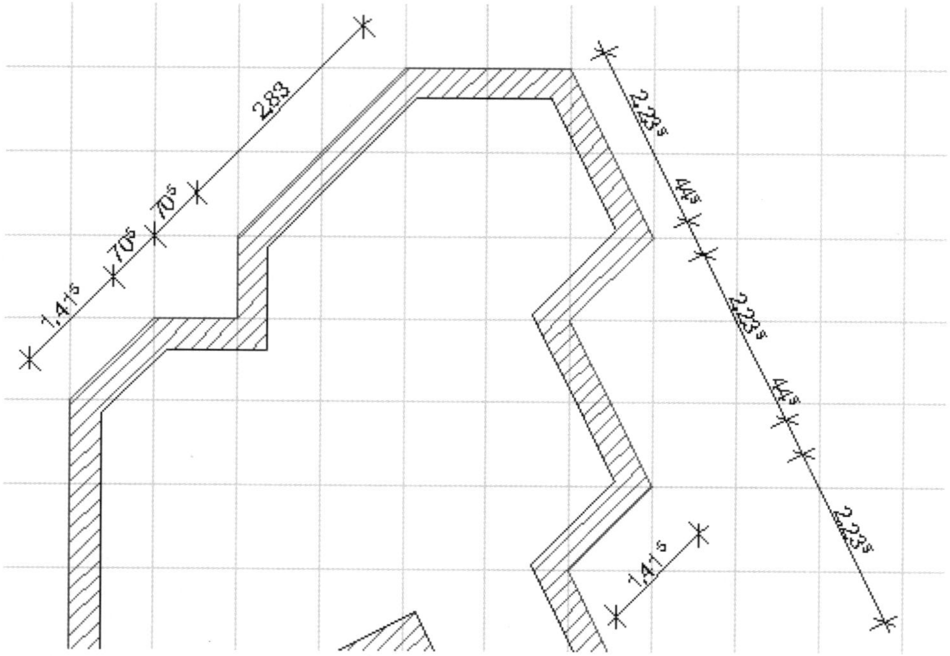

Abb. 10.12: Geometriemethode SCHRÄG

Wandstärken

Zum Bemaßen von Wandstärken brauchen Sie nur eine oder mehrere Wände mit den Methoden NUR X-Y oder JEDE RICHTUNG anzuklicken, damit gleich jeweils 2 Bezugspunkte auf einer Wand entstehen. Die Bemaßung wird nur dann erstellt, wenn die Maßkettenrichtung exakt senkrecht zur Wand angegeben wird. Die erste Wandbemaßung bestimmt auch die Richtung der Maßkette (Abbildung 10.13).

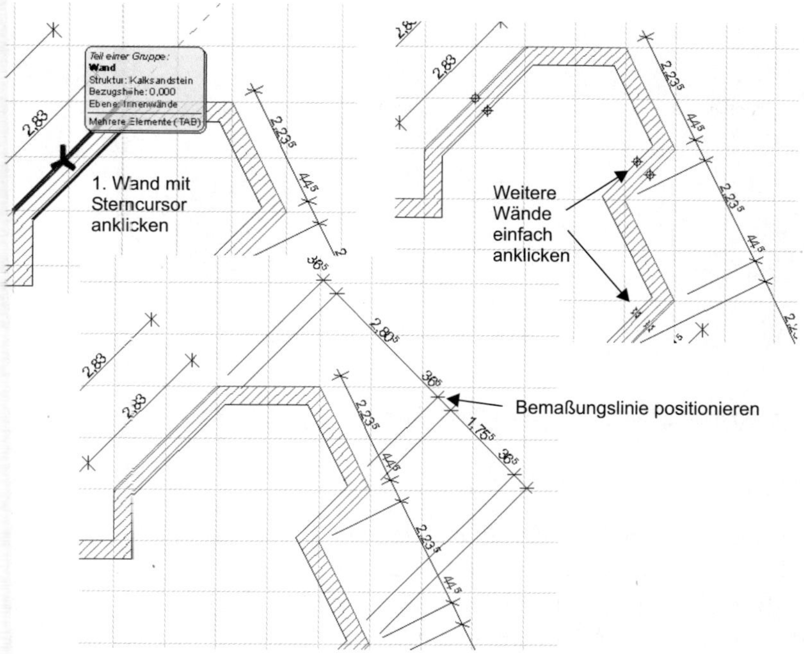

Abb. 10.13: Bemaßung von Wänden

Bogenbemaßung

Die Methode BOGENLÄNGE ermittelt die Bogenlänge (Abbildung 10.14). Sie können einen kompletten Bogen mit dem Mercedesstern-Cursor anklicken, um die Bogenlänge zwischen den Endpunkten zu erhalten, Sie dürfen aber auch noch weitere einzelne Bezugspunkte einzeln hinzufügen wie bei der linearen Bemaßung.

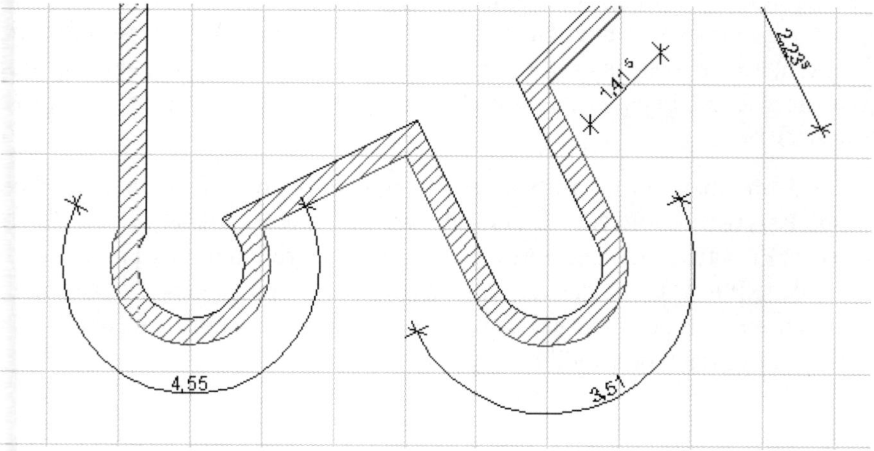

Abb. 10.14: Bogenlängenbemaßung

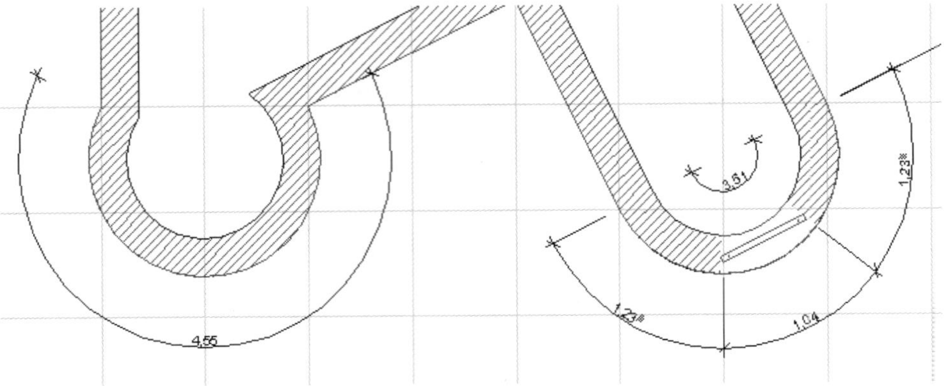

Abb. 10.15: Bogenbemaßung mit zusätzlichen Positionen

Schnitt-/Ansichtsbemaßung

Eine Variante der linearen Bemaßung ist die Bemaßung mit Höhenkoten in Schnitten und Ansichten (Abbildung 10.17). Dazu ist im EINSTELLUNGSDIALOG der linearen Bemaßung der Typ HÖHENBEMAẞUNG zu wählen. Sie können dann über die verschiedenen Buttons die Höhenkoten detailliert gestalten wie in Abbildung 10.16 gezeigt. Rechts vom Typ finden Sie die Möglichkeiten für die *Anordnung von Marker und Text*, die Auswahl zwischen Marker *oben* und *unten*, verschiedene *Proportionen* des Dreieckssymbols und die Wahl zwischen *vollem Dreieck* oder *Umrandung*. Schließlich finden Sie etwas tiefer noch die Optionen für *Maßhilfslinien*.

Eine Ansicht wie gezeigt können Sie leicht mit dem Werkzeug SCHNITT oder ANSICHT aus dem WERKZEUGKASTEN im Bereich SICHTEN generieren, indem Sie die Schnittlinie über zwei Punkte außerhalb der Konstruktion erstellen und dann mit dem AUGEN-CURSOR eine Position *in* der Konstruktion für die *Ansichtsrichtung* angeben. Sie werden dann im Navigator sehen, dass der Strukturknoten SCHNITTE oder ANSICHTEN ein neues Element enthält. Auf diese neue Ansicht können Sie doppelklicken, um das Fenster mit der Ansicht zu öffnen. In diesem Fenster bemaßen Sie wie im Beispiel der linearen Bemaßung oben, nur mit dem Typ HÖHENBEMAẞUNG.

Der in der Höhenbemaßung verwendete Bezugspunkt für die Höhenangaben kann unter BEMAẞUNGSURSPRUNG gewählt werden: PROJEKTURSPRUNG, 1. REFERENZHÖHE, 2. REFERENZHÖHE. Die Angaben für die Referenzhöhen können Sie im Menü OPTIONEN|PROJEKTPRÄFERENZEN|REFERENZHÖHEN einstellen. Dort können Sie auch noch mal mit dem *Höhenkotensymbol* auswählen, was nun der Nullpunkt für die Bemaßung sein soll (Abbildung 10.18).

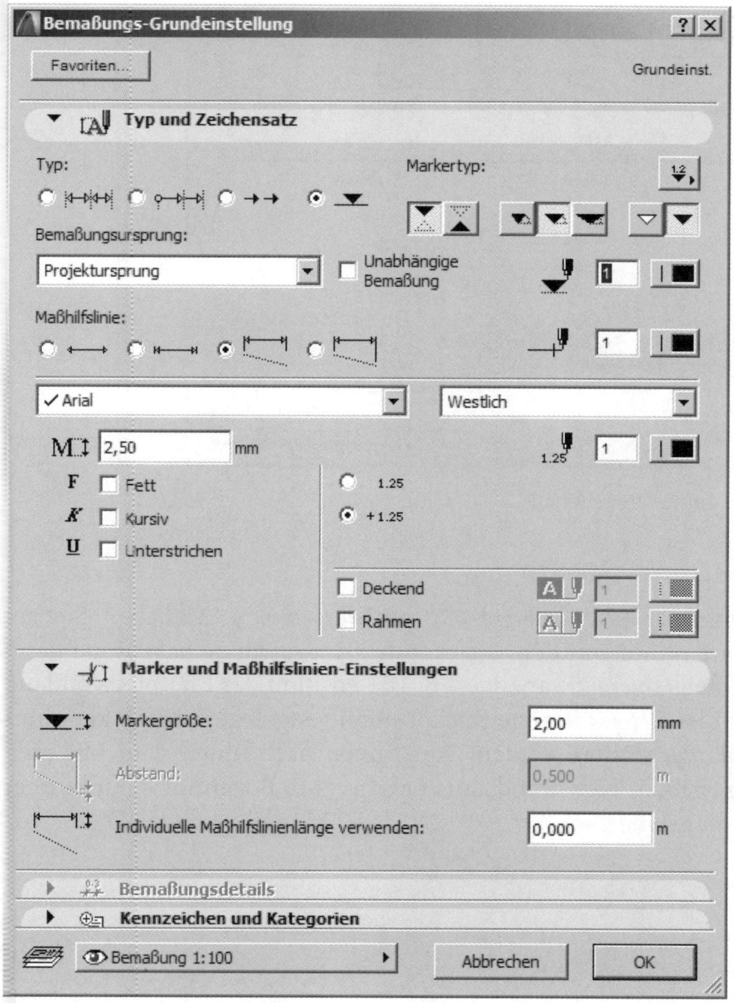

Abb. 10.16: Einstellungen für Höhenkoten

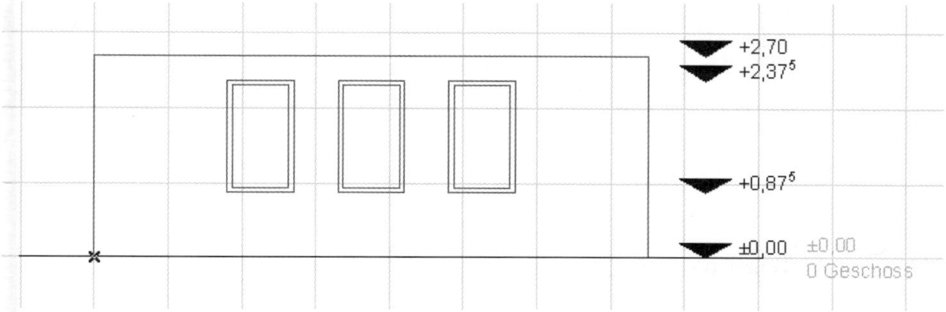

Abb. 10.17: Bemaßung mit Höhenkoten

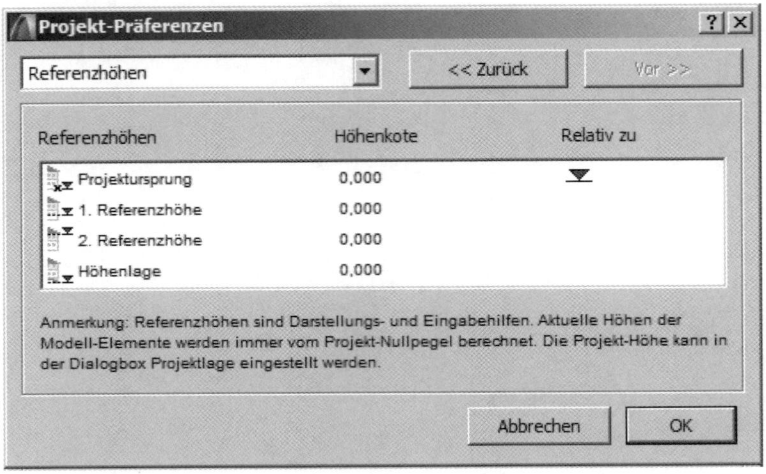

Abb. 10.18: Eintragung der Referenzhöhen

Radialbemaßungen

Wenn Sie das Werkzeug RADIALBEMAẞUNG aktiviert haben, brauchen Sie ein bogenförmiges Element nur mit dem *Mercedesstern-Cursor* anzuklicken und dann die *Länge* des Maßpfeils *interaktiv* anzugeben. Die Position des Maßpfeils entlang dem Bogensegment ist durch die erste Klickposition festgelegt. Danach kann nur noch die Maßpfeillänge variiert werden. Sie können nach innen dem Maßpfeil jede beliebige Länge geben, kürzer und länger als bis zum Bogenmittelpunkt, oder Sie *rasten am Bogenmittelpunkt* ein.

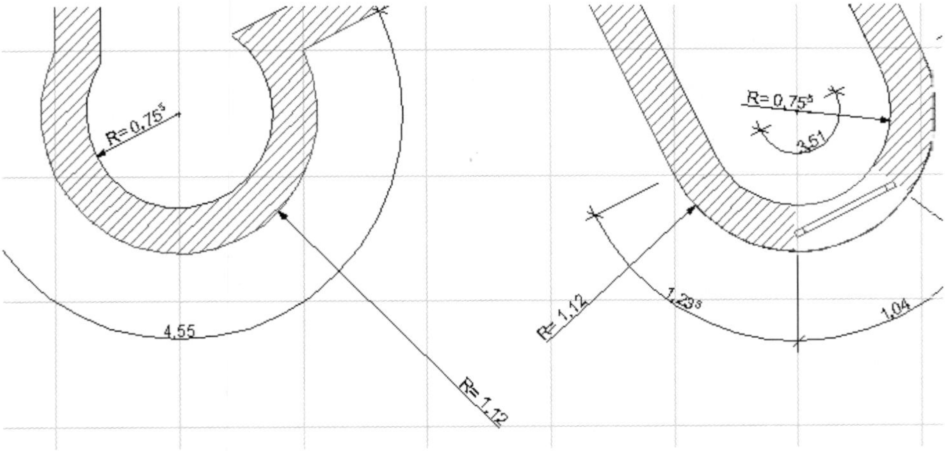

Abb. 10.19: Radialbemaßungen

Die vorgegebenen Einstellungen für Radialbemaßung entsprechen der Norm (Abbildung 10.20). Sie erhalten als Marker den *Pfeil*. Beim Typ können Sie zwischen den Konstruktionsmethoden MIT ODER OHNE MITTELPUNKT wählen, ob ein Mittelpunktskreuz mit erzeugt werden soll oder nicht.

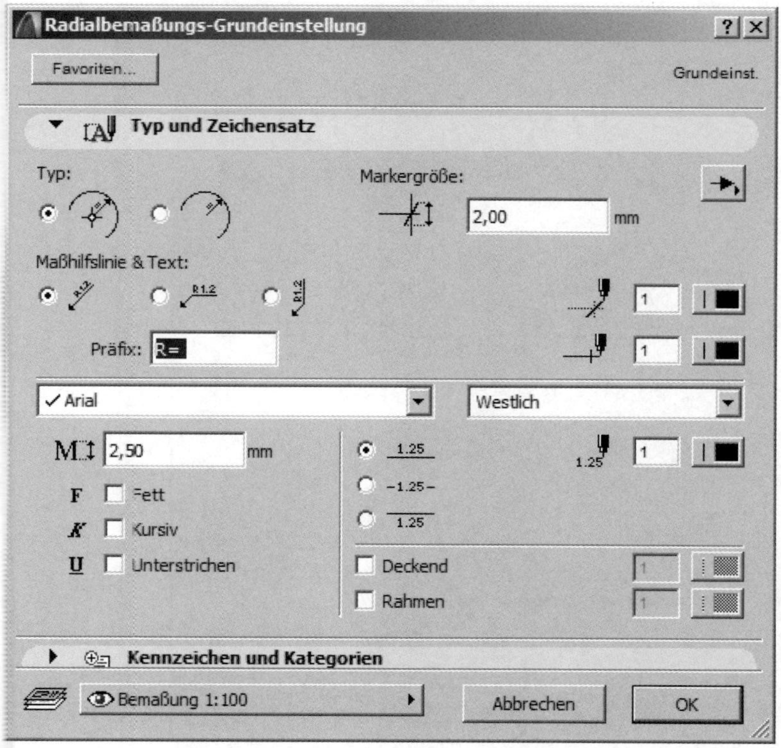

Abb. 10.20: Einstellungen für Radialbemaßung

Die Radialbemaßung kann nachträglich verändert werden, wenn Sie die Bemaßung markieren und für einen der Endpunkte durch Klick die PET-PALETTE aktivieren. Bei Klick an der *Pfeilspitze* wird Ihnen ein Werkzeug zum Drehen des Maßpfeils entlang dem Bogen angeboten (RADIALBEMASSUNG VERSCHIEBEN), für den anderen Endpunkt des Pfeils gibt es ein Werkzeug zur Variation der Pfeillänge (RADIALBEMASSUNG STRECKEN).

Winkelbemaßung

Bei der WINKELBEMAßUNG können Sie im EINSTELLUNGSDIALOG (Abbildung 10.21) bei TYP zwischen INNENBEMAßUNG und AUßENBEMAßUNG wählen. Die INNENBEMAßUNG ist für die Bemaßung spitzer Winkel gedacht. Wird sie auf Außenecken angewendet, so zeigt sie die Bemaßung des inneren Winkels dort an, wo sich die rückwärtigen Verlängerungen der Kanten schneiden würden (siehe Abbildung 10.22 oben). Die Ausrichtung der Maßzahl sollte nach Norm entlang der Maßlinie sein.

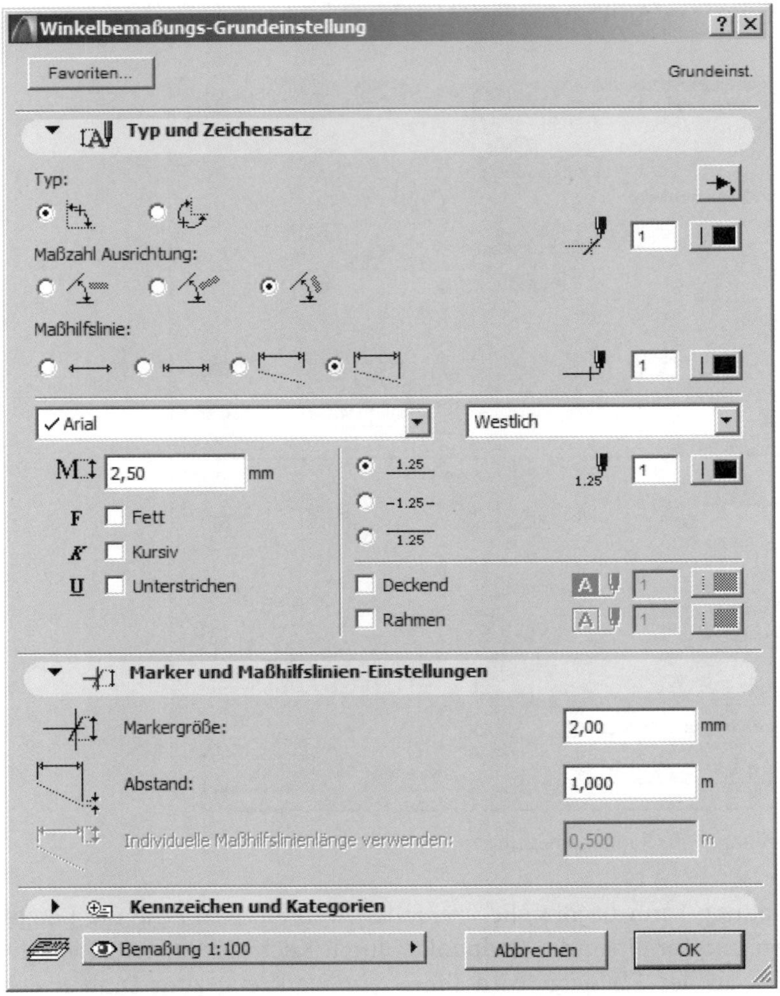

Abb. 10.21: Einstellungen für Winkelbemaßungen

Um die Winkelbemaßung zu setzen, klicken Sie meist die beiden Kanten mit dem Stern-Cursor an und positionieren danach die Maßlinie, wenn der Hammer-Cursor erscheint. Alternativ können Sie aber auch jeden Schenkel eines Winkels durch zwei Punktpositionen definieren.

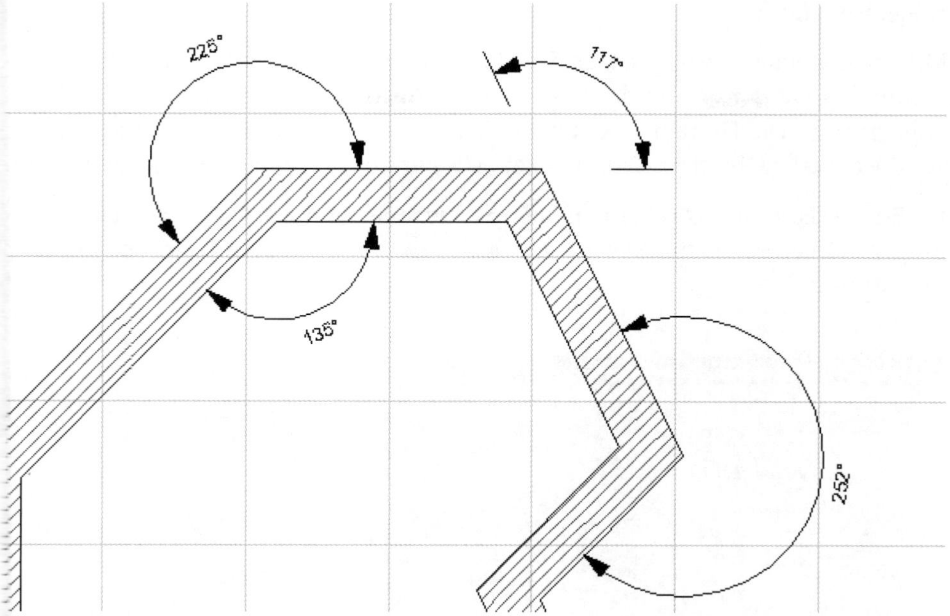

Abb. 10.22: Winkelbemaßung an Ecken

Auch Bögen können mit Winkelbemaßung versehen werden. Sie müssen nur den Bogen mit dem Stern-Cursor anklicken und die Maßlinie mit einem zweiten Klick positionieren (Abbildung 10.23).

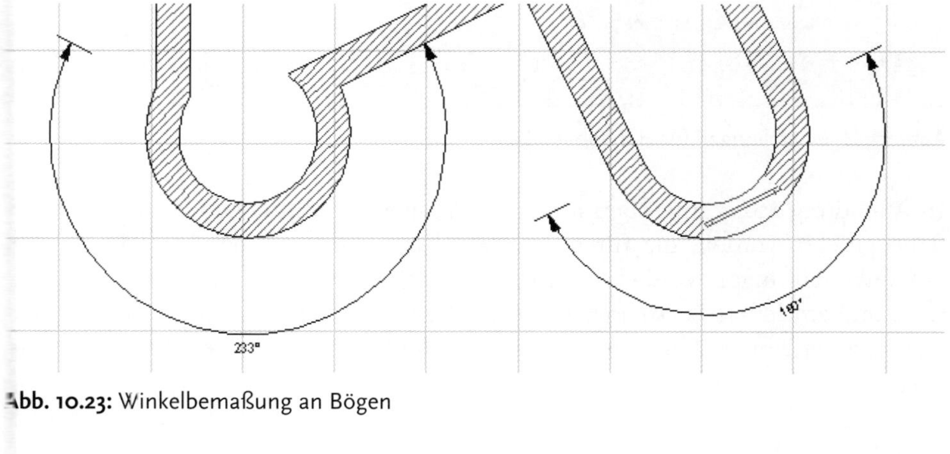

Abb. 10.23: Winkelbemaßung an Bögen

Höhenbemaßung

Mit der Höhenbemaßung setzen Sie Höhenmarken im GRUNDRISSFENSTER. Standardmäßig werden sie an der angeklickten Position auf die jeweilige Geschosshöhe gesetzt. Die Höhenmarken können aber auch mit der Schwerkraft-Funktion auf die aktuelle Oberfläche von Decken, Dächern oder Freiflächen gesetzt werden.

Im EINSTELLUNGSDIALOG können Sie verschiedene Symbolgrößen und Schriftrichtungen wählen sowie noch verschiedene Typen. Die Standard-Vorgaben sind aber in Ordnung.

Abb. 10.24: Einstellungen für Höhenbemaßung

In Abbildung 10.25 sind oben links zwei Höhenbemaßungen auf die Geschosshöhe gesetzt worden, die für das Erdgeschoss hier 0,00 beträgt. Die übrigen Höhenbemaßungen wurden bei eingeschalteter Schwerkraft-Funktion auf Freiflächen und ein schräges Dach positioniert. Die Freiflächen sind an den Stützpunktrastern zu erkennen. Sie sehen, dass jeweils die aktuelle Höhe des Ortes angezeigt wird.

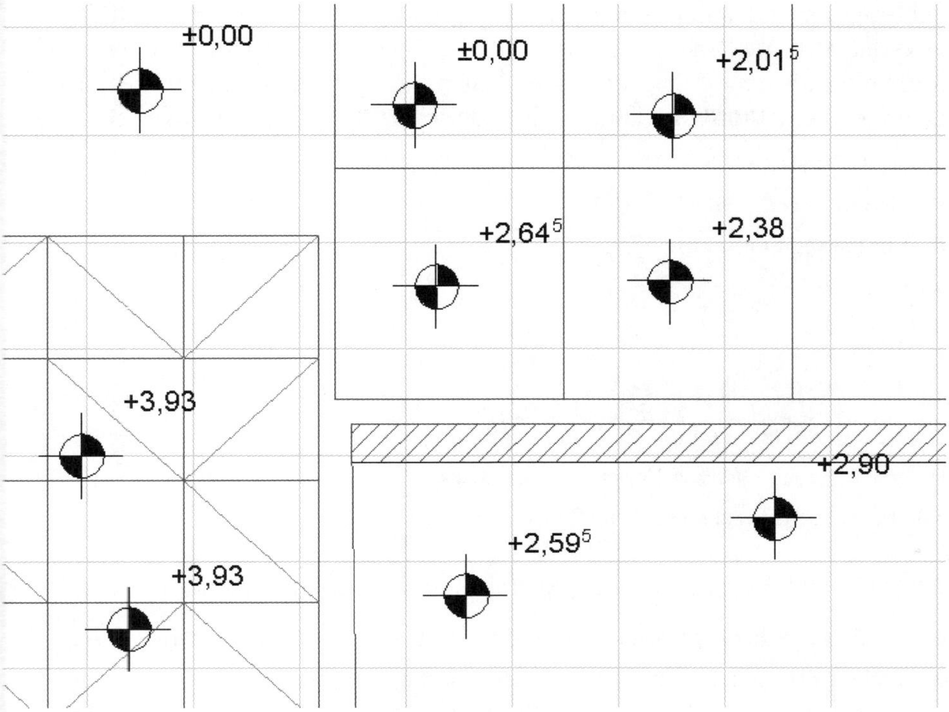

Abb. 10.25: Höhenbemaßungen teilweise mit Schwerkraft

Die SCHWERKRAFT-Funktion können Sie leicht über die STANDARD-Symbolleiste aktivieren. Dort blättern Sie beim *Gewichtssymbol* auf und können drei Varianten aktivieren (einzeln oder gleichzeitig): SCHWERKRAFT AUF DACH, AUF SCHALE, AUF DECKE und/oder AUF FREIFLÄCHE. Damit werden dann Elemente wie Höhenbemaßungen oder auch Stützen nicht auf die aktuelle Geschosshöhe, sondern auf die lokale Höhe der betreffenden Decken, Dächer oder Freiflächen positioniert.

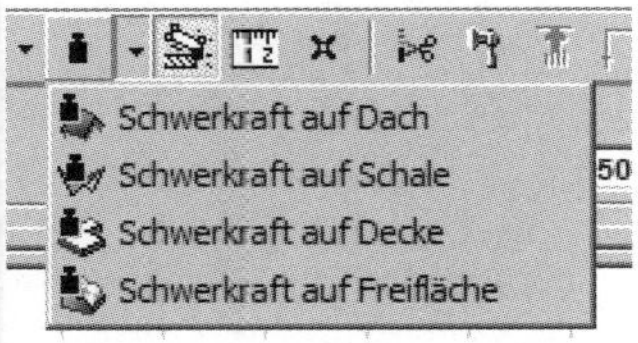

Abb. 10.26: SCHWERKRAFT-Funktion in der STANDARD-Symbolleiste

3D-Bemaßung

Bei der Linearbemaßung gibt es auch drei Optionen für das Bemaßen in 3D-DOKUMENTEN. Dazu muss aber erst ein 3D-DOKUMENT erstellt werden. Gehen Sie dafür ins 3D-Fenster, stellen Sie mit der ORBIT-Funktion die gewünschte Ansichtsrichtung ein und wählen Sie dann per Rechtsklick im Kontextmenü die Option FENSTER FÜR 3D-DOKUMENT AUFNEHMEN. Geben Sie noch einen sinnvollen Namen für die neue Ansicht ein. Nun gehen Sie ins 3D-Dokument und aktivieren die Linearbemaßung. Sie können dort zwischen Bemaßungen in verschiedenen Ebenen wählen:

- HORIZONTALE EBENE,
- VERTIKALE EBENE und
- JEDE EBENE.

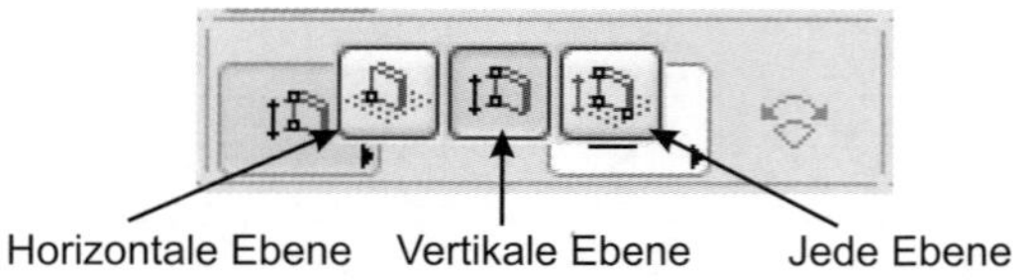

Abb. 10.27: Ebenenwahl für 3D-Bemaßungen

Die 3D-Bemaßungsarten können Sie folgendermaßen anwenden:

- Wählen Sie die gewünschte Bemaßungsart, z.B. VERTIKALE EBENE,
- klicken Sie die zu bemaßenden Positionen der Elemente an,
- schließen Sie die Eingabe mit Rechtsklick und OK oder mit einem *Doppelklick* ab,
- ziehen Sie gemäß dem Richtungsanzeiger in die gewünschte Richtung für die Hilfslinien und
- klicken Sie mit dem HAMMER-Werkzeug auf die Position für den Maßtext (Abbildung 10.28).

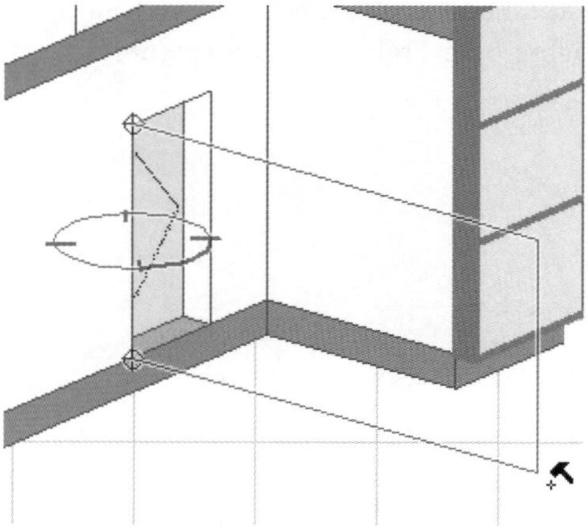

Abb. 10.28: Wahl der Ebenenrichtung über Richtungsanzeiger und der Maßposition mit dem HAMMER-Werkzeug

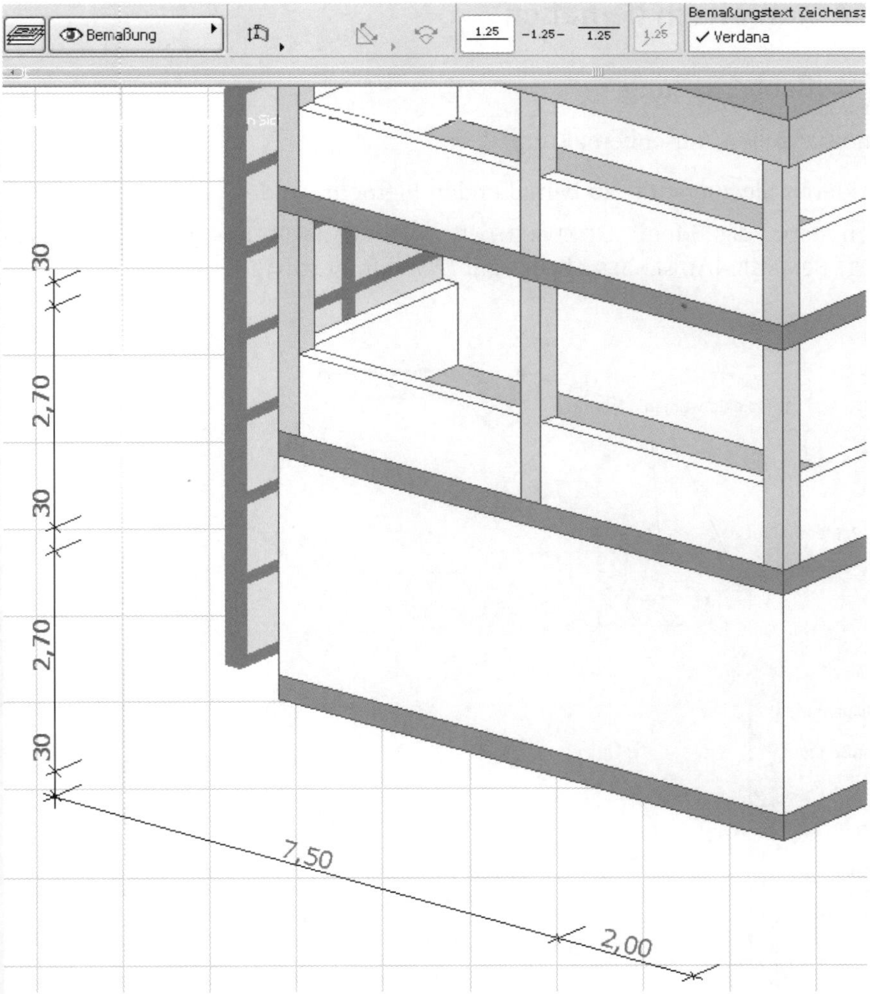

Abb. 10.29: Bemaßung in horizontaler und vertikaler Ebene

Mit der Option JEDE EBENE kann eine Bemaßung auch in der Dachebene ausgeführt werden, wie Abbildung 10.30 zeigt.

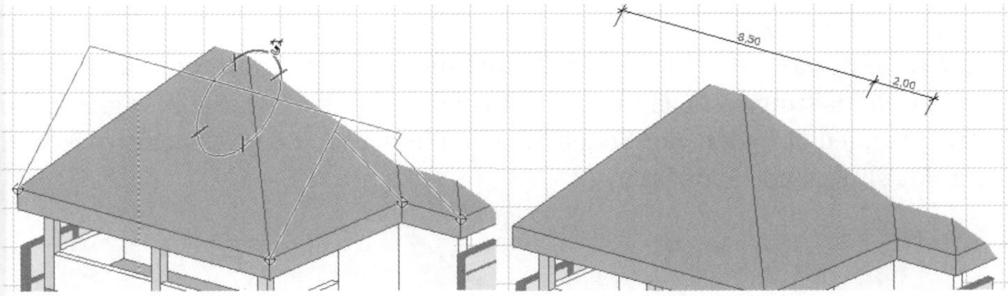

Abb. 10.30: Bemaßung auf einer frei gewählten Ebene (Dachebene)

10.2 Automatisch bemaßen

10.2.1 Außenbemaßung

Zur automatischen Außenbemaßung

- markieren Sie zuerst die zu bemaßenden Elemente und
- rufen dann das Menü DOKUMENTATION|DOKUMENTATION EXTRAS|AUTOMATISCH BEMAẞEN|AUẞENBEMAẞUNG auf (Abbildung 10.31).

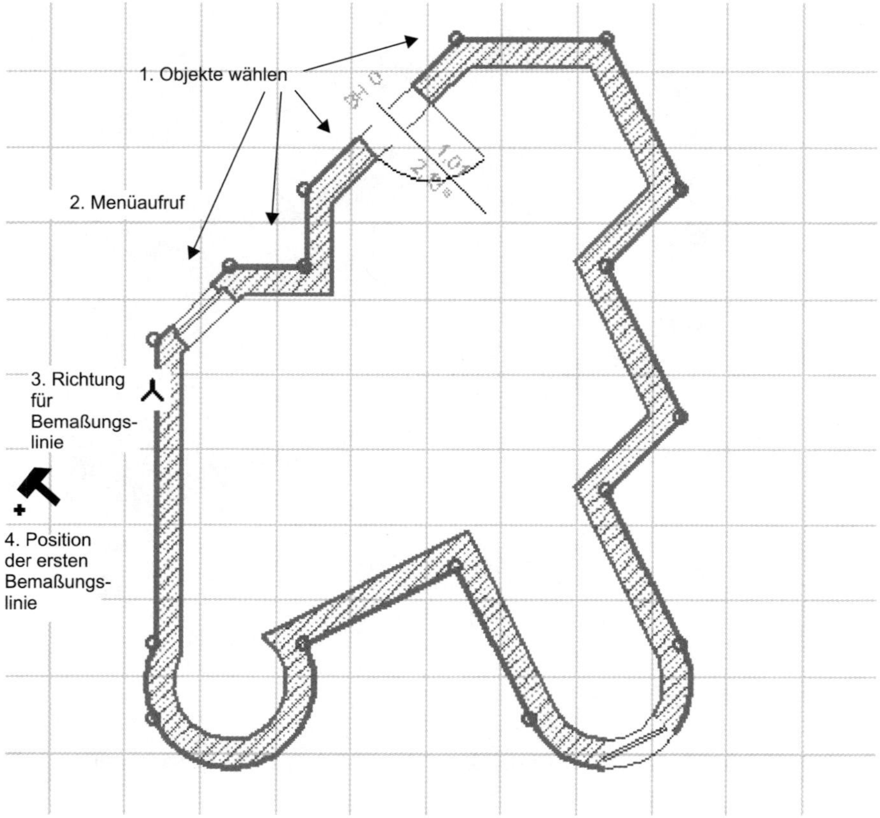

Abb. 10.31: Automatische Außenbemaßung

- Es erscheint dann ein Dialogfeld (Abbildung 10.32), in dem Sie noch Details für die Bemaßung festlegen können. Insbesondere können Sie hier gleich die Bemaßungen auf allen vier Seiten erstellen lassen und den Abstand zwischen den Maßlinien noch anpassen.

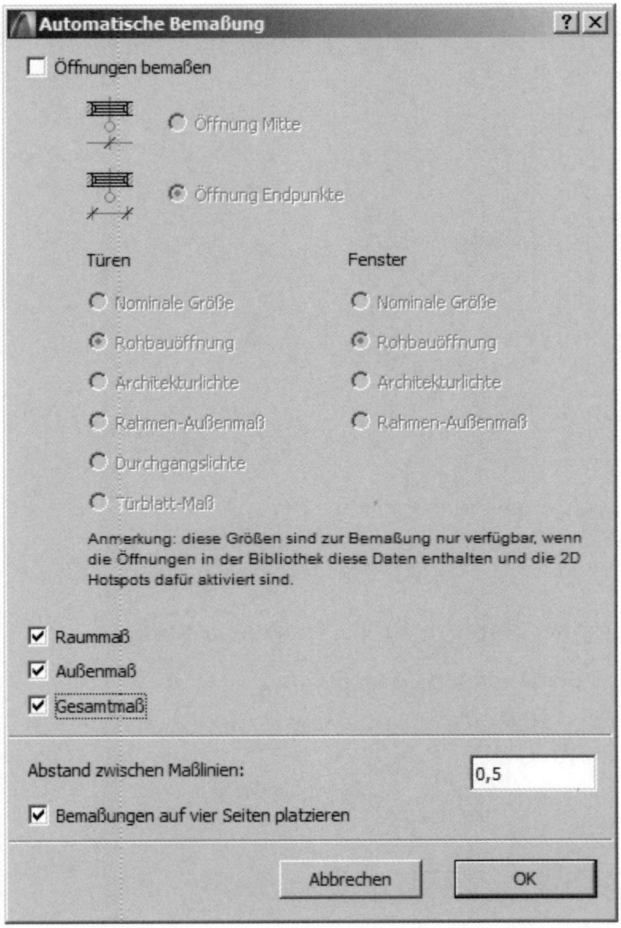

Abb. 10.32: Dialogfeld für automatische Außenbemaßung

- Danach wählen Sie eine Kante mit dem Stern-Cursor, um die Richtung für die erste Maßlinie festzulegen.
- Dann folgt die Position für die innerste Maßlinie, die Sie mit dem Hammer-Cursor definieren.

Abbildung 10.33 zeigt zwei verschiedene Bemaßungen bei unterschiedlicher Wahl der Richtung für die erste Maßlinie. Alle übrigen Maßlinien sind entweder parallel dazu oder senkrecht.

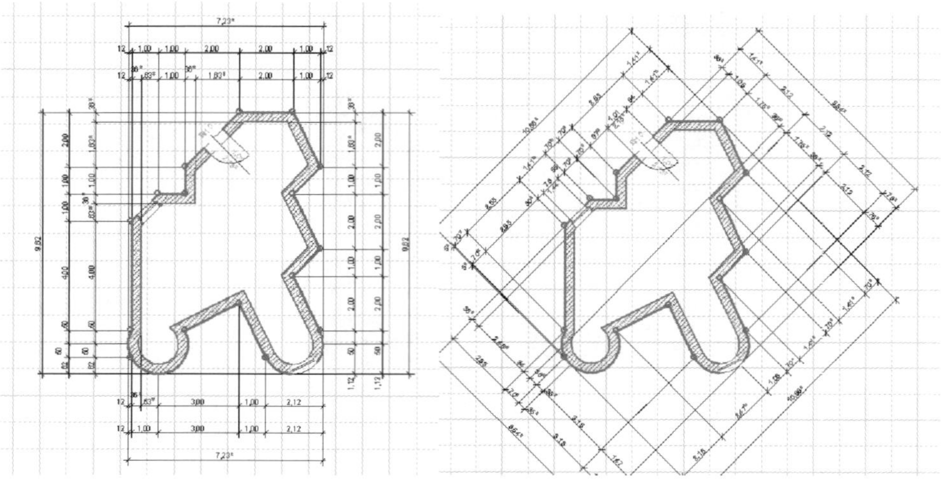

Abb. 10.33: Automatische Bemaßung mit verschiedenen Richtungen

10.2.2 Innenbemaßung

Zur automatischen Erstellung einer Maßkette für die Innenbemaßung

- markieren Sie zuerst die zu bemaßenden Elemente und
- rufen dann das Menü DOKUMENTATION|DOKUMENTATION EXTRAS|AUTOMATISCH BEMAßEN|INNENBEMAßUNG auf.

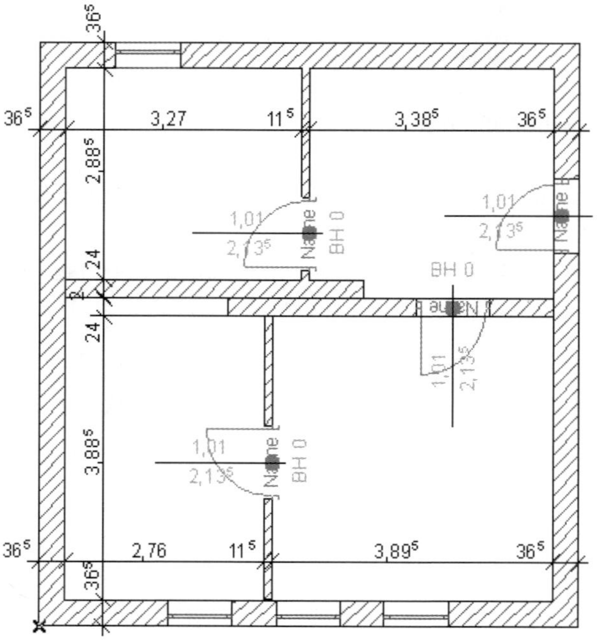

Abb. 10.34: Automatische Innenbemaßung

- Nun erscheint ein Dialogfenster zur Eingabe von Optionen für die Stützen-Bemaßung. Auch können Sie hier wählen, ob bei mehrschichtigem Wandaufbau die Schichten auch bemaßt werden sollen.

Abb. 10.35: Dialogfenster für automatische Innenbemaßung

- Dann klicken Sie zwei Punkte für eine Linie an, die die zu bemaßenden Elemente schneiden muss, und
- beenden mit einem Doppelklick.
- Danach geben Sie wieder mit dem Hammer-Cursor die Position für die Maßkette an und sind fertig.

Die Innenbemaßung wird also nicht so automatisch erstellt wie die Außenbemaßung, sondern immer Maßkette für Maßkette. In Abbildung 10.34 wurde die Innenbemaßung für die drei Maßketten also dreimal aktiviert.

10.3 Bemaßungen bearbeiten

10.3.1 Änderungen an Elementen

Wenn Sie die bemaßten Elemente verändern, werden sich die Bemaßungen entsprechend mit ändern, da sie zu den Elementen assoziiert sind.

- Wenn alle bemaßten Elemente bearbeitet werden, etwa verschoben, gedreht oder gespiegelt, dann geht die gesamte Bemaßung mit.
- Wenn einzelne Elemente bearbeitet werden, etwa verschoben, gedreht oder gespiegelt, dann bleibt die Maßlinie stehen und nur die mit dem Element assoziierten Einzelbemaßungen ändern sich in ihren Werten.

- Beim Kopieren gehen die Bemaßungen vollständig mit, wenn sie mit gewählt wurden.

10.3.2 Änderungen an der Bemaßung

Sie können eine *komplette Maßlinie* wählen und verschieben, indem Sie sie mit dem Stern-Cursor anklicken. Die PET-PALETTE für die Bemaßungsänderung bietet neben dem VERSCHIEBEN der Maßlinie auch das DREHEN und weitere Optionen an.

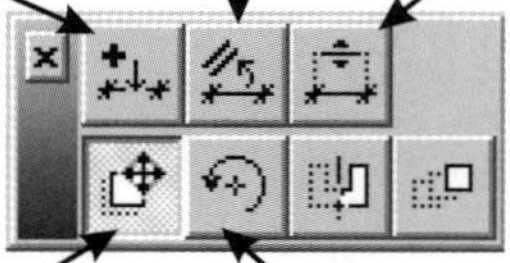

Abb. 10.36: Pet-Palette für Bemaßungsänderung

- BEMAßUNGSPUNKT EINFÜGEN/VERBINDEN Sie können für eine bestehende Bemaßung eine neue Maßposition an einem Element anklicken und damit die neue Position in die Maßlinie aufnehmen. Alternativ können Sie am Ende einer Maßlinie eine Verbindung zu einer weiteren damit fluchtenden Maßlinie erstellen.
- BEMAßUNGSLINIE AUSRICHTEN Mit dieser Funktion kann eine neue Bezugslinie für die aktuelle Bemaßung gewählt und damit die Maßlinie gedreht werden.
- LÄNGE DER MAßHILFSLINIE ÄNDERN Hiermit ändern Sie die Länge der Maßhilfslinien in Richtung der bemaßten Elemente.

Wollen Sie innerhalb einer Maßkette nur eine einzelne Maßlinie wählen, um ihre Einstellungen z.B. übers INFOFENSTER zu ändern, dann müssen Sie die Maßlinie *in der Mitte* mit dem *Häkchen-Cursor* anklicken.

Wenn Sie den *Maßtext ändern* wollen, dann können Sie die *linke untere Ecke* vom Text wählen. Damit könnte der Text verschoben werden. Um den Text bearbeiten zu können, machen Sie bei markiertem Maßtext einen Doppelklick auf das TEXT-Werkzeug im WERKZEUGKASTEN. Es erscheint ein Dialogfenster zum Bearbeiten (Abbildung 10.37). Hier wird unter ERMITTELTER WERT der automatische assoziative Wert angezeigt. Sie könnten ihn mit einer Eintragung bei INDIVIDUELLER TEXT überschreiben. Um dort auch hochgestellte Zahlen zu erhalten, müssten Sie unter AUTOTEXT EINFÜGEN mit ANFANG/ENDE HOCHSTELLUNG das Zeichen ^ einfügen und danach die hochgestellten Zahlen schreiben. Mit der Option ZURÜCK AUF AUTOMATISCH GENERIERTE POSITION können Sie einen verschobenen Maßtext wieder auf die ursprüngliche Position zurückstellen.

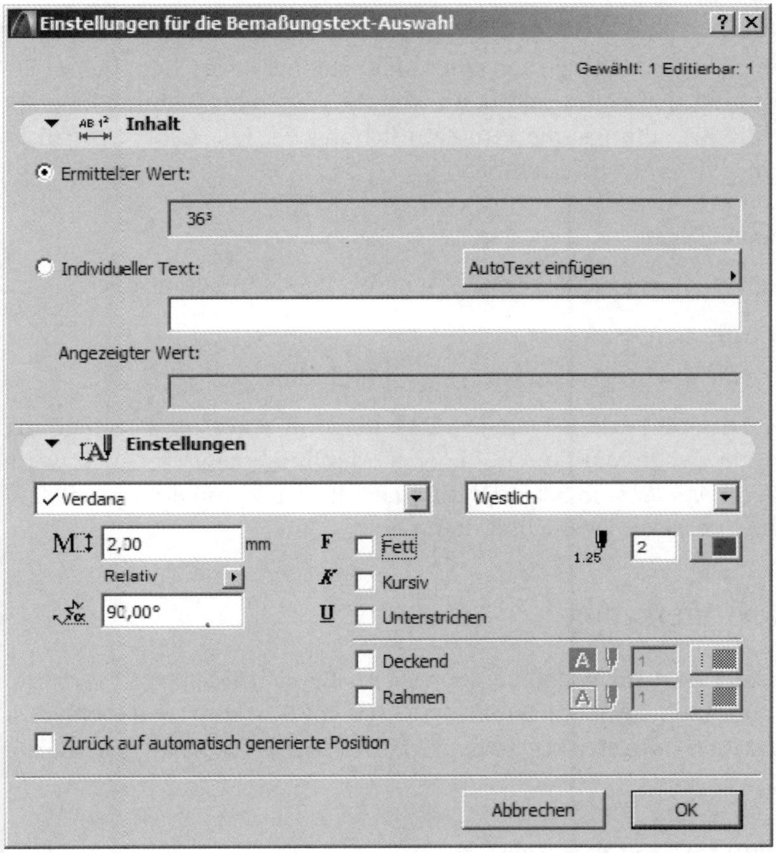

Abb. 10.37: Dialogfenster für Maßtexte

Bei *Höhenbemaßungen* können Sie unter AUTOTEXT EINFÜGEN weitere Eintragungen vornehmen oder andere Referenzhöhen wählen, relativ zu denen dann die automatische Bemaßung angegeben wird.

Bemaßungen ergänzen

Bestehende Bemaßungen können unkompliziert ergänzt werden. Sie müssen

- die zu ergänzende Maßkette mit dem PFEIL-Werkzeug markieren,
- mit Strg den neuen Bezugspunkt anklicken.

Damit ist diese Position sofort in die neue Maßlinie aufgenommen.

Teile einer Bemaßung löschen

Zum Löschen einer Bemaßungsposition in einer Maßkette klicken Sie den Maßpunkt oder Marker an (nicht den Bezugspunkt am Element, sondern die Marker-Position auf der Maßlinie!) und drücken die Taste `Entf` oder wählen nach Rechtsklick im Kontextmenü die Option LÖSCHEN.

Sie können eine einzelne Maßlinie aus einer Maßkette herauslöschen, indem Sie diese am Mittelpunkt markieren und dann wie oben löschen. Dadurch entsteht eine Lücke und die Bemaßungslinie wird natürlich in zwei Teile zerlegt, die nicht mehr zusammen aktiviert werden können.

Maßketten zusammenlegen

Um zwei Maßketten zusammenzulegen, gehen Sie folgendermaßen vor:

- Markieren Sie die erste Maßkette.
- Markieren Sie die zweite Maßkette mit `Strg` und Klick.

Damit wird die Lücke zwischen beiden Maßketten mit einer Einzelbemaßung überbrückt und die zweite Maßlinie in die erste Maßlinie integriert. Auch wenn die Maßketten *nicht parallel* sind, klappt das und die Richtung von der ersten Maßkette wird für die integrierte zweite übernommen.

10.4 Das Text-Werkzeug

Das TEXT-Werkzeug liegt im WERKZEUGKASTEN im Bereich DOKUMENTATION an erster Stelle. Damit können im GRUNDRISSFENSTER, im SCHNITT-/ANSICHTSFENSTER, im DETAILZEICHNUNGSFENSTER und in 3D-DOKUMENTEN Texte geschrieben werden.

10.4.1 Einstellungen und Darstellung

Nach Klick auf das TEXT-Werkzeug wird die Infoleiste mit den Einstellungen belegt. Die Standard-Einstellungen sind in Abbildung 10.38 gezeigt. Wenn Sie unten rechts als Option für die Texthöhe PAPIER-GRÖßE wählen, können Sie maßstabsunabhängig die Texthöhe angeben, so wie sie später bei der Ausgabe auf dem Papier erscheinen soll. Intern rechnet das Programm diese Höhe dann in Meter um. Die *Texthöhe* ist auf 2 mm bzgl. PAPIER-GRÖßE voreingestellt. Sie wird dann abhängig vom jeweiligen Maßstab (Palette SCHNELL-OPTIONEN) in der Zeichnung immer so skaliert, dass bei der Plot-Ausgabe später diese Texthöhe erscheint. Das heißt, ein Text erscheint im Grundrissfenster im Maßstab 1:100 doppelt so hoch wie im Maßstab 1:50. Ansonsten sind im Bereich TEXTSTIL die üblichen Textformatierungen einzustellen.

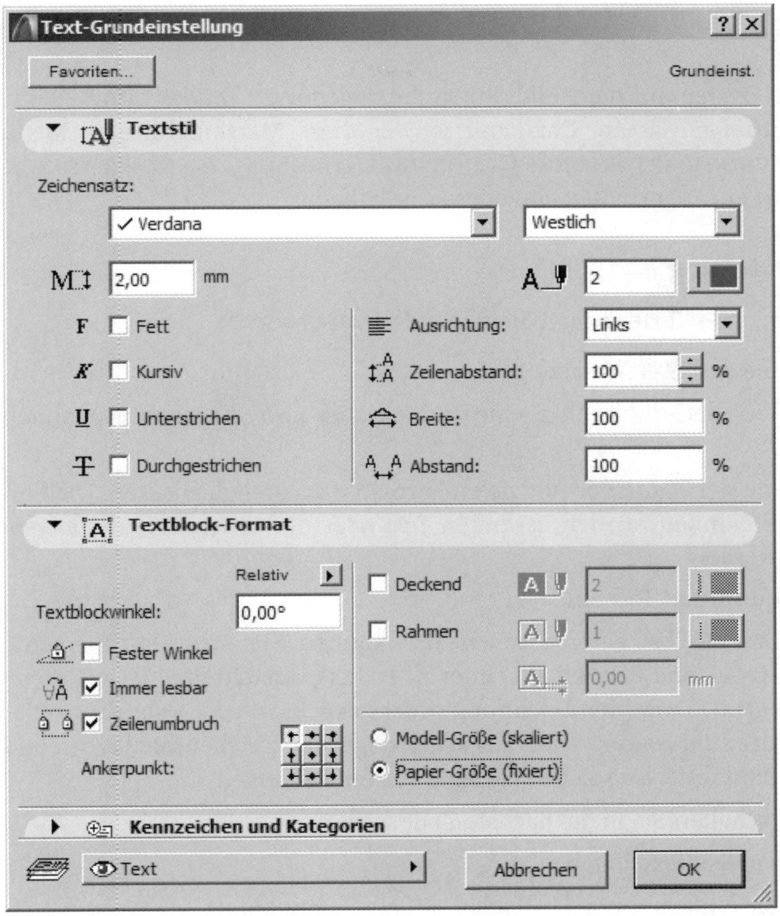

Abb. 10.38: TEXT-Werkzeug-Einstellungen

Im Bereich TEXTBLOCK-FORMAT können Sie einen TEXTBLOCKWINKEL für den Textblock einstellen, der den Text dann entsprechend schräg stellt. Mit dem Schalter FESTER WINKEL kann dieser Winkel gegen spätere Verdrehungen mit dem DREH-WERKZEUG der PET-PALETTE geschützt werden. Mit der Option IMMER LESBAR wird gewährleistet, dass der Text auch bei Winkeln über 90° lesbar bleibt, das heißt, dann umgedreht wird. Auch beim Spiegeln bleibt ein Text stets lesbar stehen. Wenn ZEILENUMBRUCH aktiviert ist, wird beim Schreiben bei Erreichen der Breite der Textbox automatisch eine neue Zeile begonnen, notfalls auch mitten im Wort. Eine Silbentrennung gibt es hier nicht. Sie können durch Abschalten des Zeilenumbruchs einen Text in eine Zeile zwingen. Die Textbox kann dann nachträglich trotzdem noch dynamisch am Bildschirm verändert werden, und der Zeilenumbruch würde wieder aktiviert werden. Der normale ANKERPUNKT des Textblocks ist die obere linke Ecke der Textbox. Er kann hier auch individuell eingestellt werden.

Der Textblock kann mit einem *deckenden Hintergrund* versehen werden und mit einem *Rahmen*.

Sie können bei Texten auf dem Bildschirm die zugehörige *Textbox* durch kleine *Eckenmarken* anzeigen lassen. Dazu müssen Sie diese Marken mit dem Menü ANSICHT|BILDSCHIRMDARSTELLUNGS-OPTIONEN|ZEICHNUNGS- & BEARBEITUNGSHILFEN EINBLENDEN/AUSBLENDEN ein- oder ausschalten.

10.4.2 Texterstellung

Zum Schreiben eines Textes gehen Sie folgendermaßen vor:

- Aktivieren Sie das TEXT-Werkzeug.
- Ziehen Sie auf dem Bildschirm eine Textbox über zwei diagonale Positionen auf.
- Nun erscheint der Texteditor mit vielen Formatierungsmöglichkeiten. Die Formatierungen können für den gesamten Text oder nur für markierte Zeichen umgestellt werden.
- Geben Sie nun Ihren Text ein.
- Zusätzlich zum selbst geschriebenen Text können Sie AUTOTEXT-Elemente wählen, SYMBOLE und FAVORITEN. Unter AUTOTEXT versteht man feste Textelemente, die *interne Daten* der Zeichnung widerspiegeln wie der Dateiname oder Pfad. SYMBOLE sind *Sonderzeichen* aus allen möglichen Zeichensatzdateien und FAVORITEN sind feste, als solche abgelegte Texteinstellungen.
- Mit `Enter` schalten Sie in die nächste Zeile weiter.
- Zum Beenden der Texteingabe
  - klicken Sie einfach *neben* die Textbox auf einen *freien Platz*,
  - oder klicken Sie nach *Rechtsklick* im Kontextmenü auf OK,
  - oder im KONTROLLFENSTER auf die Schaltfläche OK.

Wenn Sie bei Befehlsbeginn keine Textbox aufziehen, sondern an Ort und Stelle zweimal klicken, entsteht ein *Text ohne Zeilenumbruch*. Dann bewirkt nur Ihr `Enter` einen Zeilenwechsel und nicht die Breite der Textbox.

10.4.3 Texte bearbeiten

Existierende Texte können Sie leicht weiterbearbeiten, indem Sie doppelklicken. Dabei dürfen Sie den Text aber nicht an einem der besonderen Punkte erwischen, weil dann die Pet-Palette mit den normalen Bearbeitungswerkzeugen aktiviert wird. Zu diesen gehört übrigens ein Werkzeug zum Umformen der Textbox. Nach dem *Doppelklick* ist also der TEXTEDITOR wieder geöffnet, mit dem der Text erstellt wurde.

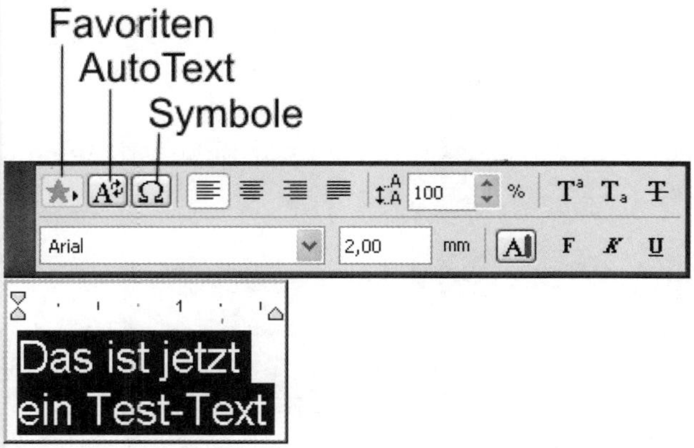

Abb. 10.39: Texteditor

Der Texteditor verfügt über eine Vielzahl von Schaltflächen zur Formatierung. In der oberen Reihe liegen:

- FAVORITEN Sie können hierüber als Favoriten gespeicherte Texteinstellungen aktivieren.
- AUTOTEXT Interne Daten des Projekts, der Layouts, der Zeichnung oder des Systems wie Projektname, Autor, Erstellungsdatum, aktuelles Datum, Zeichnungsname, Pfad und viele ähnliche Daten können damit eingefügt werden.

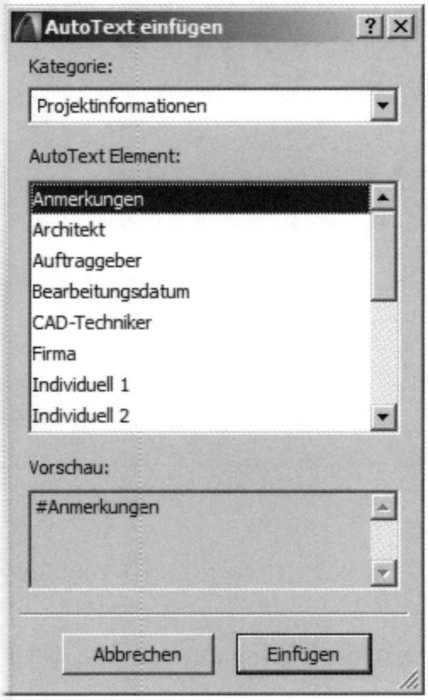

Abb. 10.40: AutoText

- SYMBOLE Die Funktion schaltet zur Zeichen-/Symboltabelle von Windows um, aus der Sie beliebige Zeichen einfügen können. Dazu klicken Sie das gewünschte Zeichen in der Tabelle an, klicken dann auf AUSWÄHLEN und dann auf KOPIEREN. Damit ist das Zeichen in der Zwischenablage. Wechseln Sie zum Texteditor. Dort wählen Sie nach Rechtsklick im Kontextmenü EINSETZEN, und das Zeichen ist in Ihren Text eingefügt.

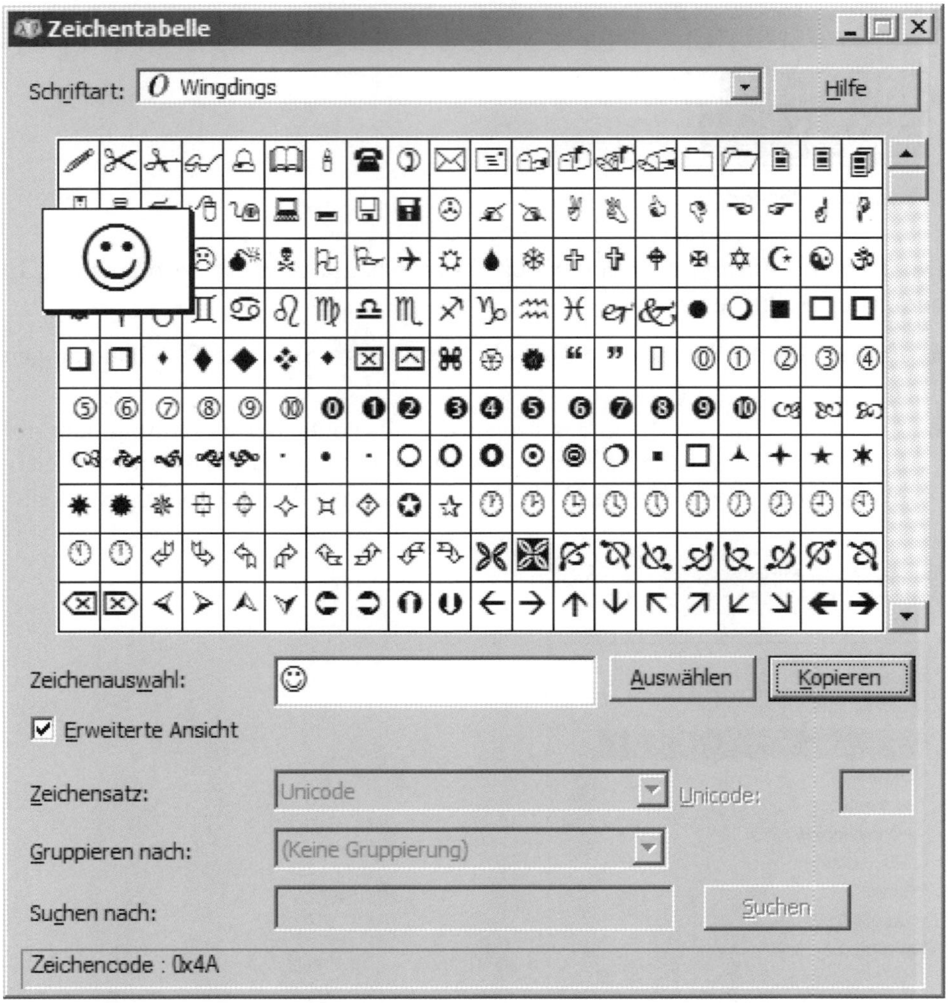

Abb. 10.41: Symboltabelle

- AUSRICHTUNG LINKS, MITTIG, RECHTS und BLOCKSATZ wirken in der von Textsystemen bekannten Weise.
- ZEILENABSTAND dient zum Variieren des normalen Zeilenabstands auf Basis einer Prozentskala.

- HOCHGESTELLT stellt die markierten Zeichen hoch, beispielsweise für m^2 oder m^3.
- TIEFGESTELLT stellt die markierten Zeichen tief wie in H_2O.
- DURCHGESTRICHEN streicht die markierten Zeichen durch.

In der unteren Zeile des Texteditors finden Sie:

- ZEICHENSATZ zum Auswählen des Zeichensatzes.
- HÖHE für die Angabe der Zeichenhöhe im späteren Plot (Höhe auf dem Papier).
- STIFT bestimmt die Farbe und die Stiftbreite der markierten Zeichen.
- FETT, KURSIV, UNTERSTRICHEN sind die üblichen Zeichenformatierungen.

Wenn Sie innerhalb der Textbox rechtsklicken, erscheint ein Kontextmenü (Abbildung 10.42). Darin finden Sie den Aufruf für die Einzüge und Tabulatoren, die Sie mit einem extra Dialogfenster setzen und löschen können (Abbildung 10.43).

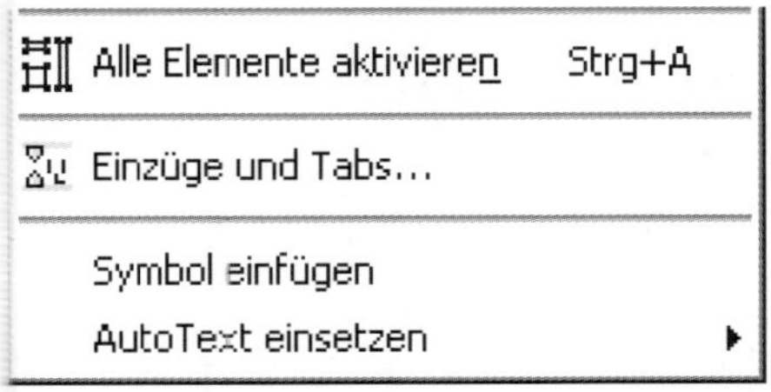

Abb. 10.42: Kontextmenü zum Texteditor

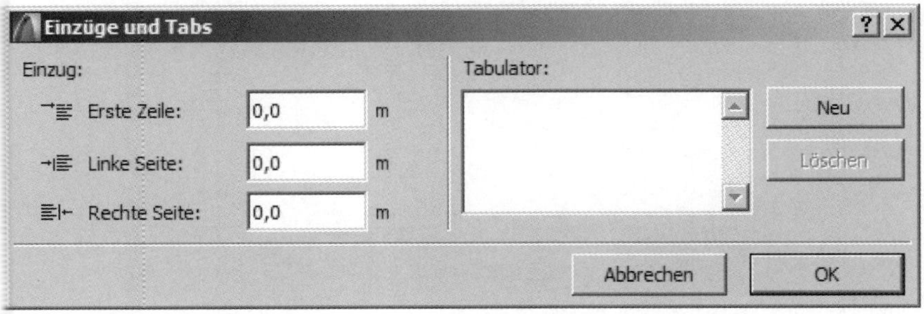

Abb. 10.43: Einzüge und Tabulatoren

10.4.4 Etiketten

Etiketten sind besondere Textblöcke mit einem Hinweispfeil, mit denen Bezeichnungen oder Kommentare an Elemente geschrieben werden. Das ETIKETT-Werkzeug besitzt wenige Grundeinstellungen zur Form des Etiketts (Abbildung 10.45). Es gibt automatisch generierte Etiketten, die zu Elementen gehören. Sie können aber stets mit dem Werkzeug ein unabhängiges Etikett erzeugen, in das Sie beliebigen Text schreiben können. Dazu geben Sie zuerst die drei Punktpositionen für den Hinweispfeil ein, ziehen dann die Textbox auf und schreiben Ihren Text.

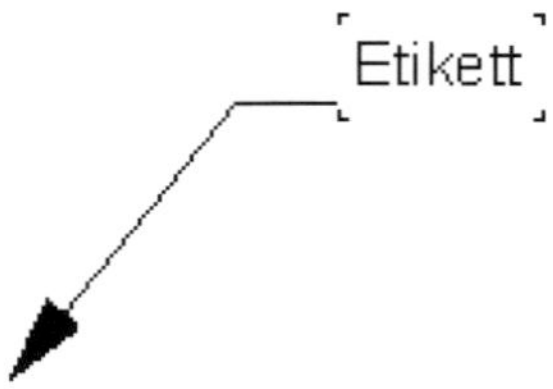

Abb. 10.44: Unabhängiges Etikett

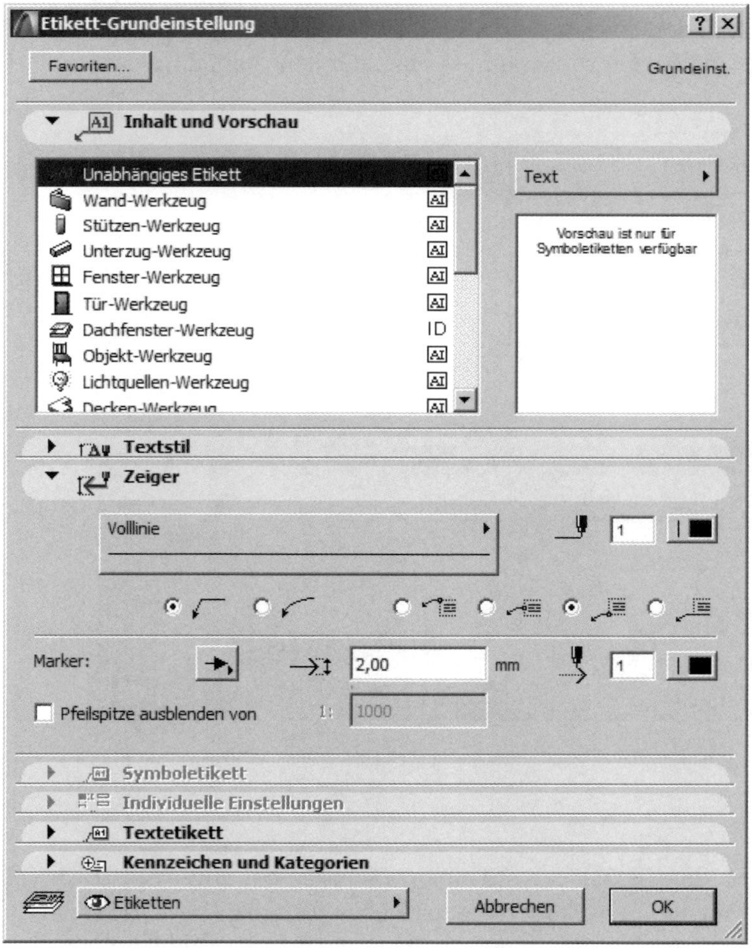

Abb. 10.45: Einstellungen für Etikett

Bei allen ArchiCAD-Elementen können automatische Etiketten aktiviert werden, so genannte assoziierte Etiketten, die die ID-Nummern der Elemente anzeigen und später als Bindeglied zu den Elementlisten gebraucht werden können.

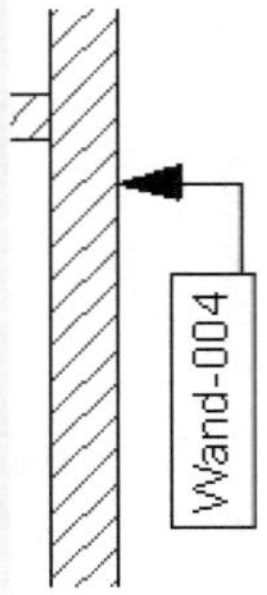

Abb. 10.46: Automatisch generiertes Wand-Etikett

10.4.5 Textbearbeitungsfunktionen

Überall wo Texte erstellt werden, ist eine Funktion zum Suchen und Ersetzen sowie eine Rechtschreibprüfung vorhanden. Bei ArchiCAD finden Sie diese Funktionen unter BEARBEITEN|TEXT SUCHEN & ERSETZEN sowie unter DOKUMENTATION|RECHTSCHREIBUNG|RECHTSCHREIBUNG ÖFFNEN. Nach Texten suchen können Sie in verschiedenen Elementen: *Textblöcken, Etiketten, Bemaßungen, Raumstempeln* und auch in *Parametern* von GDL-Objekten.

10.5 Übungsfragen

1. Was bedeutet assoziative Bemaßung?
2. Welche Bemaßungswerkzeuge gibt es?
3. Welche Option im Bemaßungswerkzeug generiert die hochgestellte Fünf für halbe Zentimeter?
4. Welche KONSTRUKTIONSMETHODE aus LINEAR, ANWACHSEN, ABSCHNITT oder HÖHENBEMAẞUNG bei der LINEAREN BEMAẞUNG entspricht der normalen Architekturbemaßung?
5. Welche geometrischen Methoden gibt es bei der linearen Bemaßung?
6. Aus welchen Teilen besteht ein Bemaßungselement?
7. Wie unterscheiden sich assoziative und nicht-assoziative Bezugspunkte?
8. Welche Bemaßung wenden Sie in SCHNITTEN und ANSICHTEN in z-Richtung an?
9. Wie lautet das Menü für automatische Bemaßung?
10. Was bedeutet beim Text die Option PAPIER-GRÖẞE?

Kapitel 11

Raumstempel, Listen und Auswertungen

11.1 Raumstempel

Mit dem Werkzeug aus der Werkzeuggruppe PLANUNG erstellen Sie *Raumflächen* mit *Raumstempeln*. Im INFOFENSTER finden Sie für dieses Werkzeug *drei Konstruktionsmethoden*:

- MANUELL Mit der manuellen Methode definieren Sie selbst den Raum über eine polygonale Kontur, die Sie wie eine Polylinie eingeben. Sie wird auch wie die Polylinie mit dem *Hammer-Cursor* geschlossen. Danach wird dann mit dem *Hammer-Cursor* die Position für den RAUMSTEMPEL angefordert.
- INNENKANTE Dies ist eine automatische Methode. Mit einem Klick in den Raum hinein wird die Geometrie des Raumes analysiert und die Fläche innerhalb der Wand-Innenkante berechnet. Danach positionieren Sie mit dem *Hammer-Cursor* den RAUMSTEMPEL. Diese Methode setzt aber voraus, dass der Raum *geschlossen* ist. Notfalls müssen Sie den Raum mit einer Linie schließen, damit eine Begrenzung da ist, auch wenn er architektonisch offen sein soll. Für diese Linie, mit der Sie schließen, muss in ihren EINSTELLUNGEN im Panel ALLGEMEINE EINSTELLUNGEN die Checkbox RAUMFLÄCHEN-BEGRENZUNG aktiviert sein.
- KONSTRUKTIONSLINIE Diese Methode arbeitet ebenfalls automatisch. Sie verwendet aber die *Konstruktionslinie* der Wand als Begrenzung und nicht die Innenkante. Wenn die *Konstruktionslinie* außen liegt, wird nur der *Innenbereich mit Schraffur* gefüllt, aber der *Außenbereich* als *Brutto-Raumfläche* verwendet und die *Wandfläche* als *Abzugsfläche*. Damit wird die *Nettofläche* die gleiche sein, wie bei der Methode INNENKANTE berechnet.

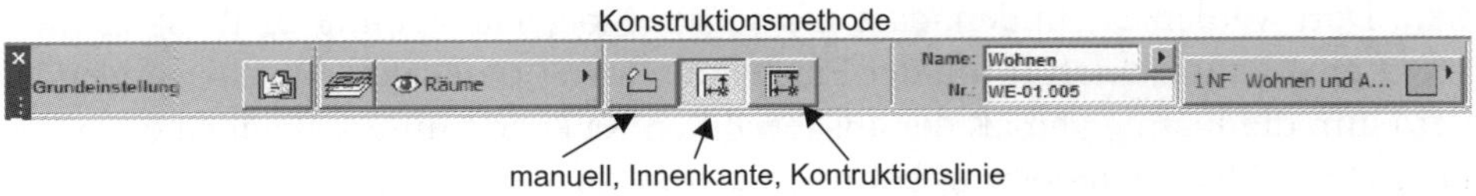

Abb. 11.1: RAUM-Werkzeug

Im INFOFENSTER können noch der *Name des Raumes* und eine *Raumnummer* eingegeben werden. Die *Raumnummer* wird automatisch hochgezählt, auch wenn sie mit Buchstaben beginnt. Ganz rechts ist entsprechend der *Flächennutzung* eine *Raumkategorie* mit zugehöriger *Flächenschraffur* auszuwählen.

Nun klicken Sie in eine geschlossene Wandkontur mit der Methode INNENKANTE hinein und positionieren mit dem *Hammer-Cursor* den Raumstempel. Er muss nicht unbedingt im Innern liegen, sondern kann beliebig positioniert werden. Das Ergebnis zeigt Abbildung 11.2.

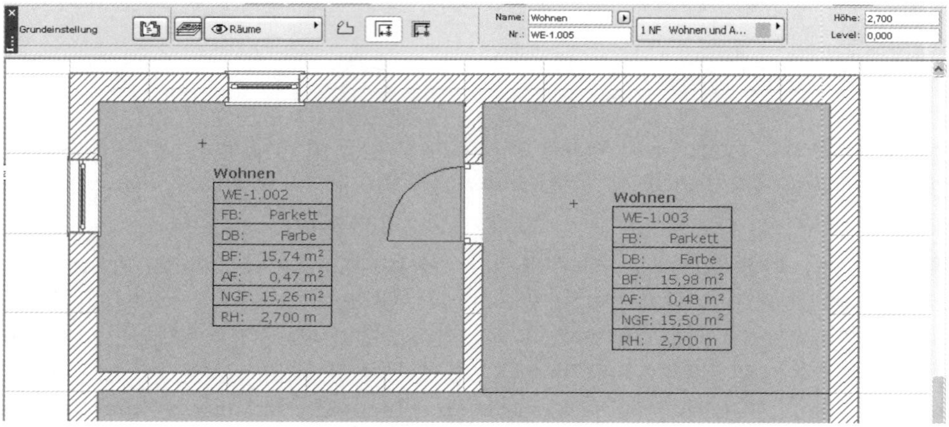

Abb. 11.2: Raumstempel im Grundriss mit erweiterten Einstellungen

11.1.1 Feineinstellungen

Im EINSTELLUNGSDIALOG des RAUM-Werkzeugs finden Sie noch eine Menge von Gestaltungsmöglichkeiten des Raumstempels. Sie finden hier im Panel NAME UND POSITIONIERUNG die RAUM-HÖHE (ABBILDUNG 11.3). Diese Höhe wird bei der Volumenberechnung verwendet und nicht etwa die Höhe der Wände. Im Panel GRUNDRISS können Schraffur- und Stifteinstellungen gewählt werden. Als Vorgabe ist *Nur Hintergrund-Stift* definiert.

Bei welchen Darstellungen dieser *Hintergrund-Stift* zu sehen sein soll, können Sie unter DOKUMENTATION|MODELLDARSTELLUNG|MODELLDARSTELLUNG ERSTELLEN einstellen. Wählen Sie dort eine Modelldarstellung aus und gehen Sie ins Panel SCHRAFFURDARSTELLUNG ÜBERSCHREIBEN auf die Option HINTERGRUND VERBERGEN. Dort werden Sie finden, dass nur in der Modelldarstellung 01 BEISPIEL ENTWURF eine Raumschraffur mit der Einstellung KATEGORIEFARBE MASSIV verwendet wird, um die Räume gemäß der ausgewählten Kategorie unterschiedlich einzufärben. Diese Modelldarstellung können Sie zur Anzeige der Räume in der Palette SCHNELL-OPTIONEN aktivieren.

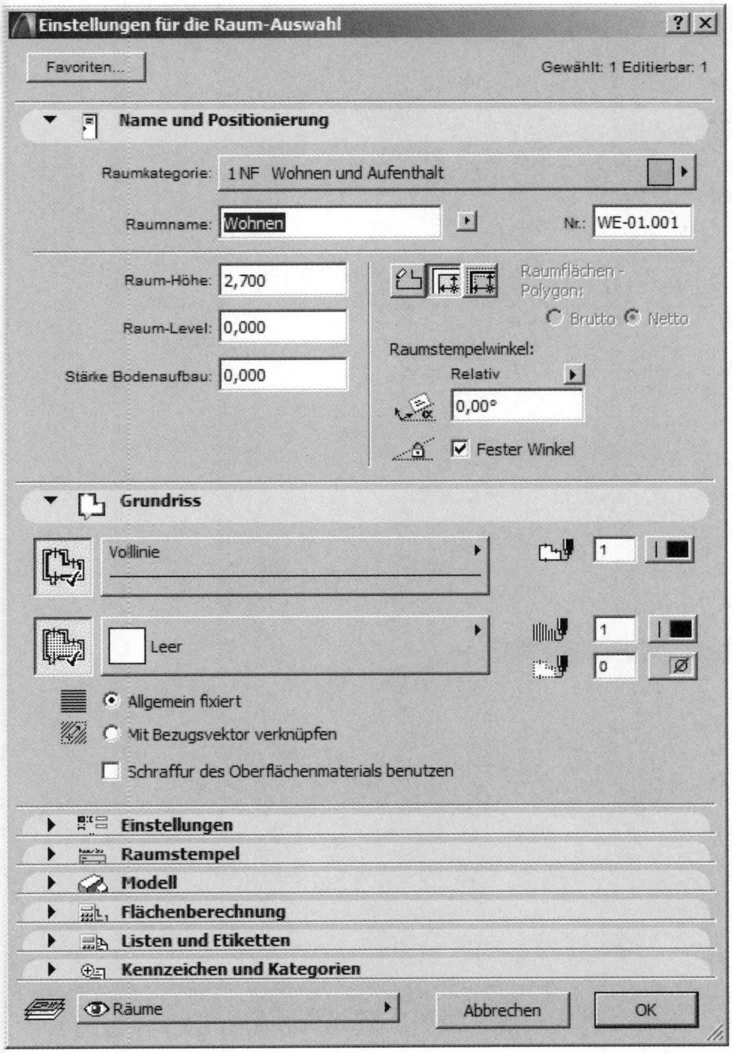

Abb. 11.3: Einstellungen für RAUM-Werkzeug

Im Panel RAUMSTEMPEL (Abbildung 11.4) wird ein auf deutsche Verhältnisse angepasster Raumstempel angezeigt. Sie können alle Parameter erreichen, indem Sie auf die Dreieckssymbole in der Parameterliste klicken, die Unteroptionen aufblättern und dann auf die Werte oder auf die Schaltflächen AN oder AUS klicken. Für schaltbare Parameter werden Ihnen Checkboxen angeboten.

Andere Raumstempel mit anderen Parametern können Sie übers Menü OPTIONEN|ELEMENT ATTRIBUTE|RAUMKATEGORIEN (siehe Abbildung 11.17) wählen.

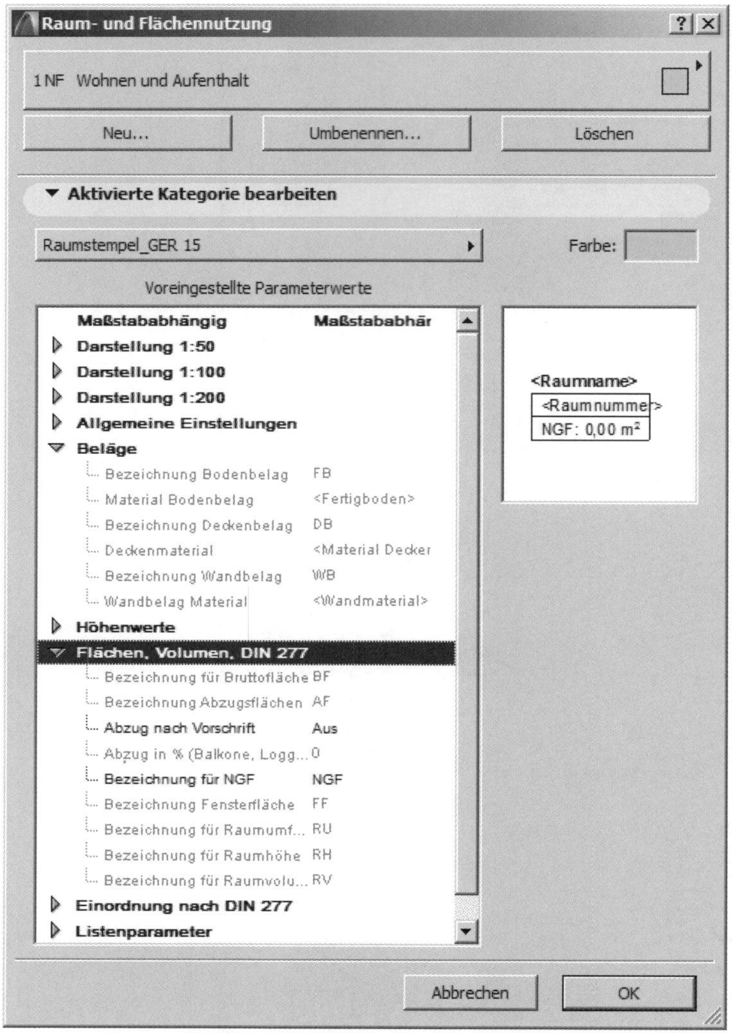

Abb. 11.4: Auszug der Einstellungen RAUM-GRUNDEINSTELLUNG Panel RAUMSTEMPEL

11.1.2 Anzeige von Raumstempeln

Grundrissfenster

Im GRUNDRISSFENSTER wird ein *Raumstempel* bei der Modelldarstellung 01 BEISPIEL ENTWURF durch die Farbe angezeigt, die der Raumkategorie entspricht. Generell wird die Anzeige im Grundrissfenster mit dem Menü DOKUMENTATION| MODELLDARSTELLUNG|MODELLDARSTELLUNG ERSTELLEN für die einzelnen Modelldarstellungen eingestellt. Sie finden die vordefinierten Darstellungen 01 BEISPIEL ENTWURF, 02 BEISPIEL GENEHMIGUNGSPLANUNG, 03 BEISPIEL AUSFÜHRUNGSPLA-

NUNG, 04 BEISPIEL EXPOSÉ und 05 BEISPIEL DECKENSPIEGEL. Wenn Sie eigene Einstellungen vornehmen, entsteht automatisch eine neue Darstellungskombination, die zunächst INDIVIDUELL heißt. Mit SPEICHERN können Sie dann einen eigenen Namen vergeben.

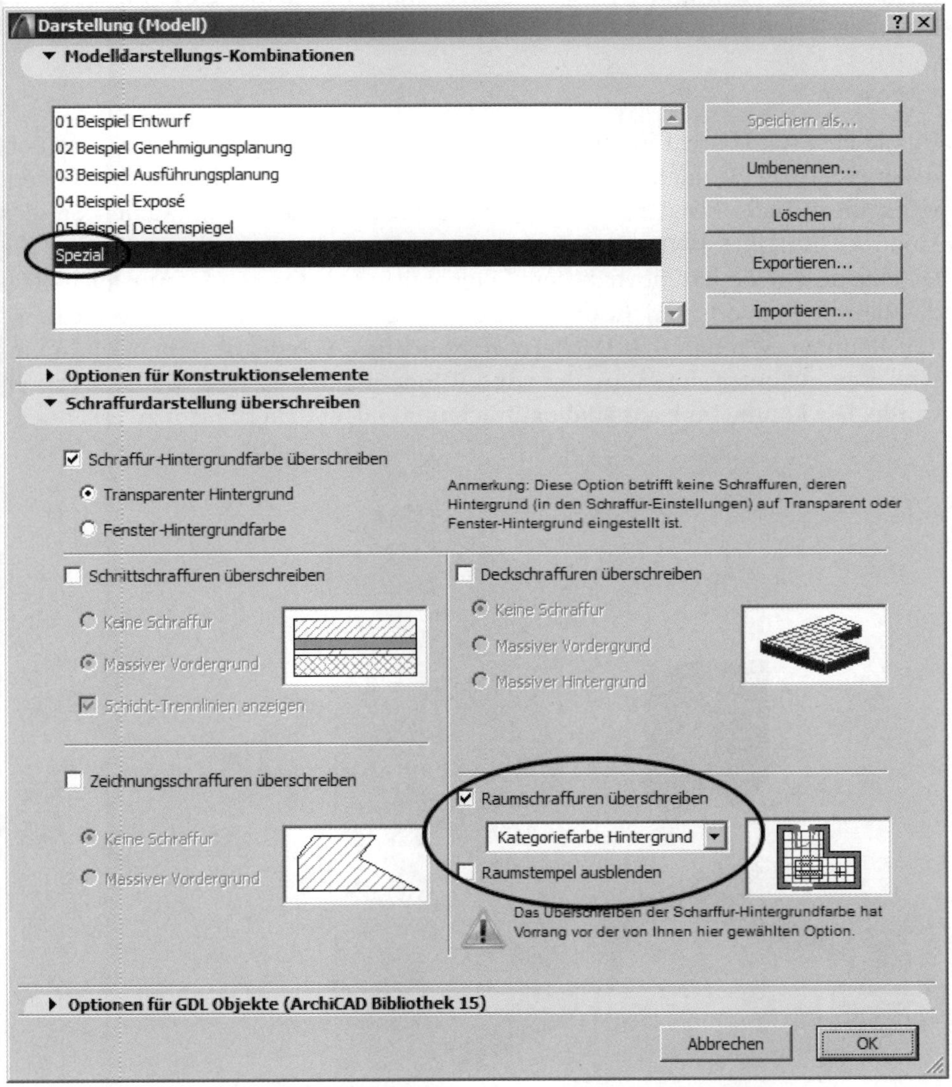

Abb. 11.5: Raumstempel-Anzeige bei verschiedenen Darstellungskombinationen

Nach Vorgabe wird bei

- 01 BEISPIEL ENTWURF alles angezeigt: *Kategoriefarbe* zur Raumschraffur und der *Raumstempel*
- 02 BEISPIEL GENEHMIGUNGSPLANUNG, 03 BEISPIEL AUSFÜHRUNGSPLANUNG, 04 BEISPIEL EXPOSÉ und 05 BEISPIEL DECKENSPIEGEL keine Schraffur, aber der *Raumstempel* angezeigt

3D-Fenster

Im 3D-FENSTER können Räume als *Volumenkörper* angezeigt werden. Da sie normalerweise von Wänden umschlossen sind, werden Sie die Räume nur sehen, wenn die Wände, Fenster und Türen ausgeblendet sind. Dafür wählen Sie das Menü ANSICHT|ELEMENTE IN 3D|ELEMENTE IN 3D FILTERN. Vorgabemäßig sind alle Objekte bis auf die Räume in diesem Filter aktiviert. Aktivieren Sie nun auch noch die Räume, dann erhalten Sie die Darstellung nach Abbildung 11.6 mit verschiedenen Räumen, Wänden und Dächern: links schräge Wände, die einen Raum einschließen, dahinter ein Raum, der ohne Wände mit der Polygon-Methode erstellt wurde. Die Räume im Haus sind natürlich hinter den Mauern nicht zu erkennen.

Abb. 11.6: Ungefilterte Ansicht

Abb. 11.7: Filter für 3D-Darstellung

Schalten Sie nun den Typ RAUM ein und *alle anderen aus* (Abbildung 11.7). Die gefilterte Darstellung (Abbildung 11.8) zeigt jetzt nur noch die Räume. Es ist zu erkennen, dass der Raum den schrägen Wänden genau folgt.

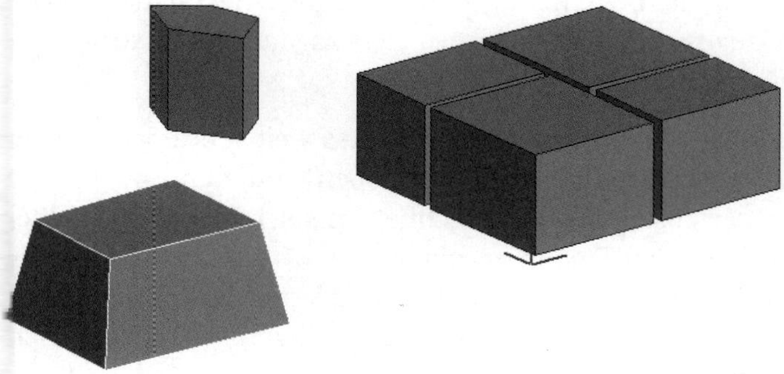

Abb. 11.8: Gefilterte 3D-Darstellung mit verschiedenen Räumen

Bei schrägen Wänden wird die Fläche am Wandfuß als Bruttofläche angezeigt. Die schrägen Partien unter den Wänden werden als Abzugsflächen definiert. Damit ergibt sich die Fläche oben als Nettofläche. Wenn die Flächen nach außen geneigt sind, wird nur die Fläche am Wandfuß als Brutto- und Nettofläche angezeigt.

11.1.3 Räume anpassen

Nach Änderungen im Grundrissfenster

Wenn Wände im Grundrissfenster verschoben werden (Abbildung 11.9), passen die Raumflächen nicht mehr zur Konstruktion. Dann rufen Sie danach das Menü PLANUNG|RÄUME AKTUALISIEREN auf. Sie können damit *alle* Raumflächen aktualisieren lassen oder, wenn die Räume vorher aktiviert wurden, die *ausgewählten* Raumflächen aktualisieren (Abbildung 11.10).

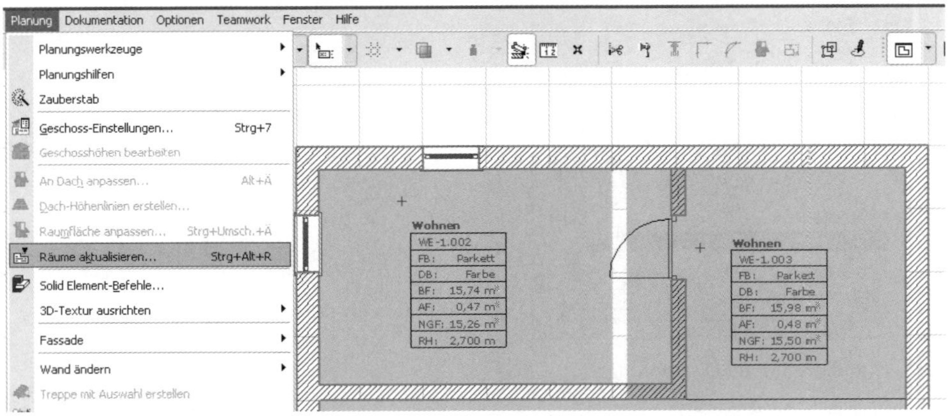

Abb. 11.9: Wand zwischen zwei Räumen wird verschoben.

Diese Neuberechnung klappt aber nur, wenn der *Raumreferenzpunkt* noch zu dem zu berechnenden Raum passt. Dieser Punkt ist diejenige Position, mit der Sie zur Bestimmung des Raumes in die Begrenzung zuerst hineingeklickt hatten. Dieser Punkt wird bei jeder Aktualisierung des Raumes als Ausgangspunkt verwendet, um die Begrenzung neu zu ermitteln.

Sollten Sie bei Ihrem Umbau beispielsweise die Wand so weit verschoben haben, dass sie über den *Raumreferenzpunkt* hinüber verschoben wird, dann wird ausgehend von diesem Punkt der falsche Raum berechnet. In solch einem Fall sollten Sie vor dem Umbau der Wand den *Raumreferenzpunkt* verschieben. Markieren Sie dazu den Raum, klicken Sie den Referenzpunkt an und verschieben Sie ihn mit der passenden Funktion der PET-PALETTE. Meist ist es auch sinnvoll, dabei gleichzeitig den Raumstempel zu verschieben.

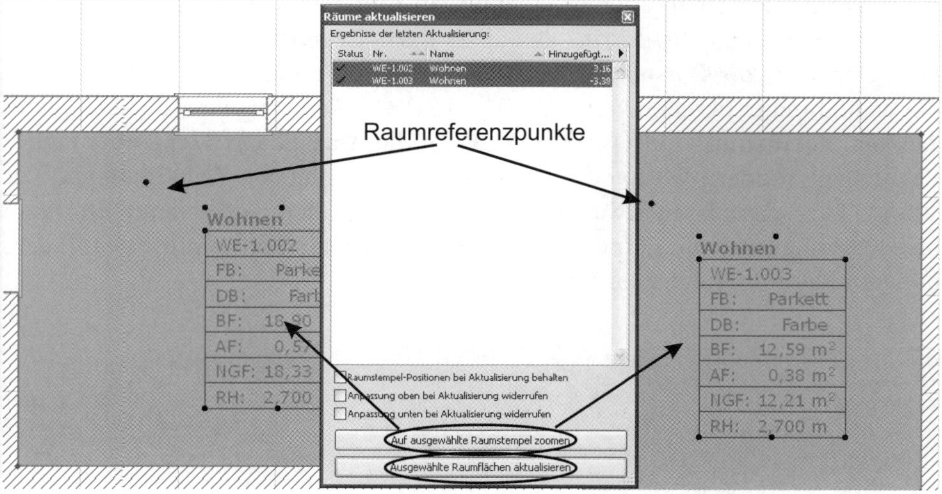

Abb. 11.10: Aktivierte Räume werden aktualisiert.

An Dächer anpassen

Bei der Anpassung von Räumen an Dächer gibt es zwei Möglichkeiten: Der Raum ist niedriger als das Dach oder höher.

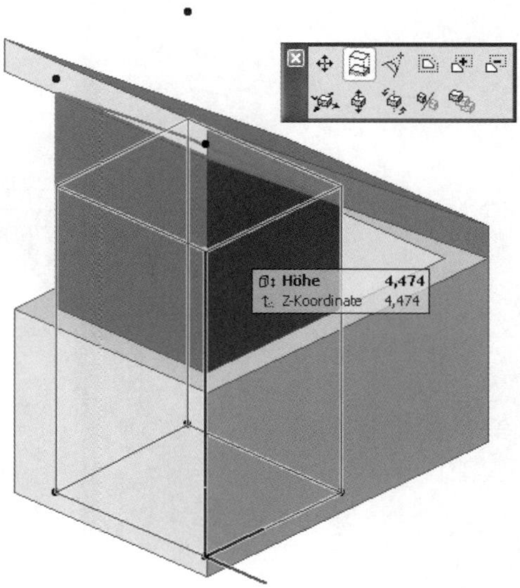

Abb. 11.11: Anzupassender Raum ist aktiviert, Pet-Funktion HÖHE STRECKEN

Wenn das Dach niedriger ist, müssen Sie die Höhe des Raums zunächst derart vergrößern, dass sie das Dach überragt. Markieren Sie dazu den Raum (Abbildung

11.11), klicken Sie einen oberen Eckpunkt an und ziehen Sie ihn mit dem PET-PALETTEN-Werkzeug HÖHE STRECKEN übers Dach. Gegebenenfalls sollten Sie dazu per Rechtsklick die Darstellung DRAHTMODELL aktivieren, damit Sie auch durch die Wand hindurchgreifen können. Mit dem PFEIL-Werkzeug fahren Sie dann zur Auswahl des Raumes auf eine Kante. Wenn die Anzeige des Elementtyps nicht RAUM zeigt, sondern WAND oder DACH und in der untersten Zeile MEHRERE ELEMENTE (TAB), dann können Sie mit der [Tab]-Taste die Elementtypen durchblättern, bis RAUM angezeigt wird, und mit Klick wählen. Weiter geht es nun wie mit dem höheren Raum im folgenden Absatz.

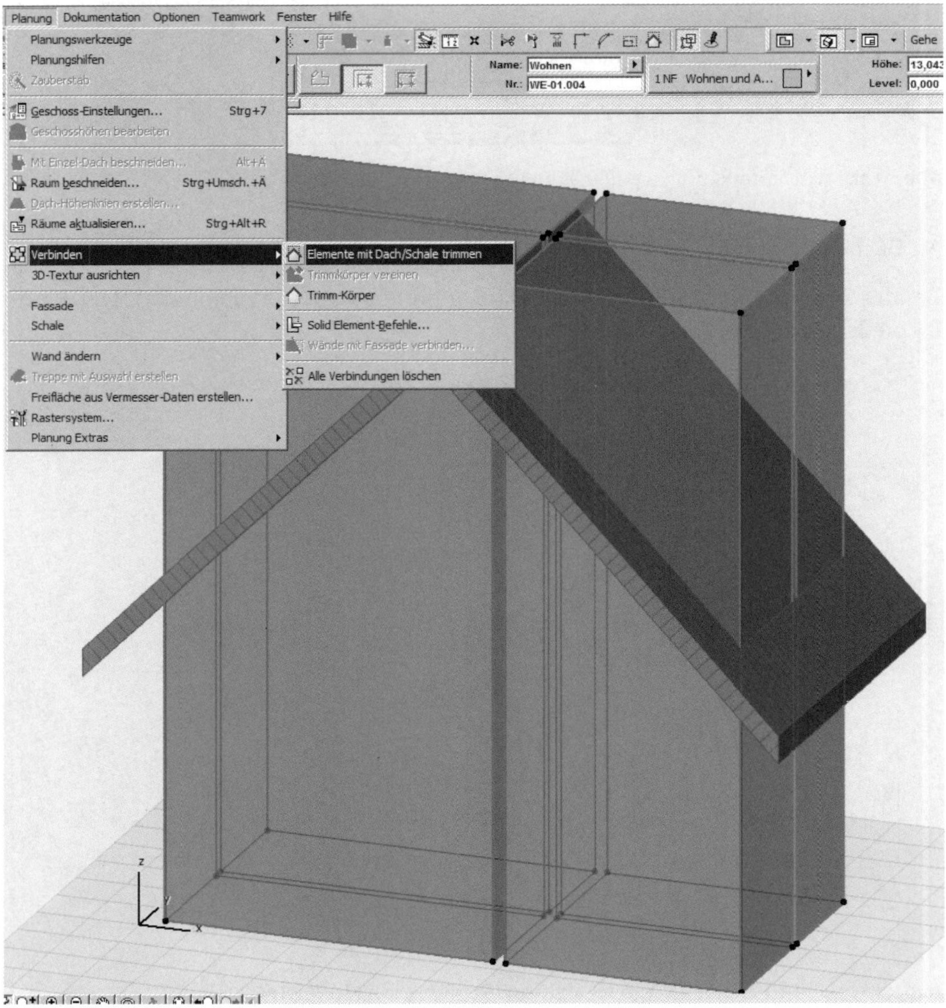

Abb. 11.12: Menü zum Trimmen eines Raumes an Dachflächen

Wenn die Räume höher sind als das Dach, aktivieren Sie sie per Klick und wählen das Menü PLANUNG|VERBINDEN|ELEMENTE MIT DACH/SCHALE TRIMMEN oder das entsprechende Werkzeug in der STANDARD-Funktionsleiste. Auf die Frage nach dem Trimm-Objekt klicken Sie das Dach an und definieren Sie dann mit einem weiteren Klick in den Bereich unter dem Dach, was von den Räumen stehen bleiben soll. Dieser Bereich erscheint in der Vorschau in blauer Farbe. Dann Klick und Sie sind fertig.

Es gibt eine zweite Funktion zum Trimmen von Elementen: PLANUNG|DACH EXTRAS|RAUM BESCHNEIDEN. Diese Funktion trimmt an *Einzel-Dächern, Decken* und *Unterzügen*. Mit einer Option LÖCHER IGNORIEREN werden auch eventuelle Dachöffnungen für diese Operation geschlossen.

11.1.4 Raum nach Dachlinien erzeugen

Oft möchte man *den* Teil des Raumes bestimmen, der unter einem Dach eine gegebene Höhe über- oder unterschreitet. Für diesen Zweck können Sie *Dach-Höhenlinien* erstellen lassen.

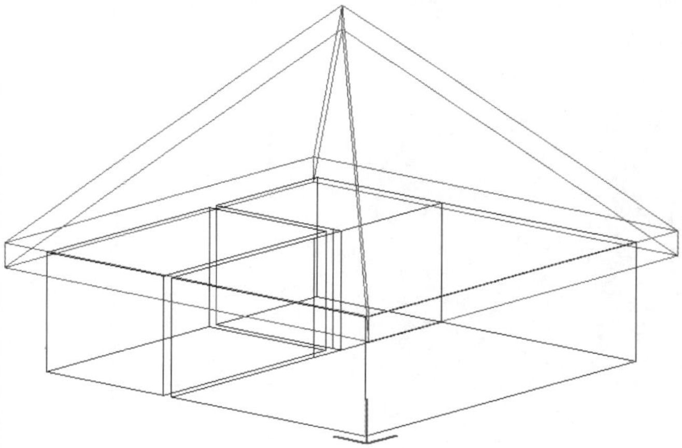

Abb. 11.13: Räume mit Dach, Wandhöhe 2,7 m

Für das Beispiel in Abbildung 11.13 sollen die Dach-Höhenlinien bei 4 m erstellt werden. Falls das Dach ein komplexes zusammenhängendes Dach ist, zerlegen Sie es erst in Einzeldachflächen mit BEARBEITEN|ZERLEGEN|IN EINZEL-DACHFLÄCHEN ZERLEGEN. Das Dach muss vorher gewählt werden. Aktivieren Sie dann im Grundrissfenster mit dem PFEIL-Werkzeug alle vier Dachsegmente. Rufen Sie die Menüfunktion PLANUNG|DACH EXTRAS|DACH-HÖHENLINIEN ERSTELLEN auf und geben Sie die gewünschte Höhe ein und wählen Sie, ob die Höhe außen bzw. OBEN oder innen bzw. UNTEN genommen werden soll und relativ zu welchem Geschoss. Nach einem Klick auf OK erscheinen die Dach-Höhenlinien im Grundriss.

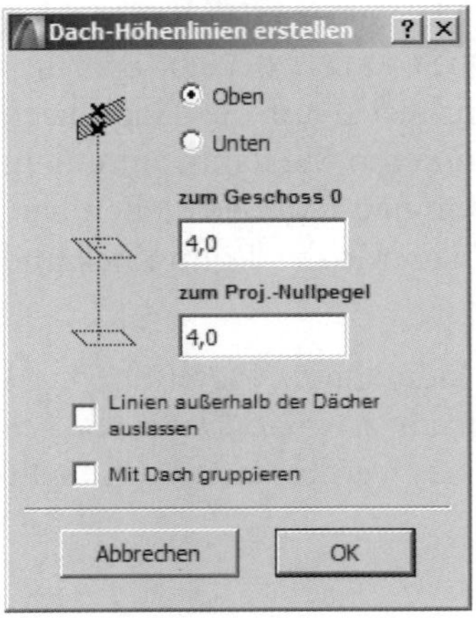

Abb. 11.14: Vorgabe 4 m für die zu berechnenden Höhenlinien

Bevor Sie diese Linien zur Erzeugung der Raumfläche verwenden, aktivieren Sie im EINSTELLUNGSDIALOG der Linien im Panel ALLGEMEINE EINSTELLUNGEN die Checkbox RAUMFLÄCHEN-BEGRENZUNG. Danach können Sie mit dem RAUM-Werkzeug in die Begrenzung der Linien hineinklicken – ggf. mit angepasster Höhe 4 m.

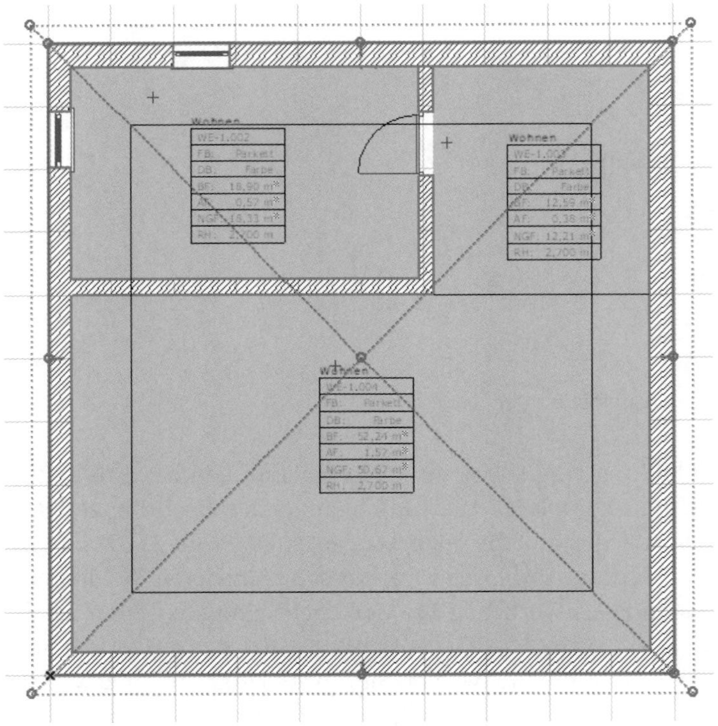

Abb. 11.15: Erzeugte Höhenlinien bei 4 m unterm Dach

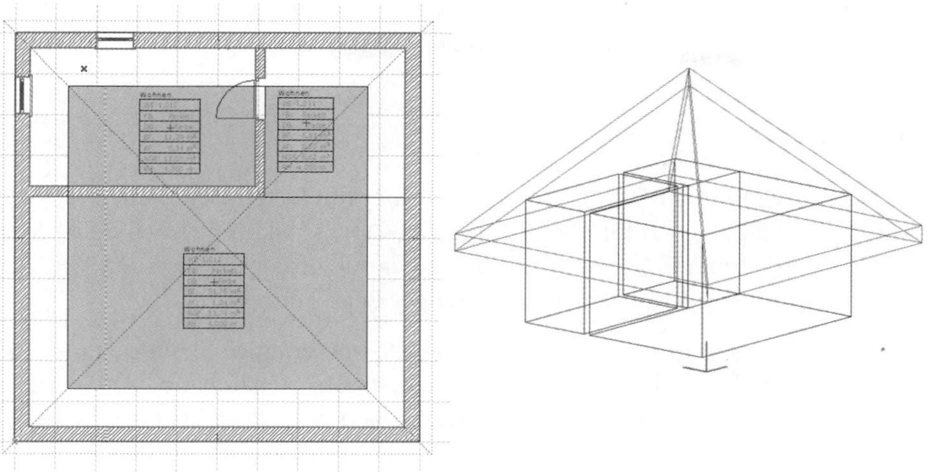

Abb. 11.16: Raum erzeugt mit diesen Höhenlinien als Begrenzung (Raumhöhe 4 m)

11.1.5 Eigene Raumkategorien

Im Menü OPTIONEN|ELEMENT ATTRIBUTE|RAUMKATEGORIEN werden die Raumkategorien verwaltet. Hier erstellen Sie bei Bedarf neue Kategorien mit NEU und unter Eingabe eines *Kategoriecodes*, hier **`10 NF`**, und eines *Raumkategorienamens* wie **`Schlafraum im Dienst`**. Mit einem Doppelklick auf das Feld FARBE kommen Sie zur *Farbauswahl* für die aktuelle Kategorie.

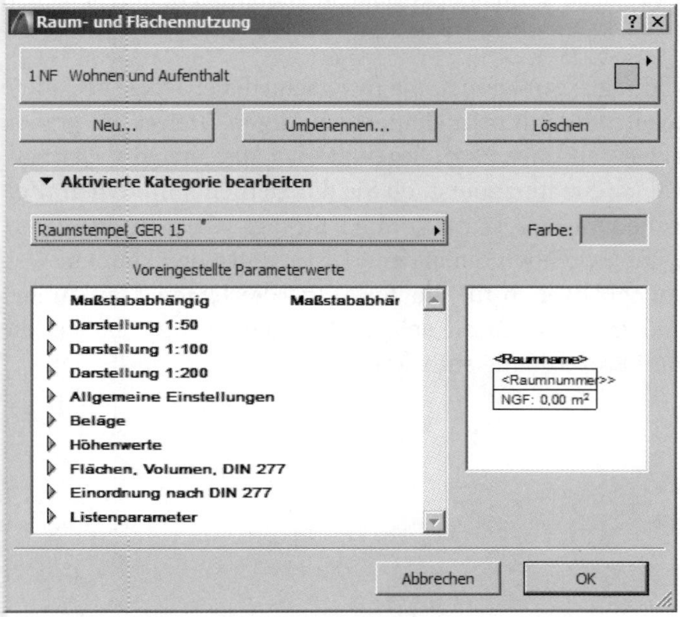

Abb. 11.17: Raumkategorien verwalten

So ganz nebenbei können Sie hier auch die verschiedenen Raumstempel und deren Parameter studieren, die es für andere Länder gibt.

11.2 Listen

In ArchiCAD gibt es im NAVIGATOR zwei Ordner mit Listen, den Ordner AUSWERTUNGEN (Abbildung 11.18) und den Ordner LISTEN (Abbildung 11.22). Beide Arten von Listen können auf Layouts platziert und damit ausgegeben werden. Mit Doppelklick öffnen Sie die Listen zur Ansicht oder Bearbeitung.

Diese Listen aus dem Ordner AUSWERTUNGEN werden auch als *intelligente Listen* bezeichnet, weil sie direkt mit den Elementen des Gebäudemodells verknüpft sind. Die Einträge darin sind bearbeitbar, wirken sich dann aber direkt auf die assoziierten Elemente aus. Wenn Sie beispielsweise eine Türbreite in der Türliste ändern, dann ist auch die dazugehörige Tür im Grundrissfenster und im 3D-Fenster sofort geändert.

Die Listen aus dem Ordner LISTEN sind nur für die Ausgabe zur Dokumentation gedacht, nicht zum Editieren des Gebäudemodells.

11.2.1 Elementlisten

Elementlisten unter AUSWERTUNGEN werden automatisch erstellt, sobald Sie Elemente für Ihre Konstruktion erstellen. Für jeden Elementtyp werden ein oder zwei Elementlisten erstellt. Für viele Elementtypen gibt es eine einfache und eine komplexe Liste. Die komplexen Listen enthalten zusätzlich zu den Elementdaten auch die Elementbilder.

Die Elementlisten (Abbildung 11.19) können Sie in verschiedener Weise gestalten. Links finden Sie eine Spalte, die mit dem kleinen schwarzen Dreieck im grauen Rand auch ausgeblendet werden kann. Darin legen Sie das Aussehen der Elementliste im Großen fest. Wählen Sie hier zuerst, ob Sie die Elemente in Reihen (Zeilen) oder Spalten anordnen wollen. Dann können Sie ggf. GLEICHE ELEMENTE ZUSAMMENFASSEN aktivieren, wodurch *Summenstücklisten* entstehen können. Weiter gibt es Einstellungsmöglichkeiten für die Texte und die Linien. Ganz unten können Sie noch eine *Fußnotenzeile* für die spätere Ausgabe erzeugen lassen, die beispielsweise Datum und Projektname enthalten kann.

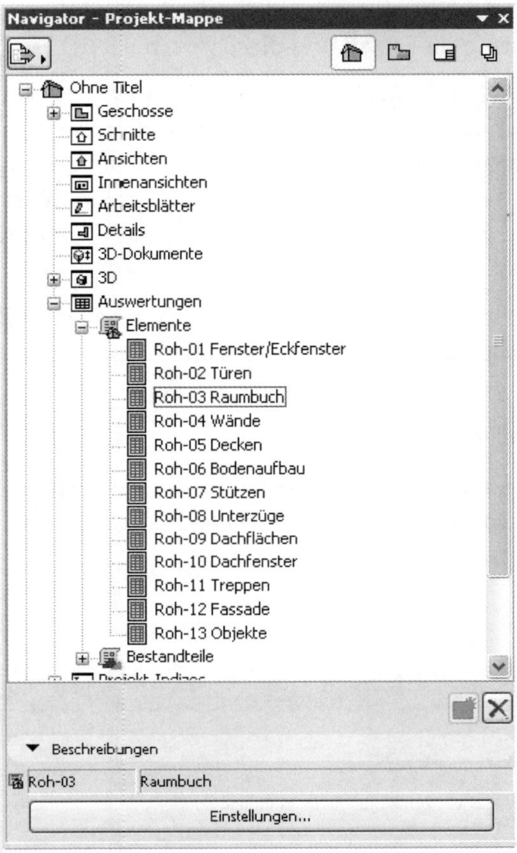

Abb. 11.18: Elementlisten

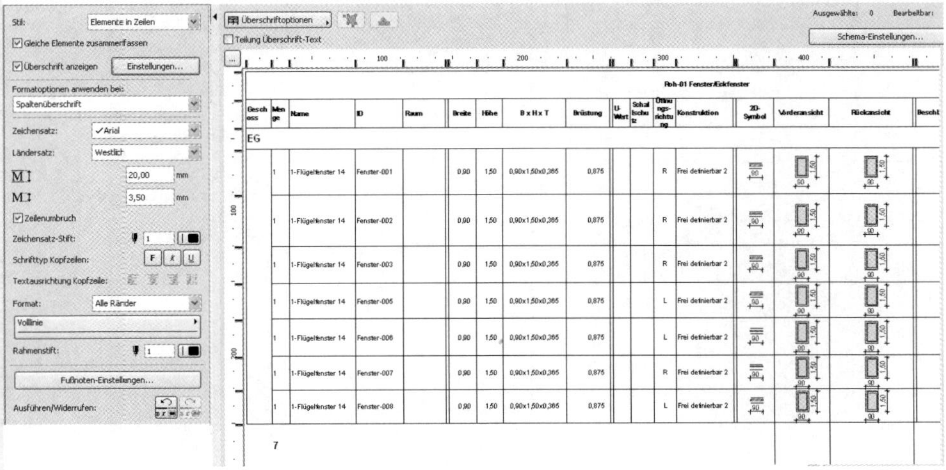

Abb. 11.19: Elementliste mit Gestaltungsmöglichkeiten (links)

In der Liste selbst finden Sie ein *Lineal*. Sie verändern dort die Spaltenbreiten, indem Sie den Cursor auf die Spaltentrenner setzen und diese verschieben.

Dann gibt es noch oben rechts die Schaltfläche SCHEMAEINSTELLUNGEN. Damit können Sie bestimmen, was als Listeninhalt erscheinen soll (Abbildung 11.20). Im Dialogfeld SCHEMA-EINSTELLUNGEN sehen Sie auf der linken Seite, welche Parameter zur Verfügung stehen, auf der rechten Seite werden diejenigen Parameter angezeigt, die in der Liste erscheinen. Mit der Schaltfläche HINZUFÜGEN können Sie markierte Parameter von der linken Seite in die Liste rechts einfügen.

Rechts steht *vor* jedem Parameter ein kleines Doppeldreieck. Mit diesem Symbol ziehen Sie die Parameter nach oben oder unten und ändern damit die Spaltenreihenfolge in der Liste.

Die Parameter werden in Blau oder Schwarz angezeigt.

Hinter dem Parameter wird durch einen *langen Pfeil* gekennzeichnet, ob nach diesem Parameter auf- oder absteigend sortiert wird. Nach meinem Geschmack ist die Pfeilrichtung immer verkehrt herum.

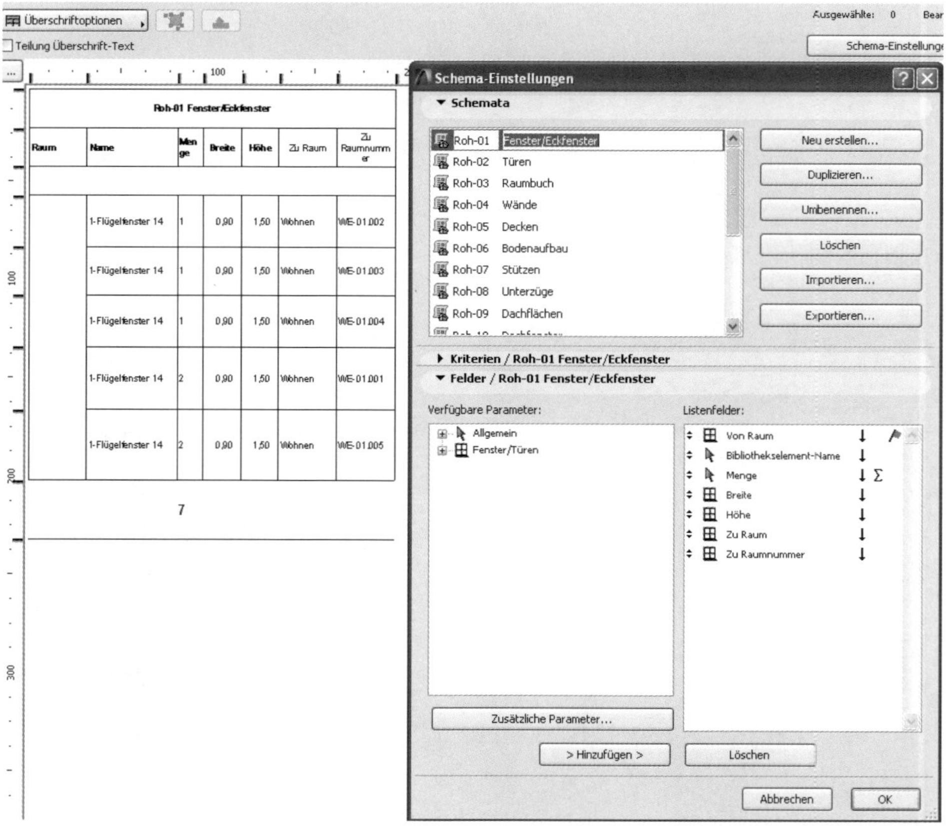

Abb. 11.20: Schema-Einstellungen

Rechts neben diesem Pfeil gibt es eine Möglichkeit, für diesen Parameter entweder noch die *Summe über seine Werte* oder die *Anzahl* anzeigen zu lassen. Für die *Summe der Werte* klicken Sie, bis das Summensymbol, das griechische Sigma, angezeigt wird. Für die *Berechnung der Anzahl* klicken Sie, bis ein Sigma mit einer Ziffer Eins angezeigt wird.

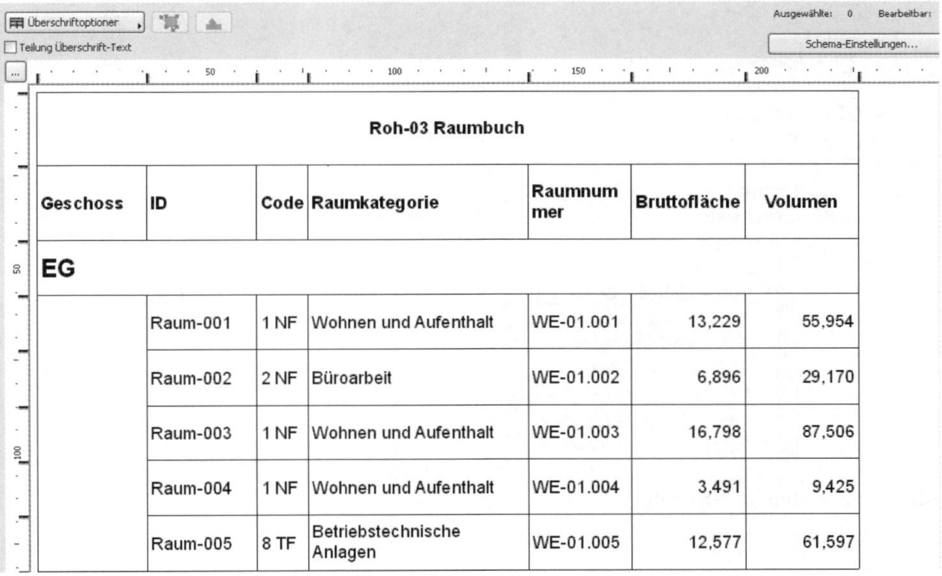

Roh-03 Raumbuch						
Geschoss	ID	Code	Raumkategorie	Raumnummer	Bruttofläche	Volumen
EG						
	Raum-001	1 NF	Wohnen und Aufenthalt	WE-01.001	13,229	55,954
	Raum-002	2 NF	Büroarbeit	WE-01.002	6,896	29,170
	Raum-003	1 NF	Wohnen und Aufenthalt	WE-01.003	16,798	87,506
	Raum-004	1 NF	Wohnen und Aufenthalt	WE-01.004	3,491	9,425
	Raum-005	8 TF	Betriebstechnische Anlagen	WE-01.005	12,577	61,597

Abb. 11.21: Cestaltete Raumflächenliste

Wenn Sie eine Zeile in der Liste durch Anklicken markieren, können die dazugehörigen Elemente über einen Button oberhalb des Lineals im Grundrissfenster markiert angezeigt werden.

Das Dialogfenster für Listen-Schemata und zur Neuerstellung von Schemata für eigene Elementlisten kann auch mit dem Menü DOKUMENTATION|AUSWERTUNGEN UND LISTEN|INTERAKTIVE AUSWERTUNG|SCHEMA-EINSTELLUNGEN aufgerufen werden.

11.2.2 Listen zur Dokumentation

Nicht editierbare Listenzusammenstellungen für die reine Ausgabe finden Sie im Ordner LISTEN (Abbildung 11.22). Diese bieten Ihnen schon gewisse fertige Zusammenstellungen und Summierungen nach verschiedenen Gesichtspunkten (Abbildung 11.23).

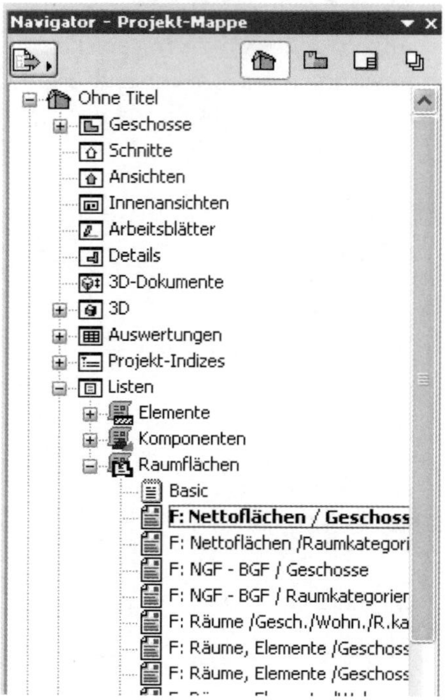

Abb. 11.22: Listen im Navigator

Flächenermittlung nach Geschossen										31.08.2010
...	Raum	Ber.	Grundfläche	Abzug	HNF	NNF	NF	FF	VF	NGF
EG										
	WE-01.001 Wohnen	a	13,23 m²	0,00 m2	13,23 m2	0,00 m2	13,23 m2	0,00 m2	0,00 m2	13,23 m2
	WE-01.002 Wohnen	a	6,90 m²	0,00 m2	6,90 m2	0,00 m2	6,90 m2	0,00 m2	0,00 m2	6,90 m2
	WE-01.003 Wohnen	a	16,80 m²	0,00 m2	16,80 m2	0,00 m2	16,80 m2	0,00 m2	0,00 m2	16,80 m2
	WE-01.004 Wohnen	a	3,49 m²	0,00 m2	3,49 m2	0,00 m2	3,49 m2	0,00 m2	0,00 m2	3,49 m2
	WE-01.005 Wohnen	a	12,58 m²	0,00 m2	0,00 m2	0,00 m2	0,00 m2	12,58 m2	0,00 m2	12,58 m2
	Bereich a insgesamt		**52,99 m²**		**40,41 m²**	**0,00 m²**	**40,41 m²**	**12,58 m²**	**0,00 m²**	**52,99 m²**
EG	**Insgesamt**		**52,99 m²**		**40,41 m²**	**0,00 m²**	**40,41 m²**	**12,58 m²**	**0,00 m²**	**52,99 m²**
Alle Geschosse insgesamt			**52,99 m²**		**40,41 m²**	**0,00 m²**	**40,41 m²**	**12,58 m²**	**0,00 m²**	**52,99 m²**

Abb. 11.23: Raumflächenliste

11.3 Übungsfragen

1. Welche Konstruktionsmethoden gibt es für Raumstempel?
2. Sind Raumflächen in 3D sichtbar?
3. Wo finden Sie die Funktion zum Anpassen von Raumflächen nach Wandverschiebungen?

4. Mit welchem Menü erstellen Sie eigene Raumkategorien?
5. Welches sind intelligente Listen, die mit den Elementen assoziiert sind?
6. Mit welcher Schaltfläche gestalten Sie eine Liste?

Kapitel 12

Schnitte, Ansichten, Innenansichten, Arbeitsblätter, Details und 3D-Dokumente

Im WERKZEUGKASTEN finden Sie im Abschnitt SICHTEN die Werkzeuge zur Erzeugung von *Schnitten, Ansichten, Innenansichten, Arbeitsblättern* und *Details* (Abbildung 12.1). Sobald Sie die dafür nötigen Definitionslinien oder Symbole in die Grundrissansicht einfügen, werden die zugehörigen Schnittzeichnungen erzeugt und im Navigator bei den entsprechenden Projektknoten angezeigt.

- *Schnitte* werden im Grundrissfenster durch geradlinige oder verwinkelte Linien des Schnittverlaufs definiert.
- *Ansichten* werden ähnlich wie Schnitte erzeugt mit dem Unterschied, dass die definierenden Linien komplett außerhalb des Bauwerks liegen.
- *Innenansichten* werden durch ein entsprechendes Symbol im Innern des Gebäudes erstellt und normalerweise durch vier Definitionslinien repräsentiert. Es entstehen dann vier einzelne Innenansichtszeichnungen im Navigator.
- *Arbeitsblätter* sind oft Ausschnitte der Grundrissansicht, die getrennt vom Grundriss weiterbearbeitet werden sollen. *Arbeitsblätter* können aber auch von *Schnitten, Ansichten, Innenansichten,* anderen *Arbeitsblättern, Details* und *3D-Dokumenten* erstellt werden. Die Arbeitsblätter können gemäß der Ursprungsansicht aktuell gehalten werden. Sie ähneln damit den *Details. Arbeitsblätter* enthalten nach Vorgabe im Unterschied zu den *Details* auch die Bemaßungs- und Anmerkungsobjekte aus der Ursprungsansicht und sie übernehmen den Maßstab. Im EINSTELLUNGSDIALOG können Sie mit der Option NUR KONSTRUKTIONSOBJEKTE KOPIEREN die Bemaßungen ausblenden.
- Beim *Detail* bzw. Detailausschnitt wird meist ein kleinerer Maßstab gewählt und es werden vorgabemäßig keine Bemaßungen und Beschriftungen übernommen. In der Ursprungsansicht wird ein Detailrahmen erzeugt. Über den EINSTELLUNGSDIALOG können Bemaßungen durch Deaktivieren der Option NUR KONSTRUKTIONSOBJEKTE KOPIEREN aber auch übernommen werden.

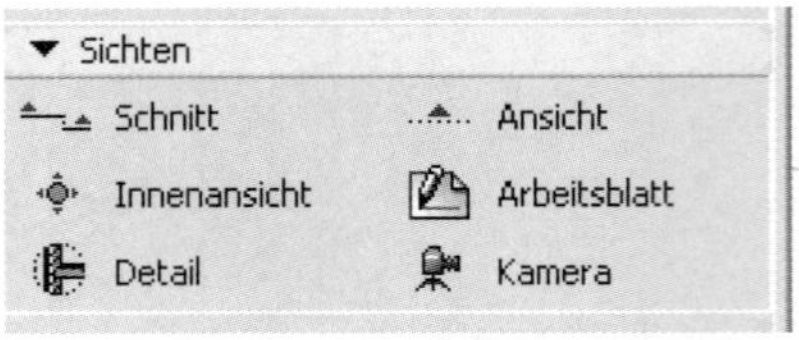

Abb. 12.1: Abschnitt SICHTEN aus dem WERKZEUGKASTEN

Als weitere Funktion zur Dokumentation gibt es das 3D-DOKUMENT, das einen Schnappschuss des aktuellen 3D-Fensters aufnimmt und für Dokumentationszwecke mit speziellen Bemaßungen oder Beschriftungen versehen werden kann. Es gibt kein Werkzeug dafür, aber es wird mit dem Menü DOKUMENTATION|3D-DOKUMENTE|3D-DOKUMENT ERSTELLEN erzeugt. Im 3D-DOKUMENT können Sie Texte und Etiketten (Hinweistexte), sowie Bemaßungen auch mit ganz speziellen 3D-Eigenschaften erstellen.

12.1 Schnitte

Zur Erzeugung von Schnitten gibt es im WERKZEUGKASTEN unter SICHTEN das Werkzeug SCHNITT. Im INFOFENSTER finden Sie die wichtigsten Einstellungen. Jeder Schnitt bekommt einen *Namen* mit der Vorgabe **Schnitt** und eine *ID-Nummer* der Art **S-01**, die dann an der Schnittlinie verzeichnet wird. Schnitte und Ansichten sind auch wieder mit dem Gebäudemodell direkt verknüpft und werden deshalb immer bei Änderungen *automatisch aktualisiert*. Es gibt zwei Geometrieformen für den Schnittverlauf, EINFACH und VERSETZT. Rechts daneben finden Sie drei Buttons zur Wahl der Schnitttiefe: *unendlich, begrenzt* (d.h. mit angebbarer Tiefe) und *ohne Tiefe*. Weiter rechts gibt es auch einen Button, um eine *Höhenbegrenzung* einzustellen.

Abb. 12.2: SCHNITT-Werkzeug

Weitere Einstellungen finden Sie im EINSTELLUNGSDIALOG (Abbildung 12.3), der eine Vielzahl von Panels enthält. Sie können dort unter ALLGEMEIN auch wählen, *auf welchen Geschossen* die Schnittlinie angezeigt werden soll.

Im MARKER-Panel (Abbildung 12.4) können Sie wählen, ob die *Schnittlinie durchgehend* (DURCHGEHEND) gezeichnet werden soll oder nur *mit ihren Segmentgrenzen* (SEGMENTIERT). Auch kann hier der *Linientyp* für die Schnittlinie gewählt werden. Um den Schnitt nur mit einem Buchstaben **A-A** an den Schnittlinien-Enden zu bezeichnen, deaktivieren Sie im Listenfeld weiter unten bei ERSTE TEXTZEILE die

Option NAMEN ANZEIGEN und REFERENZ-ID ANZEIGEN. Unter EIGENER TEXT geben Sie dann den Schnittbuchstaben **A** ein.

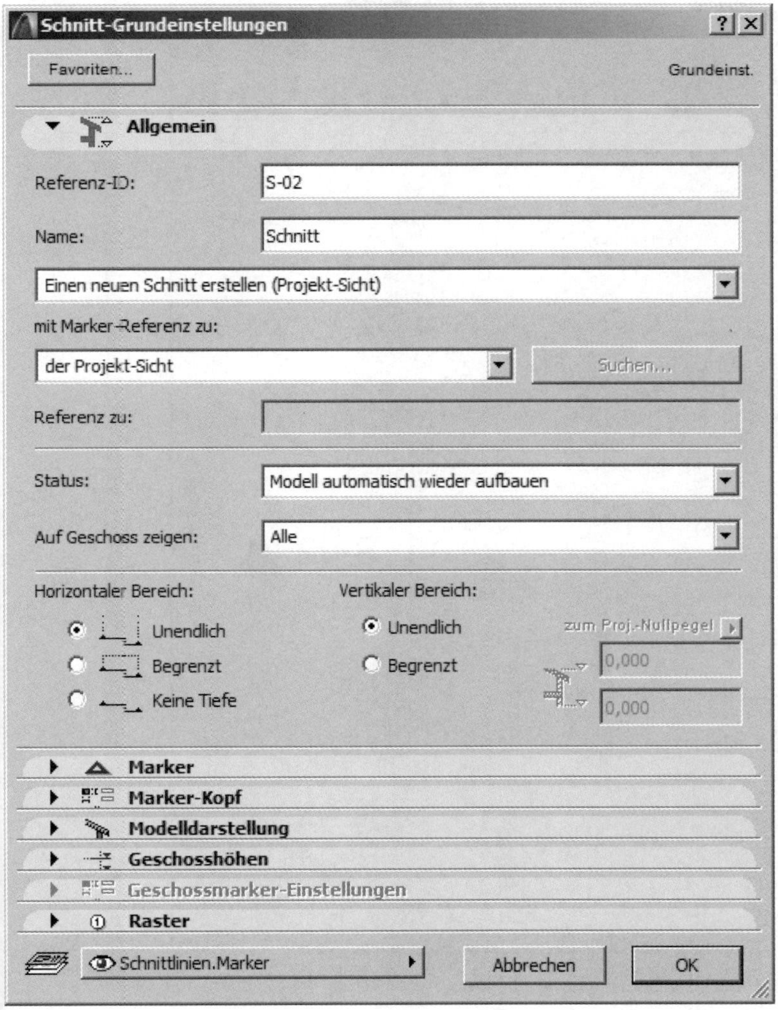

Abb. 12.3: Einstellungen für Schnitte und Ansichten

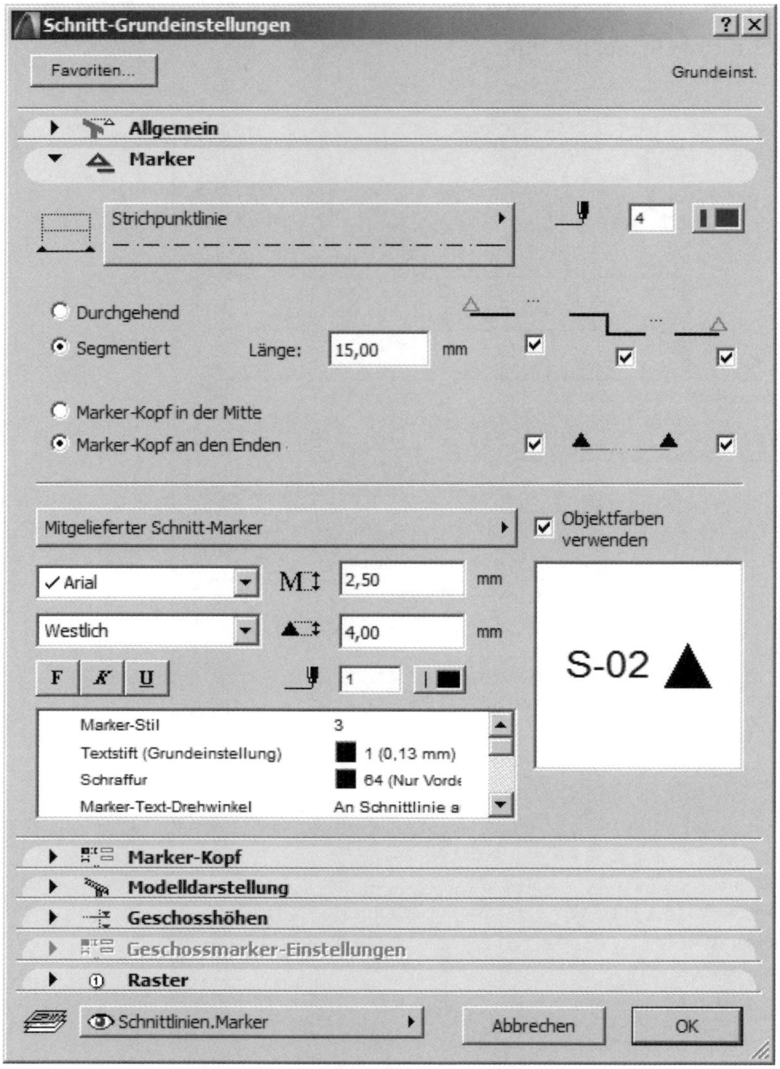

Abb. 12.4: MARKER-Panel der Schnitt-Einstellungen

Im Panel GESCHOSSHÖHEN können Sie wählen, ob in den Schnittansichten die Geschosshöhen automatisch bemaßt werden sollen. Auch die Positionierung und Beschriftung der Marker in den neu erstellten Schnittzeichnungen können Sie hier kontrollieren (Abbildung 12.5).

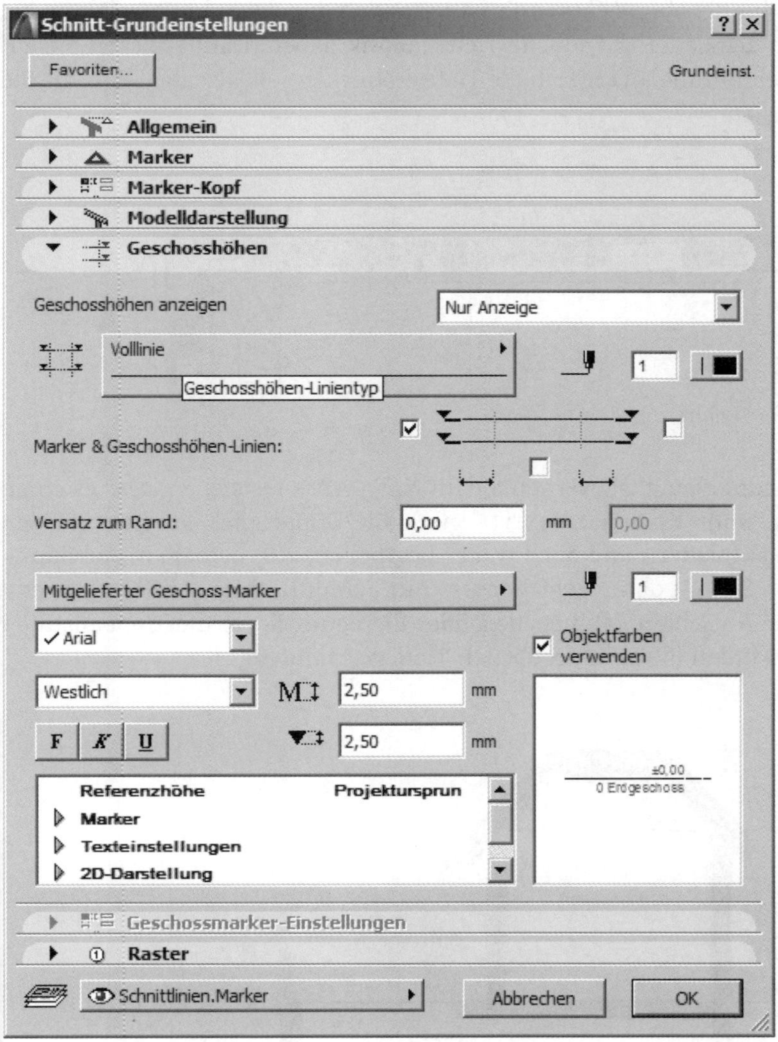

Abb. 12.5: GESCHOSSHÖHEN-Panel der Schnitt-Einstellungen

Der Schnitt wird durch Zeichnen einer Schnittlinie bei der Geometriemethode EINFACH über zwei Punkte oder bei der Geometriemethode VERSETZT über mehrere Punkte erzeugt. Beachten Sie, dass Sie mit der Taste [⇧] die Linie bzw. das erste Segment orthogonal halten können. Wenn Sie die Schnittlinie über mehrere Punkte eingeben, bestimmt das erste Segment die Schnittrichtung, alle weiteren liegen dann automatisch orthogonal bzw. senkrecht dazu. Die segmentierte Schnittlinie wird mit Doppelklick oder Rechtsklick und Wahl von OK beendet.

Danach erscheint der *Augen-Cursor.* Er ist besonders für die Schnitte wichtig, bei denen Sie begrenzte oder unendliche Tiefe gewählt haben. Damit klicken Sie auf die Seite der Schnittlinie, in die sich die Tiefe erstrecken soll, also die Seite, die Sie noch sehen wollen.

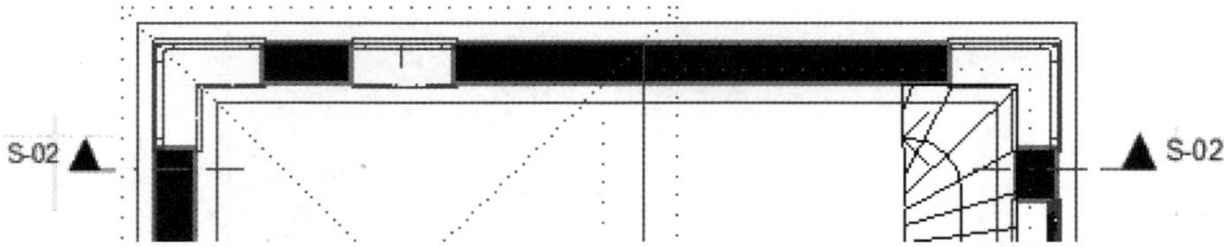

Abb. 12.6: Linie für Schnitt

Wenn der Schnitt erzeugt ist, werden Sie im NAVIGATOR feststellen, dass es einen neuen Eintrag beim Knoten SCHNITTE gibt. Mit Doppelklick können Sie den neuen Schnitt aufblättern und auch weiter bearbeiten, z.B. bemaßen. Abbildung 12.7 zeigt einen Schnitt ohne Tiefe, der also nur Schnittflächen der Elemente enthält, aber keine Ansichten dahinter liegender Elemente. Sogar die Treppenstufen und Geländer werden in der angegebenen Tiefe geschnitten.

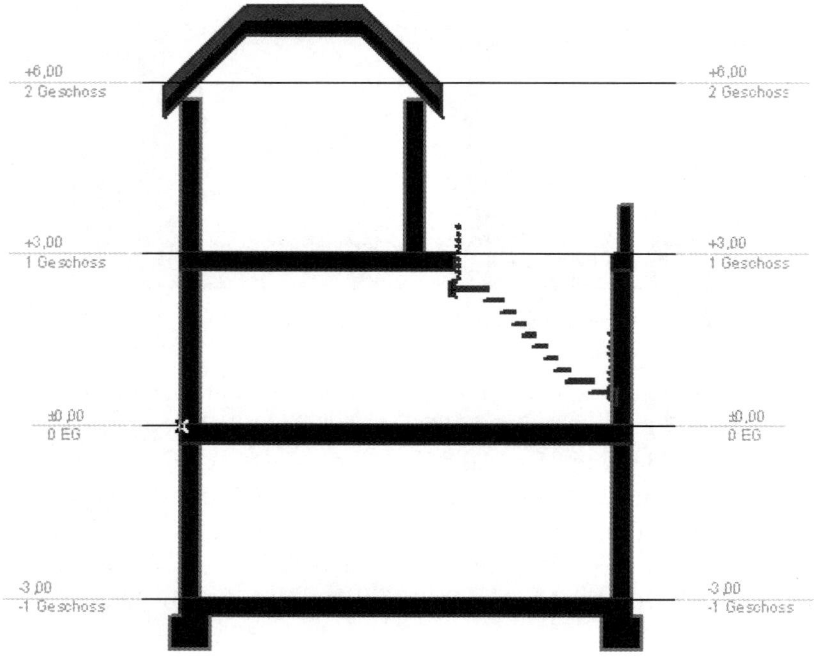

Abb. 12.7: Schnitt ohne Tiefe

Einen Schnitt mit Tiefe sehen Sie in Abbildung 12.8. Alle tiefer liegenden Objekte sind in Draufsicht zu sehen.

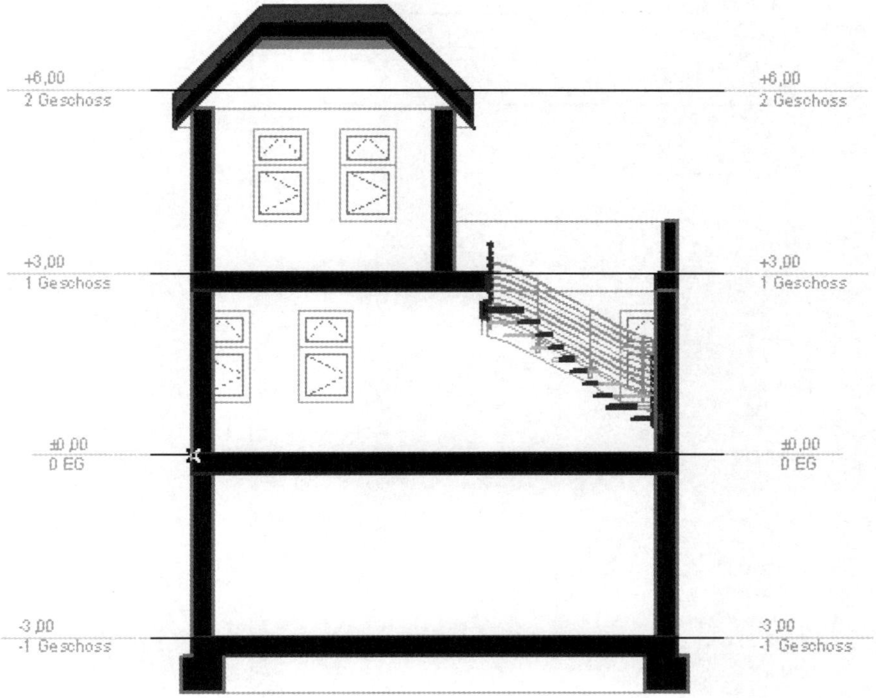

Abb. 12.8: Schnitt mit unendlicher Tiefe

12.2 Ansichten

Ansichten sind eigentlich spezielle Schnitte, die im Allgemeinen außerhalb des Objekts liegen und meist mit unendlicher Tiefe ausgeführt werden. Nach Anklicken der beiden Definitionspunkte für die einfache Schnittlinie klicken Sie mit dem AUGEN-CURSOR auf die Seite, die Sie betrachten wollen. Wenn die Definitionslinie nicht die ganze Breite des Bauwerks abdeckt, erhalten Sie auch nur die Ansicht für den so gekennzeichneten Bereich.

Auch hier gibt es die Geometriemethode VERSETZT, um eine Ansichtslinie mit Knickstellen zu erzeugen, die auch in das Innere der Konstruktion gehen kann. In diesem Fall macht auch die Option BEGRENZTE TIEFE einen Sinn.

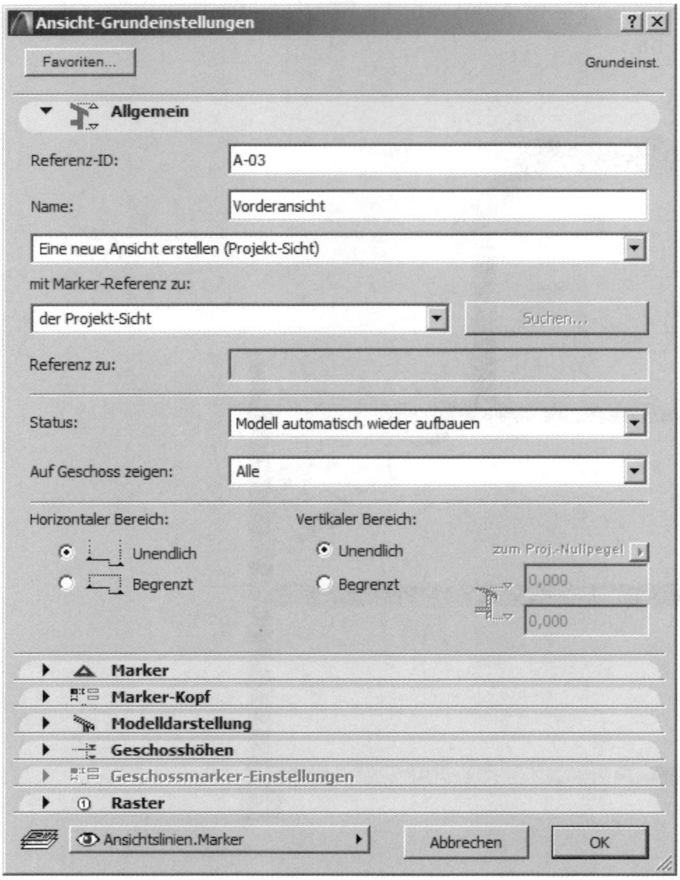

Abb. 12.9: ANSICHT-GRUNDEINSTELLUNGEN

Die ANSICHT unterscheidet sich im Wesentlichen dadurch vom SCHNITT, dass sie Oberflächenfarben und 3D-Schraffuren für die nicht geschnittenen Elemente anzeigt. Dies kann aber im EINSTELLUNGSDIALOG in jedem Fall auch anders eingestellt werden.

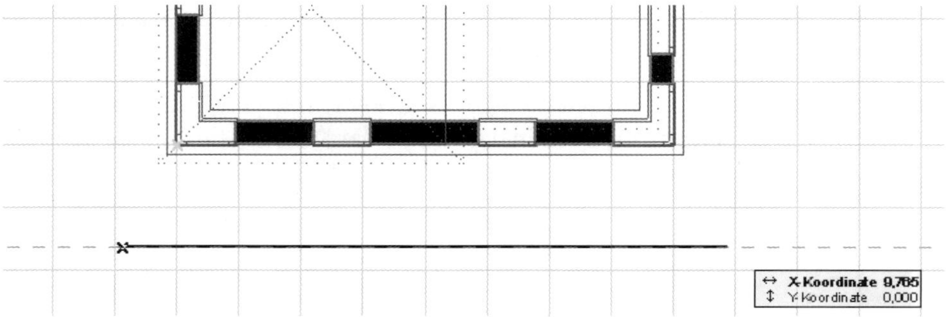

Abb. 12.10: Linie für Ansicht

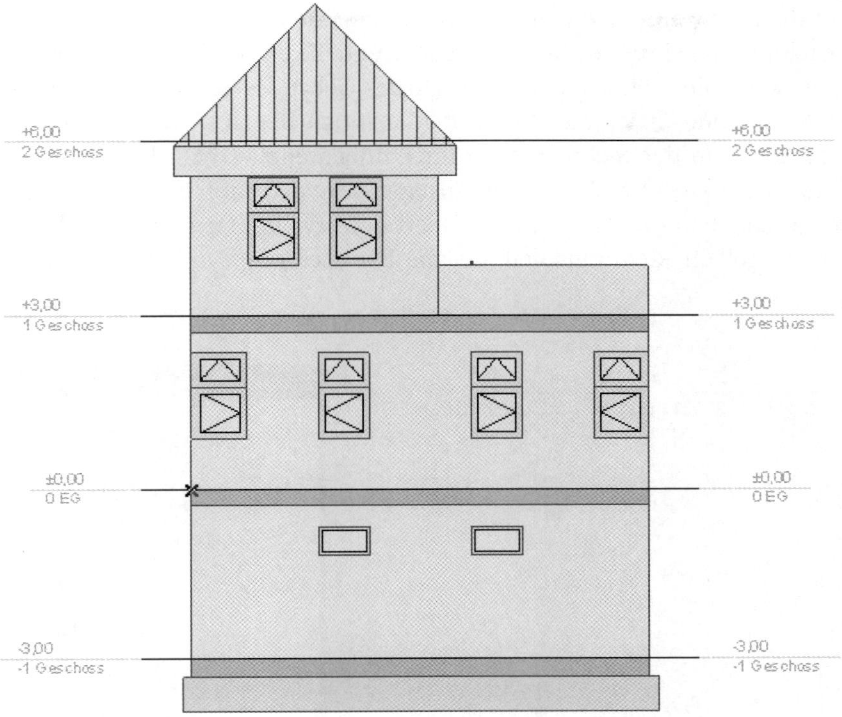

Abb. 12.11: Fertige Ansicht

Die neue Ansicht, die im Ordner ANSICHTEN des NAVIGATORS automatisch erstellt wird, ist mit der Schnittlinie im Grundriss gekoppelt. Wenn Sie die Schnittlinie löschen wollen, erhalten Sie deshalb eine *Warnmeldung*. Führen Sie die Löschung aus, wird auch die zugehörige ANSICHT im NAVIGATOR gelöscht.

12.3 Innenansichten

Innenansichten können mit dem gleichnamigen Werkzeug mit verschiedenen Geometriemethoden erstellt werden: EINFACH, POLYGONAL, RECHTECKIG und GEDREHTES RECHTECK. Im EINSTELLUNGEN-Dialog können Sie angeben, ob die Innenansicht *über alle Stockwerke* gehen oder in der Höhe begrenzt werden soll. In vorliegenden Fall sind keine Höhenbegrenzungen nach oben und unten geplant.

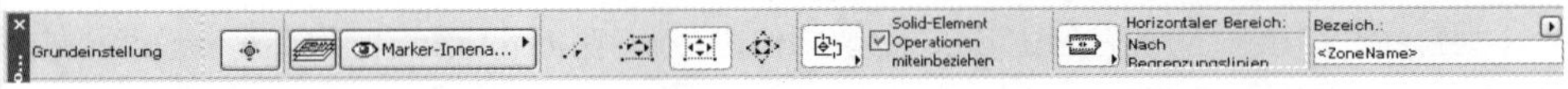

Abb. 12.12: Einstellungen für Innenansicht

Bei der einfachen Innenansicht geben Sie mit einer ersten Linie im Grundrissfenster die Ebene an, auf die Sie blicken wollen. Sie begrenzt die Tiefe, bis zu der die Abbildung maximal reicht. Um Fenster und Türen der hinteren Wand mit zu erfassen, kann diese Linie auch außerhalb des Gebäudes liegen. Wenn Sie alternativ im Einstellungsdialog die Option Umgebenden Bereich hinzufügen aktivieren, ist die Tiefe der Sichtbarkeit immer unbegrenzt. Dann definieren Sie auf einer dazu senkrechten Linie den Abstand, aus dem auf die zuerst definierte Ebene geschaut werden soll. Das definiert eine zweite zur ersten parallele Linie mit einem gelben Richtungspfeil, der die Blickrichtung symbolisiert (Abbildung 12.13).

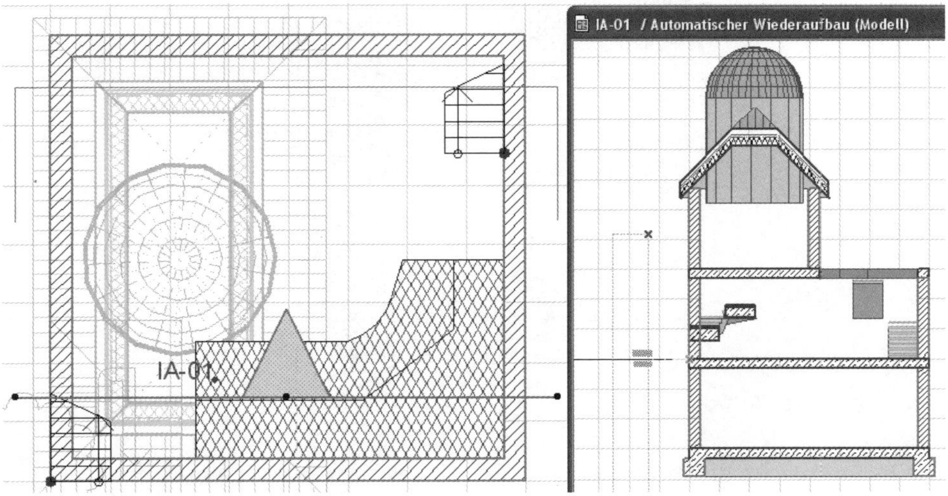

Abb. 12.13: Einfache Innenansicht mit Definitionslinien und resultierender Ansicht

Mit der Geometriemethode Rechteck geben Sie zuerst über zwei diagonale Positionen ein Rechteck vor, das die zu betrachtenden Objekte umfassen sollte. Als Zweites geben Sie über eine weitere Position ein nach innen parallel versetztes Rechteck an, das die Ausgangspositionen für Ihre Ansichtsebenen definiert (Abbildung 12.14). Die vier resultierenden Ansichtslinien können Sie aber auch nachträglich nach Anklicken und mit entsprechenden Funktionen in den Pet-Paletten verschieben.

Bei diesen vier Ansichten ist es interessant, die Namen beispielsweise automatisch nach den Himmelsrichtungen zu benennen. Dazu müssen Sie in der Innenansicht-Einstellung einen AutoText aktivieren. Klicken Sie im Panel Allgemein unter Name auf das Logo mit dem Buchstaben A und wählen Sie Raumansicht-Orientierung. Als Resultat steht in dieser Zeile danach <Orientation> (Abbildung 12.15). Im Navigator erscheinen dann die entsprechenden Beschriftungen *Nord, Süd, Ost* und *West.*

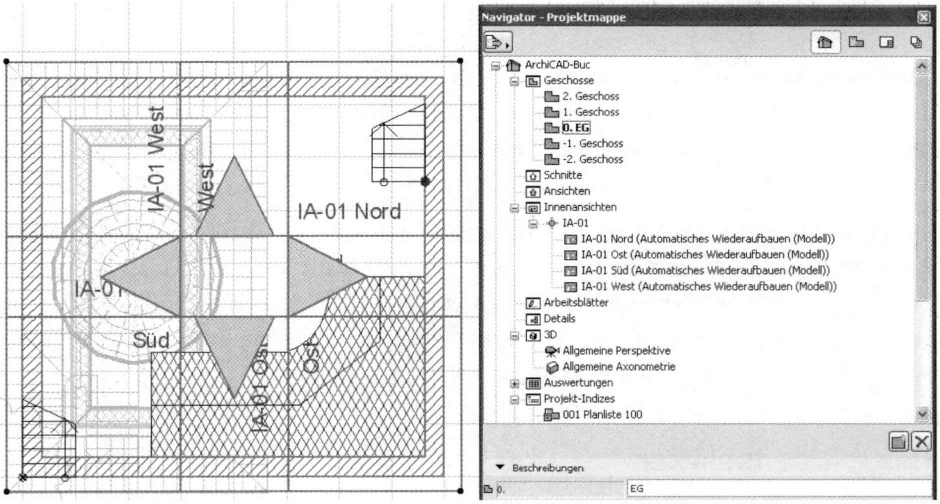

Abb. 12.14: Rechteckige Innenansicht und resultierende Ansichten

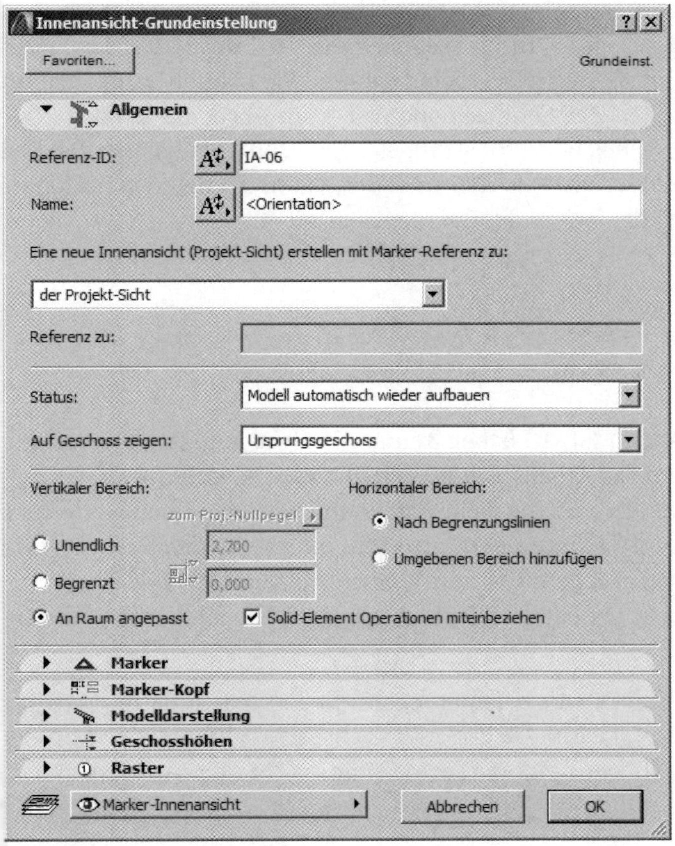

Abb. 12.15: Grundeinstellungen für Innenansicht

Wichtig ist auch noch, auf VERTIKALER BEREICH zu achten. Hier können Sie den Schnitt in der Höhe begrenzen. Mit der Option AN RAUM ANGEPASST wird in den Ansichten dann nur das aktuelle Geschoss bemaßt, ansonsten aber alle Geschosse dargestellt. Bei BEGRENZT können Sie einen Höhenbereich eingeben, auf den dann die Innenansichten begrenzt werden. Bei UNENDLICH werden alle Geschosse in den Innenansichten angezeigt und mit Höhenbemaßung versehen.

Unter HORIZONTALER BEREICH wird die Darstellung vorgabemäßig mit NACH BEGRENZUNGSLINIEN auf die von Ihnen eingegebenen äußeren Linien begrenzt. Mit UMGEBENEN BEREICH HINZUFÜGEN wirken die nächstliegenden Wände als äußere Begrenzungen für die Sichtbarkeit von Objekten. Für Innenansichten einzelner Zimmer ist dies eine durchaus sinnvolle Vorgabe.

12.4 Arbeitsblätter

Mit dem Werkzeug 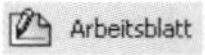

(Abbildung 12.16) erzeugen Sie ARBEITSBLÄTTER praktisch als Schnappschuss eines Grundrissausschnitts oder eines Ausschnitts einer anderen Ansicht zur getrennten Weiterbearbeitung. Im ARBEITSBLATT werden die *Architekturelemente* der Grundrissdarstellung in ihre *2D-Zeichnungselemente* zerlegt und können als solche bearbeitet werden. Sie können dann auch im ARBEITSBLATT mit einfachen Zeichenfunktionen aus dem Abschnitt DOKUMENTATION arbeiten wie LINIE, KREIS oder POLYLINIE etc. Nur OBJEKTE aus dem Bereich PLANUNG können in ARBEITSBLÄTTERN beispielsweise zum Einfügen von Möblierung verwendet werden, die übrigen Funktionen aber nicht.

Abb. 12.16: Info-Leiste zum Arbeitsblatt

Die Ergänzungen im ARBEITSBLATT haben keinen Einfluss auf die Grundrissansicht und umgekehrt wird das Arbeitsblatt nicht mehr automatisch mit der Grundrissansicht synchronisiert. In einem Arbeitsblatt können Sie aber über Rechtsklick die Funktion ANHAND DES URSPRUNGSAUSSCHNITTS NEU AUFBAUEN aufrufen und manuell den Inhalt wieder mit dem Grundriss synchronisieren (Abbildung 12.18). Die eigens im Arbeitsblatt erstellten Zeichnungsobjekte bleiben davon unbeeinflusst.

Es gibt wieder verschiedene Geometriemethoden für die Erstellung des Arbeitsblatts: OHNE RAHMEN, POLYGON, RECHTECK, GEDREHTES RECHTECK. Mit der Option OHNE RAHMEN wird nur ein Marker positioniert und ein Arbeitsblatt *von der gesamten aktuellen Projekt-Sicht (Grundriss, Ansicht, Schnitt o.ä.)* generiert. Die übrigen Geometriemethoden erstellen erst einen Rahmen für den gewünschten Ausschnitt und verlangen dann eine Position für den Marker mit dem Arbeitsblattnamen.

Mit Rechtsklick auf Arbeitsblätter im Navigator werden mit NEUES UNABHÄNGIGES ARBEITSBLATT auch neue leere und unabhängige Arbeitsblätter erstellt, die für beliebige 2D-Konstruktionen ohne direkten Bezug auf Projektelemente benutzt werden können.

Die im Arbeitsblatt gezeichneten Geometrien können im Grundrissfenster als Transparentpause angezeigt werden. Dazu gehen Sie im NAVIGATOR auf das ARBEITSBLATT und aktivieren per Rechtsklick ALS TRANSPARENTPAUSE ANZEIGEN.

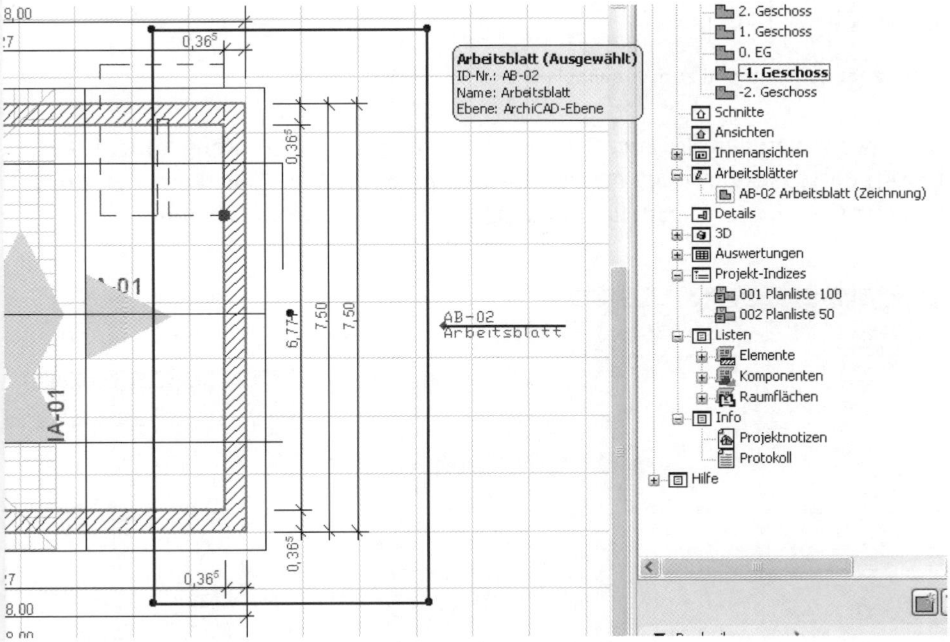

Abb. 12.17: Arbeitsblatt vom Typ Rechteck

Ein ARBEITSBLATT enthält auch die Anmerkungs- und Bemaßungsobjekte aus dem Grundrissfenster und unterscheidet sich damit vom DETAIL. Bemaßungen und Etiketten, deren Bezugspunkte im Arbeitsblattausschnitt liegen, werden angezeigt, auch wenn der Maß- oder Etikettentext außerhalb liegt (Abbildung 12.18).

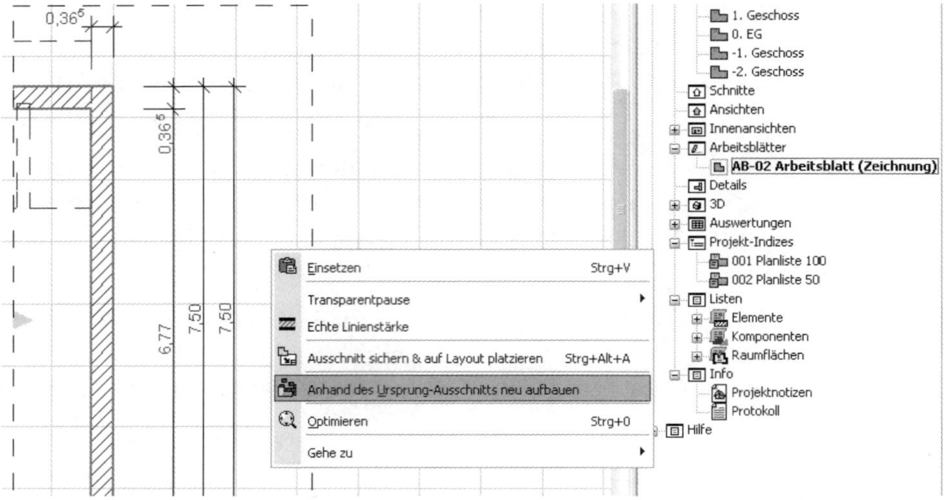

Abb. 12.18: Kontextmenü zum Arbeitsblatt

Im Navigator finden Sie auch eine Funktion im Arbeitsblatt-Kontextmenü NEUES UNABHÄNGIGES ARBEITSBLATT. Damit wird ein leeres Arbeitsblatt erzeugt, um völlig neue Geometrie zu erstellen, unabhängig vom restlichen Gebäude.

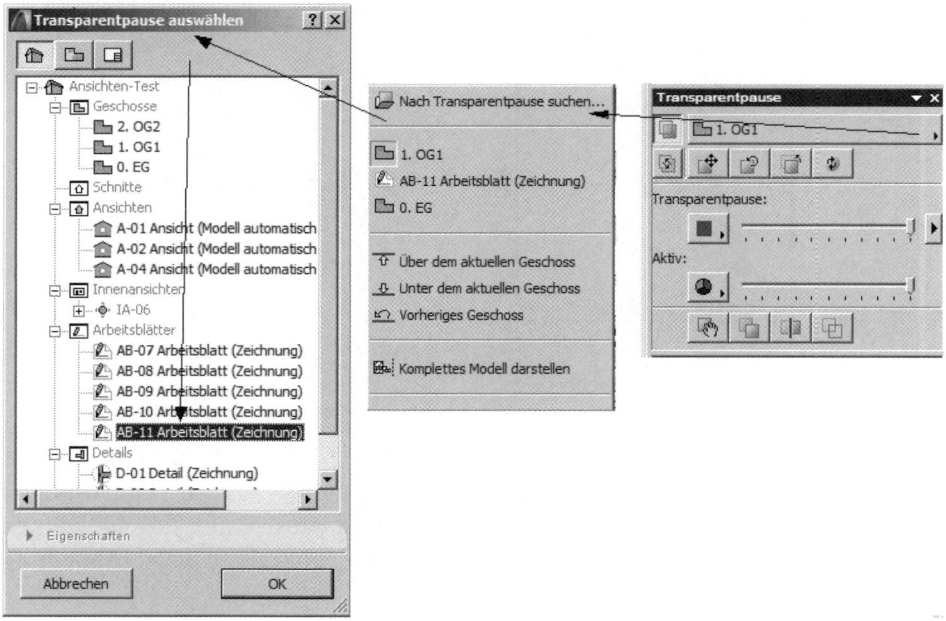

Abb. 12.19: Arbeitsblatt zur transparenten Anzeige in einem Grundriss auswählen

12.5 Details

Mit dem Werkzeug Detail (Abbildung 12.20) erzeugen Sie Detailansichten. Es gibt wieder verschiedene Geometriemethoden: OHNE RAHMEN, POLYGON, RECHTECK, GEDREHTES RECHTECK. Mit der Option OHNE RAHMEN wird nur ein Marker positioniert und eine leere Detailzeichnung generiert. Benutzen Sie das, wenn ein Detail völlig neu gezeichnet werden soll, das nicht aus der aktuellen Projektsicht hervorgeht. Die Funktion verlangt die Positionierung eines Markers in der aktuellen Sicht, aber der kann auch gelöscht werden, um ein Detail ohne Marker zu erstellen.

Die übrigen Optionen verlangen zuerst die Festlegung der Punkte für die Begrenzung der Detailzeichnung und dann eine Position für den Marker, der standardmäßig den *Namen* und die *ID-Nummer* enthält.

Abb. 12.20: DETAIL-Werkzeug im INFOFENSTER

Als Vorgabe ist die Methode RECHTECK aktiviert. Sie können noch einen Namen für das Detail angeben. Dann klicken Sie zwei diagonale Positionen an, die den Ausschnitt markieren. Danach erscheint der Hammer-Cursor, mit dem Sie den Marker für das Detail positionieren (Abbildung 12.21).

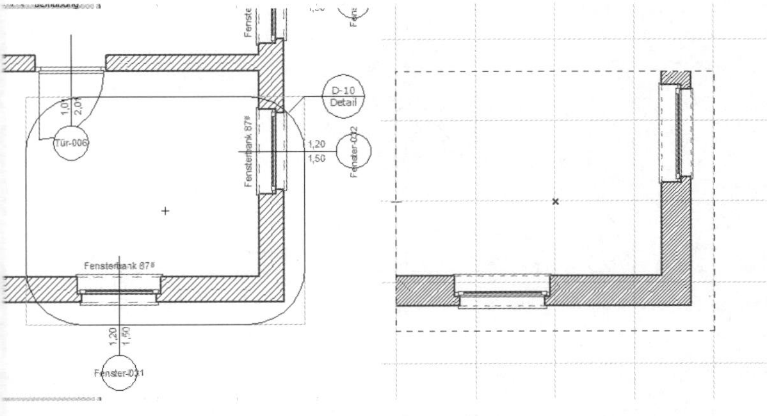

Abb. 12.21: Positionierter Detailausschnitt und Detailansicht

Im EINSTELLUNGSDIALOG gibt es neben der Standard-Vorgabe NEUES DETAIL ERSTELLEN (Abbildung 12.22) noch die Option VERKNÜPFTEN MARKER PLATZIEREN. Damit können Sie ein Detail, das Sie einmal erzeugt haben, an mehreren Stellen des Modells zitieren. Diese Option ist sehr nützlich für Details, die sich z.B. in mehreren Geschossen wiederholen.

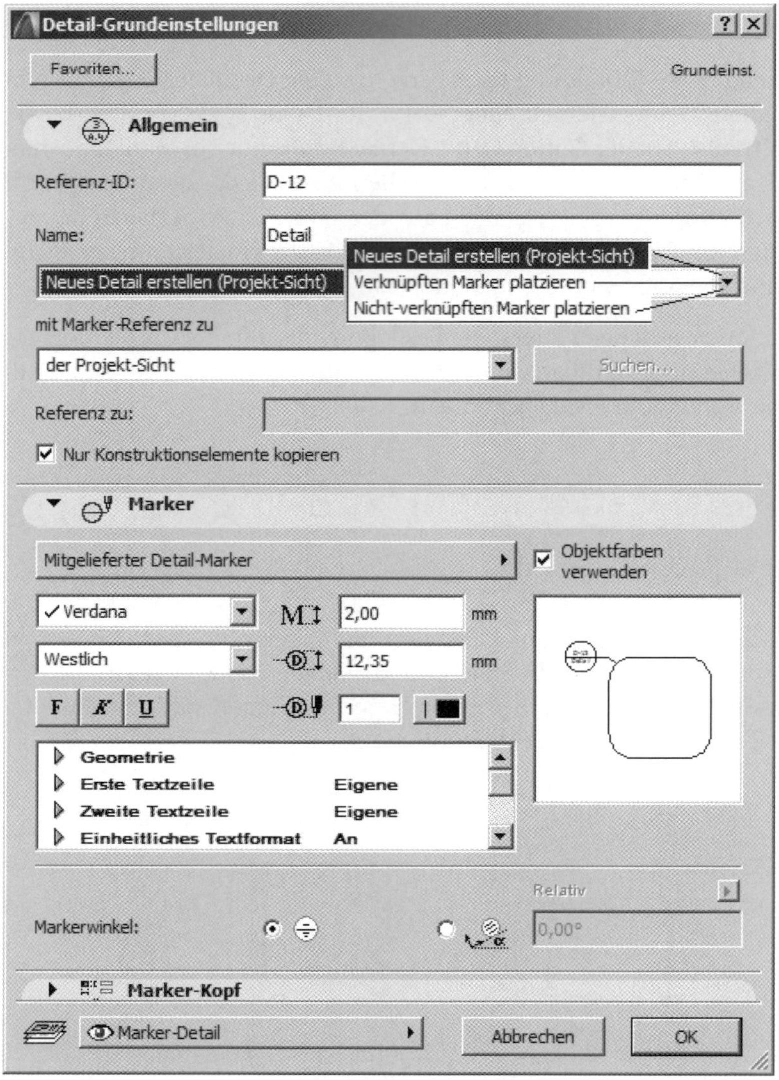

Abb. 12.22: Einstellungen für DETAIL-Werkzeug

Nach Erstellen des Details erscheint im Knoten DETAILS des NAVIGATORS die neue Detailzeichnung. In der Detailzeichnung sind die Elemente der Originalzeichnung in einzelne Linien, Kreise und Bögen zerlegt worden. Sie können die Detailzeichnung durch weitere Geometrieelemente, Bemaßungen und Texte ergänzen. Sollten Sie die Originalzeichnung im Grundrissfenster bearbeitet haben, können Sie das Detail neu aufbauen lassen. Dazu gibt es eine entsprechende Funktion im Kontextmenü des Detailfensters. Die Detailkonstruktionen können Sie übers Kontextmenü als Transparentpause anzeigen lassen.

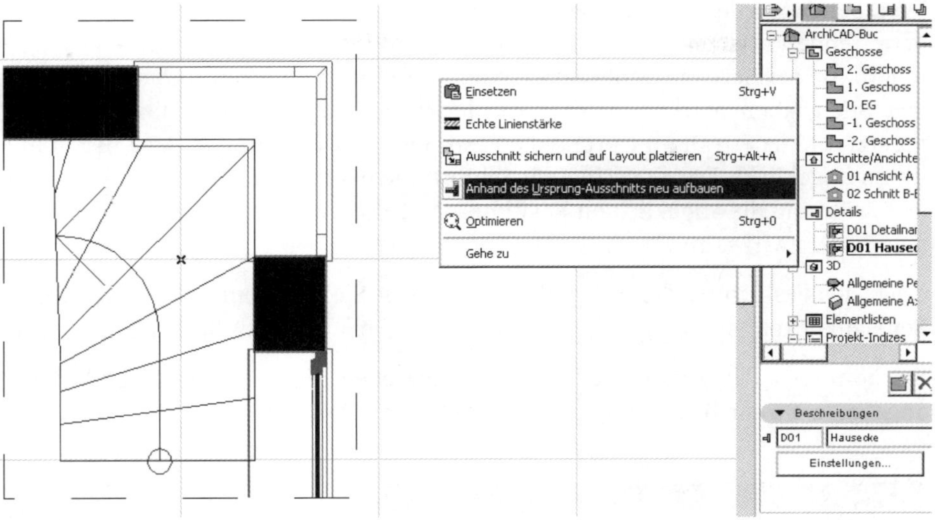

Abb. 12.23: Detail-Ausschnitt kann neu aufgebaut werden.

12.6 Das 3D-Dokument

Auch in axonometrischen oder perspektivischen Ansichten ist es manchmal interessant, Texte oder Hinweise mit Etiketten oder gar Bemaßungen anzubringen, um für Klarheit in einer Konstruktion zu sorgen. Dafür gibt es nun das 3D-DOKUMENT als eine Art Schnappschuss des aktuellen 3D-FENSTERS. Dabei werden natürlich solche Einstellungen des 3D-FENSTERS wie 3D-SCHNITT oder Filterung übernommen. Im 3D-DOKUMENT können Sie dann bemaßen, Texte und Etiketten (Hinweistexte) anbringen oder 2D-Zeichenelemente mit den 2D-Werkzeugen aus dem Bereich Dokumentation erstellen. Das 3D-DOKUMENT wird standardmäßig bei Änderungen am Modell automatisch auf den aktuellen Stand gebracht. Diese Eigenschaft kann nach Rechtsklick auf das 3D-DOKUMENT über die 3D-DOKUMENT-EIGENSCHAFTEN auf MANUELLES WIEDERAUFBAUEN (MODELL) umgestellt werden.

12.7 3D-Schnitte

Dreidimensionale Schnittdarstellungen erzeugen Sie nicht mit einem Werkzeug aus dem Bereich SICHTEN, sondern mit dem Menü ANSICHT|ELEMENTE IN 3D|3D-SCHNITTE. Es erscheint eine Darstellung Ihrer Konstruktion mit drei orthogonalen Ansichten, in denen Sie Ihre Schnittebene(n) definieren können. Mit dem zweiten Menü ANSICHT|ELEMENTE IN 3D|3D-SCHNITT AUSFÜHREN können Sie dann den vorher definierten 3D-Schnitt ein- und auch wieder ausschalten.

Der Menüpunkt 3D-SCHNITTE öffnet ein großes Dialogfenster, in dem Sie in den orthogonalen Ansichten die Schnittebenen definieren können (Abbildung 12.24).

Die Ebenen werden durch Linien definiert und dehnen sich immer senkrecht zur betreffenden Ansicht aus. Sie können auch eine waagerechte Linie festlegen, indem Sie im Bereich rechts unten eine Koordinate eingeben und den zugehörigen Buchstaben markieren. Hier wurde im Beispiel die y-Koordinate auf 3,75 gesetzt und fixiert. Dann wurden die Positionen in x-Richtung in der Ansicht links unten angeklickt. Damit wurde die Schnittlinie exakt in der Tiefe von 3,75 festgelegt, während die angeklickten Positionen nur noch für die x-Koordinaten der beiden Punkte wirksam werden.

Nach der Festlegung der Schnittfläche müssen Sie mit dem AUGEN-CURSOR die Seite anklicken, die weggeschnitten werden soll bzw. von der Sie schauen werden.

Sie können auch weitere Schnittebenen angeben. Es wird dann das Volumen angezeigt, das nach allen angegebenen Schnitten übrig bleibt.

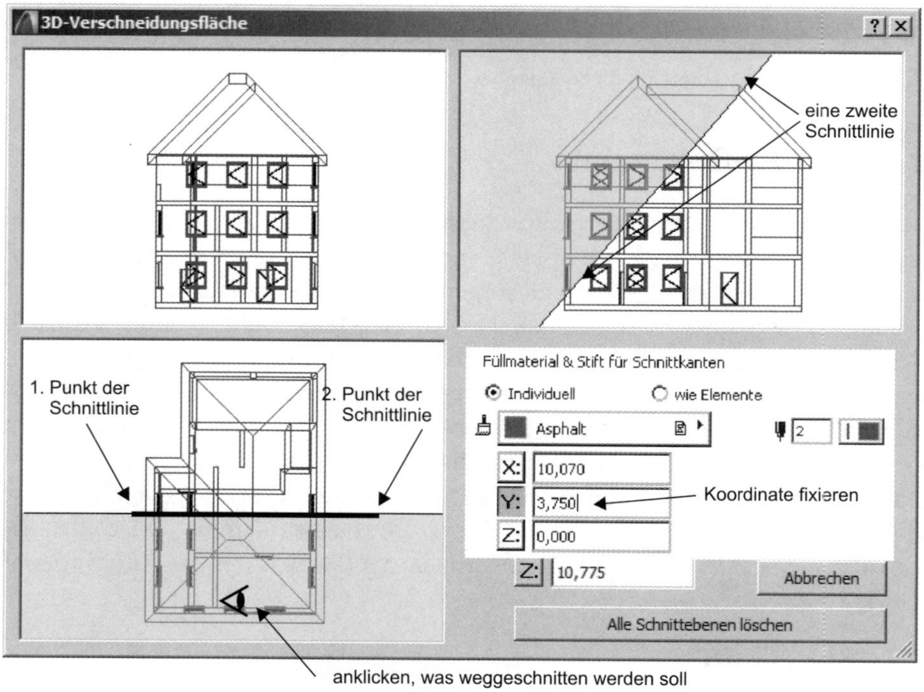

Abb. 12.24: 3D-Schnitt-Definition

Nach Aktivieren des Menüpunkts ANSICHT|ELEMENTE IN 3D|3D-SCHNITT AUSFÜHREN wird das 3D-Fenster entsprechend geschnitten. Um das ungeschnittene Modell erneut zu sehen, müssen Sie den Menüpunkt wieder deaktivieren. Die Einstellungen für den 3D-Schnitt werden mit dem Projekt gespeichert, sofern Sie nicht auf ALLE SCHNITTEBENEN LÖSCHEN klicken. Die Darstellung des 3D-Schnitts kann dann wieder mit ANSICHT|ELEMENTE IN 3D|3D-SCHNITT AUSFÜHREN jederzeit eingeschaltet werden.

Zur dauerhaften Speicherung des 3D-SCHNITTS können Sie ihn in ein Layout legen. Richten Sie am besten zuerst im LAYOUTBUCH des NAVIGATORS ein neues Layout ein.

Um den 3D-SCHNITT ins Layout zu bringen, sollten Sie ihn zuerst als Ausschnitt in die AUSSCHNITT-MAPPE geben. Das geschieht im NAVIGATOR per Rechtsklick auf ALLGEMEINE-PERSPEKTIVE oder ALLGEMEINE AXONOMETRIE mit der Funktion AKTUELLEN AUSSCHNITT SICHERN. Nun erscheint ein Dialogfenster, in dem Sie einen sinnvollen Namen vergeben und sämtliche Einstellungen vom Maßstab bis hin zum Stift-Set anpassen können. Dann gehen Sie ins LAYOUTBUCH, aktivieren ggf. ein neues LAYOUT und wählen das Werkzeug ZEICHNUNG. Zum Einfügen des Ausschnitts klicken Sie eine Position auf dem Zeichnungsblatt an und wählen den Ausschnitt mit Doppelklick in der angebotenen Liste der AUSSCHNITT-MAPPE.

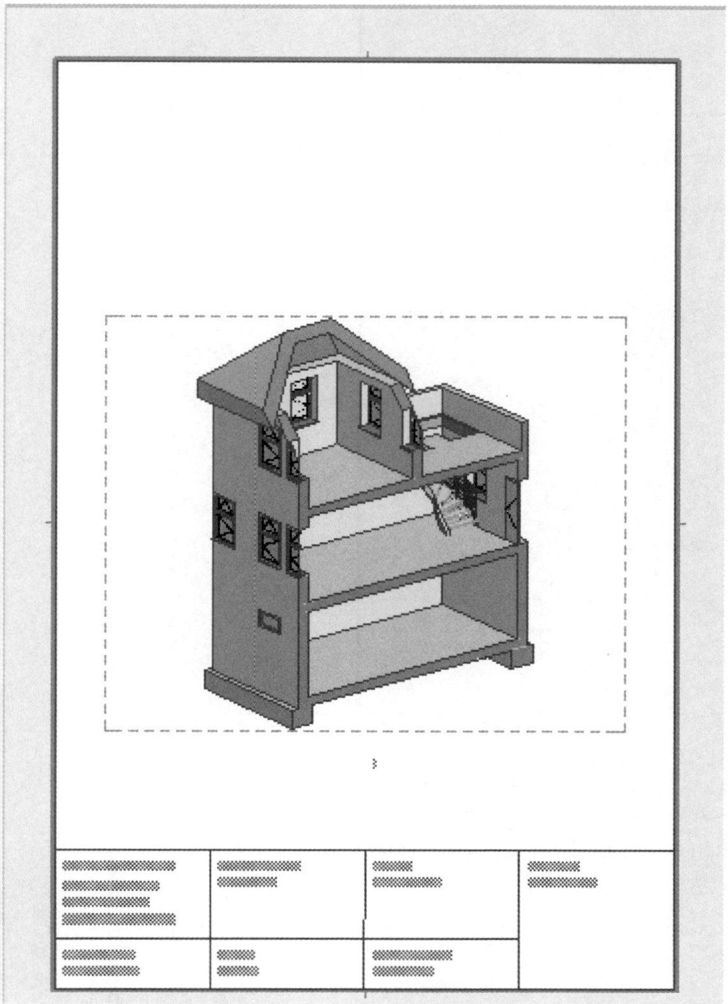

Abb. 12.25: 3D-Schnitt in ein Layout eingefügt

Es gibt auch einen schnellen Weg ins Layout. Dazu rufen Sie im 3D-Fenster mit Rechtsklick das Kontextmenü mit Ausschnitt sichern & auf Layout platzieren auf und platzieren sofort den Ausschnitt mit einem Klick ins gerade aktuelle Layout. Im Layout sollten Sie dem Ausschnitt dann aber unbedingt nach Rechtsklick mit Quell-Ausschnitt-Einstellungen bearbeiten noch einen sinnvollen individuellen Namen geben und ggf. den Maßstab bearbeiten. Um den Ausschnitt noch nachträglich größenmäßig anzupassen, markieren Sie ihn und ändern im Einstellungs-Fenster die Vergrößerung in Prozent, die Auflösung oder wählen Sie An Layout anpassen (Abbildung 12.26). Es wird bei diesem Vorgehen der Ausschnitt auch automatisch parallel in der Ausschnitt-Mappe gespeichert.

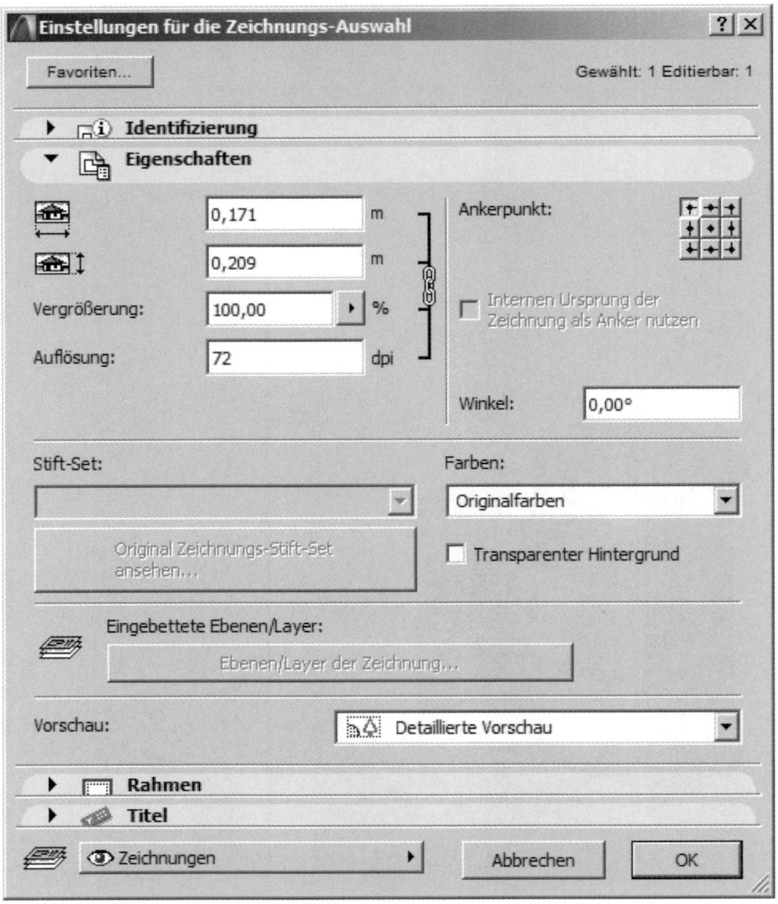

Abb. 12.26: Eigenschaften für die 3D-Schnitt-Zeichnung im Layout

12.7.1 3D-Dokument erstellen

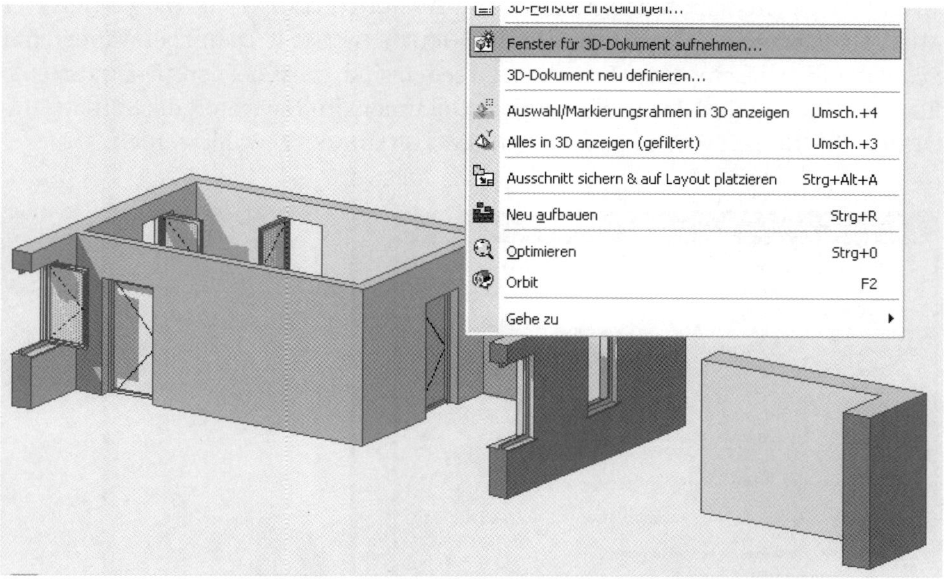

Abb. 12.27: Im 3D-FENSTER ein 3D-DOKUMENT mit gefilterten und geschnittenen Elementen erstellen

Zum Erstellen eines 3D-DOKUMENTS können Sie

- im aktuellen 3D-FENSTER nach Rechtsklick im Kontextmenü die Funktion FENSTER FÜR 3D-DOKUMENT AUFNEHMEN anklicken,
- nach Rechtsklick auf 3D-DOKUMENT im NAVIGATOR die Funktion NEUES 3D-DOKUMENT AUFRUFEN,
- das Menü DOKUMENTATION|DOKUMENTATIONSWERKZEUGE|3D-DOKUMENT ERSTELLEN aufrufen oder
- das Menü DOKUMENTATION|3D-DOKUMENT|3D-DOKUMENT ERSTELLEN.

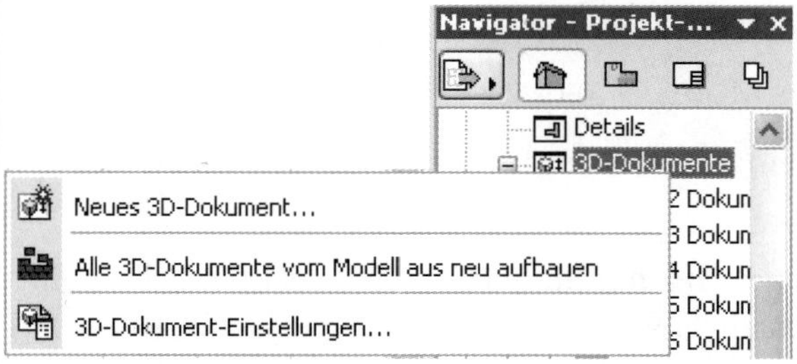

Abb. 12.28: 3D-DOKUMENT über Kontextmenü vom aktuellen 3D-FENSTER erstellen

Im Beispiel von Abbildung 12.27 wurde mit dem Menü ANSICHT|ELEMENTE IN 3D| ELEMENTE IN 3D FILTERN das Dach herausgefiltert und mit ANSICHT|ELEMENTE IN 3D| 3D-SCHNITTE ein Schnitt definiert und mit ANSICHT|ELEMENTE IN 3D| 3D-SCHNITT AUSFÜHREN erzeugt. Dann wurde das 3D-DOKUMENT erstellt. Damit bei Wänden mit Schichtaufbau die einzelnen Schichten zu sehen sind, muss bei den 3D-DOKUMENT-EINSTELLUNGEN (über Rechtsklick auf das Dokument im Navigator) die SCHRAFFUR-OPTION SCHNITT-SCHRAFFUREN – WIE IN EINSTELLUNGEN gewählt werden.

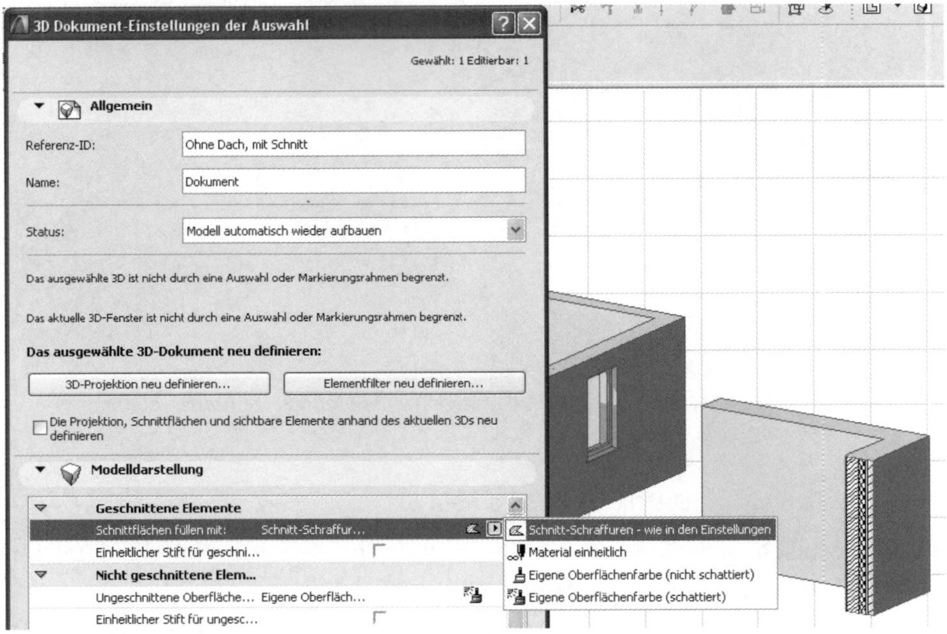

Abb. 12.29: 3D-Dokument-Einstellungen

12.7.2 3D-Dokument aktualisieren und bearbeiten

Wenn Sie ein 3D-Dokument nach Konstruktionsänderungen aktualisieren wollen, können Sie

- mit der rechten Maustaste das 3D-DOKUMENT im NAVIGATOR anklicken,
- im Kontextmenü ANHAND DES MODELLS NEU AUFBAUEN wählen.

Damit wird Ihr 3D-DOKUMENT gemäß den Grundrissdarstellungen wieder auf den aktuellen Stand gebracht.

Wenn Sie aber das 3D-DOKUMENT nach Änderung des 3D-FENSTERS z.B. bezüglich der Ansichtsrichtung wieder aktualisieren wollen, dann kann das 3D-DOKUMENT über die Kontextfunktion MIT DEM AKTUELLEN 3D NEU DEFINIEREN aktualisiert werden. Für diese Aktion kann auch ein 3D-DOKUMENT im NAVIGATOR gewählt werden und im Kontextmenü 3D-DOKUMENT BASIEREND AUF DEM AKTUELLEN 3D-FENSTER NEU AUFBAUEN aufgerufen werden. Es erscheint dann eine Warnung, dass diese Aktion nicht widerrufen werden kann. Sie können aber auch in der 3D-Ansicht (Axonometrie oder Perspektive) im Kontextmenü 3D-DOKUMENT NEU DEFINIEREN wählen und aus den vorhandenen 3D-DOKUMENTEN das zu aktualisierende auswählen.

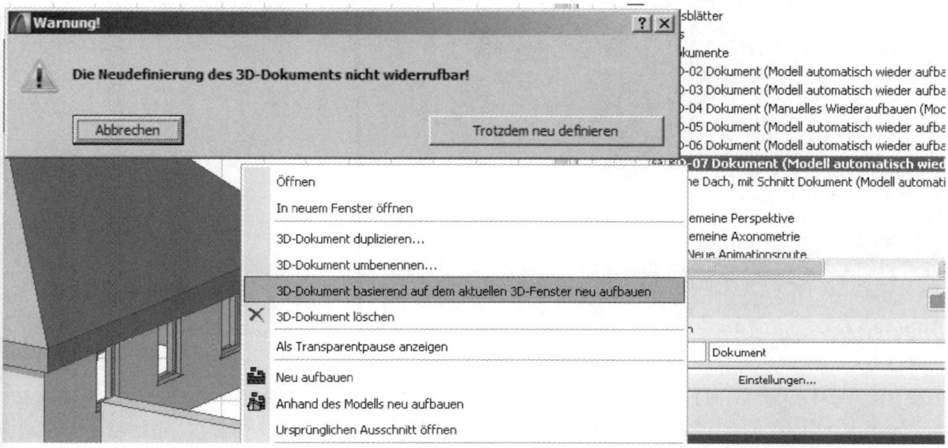

Abb. 12.30: Markiertes 3D-Dokument aktualisieren

Im 3D-DOKUMENT können alle Funktionen für 2D-Konstruktionen verwendet werden. Außerdem ist hier auch die Beschriftung und die Erstellung von Etiketten möglich (Abbildung 12.31).

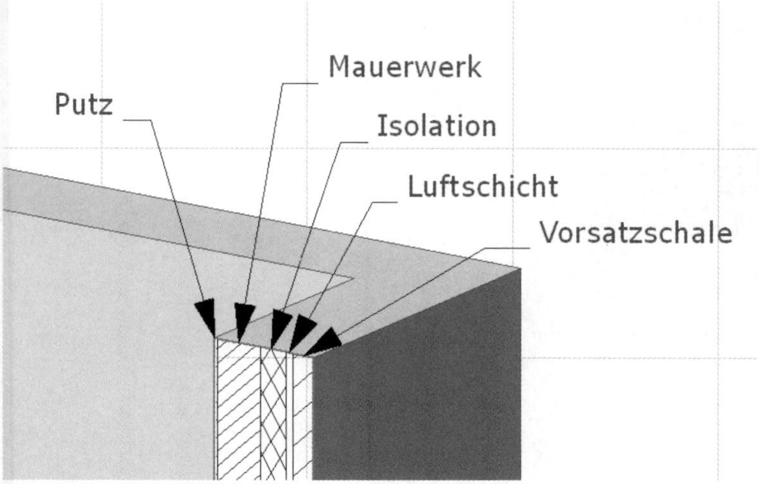

Abb. 12.31: Beschriftung im 3D-Dokument mit Text-Etiketten

12.7.3 3D-Dokument bemaßen

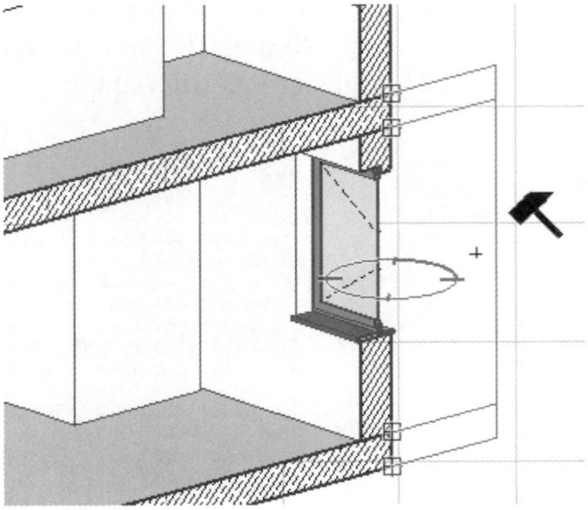

Abb. 12.32: Linearbemaßung auf vertikalen Flächen über die Richtungswahl

1. Im 3D-DOKUMENT ist im Bemaßungswerkzeug nun auch die Bemaßungsebene wählbar (Abbildung 12.33). Wenn Sie im 3D-DOKUMENT bemaßen, können Sie Eckpunkte normal anklicken und beenden die Angabe der zu bemaßenden Positionen mit einem Doppelklick. Dann erscheint wie in Abbildung 12.32 gezeigt der HAMMER-CURSOR zur Wahl der Fläche. Sie können damit eine Fläche anklicken, zu der parallel bemaßt werden soll, oder wie in der Abbildung gezeigt die Richtungsauswahl bedienen. Erst dann erscheint wieder der BLEISTIFT-CURSOR zur Angabe der Maßlinienposition innerhalb dieser Ebene. Abbildung 12.34 zeigt Beispiele für solche Bemaßungen in den orthogonalen Ebenen.

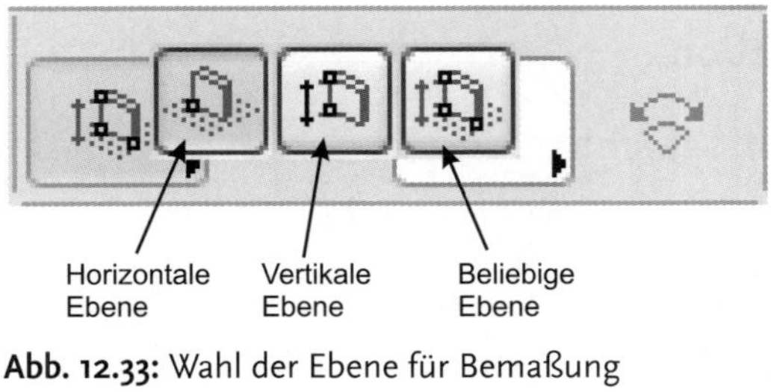

Abb. 12.33: Wahl der Ebene für Bemaßung

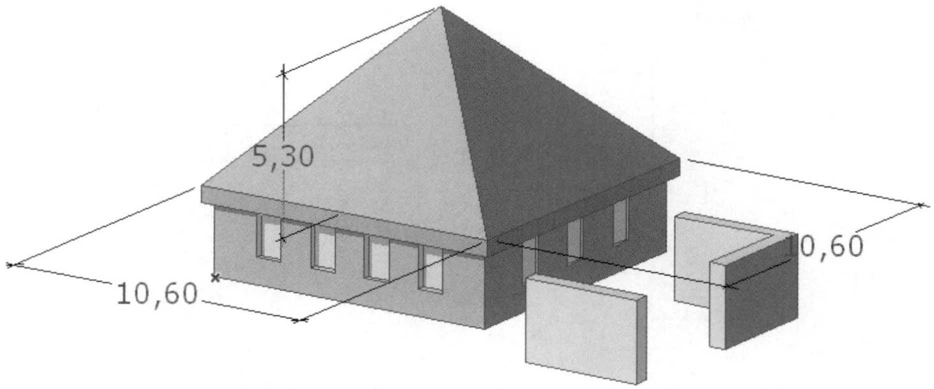

Abb. 12.34: Bemaßung horizontal und vertikal

Fertige Bemaßungen können im 3D-DOKUMENT noch sehr speziell modifiziert werden. Bei Markieren der Maßlinie erscheinen in der PET-PALETTE die Funktionen

- VERSCHIEBEN verschiebt die Maßlinie in der aktuellen Ebene,
- BEMASSUNGSPUNKT EINFÜGEN fügt zur aktuellen Maßkette eine Position hinzu,
- BEMASSUNGSLINIE AUSRICHTEN kann beispielsweise die vertikale Maßlinie (5,30m) parallel zur Dachneigung ausrichten, um die Dachlänge zu messen.
- LÄNGE DER MASSHILFSLINIE ÄNDERN dient zum Verkürzen der Hilfslinien.
- BEMASSUNGSEBENE VERSETZEN kann die Bemaßung senkrecht zur ursprünglichen Ebene versetzen wie in Abbildung 12.35 gezeigt.

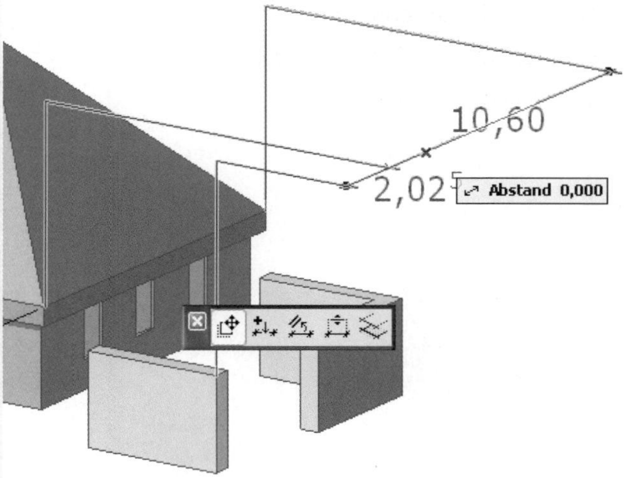

Abb. 12.35: Bemaßungspunkt eingefügt und Bemaßungsebene versetzt

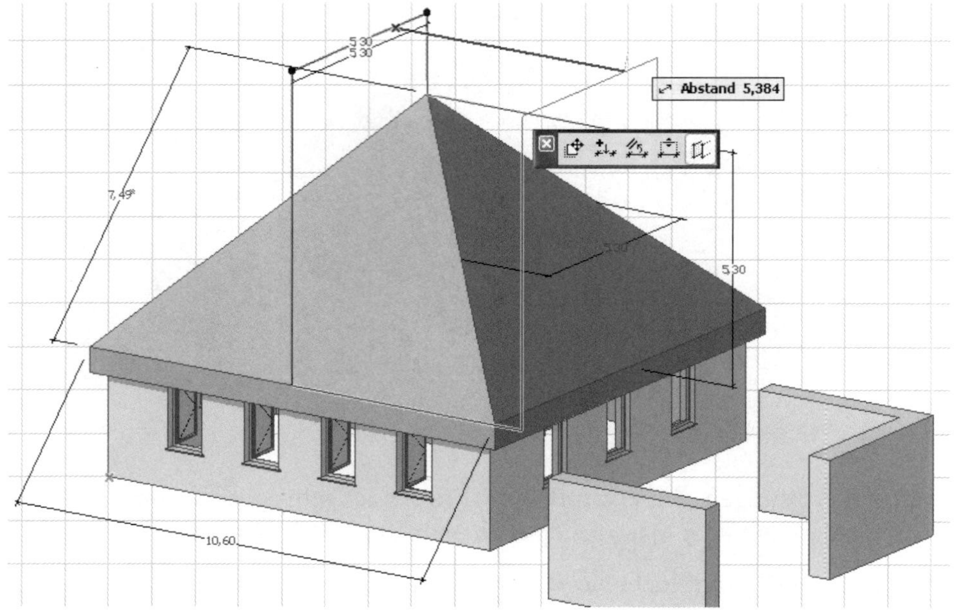

Abb. 12.36: Spezielle Bemaßungsfunktionen im 3D-Dokument

12.8 Übungsfragen

1. Worin besteht der Unterschied zwischen *Ansicht* und *Schnitt*?
2. Wie können Sie den horizontalen Schnittbereich einstellen?
3. Mit welchem Menü werden 3D-Schnitte erzeugt?
4. Wie wird eine Detailansicht erzeugt?
5. Was passiert mit den Elementen im Detailfenster?
6. Wie kann man Details bei Konstruktionsänderungen anpassen?
7. Welche Funktionen sind im 3D-DOKUMENT möglich?

Kapitel 13

Organisation, Layout und Plot

Ziel der Konstruktionsarbeit ist letztendlich die Erstellung von Unterlagen für die Genehmigung des Projekts, Beschaffung der Materialien und Ausführung der Arbeiten. Dazu ist die Erstellung eines Grundrissplans allein natürlich nicht ausreichend. Deshalb verwaltet ArchiCAD neben den rein geometrischen Daten noch einiges mehr, was sich dann im Begriff BIM (Building Information Model) widerspiegelt. *Alle* Informationen eines Bauprojekts sollen möglichst *gemeinsam und mit Bezug aufeinander* in einer Datenstruktur gespeichert sein. Damit das alles zusammen sinnvoll verwaltet werden kann, gibt es zwei wichtige Paletten, den NAVIGATOR und den ORGANISATOR. Diese Organisationsmittel und ihre Strukturierung sollen zuerst vorgestellt werden, bevor im Weiteren dann die Erstellung von LAYOUTS für die *Plotausgabe* erläutert wird. Am Schluss werden auch die weiteren Möglichkeiten des Publizierens in verschiedenen Formaten erläutert.

13.1 Organisation

13.1.1 Der Navigator

Der NAVIGATOR oder korrekter die Palette NAVIGATOR wird unter FENSTER|PALETTEN|NAVIGATOR aktiviert. Er ist vorgabemäßig aktiviert. Er dient dazu, vier verschiedene Mappen zu verwalten, die im Ablauf des Konstruktionsprozesses unterschiedliche Objekte enthalten. Die Mappen des NAVIGATORS, von denen immer nur eine sichtbar sein kann, sind:

1. PROJEKT-MAPPE,
2. AUSSCHNITT-MAPPE,
3. LAYOUTBUCH und die
4. PUBLISHER-SETS.

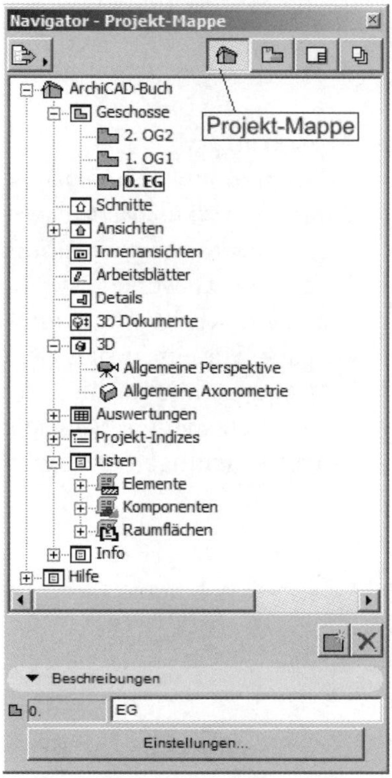

Abb. 13.1:
NAVIGATOR-Palette mit PROJEKT-MAPPE

- PROJEKT-MAPPE Sie ist standardmäßig aktiviert. Sie enthält die *Baumstruktur des virtuellen Gebäudes*, d.h. des Gebäudes mit all seinen innewohnenden Informationen und Planungsdaten und geometrischen Abmessungen. Sie ist die Mappe, die typischerweise während des Konstruktionsprozesses dauernd gebraucht wird und in der dann auch ständig zwischen den Konstruktionen der verschiedenen Geschosse und den dreidimensionalen Ansichten hin- und hergeschaltet werden kann.

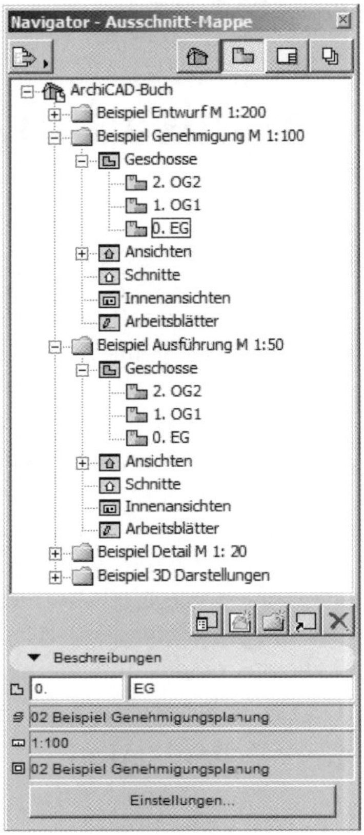

Abb. 13.2:
NAVIGATOR-Palette mit AUSSCHNITT-MAPPE

- AUSSCHNITT-MAPPE Sie enthält definierte *Ausschnitte mit bestimmten Maßstäben, Bemaßungen, gezielt aktivierten oder deaktivierten Layern*, wie es für ganz bestimmte Ausgaben z.B. bestimmte Gewerke usw. nötig ist. Dies ist schon ein Schritt in Richtung der Zeichnungsausgabe. Für ein *einziges* Geschoss in der PROJEKT-MAPPE können hier *mehrere* Ausschnitte mit verschiedenen Maßstäben und Darstellungseinstellungen erzeugt werden.

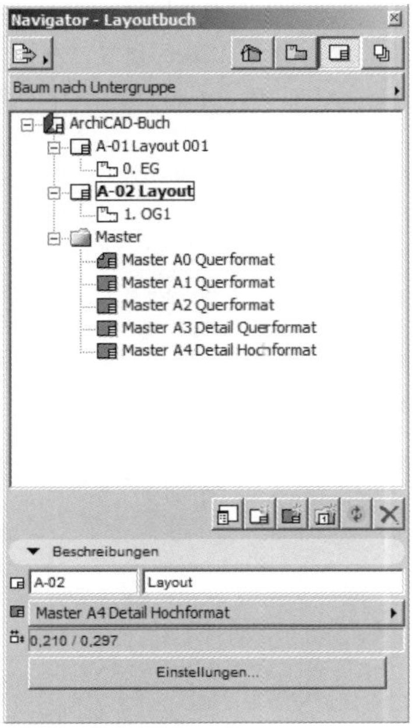

Abb. 13.3:
NAVIGATOR-Palette mit LAYOUTBUCH

- LAYOUTBUCH Das Layoutbuch verwaltet die *zur Plotausgabe aufbereiteten Layouts*. Das sind auf das jeweilige Ausgabeformat zugeschnittene Zeichnungsrahmen und darin platzierte Ausschnitte. Im Layoutbuch gibt es so genannte Master-Layouts, im Wesentlichen leere Papierlayouts für die verschiedenen DIN-Formate mit Zeichnungsrahmen, die als Vorlage für individuelle Layouts dienen. Das individuelle Layout entsteht aus diesen Vorlagen durch Füllen mit Ausschnitten. Aus diesem Layoutbuch können direkt Layouts zur Ausgabe an einen Plotter geschickt werden.

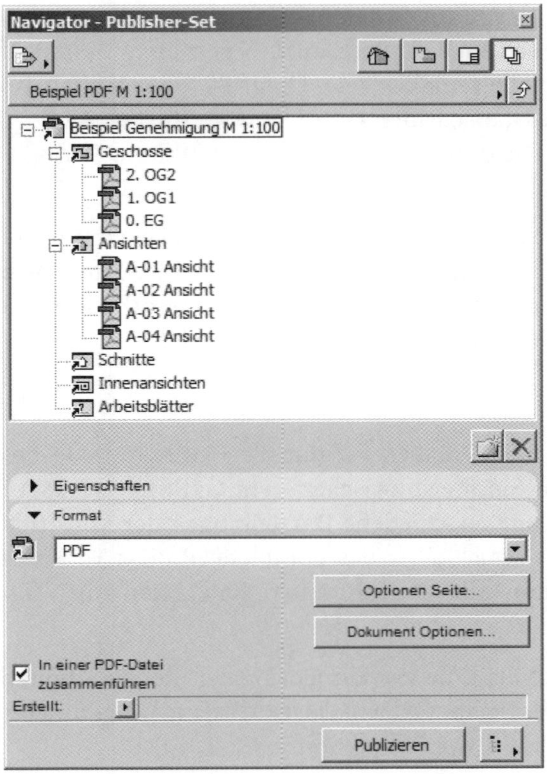

Abb. 13.4: NAVIGATOR-Palette mit PUBLISHER

- PUBLISHER Der PUBLISHER dient zum Verwalten von so genannten Publisher-Sets, das sind meist *mehrere für die Ausgabe auf verschiedene Medien zusammengestellte Layouts*. Damit können beispielsweise mit Mausklick gleich mehrere in einem Set zusammengestellte Layouts für die Baugenehmigung zugleich an den Plotter geschickt werden. Aber es können hiermit auch Zeichnungen zur Weitergabe mit verschiedenen Dateiformaten wie DWG, DWF oder PDF erstellt werden.

Sie sehen also, dass die einzelnen Mappen im Projektablauf typischerweise oft nacheinander zum Einsatz kommen und auch Elemente der einen Mappe in eine andere zur Weiterverwendung übergeben werden müssen. Da dies in einem modernen EDV-Programm per *Drag&Drop* möglich sein muss, braucht man noch eine Darstellung, in der *zwei Mappen zugleich* geöffnet werden können, und das ist der ORGANISATOR. Er ist also ein erweiterter NAVIGATOR, der in einem zweiten Fenster wieder Mappen öffnen lässt.

Etwas Begriffliches: Blickpunkte

Die Struktur der Mappen gliedert sich hierarchisch und ist in *Ordner* unterteilt, die dann ihrerseits eine mehr oder weniger gegliederte Unterteilung besitzen können. Die einzelnen Objekte wie die Geschosse im Ordner GESCHOSSE des PROJEKTMANAGERS werden im Referenzhandbuch auch als *Blickpunkte* bezeichnet. Dem nicht Eingeweihten mag der Begriff etwas befremdlich sein. Unter *Blickpunkte* sind also all die Strukturelemente unter den Überschriften GESCHOSSE, SCHNITTE, ANSICHTEN, INNENANSICHTEN, DETAILS, 3D-DOKUMENTE, 3D, AUSWERTUNGEN, PROJEKT-INDIZES, LISTEN und INFO zu verstehen.

So sind die Elemente auf der untersten Ebene der Mappen ja auch bestimmte auf den Anwender zugeschnittene Sichten auf die Konstruktion und ihre Daten. Also gewöhnen wir uns daran, ab und zu in der Dokumentation den Begriff *Blickpunkt* für die einzelnen *Elemente auf der untersten Ebene der Mappen* zu finden.

Die Projekt-Mappe

Bei der bisherigen Arbeit mit ArchiCAD haben Sie nur die PROJEKT-MAPPE des NAVIGATORS benutzt. Darin haben Sie meist zwischen dem GRUNDRISSFENSTER und dem 3D-FENSTER gewechselt, um verschiedene Darstellungen der Konstruktion zu sehen. Da in der PROJEKT-MAPPE aber das komplette Projekt verwaltet wird, inklusive seiner internen Daten, gibt es noch weitere Kategorien zur Informationsspeicherung:

- GESCHOSSE Diese Kategorie enthält die zweidimensionalen Konstruktionen der einzelnen Geschosse. Sie werden im GRUNDRISSFENSTER angezeigt und bearbeitet.
- SCHNITTE/ANSICHTEN/INNENANSICHTEN Wenn Sie mit einem der Werkzeuge SCHNITT, ANSICHT oder INNENANSICHT im Grundrissfenster arbeiten, wird automatisch hier der Schnitt, die Ansicht oder die Innenansicht(en) generiert und kann durch Anwahl dann weiterbearbeitet werden, z.B. mit Bemaßung versehen werden.
- ARBEITSBLÄTTER Für ergänzende 2D-Konstruktionen können Sie ähnlich wie DETAILS auch ARBEITSBLÄTTER erzeugen. Diese enthalten aber neben 2D-Kopien der Modell-Geometrie vorgabemäßig auch die zugehörigen Anmerkungs- und Bemaßungselemente. Der Maßstab eines Arbeitsblatts wird von der Ursprungsansicht übernommen. ARBEITSBLÄTTER können gemäß der jeweiligen Ursprungsansicht aktualisiert werden.

- DETAILS In dieser Kategorie entstehen die Detailzeichnungen, wenn Sie in einer Ansicht mit dem DETAIL-Werkzeug einen Detailausschnitt definieren. Sie können ihn dann hier weiterbearbeiten. Das DETAIL enthält die in 2D-Zeichnungselemente zerlegten Komponenten der Original-Konstruktionselemente. Sie können die Detaildarstellung durch weitere eigene 2D-Konstruktionen ergänzen. Nach Änderungen an der Originalkonstruktion kann das Detail übers Kontextmenü mit NEU AUFBAUEN aktualisiert werden. Der Maßstab des Details ist üblicherweise kleiner als die Ursprungsansicht.
- 3D-DOKUMENTE Wenn Sie eine 3D-Ansicht brauchen, in die Sie Texte eintragen können oder bestimmte Sachen bemaßen möchten, dann sollten Sie aus einem 3D-Fenster (siehe nachfolgender Punkt) ein 3D-Dokument erstellen.
- 3D Sobald Sie im GRUNDRISSFENSTER Elemente erzeugen – außer den zweidimensionalen Dokumentationselementen –, entstehen stets dreidimensionale Objekte, die hier in zwei Unterkategorien betrachtet werden können, als ALLGEMEINE PERSPEKTIVE oder ALLGEMEINE AXONOMETRIE.
- AUSWERTUNGEN Hier werden automatisch erzeugte Listen der verschiedenen Elemente Ihrer Konstruktion verwaltet. Diese Listen sind assoziativ mit den Elementen verknüpft. Deshalb können Sie hier in diese Listen auch eingreifen, um z.B. eine Fensterbreite in der Konstruktion zu ändern. Diese Listen sind als Grundlage für Bestellungen und zur Überprüfung der eingebauten Elemente gedacht.
- PROJEKT-INDIZES Sie können mit dem Menü DOKUMENTE|PROJEKT-INDIZES| PROJEKT-INDIZES-SCHEMATA hier Inhaltsverzeichnisse von AUSSCHNITTEN, LAYOUTS und ZEICHNUNGEN nach bestimmten Kriterien erstellen. Über die Schemata werden die Filterkriterien festgelegt und die anzuzeigenden Parameter und Informationen.
- LISTEN Diese Kategorie enthält Listen der ELEMENTE, KOMPONENTEN und RAUMFLÄCHEN der Konstruktion.
- INFO Hier werden in zwei Unterkategorien PROJEKTNOTIZEN und PROTOKOLLE verwaltet.

Die Ausschnitt-Mappe

Ein Ausschnitt ist im Prinzip eine Konstruktion, wie sie auch in der PROJEKT-MAPPE verwaltet wird. Nur besteht der Unterschied darin, dass hier diese Konstruktionsansicht mit bestimmten Einstellungen wie *Maßstab* oder *Ebenen-Einstellungen* fest gespeichert bleibt, während in der PROJEKT-MAPPE zum Zwecke der Konstruktion die Vergrößerung stets verändert wird. Bei einfachen Aufgabenstellungen sind die Inhalte von PROJEKT-MAPPE und AUSSCHNITT-MAPPE oft sehr ähnlich. Deshalb kann man sich die Ausschnitte dann auch per *Drag&Drop* durch Herüberziehen aus der PROJEKT-MAPPE erstellen. Dazu müssen Sie dann die ORGANISATOR-Palette aktivieren und beide Mappen öffnen.

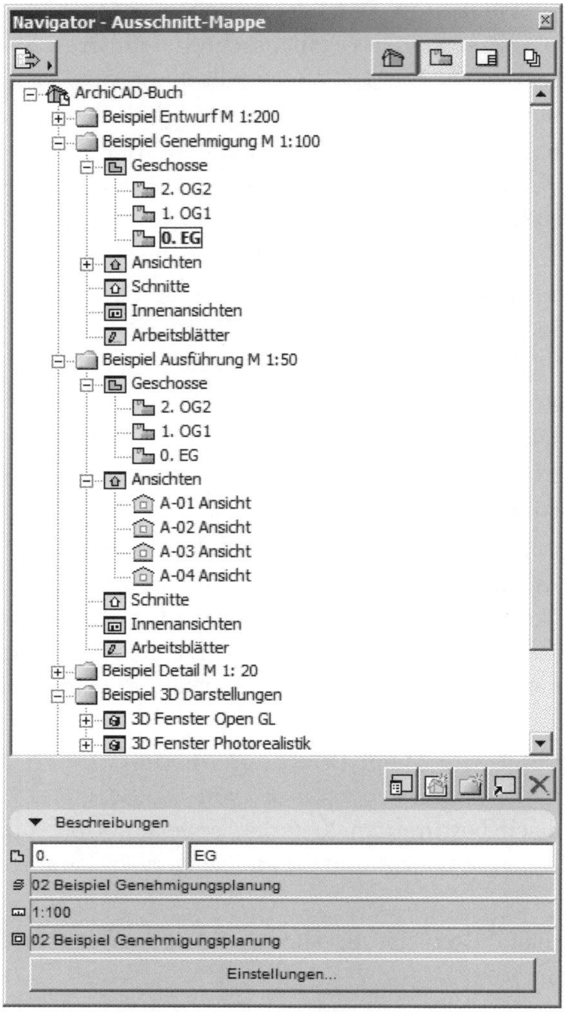

Abb. 13.5: AUSSCHNITT-MAPPE

Wenn Sie die AUSSCHNITT-MAPPE zum ersten Mal öffnen, werden Sie dort schon vorbereitete Ordner für bestimmte Ebenenkombinationen und Maßstäbe im Bereich 1:20 bis 1:200 vorfinden (Abbildung 13.5). Als Struktur unter diesen Ordnern finden Sie dann immer parallel zur Struktur im NAVIGATOR die bekannten Unterordner für GESCHOSSE, SCHNITTE, ANSICHTEN, INNENANSICHTEN, DETAILS und 3D-DOKUMENTE. Darunter werden Sie auch die in der PROJEKT-MAPPE schon vorhandenen Geschosse und Ansichten finden. Jedes Geschoss und jede Ansicht, die Sie in der PROJEKT-MAPPE einrichten, wird sofort in der Ausschnitt-Mappe in allen vorhandenen Ordnern geklont und später immer aktuell gehalten.

Sie können in der Ausschnitt-Mappe jederzeit eigene Ordner erstellen und dort eigene Geschosse etc. aus der Projekt-Mappe herüberziehen. Wenn Sie selbst einzelne Elemente oder Ordner aus der PROJEKT-MAPPE in die AUSSCHNITT-MAPPE herüberziehen, dann sind sie nicht geklont.

Um einen Ordner zu klonen, müssen Sie beim Herüberziehen Strg+⇧ gedrückt halten. Alternativ können Sie auch das Werkzeug in der AUSSCHNITT-MAPPE unterhalb der Strukturanzeige zum Erzeugen geklonter Ordner verwenden. In einem geklonten Ordner werden dann parallel und automatisch neue Geschosse oder Ansichten erzeugt, wenn Sie in der PROJEKT-MAPPE neue Geschosse o.Ä. erstellen.

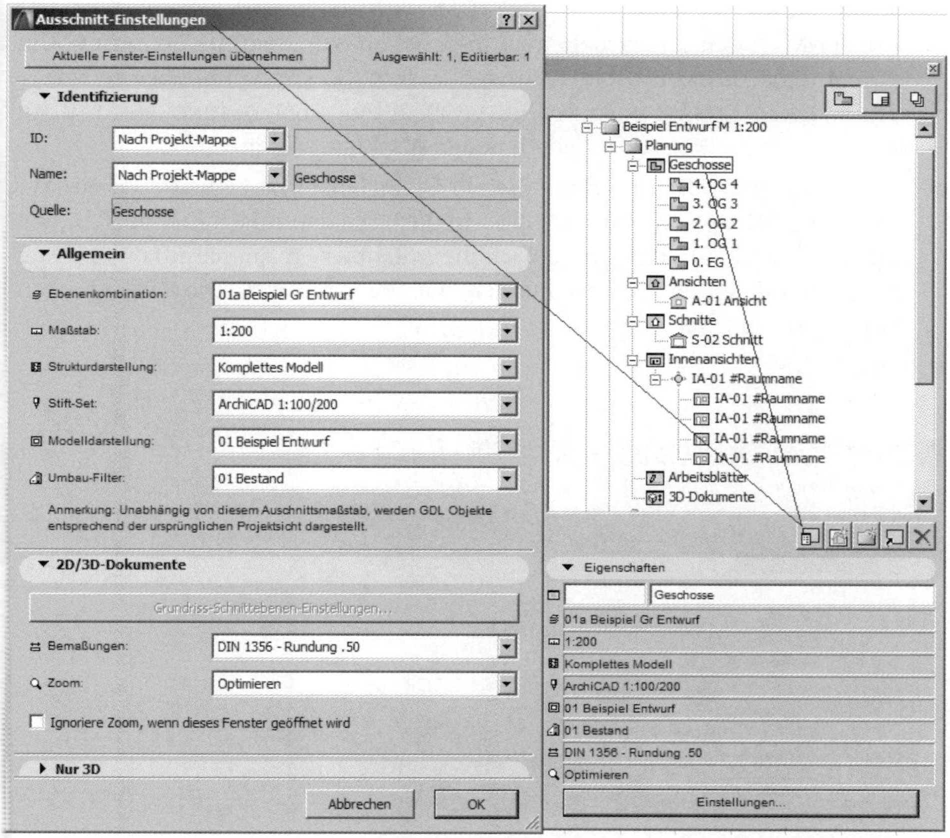

Abb. 13.6: AUSSCHNITT-EINSTELLUNGEN

In der AUSSCHNITT-MAPPE finden Sie im unteren Bereich fünf Werkzeuge:

- AUSSCHNITT-EINSTELLUNGEN dient zum Einstellen der Vorgaben für die Ausschnitte in einem Ordner (Abbildung 13.6). Die wichtigsten Einstellungen sind die *Ebenenauswahl* und die *Skalierung* (Maßstab). Dann können Sie auch noch die *Modelldarstellung*, den *Bemaßungsstil* und einen *Zoomfaktor* wählen. Letzteres wählen Sie nur, wenn unbedingt ein bestimmter Zoomfaktor immer bei diesen Ausschnitten aktiv sein soll. Die *Modelldarstellungen*, verwaltet im Menü DOKUMENTATION|MODELLDARSTELLUNG, geben an, wie die verschiedenen *Konstruktionselemente, Schraffuren* und *Raumstempel* angezeigt werden sollen. Es gibt vier vorgegebene *Modelldarstellungen*, die schon für bestimmte Projektphasen vordefiniert sind: 01 BEISPIEL ENTWURF, 02 BEISPIEL GENEHMIGUNGSPLANUNG, 03 BEISPIEL AUSFÜHRUNGSPLANUNG und 04 BEISPIEL DECKENSPIEGEL.

- AKTUELLEN AUSSCHNITT SICHERN speichert die *aktuelle Darstellung* im Grundrissfenster als neuen Ausschnitt in der AUSSCHNITT-MAPPE im aktuellen Ordner.
- NEUER ORDNER Hiermit legen Sie einen neuen (nicht geklonten) Ordner für Ausschnitte an. Sie können per *Drag&Drop* vorhandene Geschosse aus der AUSSCHNITT-MAPPE in diesen neuen Ordner ziehen (kopieren) und dann im Kontextmenü die Ausschnittseinstellungen ändern. So können Sie beispielsweise die EBENENKOMBINATION von 01 ENTWURF auf 03 AUSFÜHRUNGSPLANUNG ändern oder unter SKALIERUNG einen neuen *Maßstab* wählen.
- ORDNER KLONEN Damit öffnen Sie ein Dialogfenster zur Auswahl eines Verzeichnisses (Ordner) aus der PROJEKT-MAPPE, das dann nach hier geklont, d.h. kopiert wird. Sie tun das, um danach die mitkopierten Ausschnitte übers Kontextmenü mit anderen Einstellungen wie Maßstab und Darstellungseigenschaften zu versehen.
- LÖSCHEN

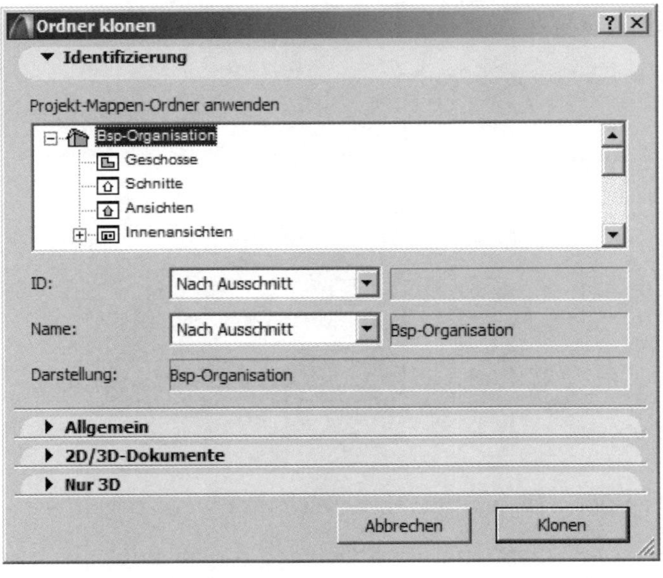

Abb. 13.7: Dialogfenster zum Klonen von Ordnern

13.1.2 Der Organisator

Der Organisator kann am schnellsten nach einem Rechtsklick auf die Navigator-Titelleiste über das Kontextmenü gestartet werden. Auf der linken Seite können Sie die vier Mappen des NAVIGATORS öffnen, auf der rechten Seite die Mappen AUSSCHNITT-MAPPE, LAYOUTBUCH und PUBLISHER-SETS. Dort können Sie also leicht Objekte per Drag&Drop kopieren.

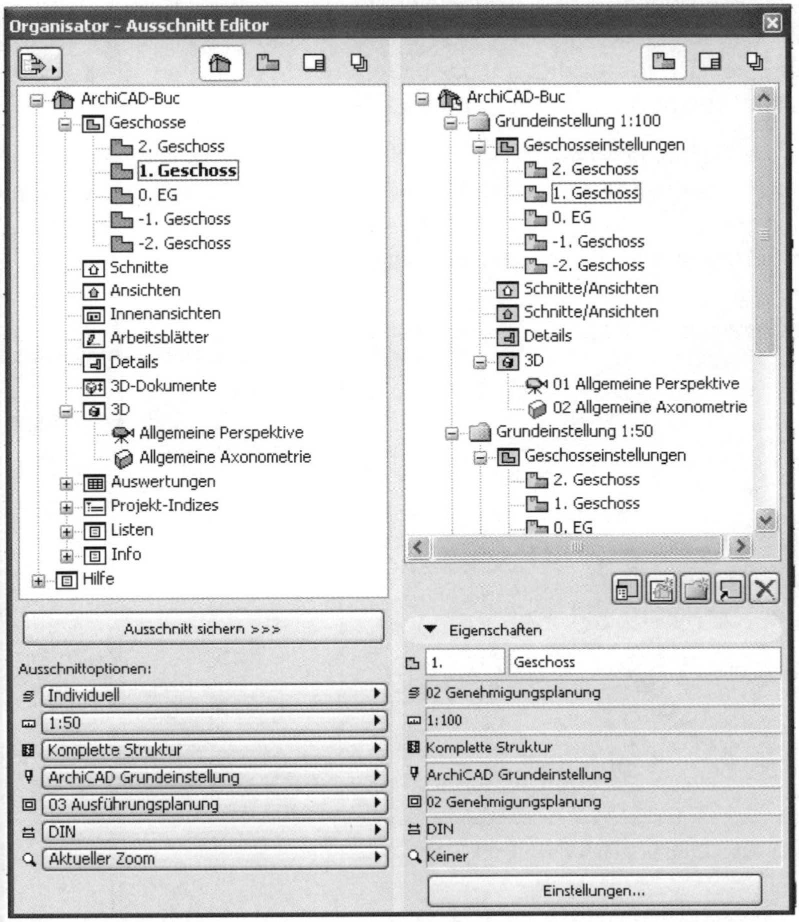

Abb. 13.8: ORGANISATOR-Palette

13.1.3 Layoutbuch

Layouts sind die eigentlichen Zeichnungsblätter. Sie werden im LAYOUTBUCH des NAVIGATORS/ORGANISATORS verwaltet. Das LAYOUTBUCH ersetzt den Plotmaker der älteren Versionen. Zur Layoutverwaltung können Sie auch die Symbolleiste LAYOUTS UND ZEICHNUNGEN verwenden (Menü FENSTER|SYMBOLLEISTEN|LAYOUTS UND

ZEICHNUNGEN). Ein Layout ist zunächst einmal ein leerer Zeichnungsrahmen. In Layouts werden *Ansichten, Abbildungen* und/oder *Listenansichten* eingefügt.

Vorgabemäßig werden Sie im LAYOUTBUCH eine Struktur mit einem leeren Beispiels-Layout A-01 BEISPIEL-LAYOUT 001, dem Ordner MASTER mit Masterlayouts für DIN A0, DIN A1, DIN A2, DIN A3 und DIN A4 vorfinden. Weitere leere Layouts erstellen Sie mit Rechtsklick auf den obersten Knoten, indem Sie einen Namen angeben und ein Masterlayout auswählen. Das vorgegebene Masterlayout ist durch ein Eselsohr oben rechts gekennzeichnet, das ist hier das DIN-A1-Masterlayout. Sie können jedes andere Masterlayout zum *Vorgabe-Masterlayout* machen, indem Sie nach Rechtsklick auf das betreffende Masterlayout die Kontext-Funktion ALS GRUNDEINSTELLUNG FESTLEGEN wählen.

Die Werte für die *Projektinformationen* können Sie leicht nach Rechtsklick auf den Projekttitel im NAVIGATOR über die Funktion PROJEKT-INFO eingeben. Das Eingabe-Dialogfeld zeigt Abbildung 13.9. Damit wird eine automatische Beschriftung mit den projektintern gespeicherten Daten möglich.

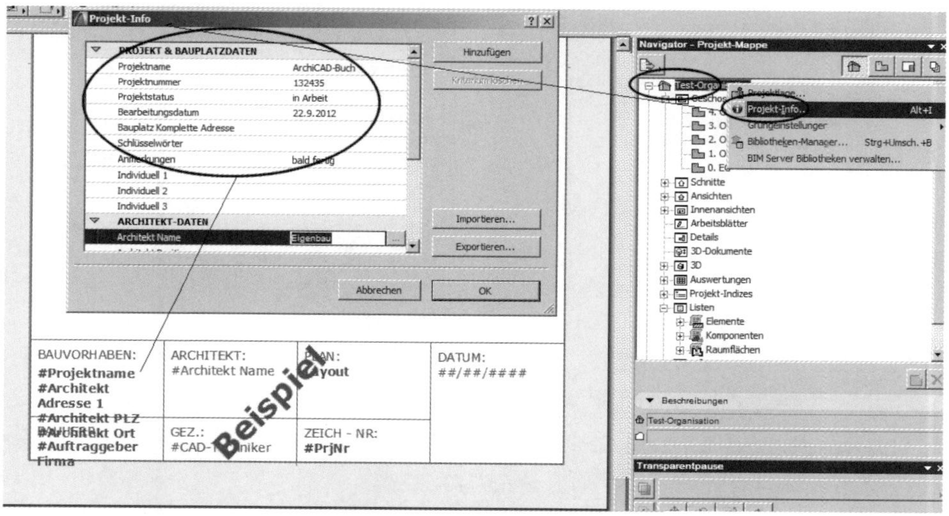

Abb. 13.9: PROJEKT-INFO für den Zeichnungskopf

Die *Projektinformationen* können Sie alternativ in der PROJEKT-MAPPE eingeben, indem Sie auch dort nach Rechtsklick auf den obersten Strukturknoten die Option PROJEKT-INFO wählen.

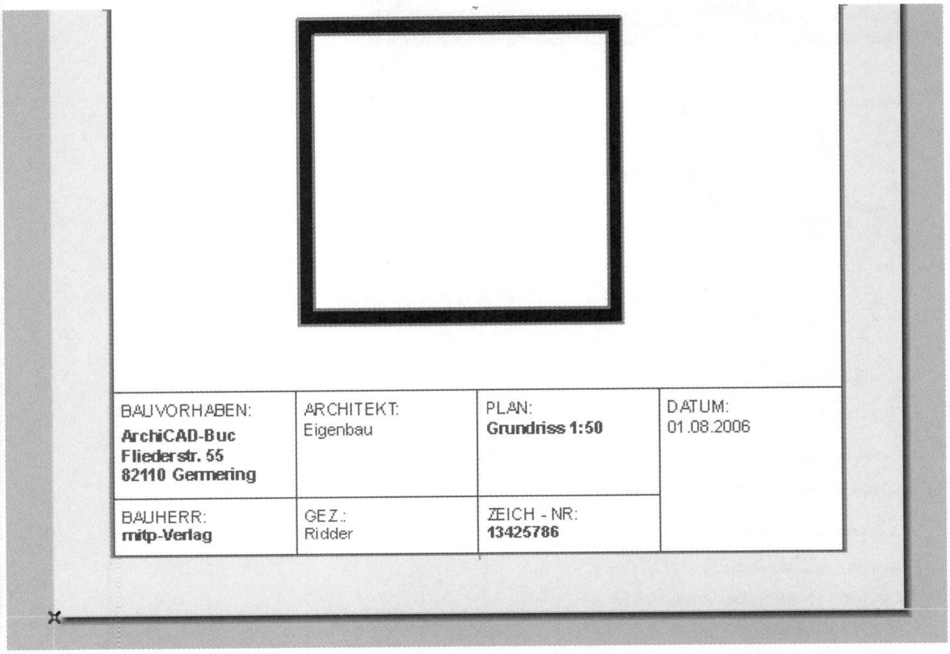

Abb. 13.10: Automatisch beschrifteter Rahmen

Es gibt sechs Werkzeuge im Layoutbuch:

- EINSTELLUNGEN verwaltet die Einstellungen eines Layouts. Dabei geht es im Wesentlichen um die ID-Nummer (automatisch vergeben oder eigene), den Namen des Layouts und das benutzte Masterlayout sowie um die ID-Nummerierung der eingefügten Objekte.
- NEUES LAYOUT erzeugt ein neues Layout unter Angabe eines Namens und Wahl des Masterlayouts, d.h. eines Zeichnungsrahmens.
- NEUES MASTERLAYOUT Hiermit wird zunächst ein leeres Masterlayout nach Vorgabe des aktuellen Masters erstellt. Dieses Masterlayout können Sie mit dem Button EINSTELLUNGEN neu gestalten (Abbildung 13.11). Interessant ist auch die Möglichkeit, im Panel ZEICHNUNGSPLATZIERUNG die Option ZEICHNUNGEN AN EINEM RASTER AUSRICHTEN UND ZUORDNEN zu wählen und mit der Schaltfläche RASTER EINSTELLEN die Einstellungen zu gestalten (Abbildung 13.12).

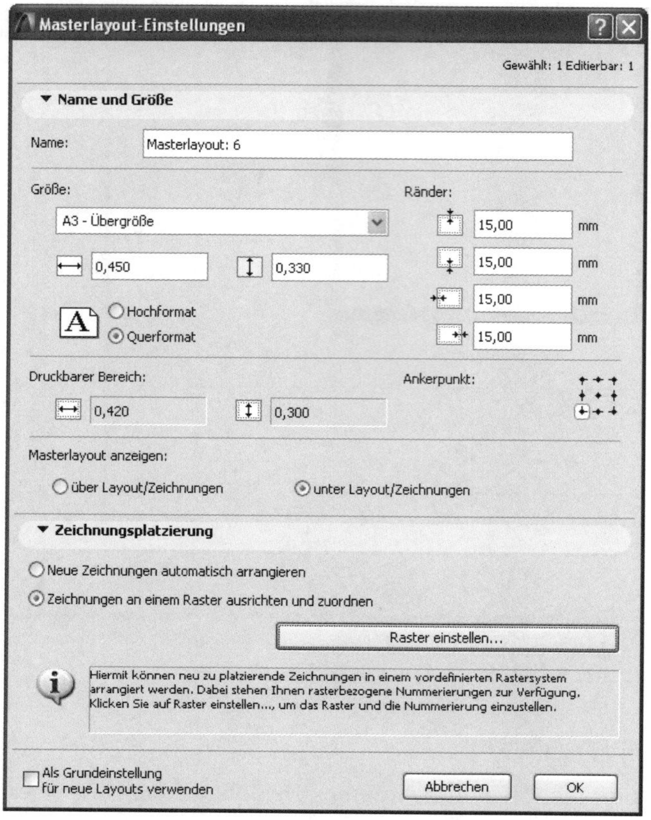

Abb. 13.11: Master-Einstellungen für Name und Größe

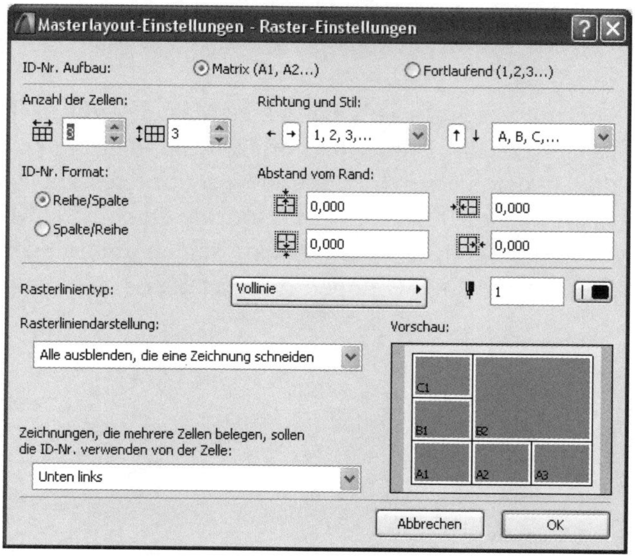

Abb. 13.12: Master-Einstellungen für Raster

- NEUE UNTERGRUPPE erzeugt einfach einen neuen Unterordner im LAYOUTBUCH.
- AKTUALISIEREN aktualisiert ein Layout nach Konstruktionsänderungen.
- LÖSCHEN löscht ein Layout, einen Ordner oder ein Masterlayout.

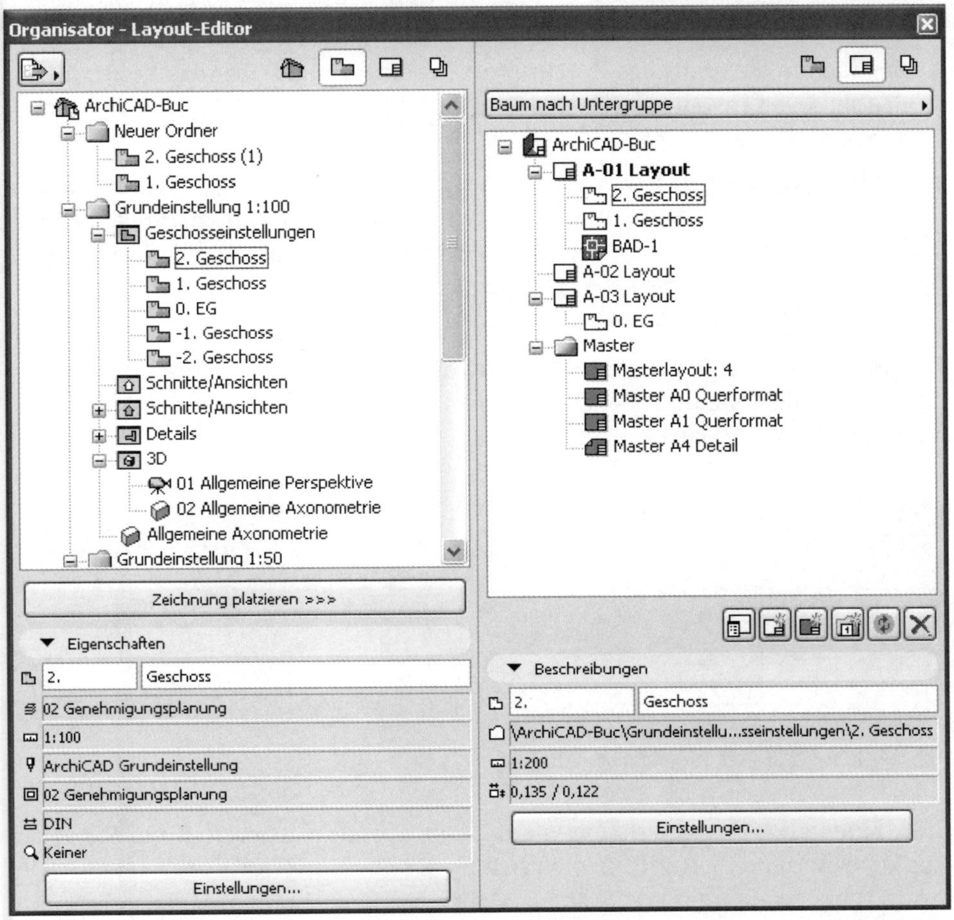

Abb. 13.13: ORGANISATOR mit AUSSCHNITT-MAPPE und Layoutbuch

Mit dem ORGANISATOR können Sie nun leicht einen *Ausschnitt* in ein *leeres Layout* ziehen. Der Ausschnitt wird dann auf das Layout-Blatt positioniert oder ggf. nach dem eingestellten Raster platziert. Damit wäre Ihre Zeichnung dann bereit für das Plotten.

Konstruktionsansichten können Sie auf unterschiedliche Weise in ein Layout einfügen:

- Im WERKZEUGKASTEN aktivieren Sie das ZEICHNUNGS-Werkzeug, platzieren mit Klick zunächst einen leeren Ausschnitt und wählen dann aus der angebotenen Liste (im Normalfall wird die AUSSCHNITT-MAPPE angezeigt) die gewünschte Ansicht mit Doppelklick aus. Auch andere Quellen sind möglich. Sie können nachträglich per Rechtsklick darauf mit QUELL-AUSSCHNITT-EINSTELLUNGEN BEARBEITEN noch einen individuellen Namen vergeben und sämtliche Einstellungen wie Maßstab etc. bearbeiten.
- Sie können alternativ das ZEICHNUNGS-Werkzeug auch über das Kontextmenü des aktuellen Layouts mit ZEICHNUNG PLATZIEREN wählen. Dann geht es weiter wie oben.
- In der PROJEKT-MAPPE oder in der AUSSCHNITT-MAPPE können Sie im Kontextmenü AUSSCHNITT SICHERN & AUF LAYOUT PLATZIEREN wählen, um den aktuellen Zeichnungsausschnitt im aktuellen Maßstab auf das aktuelle Layout zu legen. Auch hier können Sie nachträglich per Rechtsklick darauf QUELL-AUSSCHNITT-EINSTELLUNGEN BEARBEITEN aufrufen.

Den Maßstab für eine platzierte Ansicht können Sie nach Markieren der Ansicht über die zweite Zeile im INFOFENSTER ändern oder über das Fenster ZEICHNUNGS-AUSWAHLEINSTELLUNGEN.

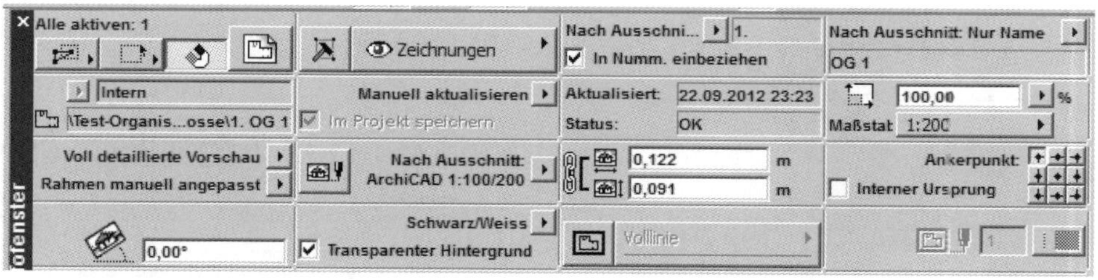

Abb. 13.14: INFOFENSTER für platzierte Ansicht

Sie können auch *Fremdzeichnungen* auf Ihrem Layout platzieren, wenn Sie in der Kontext-Funktion ZEICHNUNG PLATZIEREN die Option ZEICHNUNG VERKNÜPFEN MIT EINER EXTERNEN QUELLE wählen. Gehen Sie danach auf DURCHSUCHEN und wählen Sie die gewünschte Zeichnung aus, z.B. eine AutoCAD-DWG-Datei. Sie müssen dann in einem weiteren Fenster die Einheiten wählen, in denen diese Zeichnung erstellt wurde. Es stehen MILLIMETER und METER zur Verfügung. Wenn Sie eine Zeichnung in *Zentimetern* gewählt haben, stellen Sie als Zeichnungseinheit EIGENE [MM] ein und geben einen Faktor von **10,0** ein. Für die platzierte Zeichnung muss dann aber noch wie oben beschrieben der gewünschte Maßstab eingestellt werden. Platzierte Zeichnungen können durch Anklicken des Randes oder eines Eckpunktes noch mittels *Pet-Palette* bearbeitet werden. Sie lassen sich verschieben oder auch vergrößern.

Nach Änderungen im Grundrissfenster können die platzierten Ansichten über entsprechende Funktionen im Kontextmenü neu aufgebaut werden.

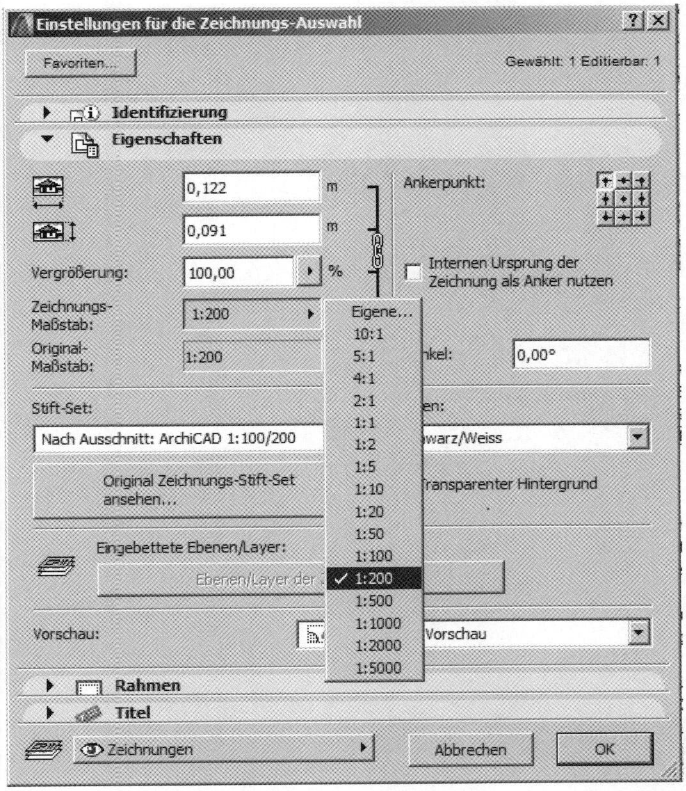

Abb. 13.15: Zeichnungsauswahleinstellungen

13.2 Plotten

Bevor Sie ein Layout plotten können, muss zuerst einmal ein Plotter eingerichtet werden. Dazu wählen Sie zunächst das Menü Ablage|Plottereinstellung und wählen dann einen Plotter aus (Abbildung 13.16). Alle angebotenen Plotter verwenden das HPGL-Format. Sie müssen natürlich darauf achten, dass die Einstellungen mit denen des Plotters konform sind.

Mit dem Menü Ablage|Plotten schicken Sie dann den Plot ab (Abbildung 13.17).

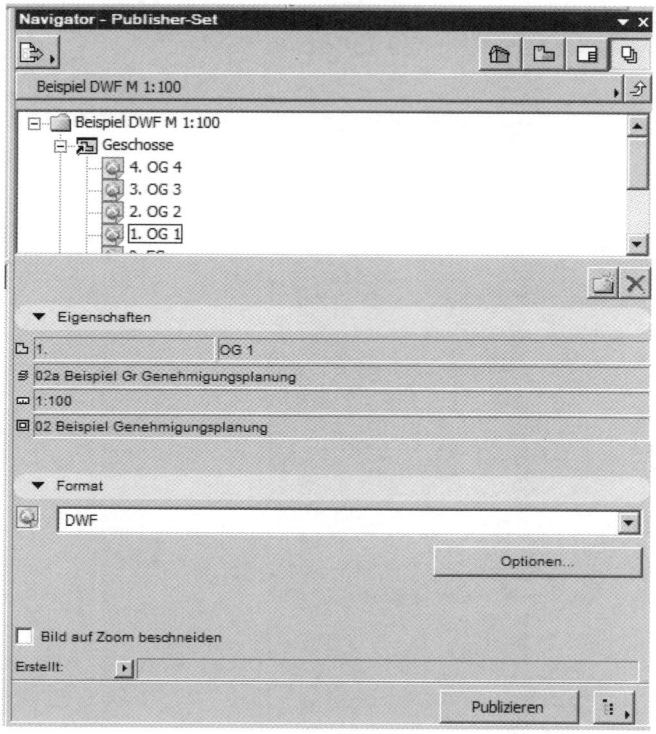

Abb. 13.16: Plotter einstellen

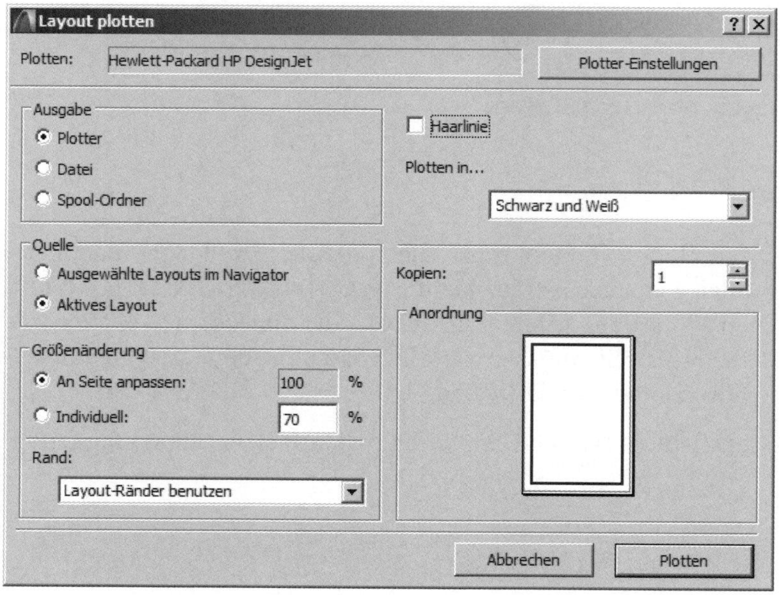

Abb. 13.17: Markiertes Layout plotten

13.3 Publizieren

Unter Publizieren (zu Deutsch: veröffentlichen) versteht man im Allgemeinen die Dateiausgabe in Fremdformaten zur Weitergabe. Das soll einerseits die Weiterbearbeitung zu anderen Programmsystemen ermöglichen, andererseits nur zur Betrachtung und Beurteilung dienen. Bei den möglichen Ausgabeformaten gibt es solche zur Übergabe an andere CAD-Systeme wie DWG, DXF (beide für AutoCAD) und DGN (für MicroStation). Das Format DWF ist kein spezielles Format zur Übertragung in ein anderes System, sondern ein von der Firma Autodesk definiertes Format, das mit so genannten Reviewern betrachtet werden und ggf. in AutoCAD-Zeichnungen eingefügt werden kann. Eine weitere Art des Publizierens ist die Erzeugung von Rasterdaten für Bildbearbeitungsprogramme, die zum Drucken und einfachen Bearbeiten Verwendung finden. Solche Formate können aber nicht mehr zurück in das Originalformat konvertiert werden.

13.3.1 Drucken

Gedruckt (mit A4- oder A3-Druckern) wird normalerweise nur zu Prüfzwecken, um eine Voransicht für die späteren Plots zu bekommen. Die Plots im größeren Format dienen dann der endgültigen Dokumentation des Projekts.

Die Einstellungen für das Drucken finden Sie unter ABLAGE|PAPIERFORMAT. Hier wählen Sie den betreffenden Drucker aus, das Papierformat und die Ausrichtung hoch oder quer.

Der Druckbefehl selbst ist in der STANDARD-Symbolleiste zu finden oder im Menü ABLAGE|DRUCKEN. Die Eingaben fürs Dialogfenster sind selbsterklärend (Abbildung 13.18). Sie können Layouts, 2D- oder 3D-Fenster fürs Drucken wählen. Nicht gedruckt werden Fixpunkte, Auswahlpunkte, Schnitttiefen-Linien, Dach-Aufsetzlinien, Kameras und Routen. Wahlweise druckbar sind *Konstruktionsraster* und die *Transparentpause*.

Wenn Sie den Druck-Befehl aus dem Grundrissfenster oder einer anderen Projektsicht heraus starten, erscheinen die Optionen RASTER DRUCKEN und TRANSPARENTPAUSE DRUCKEN (nur wenn eine Transparentpause aktiv ist), die Sie aktivieren können.

Mit der Option KOPF-/FUSSZEILE und den EINSTELLUNGEN daneben können Sie noch *Projektdaten* in extra Kopf- und Fußzeilen drucken lassen.

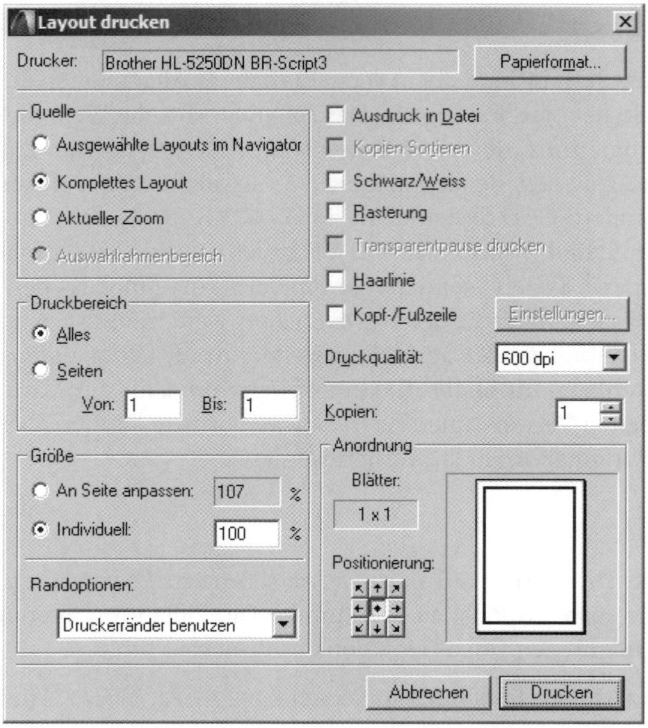

Abb. 13.18: LAYOUT DRUCKEN

13.3.2 Publisher-Sets

Zum Ausgeben in verschiedenste Dateiformate, aber auch zum Plotten mehrerer Layouts, gibt es im NAVIGATOR/ORGANISATOR die PUBLISHER-SETS. Mit einem Klick in die Publisher-Set-Auswahl ganz oben können Sie zwischen verschiedenen vorgegebenen PUBLISHER-SETS für unterschiedliche Maßstäbe und für die Ausgabedateiformate DWG, DWF (AutoCAD) und PDF (Adobe) wählen. Sie können aber auch selbst eigene Sets mit anderen Ausgabeformaten erstellen, in die Sie im Organisator dann die gewünschten Ansichten mit den verschiedensten Maßstäben und für die Ausgabe in den unterschiedlichsten Formaten herüberziehen können. Der Wert der Publisher-Sets besteht in der Möglichkeit, den Zeichnungssatz hier frei zusammenstellen zu können und dann sowohl den ganzen Satz ausgeben zu können, wobei Maßstab und Ausgabeformat frei bestimmt werden können.

Im PUBLISHER ist oben in der ersten Drop-down-Liste der Publisher-Sets BEISPIEL PDF M 1:100 eingestellt. Andere vorbereitete Publisher-Sets werden nach Klick auf diese Drop-down-Liste angezeigt. Mit einem Klick auf den Pfeil daneben mit der Bezeichnung EINE STUFE HÖHER lassen sich alle vorbereiteten Publisher-Sets im Listenfeld dauerhaft anzeigen. Über einen Rechtsklick darauf werden Ihnen die Funktionen NEUES PUBLISHER-SET und EINSTELLUNGEN angeboten.

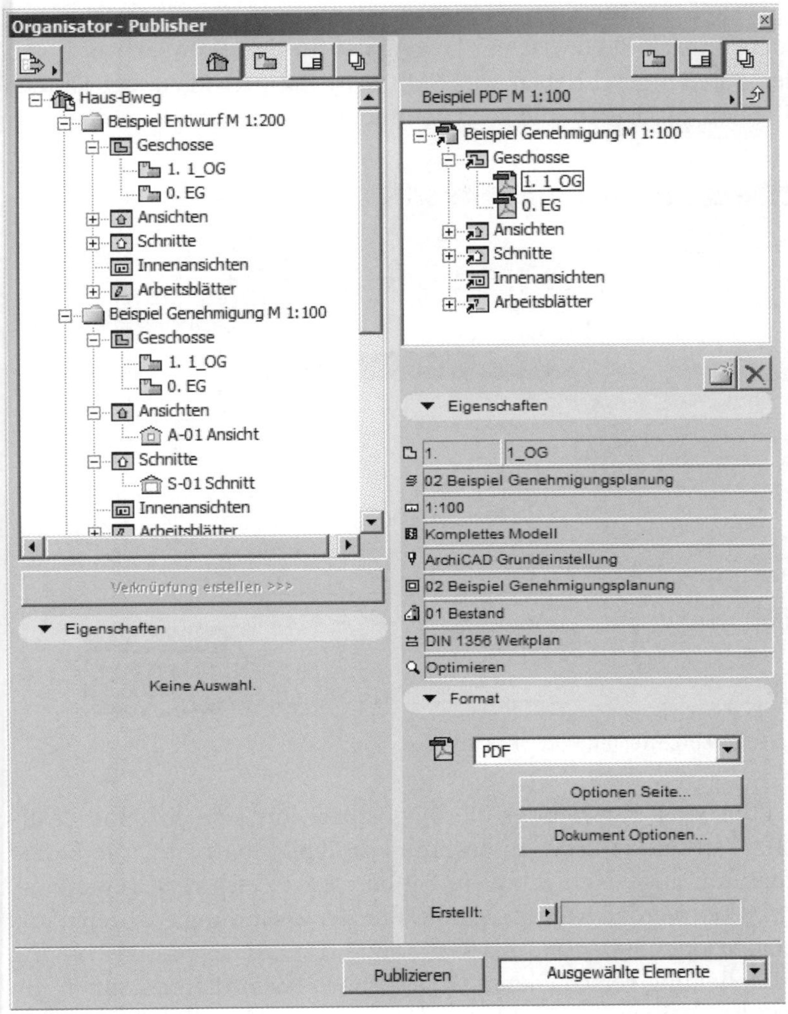

Abb. 13.19: Publisher-Sets-Struktur

Unter EINSTELLUNGEN|DATEIEN SICHERN können Sie noch weitere Ausgabeoptionen aktivieren:

- DRUCKEN
- DATEIEN SICHERN
- PLOTTEN

Für die Option DATEIEN SICHERN geben Sie im Listenfeld darunter den Dateipfad an und können dann entscheiden, ob alle Dateien in ein einziges Verzeichnis gestellt werden sollen oder ob die Struktur der Originalzeichnungen beibehalten werden soll. Wenn Sie *DWF-Dateien* weitergeben wollen, ist die Checkbox MIT DER

PROJEKT REVIEWER-WEBUMGEBUNG SICHERN interessant. Damit wird dafür gesorgt, dass der PROJEKT-REVIEWER, ein Java-Applet für den Browser, mit in das Verzeichnis der Dateien geschrieben wird. Mit dem PROJEKT-REVIEWER können Sie die DWF-Dateien anschauen und auch kommentieren.

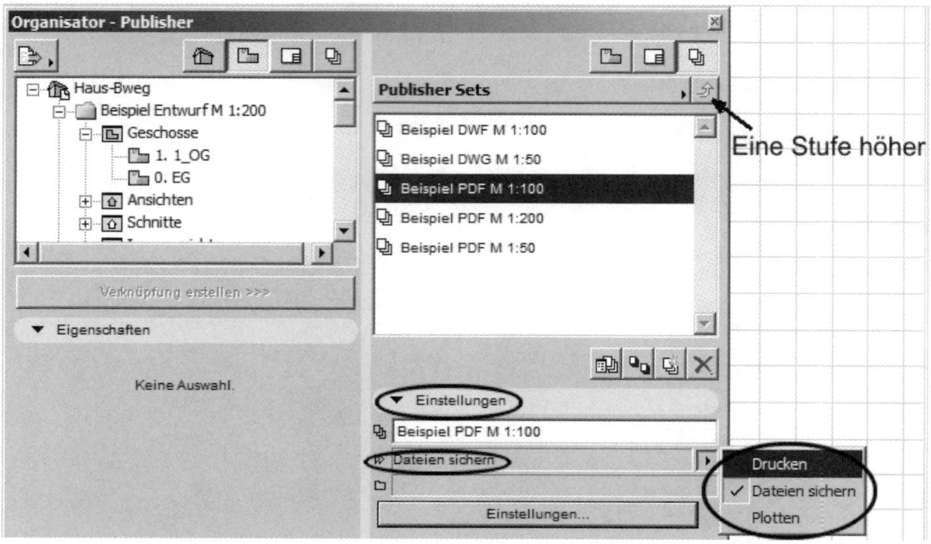

Abb. 13.20: Liste der voreingestellten Publisher-Sets

Innerhalb des PUBLISHER-SETS gibt es die Möglichkeit, für jede einzelne Zeichnung EIGENSCHAFTEN und FORMAT zu bestimmen (Abbildung 13.19). Die EIGENSCHAFTEN werden nur angezeigt, wenn ein Set oder eine Zeichnung gewählt ist. Unter EIGENSCHAFTEN werden Nummer und Name der Zeichnung angezeigt, und dann folgen EBENENKOMBINATION, MAßSTAB und DARSTELLUNGSOPTION, mit denen Sie die Darstellung verschiedener Objekte noch beeinflussen können. Im Register FORMAT kann eine große Zahl von Grafikformaten gewählt werden. Das DXF-Format (AutoCAD) ist ein gängiges Format zum Austausch mit anderen CAD-Programmen, aber auch das DWG-Format (AutoCAD) wird gern verwendet. Interessant ist vor allem das DWF-Format, weil das auch ohne ein CAD-System mit dem PROJEKT-REVIEWER betrachtet und mit Kommentaren versehen werden kann. Kommentare, die damit erstellt wurden, können gespeichert und mit ArchiCAD in die Originalzeichnung rückübertragen werden.

Neben der Schaltfläche PUBLIZIEREN gibt es noch eine Wahlmöglichkeit zwischen DIESES SET, AUSGEWÄHLTE ELEMENTE und ALLE SETS. Wählen Sie also, wie viel Sie publizieren möchten, und klicken Sie dann auf PUBLIZIEREN. Sie erhalten über ein Protokoll Informationen über den Verlauf. Wichtig ist dabei, dass Sie die Dateigrößen beachten. Gerade wenn Sie Dateien per E-Mail versenden wollen, können die 3D-Darstellungen oder generell einige Rasterdateiformate unangenehm große Dateien produzieren.

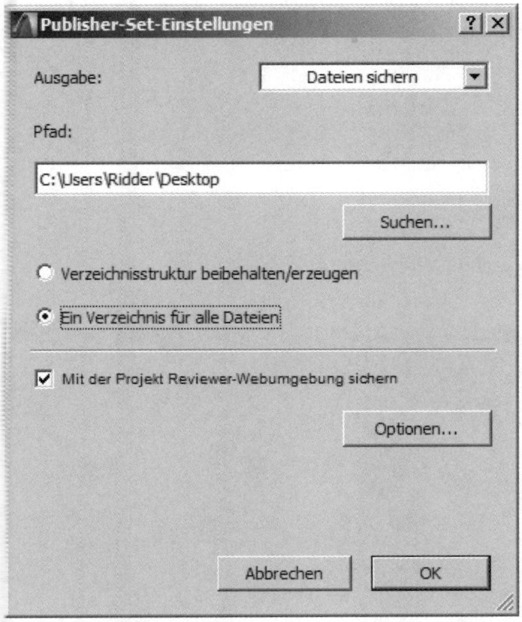

Abb. 13.21: Einstellungen/Eigenschaften des PUBLISHER-SETS

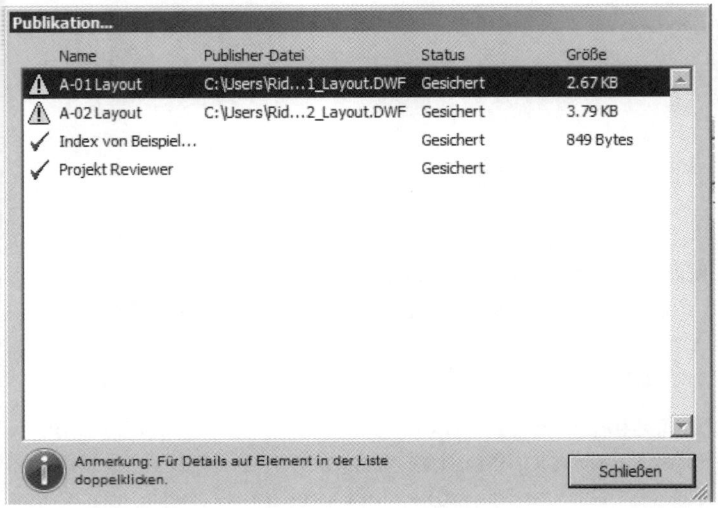

Abb. 13.22: Protokoll des Publizier-Vorgangs

Danach werden Sie neue Ordner mit den Ausgabedateien finden. Zur Demonstration wurde hier als Ziel der Desktop eingestellt (Abbildung 13.21). Dort finden Sie dann die publizierten Daten (Abbildung 13.23). Wenn Sie den Ordner BEISPIEL DWF M 1_100 öffnen, finden Sie die einzelnen publizierten Dateien. Dort klicken

Sie am besten auf REVIEWER.HTM, um darüber Ihren Browser mit dem Reviewer-Applet zu starten, das im Ordner REVIEWER enthalten ist.

Abb. 13.23: Neue Ordner auf dem Desktop (Ziel des Publishers)

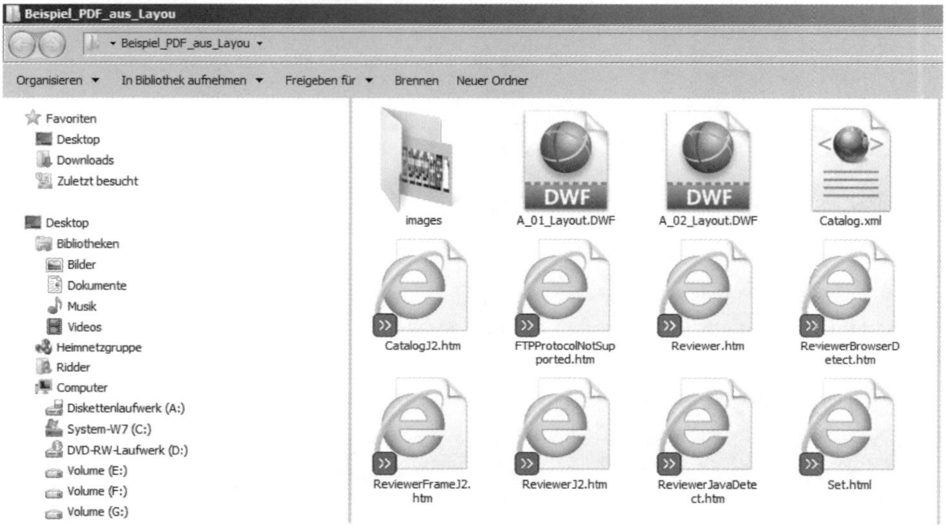

Abb. 13.24: Inhalt des Ordners BEISPIEL DWF M 1_100

Im Reviewer werden Ihnen dann die DWF-Dateien angezeigt, die Sie öffnen und mit Kommentaren, Markierungen und Hinweispfeilen verschiedener Art versehen können. Die Markierwerkzeuge erscheinen, wenn Sie auf das BLEISTIFT-Werkzeug klicken. Wenn Sie diese Anmerkungen sichern wollen, klicken Sie auf das Diskettensymbol und speichern die DWF-Datei unter einem neuen Namen.

Wenn Sie nun die Markierungen in die Originalzeichnung zurückspielen wollen, rufen Sie das Menü DOKUMENTATION|MARKER-WERKZEUGE auf oder das entsprechende Werkzeug aus der STANDARD-Symbolleiste. Unter dem Label MARKER-EINTRÄGE wählen Sie die Schaltfläche EINTRAG HINZUFÜGEN. Im neuen Fenster NEUE PROJEKT-MARKER-EINGABE wählen Sie die Option IMPORT VOM PROJEKT-REVIEWER/DWF-DATEI und holen sich mit SUCHEN die DWF-Datei mit den Anmerkungen.

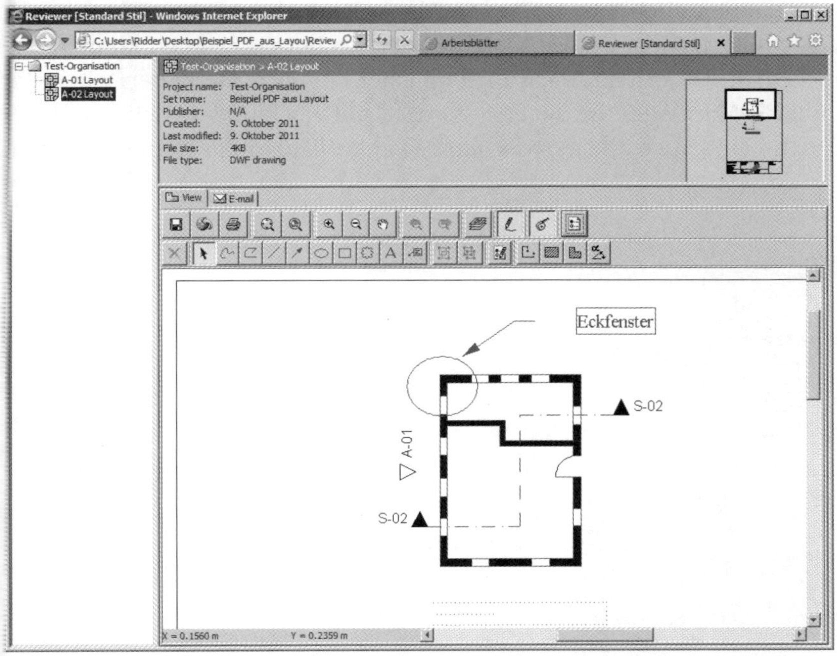

Abb. 13.25: DWF-Datei im Reviewer bearbeiten

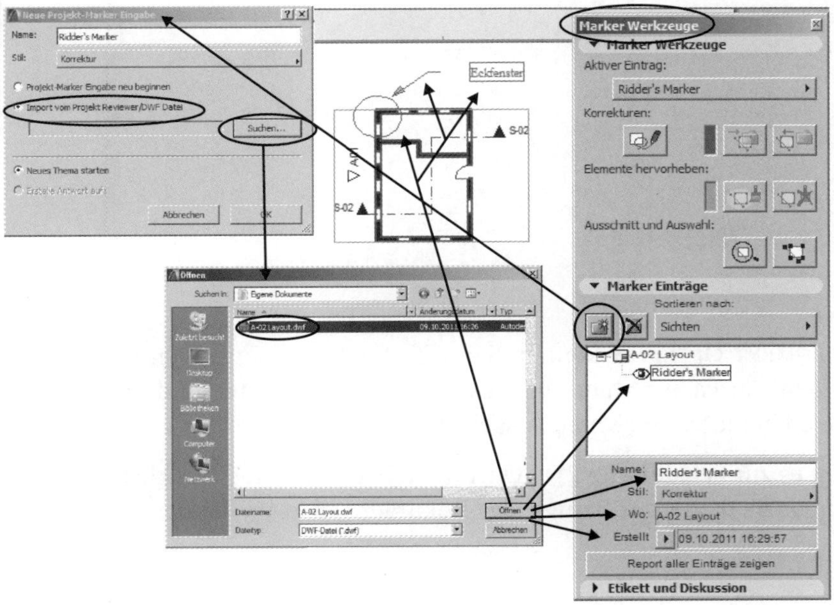

Abb. 13.26: Einspielen von Markierungen aus der DWF-Datei

PDF-Dateien können auch ausgegeben werden. Dabei ist es sogar möglich, 3D-Darstellungen auszugeben, die ab Adobe Reader 7.0 bewegt werden können. Sie können auch mehrere Zeichnungen im Publisher zugleich markieren wie unter Windows üblich. Markieren Sie die erste normal mit Klick und die letzte mit ⇧ und Klick, dann sind auch alle dazwischen gewählt. Wählen Sie dann das Format PDF.

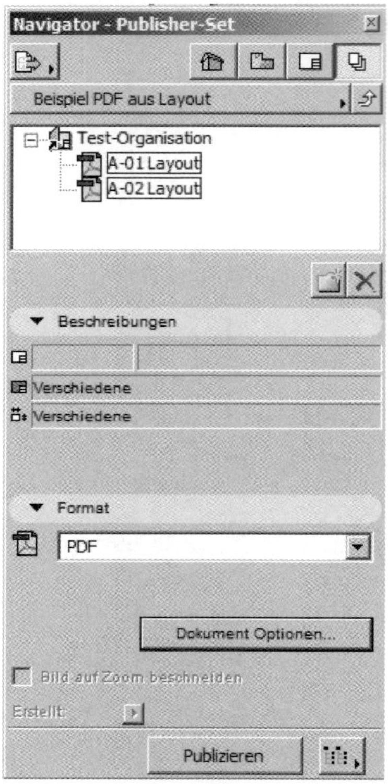

Abb. 13.27: PDF-Dateien ausgeben

Unter DOKUMENT OPTIONEN können Sie noch Kopf- und Fußzeilen hinzufügen, Schwarz/Weiß-Ausgabe wählen, ggf. das Konstruktionsraster und transparente Geschosse oder andere Ansichten ausgeben.

Weiter geht es zur Schaltfläche PDF OPTIONEN. Hier ist es noch möglich, ein Passwort einzugeben, damit nur Befugte das Dokument ansehen können.

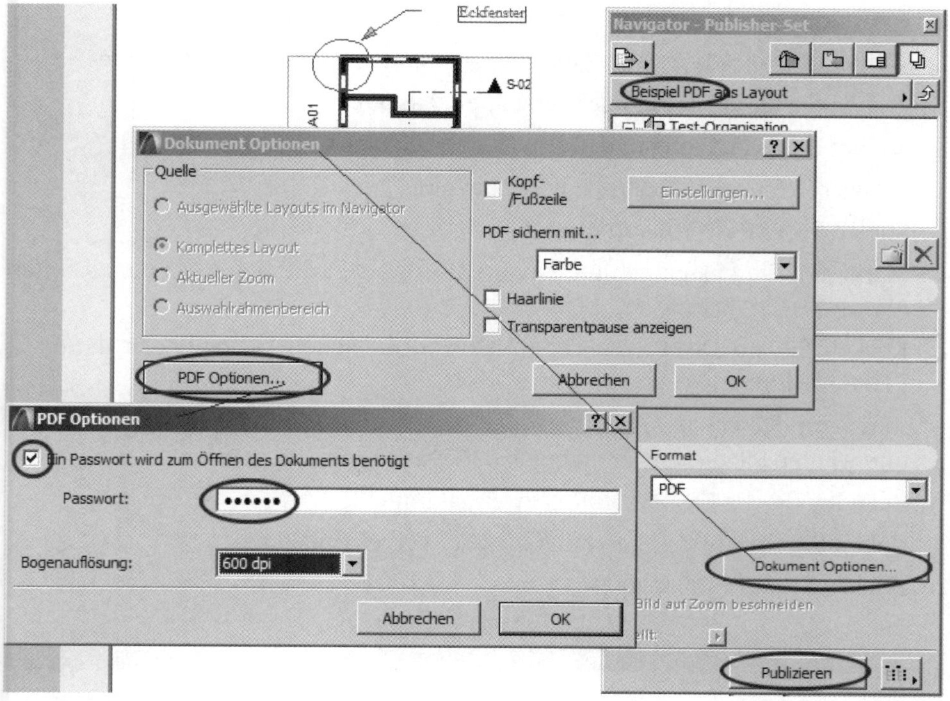

Abb. 13.28: Dokument-Optionen für PDF-Datei

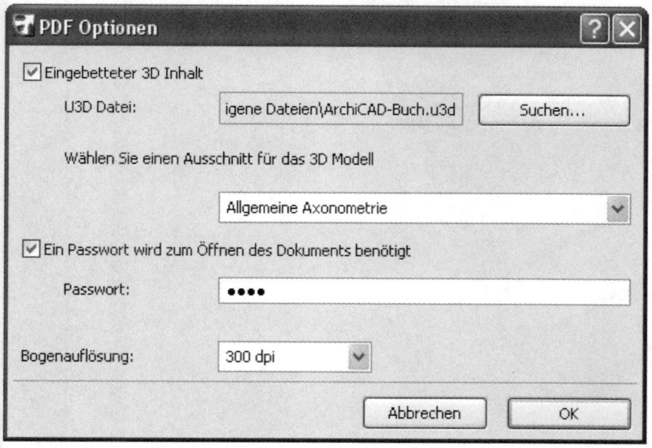

Abb. 13.29: Passwort bei PDF-Datei

13.3.3 3D-PDF-Ausgabe mit variabler Schnittdarstellung

Die Krönung der PDF-Ausgabe ist natürlich die Ausgabe beweglicher 3D-Ansichten. Dazu gehen Sie schrittweise folgendermaßen vor:

1. Aktivieren Sie in der PROJEKT-MAPPE die **3D-Darstellung**.
2. Wählen Sie ABLAGE|SICHERN ALS und verwenden Sie den TYP **U3D Datei**.
3. Ziehen Sie diese **3D-Darstellung** in ein **Layout**.
4. Ziehen Sie das **Layout** in den PUBLISHER.
5. Aktivieren Sie im PUBLISHER dieses **Layout**.
6. Stellen Sie **PDF** als FORMAT ein.
7. Markieren Sie das eingefügte **Layout** und wählen Sie bei PUBLIZIEREN unten AUSGEWÄHLTE ELEMENTE.
8. Klicken Sie auf DOKUMENT-OPTIONEN und im neuen Dialogfenster dann auf PDF-OPTIONEN.
9. Aktivieren Sie bei den PDF-OPTIONEN die Checkbox EINGEBETTETER 3D INHALT und wählen Sie die vorher erzeugte **U3D Datei** mit SUCHEN aus.
10. Beenden Sie die PDF-OPTIONEN zweimal mit OK.
11. Geben Sie auf Anfrage ggf. noch das Ziel-Verzeichnis ein.
12. Klicken Sie auf PUBLIZIEREN.

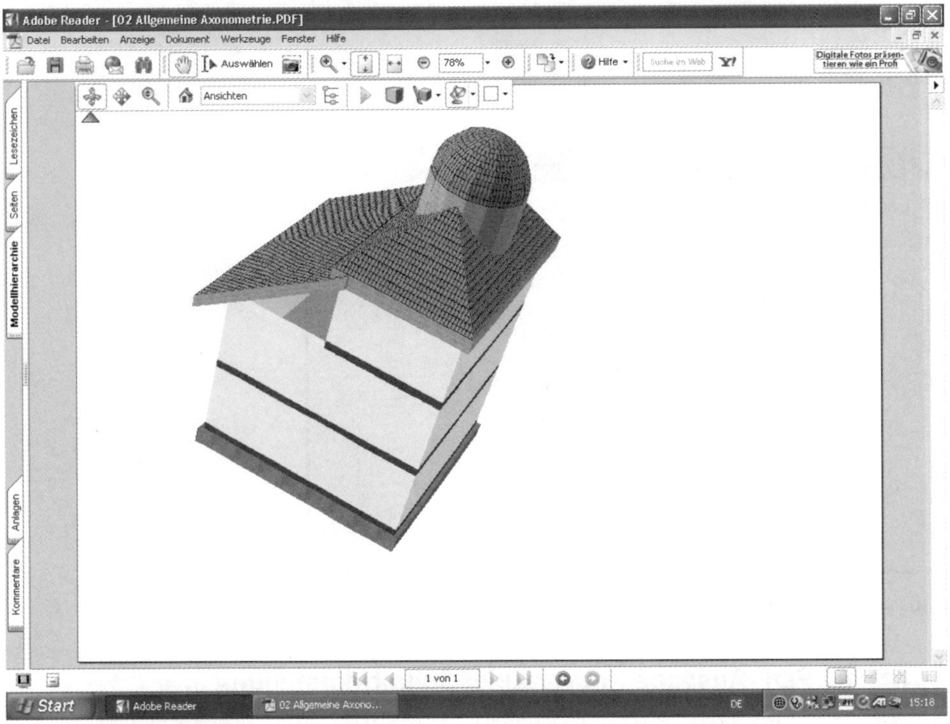

Abb. 13.30: 3D-PDF-Ansicht

Nun können Sie Adobe Reader starten und die erzeugte PDF-Datei wählen. Sie können dort nach einem Klick auf die Darstellung die 3D-Ansicht schwenken (3D-Orbit-Button ganz links) und auch unterschiedlich beleuchten (3D-Button mit der Tischlampe). Links neben der Tischlampe können verschiedene Modellmodi wie TRANSPARENT oder ABBILDUNG ausprobiert werden. Der Button mit dem Häuschen bringt Sie wieder zur ursprünglichen Darstellung zurück.

Seit Adobe Reader 8.0 gibt es in der Professional-Version auch eine Möglichkeit, Schnitte durch das 3D-Modell in verschiedenen Richtungen zu legen. Es ist das Werkzeug ganz rechts. Dabei ist es auch möglich, den Schnitt mit dem Schieberegler kontinuierlich durch das Modell zu fahren. Sie können dabei auch die geschnittenen Elemente noch transparent anzeigen lassen und auch einzelne Elemente vom Schnitt ausschließen.

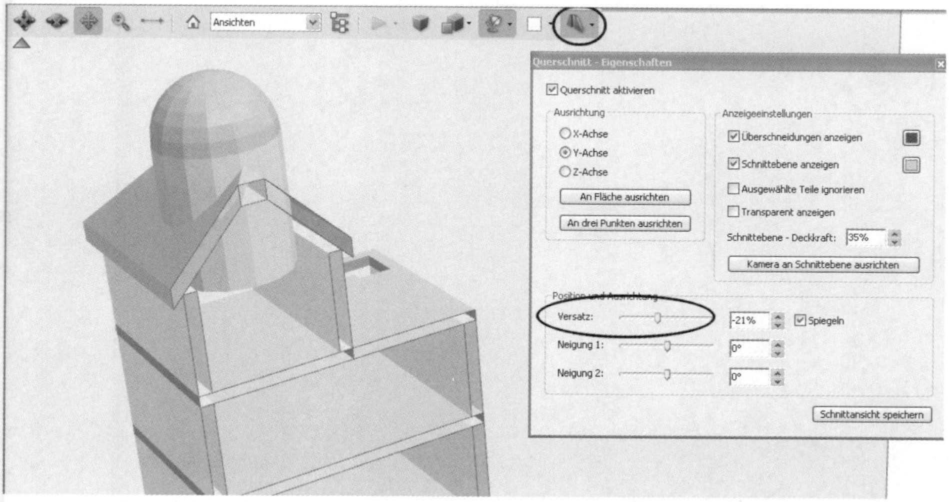

Abb. 13.31: Schnitte dynamisch durch das Modell führen

13.4 Übungsfragen

1. Welche Mappen enthält der NAVIGATOR?
2. Wie wird der ORGANISATOR am schnellsten aufgerufen?
3. Wie richten Sie ein neues Masterlayout ein?
4. Wie richten Sie ein neues Layout ein?
5. Mit welchem Menü werden neue Plotter eingerichtet?
6. Welche Ausgabearten fasst man unter Publizieren zusammen?
7. Bei welchem Format kann man Markierungen außerhalb ArchiCAD erstellen?
8. Bei welchem Format sind auch 3D-Objekte möglich?

Kapitel 14

Projekteinstellungen, Geschosse und Ebenen

In den vorangegangenen Kapiteln bin ich davon ausgegangen, dass man mit den vorgegebenen Grundeinstellungen für das Projekt die Geschosse und Ebenen bearbeiten kann. Das ist für Übungsbeispiele natürlich ausreichend, wenn keine speziellen Anforderungen ans Projekt gegeben sind. Die Möglichkeiten für spezifische Voreinstellungen für ein Projekt sollen nun hier geschildert werden.

14.1 Projekteinstellungen

Mit dem Menü OPTIONEN|PROJEKT-PRÄFERENZEN legen Sie die *Voreinstellungen* des Projekts fest. Dazu gehören als wichtigste die verwendeten *Maßeinheiten* und die *Standards für Raumberechnungen*. Arbeitseinheiten

Sie stellen hier die Einheiten und die Anzahl der Nachkommastellen ein, mit denen Sie Ihre Konstruktion *erstellen* möchten. In der Regel werden das **Meter** sein, evtl. auch **Zentimeter**. Auch die Winkeleinheiten werden hier festgelegt (Abbildung 14.1).

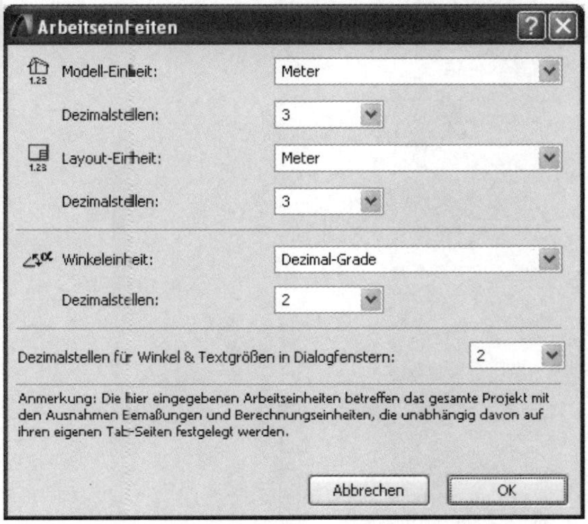

Abb. 14.1: Arbeitseinheiten

14.1.1 Bemaßungseinstellungen

Hier wählen Sie nun, in welchen Einheiten Sie *bemaßen* möchten (Abbildung 14.2). Üblicherweise werden das Meter sein. Es stehen drei gängige Bemaßungsstile zur Verfügung:

- DIN 1365 – RUNDUNG .01 gibt die Maße bis auf 0,01 cm genau an, also auf 1/10 Millimeter (Abbildung 14.2),
- DIN 1356 – RUNDUNG .25 bis auf 0,25 cm, also ¼ Zentimeter, und
- DIN 1356 – RUNDUNG .50 bis auf 0,5 cm, also ½ Zentimeter.

Über RUNDUNGSINTERVALL wird die Rundung für die obigen Stile entsprechend eingestellt. Für 1-mm-Genauigkeit müssten Sie beim Stil DIN 1365 – RUNDUNG .01 das RUNDUNGSINTERVALL auf **0.1** schalten. Mit der Option AUS wird immer auf die angegebene Anzahl von Nachkommastellen gerundet, also bei Meter-Einheiten und 2 Nachkommastellen auf volle Zentimeter. Mit der Option NULL VOR KOMMA VERBERGEN wird bei normalen Meter-Einheiten die Anzeige der Maße unter 1 m (Bsp. $0{,}36^5$) auf Zentimeter umgestellt (Bsp. 36^5).

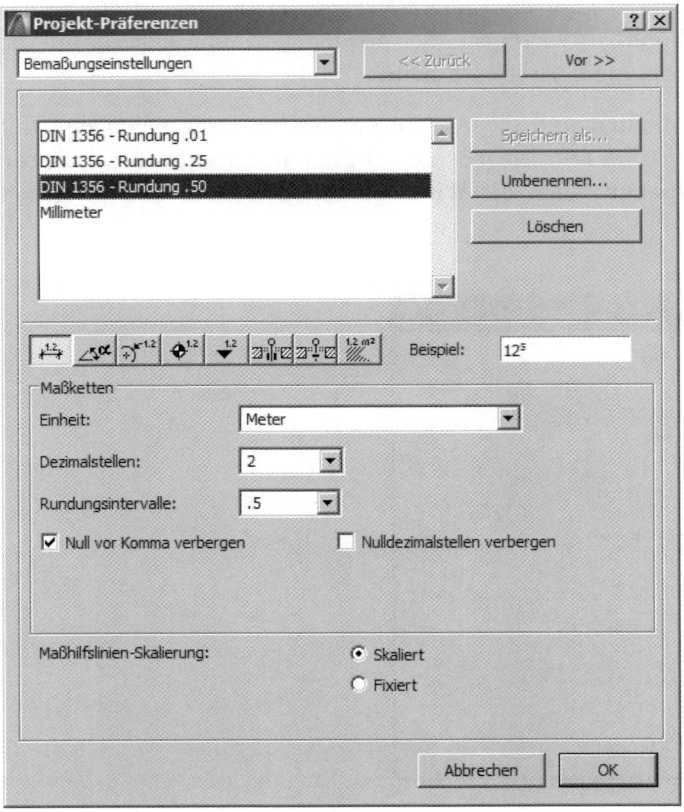

Abb. 14.2: Bemaßungseinstellungen

14.1.2 Berechnungseinheiten und -regeln

Hier geht es um die Einheiten, die bei der Berechnung z.B. von Raumflächen für *Längen*, *Flächen*, *Volumen* und *Winkel* verwendet werden sollen (Abbildung 14.3). Bei den BERECHNUNGSREGELN geht es im Wesentlichen darum, mit welchen Abzügen für Öffnungen bei berechneten Flächen und Volumina von Wänden, Decken, Dächern und Unterzügen gearbeitet werden soll.

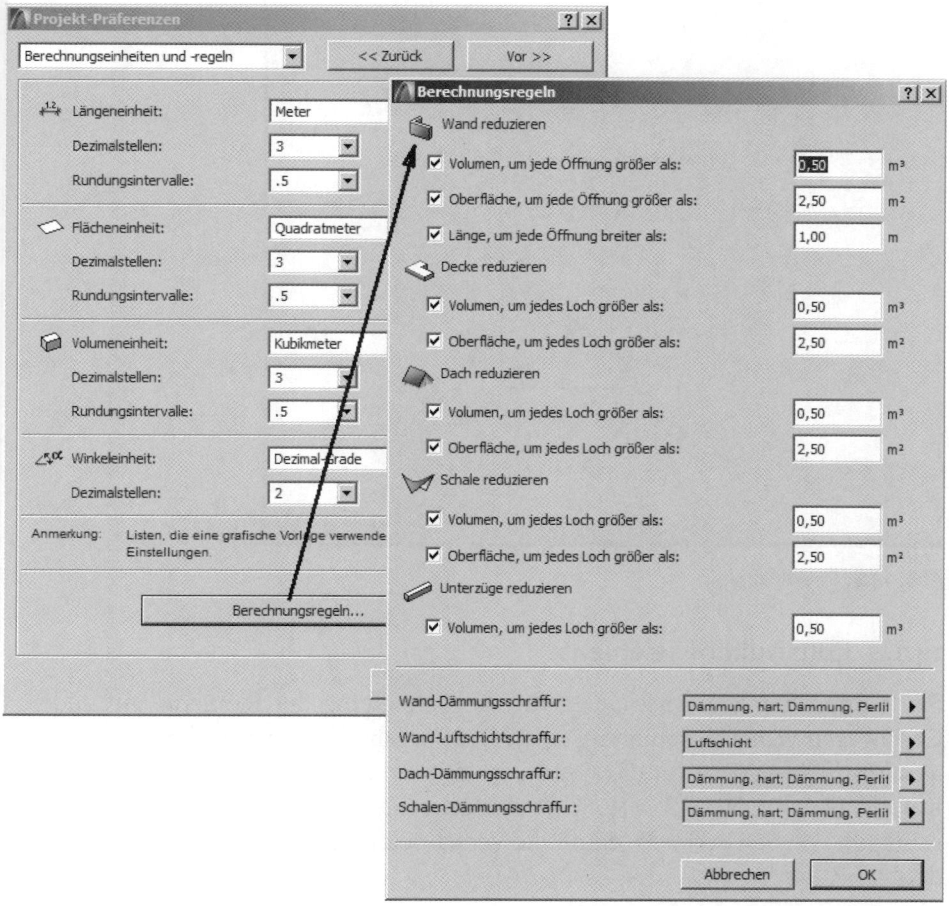

Abb. 14.3: Einheiten für Berechnungen

14.1.3 Raumflächen

Sie bestimmen hier, ab welcher Größe *Wandnischen* und *Stützen* oder innen liegende *Wände* bei der Raumberechnung berücksichtigt werden sollen (Abbildung 14.4). Auch die Gewichtung der Raumflächen unter *Dachschrägen* kann hier bezüglich Höhe und Prozentanteil eingestellt werden.

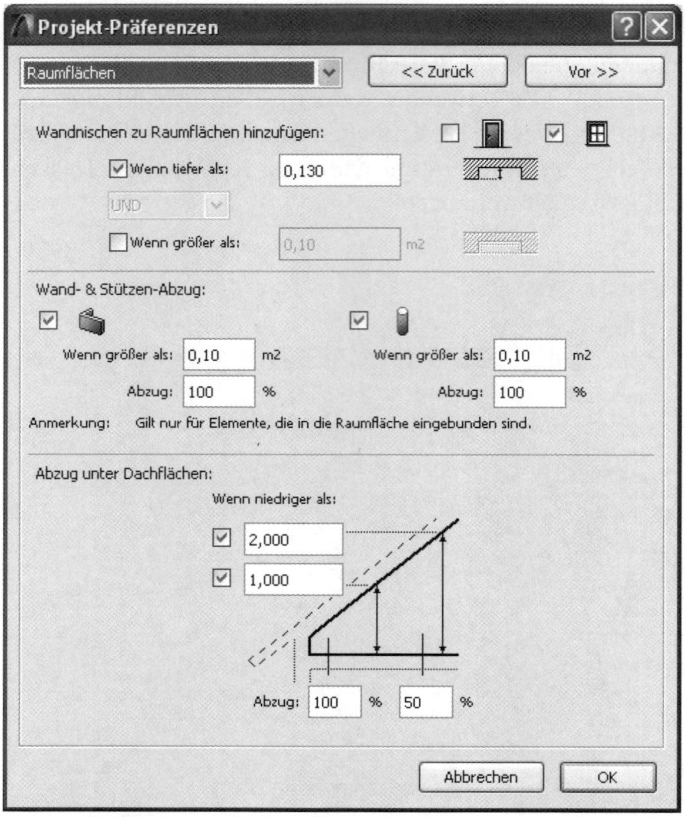

Abb. 14.4: Raumflächen

14.1.4 Konstruktionselemente

Sie können hier die Linientypen für die Darstellung der Elemente auf anderen Geschossen wählen (Abbildung 14.5). Die Vorgabe ist *gestrichelt* für das Geschoss *darüber* und *gepunktet* für das Geschoss *darunter*. Die Checkbox VERBESSERTE VERBINDUNGEN FÜR WÄNDE UND UNTERZÜGE sollten Sie aktivieren, wenn Sie mit schrägen Wänden arbeiten, damit die Verschneidungen in den Ecken korrekt werden.

14.1.5 Referenzhöhen

Hier können Sie bis zu zwei Referenzhöhen angeben, die für die Positionierung der Elemente verwendet werden können (Abbildung 14.6). Die im EINSTELLUNGSDIALOG wählbaren Referenzhöhen PROJEKTURSPRUNG, 1. REFERENZHÖHE und 2. REFERENZHÖHE sind die *Höhennullpunkte* für die dort *absolut* genannten z-Werte.

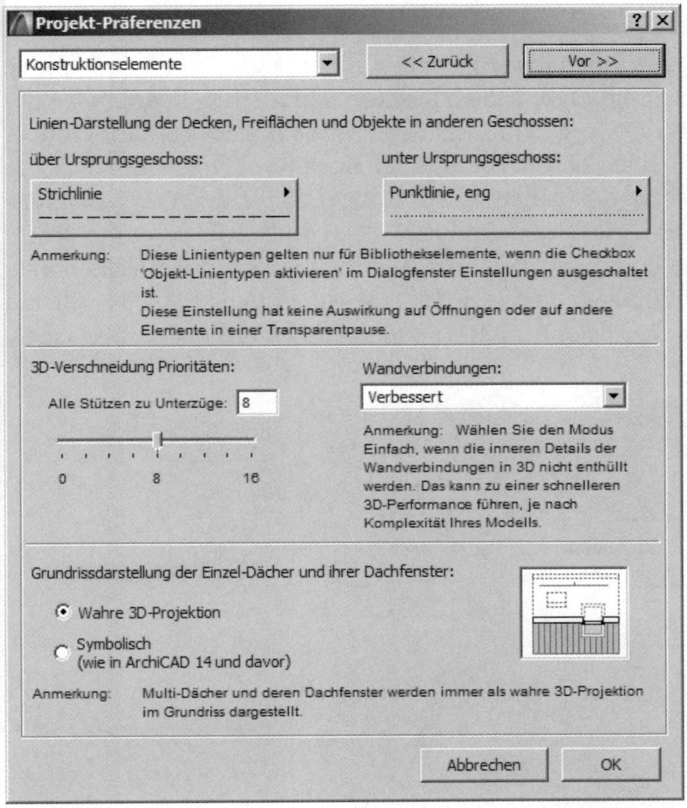

Abb. 14.5: Konstruktionselemente

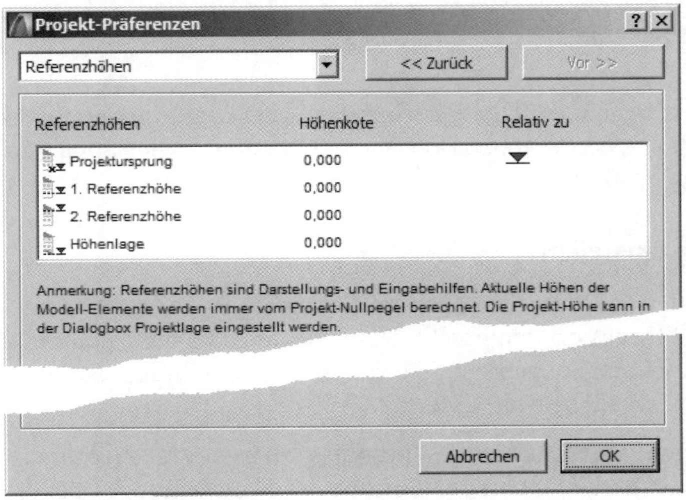

Abb. 14.6: Referenzhöhen

14.1.6 Projektlage

Dieses Dialogfenster bietet Ihnen die Möglichkeit zur exakten Georeferenzierung, also zur genauen Ortseingabe. Dazu sollten Sie die geografischen Koordinaten des Projektortes wissen. Um die ungefähre Lage zu ermitteln, können Sie sich über Orte eine Städteliste anteigen lassen. Für eine genauere Positionierung sollten Sie auf In Google Maps anzeigen gehen, unter Google Maps den Ort genau auswählen und dort nach Rechtsklick die Option Was ist hier wählen, damit Sie im *Google-Suchfeld* oben die Koordinatenangaben finden. Diese können Sie dann über die *Zwischenablage* von Windows (mit [Strg]+[C] kopieren und in ArchiCAD mit [Strg]+[V] einfügen) in die Felder für Breitengrad und Längengrad übertragen.

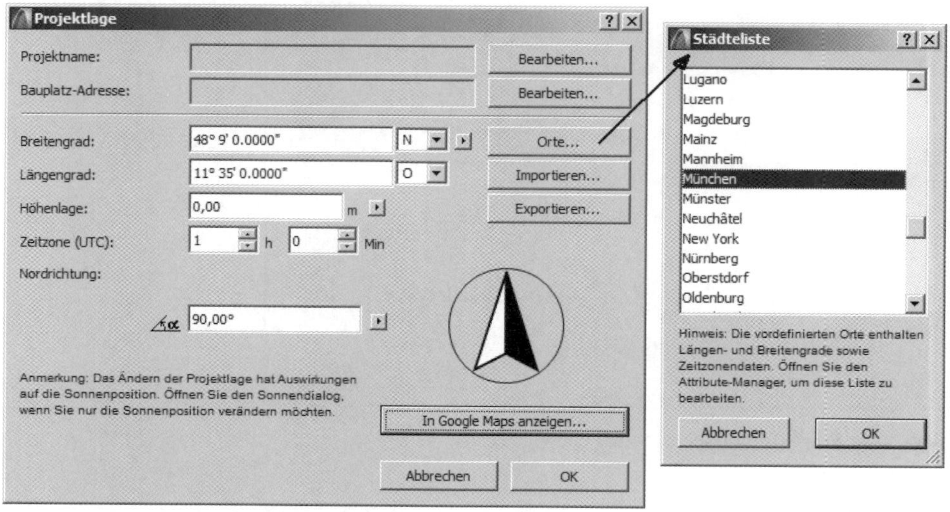

Abb. 14.7: Ortswahl über Projektlage

Sie können auch eigene Orte in die Ortsliste eintragen, aber dazu müssen Sie in das Menü Optionen|Elementattribute|Attribute-Manager gehen und das Register mit der *Weltkugel* anklicken.

14.1.7 Nordrichtung einstellen

Die Nordrichtung können Sie eigentlich auch im Dialogfeld Projektlage eingeben. Sie ist standardmäßig auf 90° eingestellt. Das bedeutet, dass die y-Koordinatenrichtung der Nordrichtung entspricht, die x-Koordinatenrichtung ist dann Osten. Diese Werte können Sie beliebig ändern.

Andererseits bietet Ihnen das Menü Optionen|Projektpräferenzen|Nordrichtung einstellen eine grafische Option zur Eingabe der Nordrichtung. Falls die Nordrichtung etwa fluchtend zu einem Gebäudeelement einzustellen ist, wäre diese Option ganz praktisch. Sie brauchen dann nur zwei Punkte zu wählen, von denen Sie die Nordrichtung abgreifen.

14.2 Geschosse

Die Geschosse geben die physische Gliederung des Gebäudes wieder. Die einzelnen Grundrisse der Geschosse werden durch diese Einteilung voneinander getrennt.

Die Geschosse werden im NAVIGATOR im Ordner GESCHOSSE verwaltet. Mit Rechtsklick auf ein Geschoss können Sie dort das Kontextmenü aktivieren, in dem Sie auch Funktionen zum Erstellen neuer Geschosse finden. Die Verwaltung für Geschosse bietet aber auch das Menü PLANUNG|GESCHOSS-EINSTELLUNGEN (ABBILDUNG 14.8). Hier können neue Geschosse eingegeben und die Geschosshöhen eingestellt werden. ArchiCAD zählt die Geschosse automatisch durch, Sie dürfen aber auch eigene Geschossnamen hinzufügen.

Eine wichtige Rolle spielen die TRANSPARENTPAUSEN. In Ihrer Konstruktion können Sie aus jeder einzelnen Projekt-Sicht – egal ob Geschoss, Ansicht oder Schnitt etc. – eine Transparentpause machen. Dazu können Sie im NAVIGATOR eine Projekt-Sicht anklicken und im Kontextmenü ALS TRANSPARENTPAUSE ANZEIGEN wählen. Mit der unter FENSTER|PALETTEN|TRANSPARENTPAUSE aktivierbaren Palette können Sie sich dann jede dieser TRANSPARENTPAUSEN zusätzlich zu Ihrer aktuellen Projekt-Sicht als Zeichenhilfe anzeigen lassen. Die Elemente auf einer TRANSPARENTPAUSE sind standardmäßig in Rot zu sehen. Diese Farbe ist auch änderbar. Die TRANSPARENTPAUSE ist insbesondere nützlich, wenn Sie Positionen eines anderen Geschosses für die Konstruktionen im aktuellen Geschoss brauchen. Alle Positionen aus einer TRANSPARENTPAUSE können in anderen Projekt-Sichten gefangen werden. Es werden aber nur die ebenen Koordinaten übernommen. Die dritte Koordinate richtet sich natürlich nach der aktuellen Projekt-Sicht. Sie können die TRANSPARENTPAUSE wechseln oder wählen, indem Sie in der Palette TRANSPARENTPAUSE einfach in die *Liste* klicken und eine andere TRANSPARENTPAUSE auswählen. Wenn die gewünschte TRANSPARENTPAUSE noch nicht in dieser Liste zu finden ist, wählen Sie dort nach Klick die Funktion NACH TRANSPARENTPAUSE SUCHEN und aktivieren Sie die gewünschte Projekt-Sicht aus der Gesamtliste. Dann werden deren Elemente überall in Rot sichtbar. Die Elemente der TRANSPARENTPAUSE können aber von einer anderen Projekt-Sicht aus nicht gewählt werden. Sie können auch nicht mit dem aktuellen Geschoss geplottet werden. Nur die Punktpositionen können für Ihre Konstruktion in der aktuellen Projekt-Sicht genutzt werden.

In der Palette TRANSPARENTPAUSE erscheint auf der rechten Seite ein Pfeilsymbol. Darüber wird noch eine *Elementauswahl* angeboten. Damit können Sie steuern, welche Elemente aus der TRANSPARENTPAUSE dann in anderen Projekt-Sichten angezeigt werden sollen. Beispielsweise wäre es sinnvoll, von einem anderen Geschoss nur die Wände in weiteren Geschossen darzustellen.

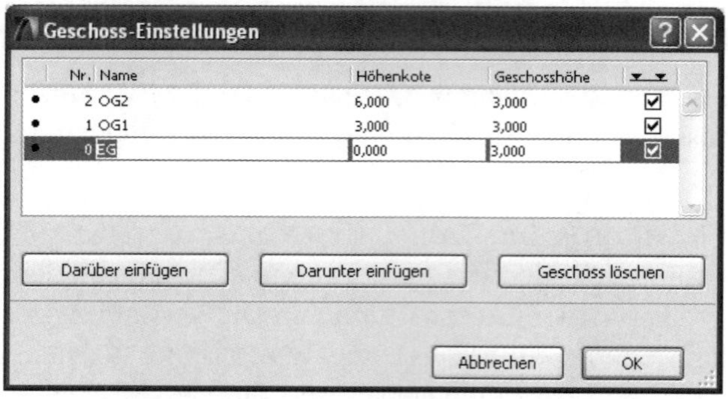

Abb. 14.8: Geschoss-Einstellungen

Interessant ist oft auch der Transfer von Objekten in andere Geschosse. Das erreichen Sie einerseits mit den normalen Funktionen aus dem Menü BEARBEITEN, indem Sie die gewünschten Elemente markieren und BEARBEITEN|KOPIEREN wählen. Dann wechseln Sie über den NAVIGATOR ins Zielgeschoss und wählen die Funktion BEARBEITEN|EINSETZEN. Schon sind die Elemente im neuen Geschoss an der gleichen Stelle. Elemente wie Fenster und Türen, die mit Wänden verbunden sind, können Sie nur mit diesen zusammen in andere Geschosse einsetzen.

Eine zweite Möglichkeit bietet die Funktion ELEMENTE NACH GESCHOSSEN BEARBEITEN an, die Sie nach Rechtsklick auf GESCHOSSE im NAVIGATOR erreichen. Wählen Sie die zu kopierenden Elementtypen aus und kopieren Sie dann mit der Schaltfläche KOPIEREN alle Elemente aus dem aktuellen Geschoss in die gewählten Ziel-Geschosse.

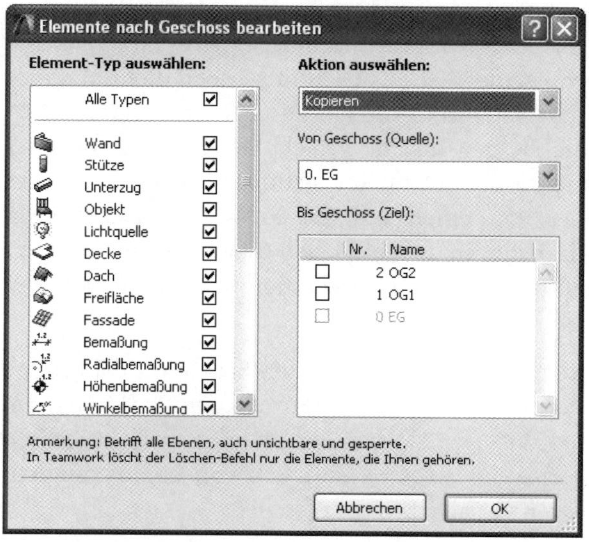

Abb. 14.9: Elemente in andere Geschosse kopieren

14.3 Ebenen

Die Ebenen bewirken eine logische Gliederung des Projekts. Bestimmte Gruppen von Elementen werden auf bestimmten Ebenen abgelegt. Über diese Ebenen können Sie die Sichtbarkeit dieser Elementgruppen steuern. Bestimmte Ebenen können auch gegen Änderungen geschützt werden. Die Ebenen gelten für das gesamte Projekt und sind nicht auf bestimmte Sichten beschränkt. ArchiCAD arbeitet mit Ebenenkombinationen, die aus der Projektvorlage übernommen werden.

Die Einstellungen einzelner Ebenen oder einer Ebenenkombination ändern Sie mit OPTIONEN|ELEMENT-ATTRIBUTE|EBENEN (MODELL) oder DOKUMENTATION|EBENEN|EBENEN (MODELL). Für jede Ebene gibt es vier Einstellungen:

- GESCHÜTZT/ENTSICHERT schützt die Elemente dieser Ebene vor *Änderungen* oder erlaubt *Änderungen*.
- EIN/AUS steuert die *Sichtbarkeit* der Elemente auf dieser Ebene.
- 3D-ANZEIGE ALS DRAHTMODELL/SCHATTIERT steuert die *Anzeige* im 3D-FENSTER *unabhängig* vom dort gewählten Darstellungsmodus. Abbildung 14.11 zeigt eine 3D-Darstellung im Modus SCHATTIERUNG, wobei aber die Ebenen DACH und WAND AUßEN explizit auf DRAHTMODELL gestellt wurden. Der Rest, also die Raumflächen, Decken und Unterzüge, erscheinen dann schattiert.
- VERSCHNEIDUNGS-GRUPPE Diese Zahl steuert die Verschneidung von Elementen. Elemente auf verschiedenen Ebenen, aber mit gleicher Gruppe werden miteinander verschnitten. Wenn Elemente nicht miteinander verschnitten werden sollen, müssen Sie ihnen nicht nur verschiedene Ebenen, sondern auch unterschiedliche Verschneidungs-Gruppennummern zuordnen. Standardmäßig liegen alle Ebenen in der Verschneidungs-Gruppe 1. Ändern Sie beispielsweise die Verschneidungs-Gruppe der Innenwände auf **2** und ordnen Sie die inneren Wände auch tatsächlich dieser Ebene zu, dann erscheinen zwischen Außen- und Innenwänden Abschlusskanten. Sie werden also nicht mehr automatisch mit den Außenwänden verschmolzen.

Abbildung 14.10 zeigt das Dialogfeld für Ebenen-Einstellungen. Der Bereich links zeigt die EBENENKOMBINATIONEN an. Das sind Zusammenfassungen aller Ebenen mit ihren speziellen Einstellungen. Um den Effekt dieser EBENENKOMBINATIONEN zu überprüfen, sollten Sie einfach einmal das Dialogfenster so weit aufziehen, dass alle Ebenen zu sehen sind. Dann gehen Sie in die linke Hälfte und klicken die Kombinationen durch. Achten Sie vor allem darauf, wie sich dann in der rechten Spalte die Sichtbarkeit der einzelnen Ebene ändert. In der Palette SCHNELL-OPTIONEN können Sie dann schnell in der obersten Zeile zwischen verschiedenen EBENENKOMBINATIONEN hin- und herschalten und damit gleich die Sichtbarkeit oder Editierbarkeit mehrerer Ebenen auf einen Schlag ändern.

Die *ArchiCAD-Ebene* ist oben in der Ebenen-Liste markiert (Abbildung 14.10). Das ist eine Ebene, an der Sie nichts ändern können. Für alle anderen Ebenen können Sie die vier Zustände sowie Namen und Beschreibung ändern.

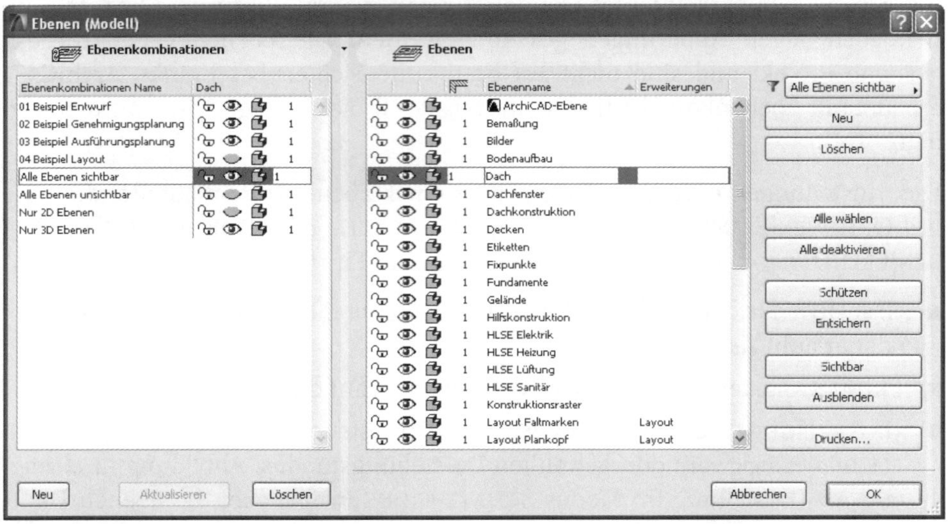

Abb. 14.10: Ebenen-Einstellungen

Die *Ebenen-Einstellungen* können für die PROJEKT-MAPPE/AUSSCHNITT-MAPPE einerseits und das LAYOUTBUCH andererseits unterschiedlich vorgenommen werden.

Die *Konstruktions-Werkzeuge* aus dem WERKZEUGKASTEN verwenden jeweils bestimmte voreingestellte Ebenen. Dadurch werden bestimmte Elemente immer automatisch auf bestimmte Ebenen gelegt. Sie können diese Zuordnung aber bei jedem *Konstruktions-Werkzeug* ändern.

Für eine normgerechte Projektverwaltung wäre es eventuell sinnvoll, eigene Ebenengruppen mit Ebenen nach DIN 276 zu erstellen.

Die Änderungen an EBENENKOMBINATIONEN werden in der aktuellen Zeichnung gespeichert. Wenn Sie diese auch für weitere Zeichnungen benötigen, dann sollten Sie ausgehend von der aktuellen Zeichnung eine neue Projektvorlage speichern. Wählen Sie dazu ABLAGE|SICHERN ALS, aktivieren Sie unter TYP ARCHICAD PROJEKTVORLAGE (*.TPL), geben Sie einen passenden Namen ein und wählen Sie ein Projektverzeichnis.

Tipp

Wird eine Ebene gelöscht, dann werden auch alle Elemente auf dieser Ebene mit gelöscht.

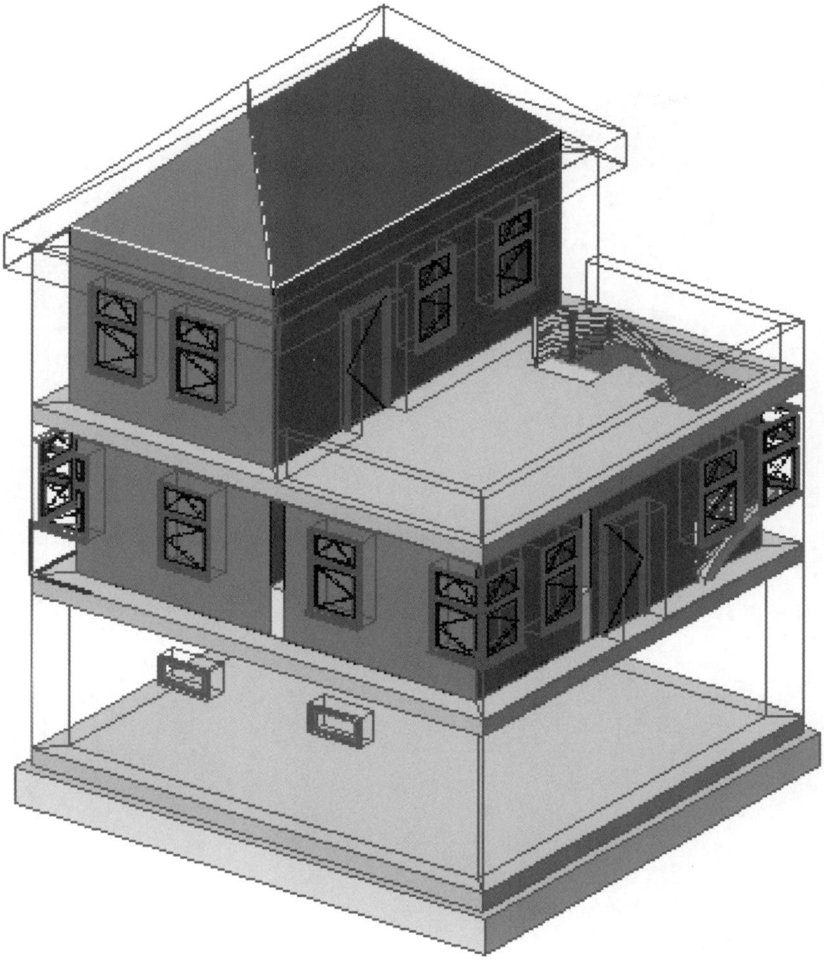

Abb. 14.11: Den Ebenen für 3D-Wände und 3D-Dächer wurde die Drahtmodelldarstellung zugeordnet. In den oberen Stockwerken erscheinen die Räume als Volumenkörper.

14.4 Übungsfragen

1. Wo liegen die Projekteinstellungen?
2. Was können Sie bei den Projekteinstellungen für RAUMFLÄCHEN einstellen?
3. In welchem Menü werden die Geschosse eingestellt?
4. Wo können Sie die Ebenen einstellen?
5. Welche Einstellungen gibt es für Ebenen?

Kapitel 15

Visualisierung

Die Visualisierung ist natürlich ein ganz wichtiger Punkt für die Präsentation eines Bauwerks gegenüber dem Kunden. Die Möglichkeiten, die eine moderne Software hier bietet, sollten nicht unterschätzt werden. ArchiCAD kann mit fünf Highlights auftrumpfen:

- PHOTOREALISTISCHE BILDER Im WERKZEUGKASTEN finden Sie unter Sichten das KAMERA-Werkzeug. Damit können Sie mit einem Klick in Ihr Geschoss eine Kamera positionieren und mit einem zweiten Klick ausrichten. Das Werkzeug lässt sich beliebig wiederholen, wodurch sogar ein Animationspfad von Standpunkt zu Standpunkt entsteht. Von einer Kameraposition aus werden realistisch gerenderte Bilder erzeugt, die Sie in verschiedenen Formaten speichern können. Mit Rendern ist die Berechnung eines solchen photorealistischen Bildes unter Benutzung verschiedener Effekte wie Schattenwurf, Reflexion an glatten Oberflächen, Berücksichtigung des Sonnenstandes und der Oberflächenbeschaffenheiten gemeint. Es gibt verschiedene Renderverfahren, man spricht da auch von den verschiedenen *Rendering Engines*.Sie können unter DOKUMENTATION|RENDERING, ANIMATION ETC.|PHOTOREALISTIK-EINSTELLUNGEN unter ENGINE gewählt werden.
  - INTERNE RENDERING ENGINE Die interne Rendering Engine erzeugt photorealistische Bilder unter Berücksichtigung von Schattenwurf, Transparenz und Reflexionen.
  - LIGHTWORKS RENDERING ENGINE Dies ist eine sehr professionelle Rendering Engine, die ausgefeilteste Darstellungen erlaubt.
  - SKIZZE Mit dieser Engine werden Darstellungen ähnlich wie Handskizzen generiert. Es gibt eine große Anzahl von Skizzen-Stilen, die Sie einfach mal ausprobieren sollten.
- ANIMATIONEN Durch Erstellen eines Kamerapfades aus vielen Kameras, zwischen denen die Verbindungen geglättet werden können, ist es möglich, einen kleinen Kinofilm zu erzeugen, in dem von einer Kamera zur nächsten kontinuierlich weitergeschaltet wird. Den Film können Sie dann auch ohne ArchiCAD mit dem QUICKTIME-Player oder als AVI-Dateien mit dem WINDOWS MEDIA PLAYER abspielen.

15.1 Vorbereitungen

15.1.1 Sonnenstand und Ort

Mit dem Menü ANSICHT|3D-DARSTELLUNGSMODUS|STANDORT & PROJEKTIONSART rufen Sie mit der Schaltfläche SONNE die Einstellungen für den *Sonnenstand* auf. Die Sonne können Sie über Angabe von *Datum und Uhrzeit* (Abbildung 15.1) sowie über die Schaltfläche PROJEKTLAGE auf den gewünschten *Ort* positionieren. Die Eingabe PROJEKTLAGE wurde unter Abschnitt 13.1.7, *Projektlage* bereits beschrieben.

Interessant ist auch, dass Sie die Nordrichtung korrigieren dürfen. ArchiCAD nimmt grundsätzlich an, dass in Ihrer Konstruktion die y-Richtung der Nordrichtung und die x-Richtung dann der Richtung Osten entspricht (Sonnenaufgang). Dies wurde unter Abschnitt 13.1.8, *Nordrichtung einstellen* ebenfalls im letzten Kapitel beschrieben.

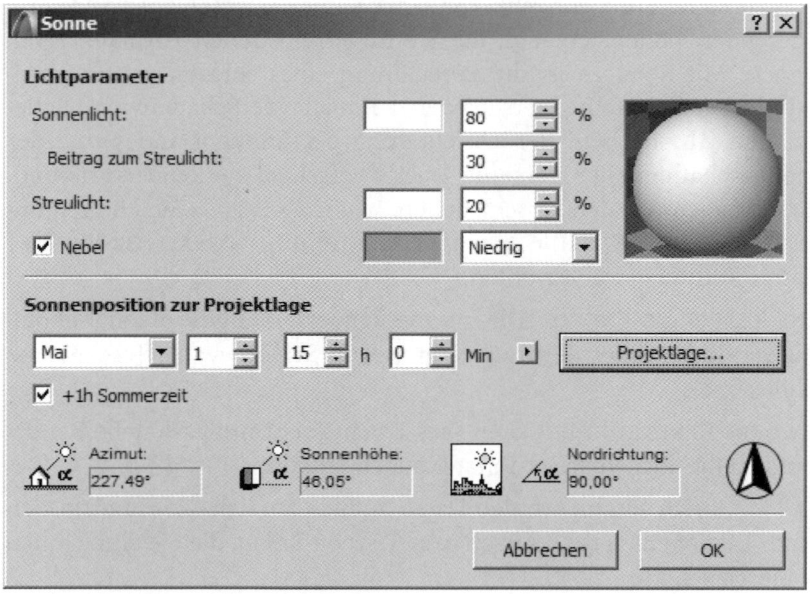

Abb. 15.1: Einstellungen für die Sonne

Die Kameradaten können Sie detailliert im Haupt-Dialogfeld für STANDORT & PROJEKTIONSART einstellen.

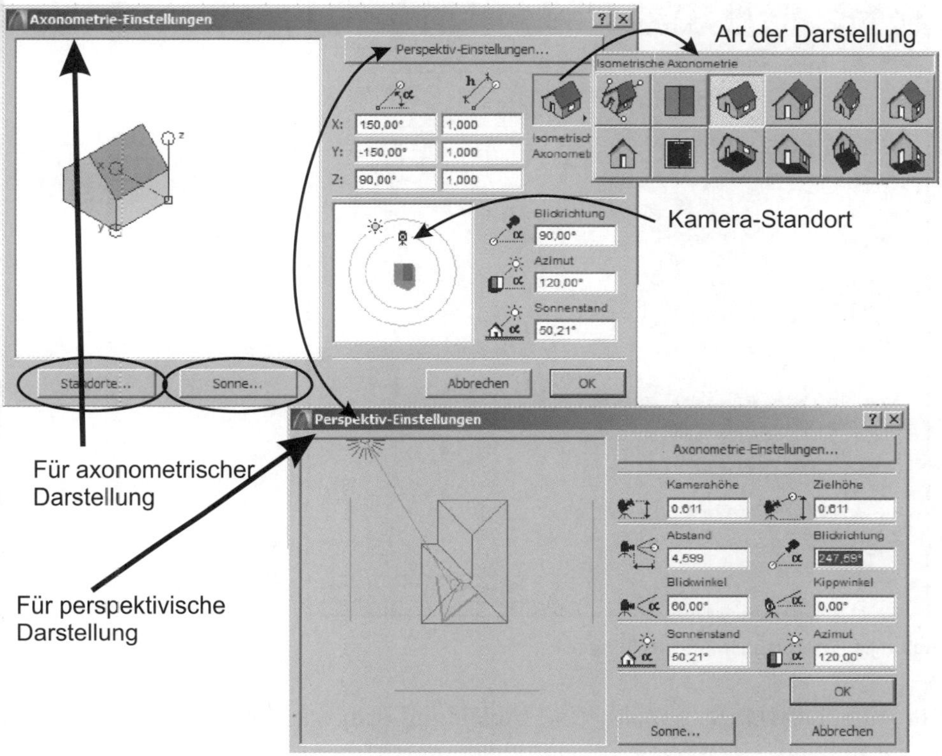

Abb. 15.2: Einstellungen für Standort und Projektionsart

15.1.2 Photorealistik-Einstellungen

Mit dem Menü DOKUMENTATION|RENDERING, ANIMATION ETC.|PHOTOREALISTIK-EINSTELLUNGEN wählen Sie an erster Stelle eine der anfangs erwähnten *Rendering-Engines* aus: INTERNE RENDERING ENGINE, LIGHTWORKS RENDERING ENGINE oder SKIZZE. In den einzelnen Panels können Sie noch eine Vielzahl von Optionen wählen. Im Panel LIGHTWORKS-EFFEKTE (Abbildung 15.3) wählen Sie alle Einstellungen, die die Wirkung von *Lichtquellen* und *Oberflächen* beschreiben.

Die Frage ergibt sich natürlich immer: Warum muss man da so viel einstellen? Kann man nicht einfach alles aktivieren, was es gibt? Beim Rendering liegt das Problem darin, dass alle diese Effekte eben viel Rechenzeit kosten. Wenn bestimmte Effekte bei Ihrer Konstruktion nicht zur Geltung kommen, können Sie durch ihr Abschalten die Rechenzeit wesentlich verringern. Dabei kommt es dann sehr darauf an, nur Effekte mitzunehmen, die auch spürbare Auswirkungen auf die Bilder haben, sonst ist der PC stundenlang beschäftigt.

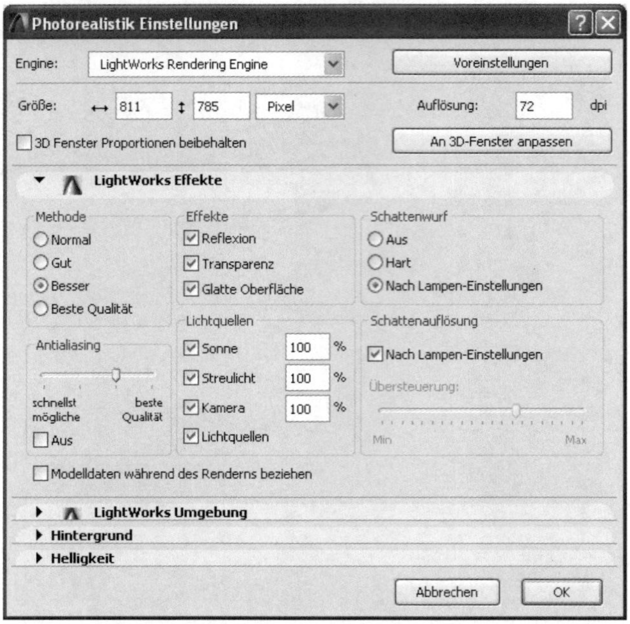

Abb. 15.3: Photorealistik-Einstellungen

Im Panel LIGHTWORKS UMGEBUNG (Abbildung 15.4) wählen Sie die *Wirkungen der Sonne* und ggf. einen *Vordergrund* (Abbildung 15.5).

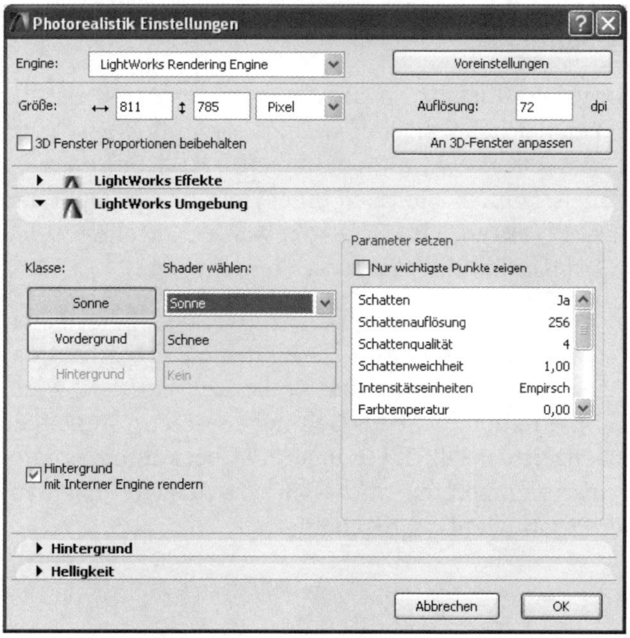

Abb. 15.4: Eigenschaften für Sonne und Vordergrund

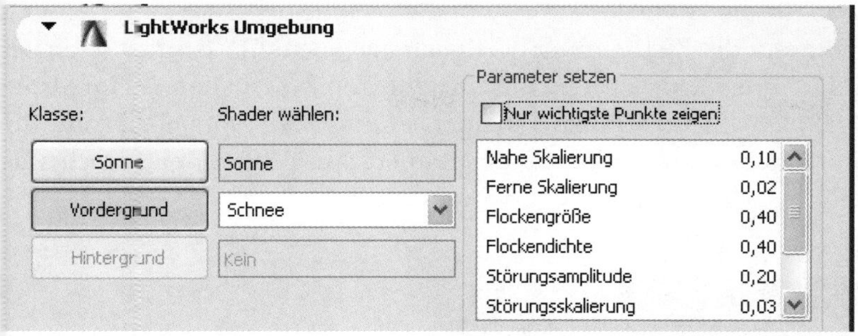

Abb. 15.5: VORDERGRUND-Einstellungen (Schneefall)

Wenn Sie links unten HINTERGRUND MIT INTERNER ENGINE abschalten, können Sie im Panel HINTERGRUND die *Farben für den Hintergrund* gestalten oder gar ein *Bild* als Hintergrund wählen.

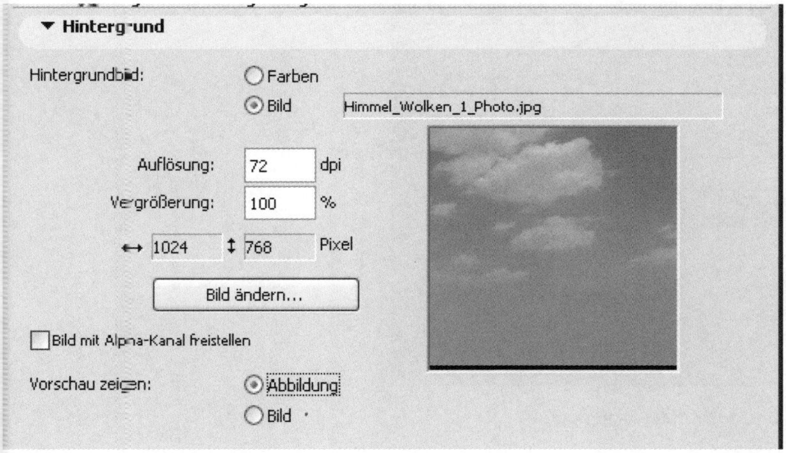

Abb. 15.6: Hintergrund-Einstellungen

15.1.3 Kamera

Mit dem KAMERA-Werkzeug aus dem WERKZEUGKASTEN im Abschnitt SICHTEN können Sie eine oder mehrere Kameras in einem GESCHOSS positionieren. Beim ersten Aufruf entsteht eine *Animationsroute* in der Projekt-Sicht 3D, in die alle folgenden Kamerapositionen aufgenommen werden.

Einzelne Kamera

Eigentlich gibt es keine einzelne Kamera. Es gibt nur *Animationsrouten* mit Kameras. Eine einzelne Kamera realisieren Sie also, indem Sie im Werkzeug KAMERA-EINSTELLUNGEN (Abbildung 15.7) mit NEU eine neue *Animationsroute* einrichten, die Einstellungen für die Höhe der Kamera und die Höhe des Ziels eingeben und dann die Position und die Zielrichtung bezüglich der Ebene im Grundrissfenster anklicken. Für die *Animationsroute* und die einzelne *Kamera* erhalten Sie im Strukturbaum des NAVIGATORS im Knoten 3D einen Eintrag. Mit Doppelklick auf die Kamera dort im Strukturbaum wird die der Kamera-Ausrichtung entsprechende Ansicht angezeigt.

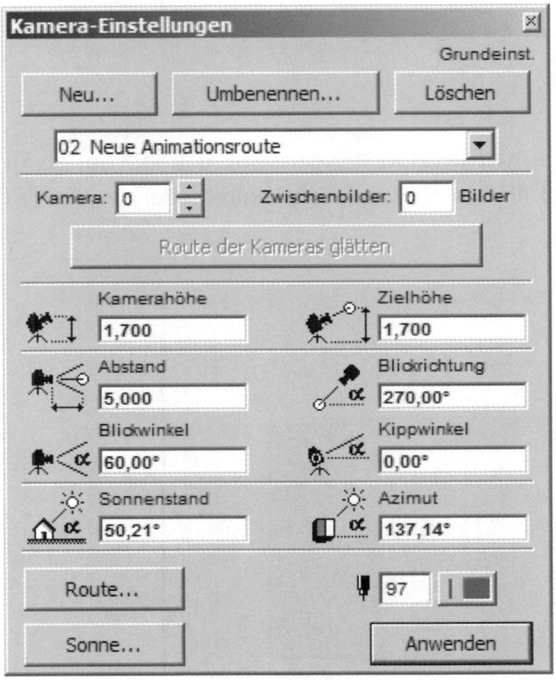

Abb. 15.7: Dialogfeld für KAMERA-Werkzeug

Animationsroute mit mehreren Kameras

Wenn Sie nach der ersten Kameraposition weitere anklicken, werden die nachfolgenden Kameras unter der aktiven *Animationsroute* eingetragen und bilden damit die Grundlage für eine Animation mit mehreren Kameras. Dieser Pfad mit mehreren Kameras wird genauso wie die Route mit einer einzelnen Kamera im Strukturbaum des NAVIGATORS gespeichert. Auf Basis dieser *Animationsroute* kann dann wie weiter unten beschrieben mit DOKUMENTATION|RENDERING, ANIMATION ETC.|ANIMATION eine Animation erstellt und diese dann abgespielt werden.

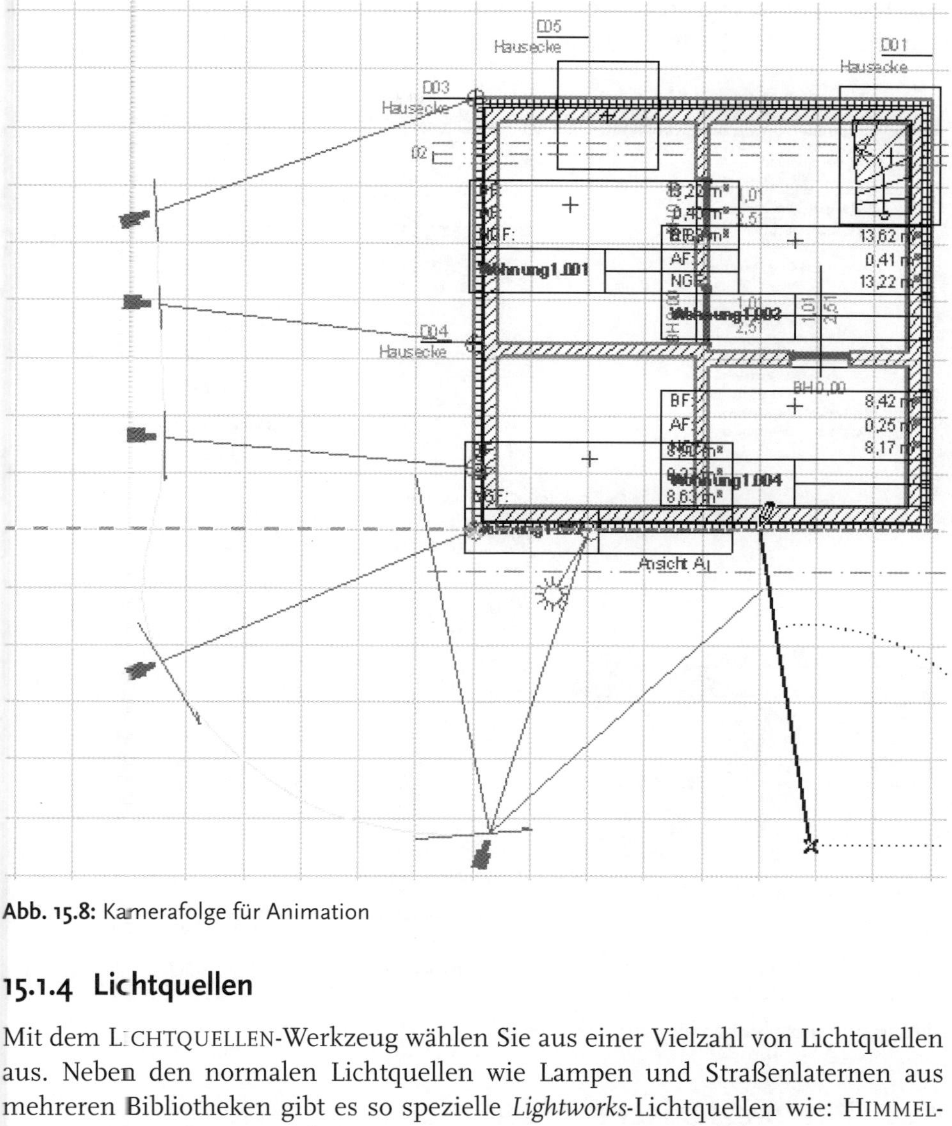

Abb. 15.8: Kamerafolge für Animation

15.1.4 Lichtquellen

Mit dem LICHTQUELLEN-Werkzeug wählen Sie aus einer Vielzahl von Lichtquellen aus. Neben den normalen Lichtquellen wie Lampen und Straßenlaternen aus mehreren Bibliotheken gibt es so spezielle *Lightworks*-Lichtquellen wie: HIMMEL-OBJEKT, SONNE-OBJEKT und FENSTER-LICHT.

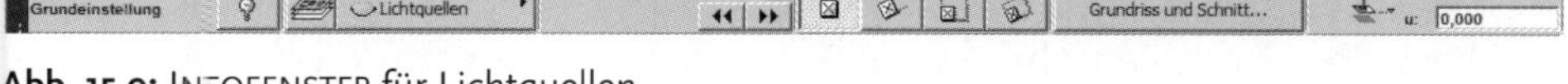

Abb. 15.9: INFOFENSTER für Lichtquellen

Das HIMMEL-OBJEKT simuliert die Wirkung der Himmelskuppel als lichtgebende Fläche. Das SONNE-OBJEKT ist für die Simulation des Sonnenscheins nötig, der mit parallelen Lichtstrahlen Schatten wirft. Was das HIMMEL-OBJEKT für Außenaufnahmen ist, das bietet das FENSTER-LICHT für Innenaufnahmen. Es liefert eine diffuse Beleuchtung entsprechend dem durchs Fenster diffus einfallenden Licht, das ja auch vorhanden ist, wenn die Sonne nicht direkt hereinscheint.

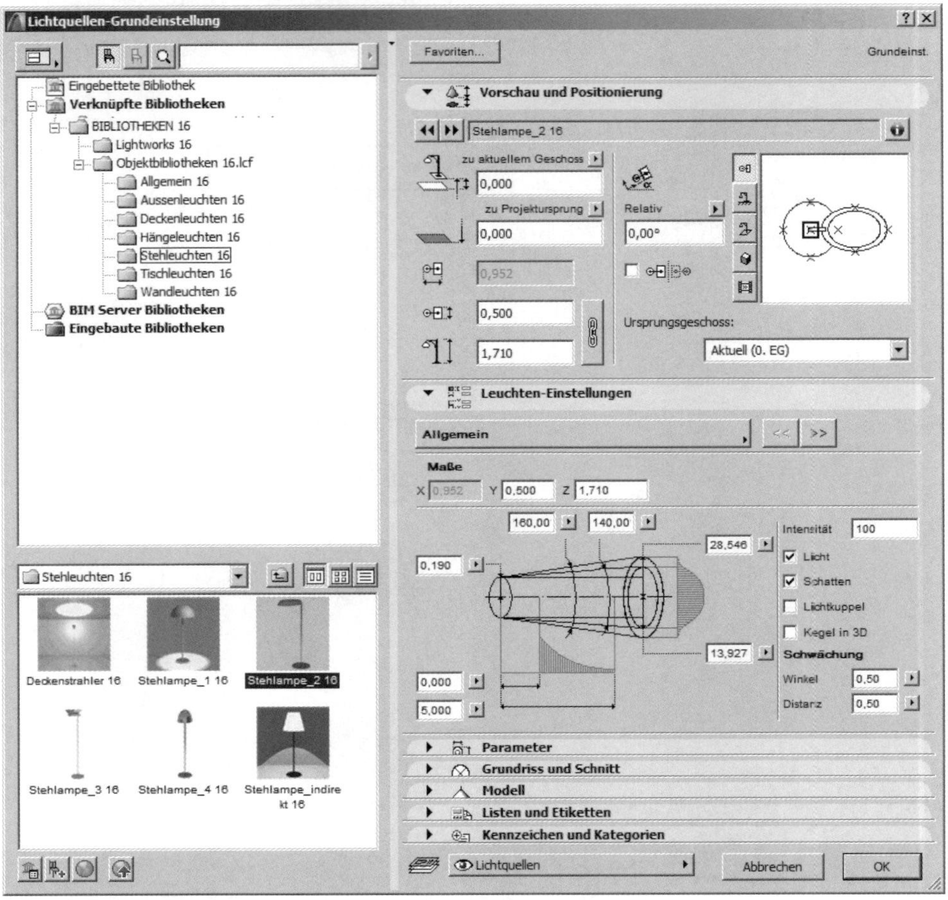

Abb. 15.10: Einstellungsdialog für Lichtquellen

15.2 Photorealistische Bilder

Die photorealistischen Bilder erzeugen Sie mit dem Menü DOKUMENTATION|RENDERING, ANIMATION ETC|PHOTOREALISTISCHE DARSTELLUNG.

Das beste Rendering-Verfahren *Lightworks* arbeitet nach dem *Ray-Tracing-Prinzip*. Alle Lichtstrahlen, die über den Bildschirm Ihr Auge treffen, werden praktisch zurückgerechnet. Ray-Tracing bedeutet übersetzt Strahlverfolgung, und genau das geschieht hier. Jeder Lichtstrahl wird von Ihrem Auge über die Flächen der Objekte zurückverfolgt, auch unter Berücksichtigung von Reflexionen und Spiegelungen. Je nachdem, bei welcher Lichtquelle der Strahl seinen Anfangspunkt hat, wird die Lichtfarbe und Intensität berechnet. Auch der blaue Himmel zählt hierbei als flächenartige Lichtquelle. Endet ein Lichtstrahl bei keiner Lichtquelle, dann bleibt der zugehörige Bildpunkt schwarz.

Abb. 15.11: Photorealistik-Darstellung mit Schnee im Vordergrund und Hintergrundbild

15.3 Animationen

Für eine Animation brauchen Sie einen *Kamerapfad* mit mehreren Kameras. Starten Sie im GRUNDRISSFENSTER. Mit dem KAMERA-Werkzeug aus dem WERKZEUGKASTEN, Abschnitt SICHTEN, erstellen Sie über den EINSTELLUNGSDIALOG mit NEU eine neue Animationsroute. Im EINSTELLUNGSDIALOG können Sie auch die Kameraeigenschaften wie Höhe und Blickrichtung detailliert einstellen. Alle danach angeklickten Kamerapositionen werden der Reihenfolge nach in diese Animationsroute übernommen. Die Animationsroute mit den einzelnen Kamerapositionen finden Sie im NAVIGATOR unter 3D mit dem oben eingegebenen Namen.

Gegebenenfalls stellen Sie noch die Eigenschaften der Animationsroute ein, indem Sie nach Rechtsklick im NAVIGATOR auf die ANIMATIONSROUTE die Option ROUTE wählen. Dort wählen Sie für glatte Wege bei KAMERA die Option BÉZIER und bei ZIELPUNKT GLÄTTEN (Abbildung 15.12). Auch ist es möglich, hier die Route zu schließen.

Abb. 15.12: Einstellungen für die Animationsroute

Die Kameras der gewünschten Route sollten dann im Grundrissfenster sichtbar sein. Dann wählen Sie das Menü DOKUMENTATION|RENDERING, ANIMATION ETC.|ANIMATION und lassen die Animation erstellen. Im Dialogfenster (Abbildung 15.13) gibt es noch die interessante Möglichkeit, Zwischenbilder zwischen den Kameras zu erzeugen und zwischen 3D-FENSTER und PHOTOREALISTIK-FENSTER zu wählen. Als Ausgabeformat ist QUICKTIME-ANIMATION oder VIDEO-ANIMATION möglich. Mit SICHERN wird die Animation gespeichert und mit dem *QuickTime Player* oder *Windows Media Player* abgespielt.

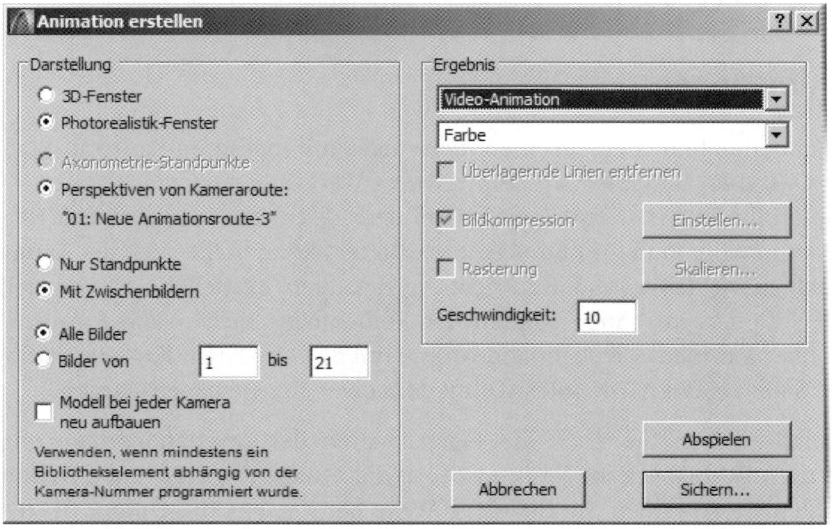

Abb. 15.13: Einstellungen für die Animation

15.4 Sonnenstudie

Eine Sonnenstudie erzeugt für eine bestimmte Kamera einen Film mit der Simulation des Sonnenlaufs für einen Tag.

Für die Sonnenstudie brauchen Sie nur das 3D-FENSTER oder eine einzelne KAMERA. Machen Sie also einen Doppelklick im NAVIGATOR auf das 3D-FENSTER oder die gewünschte KAMERA und wählen Sie das Menü DOKUMENTATION|RENDERING, ANIMATION ETC|SONNENSTUDIE ERSTELLEN. Hier wählen Sie wieder zwischen 3D-FENSTER und dem komfortableren PHOTOREALISTIK-FENSTER und setzen das DATUM für die Sonnenlauf-Simulation, die *Zeitspanne* sowie das ZEITINTERVALL. Mit SICHERN können Sie dann den Film erzeugen lassen.

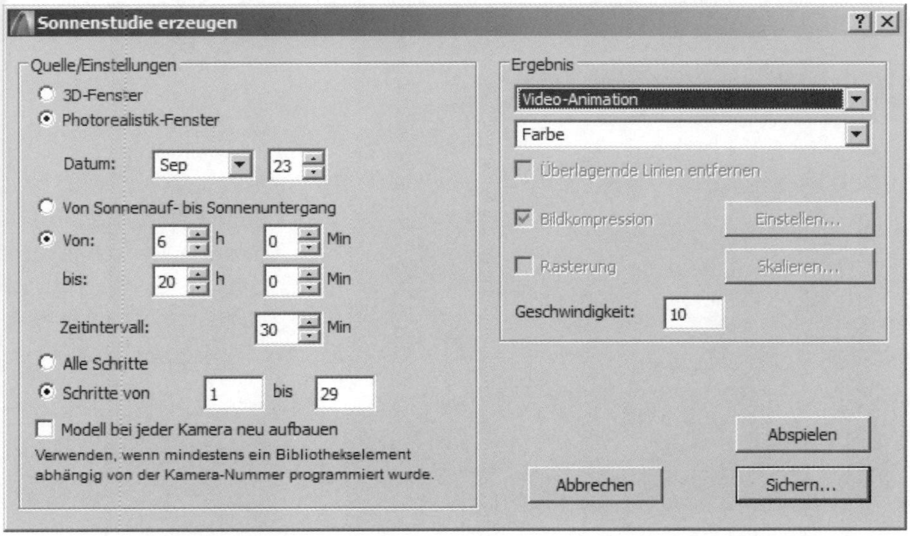

Abb. 15.14: Einstellungen für die Sonnenstudie

15.5 Übungsfragen

1. Welche Rendering Engines gibt es in ArchiCAD?
2. Was ist für die Aufnahme einer Animation nötig?
3. Was ist eine Sonnenstudie?
4. Wo finden Sie die Sonnenstudie?
5. Wo ist Osten in der Konstruktion?

Kapitel 16

BIM-Server

ArchiCAD bietet seit Version 13 einen BIM-Server an, der Team-Projekte in Netzwerken und auch über das Internet verwalten kann. Damit kann ein Projekt auf mehrere Team-Mitglieder aufgeteilt werden. Seit Version 14 ist der BIM-Server auch für das 64-Bit-MAC-OS verfügbar.

16.1 BIM-Server installieren

Die Software wird auf der ArchiCAD-Installationsseite nach Einlegen der DVD an zweiter Stelle angeboten. Nach Beendigung der Installation werden Sie gefragt, ob Sie den BIM-SERVER konfigurieren wollen. Dabei durchlaufen Sie folgende Schritte:

- *Server-Namen festlegen*: Als Vorgabe wird der Computername verwendet.
- *Projektdaten-Ordner*: Ein Verzeichnis für die Projektdaten wird verlangt, Vorgabe ist unter Windows *C:\Programme\Graphisoft\BIM-Server\Projects* bzw. *C:\Program Files\Graphisoft\BIM-Server\Projects.*
- *Bibliotheken-Ordner*: Ein Verzeichnis für die Projektbibliotheken wird dann angefordert, Vorschlag ist *C:\Programme\Graphisoft\BIM-Server\Attachments* bzw. *C:\Program Files\Graphisoft\BIM-Server\Attachments.*
- *Administrator-Daten*: Sie werden dann nach den Daten für das Administrator-Konto gefragt. Mit der Installation sind Sie dann als erster BIM-Server-Nutzer automatisch der Server-Administrator. Weitere Administratoren können Sie später über den BIM-SERVER-MANAGER eingeben.
- *BIM-Server beim Computer-Start hochfahren*: Sie können hier dann wählen, dass der BIM-SERVER zusammen mit dem Betriebssystem startet.
- *Mail-Server*: Sie können noch einen Mail-Server vereinbaren, wenn Sie E-Mails vom BIM-SERVER an die Nutzer schicken wollen. Sie müssen dann die SMTP-Adresse für den E-Mail-Versand angeben.
- *BIM-Server Kontrollcenter-Verknüpfungen erstellen*: Zum Abschluss erscheint ein Dialogfenster, über das Sie Verknüpfungen zum BIM-SERVER KONTROLLCENTER erstellen lassen können.
- *Graphisoft BIM-Server starten*: Im letzten Dialogfenster der Installation wird der automatische Start des BIM-SERVERS angeboten.

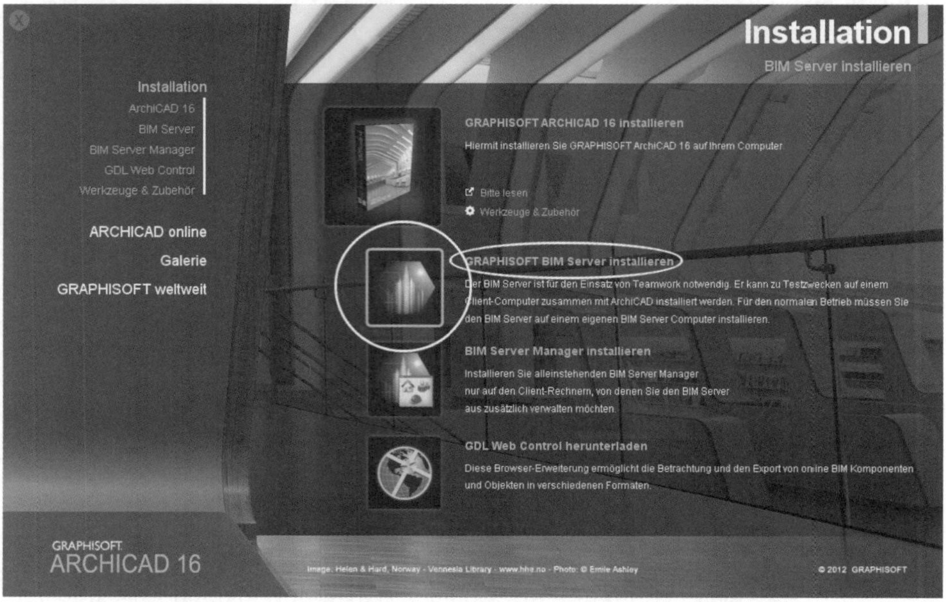

Abb. 16.1: BIM-SERVER installieren

Abb. 16.2: BIM-SERVER KONTROLLCENTER und BIM SERVER MANAGER auf dem Desktop

16.2 BIM-Server Kontrollcenter

Nach dem automatischen Starten des BIM-SERVER KONTROLLCENTERS können Sie im oberen Viertel des Dialogfensters (s. Abbildung 16.3) den BIM-SERVER-Dienst starten. Er wird dann als kleines sechseckiges Symbol in der Windows-Startleiste angezeigt.

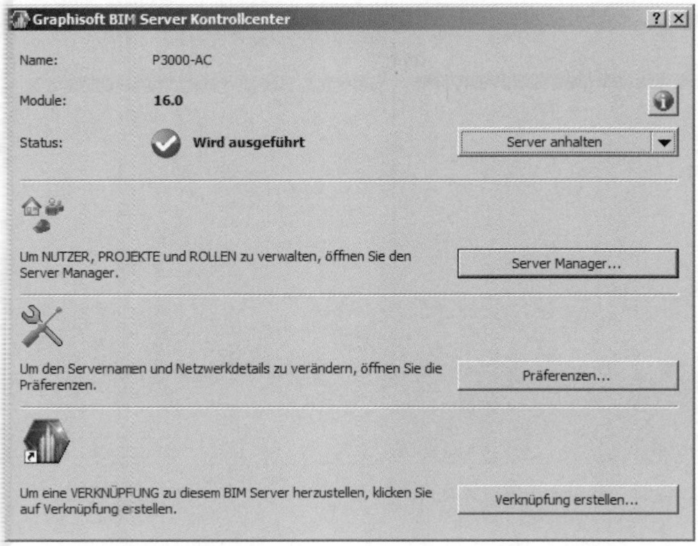

Abb. 16.3: Starten des BIM-Servers

16.3 BIM-Server-Manager

Im zweiten Viertel des BIM-SERVER KONTROLLCENTERS verzweigen Sie zum SERVER-MANAGER. Damit können Sie *Projekte, Nutzer, Rollen* und *Bibliotheken* verwalten. Den Nutzern können verschiedene Rollen – sprich Zuständigkeiten für verschiedene Projektelemente – zugeordnet werden (s. Abbildung 16.4, Abbildung 16.5).

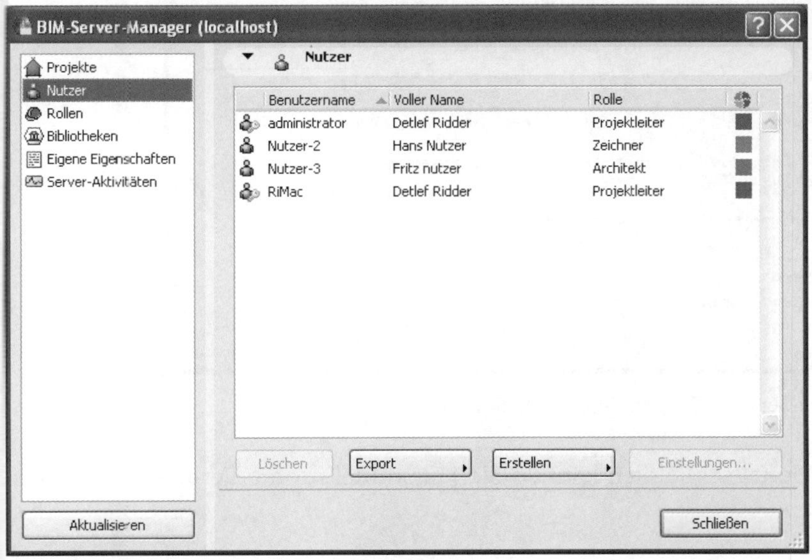

Abb. 16.4: BIM-SERVER-MANAGER: Nutzer-Verwaltung

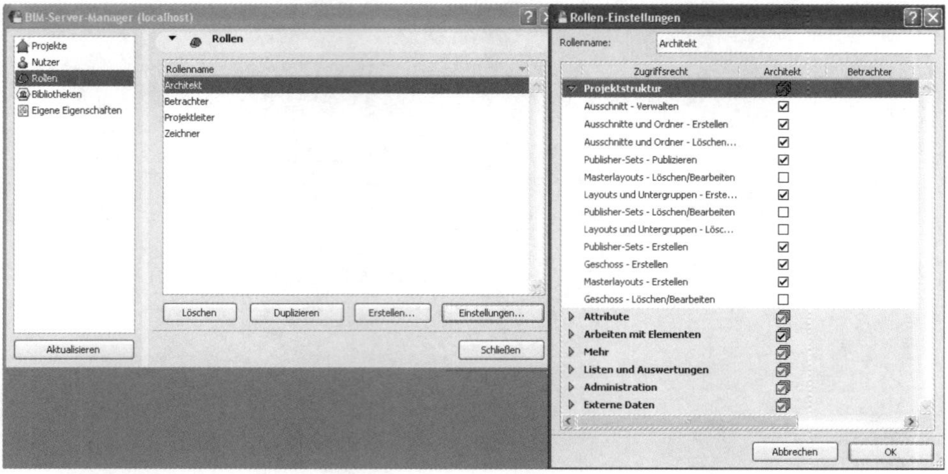

Abb. 16.5: BIM-SERVER-MANAGER: Verwaltung von Rollen

Im dritten Viertel des BIM-SERVER-MANAGERS lassen sich die Grundeinstellungen des Servers, die Sie beim Start eingegeben haben, noch mal ändern. Hier finden Sie die Ordner für Teamwork-Projekte und -Bibliotheken wieder.

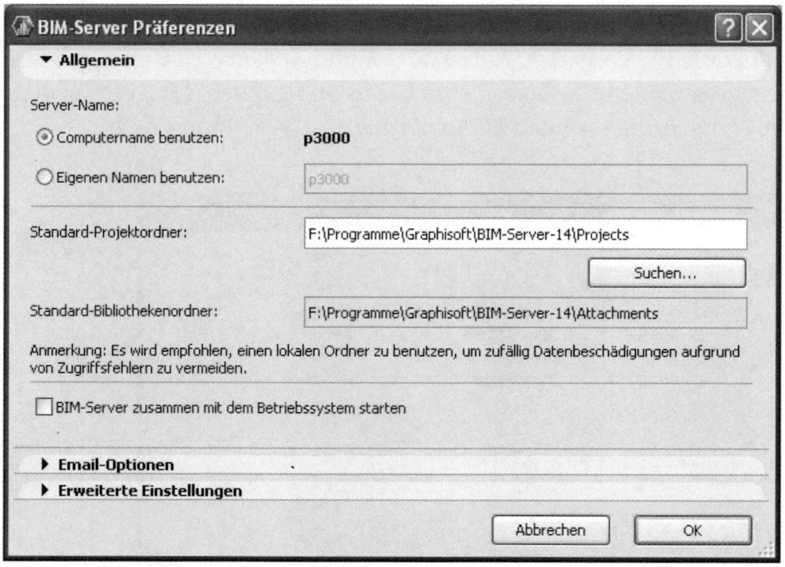

Abb. 16.6: BIM-Server-Manager: Einstellungen (Präferenzen)

Im letzten Viertel schließlich können Sie Hilfsmittel für die Verbindung von Clients erzeugen.

Normalerweise finden Clients im Netzwerk den BIM-SERVER automatisch. Wenn das nicht klappt, können Sie hier über die Funktion SERVER-VERKNÜPFUNG ERSTELLEN eine **.twlink*-Datei erstellen lassen, die Sie dann an den Client senden, der seinerseits diese Datei unter BIM-SERVER HINZUFÜGEN zur Verbindungsherstellung verwendet.

Wenn Sie eine Verbindung übers Internet benötigen, dann markieren Sie das unter SERVER-VERKNÜPFUNG ERSTELLEN und geben noch die Internet-Adresse des Servers an. Damit wird ebenfalls eine **.twlink*-Datei erstellt.

Diese **.twlink*-Dateien (TeamWork-LINK) können Sie dann auf dem Client benutzen, um im ArchiCAD z.B. unter ABLAGE|ÖFFNEN|TEAMPROJEKT ÖFFNEN/BEITRETEN die Verbindung herzustellen. Wählen Sie dort im Dialogfeld unter BIM-SERVER AUSWÄHLEN die Option BIM-SERVER HINZUFÜGEN aus. Markieren Sie im nächsten Dialogfenster NACH EINER SERVER-VERKNÜPFUNG SUCHEN und klicken Sie auf OK. Dann erscheint ein Dateiwahlfenster, um die **.twlink*-Datei zu wählen.

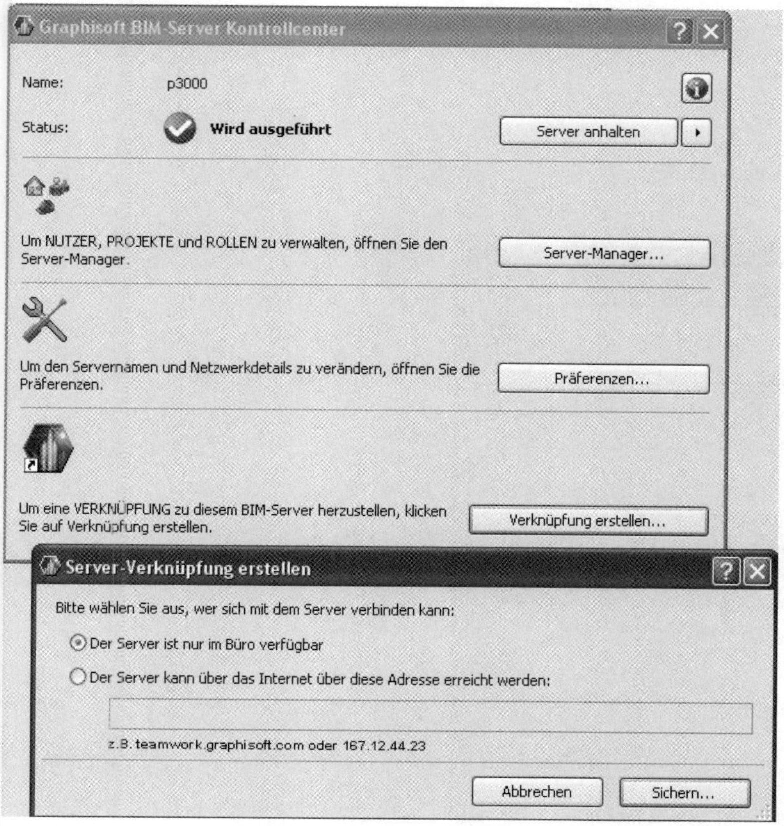

Abb. 16.7: BIM-Server-Manager: Verknüpfung erstellen

16.4 Teamwork-Projekte starten

Ein Teamwork-Projekt können Sie auf verschiedene Weisen starten. Einmal ist es möglich, mit ArchiCAD ein normales Projekt zu starten und dies dann zum Teamwork-Projekt zu erklären. Dann gehen Sie ins TEAMWORK-Menü zur Funktion FREIGEBEN. Im Dialogfenster wählen Sie dann den Server aus, geben einen Projektnamen ein und wählen eine Projektkategorie aus oder definieren eine neue (s. Abbildung 16.9) und klicken auf GEMEINSAM NUTZEN. Danach öffnen Sie das Projekt erneut über TEAMWORK|PROJEKT|TEAMWORK-PROJEKT ÖFFNEN/BEITRETEN.

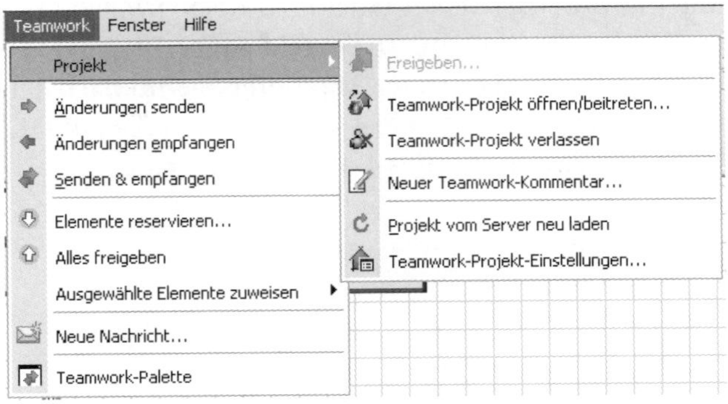

Abb. 16.8: Projekt-Verwaltung

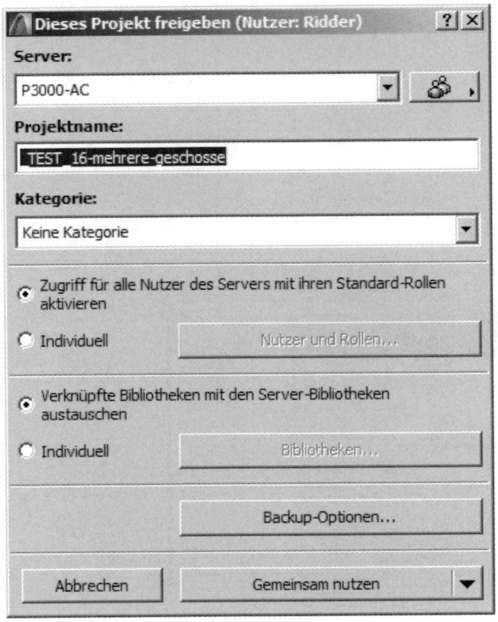

Abb. 16.9: Projekt als Teamwork-Projekt freigeben

Alternativ können Sie auch im BIM-SERVER-MANAGER unter der Rubrik PROJEKTE (s. Abbildung 16.4) ein Teamprojekt erstellen. Dafür gibt es zwei Methoden: *Duplizieren* eines bestehenden Projekts oder *Importieren* eines Projekts, das zuvor von einem BIM-Server als **.twportable*-Datei exportiert worden war.

Ein bestehendes Teamwork-Projekt können Sie direkt beim Start des Programms aus den zuletzt geöffneten Projekten öffnen (s. Abbildung 16.10) oder über NACH EINEM TEAMPROJEKT SUCHEN.

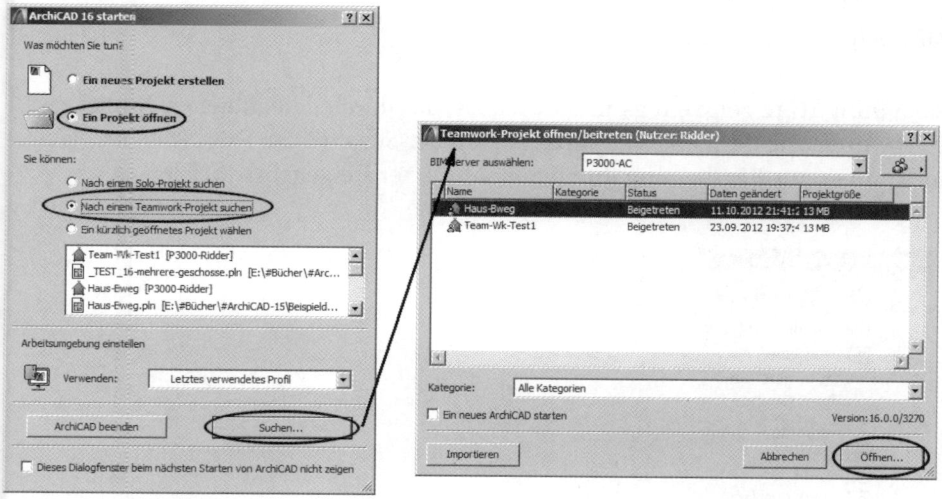

Abb. 16.10: Teamprojekt öffnen

16.5 Teamprojekte verwalten

Im Teamprojekt werden Elemente den einzelnen Teammitgliedern durch *Reservierung* zur Bearbeitung zugeordnet und durch *Freigeben* wieder zur Weiterbearbeitung durch andere Teammitglieder freigegeben. Beispiele dafür zeigen die nachfolgenden Abbildungen. In Abbildung 16.11 ist ein Wandelement durch einen anderen Nutzer reserviert. Wenn Sie diese Wand bearbeiten wollen, müssen Sie dem Nutzer, der in den Elementdaten angezeigt wird eine Nachricht schicken und um Freigabe bitten.

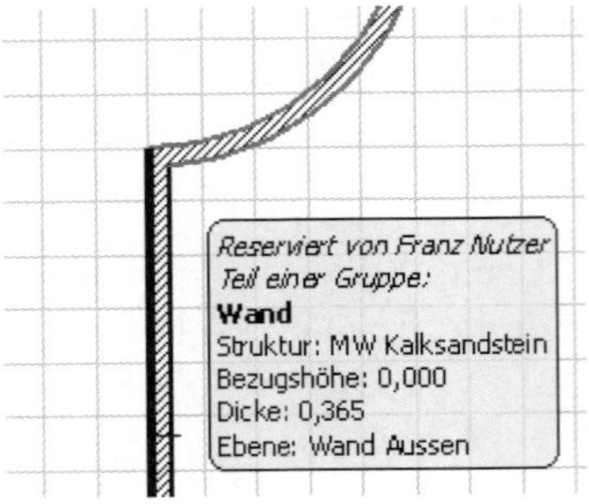

Abb. 16.11: Reserviertes Element

Abbildung 16.12 zeigt ein ganzes Geschoss, das durch den aktuellen Nutzer reserviert wurde und deshalb bearbeitbar ist. Mit der Schaltfläche FREIGEBEN im Navigator kann es zur Bearbeitung durch andere Nutzer freigegeben werden.

Abb. 16.12: Geschosse sind für Bearbeitung reserviert

Abbildung 16.13 zeigt das TEAMWORK-Menü mit seinen Freigabe- und Reservier-Möglichkeiten. Zum Übertragen der letzten Änderungen vom und an den Server stehen Sende- und Empfangsfunktionen zur Verfügung. Die Nachrichten-Funktion ist vor allem für Freigabe-Ersuchen an andere Nutzer nötig. Ähnlich ist die Symbolleiste TEAMWORK aufgebaut (Abbildung 16.14).

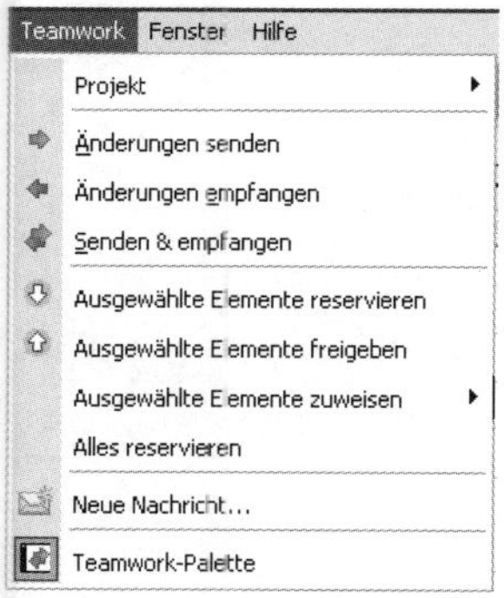

Abb. 16.13: Teamwork-Menü

Abb. 16.14: TEAMWORK-Symbolleiste

In Abbildung 16.15 wurde ein Wandelement einem anderen Nutzer zur Bearbeitung zugewiesen. Die Zugehörigkeit zu verschiedenen Freigabezuständen oder Nutzern kann auch durch unterschiedliche Grautöne oder farbig markiert werden (s. Abbildung 16.16, Abbildung 16.17).

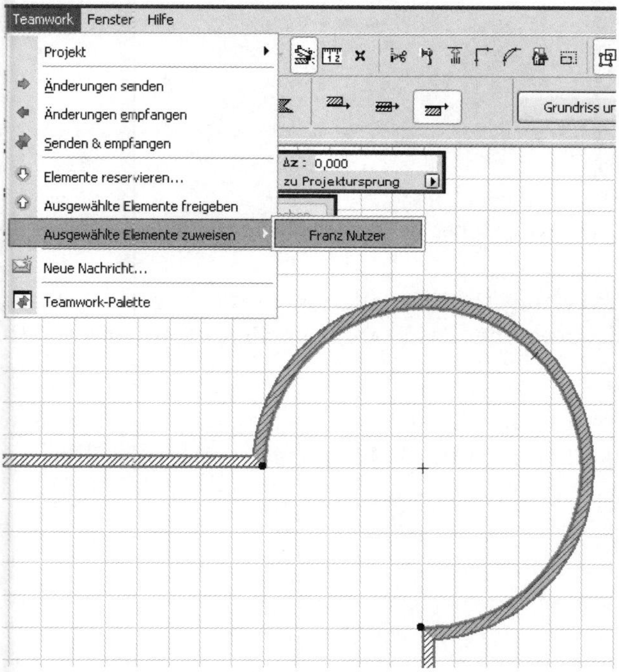

Abb. 16.15: Zuweisen von Elementen

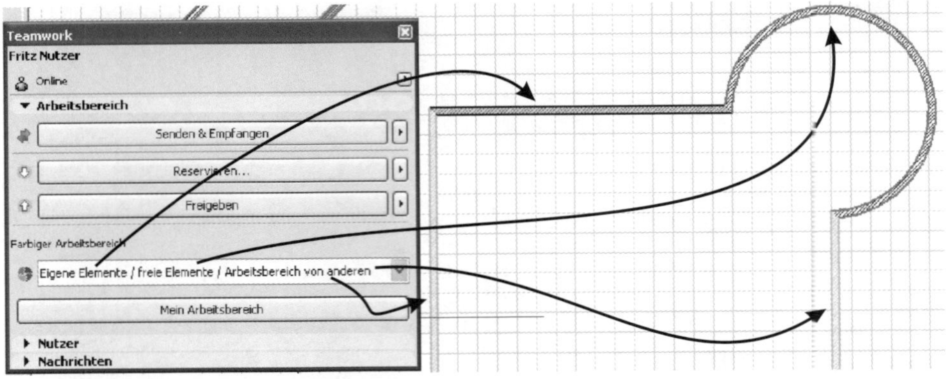

Abb. 16.16: Zugehörigkeit von Elementen

Abb. 16.17: Farbgebung der Nutzer (Rot/Grün leider als gleicher Grauton im Buch)

In der Teamwork-Palette (Abbildung 16.18) werden auch die Nachrichten der Teammitglieder verwaltet. Sie kann über das TEAMWORK-Menü ganz unten aktiviert werden.

Ein Teamwork-Projekt wird oft mit der Funktion ÄNDERUNGEN SENDEN aus dem ABLAGE-Menü und TEAMWORK-PROJEKT VERLASSEN beendet (Abbildung 16.19).

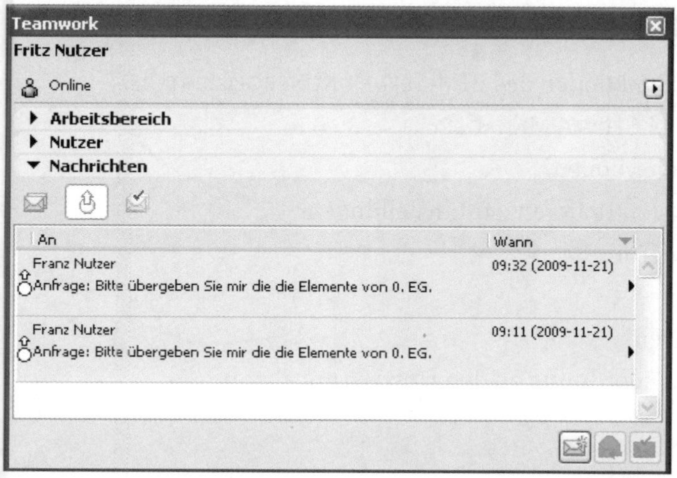

Abb. 16.18: Nachrichten-Übersicht

Abb. 16.19: ÄNDERUNGEN SENDEN, TEAMWORK-PROJEKT VERLASSEN

Seit ArchiCAD 14 können Sie nun auch ein Teamwork-Projekt auf einem anderen Rechner weiterbearbeiten, der momentan nicht mit dem Server verbunden ist. Dazu exportieren Sie die Projektdaten mit dem Menü ABLAGE|TRANSPORT-PAKET ERSTELLEN beispielsweise auf einen USB-Stick und öffnen es auf einem anderen Rechner mit ABLAGE|ÖFFNEN|TRANSPORT-PAKET IMPORTIEREN. Auf dem gleichen Wege transportieren Sie die Daten wieder zurück.

16.6 Übungsfragen

1. Nennen Sie die vier Funktionen des BIM-SERVER KONTROLLCENTERS.
2. Was verwaltet der BIM-SERVER MANAGER?
3. Was versteht man unter Rollen?
4. Was sind die wichtigsten Präferenzen-Einstellungen?
5. Was bedeutet Reservierung?
6. Was bedeutet Freigabe?
7. Was bedeutet Zuweisen?
8. Wo wird eine farbige Zuordnung zu den Nutzern angeboten?

Kapitel 17

Konstruktionsbeispiel

Abschließend soll an einem Konstruktionsbeispiel noch einmal alles geübt werden. Abbildung 17.1 zeigt ein Einfamilienhaus, das nun in einzelnen Schritten konstruiert werden soll.

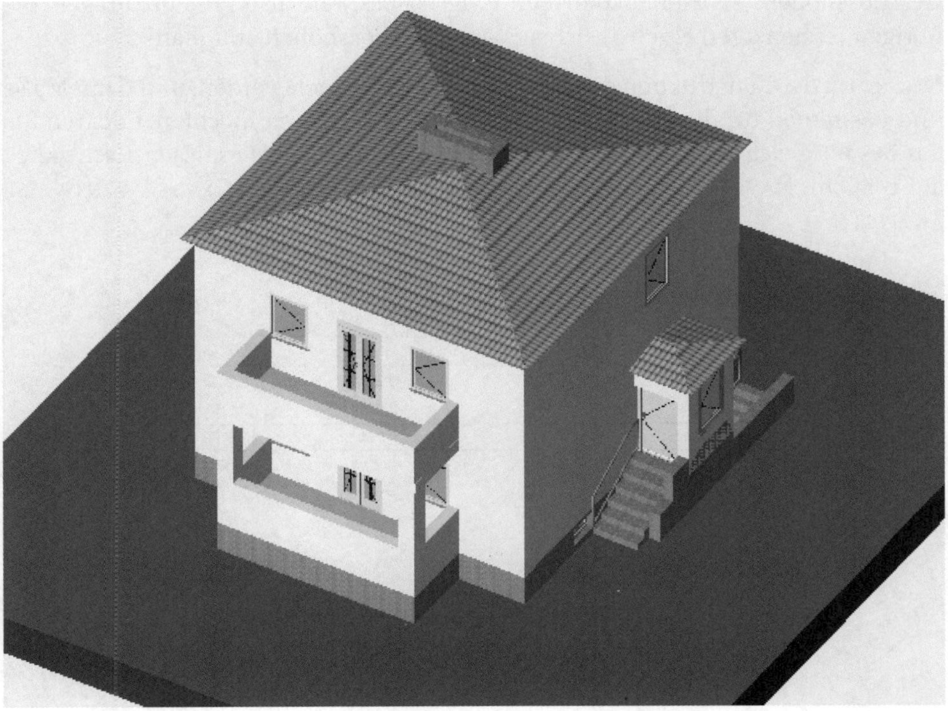

Abb. 17.1: Beispiel

Beginnen Sie also ein neues Projekt. Vielleicht aktivieren Sie gleich die beiden nützlichen Paletten KOORDINATEN und KONTROLLFENSTER über das Menü FENSTER|PALETTEN.

Richten Sie dann die Geschosse mit GESCHOSS-EINSTELLUNGEN ein, entweder übers Menü PLANUNG|GESCHOSS-EINSTELLUNGEN oder nach Rechtsklick auf GESCHOSSE im NAVIGATOR oder über Tastenkürzel Strg+7 (Abbildung 17.2).

Das Haus besitzt

- ein Erdgeschoss mit 2,90 m Höhe (Wandhöhe 2,70 m, Deckenstärke 0,20 m),
- ein Obergeschoss mit 2,90 m Höhe (Wandhöhe 2,70 m, Deckenstärke 0,20 m) und
- einen Keller, der nur 2,50 m hoch ist (Wandhöhe 2,30 m, Deckenstärke 0,20 m).
- Auch ein Dachgeschoss sollte für die Decke auf dem obersten Geschoss und die Schornstein-Mauer eingerichtet werden. Beim Dachgeschoss ist die Höhe gleichgültig, weil sie nicht weiter verwendet wird.

Während der Projektursprung ebenerdig liegen soll, beginnt das Erdgeschoss hier im Beispiel in 1 m Höhe. Entsprechend verschieben sich auch die übrigen Geschosshöhen. Als Höhenkote beim Erdgeschoss wäre also 1 m einzutragen, die übrigen Höhenkoten ergeben sich aus den Geschosshöhen automatisch.

Da Sie mit der Konstruktion des Erdgeschosses beginnen werden, und dann Maße und Positionen für die übrigen Geschosse davon abgreifen möchten, erklären Sie am besten gleich das Erdgeschoss zum *transparenten Geschoss*. Nach Rechtsklick auf 0 EG im NAVIGATOR aktivieren Sie dazu die Funktion ALS TRANSPARENTPAUSE ANZEIGEN.

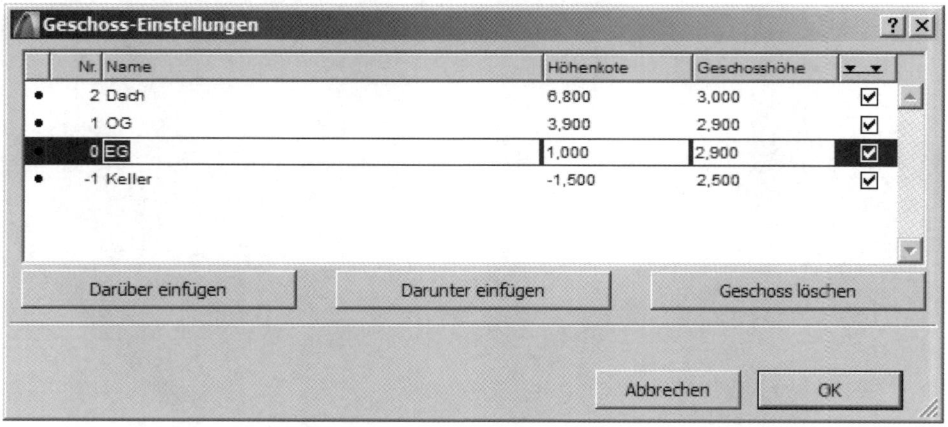

Abb. 17.2: Geschoss-Einstellungen

Aktivieren Sie nun im NAVIGATOR das Erdgeschoss 0 EG mit einem Doppelklick und erstellen Sie die Außenmauer. Starten Sie das WAND-Werkzeug, aktivieren Sie die Geometriemethode RECHTECK und die Konstruktionsmethode LINKS. Im EINSTELLUNGSDIALOG unter GEOMETRIE UND POSITIONIERUNG sollten Sie noch die Höhe auf `2,70 m` setzen und die Wandstärke auf `0,365`. Die Geschossdecke wird `0,20 m` stark sein.

Zur bequemen Eingabe der Koordinaten bei einer Entwurfszeichnung würde RASTERFANG mit einem Rasterabstand von `0,5 m` reichen. Da aber die Konstruktion mit echten Baumaßen als Ausführungszeichnung erstellt werden soll, werden die Koordinaten typischerweise über den Tracker eingegeben.

Zeichnen Sie zuerst das Rechteck für die Außenwand mit den Abmessungen 7,49 x 7,99 m. Aktivieren Sie also auch den TRACKER, um die Koordinaten eingeben zu können.

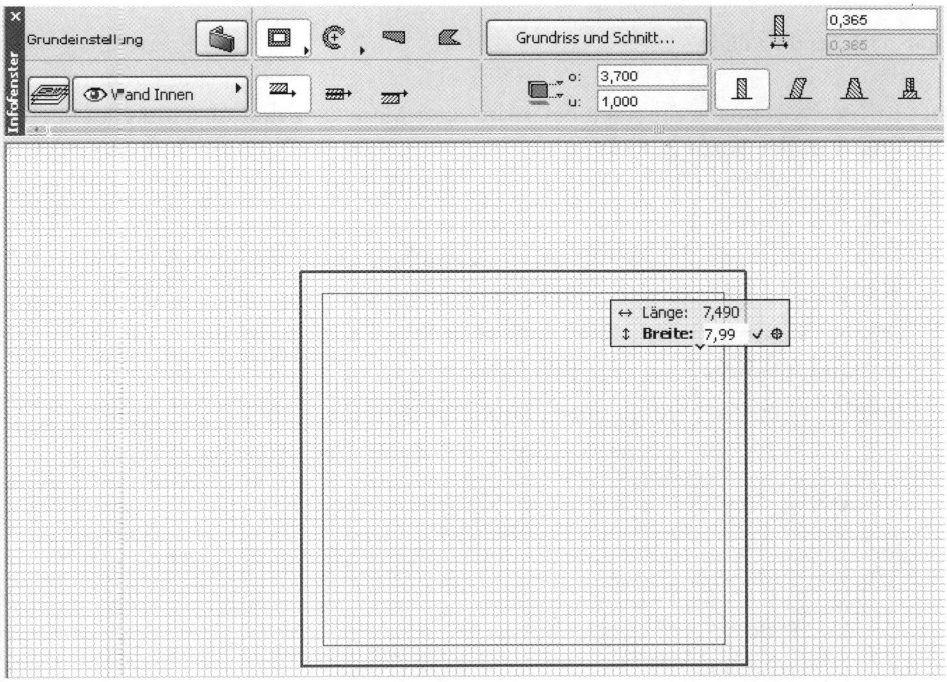

Abb. 17.3: Außenwände als Rechteck 7,49 m auf 7.99 m

Als Nächstes sind nun die breiteren Innenwände zu erstellen. Dazu stellen Sie zuerst die Wand-Einstellungen auf Wandstärke **0,24** um und wählen die Geometriemethode EINFACH und die KONSTRUKTIONSMETHODE RECHTS. Aktivieren Sie auch die HILFSLINIEN in der STANDARD-Symbolleiste. Deaktivieren Sie den RASTERFANG mit [F7].

Gehen Sie dann folgendermaßen vor:

1. Fahren Sie die obere Innenkante der Wand mit dem Cursor an, bis ein orangefarbenes Handle erscheint.
2. Fahren Sie in das Handle und ziehen Sie mit gedrückter Maustaste die am Handle hängende Hilfslinie unten (Abbildung 17.4).

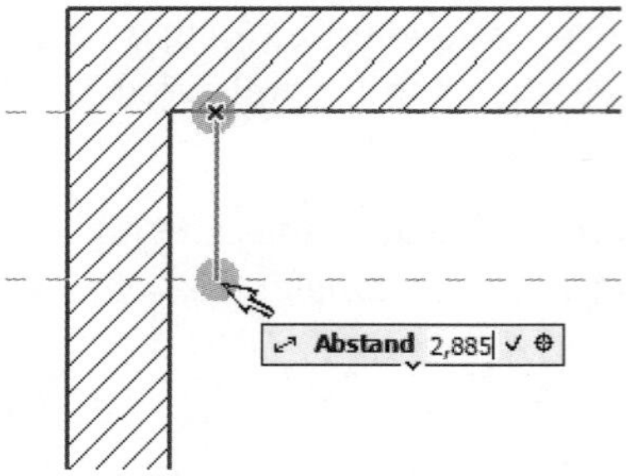

Abb. 17.4: Schritt 2 und 3

3. Im TRACKER geben Sie noch bei gedrückter Maustaste den Abstand vom oberen Punkt in der Form **2,885** [Enter] ein. Wenn der TRACKER nicht den ABSTAND anzeigt, sondern x- und y-Koordinaten, dann geben Sie so lange [⇆] ein, bis der ABSTAND aktiv ist.
4. Nun können Sie den Schnittpunkt zwischen Hilfslinie und Außenwand als Startpunkt der Innenwand anklicken.
5. Fahren Sie an der Hilfslinie entlang und geben Sie für die Wandlänge den Abstand mit **3,625** [Enter] ein (Abbildung 17.5).
6. Beenden Sie diese Wandkonstruktion mit [Enter].

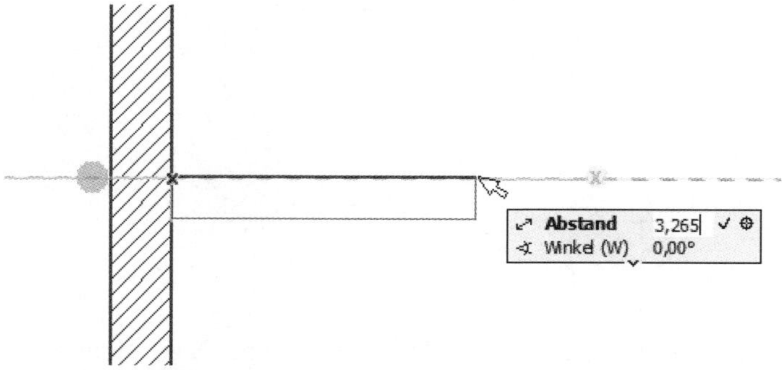

Abb. 17.5: Schritt 5

Bei den anderen Wänden gehen Sie analog vor. Wenn Sie im Befehlsablauf merken, dass Sie die falsche Konstruktionsmethode für die Wand erwischt haben, also LINKS statt RECHTS etwa, dann können Sie auch im laufenden Befehl noch umschalten.

Sind zu lange oder überflüssige Wandstücke entstanden, dann verwenden Sie das Werkzeug TRIMMEN – auch im Menü BEARBEITEN|VERÄNDERN|TRIMMEN –, um Enden oder Zwischenstücke mit dem Scheren-Cursor abzuschneiden. Am schnellsten rufen Sie das SCHEREN-Werkzeug zum Trimmen mit der Taste [Strg] auf.

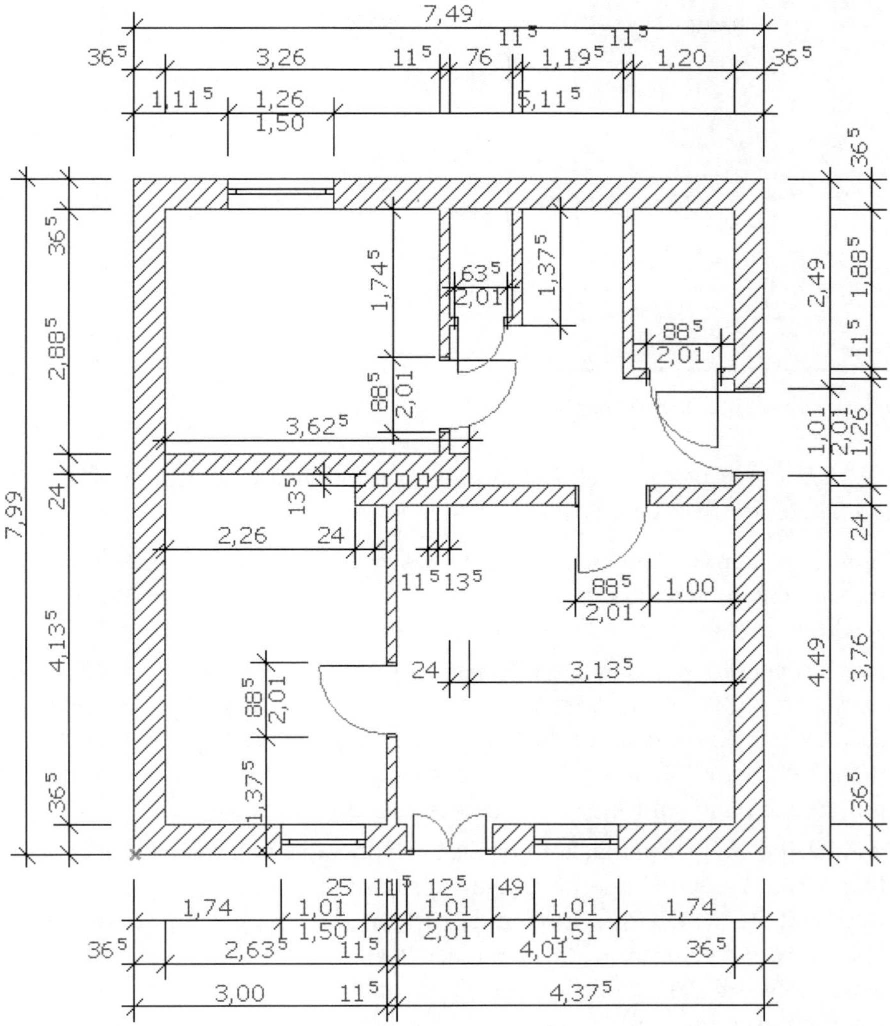

Abb. 17.6: Maße fürs Erdgeschoss

Für die dünnen Zwischenwände stellen Sie die Wandstärke auf **0,115**. Verwenden Sie auch übers Kontextmenü für mehrere parallele Wände die nützlichen Bewegungsbefehle wie KOPIE VERSCHIEBEN.

Um Wände im bestimmten Abstand von einer Ecke zu zeichnen, können Sie auch die Ecke zunächst mit dem HÄKCHEN-CURSOR nur anfahren, dann **x** oder **y** eingeben für die *Richtung*, in der Sie den Abstand brauchen, und schließlich den *Abstandswert* gefolgt von + oder -, um die Richtung zu spezifizieren.

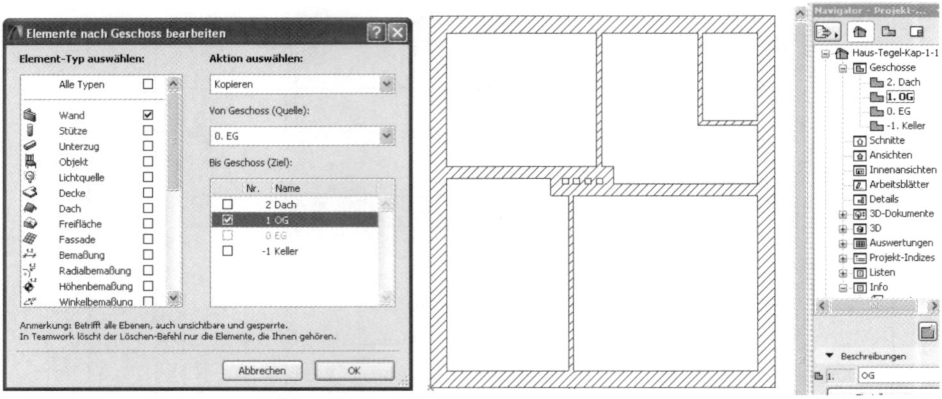

Abb. 17.7: Kopieren der Wände ins Obergeschoss

Die Wände für das Obergeschoss lassen sich nun leicht erstellen, ohne dass Sie Koordinaten neu eingeben. Es gibt drei Möglichkeiten.

1. Einerseits können Sie ins Obergeschoss gehen und das Erdgeschoss zum transparenten Geschoss wählen. Sie müssen dann nur noch die Wände nachzeichnen und die passenden Positionen mit dem Häkchen-Cursor.
2. Andererseits können Sie nach Rechtsklick auf 1 OG im NAVIGATOR die Funktion ELEMENTE NACH GESCHOSS BEARBEITEN wählen, das 0 EG als Quelle wählen und das 1 OG als Ziel und damit alle Wände ins Obergeschoss kopieren. Löschen Sie nicht benötigte Wände vom WC und ziehen Sie einige Wände über die Eckpunkte zur richtigen Länge auf. Fertig ist das Obergeschoss.
3. Wände, die identisch sind, können Sie auch über die Zwischenablage kopieren. Markieren Sie die Wände im Erdgeschoss und drücken Sie [Strg]+[C]. Dann wechseln Sie ins Obergeschoss und drücken [Strg]+[V], dann *Rechtsklick* und [OK]. Verwenden Sie zum Markieren das PFEIL-Werkzeug mit der SCHNELLAUSWAHL, weil es dann ausreicht, in die Elementfläche hineinzuklicken. Zum Wählen mehrerer Elemente müssen Sie bei den Folgeelementen die Taste [⇧] gedrückt halten. Alternativ können Sie für mehrere Elemente auch die Wahl mit einem Rechteck aufziehen. Achten Sie darauf, dass dafür die Feineinstellungen des PFEIL-Werkzeugs richtig gesetzt sind.

Damit die Wandverschneidungen wie gewünscht verlaufen, müssen Sie ggf. einige Wände anklicken und die Endpunkte auf die Definitionslinien der anderen Wände ziehen.

Auch für das Kellergeschoss können viele Wände und Positionen übernommen werden. Achten Sie darauf, dass hier die Wände nur **2,30** m hoch sind. Falls Sie das vergessen haben, markieren Sie einfach alle Wände und geben Sie die neue Wandhöhe über die WAND-EINSTELLUNGEN ein.

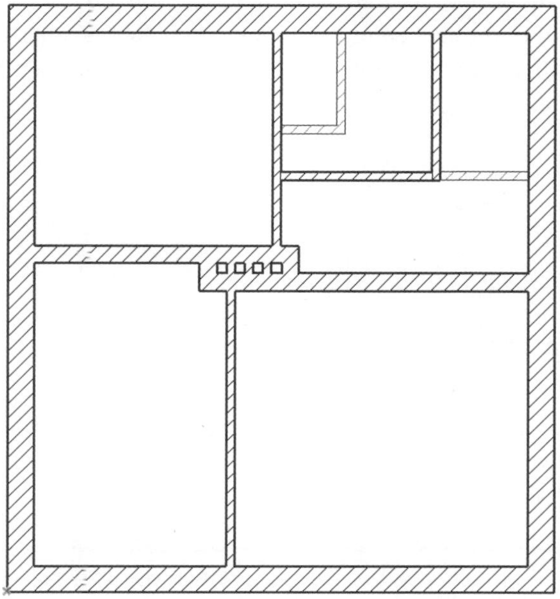

Abb. 17.8: Im Obergeschoss können die Wände weitgehend übernommen werden.

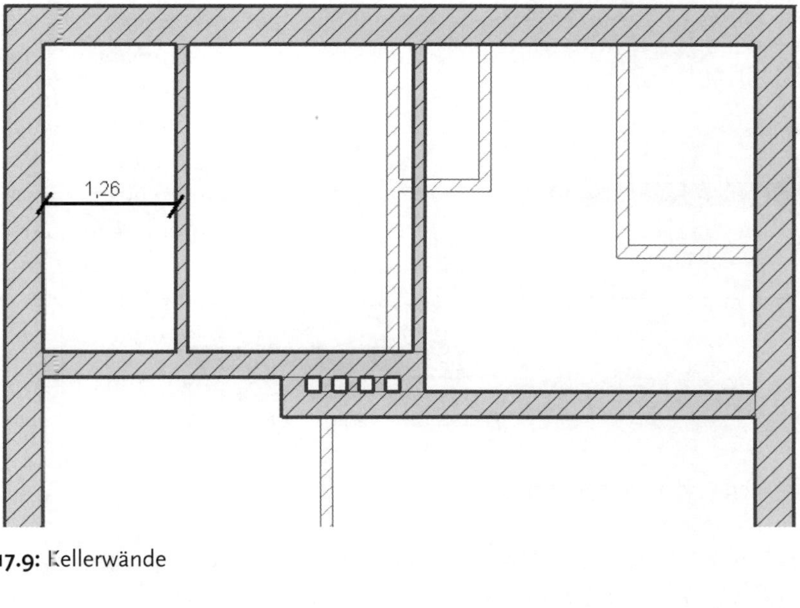

Abb. 17.9: Kellerwände

Der Unterbau der Terrasse ist mit seinen Maßen in Abbildung 17.10 gezeigt. Bei solchen symmetrischen Konstruktionen sollten Sie immer ausnutzen, dass Sie spiegeln können. Nach Konstruktion einer Seitenwand kann mit KOPIE SPIEGELN (Abbildung 17.11) die andere schnell erstellt werden. Als Spiegelachse nehmen Sie die Wandmitte der Außenwände.

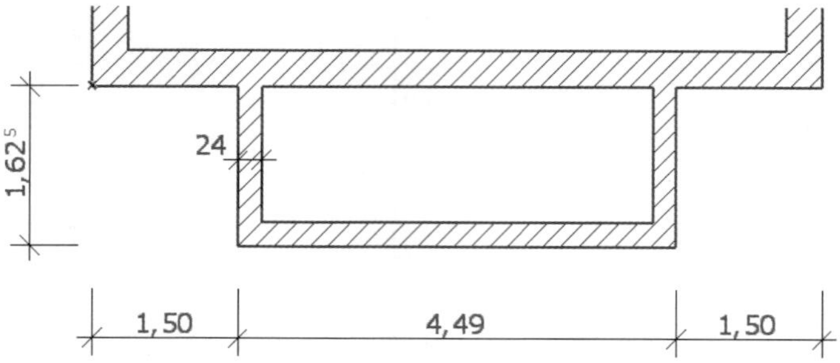

Abb. 17.10: Abmessungen für Balkon

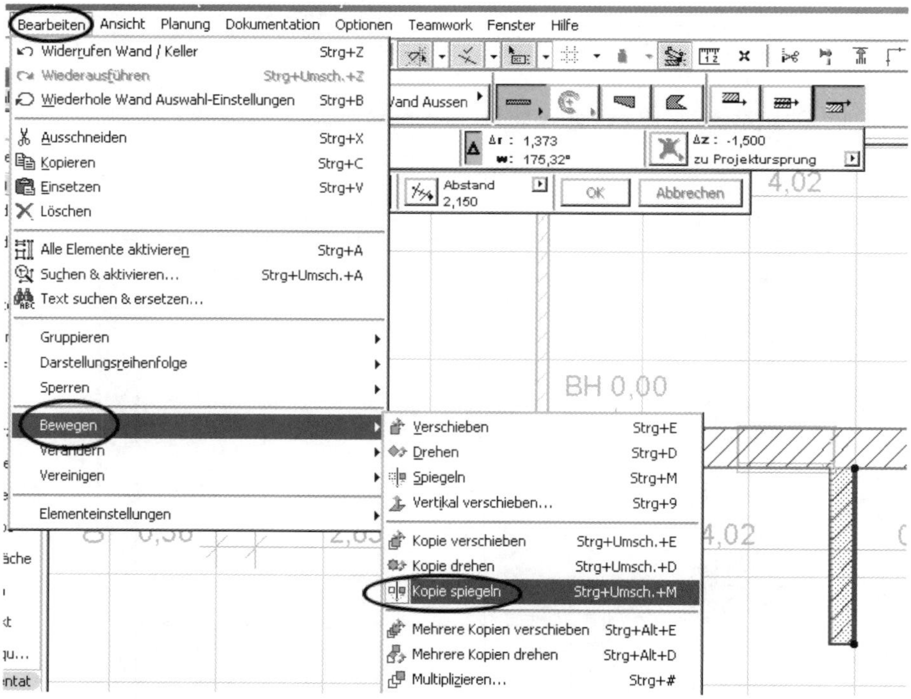

Abb. 17.11: Wand wird als Kopie gespiegelt.

Seitlich wären auch noch die Wände für Kellereingang und Hauseingang zu konstruieren. Die Abmessungen finden Sie in Abbildung 17.12. Hier lohnen sich wieder die orangefarbenen Hilfslinien im gegebenen Abstand.

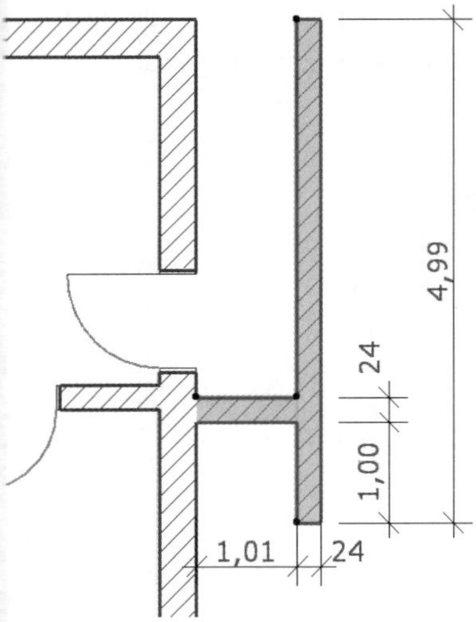

Abb. 17.12: Kellereingang und Hauseingang

Danach sieht dann das Kellergeschoss so aus wie in Abbildung 17.13.

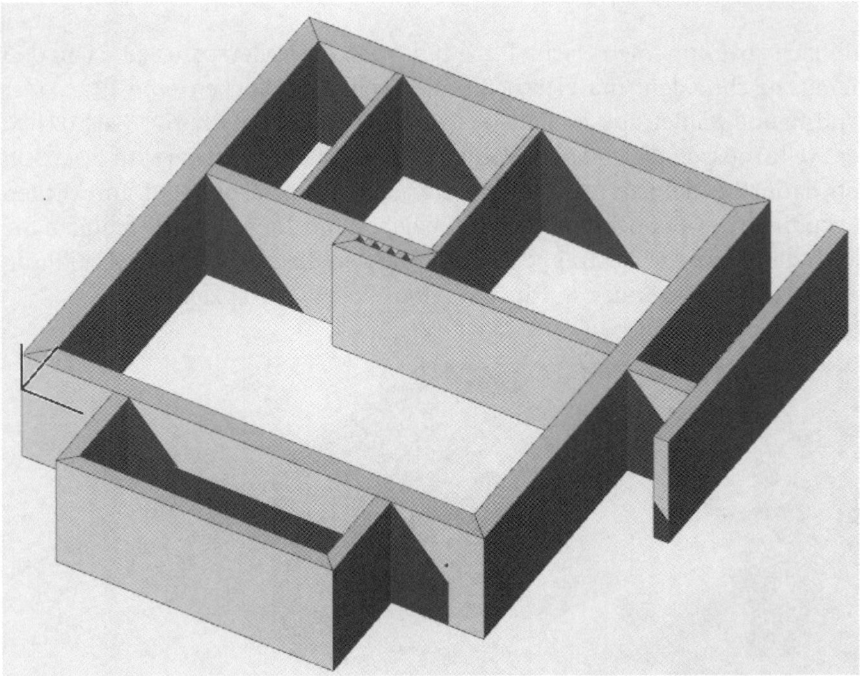

Abb. 17.13: Wände im Kellergeschoss

Um nun auch noch den Erdboden zu simulieren, konstruieren Sie einfach eine rechteckige FREIFLÄCHE um das Haus herum mit Geometriemethode RECHTECK.

Erstellen Sie diese im Kellergeschoss mit Höhe 1,50 m und Tiefenausdehnung 1 m. Dann liegt die Oberfläche auf Projektursprung und sie geht insgesamt 1 m in die Tiefe – wie in Abbildung 17.14 gezeigt.

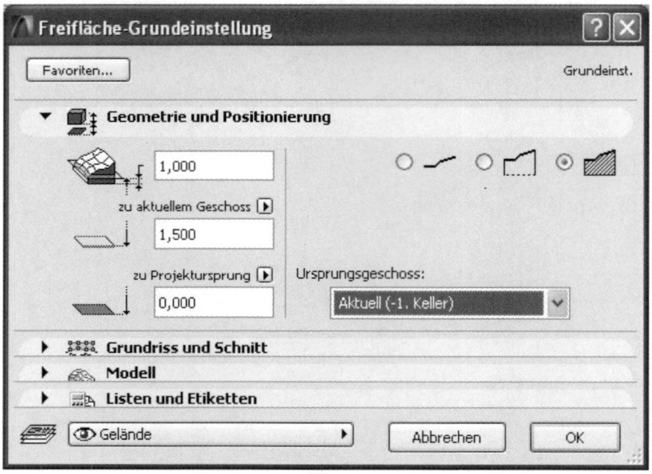

Abb. 17.14: Freifläche 1 m tief ab Projektursprung

Diese Freifläche hat nur einen Nachteil, sie füllt auch die Kellerräume aus. Um den Keller herauszuschneiden, markieren Sie die Freifläche, klicken eine Ecke oder einen Rand an und wählen aus der PET-PALETTE die Option VOM POLYGON ABZIEHEN. An dieser Stelle müssen Sie ggf. die Geometriemethode der Freifläche auf POLYGON umstellen, damit Sie mehr als nur ein Rechteck ausschneiden können. Dann klicken Sie die Eckpunkte des Bereichs an, den Sie abziehen möchten. Berücksichtigen Sie dabei gleich den Platz für die Treppen und schneiden Sie so aus wie in Abbildung 17.15 gezeigt. Alternativ können Sie auch mehrere Rechtecke abziehen.

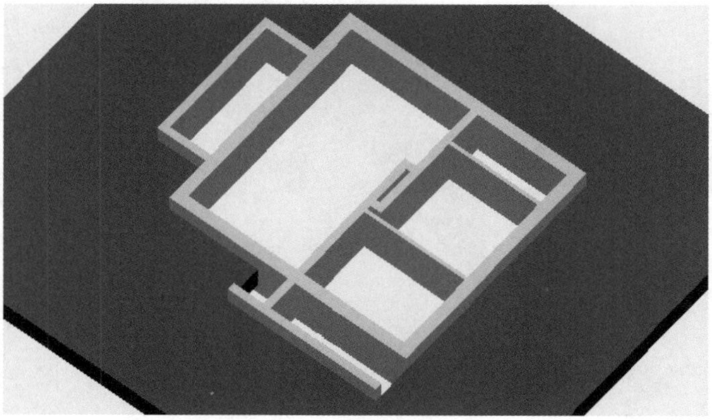

Abb. 17.15: Keller mit Freifläche

Beim Kellergeschoss ist noch einiges zu beachten. Es wird dort Kellerfenster geben, die im Geschoss recht hoch liegen. Der Keller geht bis zu 1,50 m in die Erde, und die Wandhöhen betragen 2,25 m. Die Kellerfenster werden dann von 1,70 bis 2,20 reichen. Damit sie in der Grundrissdarstellung zu sehen sind, sollten die Schnitthöhen für die Grundrissdarstellungen verändert werden. Die Vorgabe beträgt aber 1 m. Ändern Sie das also im Menü DOKUMENTATION|GRUNDRISS-SCHNITTEBENE (Abbildung 17.16).

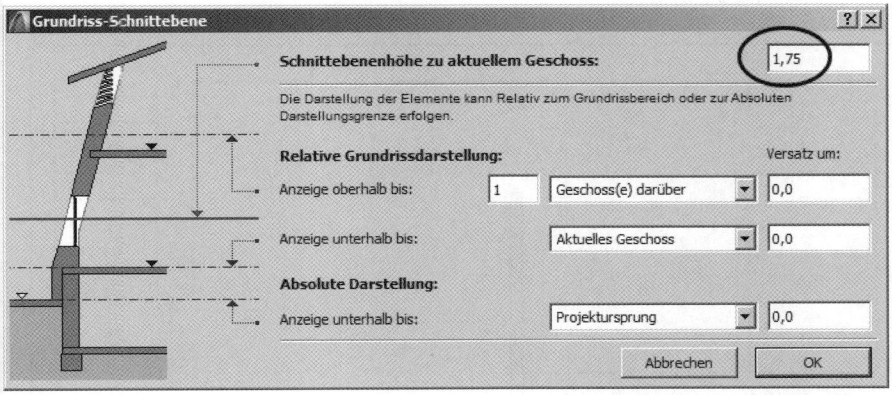

Abb. 17.16: Grundriss-Schnittebene auf 1,75 m

Bevor Fenster in den Keller eingebaut werden können, müssen die Abmessungen im FENSTER-Werkzeug eingestellt werden (Abbildung 17.17). Sie sollen 80 x 50 cm breit und hoch sein, zweiflügelig und eine Brüstungshöhe von 1,70 m besitzen. Setzen Sie die Fenster mit den BESONDEREN FANGPUNKTEN wieder in die Mitten der Raumwände. Sie müssen dazu unter ANSICHT|BESONDERE FANGPUNKTE die Optionen HÄLFTE und ZWISCHEN SCHNITTPUNKTEN wählen.

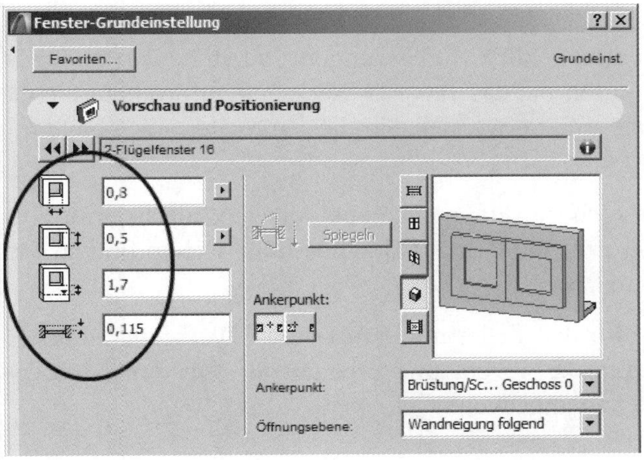

Abb. 17.17: Parameter für Kellerfenster

Im EINSTELLUNGSDIALOG sollten Sie die Anschläge geeignet wählen. Sie finden sie unter FENSTER-EINSTELLUNGEN|NOMINALE GRÖßEN UND TOLERANZEN, wo Sie bis ANSCHLAG-EINSTELLUNGEN blättern müssen.

Als Nächstes wird noch eine schöne Metalltür für den Eingang gesucht. Die finden Sie unter den Eingangstüren. Fügen Sie die Tür mit normalen Parametereinstellungen dort ein, wo der Kellereingangsschacht endet (Abbildung 17.12). Weitere einfache Holztüren können Sie nach Abbildung 17.18 einsetzen.

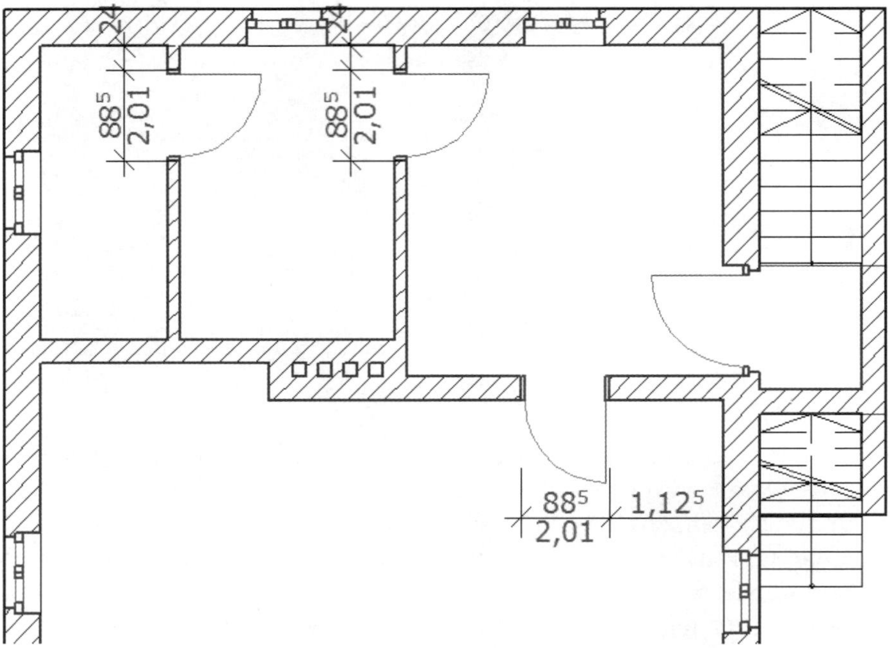

Abb. 17.18: Fenster und Türen im Keller

Nun fehlt nur noch die Kellertreppe. Ihre Abmessungen sind Höhe 1,50 m, Breite 1,01 m und Länge 1,24 m. Rufen Sie das TREPPEN-Werkzeug auf, wählen Sie die einläufige Umgebungstreppe und verwenden Sie die Parameter aus Abbildung 17.19.

Danach können Sie gleich auch die Eingangstreppe erstellen. Sie beginnt aber nicht auf der Geschosshöhe 0 m, sondern auf Geschosshöhe 1,50 m und ist 1 m hoch, 1,01 m breit und 1,70 m lang.

Dann wäre noch der Boden für den Keller mit dem DECKEN-Werkzeug zu erstellen. Wählen Sie als Deckenstärke 20 cm und arbeiten Sie mit der POLYGON-Methode wie in Abbildung 17.20 angedeutet.

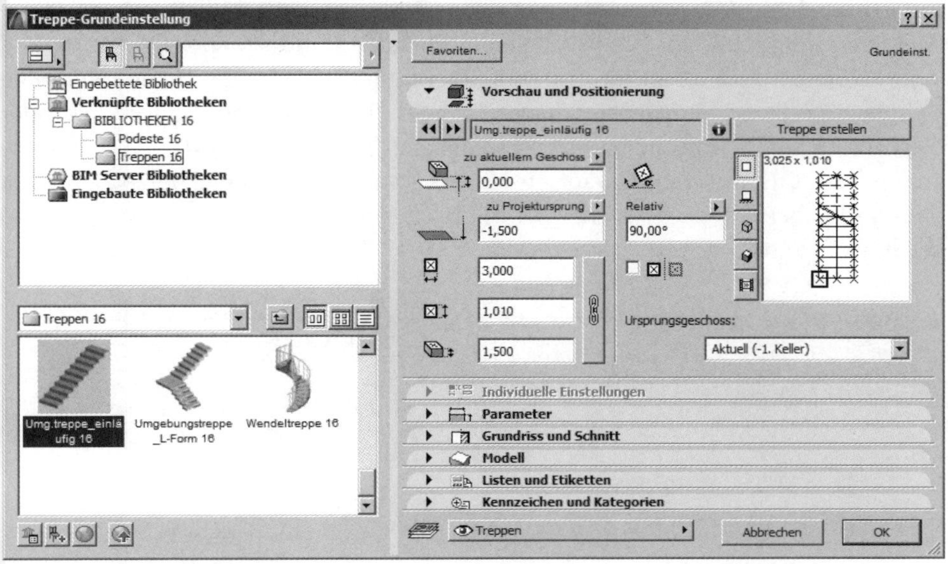

Abb. 17.19: Parameter für Kellertreppe

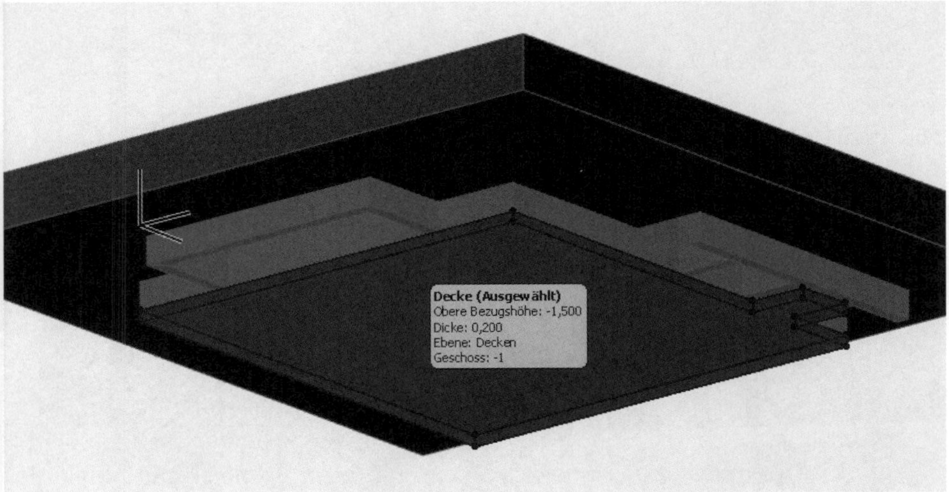

Abb. 17.20: Kellerboden

Zu guter Letzt können Sie noch die Fundamente darunter legen. Verwenden Sie Unterzüge, die Sie in die richtige Tiefe legen. Der Kellerboden liegt bei 1,50 m Tiefe, die Dicke des Bodens beträgt 20 cm, also liegen die Fundamente bei -1,70 m. Ohne zu rechnen wurde eine Fundamentstärke von 60 x 60 cm angenommen. Das Problem ist dabei nur: Wie legt man das Fundament mittig unter die Mauern? Die Wandmitten stehen hier zum Fangen nicht zur Verfügung. Hier ist wieder die Relative Konstruktionsmethode Abstand aus dem Kontrollfenster sehr gut zu gebrauchen. Aktivieren Sie nach Einstellen der Unterzugparameter diese Methode, wählen Sie im INFOFENSTER die Methode POLYGON oder RECHTECK und wählen Sie die Positionen für das Fundament *auf* der Kante der Wand. Wenn Sie den letzten Punkt eingegeben haben – beim POLYGON mit Doppelklick oder Rechtsklick und OK beenden – werden Sie nach dem Abstand gefragt. Ziehen Sie in die Richtung mit dem Cursor, in die das Fundament parallel versetzt werden soll, und geben Sie nach einem [⇆] im Tracker-Feld den exakten Abstand – also die halbe Wandbreite von **0,1825** – ein.

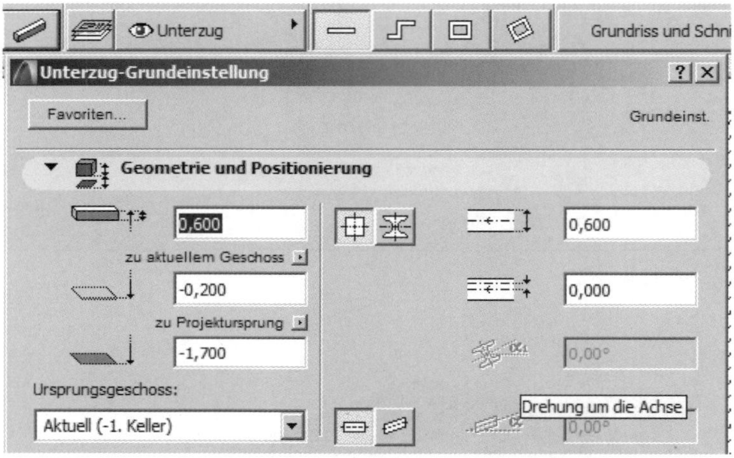

Abb. 17.21: Unterzüge 60 x 60 cm für Fundament

Abb. 17.22: Seitenansicht mit Freifläche, Kellerwänden, Kellerboden und Fundamenten

Im Erdgeschoss geht es weiter mit den Fenstern und Türen. Das dürfte nach den Übungen im Keller nun kein Problem mehr sein. Die Maße gehen aus Abbildung 17.6 hervor. Die übrigen Türen wurden auf entsprechende Wandmittelpunkte gesetzt. Bei den Türen klicken Sie immer auf die Seite mit dem AUGEN-CURSOR nach dort, wo sie öffnen sollen.

Eine letzte Schwierigkeit ist die Treppe im Erdgeschoss. Sie muss wegen ihrer Form als eigene Treppe erstellt werden. Dazu muss eine Schraffur erzeugt werden, die dem Treppengrundriss entspricht und eine Lauflinie aus Linien und Bögen. Wie Abbildung 17.23 zeigt, wurden erst einige schräge Hilfslinien konstruiert, ehe die Schraffur erstellt wurde.

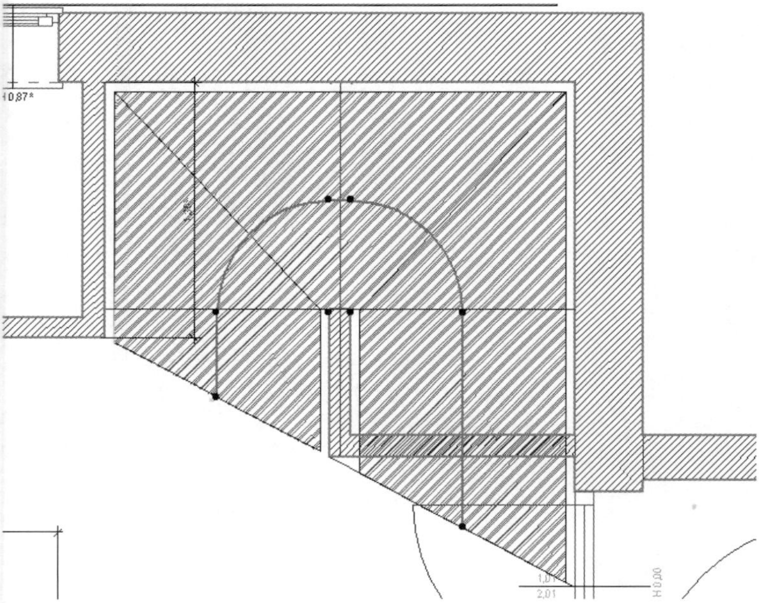

Abb. 17.23: Schraffur, Linien und Bögen für eigene Treppe

Die Schraffur wurde dann polygonal erzeugt. Es soll später aus dieser Schraffur eine Holztreppe mit seitlichen Wangen hervorgehen. Deshalb wurden nach Erstellen der Schraffur aus den Wandpunkten noch Änderungen vorgenommen. Die Kanten der Schraffur, wo später Wangen erstellt werden, wurden nämlich um die Wangenbreite verschoben. Dazu können Sie in der PET-PALETTE die Funktion KANTE VERSETZEN gut verwenden und dann im TRACKER-FENSTER den exakten Abstand **0,05** eingeben.

Die Lauflinie erstellen Sie am besten mit dem LINIE-Werkzeug, indem Sie die Mittelpunkte der schrägen Hilfslinien verbinden und zunächst eckig zeichnen. Dann wählen Sie die entstandenen drei Linien und rufen ABRUNDEN/ABSCHRÄGEN aus der STANDARD-Symbolleiste auf, geben als Radius **0,6** ein und runden damit die Ecken ab. Das Ergebnis zeigt Abbildung 17.23. Sie dürfen für die Lauflinie keine Polylinie verwenden. Haben Sie doch aus Versehen eine solche erstellt, müssen Sie sie wieder zerlegen. Dafür gibt es die Funktion BEARBEITEN|VEREINIGEN & ZERLEGEN|IM AKTUELLEN AUSSCHNITT ZERLEGEN. Zeichnen Sie die Lauflinien *nicht* über einzelne Linien und tangentiale Bögen mit Hilfe der PET-PALETTEN. Das resultiert in der Regel in ungültigen Lauflinien. Die Lauflinie darf auch nicht aus gruppierten Elementen bestehen. Mit BEARBEITEN|GRUPPIEREN|GRUPPE AUFLÖSEN können Sie Gruppen wieder zerlegen.

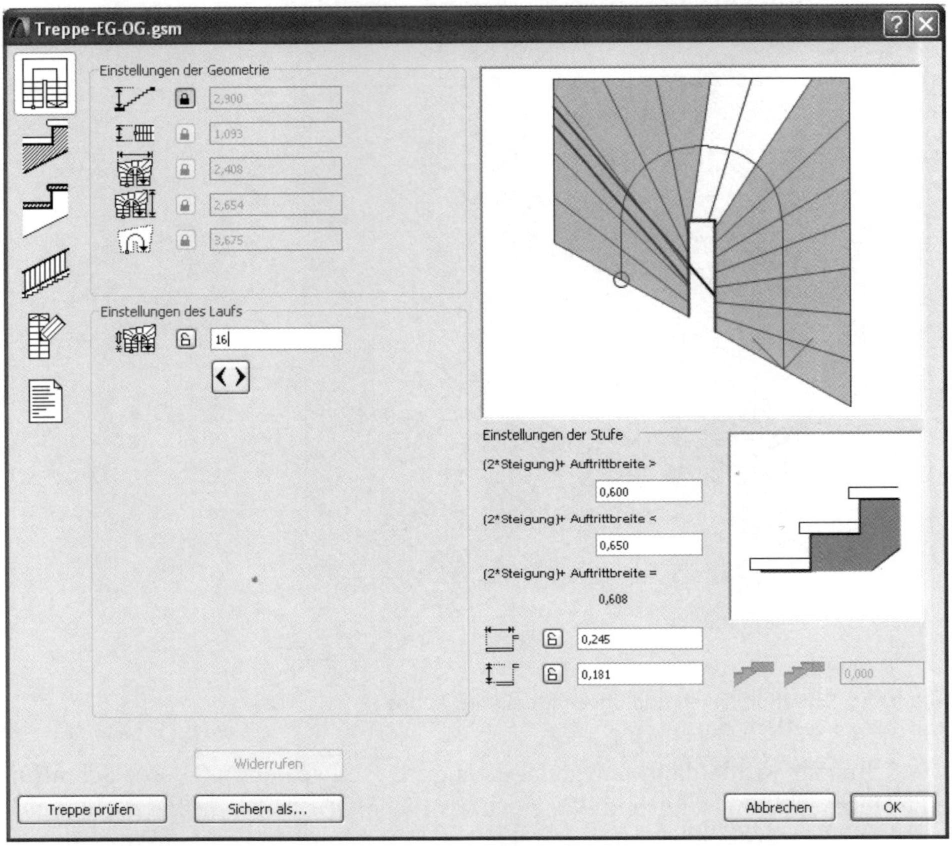

Abb. 17.24: Parameter der eigenen Treppe

Dann wählen Sie die Schraffur und die Linien und Bögen für die Lauflinie und starten den Befehl PLANUNG|TREPPE MIT AUSWAHL ERSTELLEN. Abbildung 17.24 zeigt die Parameter für diese Treppe. Ggf. müssen Sie den Bereich für das Verziehen der Stufen etwas variieren. Klicken Sie in die nächste weiße Stufe, um den Verzugsbereich zu vergrößern oder klicken Sie in die vorletzte schwarze Stufe, um den Verziehungsbereich zu verkleinern. Richten Sie noch das Geländer passend für die Innenseite ein und stellen Sie die Farben für Wangen und Stufen ein. Klicken Sie auf die Schaltfläche TREPPE PRÜFEN, um die Konsistenz zu überprüfen. Dann können Sie mit OK beenden und die Treppe mit einem eigenen Namen speichern. Die Treppe ist ggf. leichter zu erstellen, wenn Sie die Kontur an der Schnittlinie mit der inneren Wand etwas abrunden. Als Wangenbreite sollten Sie wie oben vorgesehen **5** cm wählen.

Abb. 17.25: Treppe fast fertig

Noch ist die Treppe aber nicht ganz fertig. Die Mittelwand der Treppe muss noch verkürzt werden, damit die Treppe hindurchgeht. Das kann einfach durch Verschiebung des Endpunkts geschehen. Die Wand mit der Tür zum Kellerabgang ist aber noch zu hoch. Sie muss nach oben verkürzt werden. Das kann einfach über Änderung der individuellen Wandhöhe geschehen (2,30 m) oder mit den SOLID-ELEMENT-BEFEHLEN.

Sie finden diese SOLID-ELEMENT-BEFEHLE unter PLANUNG|VERBINDEN|SOLID-ELEMENT-BEFEHLE. Gehen Sie folgendermaßen vor:

1. Markieren Sie die Wand.
2. Klicken Sie auf die Schaltfläche ZIELELEMENTE ÜBERNEHMEN.
3. Markieren Sie die Treppe.
4. Klicken Sie auf die Schaltfläche OPERATORELEMENTE ÜBERNEHMEN.
5. Wählen Sie die Funktion ABZUG MIT VERLÄNGERUNG NACH OBEN.
6. Klicken Sie auf AUSFÜHREN.
7. Das Wandende oben verschwindet dann, und Sie können den Funktionsdialog schließen.

Alternativ könnten Sie auch die Wand markieren, eine Kante anklicken und in der Pet-Palette die Funktion Höhe strecken aufrufen, um die Wand niedriger zu machen.

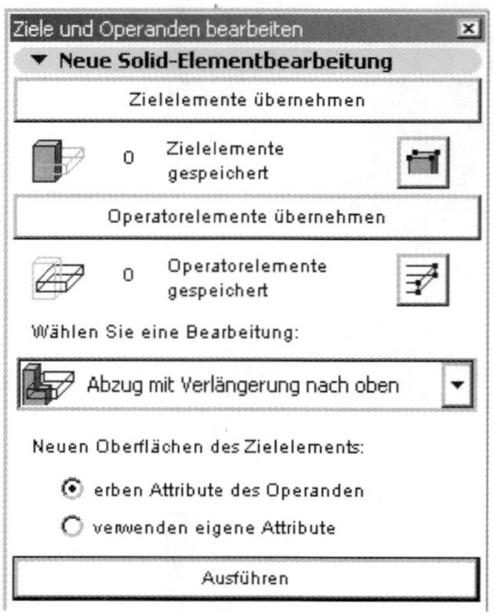

Abb. 17.26: Wand durch Treppe beschneiden

Als Nächstes soll die Kellerdecke erstellt werden. Schalten Sie dazu das Kellergeschoss transparent, damit Sie auch die Wände vom Balkon und Hauseingang sehen können. Sie machen das am schnellsten mit Rechtsklick auf den Keller im Navigator und Aufruf der Funktion Dieses Geschoss transparent machen. Dann verwenden Sie das Decken-Werkzeug im Erdgeschoss. Stellen Sie die Dicke **0,20 m** ein und konstruieren Sie die Decke polygonal.

Sie sollten auch gleich für die Kellertreppe innen den Ausschnitt konstruieren. Schalten Sie das Decken-Werkzeug am besten auf die Geometriemethode Rechteck. Dann markieren Sie die fertige Decke und klicken eine Ecke oder einen Rand an, um die Pet-Palette zu erhalten. Darin wählen Sie die Funktion Vom Polygon abziehen und klicken zwei diagonale Ecken des Kellerdurchbruchs auf.

Nun sollen die Stützen für den Balkon gesetzt werden. Rufen Sie das Stützen-Werkzeug auf und geben Sie die Abmessungen (Abbildung 17.27) ein und geben Sie vor allem an, mit welcher Ecke Sie die Stütze positionieren wollen.

Zeichnen Sie die Wände für den Balkon mit der Höhe 1 m. Zeichnen Sie auch die übrigen Wände für den Eingang mit einer Höhe von 2,55 m. Tür und Fenster fügen Sie wie gewohnt ein.

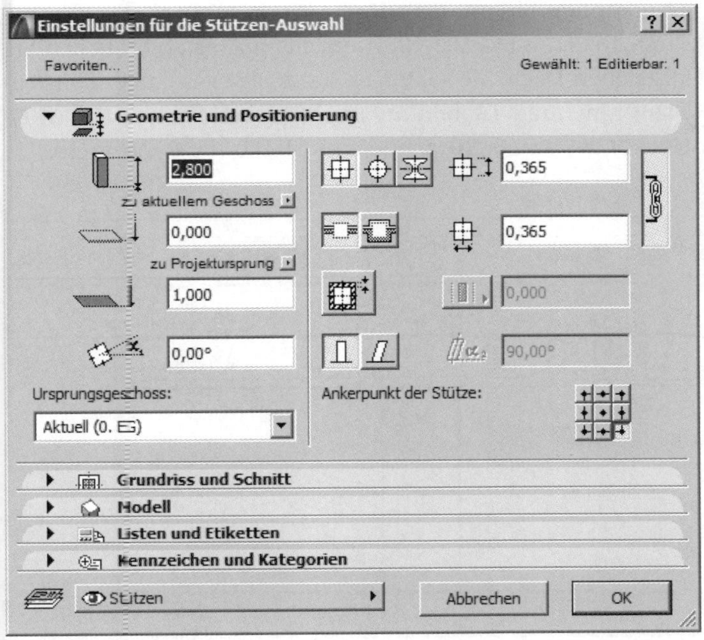

Abb. 17.27: Die Stützen für den Balkon

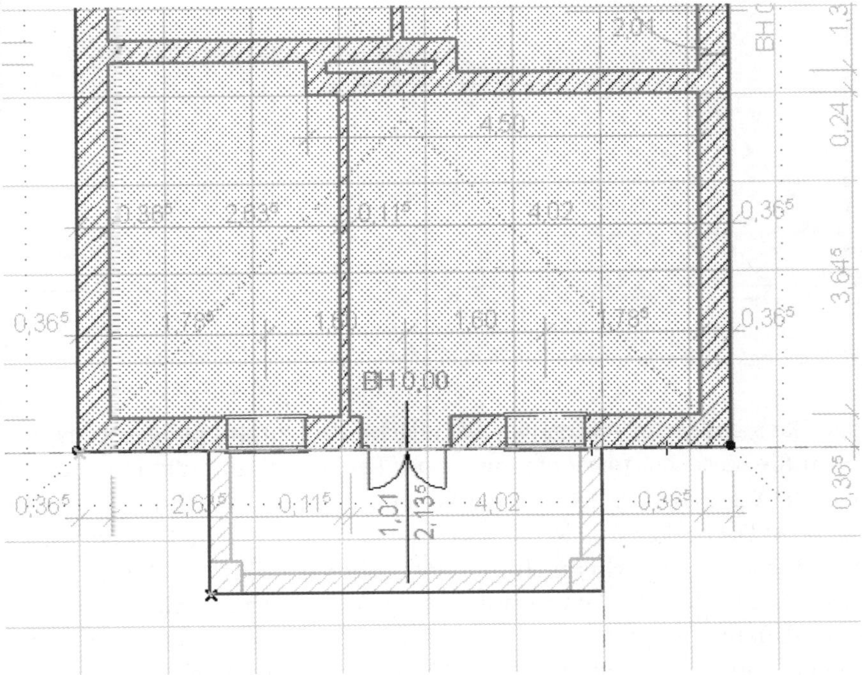

Abb. 17.28: Stützen und Balkonwände

Die Eingangsüberdachung können Sie mit dem DACH-Werkzeug und der Geometriemethode MULTIFLÄCHEN/RECHTECKIG MIT GRAT erstellen. An sich brauchen Sie ein abgeschnittenes Multiflächen-Dach. Sie sollten es erst mal etwas länger konstruieren, so dass es in das Haus hineinragt (Abbildung 17.29). Geben Sie eine DACHNEIGUNG von **`11°`**, einen ÜBERSTAND von **`0,30 m`** und eine Stärke von **`0,20 m`** ein.

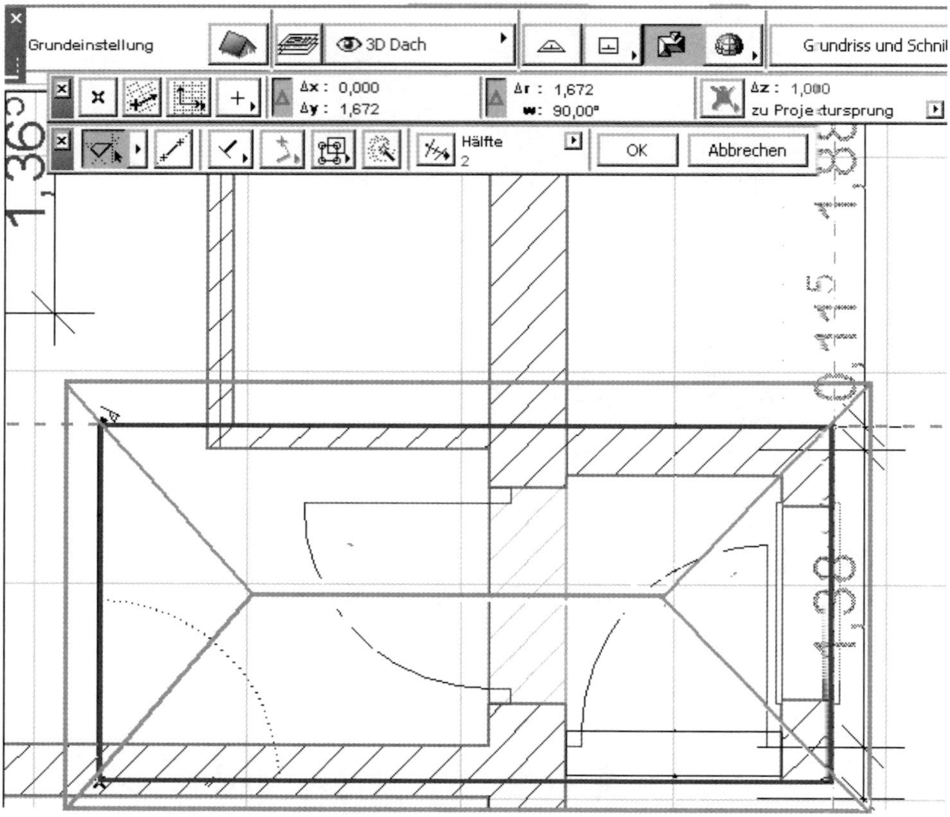

Abb. 17.29: Die Eingangsüberdachung

Das fertige Dach bildet mit seinen vier Dachflächen ein zusammengesetztes Element. Lösen Sie diese Zusammenfassung über Rechtsklick und die Funktion IN EINZEL-DACHFLÄCHEN ZERLEGEN auf. Sie können nämlich danach die ins Haus hineinragenden Dachecken mit dem Cursor und gefangenen Schnittpunktpositionen so verschieben, dass nichts mehr hineinragt in das Gebäude. Markieren Sie jede der vier Dachflächen, klicken Sie auf die Ecke und verwenden Sie von der PET-PALETTE die Funktion KNOTENPUNKT VERSCHIEBEN und schieben Sie den Knotenpunkt auf den Schnittpunkt mit der Wand. So können Sie das Dach anpassen. Die dreieckige Dachfläche, die komplett im Gebäude liegt, löschen Sie natürlich.

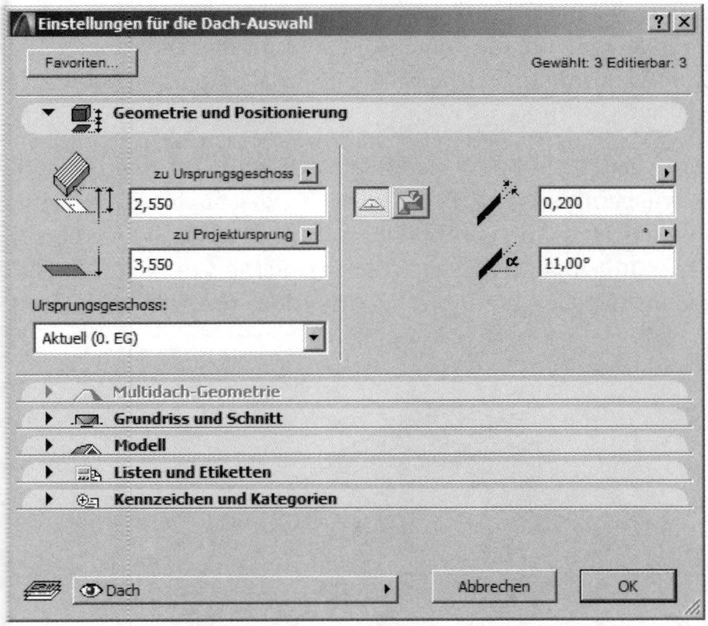

Abb. 17.30: Einstellungen für Eingangsdach

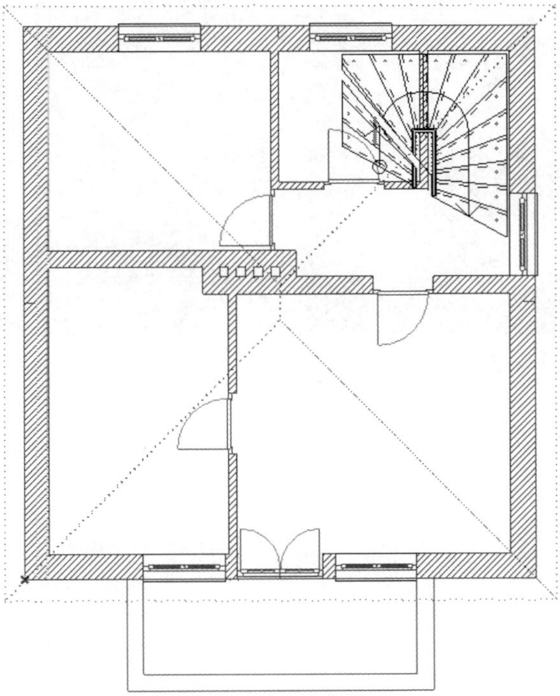

Abb. 17.31: Wände und Fenster im Obergeschoss

Im Obergeschoss können Sie über die Transparentpause wieder die Positionen aus dem Erdgeschoss verwenden, um die Wände zu konstruieren. Die Fenster und Türen liegen meist auf Wandmitten, teilweise auch am Wandende (Abbildung 17.31, Abbildung 17.33).

Das Dach erstellen Sie wieder als MULTIFLÄCHEN-Dach und mit der Methode RECHTECKIG MIT GRAT wie beim Eingang. Probieren Sie selbst auch noch Schnitte aus und analysieren Sie das Haus in 3D (Abbildung 17.32), indem Sie die einzelnen Geschosse auswählen mit ANSICHT|ELEMENTE IN 3D|ELEMENTE IN 3D FILTERN. Damit können Sie Geschoss für Geschoss Ihre Konstruktion studieren (Abbildung 17.33).

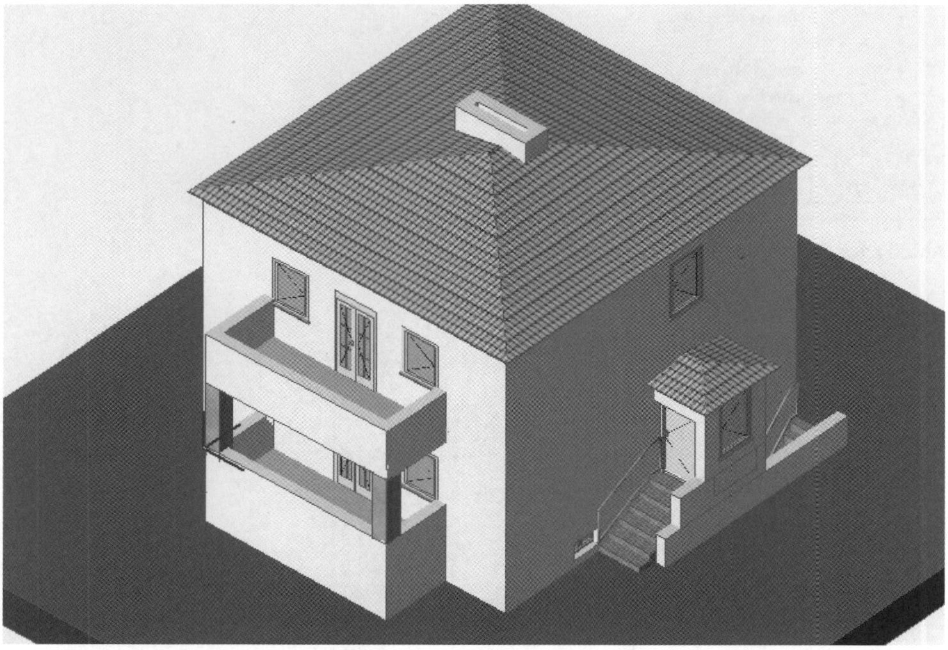

Abb. 17.32: Das Haus im Übersichtsbild

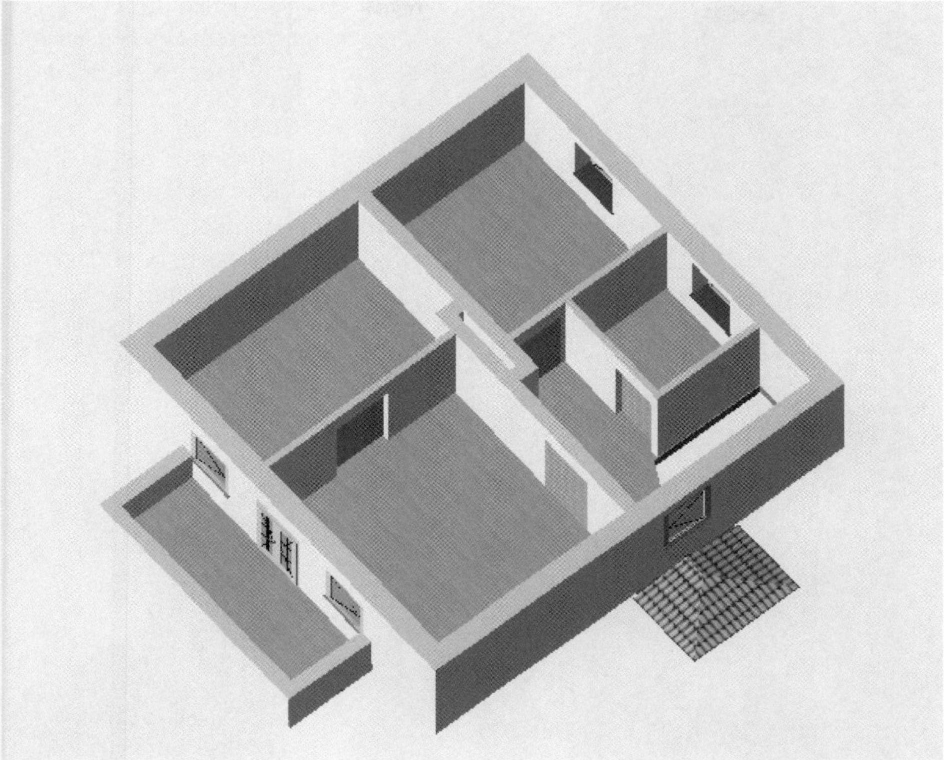

Abb. 17.33: Nur Elemente des Obergeschosses

17.1 Übungsfragen

1. Wo werden die Geschosshöhen eingegeben?
2. Wie geben Sie relative Positionen von einem Elementfang (ggf. mit [E] [Enter]) aus ein?
3. Wo finden Sie das Werkzeug zum Trimmen?
4. Wo finden Sie die Funktion zum Kopieren aller Wände eines Geschosses in ein anderes Geschoss?
5. Wie wird das Gelände (FREIFLÄCHE) aus dem Kellerbereich entfernt?
6. Was ist bei der Grundrissdarstellung des Kellers zu beachten?
7. Wie erstellt man eine beliebig geformte Treppe?
8. Wie kann man ein Gebäude in einer 3D-Ansicht geschossweise anzeigen lassen?

Fragen und Antworten

A.1 Kapitel 1

A.1.1 Übungsfragen

1. Was bedeutet die Abkürzung BIM?
2. Wie lange läuft die Demoversion?
3. Was können Sie nicht mit der Demoversion tun?
4. Welches Betriebssystem brauchen Sie für ArchiCAD 16?
5. Welche RAM-Speichergröße ist mindestens erforderlich?
6. Wo liegt der Nullpunkt der Konstruktion beim Start und wie wird er angezeigt?
7. Was sind die wichtigsten Werkzeuge in der Hilfsmittelleiste?
8. Wie wird das Fangen existierender Punkte angezeigt?
9. Wo liegen die Werkzeuge zum Einschalten von Hilfslinien und Tracker?
10. Womit können Sie die Parameter der Konstruktionselemente einstellen?

A.1.2 Antworten

1. BIM bedeutet Building Information Model und hat zur Folge, dass in Ihrer Konstruktion Konstruktionselemente verwendet werden, deren Parameter jederzeit verfügbar sind, direkt über Listen eingesehen und ausgewertet werden können. Änderungen in den Elementlisten bewirken durch die assoziative Zuordnung Änderungen in der Konstruktion.
2. Die Demoversion hat keine zeitliche Begrenzung.
3. Mit der Demoversion können Sie nicht speichern, kopieren oder mit den Teamwork-Funktionen arbeiten.
4. Als Betriebssysteme können Windows 7, Windows XP oder Windows Vista und auf dem Macintosh Mac OS X 10.6 und 10.7 verwendet werden.
5. Mindestens 3 GB RAM-Speicher, 2 GB bei 32 Bit.
6. Der Nullpunkt liegt beim Start mitten auf der Zeichenfläche und wird durch ein kleines fettes Kreuz markiert.
7. In der HILFSMITTELLEISTE am unteren Rand liegt ganz links die Schaltfläche zum Aktivieren des NAVIGATORS. Dann folgen die Maßstabseinstellungen. Von Mitte bis rechts finden Sie diverse Zoom-Funktionen.

8. Das Fangen existierender Punkte wird durch ein Häkchen angezeigt.
9. Sie finden Sie in der Mitte der STANDARD-Symbolleiste.
10. Die Parameter eines Elements finden Sie teilweise im INFOFENSTER. Zugriff auf den kompletten Umfang erhalten Sie, wenn Sie den EINSTELLUNGSDIALOG mit dem ersten Button im INFOFENSTER des Werkzeugs anklicken.

A.2 Kapitel 2

A.2.1 Übungsfragen

1. Welches sind die wichtigsten Strukturelemente in der PROJEKTMAPPE?
2. Nennen Sie die wichtigsten Paletten.
3. Wofür verwendet man die NAVIGATOR-VORSCHAU?
4. Was kann mit SCHNELL-OPTIONEN eingestellt werden?
5. In welcher Ansicht erreichen Sie den 3D-RUNDGANG?
6. Wie zeigt das PFEIL-Werkzeug an, dass es auf einem Punkt oder einer Kante einrastet?
7. Welche drei Zoom-Optionen können Sie mit der Maus bedienen?
8. Was bedeutet ALS TRANSPARENTPAUSE ANZEIGEN?
9. Mit welchem Hilfsmittel stellen Sie am einfachsten die Ansicht im 3D-Fenster ein?

A.2.2 Antworten

1. Die wichtigsten Strukturelemente in der PROJEKTMAPPE sind die GESCHOSSE, die SCHNITTE und ANSICHTEN, die DETAILS, das 3D-Fenster und die ELEMENTLISTEN.
2. Wichtige Paletten sind: WERKZEUGKASTEN, INFOFENSTER, KOORDINATEN-Palette, KONTROLLFENSTER, NAVIGATOR und SCHNELL-OPTIONEN
3. In der NAVIGATOR-VORSCHAU können Sie für 3D-FENSTER|ALLGEMEINE AXONOMETRIE bequem die Ansichtsrichtung mit der Option VON OBEN ZEIGEN einstellen.
4. In den SCHNELL-OPTIONEN stellen Sie folgende Dinge ein: die EBENENKOMBINATION, den MAẞSTAB, die STRUKTURDARSTELLUNG, das STIFT-SET, die MODELLDARSTELLUNG KOMBINATION, den UMBAU-FILTER und die BEMAẞUNGSEINSTELLUNGEN.
5. In der Ansicht ALLGEMEINE PERSPEKTIVE mit ANSICHT|3D-RUNDGANG oder F3.
6. Wenn das PFEIL-Werkzeug auf einem Punkt einrastet, erscheint ein *Häkchen*, wenn Sie auf einer Kante einrasten, wird ein *Mercedesstern* gezeigt.
7. Auf der Maus gibt es drei Zoom-Funktionen: *Mausrad rollen* ergibt ein dynamisches Vergrößern und Verkleinern, *Mausrad drücken* und *Maus bewegen* bewirkt

ein Verschieben der Ansicht und ein *Doppelklick* auf das Mausrad bewirkt ein Zoomen auf die gesamte Zeichnung.

8. Eine *transparente Projekt-Sicht* kann in einer aktiven Ansicht in roter Farbe sichtbar gemacht werden.
9. Die 3D-Ansicht manipulieren Sie am bequemsten mit dem Werkzeug ORBIT.

A.3 Kapitel 3

A.3.1 Übungsfragen

1. Wo liegt das Werkzeug zum Festlegen eines individuellen Benutzer-Koordinatenursprungs?
2. Wie schalten Sie wieder auf den Projektursprung zurück?
3. Was ist der Unterschied zwischen dem Konstruktionsraster und dem Fangraster (auch als Rasterfang bezeichnet)?
4. Welches der Raster kann auch ein Nebenraster haben?
5. Nennen Sie die vier wichtigen Fangpunkt-Einstellungen.
6. Wie können Sie eine Koordinate fixieren?
7. Welche relativen Konstruktionsmethoden gibt es?
8. Wie wird der Elementfang aktiviert?

A.3.2 Antworten

1. In der Symbolleiste STANDARD, in der Symbolleiste ZEICHENHILFEN, in der Palette KOORDINATEN.
2. Durch Doppelklick aufs Werkzeug BENUTZERURSPRUNG SETZEN.
3. Das KONSTRUKTIONSRASTER kann mit [F8] sichtbar gemacht werden und es kann aus Haupt- und Nebenrastern bestehen. Die Voreinstellung ist 1 x 1 Meter. Das FANGRASTER ist nicht sichtbar und meist enger als das Konstruktionsraster. Die Voreinstellung ist 1 x 0,5 Meter.
4. KONSTRUKTIONSRASTER.
5. HÄLFTE, TEILUNGEN, PROZENT, ABSTAND.
6. Durch Einrasten auf horizontalen oder vertikalen Hilfslinien oder durch Eingabe und Festlegen im TRACKER.
7. LOTRECHT, PARALLEL, WINKELHALBIEREND, ABSTAND, WIEDERHOLTER VERSATZ, BESONDERE FANGPUNKTE AUF REFERENZVEKTOR, ZUR OBERFLÄCHE AUSRICHTEN (3D).
8. Mit dem Werkzeug ELEMENTFANG in den Symbolleisten STANDARD oder ZEICHENHILFEN.

A.4 Kapitel 4

A.4.1 Übungsfragen

1. Welche zweidimensionalen Geometrieelemente kennen Sie?
2. Welche Geometriemethoden gibt es beim KREIS-Werkzeug?
3. Welche Segment-Übergänge gibt es bei der POLYLINIE in der PET-PALETTE?
4. Was ist charakteristisch für eine SPLINE-Kurve?
5. Welchen Geometriemethoden gibt es bei SCHRAFFUREN?
6. Erscheint ein FIXPUNKT im Plot?

A.4.2 Antworten

1. LINIE, KREIS, POLYLINIE, SPLINE, FIXPUNKT, SCHRAFFUR.
2. KREIS (MITTELPUNKT UND RADIUS), KREIS (3 PUNKTE), KREIS (TANGENTEN), ELLIPSE (DIAGONALE), ELLIPSE (HALBE DIAGONALE), ELLIPSE (ELLIPSENRADIEN).
3. GERADE KANTE, BOGEN TANGENTIAL ZUM VORHER GEZEICHNETEN ELEMENT, BOGEN MIT DEFINIERTER TANGENTE, BOGEN DURCH 3 PUNKTE, BOGEN MIT MITTELPUNKT.
4. Es ist eine glatte Kurve durch gegebene Stützpunkte.
5. POLYGON, RECHTECK, GEDREHTES RECHTECK.
6. Nein.

A.5 Kapitel 5

A.5.1 Übungsfragen

1. Welche Geometriemethoden gibt es für Wände?
2. Welche Optionen hat die lineare Wand?
3. Welche Querschnitte gibt es für Wände?
4. Womit wird bei Fenstern die Anschlagrichtung spezifiziert?
5. Wie kann die Öffnungsrichtung der Tür (nach innen/nach außen) geändert werden?
6. Wo wird ein Deckenelement platziert?
7. Wie konstruieren Sie einen Deckendurchbruch?
8. Welche Dach-Formen gibt es?
9. Wie wird ein Dach im 3D-Fenster erstellt?
10. Was ist die Vorbedingung für das Anpassen von Wänden an Dächer?

A.5.2 Antworten

1. GERADE, GEKRÜMMT, TRAPEZ, POLYGON.
2. EINFACH, POLY, RECHTECK, RECHTECK GEDREHT.
3. GERADE, GENEIGT, TRAPEZ, PROFIL.
4. Mit dem *Augen-Cursor.*
5. Mit der Option Spiegeln im EINSTELLUNGSDIALOG.
6. Unter dem aktuellen Geschoss.
7. Aktivieren Sie für die Decke die PET-PALETTE, wählen Sie das Werkzeug VOM POLYGON ABZIEHEN und zeichnen Sie das Polygon für den Durchbruch.
8. Es gibt zwei Geometriemethoden: EINZELFLÄCHEN und MULTIFLÄCHEN. Für EINZELFLÄCHEN gibt es die Konstruktionsmethoden KOMPLEXES DACH, RECHTECKIG, RECHTECK GEDREHT. Für MULTIFLÄCHEN existieren die Konstruktionsmethoden KOMPLEXES DACH, RECHTECKIG MIT GRAT/GIEBEL und RECHTECK GEDREHT MIT GRAT/GIEBEL.
9. Beim EINZELDACH mit Konstruktionsmethode KOMPLEXES DACH geben Sie *drei Punkte* für die Lage der *Dachebene* ein, dann die *Punkte für das Polygon* der Dachumgrenzung.
10. Die Wand muss vor dem Anpassen/Trimmen über das Dach hinaus gestreckt werden, z.B. mit dem Werkzeug HÖHE STRECKEN aus der PET-PALETTE.

A.6 Kapitel 6

A.6.1 Übungsfragen

1. Wie erhalten Sie Element-Informationen?
2. Wie wird signalisiert, dass mehrere Elemente übereinander liegen?
3. Wie arbeiten Sie mit der SCHNELLAUSWAHL?
4. Womit fügen Sie Elemente zur Auswahl hinzu?
5. Wie sieht der geschossübergreifende Markierungsrahmen aus?
6. Was ist das Universalwerkzeug zum Bearbeiten?
7. Wie verschieben Sie Elemente am schnellsten?
8. Was bietet die Bearbeitungsfunktion MULTIPLIZIEREN?
9. Zu welcher Funktion gehört der Scheren-Cursor?
10. Womit erstellen Sie aus 2D-Geometrie normale Elemente wie Wände oder Decken?

A.6.2 Antworten 6

1. Durch Anfahren mit dem PFEIL-Werkzeug.
2. Es wird die Meldung MEHRERE ELEMENTE (TAB) angezeigt.
3. Es wird in die Fläche des Elements hineingeklickt.
4. Mit ⇧ und Anklicken
5. Gestrichelt und fett.
6. Pet-Paletten.
7. Objekt markieren und gleich Maustaste gedrückt lassen und verschieben.
8. Sie erstellen mit dieser Funktion regelmäßige Anordnungen durch mehrfaches lineares Verschieben, Drehen, Verschieben in der Höhe und Anordnen in Form einer Matrix.
9. Der *Scheren-Cursor* erscheint beim Trimmen.
10. Mit dem Zauberstab.

A.7 Kapitel 7

A.7.1 Übungsfragen

1. Wie viele vordefinierte Typen von Treppen gibt es?
2. Wie können Sie Treppenparameter fixieren?
3. Aus welchen Elementen wird eine benutzerdefinierte Treppe erstellt?

A.7.2 Antworten

1. 17
2. Mit einem Klick auf das Schloss-Symbol.
3. Aus einer Schraffur und Linien und Bögen für die Lauflinie.

A.8 Kapitel 8

A.8.1 Übungsfragen

1. Wie viele Geometriemethoden gibt es für Fassaden und wie heißen sie?
2. Kann die Fassade geneigt sein?
3. Welche Elemente nennt man Pfosten und Riegel?
4. Welche Bestandteile können im Bearbeitungsmodus einzeln sichtbar gemacht und bearbeitet werden?
5. Welche Arten von Paneelen können Sie auswählen?
6. Was bedeutet die Mehrfachauswahl von Profilelementen?

A.8.2 Antworten

1. Die sieben Geometriemethoden sind:
   - EINZELLINIE
   - POLYLINIENKONTUR
   - KREISBOGEN ÜBER MITTELPUNKT UND RADIUS
   - KREISBOGEN ÜBER DREI PUNKTE
   - KREISBOGEN ÜBER ZWEI TANGENTEN
   - KREISBOGEN MIT LIEGENDER ACHSE
   - RANDPROFIL
2. Ja, es können Neigungswinkel abweichend von 90° eingegeben werden.
3. *Pfosten* heißen die senkrechten Elemente des Fassadenrasters, *Riegel* die waagerechten.
4. Die Elemente im Bearbeitungsmodus sind SCHEMA, PROFIL, PANEEL, HALTERUNG und ZUBEHÖR.
5. Es gibt neben dem Standard-Paneel die Paneel-Arten *Fenster* (mit einem oder zwei Flügeln), *Tür* (mit einem oder zwei Flügeln), *Drehtür, Schiebetür, Kasten und Eck-Paneel.* Auch eine Option für eigene Paneel-Definitionen ist vorhanden.
6. Mit der Mehrfachwahl können Sie mehrere parallele Pfosten- oder Riegel-Elemente wählen oder auch mehrere fluchtende.

A.9 Kapitel 9

A.9.1 Übungsfragen

1. Welche Arten von Morph-Elementen gibt es?
2. Welche Geometriemethoden erzeugen Volumenkörper?
3. Mit welchen Funktionen können organische Formen erzeugt werden?
4. Welches sind die Boole'schen Operationen?
5. Welches Pfeil-Symbol steht für Unterelementwahl?

A.9.2 Antworten

1. Es gibt die Geometriemethoden POLYGONAL, RECHTECKIG und GEBOGEN, QUADER und ROTATION.
2. Volumenkörper werden mit der Methode QUADER erzeugt und mit der Methode ROTATION, sofern das Profil geschlossen ist.
3. Die Funktionen KANTEN GLÄTTEN UND VEREINIGEN, FLÄCHEN GLÄTTEN UND VEREINIGEN und die Pet-Funktion AUSBEULEN generieren organische Formen.

4. Die Boole'schen Operationen sind VEREINEN, ABZIEHEN und VERSCHNEIDEN.
5. Unterelemente werden mit dem weißen Pfeil gewählt, Elemente mit dem grauen Pfeil.

A.10 Kapitel 10

A.10.1 Übungsfragen

1. Was bedeutet assoziative Bemaßung?
2. Welche Bemaßungswerkzeuge gibt es?
3. Welche Option im Bemaßungswerkzeug generiert die hochgestellte Fünf für halbe Zentimeter?
4. Welche KONSTRUKTIONSMETHODE aus LINEAR, ANWACHSEN, ABSCHNITT oder HÖHENBEMAßUNG bei der LINEAREN BEMAßUNG entspricht der normalen Architekturbemaßung?
5. Welche geometrischen Methoden gibt es bei der linearen Bemaßung?
6. Aus welchen Teilen besteht ein Bemaßungselement?
7. Wie unterscheiden sich assoziative und nicht-assoziative Bezugspunkte?
8. Welche Bemaßung wenden Sie in SCHNITTE und ANSICHTEN in z-Richtung an?
9. Wie lautet das Menü für automatische Bemaßung?
10. Was bedeutet beim Text die Option PAPIER-GRÖßE?

A.10.2 Antworten

1. Die Bemaßung ist den bemaßten Elementen zugeordnet und ändert sich bei Modifikation der Elemente.
2. BEMAßUNG LINEAR, WINKELBEMAßUNG, HÖHENBEMAßUNG, RADIALBEMAßUNG.
3. RUNDUNGSINTERVALLE.
4. LINEAR.
5. NUR X-Y, JEDE RICHTUNG, BOGENLÄNGE.
6. Maßwert, Bemaßungslinie, Marker, Maßhilfslinien und Bezugspunkte.
7. Assoziative Bezugspunkte sind rund, nicht-assoziative quadratisch.
8. HÖHENBEMAßUNG mit dem Höhenkoten-Symbol.
9. DOKUMENTATION|DOKUMENTATION EXTRAS|AUTOMATISCHE BEMAßUNG| AUßENBEMAßUNG bzw. |INNENBEMAßUNG.
10. Die Texthöhe wird relativ zum Ausgabemedium fixiert.

A.11 Kapitel 11

A.11.1 Übungsfragen

1. Welche Konstruktionsmethoden gibt es für Raumstempel?
2. Sind Raumflächen in 3D sichtbar?
3. Wo finden Sie die Funktion zum Anpassen von Raumflächen nach Wandverschiebungen?
4. Mit welchem Menü erstellen Sie eigene Raumkategorien?
5. Welches sind intelligente Listen, die mit den Elementen assoziiert sind?
6. Mit welcher Schaltfläche gestalten Sie eine Liste?

A.11.2 Antworten

1. MANUELL, INNENKANTE, KONSTRUKTIONSLINIE.
2. Ja, aber sie werden Sie erst sehen, wenn Sie nur diese Elemente fürs 3D-FENSTER herausfiltern oder die anderen Elemente wie Wände etc. über die Ebene als Drahtmodell darstellen lassen.
3. PLANUNG|RÄUME AKTUALISIEREN.
4. OPTIONEN|ELEMENT-ATTRIBUTE|RAUMKATEGORIEN.
5. Die ELEMENTLISTEN.
6. Mit der Schaltfläche SCHEMATA.

A.12 Kapitel 12

A.12.1 Übungsfragen

1. Worin besteht der Unterschied zwischen *Ansicht* und *Schnitt*?
2. Wie können Sie den horizontalen Schnittbereich einstellen?
3. Mit welchem Menü werden 3D-Schnitte erzeugt?
4. Wie wird eine Detailansicht erzeugt?
5. Was passiert mit den Elementen im Detailfenster?
6. Wie kann man Details bei Konstruktionsänderungen anpassen?
7. Welche Funktionen sind im 3D-DOKUMENT möglich?

A.12.2 Antworten

1. Eine *Ansicht* ist ein Schnitt außerhalb der Konstruktion mit unendlicher Schnitttiefe und Blickrichtung aufs Gebäude.
2. Es gibt die Einstellungen UNENDLICHE SCHNITTTIEFE, BEGRENZTE TIEFE oder KEINE TIEFE.

3. Unter ANSICHT|ELEMENTE IN 3D|3D-SCHNITTE.
4. Durch Aufziehen einer Box mit zwei diagonalen Punkten.
5. Sie werden in 2D-Geometrie zerlegt.
6. Übers Kontextmenü können Sie die Option ANHAND DES URSPRUNGS-AUSSCHNITTS NEU AUFBAUEN aufrufen.
7. Im 3D-DOKUMENT sind insbesondere die Funktionen aus dem Bereich DOKUMENTATION wie beispielsweise viele Bemaßungsfunktionen anwendbar.

A.13 Kapitel 13

A.13.1 Übungsfragen

1. Welche Mappen enthält der NAVIGATOR?
2. Wie wird der ORGANISATOR am schnellsten aufgerufen?
3. Wie richten Sie ein neues Masterlayout ein?
4. Wie richten Sie ein neues Layout ein?
5. Mit welchem Menü werden neue Plotter eingerichtet?
6. Welche Ausgabearten fasst man unter Publizieren zusammen?
7. Bei welchem Format kann man Markierungen außerhalb ArchiCAD erstellen?
8. Bei welchem Format sind auch 3D-Objekte möglich?

A.13.2 Antworten

1. PROJEKT-MAPPE, AUSSCHNITT-MAPPE, LAYOUTBUCH, PUBLISHER-SETS.
2. Über den Button PROJEKT-AUSWAHL links oben im NAVIGATOR.
3. Über Rechtsklick auf den MASTER-Knoten im LAYOUTBUCH.
4. Mit Rechtsklick auf den obersten Knoten im LAYOUTBUCH.
5. ABLAGE|PLOTTEREINSTELLUNG.
6. Drucken, Plotten und Ausgabe als Datei in verschiedenen Formaten.
7. Beim DWF-Format mit dem PROJEKT REVIEWER.
8. Beim PDF-Format.

A.14 Kapitel 14

A.14.1 Übungsfragen

1. Wo liegen die Projekteinstellungen?
2. Was können Sie bei den Projekteinstellungen für RAUMFLÄCHEN einstellen?

3. In welchem Menü werden die Geschosse eingestellt?
4. Wie viele transparente Geschosse gibt es?
5. Wo können Sie die Ebenen einstellen?
6. Welche Einstellungen gibt es für Ebenen?

A.14.2 Antworten

1. Unter OPTIONEN|PROJEKTPRÄFERENZEN.
2. Sie können für RAUMFLÄCHEN Berechnungsregeln für Nischen und Dachschrägen einstellen.
3. Unter PLANUNG|GESCHOSS-EINSTELLUNGEN.
4. Es kann immer nur *ein einziges* Geschoss oder *eine einzige* Ansicht transparent sein, also auf allen anderen Geschossen mit sichtbar sein.
5. Unter OPTIONEN|ELEMENT-ATTRIBUTE|EBENEN (MODELL).
6. Ein/Aus, Geschützt/Entsichert, 3D-Draht-Darstellung/3D-Schattierte Darstellung, Ebenen-Schnittmengengruppe.

A.15 Kapitel 15

A.15.1 Übungsfragen

1. Welche Rendering Engines gibt es in ArchiCAD?
2. Was ist für die Aufnahme einer Animation nötig?
3. Was ist eine Sonnenstudie?
4. Wo finden Sie die Sonnenstudie?
5. Wo ist Osten in der Konstruktion?

A.15.2 Antworten

1. Interne Engine, Lightworks Engine, Skizze, Z-Buffer.
2. Ein Kamerapfad.
3. Eine Sonnenstudie ist eine Animationsstudie bei fester Kameraposition mit variabler Sonnenposition und entsprechenden Schattenwürfen über einen bestimmten Zeitraum mit definiertem Ort und Datum.
4. Im Menü DOKUMENTATION|RENDERING, ANIMATION ETC.|SONNENSTUDIE ERSTELLEN.
5. Osten ist die x-Richtung.

A.16 Kapitel 16

A.16.1 Übungsfragen

1. Nennen Sie die vier Funktionen des BIM-SERVER KONTROLLCENTERS.
2. Was verwaltet der BIM-SERVER MANAGER?
3. Was versteht man unter Rollen?
4. Was sind die wichtigsten Präferenzen-Einstellungen?
5. Was bedeutet Reservierung?
6. Was bedeutet Freigabe?
7. Was bedeutet Zuweisen?
8. Wo wird eine farbige Zuordnung zu den Nutzern angeboten?

A.16.2 Antworten

1. Server starten, Server-Manager, Präferenzen, Verknüpfungen erstellen.
2. PROJEKTE, NUTZER, ROLLEN und BIBLIOTHEKEN.
3. Die Zugriffsrechte der verschiedenen Nutzer auf Projektelemente.
4. Die Pfade für Teamwork-Projekte und -Bibliotheken.
5. Der Nutzer kann das betreffende Element bearbeiten.
6. Andere Nutzer können sich die Elemente zur Bearbeitung reservieren.
7. Der Nutzer, dem das Element zugewiesen wurde, kann es bearbeiten, andere nicht.
8. In der TEAMWORK-Palette.

A.17 Kapitel 17

A.17.1 Übungsfragen

1. Wo werden die Geschosshöhen eingegeben?
2. Wie geben Sie relative Positionen von einem Elementfang (ggf. mit [E] [Enter]) aus ein?
3. Wo finden Sie das Werkzeug zum Trimmen?
4. Wo finden Sie die Funktion zum Kopieren aller Wände eines Geschosses in ein anderes Geschoss?
5. Wie wird das Gelände (FREIFLÄCHE) aus dem Kellerbereich entfernt?
6. Was ist bei der Grundrissdarstellung des Kellers zu beachten?
7. Wie erstellt man eine beliebig geformte Treppe?
8. Wie kann man ein Gebäude in einer 3D-Ansicht geschossweise anzeigen lassen?

A.17.2 Antworten

1. Am einfachsten nach Rechtsklick auf GESCHOSSE im NAVIGATOR, alternativ im Menü PLANUNG|GESCHOS-EEINSTELLUNGEN oder über [Strg]+[7].
2. Aktivieren Sie nach Anfahren des Elementfangs (Häkchen erscheint) den TRACKER mit **X** oder **Y** und tippen Sie den gewünschten Abstand gefolgt von + oder - ein, je nach gewünschter Richtung.
3. In der STANDARD-Symbolleiste oder über [Strg]+[Alt]+[Ü].
4. Im NAVIGATOR auf GESCHOSSE oder ein konkretes Geschoss rechtsklicken und die Option ELEMENTE NACH GESCHOSSEN BEARBEITEN wählen.
5. Die Freifläche aktivieren, nochmals anklicken und in der PET-PALETTE die Option VOM POLYGON ABZIEHEN wählen, um den nötigen Ausschnitt als geschlossenes Polygon zu zeichnen.
6. Die Fenster liegen in diesem Geschoss oberhalb der normalen Schnittebenenhöhe. Legen Sie diese Höhe mit DOKUMENTATION|GRUNDRISS-SCHNITTEBENE höher.
7. Voraussetzung dafür sind zwei Dinge: ein Schraffurgebiet und die Lauflinie der Treppe. Das Schraffurgebiet definiert den Treppenumriss in der Draufsicht. Die Lauflinie muss aus einzelnen Linien und Bögen (keine Polylinie) bestehen. Dann wählen Sie PLANUNG|TREPPE MIT AUSWAHL ERSTELLEN.
8. Mit der Menüfunktion ANSICHT|ELEMENTE IN 3D|ELEMENTE IN 3D FILTERN.

Unterschiede Windows – Mac und Tastaturkürzel

Da ArchiCAD unter zwei Betriebssystemen läuft, ergeben sich zwangsläufig einige kleine Unterschiede in der Bedienung. Ich will auf Unterschiede bei der Installation und Verwaltung der Daten hier nicht eingehen, weil dies im Benutzerhandbuch ausführlich geschieht. Hier sollen nur die kleinen Abweichungen zitiert werden, die bei der Bedienung mit den Sondertasten auftreten.

Windows	Mac OS
[Strg]	[⌘]
[Alt]	[⌥]
[ESC]	[ESC]
[⇧]	[⇧]

Die *Tastaturkürzel* erleichtern das tägliche Arbeiten bei häufig benutzten Funktionen. Sie finden diese Kürzel einerseits in den Menüfunktionen als zusätzliche Angabe. Andererseits gibt es eine Auflistung sämtlicher Tastaturkürzel unter dem Menüpunkt OPTIONEN|ARBEITSUMGEBUNG|TASTATURKÜRZEL über die Schaltfläche TASTATURKÜRZEL IM BROWSER ANZEIGEN LASSEN. Sie werden dort auch sehen, dass diese Kürzel unter verschiedenen Situationen unterschiedliche Auswirkung haben. Das Erlernen dieser Abkürzungen geschieht typischerweise während der täglichen Arbeit bei den meistbenutzten Aktionen anhand der Angaben in den Menüs.

Anhang C

Die Benutzeroberfläche im Detail

Beim Start wird standardmäßig die *Arbeitsumgebung* STANDARD-PROFIL 16 angeboten. Im Folgenden werden die Menüleiste, Symbolleisten und Paletten mit ihren wichtigsten Funktionen vorgestellt, um Ihnen einen schnellen Überblick und auch eine Nachschlagemöglichkeit zu bieten.

C.1 Die Standard-16-Arbeitsumgebung

Wenn Sie mit der *Arbeitsumgebung* STANDARD-PROFIL 16 gestartet haben, finden Sie folgende Leisten, Werkzeuge und Paletten auf dem Bildschirm:

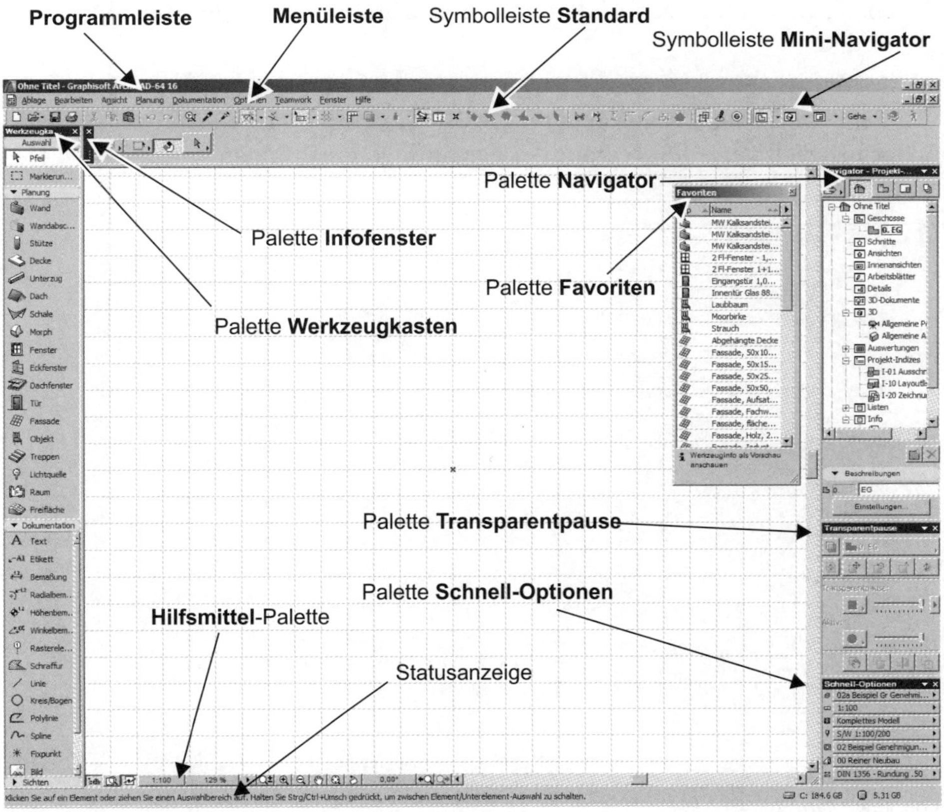

Abb. C.1: Arbeitsumgebung STANDARD-PROFIL 16

C.2 Die Menüleiste

Die Menüleiste mit ihren neun Menüs fast alle wichtigen ArchiCAD-Funktionen. Besonders wichtig sind dabei die Funktionen zur Einstellung der Arbeitsumgebung, die nur hier aufgerufen werden können. In der folgenden Übersicht wird eine kleine Charakterisierung der Menüs geboten, damit Sie ein Gefühl dafür bekommen, was wo zu finden ist.

Menü Ablage

Das ABLAGE-Menü dient der *Dateiverwaltung*. Hier können Projekte neu begonnen, gespeichert oder geöffnet werden. Es ist immer nur *ein* Projekt in Bearbeitung. Beim Öffnen eines anderen Projekts wird also das aktuelle geschlossen, natürlich mit einer Rückfrage, ob gespeichert werden soll.

Hier finden sich auch die Möglichkeiten zum *Import* von EXTERNEN DATEN. Dafür gibt es drei wichtige Möglichkeiten: HOTLINKS, *verschiedene Grafikformate* und EXTERNE REFERENZEN (DWG- und DWF-Dateien von AutoCAD).

- Hotlinks sind Verknüpfungen zu Geschossen aus anderen ArchiCAD-Projekten. Diese können nach Änderungen in den anderen Projekten hier aktualisiert werden.
- Mit ABLAGE|EXTERNE DATEN|EXTERNE ZEICHNUNGEN PLATZIEREN können Sie *diverse Zeichnungsformate* anderer CAD-Programme, *Plotdateien* oder *Rasterdaten* beispielsweise von gescannten Zeichnungen einbringen.

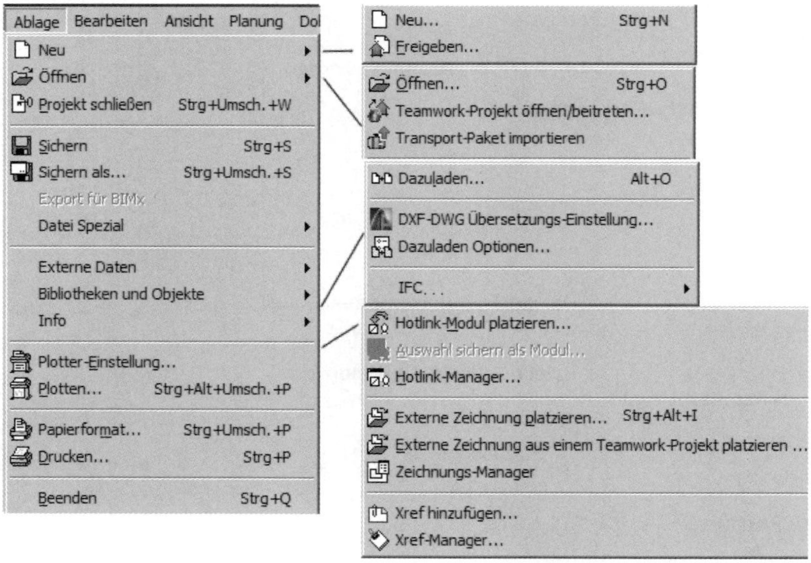

Abb. C.2: Menü ABLAGE

- Die externen Referenzen werden mit XREF EINFÜGEN hinzugefügt und können auch nach Änderungen der externen Dateien aktualisiert werden. Der XREF MANAGER bietet auch die Möglichkeit, diese Zeichnungsobjekte über VERBINDEN zu internen Objekten des aktuellen Geschosses zu machen.

Schließlich sind auch die *Ploteinstellung* und *Plotausgabe* in diesem Menü angesiedelt.

Menü Bearbeiten

Im BEARBEITEN-Menü liegen die Funktionen zur Arbeit mit der Zwischenablage (Kopieren, Einsetzen etc.). Aber auch viele *CAD-spezifische Bearbeitungsfunktionen* liegen hier in den Unterpunkten GRUPPIEREN, BEWEGEN, AUSRICHTEN, VERÄNDERN und VEREINIGEN. Unter ELEMENTEINSTELLUNGEN finden sich die interessanten Möglichkeiten, *Parameter* eines Konstruktionselements *aufzunehmen* und an andere Elemente zu *übergeben* (s.a. entsprechende Werkzeuge PIPETTE und SPRITZE in der Symbolleiste STANDARD).

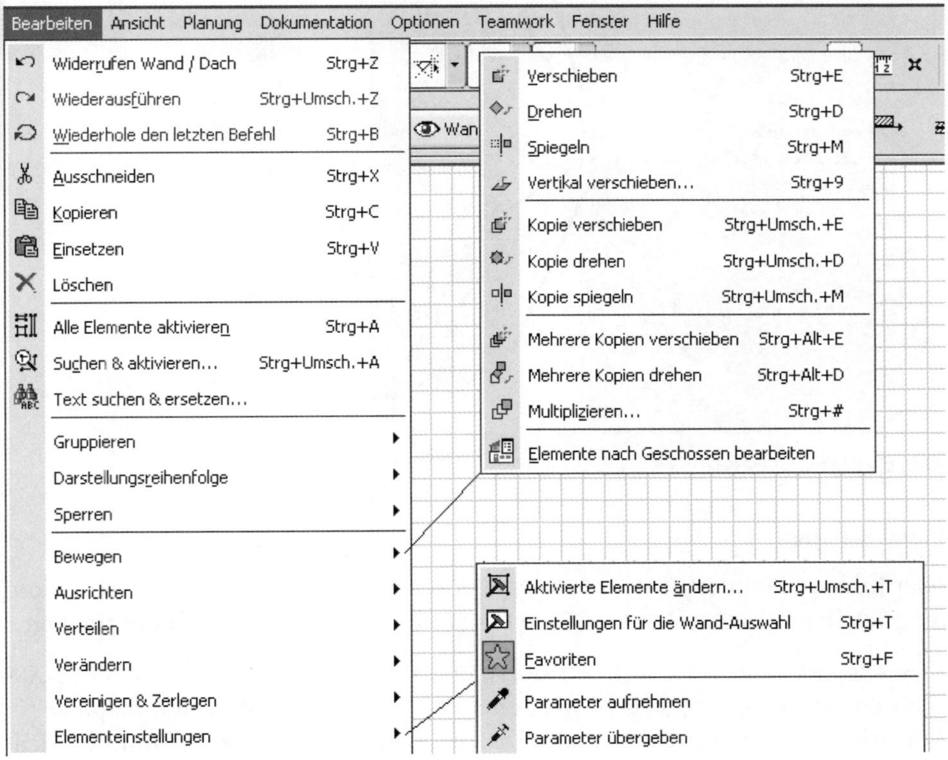

Abb. C.3: Menü BEARBEITEN

Menü Ansicht

Im Menü ANSICHT sind viele Einstellungen für die Konstruktionsarbeit enthalten wie die *Hilfslinien-*, *Fangpunkt-* und *Rastereinstellungen*. Auch die *Zoom*-Funktionen liegen hier, die *3D-Darstellung* und Funktionen zum *Neuaufbau* der Konstruktion. Bei Beginn eines Projekts und auch während der Arbeit sollten Sie hier oder über entsprechende Werkzeuge in der STANDARD-Symbolleiste die *Hilfslinien*, *Fangpunkte* und *Rastereinstellungen* steuern. Für das 3D-Fenster kann die Sichtbarkeit der aktuellen Arbeitsebene aktiviert werden.

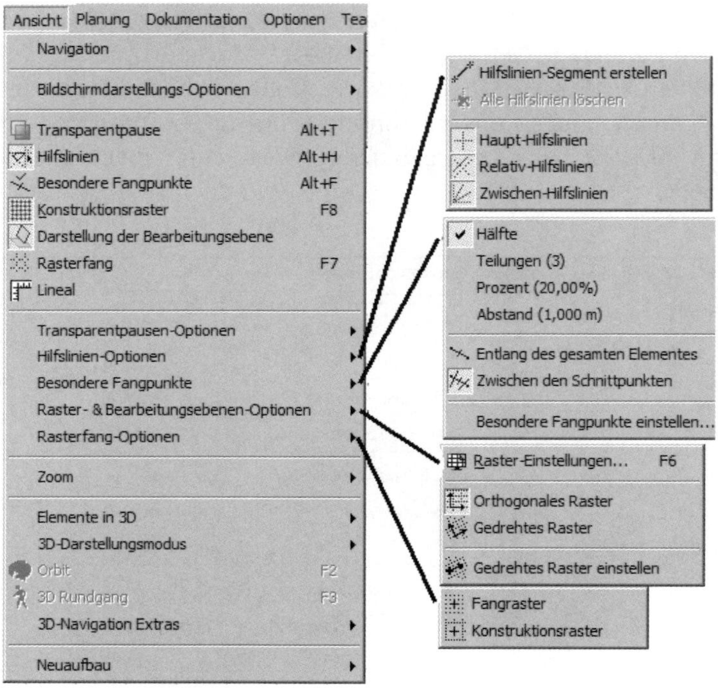

Abb. C.4: Menü ANSICHT

Menü Planung

Hier finden Sie unter PLANUNGSWERKZEUGE die Elemente für Ihre Konstruktion, die auch in der Palette WERKZEUGKASTEN am linken Rand zur Verfügung stehen.

Unter PLANUNGSHILFEN mit den SCHWERKRAFT-Optionen und den EINSCHRÄNKUNGEN *der Bewegung* liegen wertvolle Zeichenhilfen, mit denen Bauteile *in Schwerkraftrichtung* auf Decken oder Dächer positioniert oder in bestimmter Richtung bewegt werden können wie *lotrecht* oder *parallel*. Mit der Funktion BENUTZERURSPRUNG setzen Sie den Nullpunkt der Koordinaten auf eine eigene Position abweichend vom Projektursprung. Die Funktion MAß bietet einmal die Möglichkeit zum Messen von Abständen, wenn Sie *zwei* Positionen anklicken, oder eine

Flächenberechnung, wenn Sie mehrere Punkte in Umlaufrichtung einer Flächenberandung anklicken.

Ein ganz wichtiges Hilfsmittel ist der ZAUBERSTAB, mit dem umlaufende Konturen durch Klicken auf den Rand oder in das Innere automatisch gewählt werden können.

Unter GESCHOSS-EINSTELLUNGEN können Sie weitere Geschosse einrichten und eigene Geschosshöhen eingeben (Vorgabe `3m`).

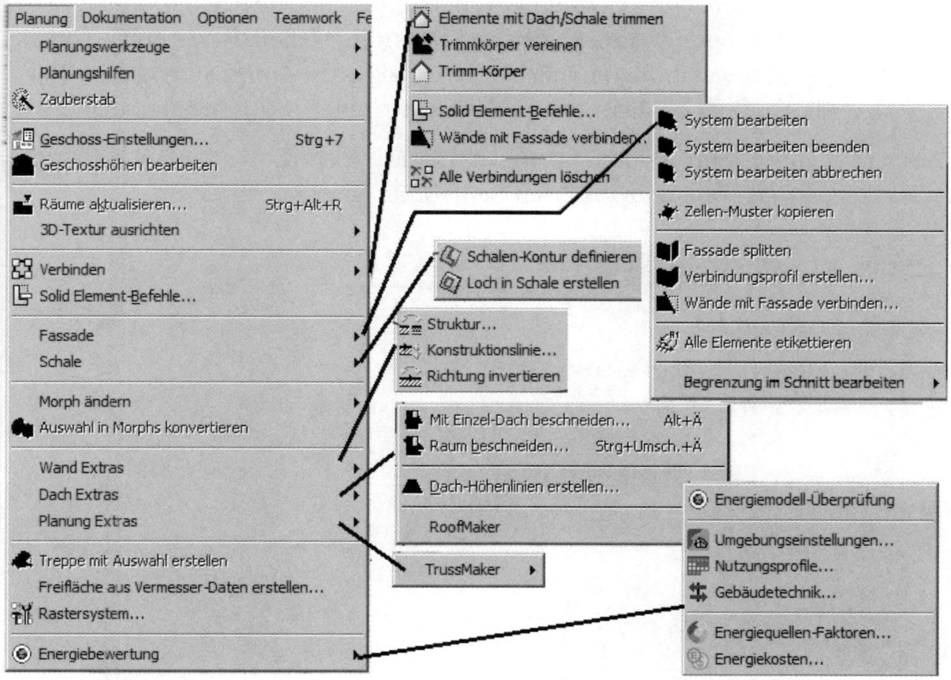

Abb. C.5: Menü PLANUNG

Unter FASSADE finden Sie Funktionen zum Bearbeiten von Fassadenkonstruktionen.

Wichtige Bearbeitungsfunktionen für Dächer und Räume finden sich unter DACH EXTRAS. Hier liegt auch der ROOFMAKER zum Erstellen *von Dächern mit Sparren*.

TREPPE MIT AUSWAHL ERSTELLEN bietet eine Funktion zum Erstellen einer individuellen Treppe aus gewählten Elementen: Der Treppenumfang ist durch ein Schraffurgebiet definiert, die Lauflinie sind einzelne Linien und Bögen.

Mit FREIFLÄCHE AUS VERMESSER-DATEN ERSTELLEN können Sie eine Freifläche aus einer Datei mit mehreren Zeilen mit xyz-Koordinaten erstellen. Die Koordinatenwerte sollten durch Semikolons oder Leerzeichen getrennt sein. Eine Fläche wird dann direkt aus diesen Punktpositionen erstellt.

Weiter unten findet sich unter RASTERSYSTEM eine Funktion zum Erstellen von rechtwinkligen oder bogenförmigen *Konstruktionsrastern* mit *Stützen* und *Unterzügen*.

Unter PLANUNG EXTRAS finden Sie Spezialmenüs zum Erstellen von *Fachwerk* (TRUSSMAKER).

Menü Dokumentation

Dieses vielseitige Menü enthält unter DOKUMENTATIONSWERKZEUGE die Funktionen für *Bemaßung* und *Text*. Auch zwei Optionen zum Einfügen von Rasterbildobjekten und verschiedenen Zeichnungs- und Bildformaten liegen hier. Weiter unten wird noch die Erzeugung von *Schnitten* und *Details* angeboten. Damit entspricht dieser Menüpunkt ungefähr den Bereichen DOKUMENTATION und SICHTEN im WERKZEUGKASTEN am linken Bildschirmrand inklusive einer *Rechtschreibprüfung*.

Besonders interessant ist unter DOKUMENTATION EXTRAS die Option AUTOMATISCHE BEMAßUNG zur automatisierten Bemaßung einer Konstruktion.

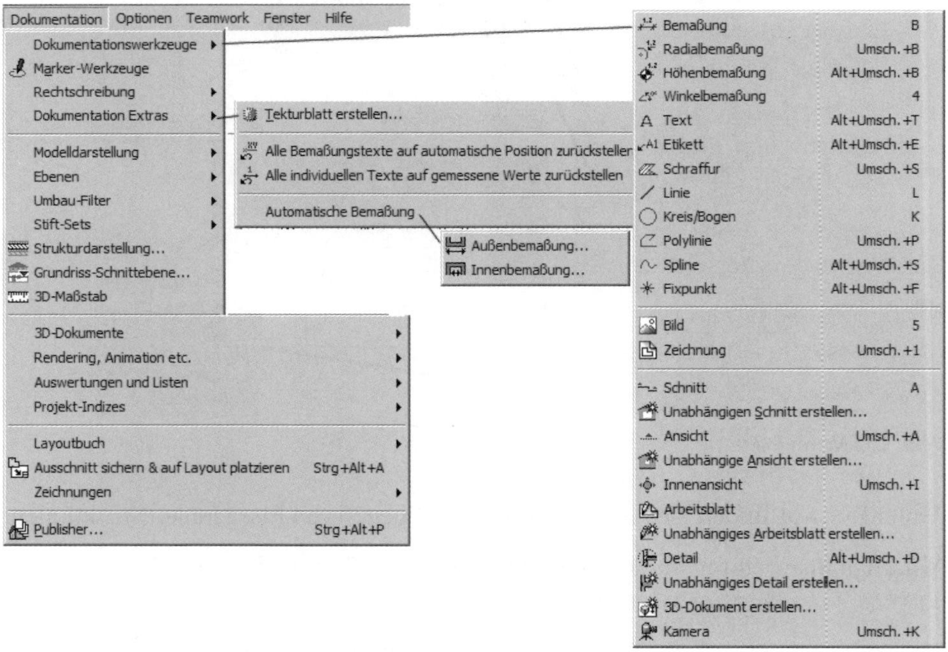

Abb. C.6: Menü DOKUMENTATION

Der Menüpunkt EBENEN bietet eine Ebenen-Verwaltung, in der Sie die Sichtbarkeit der Ebenen beeinflussen und auch eigene Ebenen verwalten können. Unter *Ebenen* versteht man die verschiedenen transparenten Schichten, auf denen die ArchiCAD-Konstruktionselemente je nach Kategorie erzeugt werden. Standardmäßig werden die Ebenen automatisch zugeordnet. Ebenen können auch vor Änderungen geschützt werden. Bestimmte Einstellungen mehrerer Ebenen können als Ebenenkombinationen gespeichert, abgeschaltet und wieder aktiviert werden.

Eine besonders wichtige Funktion ist auch die GRUNDRISS-SCHNITTEBENE, die festlegt, in welcher Höhe (Vorgabe 1 Meter) die Schnittgenerierung für die 2D-Grundriss-Ansichten erfolgt.

Schließlich finden Sie auch Funktionen fürs photorealistische *Rendern* von dreidimensionalen Darstellungen und zur Erstellung von *Animationsdarstellungen.*

Das LAYOUTBUCH dient der Vorbereitung der *Zeichnungsausgaben* mit entsprechenden Rahmen und Ansichten.

Der PUBLISHER kann Zeichnungen und Bilder in verschiedensten Dateiformaten ausgeben.

Menü Optionen

Im OPTIONEN-Menü geht es um vielerlei *Voreinstellungen.* Die ELEMENT-ATTRIBUTE dienen zum anwenderspezifischen Bearbeiten der Grundeinstellungen des CAD-Systems wie Ebenen, Stifte, Materialien und vieles andere mehr.

Der ELEMENTFANG etabliert ein Einrasten von Elementen untereinander an ihren charakteristischen Punkten und ist eine wichtige Hilfseinstellung bei Konstruktionsänderungen. Er ist aber nur wirksam, wenn der *Rasterfang nicht* aktiv ist.

AUTOMATISCHE VERSCHNEIDUNG aktiviert das automatische Verschmelzen von Wänden auch unterschiedlicher Dicke.

Mit den ZAUBERSTAB-EINSTELLUNGEN wird vorgegeben, wie dieses Werkzeug gebogene Elemente annähern soll, ob *geradlinige Segmente* oder optimale *Annäherung durch Bögen und Splinekurven* erzeugt werden sollen.

Mit STANDARD-STAHLPROFILE IMPORTIEREN können Sie Stahlprofile in Ihr Projekt aus einer speziellen Bibliothek übernehmen, die für STÜTZEN oder UNTERZÜGE verwendet werden können. Um sie später auswählen zu können, müssen Sie dann in der INFOLEISTE bei dem gewählten Profil unter RUND, ECKIG, PROFIL auf PROFIL umschalten.

Bei den PROJEKTPRÄFERENZEN sind besonders die Einstellungen für die ARBEITSEINHEITEN interessant. Wenn Sie also in Zentimetern statt Metern arbeiten wollen, können Sie das hier eingeben. Auch die Anzahl der Nachkommastellen lässt sich hier festlegen. Des Weiteren werden hier die Höhen von *Projektursprung, 1. Referenzhöhe* und *2. Referenzhöhe* definiert, auf die sie sich stets bei Höhenangaben beziehen können.

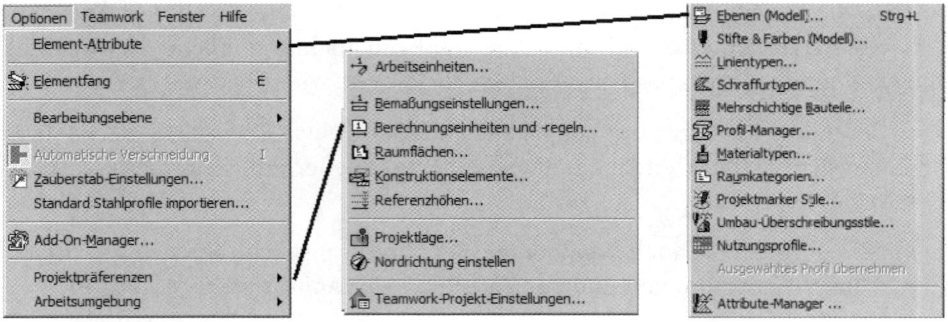

Abb. C.7: Menü OPTIONEN

Menü Teamwork

Hier können Sie Team-Projekte öffnen und verlassen oder Projekte als Team-Projekte freigeben. Objekte, die Sie in einem Team-Projekt erstellt haben, können Sie für die Weiterbearbeitung durch andere freigeben oder freigegebene Objekte für die eigene Bearbeitung reservieren. Sie können auch von Ihnen erstellte Objekte anderen Benutzern zur Bearbeitung zuweisen. Nachrichten können zur Information an andere Teammitarbeiter gesendet werden.

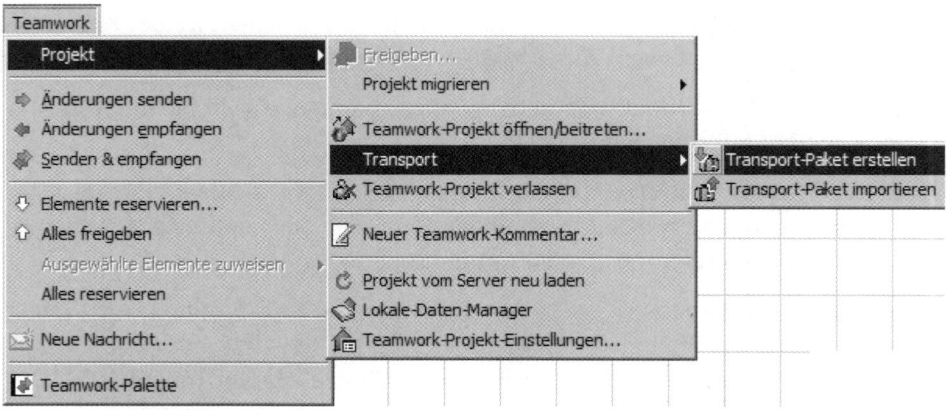

Abb. C.8: Menü TEAMWORK

Menü Fenster

Ganz oben in diesem Menü werden zwei wichtige Einstellungen für die Arbeitsumgebung angeboten. Mit VOLL-BILDSCHIRM oder [F12] können Sie die STARTLEISTE des Betriebssystems, die STATUSANZEIGE in ArchiCAD und die PROGRAMMLEISTE verschwinden lassen, damit ein größerer Bildschirm für Ihre Konstruktion zur Verfügung steht. Mit der nächsten Option schließlich, VOLL-BILDSCHIRM & ALLE PALETTEN AUSBLENDEN, bleibt nur noch die *Menüleiste* übrig, der Rest des Bildschirms ist dann *Zeichenfläche*.

Sehr wichtig sind auch die beiden nächsten Positionen. Unter SYMBOLLEISTEN finden Sie die verschiedensten Leisten mit Befehlswerkzeugen, die weiter unten vorgestellt werden. Unter PALETTEN können Sie diverse Paletten mit weiteren Hilfswerkzeugen aktivieren. Da sich einige Paletten offenbar aus Platzgründen gegenseitig abschalten, ist der Umgang hiermit etwas trickreich.

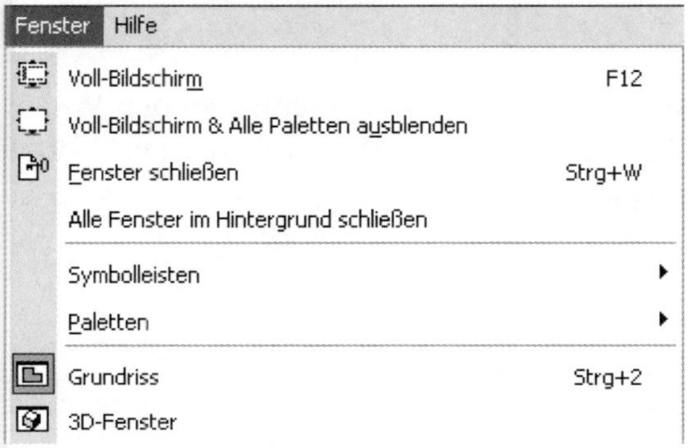

Abb. C.9: Menü FENSTER

Menü Hilfe

Mit den Menüpunkten der HILFE finden Sie die Online-Hilfe sowie viele weitere Informationsquellen bis hin zum Graphisoft-Online-Support übers Internet. Mit der Funktion WERKZEUGHINWEISE AUSBLENDEN bzw. Strg+F1 lassen sich die Hilfetexte aus- und einschalten, die immer erscheinen, wenn Sie eine Sekunde mit dem Cursor auf einem Werkzeug verweilen. Wichtig ist auch die Funktion NACH UPDATES SUCHEN. Damit können Sie, sofern eine Internet-Verbindung aktiv ist, nach Updates suchen und diese herunterladen. Vor dem Einspielen eines Updates ist in der Regel ArchiCAD zu beenden.

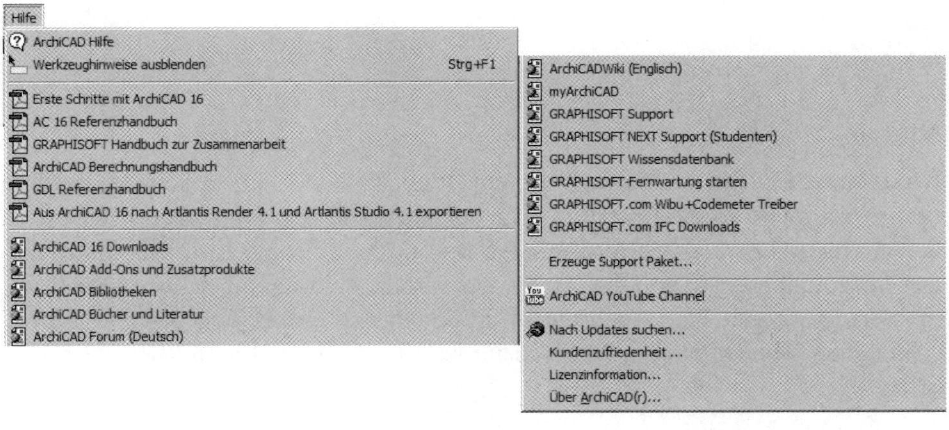

Abb. C.10: Menü HILFE

C.3 Symbolleisten bzw. Werkzeugleisten

Symbolleisten oder *Werkzeugleisten* können Sie nach Bedarf über das Menü FENSTER|SYMBOLLEISTEN ein- und ausschalten oder nach Rechtsklick auf eine existierende Symbolleiste. Die Belegung der verschiedenen Symbolleisten sei hier in *alphabetischer* Reihenfolge kurz vorgestellt.

3D-Visualisierung

Diese Symbolleiste bietet Funktionen zur 3D-Ansichtsdarstellung, zu den Projektionsarten, den Schattierungen, der Visualisierung, der photorealistischen Darstellung, der Animation und für Sonnenstudien.

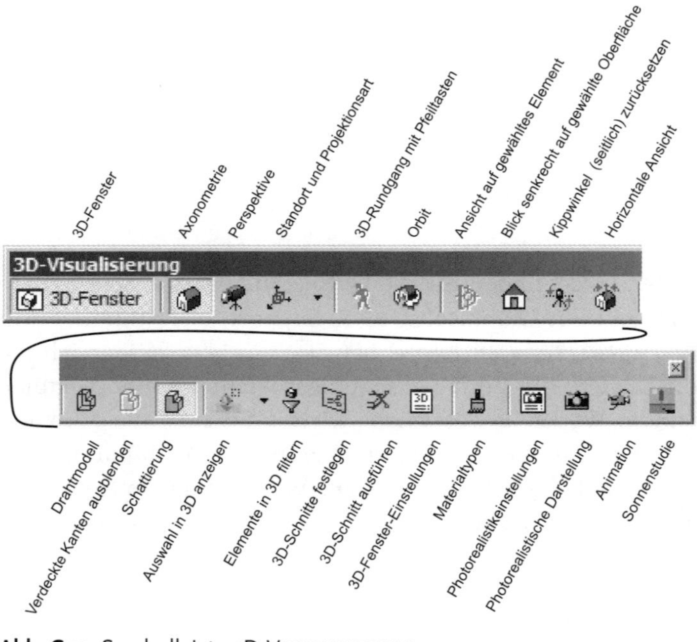

Abb. C.11: Symbolleiste 3D-VISUALISIERUNG

Attribute

Benutzerspezifische Anpassungen von Stiften, Farbe, Strichstärken, Materialien und vieles mehr können hiermit vorgenommen werden. Sie können hier die in den ArchiCAD-Elementen verwendeten Definitionen für die *Farben der verschiedenen Stifte* ändern, z.B. von der ArchiCAD-Farbdarstellung auf Schwarz-Weiß wie im normgerechten Plot. Auch die Definitionen der *Linientypen, Schraffuren*, verschiedenen *Wandaufbauten, Materialien, Flächennutzungsfarben* und *Projektmarker-Stile*.

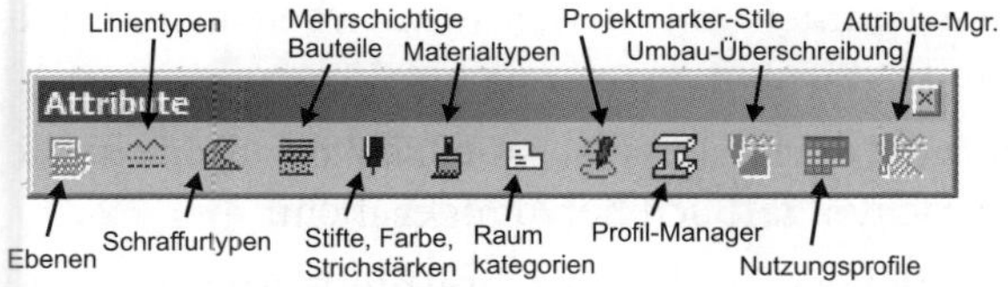

Abb. C.12: Symbolleiste ATTRIBUTE

Bildschirmdarstellungs-Optionen

Hier kann bestimmt werden, mit welcher Darstellung verschiedene Elemente auf dem Bildschirm erscheinen. Meist geht es darum, Hilfsinformationen wie Begrenzungsecken von Elementen anzuzeigen, damit sie leichter für das Ändern angeklickt werden können.

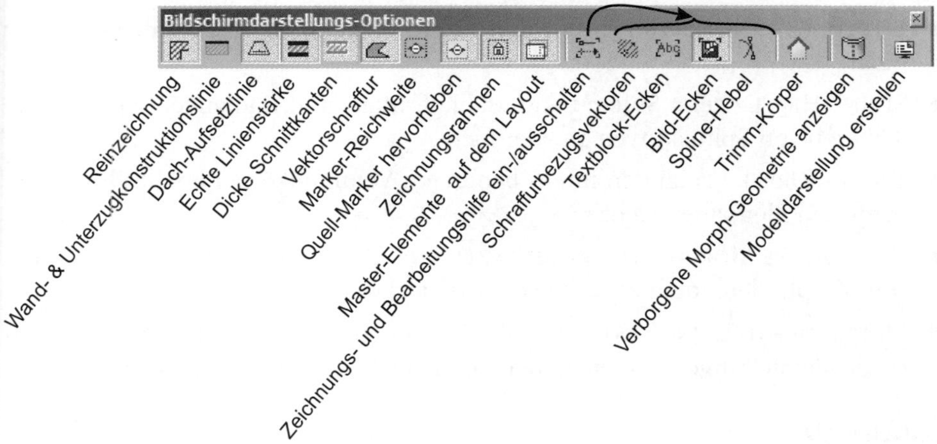

Abb. C.13: Symbolleiste BILDSCHIRMDARSTELLUNGS-OPTIONEN

- REINZEICHNUNG Konstruktionslinien der Wände mit Richtungspfeilen und Verschneidungen werden sichtbar oder nicht.
- WAND- & UNTERZUGSKONSTRUKTIONSLINIEN zeigt die Konstruktionslinien verstärkt an oder nicht.
- DACH-AUFSETZLINIE anzeigen oder nicht
- ECHTE LINIENSTÄRKEN zeigt Linienstärken maßstabsgerecht an oder nicht.
- DICKE SCHNITTKANTEN zeigt Bauteile mit dicken Schnittkanten an oder nicht, wenn die echten Linienstärken abgeschaltet sind.
- VEKTORSCHRAFFUR zeigt Schraffuren als Vektorschraffur oder als Bitmap-Muster an.
- SCHNITT-TIEFE zeigt den Schnitttiefenumriss bei Schnitten mit begrenztem Bereich an oder nicht.

- MARKER-REICHWEITE zeigt den Rahmen von Markern für Arbeitsblätter und Ansichten in verschiedenen Projekt-Sichten an oder nicht.
- QUELL-MARKER HERVORHEBEN hebt die für Details, Arbeitsblätter und Schnitte definierten Bereiche in Projekt-Sichten farblich hervor oder nicht.
- ZEICHNUNGSRAHMEN den Rahmen des Zeichnungsausschnitts im Layout anzeigen oder nicht
- MASTER-ELEMENTE AUF DEM LAYOUT den eigentlichen Zeichnungsrahmen mit Schriftfeld im Layout anzeigen oder nicht
- ZEICHNUNGS- UND BEARBEITUNGSHILFEN EIN-/AUSBLENDEN aktiviert die nächsten vier Werkzeuge gemeinsam oder nicht
- SCHRAFFURBEZUGSVEKTOREN zeigt die Bezugsvektoren von gedrehten Schraffuren an oder nicht
- TEXTBLOCK-ECKEN Ecken für einen Textblock anzeigen oder nicht
- BILDECKEN Markierungen an den Ecken eingefügter Bilder anzeigen oder nicht
- SPLINE-HEBEL zeigt Stützpunkte und ggf. Start- und Endtangenten zum Modellieren von Splinekurven an oder nicht.
- TRIMM-KÖRPER zeigt den intern benutzten Volumenkörper an, der hinter getrimmten Elementen steht.
- VERBORGENE MORPH-GEOMETRIE ANZEIGEN Die Darstellung interner Kanten von Morph-Elementen kann hiermit aktiviert werden.
- MODELLDARSTELLUNG ERSTELLEN Konfigurieren Sie hiermit die verschiedenen Modelldarstellungen, die Sie in den Schnelloptionen auswählen können.

Einfaches 3D

Die SYMBOLLEISTE stellt eine Auswahl einfacher 3D-Darstellungsfunktionen zur Verfügung. Die ersten beiden Buttons schalten in die 3D-Darstellungen, die übrigen sind dann im 3D-Modus verwendbar:

- AXONOMETRIE schaltet die axonometrische Darstellung ein.
- PERSPEKTIVE schaltet die Darstellung mit perspektivischer Verzerrung ein.
- ORBIT erlaubt, das 3D-Bild mit gedrückter Maustaste vertikal zu kippen und horizontal zu drehen.
- 3D-RUNDGANG ist nur im perspektivischen Modus verfügbar und erlaubt mit den Pfeiltasten eine 3D-Begehung des Bauwerks.
- DRAHTMODELL aktiviert die Darstellung als durchsichtiges Drahtmodell.
- SCHATTIERUNG schaltet die Oberflächenmaterialien für eine schattierte Darstellung ein.

Abb. C.14: Symbolleiste EINFACHES 3D

Elemente anordnen

Diese Werkzeuge bilden vier Funktionsgruppen:

- Sie können Objekte gruppieren, d.h. zusammenfassen, und die Gruppierungen verwalten.
- Sie können die Sichtbarkeitsreihenfolge von Objekten wie Schraffuren und Text u.Ä. beeinflussen.
- Sie können die Ebene, auf der ein gewähltes Objekt liegt, gegen Änderungen sichern oder wieder entsichern.
- Sie können die Sichtbarkeit von Ebenen bzw. Ebenen-Gruppen ein- und ausschalten.

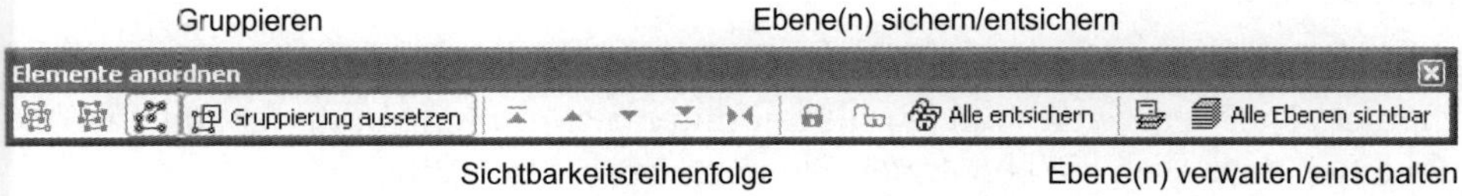

Abb. C.15: Symbolleiste ELEMENTE ANORDNEN

Mehr über die einzelnen Werkzeuge erfahren Sie in Abschnitt 6.6, *Elemente anordnen*.

Elemente bearbeiten

Hiermit werden oft benötigte Bearbeitungsfunktionen angeboten, um Elemente zu trimmen (abzuschneiden), Längen- oder Größenänderungen vorzunehmen, Abrundungen vorzunehmen, Ecken-Verbindungen zu erstellen oder Anpassungen zwischen Elementen (z.B. Wände an Dächer anpassen) zu erstellen. Die detaillierte Erläuterung der einzelnen Funktionen finden Sie in Abschnitt 6.4, *Elemente bearbeiten*.

Hier befinden sich auch zahlreiche Funktionen zur Bearbeitung der neuen Morph-Elemente, die allgemeine Volumenkörper darstellen mit vielen Modifikationsmöglichkeiten. Speziell können alle Objekte in MORPHS umgewandelt werden. Morphs lassen sich miteinander mit so genannten *Boole'schen Operationen* wie VEREINEN, ABZIEHEN oder VERSCHNEIDEN kombinieren. Ein weiterer Vorteil von Morphs besteht darin, dass sie geglättet werden können, um organische Formen zu repräsentieren.

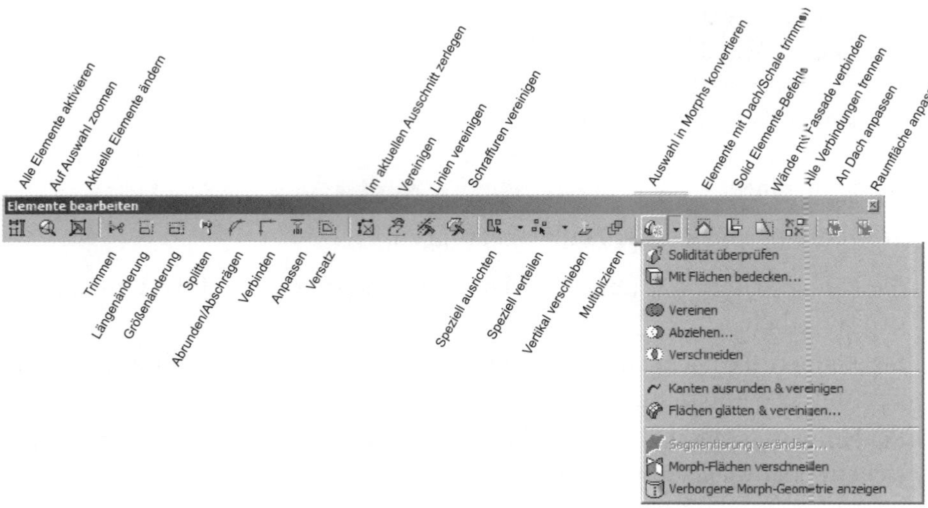

Abb. C.16: Symbolleiste ELEMENTE BEARBEITEN

Fassade

Diese Symbolleiste enthält zahlreiche Optionen zur Bearbeitung von Fassadenelementen. Die Werkzeuge sind jeweils nur unter bestimmten Voraussetzungen aktiv, abhängig davon, ob die benötigten Elemente vorher gewählt sind.

- SYSTEM BEARBEITEN Nach Anklicken einer Fassade erscheint das spezielle Fassadensystem-Bearbeitungsmenü.
- SYSTEM BEARBEITEN BEENDEN (aktiv, wenn Fassadensystem-Bearbeitungsmenü läuft) dient zum Beenden der Fassadensystembearbeitung.
- SYSTEM BEARBEITEN ABBRECHEN (aktiv, wenn Fassadensystem-Bearbeitungsmenü läuft) dient zum Abbrechen der Fassadensystembearbeitung ohne Übernahme der Bearbeitungsergebnisse.
- FASSADE SPLITTEN (aktiv, wenn eine Fassade gewählt ist) Hiermit kann eine Fassade an der Schnittlinie mit einer anderen unterteilt werden. Der Befehl entspricht dem SPLITTEN für Wände. Das gesplittete überstehende Ende einer Fassade kann dann einfach gelöscht werden.
- VERBINDUNGSPROFIL ERSTELLEN (aktiv, wenn zwei Fassaden gewählt sind) Die Funktion dient zur Erzeugung des fehlenden Profils, nachdem zwei sich schneidende Fassaden gesplittet wurden und die überstehenden Enden entfernt worden sind.
- WÄNDE MIT FASSADE VERBINDEN (aktiv, wenn eine Fassade und eine Wand gewählt sind) Damit kann die Wand automatisch bis zur Fassade verlängert oder verkürzt werden.
- VERBINDUNG ABBRECHEN (aktiv, wenn eine Fassade und/oder die verbundene Wand gewählt sind) Damit kann die Wand wieder von der Fassade gelöst werden, so dass sie wieder ihre ursprüngliche Länge erhält.

- VERBUNDENE WAND WÄHLEN (aktiv, wenn eine Fassade gewählt ist) wählt zur Fassade die Wand hinzu.
- ALLE ELEMENTE LÖSEN (aktiv, wenn eine Fassade und/oder die verbundene Wand gewählt sind) Löst die Verbindungen zwischen den gewählten Wänden und den zugehörigen Fassaden, so dass alle diese Wände wieder ihre ursprüngliche Länge erhalten.
- FASSADE FREI DREHEN (aktiv, wenn eine Fassade gewählt ist) Die Fassade kann nach Wahl einer Drehachse von einer Startwinkelrichtung in eine Endwinkelrichtung gedreht werden. Die Winkel werden über Punkte relativ zur Drehachse spezifiziert.
- ALLE ELEMENTE ETIKETTIEREN (aktiv, wenn eine Fassade gewählt ist) Alle Fassadenelemente wie Paneele und Pfosten können dadurch mit Etiketten versehen werden. Das sind Hinweistexte mit automatischer Elementnummerierung in der Grundrissansicht.
- FORM ALS SCHRAFFUR ABBILDEN (aktiv, wenn eine oder mehrere Fassaden gewählt sind) In einer Seitenansicht kann zur Fassade eine Schraffur mit gleichem Umriss erzeugt werden. Solche Schraffuren lassen sich leicht bearbeiten und dann ihrerseits wieder zur Bestimmung der Fassadenumrisse verwenden.
- FORM ANHAND SCHRAFFUR NEU DEFINIEREN (aktiv, wenn eine oder mehrere Schraffuren gewählt sind) Die Schraffuren werden verwendet, um die Kontur einer wählbaren Fassade zu bestimmen.
- SCHRAFFUR VON FORM ABZIEHEN (aktiv, wenn eine oder mehrere Schraffuren gewählt sind) Die Schraffuren werden verwendet, um von der Kontur einer wählbaren Fassade zu bestimmen. Das Schraffurgebiet wird vom Fassadenumriss abgezogen.
- SCHRAFFUR ZU FORM HINZUFÜGEN (aktiv, wenn eine oder mehrere Schraffuren gewählt sind) Die Schraffuren werden verwendet, um von der Kontur einer wählbaren Fassade zu bestimmen. Das Schraffurgebiet wird zum Fassadenumriss hinzugefügt.

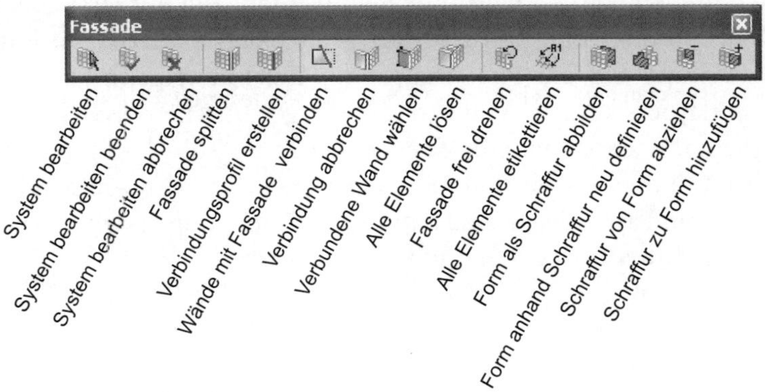

Abb. C.17: Symbolleiste FASSADE

GDL-Bibliothekselement bearbeiten

Diese Symbolleiste dient der Verwaltung von Teilen aus GDL-Bibliotheken. Das sind Bibliotheken, die extern definierte Teile enthalten. Diese Teile werden mit einer *G*eometric *D*escription *L*anguage (daher GDL) erstellt.

Abb. C.18: Symbolleiste GDL-BIBLIOTHEKSELEMENT BEARBEITEN

Klassische 3D Navigation

Hier finden sich einfache Hilfsmittel zur *Bewegung der 3D-Ansicht*. Diese Hilfsmittel werden allerdings durch das moderne Hilfsmittel ORBIT, das mit F2 aufgerufen werden kann, in den Schatten gestellt.

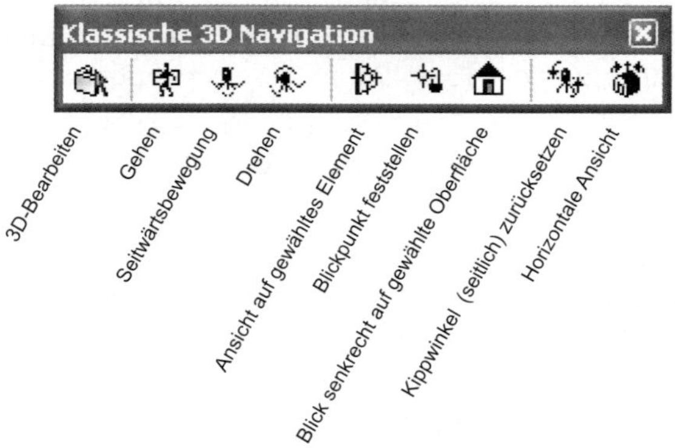

Abb. C.19: Symbolleiste KLASSISCHE 3D NAVIGATION

Layouts und Zeichnungen

Die *Layouts* für Zeichnungen können hiermit erstellt werden. Die mittleren Buttons dienen dazu, *Masterlayouts* und davon abgeleitete *Layouts* zu erstellen. Ein Layout ist die Aufbereitung für die Plotausgabe mit Zeichnungsrahmen und Schriftkopf. Die Masterlayouts sind die Vorgaben für die gewünschten individuellen Layouts. Sie enthalten noch keine individuellen Zeichnungsobjekte, sondern sind nur *leere Rahmen*. Mit dem ersten Button links können Sie einen Ausschnitt aus einem Grundriss in ein Layout legen und damit eine Zeichnung erstellen. Die Layouts werden dann im *Layoutbuch* des NAVIGATORS verwaltet.

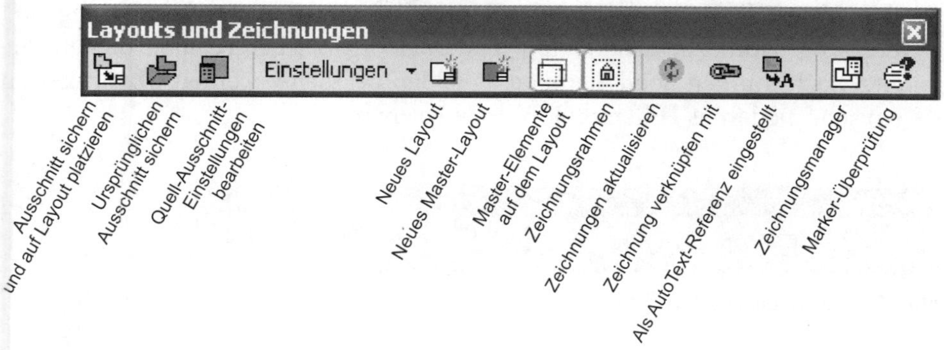

Abb. C.20: Symbolleiste LAYOUTS UND ZEICHNUNGEN

Mini-Navigator

Diese Symbolleiste bietet einige Funktionen an, die auch in der üblicherweise aktivierten NAVIGATOR-Palette angeboten werden. Letztere wird weiter unten beschrieben. Unter GRUNDRISS finden Sie eine *Geschoss-Verwaltung.* Daneben können Sie zwischen *Perspektiv-* und *Axonomie-Darstellung* wählen. Mit GEHE ZU können Sie diverse letzte Konstruktions- und Listenfenster erreichen. ORBIT aktiviert die 3D-Ansichtseinstellung. Der 3D-RUNDGANG ist nur in der Ansicht ALLGEMEINE PERSPEKTIVE möglich. Mit den Tasten [A], [D], [W] und [S] sowie [Bild ↑] und [Bild ↓] können Sie dann durch das 3D-Modell navigieren. Standardmäßig ist diese Symbolleiste oben rechts am Bildschirm neben der Symbolleiste STANDARD aktiviert.

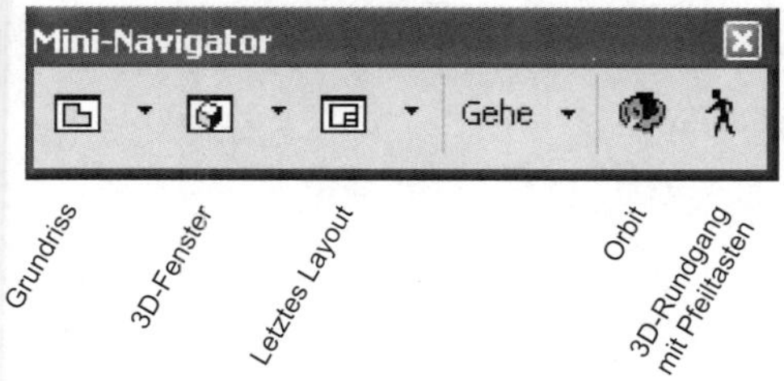

Abb. C.21: Symbolleiste MINI-NAVIGATOR

Morph

Diese neue Symbolleiste dient der Bearbeitung von MORPH-Geometrien. MORPH-Elemente sind Kurven, Flächen oder Volumenkörper, die entweder mit dem MORPH-WERKZEUG erstellt werden oder durch Umwandeln anderer Elemente entstehen. Die wichtigsten Bearbeitungsoperationen liegen in dieser Symbolleiste. MORPH-ELEMENTE können mit Boole'schen Operationen miteinander kombiniert werden (VEREINEN, ABZIEHEN, VERSCHNEIDEN). Morph-Elemente können geglättet werden und damit zur Darstellung moderner organischer Formen dienen. Sie können auch mit den Solid-Elemente-Befehlen bearbeitet werden. Damit stellen sie ein sehr modernes Hilfsmittel für freie Formen dar.

Abb. C.22: Symbolleiste MORPH

Die wichtigsten Funktionen sind:

- AUSWAHL IN MORPH KONVERTIEREN Beliebige Elemente können in Morphs zum Zwecke der Modellierung umgewandelt werden
- SOLIDITÄT ÜBERPRÜFEN
- MIT FLÄCHEN BEDECKEN
- VEREINEN Boole'sche Operation zum additiven Kombinieren von Elementen
- ABZIEHEN Boole'sche Operation zum Kombinieren von Elementen mit Differenzbildung
- VERSCHNEIDEN Boole'sche Operation zum Kombinieren von Elementen, um das kleinste gemeinsame Volumen zu finden
- KANTEN AUSRUNDEN & VEREINIGEN dient zum Ausrunden von Kanten
- FLÄCHEN GLÄTTEN & VEREINIGEN dient zum Ausrunden von Flächen mit fließenden Übergängen
- MORPH-FLÄCHEN VERSCHNEIDEN
- VERBORGENE MORPH-GEOMETRIE ANZEIGEN
- URSPRUNG BESTIMMEN
- ZURÜCKSTELLEN

Standard

Diese Symbolleiste ist üblicherweise aktiviert. Sie enthält die wichtigsten Funktionen zur Dateiverwaltung wie NEU, ÖFFNEN und SPEICHERN. Auch gibt es die Werkzeuge zum *Rücknehmen* und *Wiederherstellen* von Aktionen. Wichtige Zeichenhilfsmittel und Bearbeitungsfunktionen finden Sie hier ebenfalls.

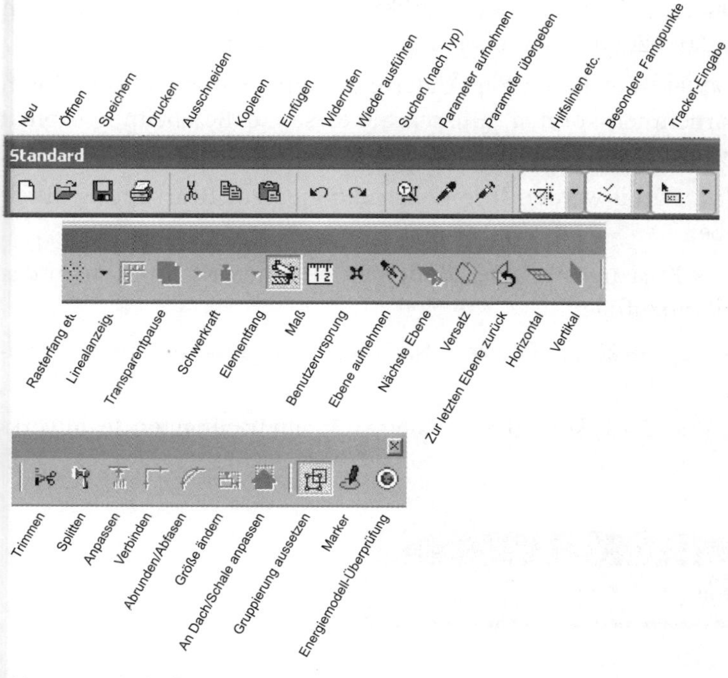

Abb. C.23: Symbolleiste STANDARD

Standard für geringe Auflösung

Diese Leiste enthält eine Unterauswahl der STANDARD-Symbolleiste. Nicht enthalten sind hier die besonderen Fangpunkte, die Schwerkraft-Positionierung und die Markierwerkzeuge für Änderungsmarkierung.

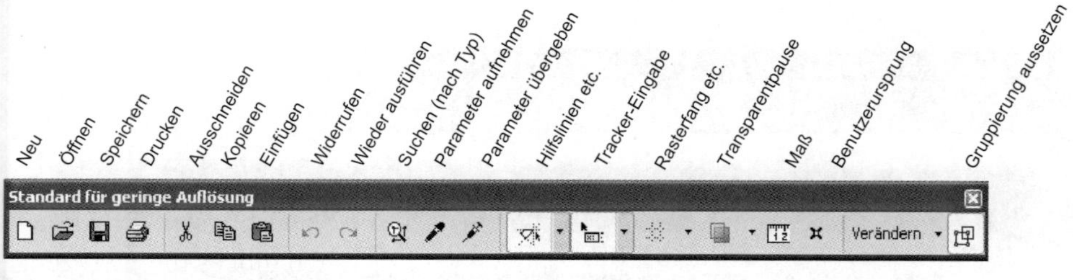

Abb. C.24: Symbolleiste STANDARD FÜR GERINGE AUFLÖSUNG

Teamwork

Hierin geht es um die Zusammenarbeit mehrerer Konstrukteure im Team. Voraussetzung ist, dass Sie in einem Team-Projekt arbeiten, das über den BIM-Server koordiniert wird.

- SENDEN & EMPFANGEN Sie können Ihre Konstruktionsänderungen an den BIM-SERVER senden bzw. den aktuellen Stand von dort abholen.
- ELEMENTE RESERVIEREN Bevor Sie Änderungen an Elementen aus einem Team-Projekt vornehmen können, müssen Sie diese zur Bearbeitung explizit durch Sie reservieren.
- ALLES FREIGEBEN Damit werden Ihre Konstruktionen zur Bearbeitung durch andere freigegeben.
- NEUER TEAMWORK-KOMMENTAR Sie können damit einen Kommentar in das Projekt-Protokoll hinzufügen.
- NEUE NACHRICHT... Sie können hiermit Nachrichten an andere Teammitarbeiter senden.
- TEAMWORK-PALETTE Dies aktiviert eine Palette mit den wichtigsten Teamwork-Funktionen.

Abb. C.25: Symbolleiste TEAMWORK

Werkzeugkasten Werkzeuge

Diese Symbolleiste ist identisch mit der WERKZEUGKASTEN-Palette. Sie enthält die Funktionen zum Erzeugen der Konstruktionselemente, zum Einfügen von GDL-Objekten, zum Zeichnen einfacher Geometrieobjekte (Linien, Kreise, Polylinien etc.) für Hilfsgeometrien, zur Bemaßung, zur Erzeugung von Schnitten, Detailansichten und Animationen.

Abb. C.26: Symbolleiste WERKZEUGKASTEN

Zeichenhilfen

Diese Symbolleiste stellt speziell die Hilfsmittel zur Vereinfachung der Geometrieeingabe bereit. Sie sind aber meist schon in der STANDARD-Symbolleiste enthalten. Die Werkzeuge sind: BENUTZERURSPRUNG EINSTELLEN, RASTER- und HILFSLINIENEINSTELLUNGEN, *Bewegungsbeschränkungen* wie *parallel* oder *lotrecht* und letztlich *besondere Fangpunkte*. Die Kapitel 1 und 3 gingen detailliert auf die einzelnen Zeichenhilfen ein.

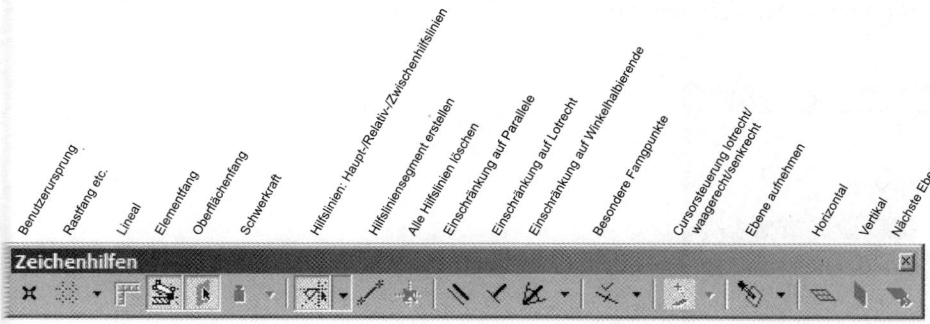

Abb. C.27: Symbolleiste ZEICHENHILFEN

C.4 Paletten

Die *Paletten* können Sie ebenfalls nach Bedarf über das Menü FENSTER|PALETTEN ein- und ausschalten. Die Belegung der verschiedenen Paletten sei hier kurz vorgestellt.

C.4.1 Paletten-Management

Paletten können auf dem Zeichenfenster liegen oder in den Rändern angedockt werden. Zum Andocken müssen Sie eine Palette per Drag&Drop am Rand oben packen und in den Fensterrand ziehen. Sie können dann mit einem Doppelklick auch wieder zwischen dem angedockten Zustand und der freistehenden Palette wechseln. Nicht alle Paletten lassen sich derart andocken.

Es können aber auch mehrere Paletten in einer Spalte untereinander angedockt werden. Um mehrere Paletten in eine Spalte zu bringen, docken Sie zunächst eine Palette normal an. Danach schieben Sie die nächste Palette am unteren oder oberen Rand hinein und achten auf die schwarz umrandete Vorschau. Wenn die gewünschte Vorschau angezeigt wird, lassen Sie die Maustaste los.

C.4.2 Kurzbeschreibung aller Paletten

Auswahlen/Auswahlsets

Mit dieser Palette lassen sich *benannte Sätze* von gewählten Elementen zusammenstellen. Dazu markieren Sie zunächst die Objekte, die zum Auswahlsatz gehören sollen, klicken dann auf das Listboxsymbol rechts oben und wählen AUSWAHL

HINZUFÜGEN. Es wird ein Name angefordert und Sie speichern diese Auswahl mit SICHERN. Sie können nun eine Auswahl durch Doppelklick auf den Namen aktivieren. Zur Manipulation von Auswahlen gibt es noch drei Buttons. Mit X können Sie aus einer bestehenden Auswahl alle Objekte bis auf den aktuell markierten Satz herausnehmen. Mit – nehmen Sie den markierten Satz aus einer aktuellen Auswahl heraus. Mit + fügen Sie den markierten Satz zur aktuellen Auswahl hinzu.

Abb. C.28: Palette AUSWAHLEN für Auswahlsets

Bibliotheken laden-Protokoll

Diese Palette protokolliert fehlende Bibliothekselemente, die für diese Zeichnung benötigt werden, oder doppelte vorhandene. Sie können dann versuchen, über den Bibliotheken-Manager die nötigen Bibliotheken ins Projekt aufzunehmen. Meist handelt es sich wie im Beispiel um Elemente aus Bibliotheken älterer Programmversionen. Wenn doppelte Elemente gefunden wurden, können Sie überflüssige Bibliotheken entfernen.

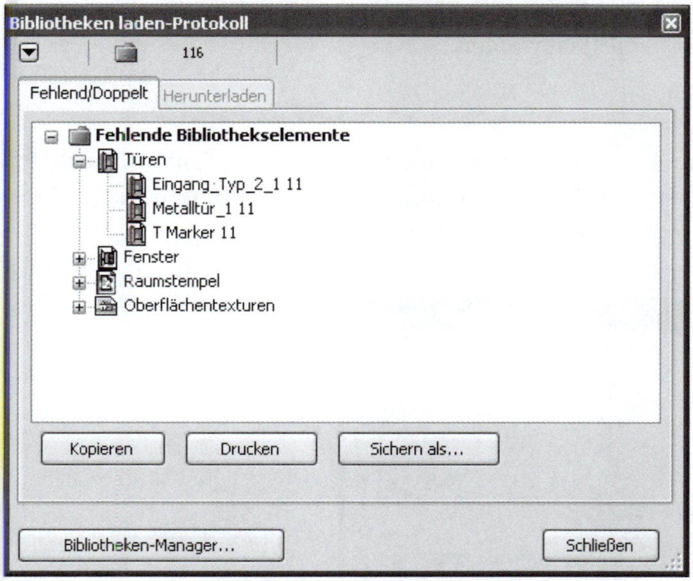

Abb. C.29: Palette BIBLIOTHEKEN LADEN-PROTOKOLL

Ebenen-Umschalter

Die Palette bietet in sieben Buttons schnelle Möglichkeiten zum *Umschalten* von Ebeneneinstellungen:

- Sichtbare können ausgeblendet werden und umgekehrt.
- Geschützte, d.h. gegen Änderungen geschützte, können entsichert werden und umgekehrt.

Neben diesem *globalen* Umschalten können Sie auch die *Ebenen* gewählter Elemente gezielt bearbeiten:

- *Ausblenden*
- *Schützen (gegen Änderungen)*
- *Entsichern (Änderungen wieder erlauben)*
- Schließlich lassen sich auch die Ebenen der nicht gewählten Elemente hier ausschalten und/oder
- schützen.

Abb. C.30: Palette EBENEN-UMSCHALTER

Am rechten Ende der Palette können alle Einstellungen mit zwei Buttons zurückgenommen oder wiederhergestellt werden.

Element-Information

Diese Palette zeigt Ihnen auf Wunsch verschiedene Daten gewählter Objekte an: *Eigenschaften* (Elementtyp, interne Bezeichnung, Ebenenzuordnung), *Länge, Fläche* im Grundriss, *Höhe, Oberflächenabmessungen* und *Volumen.*

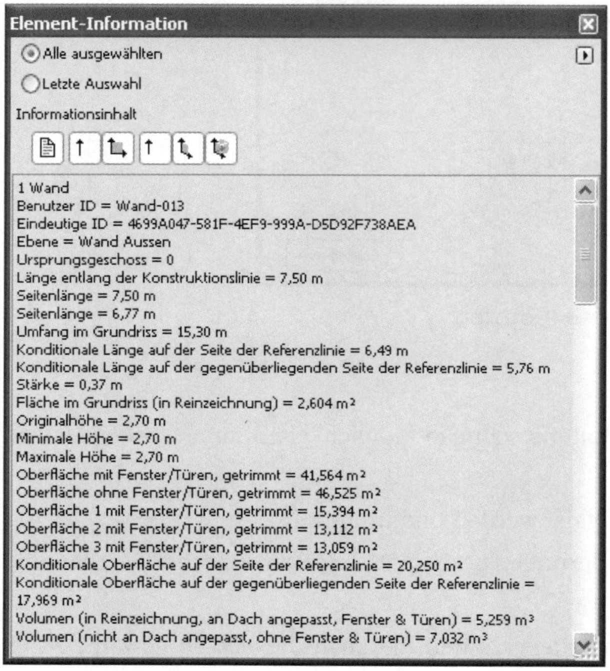

Abb. C.31: Palette ELEMENT-INFORMATION

Favoriten

Diese Palette bietet für jedes Werkzeug die als Favoriten gespeicherten Einstellungen an. Favoriten können während der Arbeit mit einem Werkzeug im *Einstellungsdialogfenster* dieses Werkzeugs gespeichert werden. Dazu klicken Sie in der Palette INFOFENSTER des aktiven Werkzeugs das Icon EINSTELLUNGSDIALOG mit dem Werkzeugbild links oben an und darin dann die Schaltfläche FAVORITEN. Dort wählen Sie dann AKTUELLE EINSTELLUNGEN ALS FAVORITEN SPEICHERN und geben einen sinnvollen selbsterklärenden Namen dafür ein.

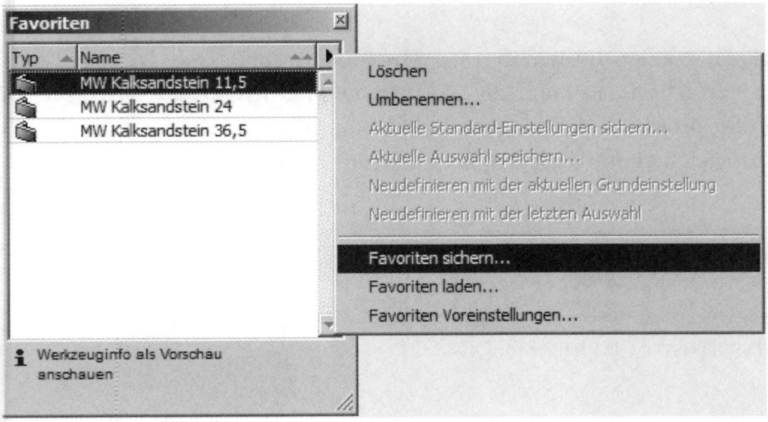

Abb. C.32: Palette FAVORITEN

IFC-Manager

Für den Austausch von Elementen mit anderen CAD-Systemen gibt es einen Standard: *IFC* (*Industry Foundation Classes*). Mit ABLAGE|ÖFFNEN und ABLAGE|DATEI SPEZIAL|DAZULADEN können Sie IFC-Dateien öffnen oder dazuladen. Mit dem IFC-MANAGER haben Sie dann Zugriff auf die Daten der Objekte, die Sie nicht mit den normalen Einstellungsdialogen erreichen.

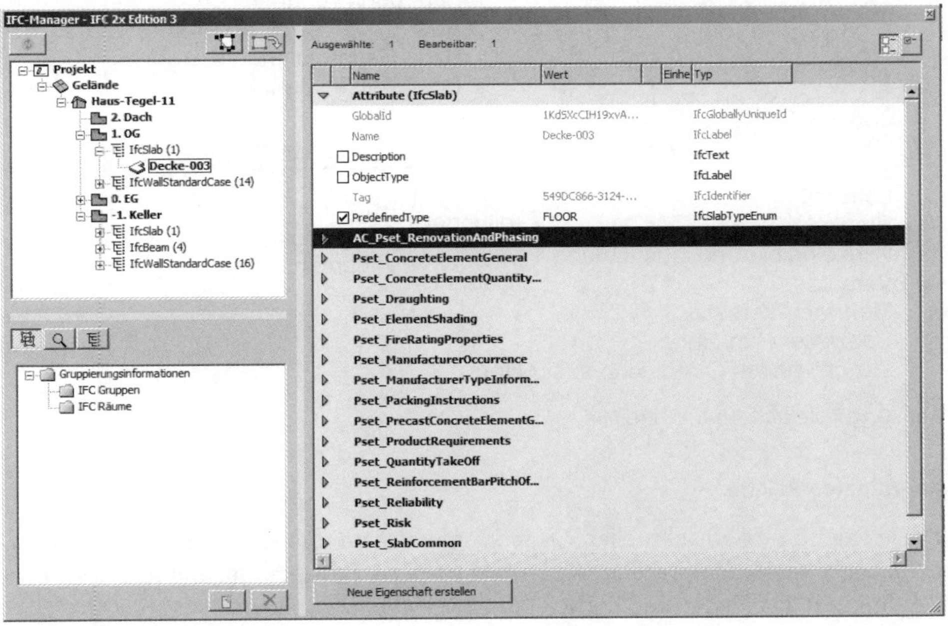

Abb. C.33: Palette IFC-MANAGER

Infofenster

Diese wichtige Palette zeigt die wichtigsten *Einstellungen des gerade aktiven Werkzeugs* an. Hierin erreichen Sie auch die *Einstellungsdialogfenster der verschiedenen Werkzeuge*, wenn Sie auf das Werkzeugsymbol klicken. Dort wiederum können Sie *Favoriten-Einstellungen für jedes Werkzeug* speichern und wieder laden.

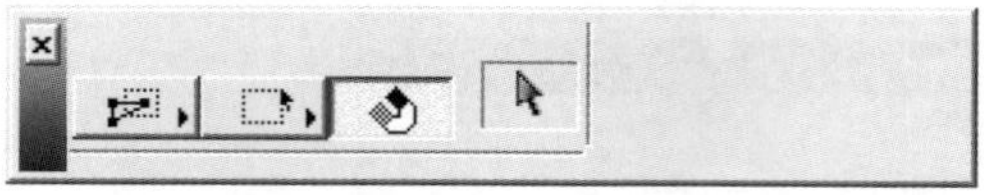

Abb. C.34: Palette INFOFENSTER für Pfeilsymbol

Kontrollfenster-Palette

Diese Palette verwaltet die *Hilfslinien*, die *relativen Konstruktionsmethoden* (Bewegungsbeschränkungen wie lotrecht, parallel u.Ä.), *Fangpunktvarianten*, das *Gruppieren* von Objekten, den *Zauberstab* (Umwandlung von einfacher Geometrie in Wände u.Ä.).

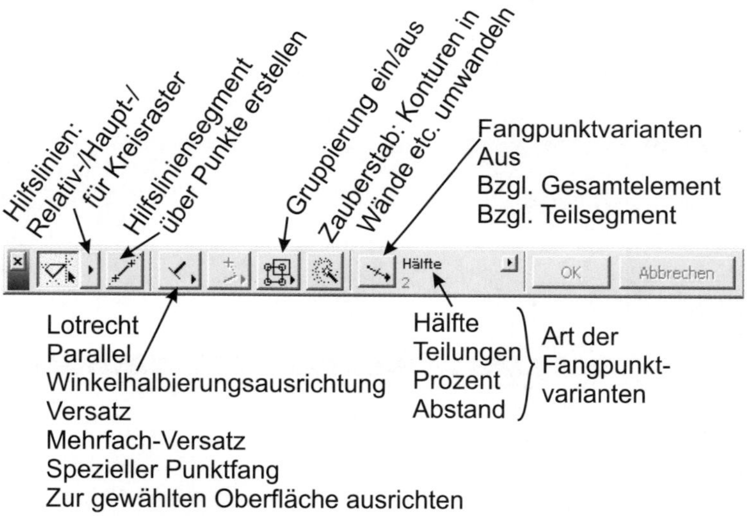

Abb. C.35: Palette KONTROLLFENSTER

Koordinaten-Palette

Diese Palette zeigt die aktuellen *Cursorkoordinaten* an und kann auch zur *Koordinaten-Eingabe* verwendet werden. Hiermit kann der Benutzerursprung neu bestimmt werden und das Raster und der Rasterfang gesteuert werden.

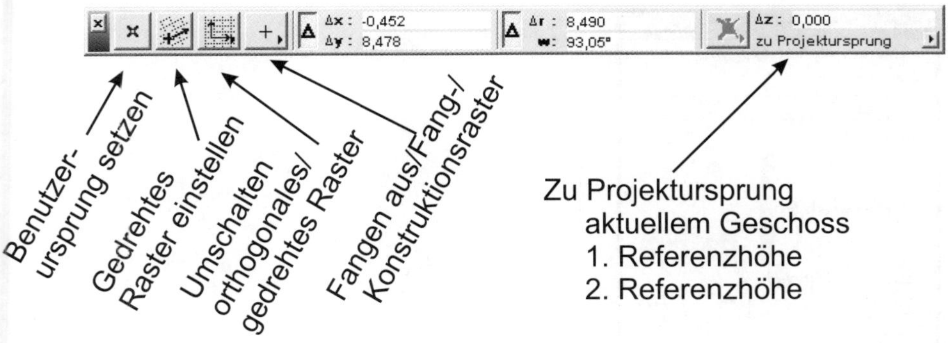

Abb. C.36: Palette KOORDINATENFENSTER

Marker-Überprüfung

Mit dieser Palette können Sie überprüfen, ob Marker für Schnitte, Ansichten etc. in der aktuellen Projekt-Sicht eventuell keine Referenz haben.

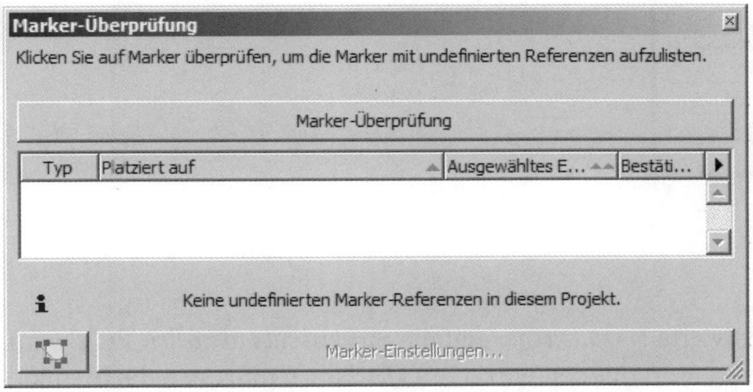

Abb. C.37: Überprüfen von Marker-Einträgen

Marker Werkzeuge

Mit den Werkzeugen hier können Sie mit dem Button unter KORREKTUREN Ihre Korrekturen oder Änderungen markieren und hervorheben, dokumentieren und beschriften. Zum Lokalisieren sind unter AUSSCHNITT UND AUSWAHL die beiden Buttons AUF ELEMENT ZOOMEN und ELEMENTE AUSWÄHLEN wichtig. Mit dem Button EINTRAG HINZUFÜGEN unter MARKER EINTRÄGE können Sie auch Einträge aus DWF-Dateien, die mit dem *Reviewer-Programm* mit Markierungen versehen wurden, in Ihre Konstruktion übertragen.

Abb. C.38: Palette MARKER WERKZEUGE

Navigator

Der üblicherweise aktivierte NAVIGATOR zeigt die *Struktur des aktuellen Projekts* an. Er enthält den Strukturbaum mit den einzelnen *Geschossen* und auch die besonderen Ansichten für *3D, Schnitte* und *Details.* Auch die verschiedenen *Listen* werden hier gezeigt. Durch Anklicken eines Untereintrags öffnen Sie das Anzeigefenster dafür. Wenn es zu einem Knoten wie hier im Beispiel *Details* kein Plus-Symbol gibt, dann sind eben noch keine Untereinträge vorhanden, sprich keine *Details* erstellt worden.

Darunter finden Sie noch BESCHREIBUNGEN, wo das aktuell gewählte Geschoss, die aktuelle Ansicht oder Liste mit ihren EINSTELLUNGEN verwaltet werden kann. Insbesondere können hier auch zusätzliche *Geschosse eingerichtet* werden oder *3D-Ansichtseinstellungen* geändert werden.

Bei einem Team-Projekt werden darunter noch die Möglichkeiten zur Reservierung angezeigt, reservierte Elemente können von Ihnen bearbeitet werden, freigegebene von anderen Teamkollegen.

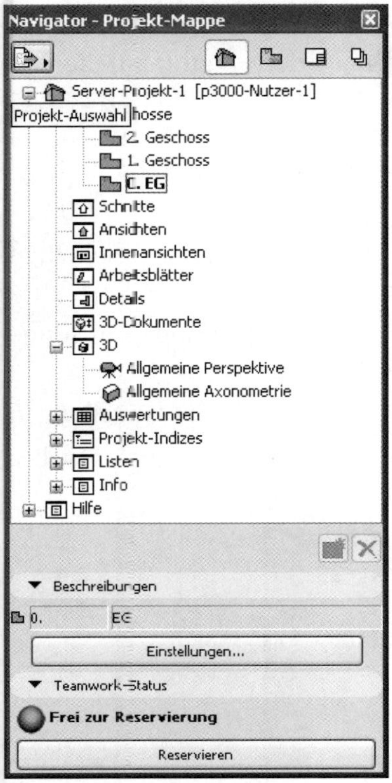

Abb. C.39: Palette NAVIGATOR

Navigatorvorschau

Die NAVIGATORVORSCHAU bietet ein Übersichtsfenster zum besseren Einstellen der Ansicht im Zeichenfenster (GRUNDRISS oder 3D) an. Insbesondere für 3D-Ansichten können Sie damit bequem Standpunkt und Blickrichtung bestimmen.

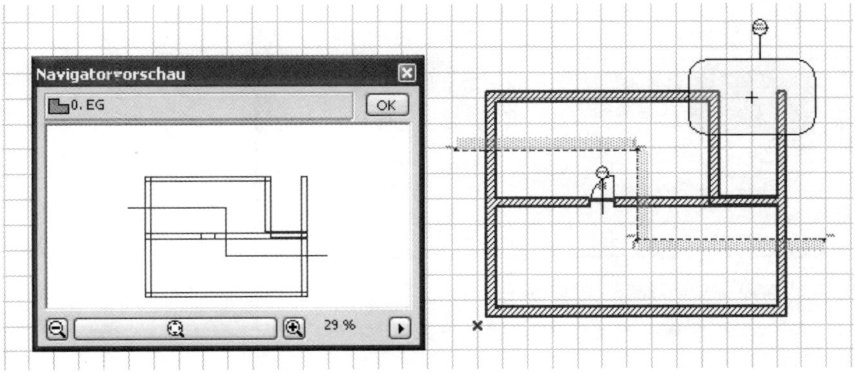

Abb. C.40: Palette NAVIGATORVORSCHAU

Organisator

Mit dieser Palette haben Sie über die vier Schaltflächen oben Zugriff auf die PROJEKT-MAPPE, die AUSSCHNITT-MAPPE, das LAYOUTBUCH und auf PUBLISHER-SETS. Dieses Werkzeug ist dann nützlich, wenn Sie Elemente aus einer Mappe in eine andere übertragen wollen, beispielsweise Grundrisse in die Ausschnitt-Mappe und weiter in das Layoutbuch (siehe Kapitel 12, *Organisation, Layout und Plot*).

- PROJEKT-MAPPE enthält die Projektstruktur mit den Geschossen, Schnitten, Ansichten, Details und 3D-Ansichten sowie den Listen.
- AUSSCHNITT-MAPPE enthält alle Ausschnitte der Projekt-Mappe mit festgeschriebenem Maßstab und individuell erstellte Ausschnitte.
- LAYOUTBUCH enthält alle zum Plotten aufbereiteten Zeichnungsdarstellungen.
- PUBLISHER-SETS erlaubt, zur Weitergabe in anderen Formaten Dateien zu erstellen.

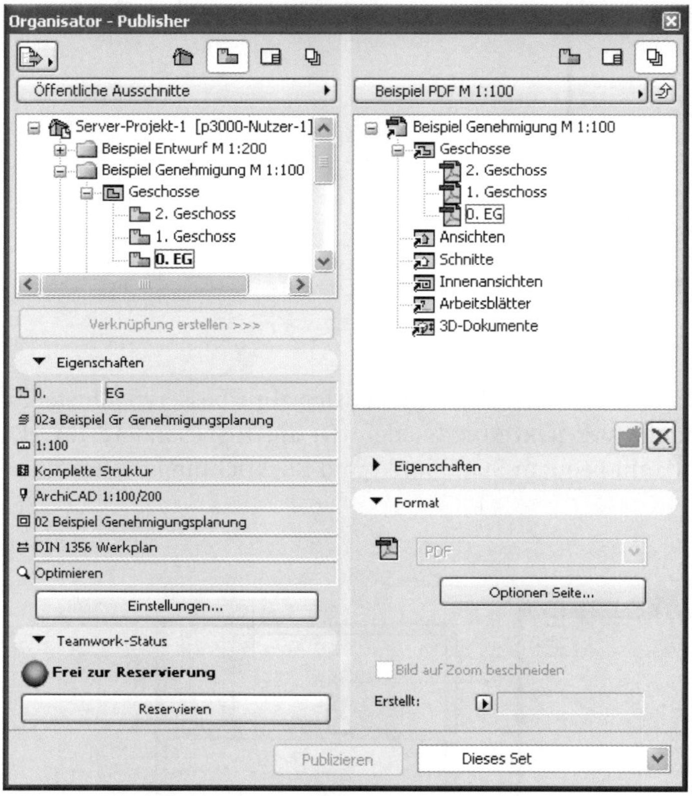

Abb. C.41: Palette ORGANISATOR – PUBLISHER

Profil-Manager

Der PROFIL-MANAGER erlaubt die Erstellung und Verwaltung *eigener Profile* für *Wände, Stützen* und *Unterzüge*. Diese Profile können aufgerufen werden, wenn Sie im EINSTELLUNGSDIALOG des WAND-, STÜTZEN- oder UNTERZUG-Werkzeugs über die betreffenden *Form-Icons* die Option WANDFORM oder PROFIL aktivieren und dann im Abschnitt STRUKTUR in der Zeile PROFIL das Profil auswählen. Im PROFIL-MANAGER erscheinen als Vorgaben auch solche Profile, die Sie über das Menü OPTIONEN|STANDARD STAHLPROFILE IMPORTIEREN geladen haben.

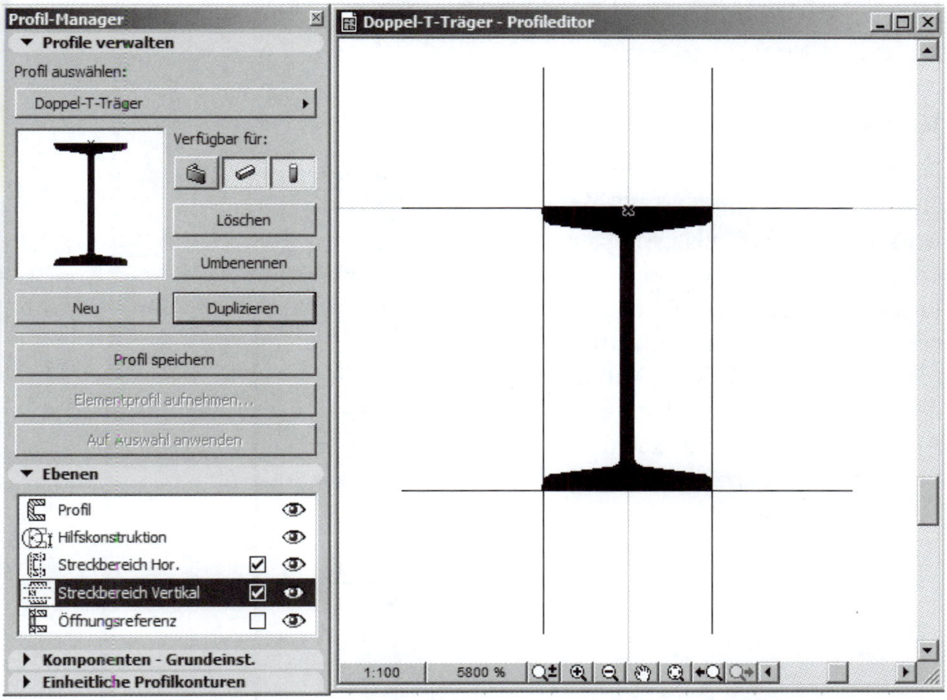

Abb. C.42: Palette Profil-Manager mit Bearbeitungsfenster

Schnell-Optionen

Hier können Sie die EBENENKOMBINATIONEN für die aktuelle Darstellung wählen, den MAẞSTAB, die STRUKTURDARSTELLUNG, das STIFTSET und die MODELLDARSTELLUNG-KOMBINATIONEN. Es gibt unterschiedliche Darstellungen für ENTWURF, GENEHMIGUNGSPLANUNG, AUSFÜHRUNGSPLANUNG oder DECKENSPIEGEL.

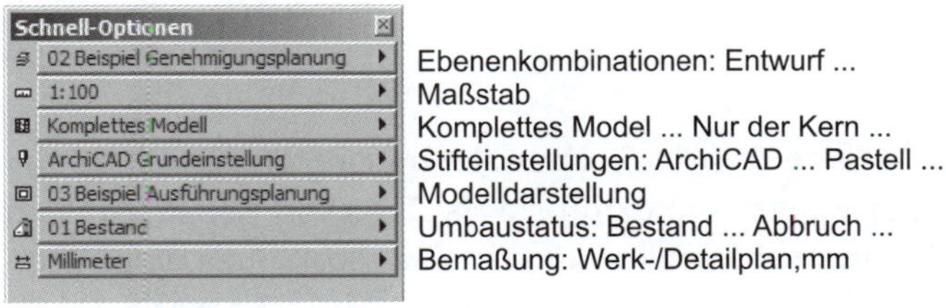

Abb. C.43: Palette SCHNELL-OPTIONEN

Statusanzeige

Dies ist eigentlich keine Palette, sondern nur die unterste Leiste des Programms. In dieser Leiste finden Sie links bei der Abarbeitung von Funktionen die Dialogtexte und den Text, den Sie in Abbildung C.44 sehen.

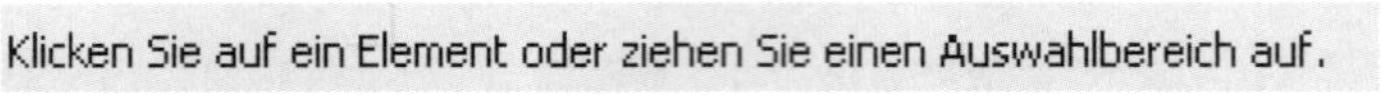

Abb. C.44: Palette STATUSANZEIGE

Teamwork

Die TEAMWORK-Palette ist nur in einem entsprechenden Teamwork-Projekt verfügbar. Sie steuern damit Ihre Freigaben und Reservierungen von Elementen oder Geschossen für die Bearbeitung von anderen Team-Mitgliedern oder für sich selbst. Auch Änderungsstände und Nachrichten können Sie an andere Bearbeiter verschicken.

Abb. C.45:
Teamwork-Palette

Transparentpause

Mit dieser Palette können andere Projekt-Sichten als Transparentpausen in der aktuellen Projekt-Sicht angezeigt werden, damit sie als Basis von Konstruktionen dort verwendet werden können. Insbesondere können Fangpositionen dann übernommen werden. Die Transparentpausen werden vorgabemäßig rot markiert.

Eine *Transparentpause* wird nach Rechtsklick auf eine Projekt-Sicht mit ALS TRANSPARENTPAUSE ANZEIGEN erstellt.

Mit [icon] wird in der Palette die Transparentpausenverwaltung aktiviert. Über das Listenfeld daneben können dann die Transparentpausen ausgewählt werden, die rot markiert angezeigt werden sollen. Sie wählen entweder eine vorhandene Transparentpause über ihren Namen direkt aus oder können im Fall von Geschossen mit UNTER DEM GESCHOSS oder ÜBER DEM GESCHOSS die darunter oder darüber liegenden Geschosse direkt wählen. Die Konstruktionswerkzeuge arbeiten aber stets in der aktuellen Projekt-Sicht.

Mit dem Werkzeug [icon] können Sie aber zwischen der aktuellen Projekt-Sicht und der Transparentpause hin- und herwechseln, wenn Sie dort konstruieren wollen. Mit den Werkzeugen daneben können Sie auch die Transparentpause verschieben und drehen oder auch wieder in die Ausgangslage zurückbringen. Das Werkzeug ganz rechts aktualisiert nach Änderungen die Transparentpause.

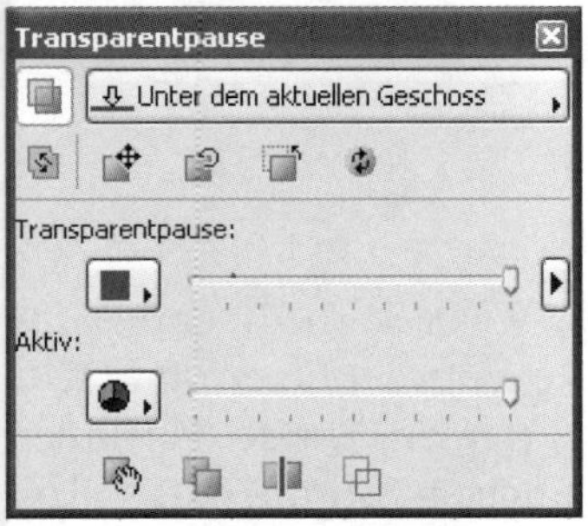

Abb. C.46: Palette Transparentpause

Unter TRANSPARENTPAUSE lässt sich deren Farbe und Intensität einstellen, und über ein Listenfeld auf der rechten Seite können Sie die Anzeige für einzelne Objekte der Transparentpause aus- und wieder einschalten. Unter AKTIV können Sie Farbe und Intensität der aktuellen Projekt-Sicht einstellen. Die Farbgebung verschwindet wieder, wenn Sie generell die Transparentpause abschalten.

In der untersten Zeile finden sich nützliche Werkzeuge für den Vergleich zwischen Transparentpause und aktueller Projekt-Sicht. Mit [icon] können Sie die Transparentpause dynamisch verschieben. Mit einem Klick wählen Sie den Startpunkt für die dynamische Verschiebung der Transparentpause und bewegen sie dann dynamisch. Nach einem zweiten Klick wird sie wieder zurückgeschoben. Das Werkzeug [icon] zeigt die Transparentpause über oder unter der aktuellen Projekt-Sicht an. Mit [icon] werden die Splitter angezeigt, die Sie während Ihrer Arbeit vom Rand aus über die ganze Konstruktion ziehen können, um die gemäß [icon] oben liegende Schicht wie eine Folie wegzuziehen, damit nur eine Schicht sichtbar bleibt. Das Werkzeug [icon] schaltet Schraffuren und Raumflächen aus oder ein.

Umbau

Mit dieser Palette können Sie Elemente den verschiedenen Bauphasen BESTAND, ABBRUCH oder NEUBAU zuweisen. Sie können auch die generelle *Sichtbarkeit* der Elemente für *alle* entsprechenden Filter einschalten oder nur auf den *aktuellen* Umbau-Filter beschränken. Die Umbau-Filter zeigen die verschiedenen Bauphasen mit oder ohne Abbruch- und Neubau-Elemente an, auch teilweise mit farblicher Hervorhebung (siehe Kapitel 5). Die Anzeigeeigenschaften der Filter lassen sich noch über Optionen steuern.

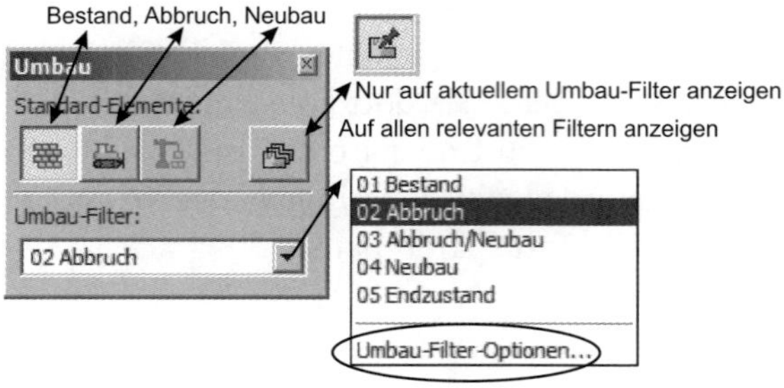

Abb. C.47: Umbau-Palette

Werkzeugkasten-Palette

Dieser *Werkzeugkasten* ist identisch mit der *Symbolleiste* WERKZEUGE. Er enthält die Funktionen zum Erzeugen der Konstruktionselemente, zum Einfügen von GDL-Objekten, zum Zeichnen einfacher Geometrieobjekte (Linien, Kreise, Polylinien etc.) für Hilfsgeometrien, zur Bemaßung, zur Erzeugung von Schnitten, Detailansichten und Animationen.

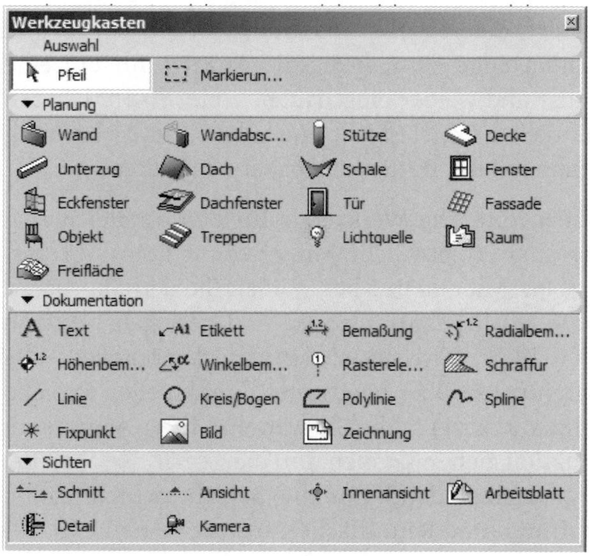

Abb. C.48: Palette WERKZEUGKASTEN

Zeichnungs-Manager

Die auf den einzelnen Layouts platzierten Zeichnungen bzw. Ausschnitte können hiermit verwaltet werden. Auch eingefügte Zeichnungen und DWG-Dateien werden hier angezeigt.

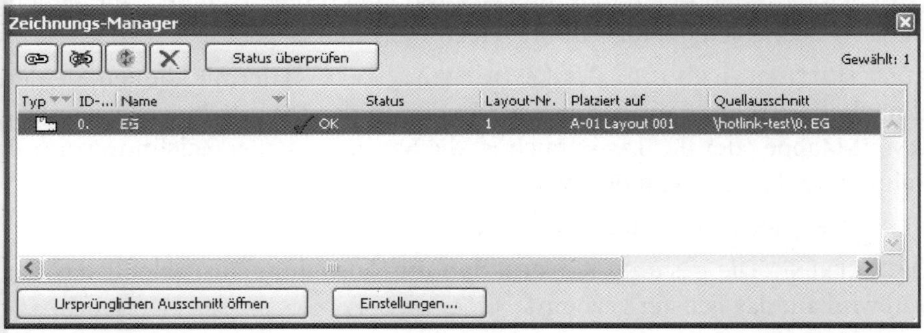

Abb. C.49: Palette ZEICHNUNGS-MANAGER

C.5 Kontextmenü im Grundrissfenster

Kontextmenüs bieten immer die wichtigsten Funktionen an, die in der aktuellen Situation angeboten werden können. Kontextmenüs werden mit Rechtsklick aufgerufen. Abbildung 2.5 zeigt das Kontextmenü im Grundrissfenster (wenn keine Elemente aktiviert sind und kein Werkzeug aktiv ist). Das *Grundrissfenster* wird angezeigt, nachdem Sie gestartet haben oder immer, wenn Sie im NAVIGATOR die PROJEKT-MAPPE und darin ein Geschoss aktiviert haben. Folgende Funktionen werden nach Rechtsklick angeboten:

- EINSETZEN fügt Objekte aus der Zwischenablage ein.
- VOLL-BILDSCHIRM vergrößert die nutzbare Bildschirmfläche etwas, indem die PROGRAMMLEISTE, die Leiste STATUSANZEIGE und die Windows-Startleiste weggeschaltet werden.
- VOLL-BILDSCHIRM & ALLE PALETTEN AUSBLENDEN vergrößert die nutzbare Bildschirmfläche, so dass nur noch die MENÜLEISTE, das GRUNDRISSFENSTER und die BILDLAUFLEISTE übrig bleiben.
- TRANSPARENTPAUSE Hierunter geht es zum Menü, das Transparentpausen verwaltet. Mit dem obersten Punkt im Untermenü aktivieren und deaktivieren Sie den Modus TRANSPARENTPAUSE. Die Palette für Transparentpausen kann ganz unten im Untermenü aktiviert werden. Sie können das Geschoss unter oder über dem aktuellen als rote Transparentpause anzeigen lassen, um beispielsweise Positionen aus dem anderen Geschoss zu übernehmen. Voraussetzung ist aber, dass Sie von dem gewünschten Geschoss vorher über Rechtsklick im Navigator eine Transparentpause erstellt haben.

- REINZEICHNUNG schaltet den Reinzeichnungsmodus ein, in dem die Verschneidungen von Elementen korrekt dargestellt werden. Alternativ werden die Konstruktionslinien der einzelnen Wände mit Andeutung der Laufrichtung gezeigt.
- ECHTE LINIENSTÄRKE schaltet die Darstellung echter Linienstärken ein. Bei entsprechend starker Zoom-Vergrößerung können Sie dann die Unterschiede zwischen dicken, dünnen und mittelstarken Linien sehen. Ohne echte Linienstärke werden alle Linien als dünne Haarlinien angezeigt.
- AUSSCHNITT SICHERN UND AUF LAYOUT PLATZIEREN Hiermit können Sie den aktuellen Ausschnitt auf das aktuelle Layout in der LAYOUT-MAPPE legen. Die Layout-Mappe oder das Layoutbuch ist die Sammlung aller Zeichnungen (mit Rahmen und Schriftfeld) des gesamten Projekts.
- NEU AUFBAUEN aktualisiert den Fensterinhalt.
- OPTIMIEREN Die gesamte Konstruktion mit Ausnahme ausgeblendeter Ebenen wird auf das Fenster gezoomt.
- AUSWAHL/MARKIERUNGSRAHMEN IN 3D ANZEIGEN zeigt nur die markierten Elemente oder den durch einen Markierungsrahmen begrenzten Ausschnitt im 3D-FENSTER.
- ALLES IN 3D ANZEIGEN zeigt alles im 3D-FENSTER an.
- GEHE ZU|LETZTER SCHNITT wechselt in den zuletzt aktivierten *Schnitt*.
- GEHE ZU|LETZTE DETAILZEICHNUNG wechselt in die zuletzt aktivierte *Detailzeichnung*.
- GEHE ZU|3D-FENSTER wechselt ins 3D-FENSTER.
- GEHE ZU|LETZTES LAYOUT wechselt ins zuletzt benutzte *Layout*.
- GEHE ZU|LETZTE LISTE wechselt in die zuletzt benutzte *Liste*.

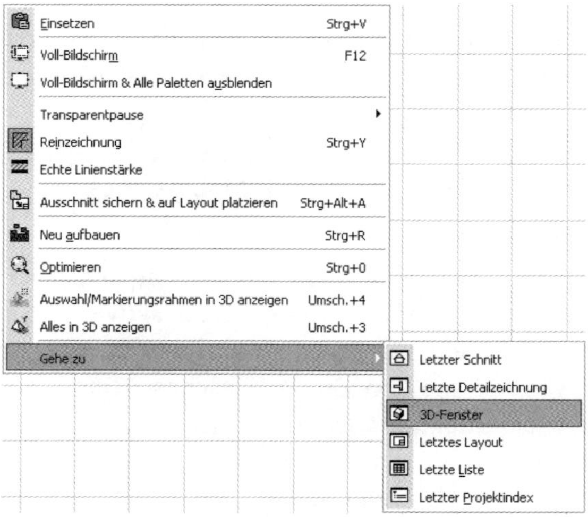

Abb. C.50: Kontextmenü im Grundrissfenster

Tipp

Wechsel zwischen *Grundrissfenster* und *3D-Fenster*: Im Menü FENSTER finden Sie die Funktionen GRUNDRISS (auch [Strg]+[2]) und 3D-FENSTER, um schnell zwischen den beiden Darstellungen zu wechseln.

C.6 Ansicht im 3D-Fenster manipulieren

Das *3D-Fenster* wird aktiviert, wenn Sie im NAVIGATOR in der Projekt-Mappe den Knoten 3D mit einem Klick aufblättern und mit Doppelklick ALLGEMEINE AXONOMETRIE oder ALLGEMEINE PERSPEKTIVE aktivieren.

C.6.1 Orbit

Zur Ansichtsmanipulation im 3D-Fenster gibt es in der Bildlaufleiste neben den oben beschriebenen Optionen eine Zoom-Option, das Werkzeug ORBIT . Damit können Sie die Ansicht durch vertikale Bewegung bei gedrückter Maustaste um die horizontale Achse und umgekehrt mit horizontaler Bewegung um die vertikale Achse drehen. So können Sie jede beliebige Ansichtsrichtung einstellen.

C.6.2 Das Kontextmenü im 3D-Fenster

Das 3D-Fenster kennt zwei Darstellungsarten, die ALLGEMEINE PERSPEKTIVE und die ALLGEMEINE AXONOMETRIE. Erstere ist eine Darstellung mit Fluchtpunkt und Blickpunkt, bei der sich parallele Kanten in der Verlängerung treffen. Die axonometrische Darstellung dagegen erhält die Parallelität von Kanten. Sie können zwischen beiden Darstellungsarten über die NAVIGATOR-Palette durch Doppelklick umschalten.

Das Kontextmenü im 3D-FENSTER erhalten Sie mit einem Rechtsklick (Abbildung C.51), wenn keine Elemente gewählt sind. Es enthält einige Punkte, die ähnlich oder gleich dem Kontextmenü im GRUNDRISS-FENSTER sind, aber auch einige sehr 3D-spezifische. 3D-Einstellungen können Sie alternativ auch über das Menü ANSICHT|3D-DARSTELLUNGSMODUS vornehmen.

- DRAHTMODELL In dieser Darstellungsart werden alle Elemente nur durch ihre Kanten repräsentiert. Alle Flächen sind dann durchsichtig. Diese Darstellungsart wird gewählt, um innen liegende Elemente oder Kanten zu sehen und bearbeiten zu können.
- SCHATTIERUNG In dieser Darstellungsart erscheinen alle Elemente mit undurchsichtigen schattierten Oberflächen. Auch die Materialien der Oberflächen kommen hier zur Geltung.

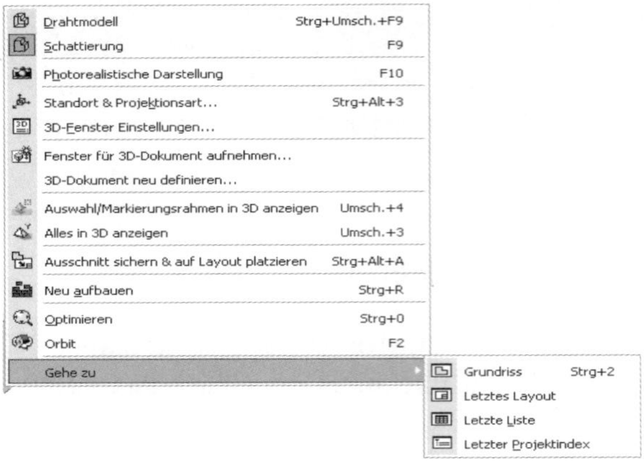

Abb. C.51: Kontextmenü im 3D-Fenster

- PHOTOREALISTISCHE DARSTELLUNG Mit dieser Funktion wird in einem extra Fenster eine photorealistische Darstellung der Konstruktion neu berechnet. Die Einstellungen für Details der photorealistischen Darstellung finden Sie unter DOKUMENTATION|RENDERING, ANIMATION ETC.|PHOTOREALISTIK-EINSTELLUNGEN.
- STANDORT & PROJEKTIONSART Je nachdem, ob Sie in der perspektivischen oder axonometrischen Darstellung sind, erhalten Sie unterschiedliche Dialogfenster zur Einstellung der Ansichten (Abbildung C.52, Abbildung C.53). Zu beachten ist, dass Sie in beiden Fenstern *im kleinen Vorschaufenster* die *Ansichtsrichtungen, Beleuchtungsrichtung* und *Blickpunkt* auch *interaktiv mit dem Cursor* variieren können. Mit der Schaltfläche PERSPEKTIV-EINSTELLUNGEN bzw. AXONOMETRIE-EINSTELLUNGEN können Sie zwischen diesen beiden Darstellungsarten wechseln.

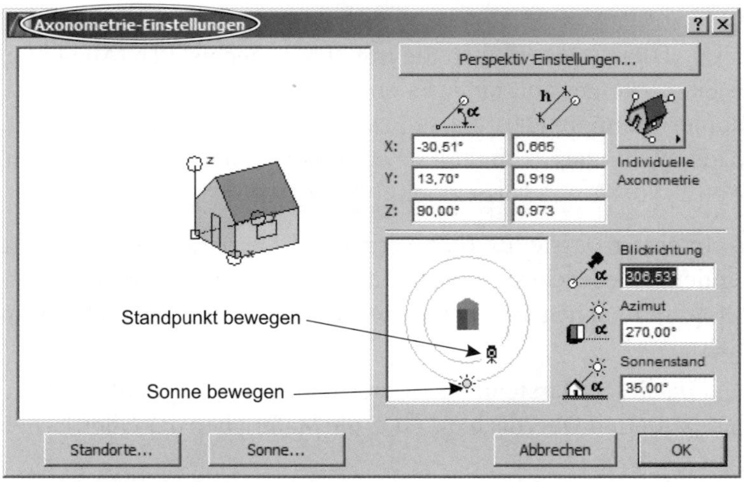

Abb. C.52: Einstellungen für die Allgemeine Axonometrie

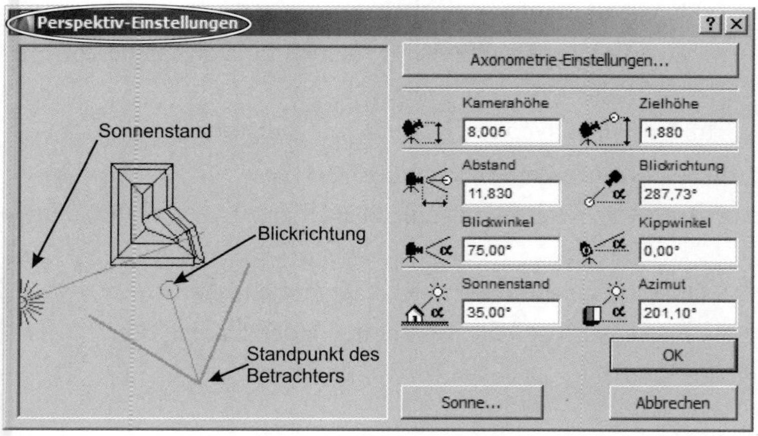

Abb. C.53: Einstellungen für die Allgemeine Perspektive

- Bei den Einstellungen für die *Perspektive* wird gern ein größerer BILDWINKEL gewählt, um damit eine etwas übertriebene Perspektive zu erreichen (Abbildung C.54). Dann kann man beispielsweise auch von oben in einen Raum hineinschauen und alle Wände von innen sehen. Wenn Sie die Blickrichtung nicht gerade über *ganz bestimmte Winkel* einstellen müssen, verwenden Sie dafür natürlich das Werkzeug ORBIT anstelle der Eingaben in diesen Dialogfenstern. Sie können auch mit dem Cursor *direkt im Dialogfenster* den Standpunkt des Betrachters, die Blickrichtung und den Sonnenstand variieren.
- 3D-FENSTER EINSTELLUNGEN Sie können hiermit wählen, wie Ihre Konstruktion im 3D-Fenster dargestellt wird. An erster Stelle steht dabei die Wahl zwischen der Darstellung im OPEN GL-MODUS oder durch interne Grafik-Software. Wenn Sie Letztere wählen, erhalten Sie den zusätzlichen Modus für eine unschattierte Darstellung mit ausgeblendeten Kanten namens VERDECKTE KANTEN.
- FENSTER FÜR 3D-DOKUMENT AUFNEHMEN erstellt von der aktuellen Ansicht ein 3D-Dokument. Dieses kann dann für Bemaßungen, Beschriftungen oder Schnittgenerierung verwendet werden.
- 3D-DOKUMENT NEU DEFINIEREN erstellt von der aktuellen 3D-Ansicht ein bestehendes 3D-Dokument neu. Das Dokument, das überschrieben werden soll, wird dann aus einer Liste gewählt.
- AUSWAHL/MARKIERUNGSRAHMEN IN 3D ANZEIGEN zeigt nur die vorher markierten Elemente im 3D-FENSTER an.
- ALLES IN 3D ANZEIGEN (GEFILTERT) ermöglicht Auswahl unter den gefilterten Elementen (siehe ANSICHT|ELEMENTE IN 3D|ELEMENTE IN 3D FLTERN).
- AUSSCHNITT SICHERN UND AUF LAYOUT PLATZIEREN Hiermit können Sie den aktuellen Ausschnitt auf das aktuelle Layout der LAYOUT-MAPPE legen.

- NEU AUFBAUEN aktualisiert den Fensterinhalt.
- OPTIMIEREN Die gesamte Konstruktion mit Ausnahme ausgeblendeter Ebenen wird auf das Fenster gezoomt.
- ORBIT ermöglicht das Schwenken des Modells mit gedrückter Maustaste.
- GEHE ZU|GRUNDRISS wechselt ins GRUNDRISS-FENSTER.
- GEHE ZU|LETZTES LAYOUT wechselt ins zuletzt aktivierte LAYOUT (vorbereitete Plotausgabe).
- GEHE ZU|LETZTE LISTE wechselt in die zuletzt aktivierte LISTE.
- GEHE ZU|LETZTER PROJEKTINDEX wechselt in den zuletzt aktivierten PROJEKTINDEX.

Abb. C.54: Perspektivische Ansicht mit großem Bildwinkel

C.6.3 Standortbestimmung für 3D-Darstellungen

In den Dialogfenstern zur Einstellung für die ALLGEMEINE PERSPEKTIVE oder ALLGEMEINE AXONOMETRIE (Abbildung C.52, Abbildung C.53) finden Sie die Schaltfläche SONNE. Damit können Sie das Sonnenlicht nach *Farbe, Sonnenstand* und *Ort* beeinflussen (Abbildung C.55). Unter ORT UND DATUM befindet sich auch die Datumseingabe. Hinter STADT WÄHLEN verbirgt sich dann die Verwaltung einer Ortsliste (Abbildung C.56). Sie wählen aus dieser Liste den gewünschten Ort aus oder geben Namen und geografische Koordinaten des Ortes ein und klicken auf

AUFNEHMEN. Damit können Sie die Beleuchtungsbedingungen an einem bestimmten Ort zu einem bestimmten Zeitpunkt simulieren.

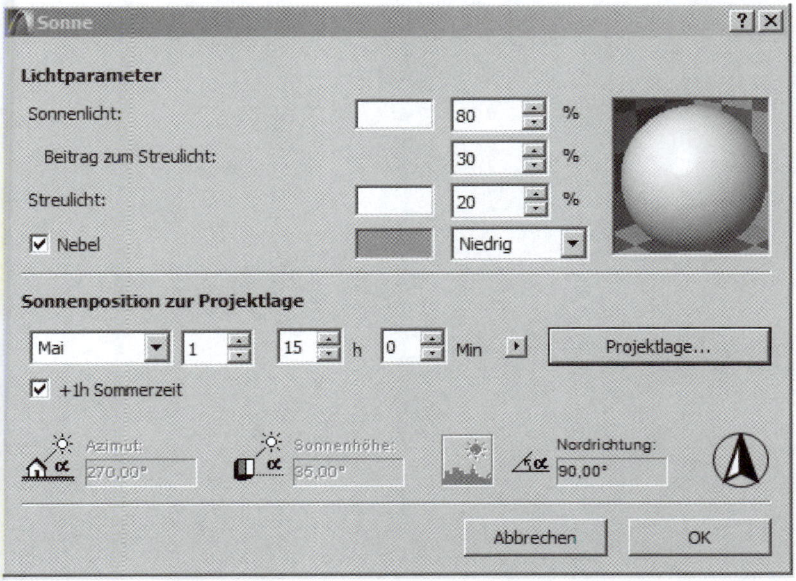

Abb. C.55: Sonnenstandangaben

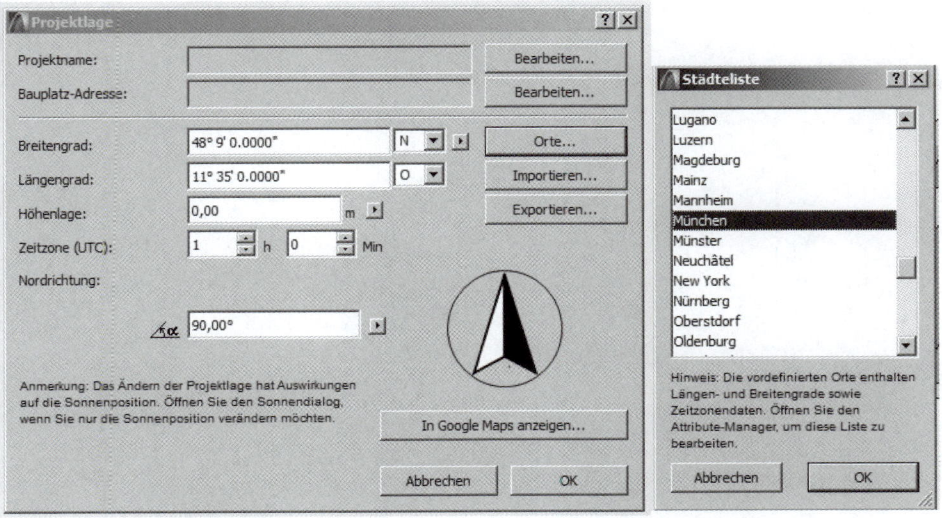

Abb. C.56: München als Ort eingeben und in die Ortsliste aufnehmen

Stichwortverzeichnis

D

E

F

G

H

O

P

Q

R

S